U0165644

清代學術思想史（上冊）

張麗珠——著

五南圖書出版公司 印行

緒論

　　不同的時代，有不同的視野和風景，不同的時代課題，也會造就不同的學術風貌；繼理學之務力弘揚道德價值的形上面後，清學轉以實證精神發揚道德價值之經驗面，而成爲既是方法論的革命時代，也是義理學的革命時代。王充曰：「事莫明於有效，論莫定於有證。」斯之謂也歟！

　　清代學術以開出考據學新高度及總結傳統舊學之姿，高峰屹立於我國學術史；然而對其思想發展，學界卻普遍流行負面看法。關於清學的思想性，負有盛名的梁啟超代表作：《清代學術概論》、《中國近三百年學術史》，主要係以清代思潮是對宋明理學一大反動為出發，具有「厭倦主觀的冥想，而傾向於客觀的考察」特色。這就使其觀點偏落在以思想見長的宋明理學之對立面，認為清學缺乏思想性，「乃『研究法的運動』，非『主義的運動』。」錢穆同樣負有盛名且同名的《中國近三百年學術史》反對該論點。他從肯定清學思想性的角度出發，強調清代漢學淵源於宋學而與宋學密切關聯，「不知宋學，則亦不能知漢學，更無以平漢、宋之是非。」於此，他雖然承認清學具思想性，但認為清代學術由晚明諸老開出，明清儒者如黃宗羲、孫奇逢、李顒、王夫之、陸世儀、顧炎武、顏元等莫不寢饋於宋學，是以即使考據學最鼎盛的乾嘉時期，漢學家之高下深淺，也「視其所得於宋學之高下淺深以為判」，「不識宋學，即無以識近代也。」（〈引論〉）故儘管錢穆將宋明清思想視為一整體性發展，強調清代的思想價值就在於延續理學價值，以此異乎梁啟超認為清學站在理學對立面而否定其思想性的說法；但其實二說共同指向以理學標準作為判準，同樣落在理學視野而並未正

視清代思想之獨立發展特色，遑論肯定其創新思想理論的價值。

雖然梁、錢兩人對於清學思想性的看法不同；但作為兩說思想基礎的共有意識型態，則在相沿成習的理學判準外，還包括同樣緣自時代感的、對於清廷主導清學之負面看法。而該觀點在梁、錢的清學論著之前，則有另一章太炎的理論影響。章氏在晚清矢志推翻清廷，並曾撰作鉤玄纂要總論清代學術史的開山作——〈清儒〉，且提出一個影響後世評價清學的重要觀點——「學隱」說。他說清儒爭治漢學，是因清廷為達成「錮天下智惠為無用」、「絕其恢譎異謀，使廢則中權，出則朝隱」目的，故使學者隱於學的有意作為；否則如戴震輩，「方承流奔命不給，何至槁項自縶縛漢學之拙哉？」「窮老箋注，豈實泊然不為生民哀樂？亦遭世則然也。」（《訄書‧學隱》）影響所及，梁啟超撰作《清代學術概論》雖然肯定戴震義理是倫理學的一大革命，但認為影響很小，而將清學重心主要放在具有時代運動色彩的兩大潮流——前期考證學、後期今文學，並認為研究範圍拘限的考證學之最高成績，「惟訓詁一科。」其《新民說》也說：「漢學家者，率天下而心死者也。」「蓋王學之激揚蹈厲，時主所最惡也，乃改就朱學。朱學之嚴正忠實，猶非時主之所甚喜也，乃更改而就漢學。」復言漢學立於人間社會外，「與兩千年前地下之僵石為伍」，「雖著述累百卷，而絕無一傷時之語；雖辯論千萬言，而皆非出本心之談。」是以宋學之敝，「猶有偽善者流」；漢學之敝，則「並其偽善者亦無之。」錢穆則不但在《國史大綱》中以「中國近代史上狹義的部族政權」看待清朝；《中國近三百年學術史》也與梁啟超持論同調地說：「滿清最狡險，入室操戈。……治學者皆不敢以天下治亂為心，而相率逃於故紙叢碎中。」認為清儒在朝廷刀鋸鼎鑊下尠少談論政治，「不徒莫之談，蓋亦莫之思。」因此乾嘉學術一趨訓詁考訂，「足以壞學術、毀風俗，而賊人才」、「以古書為消遣神明之林囿矣！」（〈自序〉）故美國學者艾爾曼稱考據學之興

盛，是為「儒學的墮落。」（《從理學到樸學》）此一視角不但過度貶抑清儒整理舊籍的成績與貢獻，也未能認識長期學術演進歷程中的、清學「盈科而後進」的發展。

再說到梁、錢二人對於作為清學典範的考據學評價：梁啟超雖然批判清主素惡漢人經世之志，並認為乾嘉諸老「好古甚篤」而不肯輕易懷疑，「專用綿密工夫在一部書之中，不甚提起眼光超覽一部書之外」（《中國近三百年學術史》），既是他們的長處而也即是短處；但是他肯定清儒整理舊學的成績，認為清儒以實證方法論的科學精神從事於復古，其動機與內容皆與歐洲文藝復興絕相類似，是「中國之文藝復興時代。」（《清代學術概論》）至於錢穆，則他本身雖然是考據名家，嘗撰《劉向歆父子年譜》、《先秦諸子繫年》等考據名著；但他在評價清代學術時，專力表彰宋學而批評清儒的漢學流弊。貫穿其整體清代學術史著作的，是對宋學精神與經世之志的景仰，以及對專尚考證者從事於故紙叢碎而於世無補之不滿。因此他尊晚明東林「重氣節，尚名檢」的「忤時抗俗」講學精神，肯定兼有道德、學問、經濟的清初大儒；反之，對於攀登清代學術高峰的乾嘉考證學，認為「考證之學既盛，乃與東林若渺不相涉。」（〈引論〉）謂其皓首窮經而消遣神明，只達到亭林「博學於文」而忘其「行己有恥」之教。不過他對清中葉以迄於晚清流行的、今文學家結合時政而「援經議政」的學風，也同樣深致譏彈，說他們「心已粗、氣已浮，猶不如一心專尚考據者所得猶較踏實。」譬如他評論當時深具改革精神的龔自珍，言其治史「不免於治經媚古」，治經「又不免耗於瑣而抱其小焉。」總結其所真正肯定的清學，惟清初尚存東林遺緒而「不忘種性，有志經世」，且仍見理學光輝之「與乾嘉之學精氣夐絕焉」的顧、黃、王、顏等故國遺老。於此所反映的，錢穆雖然從繼承理學遺緒的角度肯定清學之思想性；其實卻是對於清代思想獨具創新意義之否定，對於考據學更未以青眼看待。

　　錢穆的觀點與時代感密切關聯。一生皆與時代憂患相終始的錢穆，其《中國近三百年學術史》寫作於「九一八事變」驟起，日軍侵占東三省並策動華北自治時，這時候，「華北之大，已經安放不下一張平靜的書桌了。」緣於世變而痛心疾首日寇猖獗的錢穆，「身處故都，不啻邊塞，大難目擊，別有會心。」（《中國近三百年學術史・自序》）其入情入史而嚴夷夏之防，不難理解。另外，同樣承擔個人對古今之變的憂患意識，並深情於民族情感而具強烈民族意識的現代新儒家，亦同此情境。馮友蘭校改《中國哲學史》時目睹故都危急，「乃真知古人銅駝荊棘之語之悲也。」並深契張載言：「為天地立心，為生民立命，為往聖繼絕學，為萬世開太平」，誠所有先哲著書立說之宗旨（《中國哲學史・自序二》）。[1]而牟宗三「道德的形上學」詮釋體系，也是在抗戰及內戰等國難悲情中，使其正視了生命的學問而欲承接儒學慧命，並展開對他認為五四新文化運動自毀民族文化之根的沉痛反省與批判。其言「明亡以後，經過乾嘉年間，一直到民國以來的思潮，處處令人喪氣，因為中國哲學早已消失了。」「我們講中國的學問，講到明朝以後，就毫無興趣了。這三百年間的學問我們簡直不願講，看了令人討厭。」（〈縱貫系統的圓熟〉、〈宋明儒學概述〉，《中國哲學十九講》）此皆痛心斯局，歸咎滿清三百年統治之語；並可見時代感影響學術判斷之一斑。

　　然而清學繼理學之後，既是考據方法論的革命時代，同時也是義理學的革命時代；惟此中深藏一過去往往為學界混淆而必須釐清的深層思考——理學被考據學取代「學術典範」和理學的「義理學典範」危機，實不能混為一談。理學被考據學取代「學術典範」地位，在相當程度

1　案：《晉書・索靖傳》：「靖有先識遠量，知天下將亂，指洛陽宮門銅駝，歎曰：『會見汝在荊棘中耳？』」其意同於故國覆亡黍離之悲。

上，是由理學内部的「朱、王之爭」推波了群經辨偽學揭開序幕的。清初，朱、王兩派各據辨偽利器以駁斥對方立論經典，卻在作為理學圭臬經典的《易》圖、《大學》、《古文尚書》等紛紛被證立為偽以後，因失去經典權威地位而被鋒頭正盛的辨、正、校、補等經史考證之學取代學術主流地位，學者對於經典考據的興趣凌駕並超越了理學的道德講論，於是兩種學術型態間出現主流嬗遞的「學術典範」轉移。但是此中往往為學界混淆的是：學界每因理學和考據學發生典範轉移的學術主流嬗遞，而籠統地以為就是理學在思想界的地位衰微。實際上如果撇開經史考證的主流學術不言，純就思想領域而言之，則理學仍是當時清人思想信仰中心的一支獨秀，並未因考據學躍居學術主流而失去思想界的主導地位；理學後來的思想界地位動搖即「義理學典範」危機，不是由於明、清易鼎，也不是發生在清初高壓政策的時間點；況且直至清末廢除科舉為止，理學一逕是朝廷取士的學者入仕階徑。

　　清初，不僅朝廷尊理學為官學，奉朱子思想為正統；並有南學黃宗羲、北學孫奇逢、關學李顒等理學碩儒以及朝廷的館閣理學派等理學發展盛況；況乎清廷尊朱的背後，更寓有欲藉繼承程朱「道統」以為「治統」取得正統地位的「正名」作用在，欲以文化正統實現孟子言「簞食壺漿以迎王師」之用意。故清廷長期以「崇儒重道」作為基本國策，尊理學為「治萬邦於衽席」之治世御民、鞏固封建秩序與倫理的思想利器。康熙時朱熹從祀孔廟的地位，從「東廡先賢」獲得提升為「大成殿十哲」優遇；館閣理學派如陸隴其、熊賜履、李光地等並皆平步青雲。李光地主持編纂《朱子全書》、《性理精義》，儼若康熙末朱學領袖；陸隴其則以「洙泗干城」、「程朱嫡派」之程朱護教，扶搖從祀孔廟。康熙並恢復經筵講學大典，以帝王之尊接受日講《四書》及領銜編纂《性理精義》。當時即連身為樹立清代漢學旗幟的惠棟父子，也依然尊奉程朱理學為思想指導。惠士奇嘗手書楹聯，曰：「《六經》尊服、

鄭，百行法程、朱。」（江藩《國朝宋學淵源記・卷上》）惠棟也言：「宋儒談心性直接孔孟，漢以後皆不能及；若經學則斷推兩漢。」「漢人經術、宋人理學，兼之者乃為大儒。」（〈趨庭錄〉、〈漢宋〉，《九曜齋筆記》）清楚表明他們對於經學考據和道德義理採取分別對待的態度。他們雖然在經學立場上持尊漢立場；但一旦涉論道德心性，則仍然服膺程朱思想。故清學在「說經宗漢儒，不取宋元諸家之說」的考據尊漢立場外；就義理學而言，其時的思想主流，仍然延續宋學舊貫。

職此之故，乾嘉學界領袖的朱筠在面對戴震批判理學而欲新建義理體系時，質疑「何圖更於程朱之外，復有論說乎？」「程朱大賢，立身制行卓絕，其所立說，不得復有異同。」（江藩《國朝漢學師承記・洪榜傳》）他認為在程朱道德心性學外，不應再有任何異同之論，不應再為其他異說。姚鼐亦言「程朱猶吾父師，……欲與程朱爭名，安得不為天之所惡？」程晉芳也說「詆毀宋儒，就是獲罪於天。」[2] 他們都以天道之尊看待宋學，在高舉天理大纛下，任何殊異於理學體系的學術異見，都被斥責為獲罪於天。故方東樹言：「夫古今天下義理一而已矣！何得戴氏別有一種義理乎？」（《漢學商兌・卷中之下》）此皆顯示，在戴震所建構的新義理體系未為時人認識與接受以前 —— 誠如章學誠言：「誦戴遺書而得其解者，尚未有人。」「乾隆年間未嘗有其學識，是以三、四十年中人，皆視以為光怪陸離，而莫能名其為何等學？」[3]

2　論詳姚鼐〈再復簡齋書〉：「程朱猶吾父師也。……其人生平不能為程朱之行，而其意乃欲與程朱爭名，安得不為天之所惡？故毛大可、李剛主、程綿莊、戴東原率皆身滅嗣絕，此殆未可以為偶然也。」（《惜抱軒文集》）另外胡適〈戴學的反響〉嘗轉述程晉芳語，曰：「程晉芳曾說『詆毀宋儒，就是獲罪於天。』怪不得他不懂得戴震。」（《戴東原的哲學》）

3　章學誠知戴最深；對於時人以為戴震「空說義理，可以無作」，他說「是固不知戴學者矣！」並指出「誦戴遺書而得其解者，尚未有人。」「乾隆年間未嘗有其學識，是以三、四十年中人，皆視以為光怪陸離，而莫能名其為何等學？譽者既非其真，毀者亦失其實。」（章學誠：〈書朱陸篇後〉、〈答邵二雲書〉、〈與史餘村〉，《文史通義》）

這時候理學仍是執思想界牛耳的思想典範；考據學雖然興盛，並未動搖其思想主流地位。清儒尊朱，是涵蓋考據學達到最巔峰狀態之乾嘉時期在內的。

是故後來的理學「義理學典範」危機及思想典範轉移，必須聚焦在義理學範疇內的思想體系來談，必須從思想史角度省視其後來的信仰危機問題，即聚焦在戴震等清儒對於道德形上學的質疑，以及清儒後來在注解儒家經典時不再以朱熹等理學主張作為思想核心與惟一標準，譬如戴震《孟子字義疏證》、焦循《孟子正義》、劉寶楠《論語正義》……等經典新疏，便都兼亦呈現漢儒義理。但這並不是考據範疇內單純的經典考據問題；而是涉及背後支撐的義理體系不同之義理論諍與思想論辨。此則又涉我國傳統舊學須藉「釋經學」以建立義理體系之兩者難以分割關係。由於傳統舊學中哲學（義理學）一門並未獨立，重釋經典遂成為儒者建構哲學體系之不二門徑；後儒通過「創造性詮釋」之重釋儒家經典以建構一己思想體系，如朱熹通過《四書集注》之注解《論》、《孟》、《學》、《庸》以結合自然本體和道德本體，使儒家「仁」學思想從原始的血緣基礎，擴大成為建立在宇宙本體上的心性論哲學，完成他集大成宋儒融合道德觀和宇宙觀的「道德形上學」思想體系。故後人欲梳理歷代或各家思想時，便也必須通過考察經典注釋內容，才能掌握到思想發展的線索與內容。斯為我國特有的、義理學和經學密切連繫而依附在經典注釋中，必須通過「釋經學」始能獲得思想史開展線索的發展情形；也是研究傳統思想之最困難、最精微部分。因此當戴震為首的清儒欲推倒理學家詮釋孔孟思想的「形上學」義理體系，另建發揚道德價值經驗面的思想新說時，便也必須藉由同樣詮釋《論》、《孟》等儒家經典，以挑戰朱熹《四書集注》所建構的「道德形上學」思想體系。

清代學術的最大特色，不但在於經典實證之實證方法論，也在於清

代義理學之「由虛返實」、「崇實黜虛」——儘管戴震所集大成並領銜的義理新說並末成為學界的主流思想；但不可否認的，其為表現清人崇實精神之代表性思想，尤其是庶民心理與思想的具體呈現，這才是最具時代色彩的清人代表性思想，而非朝廷奉為官學的、延續宋學舊貫卻已成為強弩之末的程朱理學思想，或錢穆所推崇標榜的清初理學思想。蓋倫理思想是與時俱進的，哲學是對早已先行的社會思想之提煉，是時代精神的呈顯與社會思想的集中反映；因此「當代」是懸而末決且容許開放突破的，歷代經典詮釋亦不能定於一尊，其詮釋內容往往隨著變遷的時代思想而表現出當代意識。況夫社會思想無法單向、片面地由上層菁英文化（例如理學家所建構的範疇概念）領導下層；只有那真實流動在生活世界、大眾階層的活潑潑思想，才能真實傳達出時代精神而成為當代的思想特色。

　　回到明、清思想的變遷發展，溯自晚明社會便已經出現諸多「假道學」現象了——李贄曾批判當時很多藉講論道德為名的理學末流與「假道學」風氣：「能講良知，則自稱曰聖人；不幸而不能講良知，則謝卻聖人而以山人稱。展轉反覆，以欺世獲利。名為山人而心同商賈，口談道德而志在穿窬。」（《焚書·又與焦弱侯》）再如抱持學術平民化與世俗化理想的泰州學派，他們本來具備「狂者胸次」地想要「入山林求會隱逸，過市井啟發愚蒙」，希望在「童子捧茶即道」、「百姓日用即道」中實現聖學，以使樵夫、陶匠、田夫等市民階層也都能夠親近儒學，實踐「布衣倡道」的庶民文化理想。但是其末流終不免走上輕知識、廢事功、徒務「現成良知」的「狂蕩」之路，出現《明儒學案》所述「酒色財氣，不礙菩提路」的「掀翻天地」、「非名教之所能羈絡」現象。明末高攀龍即指責末流之弊，曰：

　　姚江之弊，始也掃聞見以明心耳，究而任心而廢學，於是乎
詩書禮樂輕，而士鮮實悟；始也掃善惡以空念耳，究而任空而廢
行，於是乎名節忠義輕，而士鮮實修。

　　　　　　　　　　　　　　　—— 黃宗羲《明儒學案・東林學案一》

　　彷彿骨牌推倒的破窗效應，於時，崇高的理學「道德形上學」理想
竟至淪為道德異化現象；理學所奉為圭臬的「存理滅欲」主張，更與庶
民階層絕然隔閡。市民文藝如《金瓶梅》的情欲描寫、《儒林外史》的
儒林醜態，處處照見晚明社會一片情肆而蕩的道德敗壞，以及道德形上
學已難維繫當時社會的縱情肆欲現象了。所以顧憲成批評「心隱輩坐在
利欲膠漆盆中。」（《明儒學案・泰州學案一》）梁啟超也說：「陽明
那時代，『假的朱學』正在成行，一般『小人儒』都挾著一部《性理大
全》作舉業的祕本，言行相違，風氣大壞。」（梁啟超《王陽明知行合
一之教》）—— 斯即清儒所面對的，儒學在成就道德理性、化民成俗上
所遭遇的實然困境。而他們所深切體認的理學形上學困境，既包括晚明
劉宗周所致慨的、道德實踐未能落實之「玄虛而蕩，情識而肆」；也包
括清初顏元批判學術脫離現實、無益世用之未能實行實用，導致儒者對
於「天崩地解」的國難無所承擔而空言「無事袖手談心性，臨危一死報
君王」；復包括學風空疏之「束書不觀，游談無根」，如紀昀《四庫全
書總目》批評「明代諸儒註疏皆庋閣不觀，《三傳》、《三禮》尤幾成
絕學。」（《三傳三禮字疑》提要）因此清學的出發點，就是要在各個
層面建立起有效的、能夠被經驗實踐的客觀進路；而清學的總體表現，
也就在於突出強烈的經驗取向與崇實特色。清儒所必須解決的「蹈空」
危機，既包括如何重建儒學信仰？也包括如何落實道德理性？前者，清
儒聚焦學術方法論的經典實證，而有經史考證之整理舊籍斐然成績、高
度成就；後者義理學方面則有戴震等人務力於發揚道德價值的經驗面，

將視域從「形上之道」轉向「形下之器」，要求以「非形上學」但仍強調道德創造性的理論建設，既充分具現了清人強調經驗實踐的時代色彩，復分庭抗禮宋明理學的道德形上學，且使儒家道德學兼具形上與形下的全幅理論圓滿開展。

　　因此從宋明理學到清學，清儒的中心意識和必須面對解決的學術課題，主要是歷經理學長期發展後的末流蹈空流弊；而清學除經典實證的學術方法論革命外，同時也是義理學的革命時代。對於道德，清人以現實世界、經驗視域為著眼，強調人是安住於現實世界而不是形上學的理念世界；所以其義理系統的「非形上學」轉型與經驗強調，正是在「形上學」以外，對於道德學的另一種選擇。本著所論清代的義理學轉型，正是以儒學存在理學外的其他義理模式為出發，亦焦循之言「宋之義理，仍當以孔之義理衡之；未容以宋之義理，即定為孔子之義理也。」（《雕菰集·寄朱休承學士書》）清代新義理學同樣出自經世關懷，但迥異於理學對道德價值的形上面側重，故顏元痛詆朱子之讚美李侗「謝絕世故四十餘年，簞瓢屢空，怡然自得」，批判「試觀孔子前有『謝絕世故』之道學乎？」（〈性理評〉，《習齋四存編·存學編》）又如阮元對儒家仁論思想之改採經驗取向的「仁必須『為』」主張。他以生活世界的人際倫理如「相人偶」、「爾我親愛」等客觀實踐，將宋明理學強調逆覺體證的主觀存養，轉為能被客觀驗證的經驗事為。清代新義理學從本體論的氣本思想，到人性論的尊情重智主張，再到工夫論的客觀事為、經驗取向等，在在都與宋明理學間具有新、舊典範的價值殊異與義理緊張性；而戴震新義理所捲起的思想波瀾，也歷經章學誠敘述當初的不為人知、到後來「趨其風者，未有不以攻朱為能事也。」「誹聖排賢，毫無顧忌，流風大可懼也！」（〈朱陸〉、〈書朱陸篇後〉，《文史通義》）方東樹亦亟不滿戴震地說「近世有為漢學考證者，箸書以關宋儒攻朱子為本。……海內名卿鉅公、高才碩學，數十家遞相祖述。」

（〈漢學商兌序例〉）斯即錢穆所言「乾嘉以往，詆宋之風自東原起而益甚。」（《中國近三百年學術史・戴東原》）須是到了此時，學界長期由理學形塑的意識型態暨理學在義理學的獨尊地位才被鬆動；至此，方可謂理學出現了「義理學典範」危機。

　　至於清代新義理學的轉型價值為何？——這就不僅只是思想史上關於清學思想性如何？抑或清代思想和宋明理學間的義理緊張性一類的問題討論了；而是關乎儒學的現代化，暨中國如何融入世界性現代化進程的重要討論與理論修正。

　　儒學的現代化非可一蹴而就，中國要融入世界性現代化進程也不是無條件走向西方模式，更不是西方憑藉著船堅礮利就能改變中國人兩千年思維的。一個國家的現代化，本土因素與外來因素都會產生一定的影響力，其中作為反映這個國家獨具的歷史背景的本土性模式尤其重要。因此在國人能夠理解並接受西方現代化思維以前，儒學要從長期「非功利」的「正其誼不謀其利，明其道不計其功。」以及宋明理學崇高道德理念的「存理滅欲」思想，轉向到「正其誼以謀其利，明其道而計其功。」暨晚清融入世界性現代化進程的過程中，其中必定有一些居間調融以使順利銜接兩端迥異思維的「前理解」思想觀念；而清代的新義理模式就是居間折衝及接榫兩端的本土性思維。清代新義理學主要突顯道德經驗與現實世界的連繫關係，是以「形下之器」的現象萬殊作為主要的視域與論域；清儒所關懷的實在界的道德實踐，正是對於兩千多年儒學鮮少觸及的經驗世界與客觀面的理論建設與補充。清代新義理學和理學顯然異趣的思想觀點，譬如清儒對於作為道德核心價值的「善」或「理」，已從形上義的「天理」轉向經驗義的「事理、情理」；人性論焦點，更從長期對「性善」說的「根源義」證明即「證體」，轉為著重「歷程義」之要求「善」的踐履完成與經驗驗證，並從「尊性黜情」轉為正視現實人情的「尊情重智」思想；工夫論則從「主觀存養」轉向落

實經驗實踐的「客觀事為」；義利觀也從「嚴辨義利」而「恥言利」的「求利害義」、「貴義賤利」等保守思想，轉向認同「義利合，民樂從善」、「利者，義之和」的「趨利故義」、「即利即義」之「義利合一」觀；道德實踐亦自「守常」趨向「通變」實踐觀的「趨時行權」、「斷以事宜」；……尤要者，清儒以合理滿足人情人欲的「通情逐欲」說取代了理學核心指導思想的「存理滅欲」說。清儒所論，在在皆以如何在生活世界實現道德踐履為理論重心，不再如理學首出形而上的理念世界；其說既是對已經先行的社會心理提煉，亦是借重理論建構以扭轉儒學的保守性格和國人守舊的意識型態。是故清代新義理學站在傳統與現代的折衝點上，以返本開新的過渡思想承擔儒學的繼往開來，使儒學在融入世界性現代化進程以前，在西方實證主義尚未東漸的十八世紀，就已經先行地出現「義理學轉型」的自我轉化了。知夫清代義理學的思想轉型，始可以進論我國傳統文化所蘊蓄的現代化內在機制；吾人並可以說中國的現代化進程並非全然移植西學，非如過去學界所慣言的「西學外鑠」說之過度向西方傾斜。清代思想實際上是儒學融入世界性現代化進程的窗口；至於晚清門戶洞開下的西學影響，其意義主要是中、西合流而加速了儒學的現代化腳步。──這是對於儒學現代化問題所持的「儒學導向」立場及歷史解釋。

　　清代突破傳統舊思維而趨近現代性的義理成就，既為長期來執思想界牛耳的宋明理學所淹沒，也為當代學術主流的考據學光芒淹沒。這一方面是清代緊接在義理學高度發展的宋明理學之後，考據學另闢蹊徑地以一種截然不同於道德講論的經典實證模式主盟學壇，難免予人清學從理學的思想高峰轉入缺乏思想性的直接聯想；另方面則清代最具代表性的義理特色是發揚道德價值的經驗面，這又是一種殊異於理學長期形而上模式的另闢蹊徑，解人難求；再加上明清易鼎、清末的反清革命與民國後的國民政府播遷來臺等等政治因素，學界對於清學思想性的問題，

更不免摻雜了非學術性因素的批判與思考，亦加深了對清代思想的負面評價。因此本著著眼於清代思想家結合了清儒睥睨我國學術史的考據學成就，探論他們站在考據巨人的肩膀上開啟了何等眼界？看到了什麼不同於宋、元、明近千年的思想風景並提出什麼思想見解？此外亦揭櫫清代新義理學的思想轉型價值，除了圓滿儒學兼具形上與形下的理論開發外，實際上更蘊藏了我國現代化的本土性資源之重要意義。

對於清代學術，本著抱持同情的理解，持信存在的合理性，肯定其思想價值，並深刻體認學術必須深蓄厚養，誠如荀子言：「不積跬步，無以致千里。」然後世往往輕詆考據學繁瑣無用、清儒皓首窮經而尟少思想性，故結合通論、專傳、合傳以發幽闡微之。歷史考據學派王鳴盛嘗論學者之著述用心，曰：「無用之學，聖賢所不取。……不與文人才士競能，而為後學垂益於無窮。」他認為有用之學在於能夠垂益後學而非逞才競能，所以「生古人後，但當為古人考誤訂疑」，不應「鑿空翻案，動思掩蓋古人以自為功。」（〈通鑑史氏釋文〉、〈《通鑑》與《十七史》不可偏廢〉，《十七史商榷》）段玉裁也嘗論外孫龔自珍：「學問門徑自殊，既不相謀，遠而望之，皆一丘一壑耳；身入其中，乃皆成泰山滄海，涉歷甘苦皆無盡也。」（詳張祖廉《定盦先生年譜外紀》）焦循論考證之難，亦言「譬如探星宿海河原，已走萬里，覺其不是，又回家；更走萬里，又不是，又回；又走。每次萬里，不憚往返。此非悉屏一切功名富貴以及慶弔酬應，不能耐心為此。」（《易話·學易叢言》）蓋一個時代的學術課題與思想發展，自有其當代亟待解決的迫切課題；後人對於門徑自殊本不相謀的清學各家各派，卻每著眼於異族統治、或客觀政治因素，殊非允論。此外，本著在錢穆提出的學術「每轉而益進」觀點之外，乃以「盈科而後進」看待千古學術之興衰與發展，並未持優劣軒輊立場。爰為斯著。

CONTENTS
目　錄

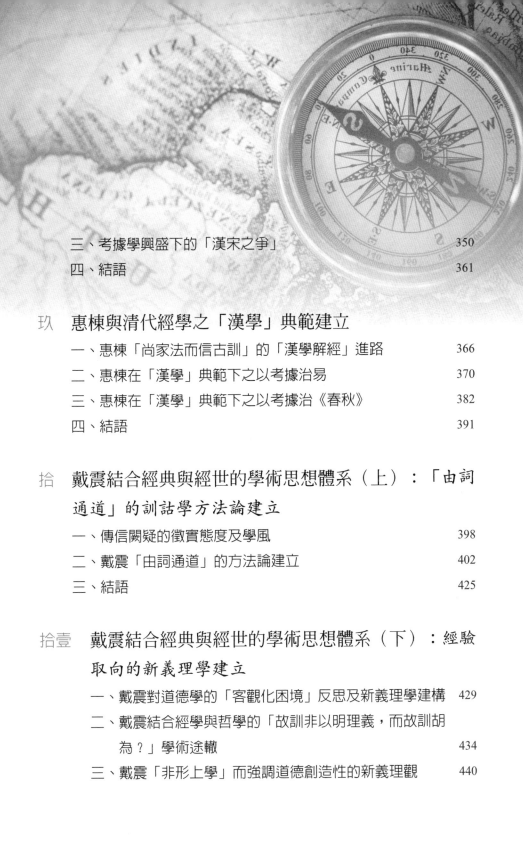

第一篇

思想紛呈的清初學界

壹
清學開山兩巨擘：顧炎武與黃宗羲

　　顧炎武與黃宗羲是並列清學開山的明朝遺老，兩人都有博學鴻儒之詔，而皆入清不仕。顧炎武以務實之學為「崇實黜虛」的清代學風奠基，並以「考文知音」之方法論為考據學指示門徑，開啟了清學以考據治經的博稽經史、考經證史一代風尚；黃宗羲則身繫文獻傳承重任，又以《易學象數論》開啟清儒考辨易圖之風，對於清初由辨偽學率先形成風潮的考據學發達，具有推動性作用。故阮元《國史儒林傳》以顧炎武和黃宗羲作為開篇儒宗；江藩《國朝漢學師承記》亦藉答客問而論「國朝諸儒究《六經》奧旨，與兩漢同風，二君實啟之。」曰：「有明一代囿於性理，汨於制義，無一人知讀古經註疏者，自黎洲起而振其頹波，亭林繼之，於是承學之士知習古經義矣！」是以江藩即以「黃氏闢圖書（河圖、洛書）之謬，知《尚書》古文之偽；顧氏審古韻之微，補《左傳》杜注之遺，能為舉世不為之時」，因此儘管不無「前朝之遺老，實周室之頑民」顧忌，而仍將二人事蹟列序於篇後。

一、顧炎武開清代學風的務實之學

　　清初諸儒中，顧炎武（1613-1682年）被推為「開國儒宗」。他主要以經學家、史地學家、音韻學家著稱，而亦有「盈天地之間者氣也」、「非器則道無所寓」一類呈現明清重氣新趨的思想見解。明末，顧炎武不得意於科舉；入清，又恥事新朝，故他以「立言俟後」作為自己一生的職志，嘗言：「救民以事，此達而在上位者之責也；救民以言，此亦窮而在下位者之責也。」（《日知錄·直言》）其《日知錄》

乃積三十餘年之功而成，爲其一生精神所貫注；終有清一代，該著幾爲
所有儒者所必讀，爲此書作注者，更囊括了包括潘耒、閻若璩、沈彤、
王錫闡、張爾岐、唐甄、陸隴其、陸世儀、李光地、徐乾學、朱彝尊、
方苞、惠士奇、梅文鼎、全祖望、江永、錢大昕、盧文弨、王鳴盛、戴
震、趙翼、姚鼐、汪中、劉臺拱、阮元、方東樹、魏源……等幾乎道光
以前所有名家，故《日知錄》已成爲風行清代三百年的帶有經典性的著
作。潘耒序《日知錄》曰：「天下無賢不肖，皆知先生爲通儒也。」顧
炎武自己也對《日知錄》期許甚深，他自言該著「意在撥亂滌污，法古
用夏，啟多聞於來學，待一治於後王。自信其書之必傳，而未敢以示
人也。」「平生之志與業，皆在其中。」此外，顧炎武又以《音學五
書》爲清代考據學、古代語言文字學指示途轍，並爲自我實踐的具體範
例，他亦自許「以續三百篇以來久絕之傳」、「亦足羽翼《六經》。」
（《亭林文集・與楊雪臣・與友人論門人書》）於學，炎武反對徒爲詩
文、或只爲「注蟲魚，命草木」所範疇的「雕蟲篆刻」，他說：「凡文
之不關於《六經》之指、當世之務者，一切不爲。」「君子之爲學，以
明道也，以救世也。……有王者起，將以見諸行事，以躋斯世於治古之
隆。」（《文集・與人書三、二十五》）故其學皆崇實致用、用心於經
世之務者，皆爲待治於後王而作。

　　顧炎武本名絳，明亡後改名炎武，字寧人，亦自署蔣山傭，學者稱
爲亭林先生。顧氏本江東望族，五代時由吳郡徙徐州，江蘇崑山縣人。
炎武自幼過繼給未婚守節的孀居叔母王氏，其母曾蒙朝廷旌表；亡明之
禍，母謂炎武曰「我雖婦人，身受國恩，義不可辱。」俟弘光政權覆
滅、兩京既破後，母遂絕粒不食，遺言後人「無仕二姓。」（《文集・
與史館諸君書》）炎武生性兀傲、狷介嫉俗，不諧於世，獨與歸有光之
孫歸莊善，同遊復社，時人稱以「歸奇顧怪」。明末顧炎武曾多年失意
於科場，於時則山海關外的後金政權屢挫明軍，又改金爲清，與朱明王

朝形成敵國；炎武終於被從科場中震醒，毅然掙脫了科舉帖括的桎梏，從此留心經世之務，並傾力於《天下郡國利病書》之自歷朝史籍、天下圖經以及小說筆記、《明十三朝實錄》等著作中輯錄農田、水利、礦產、交通與地理沿革等有關「朝政民生」者，以探尋國貧民弱的根源；他復以周流西北邊陲二、三十年的經驗，著《肇域志》以專論山川要阨、邊防戰守之事，對於皆經目擊的邊塞亭障等，均清楚載明。

　　炎武遊歷所至，輒以二馬二騾載書自隨，至西北阨塞、東南海陬，必呼老兵退卒詢以曲折，凡與平日所聞不合者，即發書勘驗，以「酌古通今，旁推互證，不為空談，期於致用。」他曾經批評南北方學者之病曰「飽食終日，無所用心，難矣哉！今日北方之學者是也；群居終日，言不及義，好行小慧，難矣哉！今日南方之學者是也。」（《日知錄·南北學者之病》）時人以為切中肯綮。而炎武亦終以行奇學博，負海內眾望，成為清政權所亟欲網羅的博學鴻儒；多次，當他面對薦舉時均辭以「刀繩具在，無速我死。」「人人可出，而炎武必不可出。」「七十老翁何所求？正欠一死。若必相逼，則以身殉之矣。」（《文集·與葉訒菴書》）當其晚年，於早年曾因困乏而受他周濟的外甥徐乾學、徐元文兄弟已是一門鼎貴，以書欲迎歸長年北遊的炎武，並為買田置宅，但也為炎武所拒而不往。

　　在歷經國難、家難之後，炎武以精衛填海的心情自況，嘗賦詩道：「長將一寸身，銜木到終古。我願平東海，身沉心不改。大海無平期，我心無絕時。」（《亭林詩集·精衛》）並蓄髮明志而與抗清志士往來，後為怨家所構，告以通海；事解之後，他盡變賣家產，隻身北遊，曰「使我有澤中千牛羊，則江南不足懷矣。」（《文集·與潘次耕》）其初，猶頻繁往來直、魯、江、浙間；順治十八年，桂王遇害、南明永曆政權覆滅、鄭成功帥部退往臺灣，炎武眼見復明大勢已去，遂斷然西走，自後策馬往來河北諸邊塞十餘年。炎武自言：「能文不為文

人，能講不爲講師。」從五十以後，「篤志經史。」（《文集·與人書二十三、二十五》）他因憎惡明末講學之風，終身不登講堂，也不輕收弟子；康熙二年莊廷鑨《明史》案發，其好友潘檉章、吳炎皆死之，炎武在山西汾州悲痛遙祭並賦詩道：「一代文章亡左馬，千秋仁義在吳潘。」（《詩集·汾州祭吳炎潘檉章二節士》）因此破例收潘檉章之弟潘耒爲弟子。其後炎武六謁思陵，以「秦人慕經學、重處士、持清議，而華陰縮轂關河之口，……一旦有警，入山守險不十里之遙；若志在四方，一出關門亦有建瓴之勢。」故定居陝西華陰下，其猶未忘情復明。置田華下，常以蒺藜苗佐餐，曰「啖此久，不肉不茗可也。」（事詳《國朝漢學師承記》）無子，終生以著述爲志業。

(一)「非器則道無所寓」的氣一元論和「下學」強調

炎武之學從針砭明季空疏學風出發，他所提倡經術經世、回歸原典等務實之學，皆以矯時風之束書不觀、游談無根。對於理學、尤其王學一派，他極其不滿；故於理學之高談空論、或心性之說等，他都點名批判。也因此在理學長期發展中居主流地位、並作爲理學核心價值的理本體論和心本體論等，他都力持反對意見；炎武強調經驗現實，重視氣化流行，其論曰「非器則道無所寓。」（《日知錄·形而下者謂之器》）——溯自明中葉起，羅欽順（1465-1547年）便已開始強調「理氣爲一物」，而用力於扭轉程朱主流「理氣二分」思維模式，並改持「即氣即理」、「理即是氣之理」的思想新命題了，故其論曰「理須就氣上認取。」（《困知記》下）王廷相（1472-1544年）也認爲氣爲造化之本，謂「氣也者，道之體也。」（《王廷相集·慎言》）至於和顧炎武同時的黃宗羲（1610-1695年），則繼承師說劉宗周（1578-1645年）之「理即是氣之理。」「有是氣，方有是理。」「盈天地間，一氣而已矣！」（《劉宗周全集·學言中》）而亦持論「天地之間只有氣，

更無理。所謂理者，以氣自有條理故立此名耳！」（《明儒學案‧諸儒學案中四》）王夫之（1619-1692年）也說「理即是氣之理，氣當得如此便是理。」（《船山易學‧周易外傳》）並皆體現了明以來日漸重「氣」的思想新趨。是故炎武在構成其學術思想基底層的本體論上，也抱持與其務實之學趨向一貫的「氣本體論」立場，而與上述諸人同為領導明清思想轉向的開風氣人物。

　　從宇宙本體論到工夫論，炎武是以氣一元論為出發的。他在《日知錄》中對於張載論氣之謂「太虛不能無氣，氣不能不聚為萬物」備加推崇，贊曰：「其精矣乎！」又論以「盈天地之間者氣也，氣之盛者為神；神者，天地之氣而人之心也。」他認為天地間惟一的本源是氣；氣聚而生神，神即寓乎氣中，神在於人則為心，故「精氣為物，自無而之有也；游魂為變，自有而之無也。」（〈游魂為變〉）神與氣的關係如此，道與器的關係亦復如此，故「形而上者謂之道，形而下者謂之器，非器則道無所寓。」（〈形而下者謂之器〉）炎武強調氣為本體，而氣是絪縕變化無已的；所以從這樣「氣一元論」思想模式出發，自然會表現為對於形而下的萬殊現象、即「形迹」之「變」的強調——「天地之化，過中則變。日中則昃，月盈則食。……十干則戊己為中，至於己則過中而將變之時矣。」（〈己日〉）又，當對宇宙經驗萬殊的現象關懷落實於實在界時，又將表現為對於吾人生活世界——「天下之生久矣，一治一亂；盛治之極，而亂萌焉」（〈姤〉）之革除時弊與現實關懷，故炎武之學即是以明道、救世為其本旨的。是故炎武便是從宇宙觀之重氣思想出發，又從氣尚動推出了現實人生之亦盛衰循環、變化無已的。然而其「變」是有跡可循的，司馬遷亦云「究天人之際，通古今之變」；因此如何通過往昔造化之迹以知來？就是人們所應該努力的課題。其論曰：

　　數往者順，造化人事之迹，有常而可驗，順以考之於前也。
知來者逆，變化云爲之動，日新而無窮，逆以推之於後也。聖人
神以知來，智以藏往，作爲易書，以前民用。……是以天下之言
性也，則故而已矣。　　　　　　　　　　　　——〈易逆數也〉

故於此，「下學」工夫之重要性於是被突顯而出了——在日新無窮的萬
殊變化中，聖人正是藉由「智以藏往」以作爲後人鑑以知來的憑藉。因
此炎武之整體學術思想、從宇宙本體論到人生修養論之一切辯證性思想
與理論，就是以氣本論爲核心及其指導思想的，所以無論在治學門徑、
或治術落實上，他都強調客觀經驗途徑、突顯實證與現實精神。因此炎
武之強烈摒棄理學形而上的玄虛、主觀進路，亦是不難理解的。

　　是故炎武即以聖學傳統之強調經驗現實——「聖人之所以學易者，
不過庸言庸行之間，而不在乎圖書象數也。今之穿鑿圖象，以自爲能
者，畔也。」（〈孔子論易〉）以證論他對於現實人生之「下學」強調
的，故其論「聖人之所以爲學者，何其平易而可循也，故曰『下學而上
達』。顏子之幾乎聖也，猶曰『博我以文』，其告哀公也，明善之功先
之以博學。」是以炎武特別拈出「下學」之功以爲「上達」之所資藉。
他復藉朱子之言：「近日學者病在好高，《論語》未問學而時習，便說
一貫；《孟子》未言梁惠王問利，便說盡心；易未看六十四卦，便讀
《繫辭》，此皆躐等之病。」（〈夫子之言性與天道〉）以明朱子猶戒
後學以「好高」之弊，況於末流之玄虛鑿空？他並認爲即使天縱如孔
子，其學琴於師襄，也顯示了孔子亦是循「已習其數，然後可以得其
志；已習其志，然後可以得其爲人」之「下學而上達」、即通過具體工
夫修爲以達道德境界的。是以其論「下學」曰：

　　古之聖人所以教人之說，其行在孝弟忠信；其職在灑埽應對進退；其文在《詩》、《書》、《禮》、易、《春秋》；其用之身，在出處去就交際；其施之天下，在政令教化刑罰。……亦有體、有用之分，然並無用心於內之說。　　　　　　　　　——〈內典〉

　　愚所謂聖人之道者如之何？曰博學於文，曰行己有恥。自一身以至於天下國家，皆學之事也；自子臣弟友以至出入、往來、辭受、取與之間，皆有恥之事也。……嗚呼！士而不先言恥，則為無本之人；非好古而多聞，則為空虛之學。以無本之人而講空虛之學，吾見其日從事於聖人而去之彌遠也。

　　　　　　　　　　　　　　　　　——《文集・與友人論學書》

故其所謂「下學」，強調客觀、經驗途徑，指落實於實在界之一切吾人日用倫常、及物潤物之學。是以炎武復舉《延平先生答問》之論「夫子之道，不離乎日用之間。自其盡己而言，則謂之忠；自其及物而言，則謂之恕，莫非大道之全體。」（〈忠恕〉）以戒學者蹈空，並強調欲「上達」者必先從事「下學」之功，方不會淪為無本之學。其又曰：

　　夫子之教人文行忠信，而性與天道在其中矣。……今人但以《繫辭》為夫子言性與天道之書；愚嘗三復其文，……九卦所以教人學易者，無不在言行之間矣。……樊遲問仁，子曰「居處恭，執事敬，與人忠。」司馬牛問仁，子曰「仁者，其言也訒。」……今之君子，學未及乎樊遲、司馬牛，而欲其說之高於顏、曾二子，是以終日言性與天道，而不自知其墮於禪學也。

　　　　　　　　　　　　　　　　　——〈夫子之言性與天道〉

因此炎武亟反對理學強調的「用心於內」及其末流之墮於空論、學無所本，只是「終日言性與天道」；炎武強調從一己到天下國家之一切具體事為，皆此「下學」之事也，亦君子察往而「知來」之所憑藉。是故炎武對於明季士大夫之無恥及其空疏學風批判，一方面亦緣自鼎移之禍的痛切歷史反省，故其痛深責切。因此他之強調「下學」工夫，可謂激於國變、面對儒學客觀化困境，而自期以矯時救弊。至於「下學」工夫之落實實踐，也就是有體、有用的「修己治人」實學；故涵蓋「學」與「術」之「經學復興」和「經術經世」兩方面而言。所以炎武一方面提倡學要務本，強調回歸原典、博稽經史；另方面亦強調崇實致用，以拯救時弊實現其經世理想。故炎武即以此初步奠立清學「崇實黜虛」之一代風趨。以下略述之。

㈡「經學即理學」之領導清代學風

　　炎武嘗有志於明史，也曾經撰寫若干關乎明史事之作，此亦明代遺老之共同職志。炎武早年承祖傳所遺，復多方蒐羅明史料，惜所藏皆燬於莊廷鑨史獄一案──炎武以敬重吳炎、潘檉章之史才故，假以所藏關於明史料之書冊一、二千本；後來吳、潘並皆與難，致炎武所蓄藏明史料盡被亡燬。此事對炎武之治明史造成了極大打擊，後來他亦殊不願提及此事。炎武之辭薦修《明史》，其〈答徐甥公肅書〉云：「幼時侍先祖，自十三、四歲讀完《資治通鑑》後，即示之以邸報，泰昌（光宗，1620～）以來頗窺崖略。然憂患之餘，重以老耄，不談此事已三十年，都不記憶，而所藏史錄奏狀一二千本，悉為亡友借觀，中郎被收，琴書俱盡。承吾甥來札惓惓勉以一代文獻，衰朽詎足副此？」其〈與次耕書〉亦曰「吾昔年所蓄史事之書，並為令兄取去；令兄亡後，書既無存，吾亦不談此事。……十七年不談舊事，十七年不見舊書，衰耄遺忘，少年所聞，十不記其一二。」其後來疏於明代掌故並痛心修史路絕

的絕望心情，躍然紙上。是以炎武自後「退而修經典之業」，並曰：「假年學易，庶無大過。不敢以草野之人追論朝廷之政也。」不過在以此作為託辭之同時，他還是對於後來刻本與當初他曾經親自歷覽的實錄記載不符，感到極其不安，故他仍然語重心長地寄語潘耒，曰「自庚申至戊辰（1620-1644年），邸報皆曾寓目，與後來刻本記載之書，殊不相同。今之修史者，大段當以邸報為主，兩造異同之論，一切存之，無輕刪抹，而微其論斷之辭，以待後人之自定，斯得之矣。」其亟告潘耒以從事者對於史錄應持「無輕刪抹」和「微其論斷」態度、對於刻本亦不應過於輕信，可見他心中還是非常關注《明史》編纂的。

其後炎武放棄了修史素志，轉事經典，並以《音學五書》、《日知錄》諸作引領學術途轍，而成為江藩《國朝漢學師承記》中與黃宗羲並列的清學開宗。《四庫提要》在《日知錄》下云：「炎武學有本原，博贍而能通貫，每一事必詳其始末，參以證佐，而後筆之於書，故引據浩繁，而牴牾者少。」潘耒序《日知錄》也說：「有一疑義，反覆參考，必歸於至當；有一獨見，援古證今，必暢其說而後止。」炎武則自我要求以《詩》云「如切如磋，如琢如磨」，故持「良工不示人以璞」，「恐有舛漏，以貽後人之議」的謹嚴態度，對於當時已富盛名的《日知錄》付刻，猶曰「再待十年；如不及年，則以臨終絕筆為定。」（《文集·與潘次耕書》）其〈初刻《日知錄》自序〉亦自戒以「昔日之得，不足以為矜；後日之成，不容以自限。」其撰作《音學五書》之三十餘年間，更是「所過山川亭障，無日不以自隨。凡五易稿而手書者三。」（《文集·音學五書後序》）於此皆可具見其用心、用力之深及其謹嚴的著述態度。

緣自強調現實出發的「下學」工夫，炎武對於理學強調形上進路的心性之學和內向思辨等，非常不能認同，其〈與友人論學書〉曰「嘆夫百餘年以來之為學者，往往言心言性而茫乎不得其解也。」實則明季

以來，已有諸多儒者對於明末空疏學風表示不滿而出現重經傾向了——歸有光言「聖人之道，其跡載於《六經》」、「能明於聖人之經，斯道明矣」（《震川文集・示徐生書・送何氏二子序》）；錢謙益言「聖人之經，即聖人之道也。」「誠欲正人心，必自反（返）經始。」（《牧齋初學集・新刻十三經註疏序》）；黃宗羲亦言：「學必原本於經術，而後不為蹈虛。」「受業者必先窮經，經術所以經世，方不為迂儒之學。」（全祖望《鮚埼亭集・甬上證人書院・梨洲先生神道碑文》轉引）至於炎武則提出了影響清學走向甚鉅的「古之所謂理學，經學也。」他說：

理學之名，自宋人始有之。古之所謂理學，經學也，非數十年不能通也，故曰：君子之於《春秋》，沒身而已矣；今之所謂理學，禪學也，不取之《五經》，而但資之語錄，校諸帖括之文，而尤易也。又曰：《論語》，聖人之語錄也；舍聖人之語錄，而從事於後儒，此之謂不知本矣。 ──《文集・與施愚山書》

因此炎武亟強調回歸經傳註疏傳統，主張以六藝實學取代理學明心見性、用心於內的空言；期望藉由六藝之文、百王之典、當代之務等修己治人的經世之學，以復歸通經致用、合節義與事功為一的儒學傳統。

故炎武之經學觀可以分從下列角度加以觀察：1.對理學空談心性；2.對理學淪為科舉時文等之負面批判；3.對經學復興和經術致用之正面提倡。因此炎武所論中屢屢可見他重責理學空談心性以及科舉時文「八股之害，等於焚書；而敗壞人材，有甚於咸陽之郊所坑者但四百六十餘人也。」（〈擬題〉）其論曰：

　　劉石亂華，本於清談之流禍，人人知之；孰知今日之清談，
有甚於前代者。昔之清談談老莊，今之清談談孔孟，未得其精而
已遺其粗，未究其本而先辭其末。不習六藝之文，不考百王之
典，不綜當代之務，……以明心見性之空言，代修己治人之實
學，股肱惰而萬事荒，爪牙亡而四國亂，神州蕩覆，宗社丘墟。
　　　　　　　　　　　　　　　　　　──〈夫子之言性與天道〉

　　國家之所以取生員而考之以經義、論策、表判者，欲其明
《六經》之旨，通當世之務也。今以書坊所刻之義謂之「時
文」，舍聖人之經典、先儒之註疏與前代之史不讀，而讀其所謂
時文。……老成之士，既以有用之歲月消磨於場屋之中；而少年
捷得之者，又易視天下國家之事以為人生之所以為功名者，惟此
而已，故敗壞天下之人材。　　　　　　　　　──《文集·生員論中》

是故就是在清初諸儒咎理學以空談玄虛及淪為科舉時文，因此呼籲返
經、重經的時代風氣中，炎武論「讀書不通《五經》者，必不能通一
經，不當分經試士。」（〈擬題〉）而其所謂「古之所謂理學，經學
也」亦被全祖望〈亭林先生神道表〉轉述成為「經學即理學」，並說：
「古今安得別有所謂理學者？」學者普遍認同該語頗能得其精神要義，
遂加沿用。於是炎武此一企圖將學術重心從理學轉移到經書的「經學即
理學」命題，及其所強調聖人之道具在《六經》，則欲求古聖賢理義不
可以空憑胸臆，必須就其所垂訓的《六經》以求，於是成為清初有力挑
戰理學的代表性說法，並為大多數清儒所繼承、襲用。因此促成清代考
據學興盛並影響清學後來學術走向的思想意識，可自此中所寓的「通經
明道」、「明道救世」等思想命題來加以探討。
　　在清初儒者強烈要求經世致用以及炎武提倡經學、強調實務之學

下，可以看出清初思想發展呈現著義理、考據與經世間的交錯而密切關係。「通經明道」是以義理存乎經書中，故「能明於聖人之經，斯道明矣」為其理論基礎的；因此炎武可自此中推出「經學即理學」命題，此命題又同時蘊涵了以下數義——通經乃以明道為目的、明道須以通經為方法途轍、考據治經又是通經之門徑方法，故炎武復可以自此中推出具體指示學術途徑的「讀九經自考文始，考文自知音始。」（《文集·答李子德書》）於此，有清一代「考據治經」之以音韻訓詁作為進求義理不二門徑的學術方法論，於是被確立。另外關於「明道救世」命題，則亦突顯了經學與經世間的關係，其闡明經書所蘊涵的義理就是作為求取治世的一種方法手段，即作為「經術經世」的治術是也，因此經世目的才是經學的終極目標、理想。是故清儒是在雙重肯定了通經乃以義理為目的和「經學就是義理之學」後，又進一步申論義理之學的經世目的，故清儒能自此中獲得「經學是治世之學」的結論，進而肯定《六經》就是先王的治世之理，既含治道之「體」、也含治術之「用」在其中。故如章學誠《文史通義》即論以「古人未嘗離事而言理，《六經》皆先王之政典。」「後人貴經術，以其即三代之史耳。」而此一「考據→通經→明道→救世」之強調考據治經的學術模式，也普遍能夠獲得清儒之信任。

是故炎武在「經學即理學」前提下所提出的「考文知音」方法論——以「故訓」作為開啟《六經》之鑰的治學門徑，就是他影響清代考據學甚鉅的：為清學指示門徑。其後的清儒幾乎都與之同調地、也都重視音韻訓詁之考據治經門徑，如嘉道間亦為一方學術重鎮的阮元便也論曰：「聖人之道，譬若宮牆，文字訓詁，其門徑也。」「聖賢之道存於經，經非詁不明。」（《揅經室集·擬國史儒林傳序·西湖詁經精舍記》）其論學也說：

　　竊謂士人讀書當從經學始，經學當從註疏始。空疏之士、高明之徒，讀註疏不終卷而思臥者，是不能潛心鑿索，終身不知有聖賢諸儒經傳之學矣。

　　　　　　　　　　——《揅經室三集‧江西校刻宋本十三經註疏書後》

是故顧炎武之提倡經學，強調博稽經史的訓詁門徑和重視經傳註疏的學術方法論，就是後來清儒所共同遵循的學術規範，則他被稱為清學開山儒宗，良有以也。不過還必須加以申明的是，儘管炎武極力呼籲以經學代替理學，然而其所產生的最重要學術作用，畢竟在於「考文知音」之古學復興以及為清學指示途轍的考據學方法論層面。至於理學之真正衰微，非但不是由於理學和經學考據的對立；相反地，並且是由於清儒對理學內部的義理紛爭，想要借重經學考據的「實證」方法處理之，所以清初理學與經學考據間反而是一種極其密切的連繫關係。即緣自清初尊朱、擁王兩派學者都欲藉由考據利器來駁斥對方的立論經典，因此也都強調回歸原典地從事經典之辨偽活動，並由此促成了清初辨偽學之興盛；但嗣後卻由於朱、王雙方所據以立論的經典，如《古文尚書》、《大學》、易圖等都被對方所祭出的鐵證如山斷論為援道入儒、或原非聖學經典，至此理學才因喪失經典權威而造成進退失據、一蹶不振，也才真正被窮究經典的考據學和經學復興取代其學術主流地位的。

㈢《音學五書》之清代古音學先驅

　　在世所盛稱的乾嘉考據學中，訓詁學獲得了空前的發展高度；清儒在訓詁學上最大的成就，即在於溝通了「語言」和「文字」間的密切關係，建立起連繫語言文字和辨明經義的系統性理論，而顧炎武即其先導大師。顧炎武之《日知錄》、《詩本音》等，對於古音、古義多所發明；嗣後惠棟、戴震等人衍其流而有《九經古義》以及《毛鄭詩考

正》、《爾雅文字考》……等亦皆能以古音說古義之上溯周秦兩漢的考古之作。再後來惠棟的弟子江聲著《尚書集注音疏》、余蕭客著《古經解鉤沉》，王鳴盛、錢大昕等也都受惠棟影響，而於經史、音韻學等皆能闡明古學；戴震的弟子段玉裁則除了注《說文解字》以外，於《古文尚書》、《周禮》、《儀禮》等亦皆有所著作，王念孫父子之《廣雅疏證》、《經傳釋詞》、《經義述聞》以及孔廣森之《公羊通義》等，也都能夠發明絕學，並比類旁通、博考證失；再如邵晉涵《爾雅正義》、郝懿行《爾雅義疏》以及杭世駿、趙翼、張金吾、畢沅……等人，也都在訓詁學上開闢門路，共同打開了一條由清儒群策群力、眾志成城的訓詁學大道。至於清儒之以古音求古義，以及搜考異文、廣覽箋注的訓詁途轍，其風氣伊始，就是始於顧炎武之有鑑於宋明以來，理學家以明心見性之空言代修己治人之實學，故積三十年之功撰為《音學五書》——《音論》三卷、《詩本音》十卷、《易音》三卷、《唐韻正》二十卷、《古音表》二卷等，另外他還著有《九經誤字》，亦有見明代國子監刻本諸經字多譌脫、坊刻之誤又更甚於監本，故炎武考石經及諸舊刻而撰為是書。《四庫提要》稱其「博極群書，精於考證」，又謂「國初稱學有根柢者，以炎武為最。」（《左傳杜解補正》提要）自後清儒遂前後踵繼地建立起愈出愈精之理論系統，並開啟了有清三百年精研音韻、文字、訓詁學之一代學風。

　　《詩本音》是顧炎武認為五書中最重要的一部，係以《毛詩》之音為主、其他經書為旁證，以考定《詩經》音韻；《易音》則以《易經》韻文考定古音；《古音表》是顧炎武古音學的總結，書中他嘗試歸納古籍韻文，而得古韻十部，並列為表格。我國有關古韻語之系統化研究，即是在顧炎武《音學五書》中出現突破性進展的——我國韻書研究始萌芽於魏李登之《聲類》；積三百餘年而有隋陸法言之《切韻》，粗具梗概之法；後來宋吳棫作《韻補》，首開古音研究之風，他援《詩》、

《易》、《楚辭》以求古音，並於《廣韻》206韻之韻目下皆分別注以「古通某」、「古轉聲通某」、「古通某或轉入某」等例。鄭庠之《古音辨》則實開古韻分部先河，他將古音分成「陽、支、先、虞、尤、覃」六部，不過他專就《唐韻》求其合，不能析《唐韻》求其分，分部多有未當。於是顧炎武踵起，他復將六部進析爲十部，以《廣韻》206韻言，他又將「東、陽、耕、蒸」區分爲四，「魚、歌」分爲二，故總計有十。而顧炎武在音韻學上最大的貢獻就是釐析《唐韻》，我國的古韻分部研究就是由此而步上有條理之系統化研究的。此外，顧炎武也提出了若干古韻學上的重要理論，如《音論》用陸德明之「古人韻緩不煩改字」，以說明古韻母相近者即可押韻，不必改讀爲韻母相同；又如多引陳第言，以說「古詩無叶音」，後來段玉裁「同聲必同部」說亦與之合；另外如言「古人四聲一貫」，以說古四聲通押……等。至於《唐韻正》則是顧炎武指出古韻某部的字，在《唐韻》中被誤入某韻者；是反映先秦古音到唐代語音嬗變現象的重要著作。

不過畢竟開闢榛莽，顧氏雖然根據《詩經》用韻以析《唐韻》，但其所舉例則直至南北朝；而不惟南北朝和上古音大不相同，即兩漢語音亦與先秦有別，此外書中也有若干誤以合韻、換韻爲同韻者，故顧炎武之古韻分部仍不夠精密，《唐韻正》仍未能確切反映先秦古韻。然立足在顧氏的古韻研究基礎上，後來清儒遂有諸多後出轉精的研究，譬如江永《古韻標準》復增訂顧氏古韻爲十三部，並著有《音學辨微》之強調「審音」派理論之作；段玉裁《六書音韻表》亦創古本音、古合韻之說，且增訂顧、江二氏古韻成十七部；戴震則著有《聲類表》，將陰聲、陽聲、入聲三分，而得古韻二十五部；其後還有孔廣森《詩聲分例》、《詩聲類》以及王念孫《古韻譜》、江有誥《音學十書》等並皆使得古音學更加詳的研究。而顧炎武是清代古音學的先驅者，篳路藍縷之功不容抹殺；其後在清儒的群策群力下，遂將清代音韻學研究，共同

推向了一個兩千年歷史所未曾有的高度及高峰發展。

㈣「經術經世」之崇實致用主張

　　炎武嘗曰：「天生豪傑，必有所任。……今日者，拯斯人於塗炭，爲萬世開太平，此吾輩之任也。」（《文集・病起與薊門當事書》）故他認爲「士當以器識爲先，一命爲文人，無足觀矣。」也因此他雖然撰有《亭林詩集》、《亭林文集》等，但他絕不爲應酬文字；即其與李顒交善，亦謝絕爲李母撰寫祠記。其〈與人書十八〉嘗記曰：「中孚爲其先妣求傳再三，終已辭之。蓋止爲一人一家之事，而無關於經術政理之大，則不作也。」他並以韓愈爲例，轉述前人之論「韓文公文起八代之衰，若但作〈原道〉、〈原毀〉、〈爭臣論〉、〈平淮西碑〉、〈張中丞傳後序〉諸篇，而一切銘狀概爲謝絕，則誠近代之泰山北斗矣！」故炎武一生皆篤志於經世實學，刻刻以救弊爲懷，暮年更大量撰作具有強烈社會關懷的文論與書札，著有〈郡縣論〉九篇、〈錢糧論〉二篇、〈生員論〉三篇以及「乙酉四論」之〈軍制論〉、〈形勢論〉、〈田功論〉、〈錢法論〉等，皆大聲疾呼革除時弊，而論以經世實務之主張。此亦其對於所論「君子之爲學，以明道也，以救世也」之自我實現。

　　輾轉北游、而與南北學者廣泛交遊的炎武，他以學術密切結合現實生活，故《日知錄》中具有強烈的時代感。而最能表現炎武現實關懷的，又莫過於他對於攸關民生疾苦的稅賦問題之剴切進言。他曾在大病稍癒後即修書薊門當事者，暢論他所認爲「救民水火」的首要之務。《日知錄》與《亭林文集》中他都疾言稅賦「火耗」之弊──「原夫耗之所生，以一州縣之賦繁矣，戶戶而收之，銖銖而納之，不可以瑣細而上諸司府，是不得不資於火，有火則必有耗，……於是藉火耗之名爲巧取之術。」即針對百姓所最深以爲苦的：因朝廷之徵銀，故稅吏遂藉諸「火耗」之名以對百姓行賦斂巧取之實，故炎武亟論徵銀之禍。他並探

求源流、證諸典籍，以證論火耗之弊所造成的中國百姓長期疾苦，他復以陸贄〈上均節財賦〉所論「所徵非所業，所業非所徵，遂或增價以買其所無，減價以賣其所有。」和李翱〈疏改稅法〉所論「錢者，官司所鑄；粟帛者，農之所出。今乃使農人賤賣粟帛，易錢入官，是豈非顛倒而取其無者邪？」以及白居易〈贈友詩〉之曰「私家無錢鑪，平地無銅山，胡爲秋夏稅，歲歲輸銅錢？……賤糶粟與麥，賤貿絲與綿，歲暮衣食盡，焉得無饑寒？」以明百姓深受的徵銀之苦。故炎武痛陳「樹穀而徵銀，是畜羊而求馬也；倚銀而富國，是倚酒而充饑也。」因爲百姓「有穀而無銀也，所獲非所輸也，所求非所出也。」故他亟論「昔人之論取民者，且以錢爲難得也，以民之求錢爲不務本也，而況於銀乎？」他極力呼籲「先王之制賦，必取其地之所有。……其間凡州縣之不通商者，令盡納本色，不得已以其什之三徵錢。」其謂此是「一舉而兩利焉，無蠲賦之虧，而有活民之實。」炎武並舉親身遊歷經驗爲證：「愚嘗久於山東，山東之民，無不疾首蹙額而訴火耗之爲虐者。」「往在山東，見登萊並海之人，多言穀賤、處山僻，不得銀以輸官。」他並描繪徵糧日的驚心動魄慘況：「一縣之鬻於軍營而請印者，歲近千人；其逃亡或自盡者，又不知凡幾？」（上詳《日知錄・以錢爲賦》、《文集・錢糧論》）所以他再三爲民請命道：「請舉秦民之夏麥秋米及豆草，一切徵其本色。貯之官倉，至來年青黃不接之時而賣之，則司農之金固在也，而民間省倍蓰之出。」（《文集・病起與薊門當事書》）此炎武之論救民水火，莫先於革除火耗之弊。

　　在社會經濟思想上，則炎武以百姓爲本地提倡富民思想。他體恤民間疾苦，站在百姓立場立言，曰：「天下之人各懷其家，各私其子，其常情也。爲天子、爲百姓之心，必不如其自爲。」故其倡論「天下之私，天子之公也。」「用天下之私，以成一人之公，而天下治。」（《文集・郡縣論五》）因此論爲令者之「何謂稱職？」他說：

　　土地闢，田野治，樹木蕃，溝洫修，城郭固，倉廩實，學校興，盜賊屏，戎器完，而其大者，則人民樂業而已。

──《文集‧郡縣論三》

其論無一不是以百姓爲心，所以他強調「今天下之患，莫大乎貧。」也因此他一方面陳請「使爲令者，得以省耕斂、教樹畜，而田功之獲、果蓏之收、六畜之孳、林木之茂，五年之中必當倍益。」並主張「山澤之利亦可開也。……利盡山澤，而不取諸民，故曰此富國之篋也。」（《文集‧郡縣論六》）而在此呼籲創造百姓財富之同時，他在另方面也粗具了「均無貧」的社會理想，其又曰「民之所以不安，以其有貧有富。貧者至於不能自存；而富者常恐人之有求，而多爲吝嗇之計，於是乎有爭心矣。」即在貧富不均的情形下，非但貧者不能生存，富者亦難以安心，故他倡議譬如范仲淹蘇州義田的「收族之法」，以使「歲時有合食之恩，吉凶有通財之義。」「日睦日恤，不待王政之施，而矜寡孤獨廢疾者皆有所養矣。」（〈庶民安故財用足〉）此炎武所論「先王宗法之立，其所以養人之欲、給人之求，爲周且豫（樂）矣」的「均無貧者」社會理想及富民思想。

　　至於政治思想上，則炎武頗論君權之弊。《日知錄》中他反對人君之「獨治」，而主張實行「眾治」，曰「人君之於天下，不能以獨治也。獨治之而刑繁矣，眾治之而刑措矣。」（〈愛百姓故刑罰中〉）故他主張「以天下之權，寄之天下之人，而權乃歸之天子。自公卿大夫，至於百里之宰、一命之官，莫不分天子之權以各治其事，而天子之權乃益尊。」所以他又強調務使「縣令得以直達於朝廷」、「以重其權」，因爲「守令無權，而民之疾苦不聞於上。」（〈守令〉）當然在時代思想的高度侷限下，其時仍然難以跨越君主專制藩籬，但其論已經具有使國君位高權虛，而將君權分付給眾人之「用人不得專辟，臨事不得專

議」以及地方分權觀念了。故炎武之啟蒙思想亦頗與黃宗羲《明夷待訪錄》相互輝映。

　　因此一家一姓之君權、或治統等，本非炎武所關注的問題焦點；他關注的，是超越了個人「君臣之分」、而「所繫者在天下」的文化大防。故其於管仲不死子糾，論以「君臣之分，所關者在一身；華裔之防，所繫者在天下。……夫以君臣之分，猶不敵華裔之防。」（〈管仲不死子糾〉）故炎武所真正關懷的，是社會風俗與百姓教化，他認為這才是維繫一個民族的文化根本。所以對於當時道德風氣之淪喪敗壞、風俗卑下以及士行沉淪、士德不彰等，炎武深以為患。《日知錄》中他曾痛心指陳：

　　以今觀之，則無官不賂遺，……無守不盜竊。……自其束髮讀書之時，所以為勸者，不過所謂千鍾粟、黃金屋，而一旦服官，即求其所大欲，君臣上下懷利以相接，遂成風流，不可復制。
　　　　　　　　　　　　　　　　　　　　　　　——〈名教〉

故其論以：

　　有亡國，有亡天下：亡國與亡天下奚辨？曰易姓改號，謂之亡國；仁義充塞，而至於率獸食人，人將相食，謂之亡天下。魏晉人之清談，何以亡天下？是孟子所謂楊墨之言，至於使天下無父無君，而入於禽獸者也。
　　　　　　　　　　　　　　　　　　　　　　　——〈正始〉

炎武站在儒家倫理觀點反對楊墨思想，固可不論；但他恐懼仁義充塞之「亡天下」，則具有端正社會風俗與教化之意義。他並溯論洎自漢武「使犯法者贖罪，入穀者補吏」，導致「行雖犬彘，家富勢足，目指氣

使，是爲賢耳！」他痛心即使行同狗彘，只要有錢便能被稱爲賢者，更助長了流俗奢靡之風與輕詆德行，故俗諺亦有「何以孝弟爲？財多而光榮」之譏；況自神宗以來，「黷貨之風，日甚一日，國維不彰，而人心大壞。」（〈貴廉〉）是故炎武深深慮患者，爲「世道下衰，人材不振」（〈重厚〉），這才是他所謂的「亡天下」。

也因此炎武強調「風俗」乃是國家治亂的決定關鍵；故於社會教化，絕不能輕忽之。其論曰：

> 目擊世趨，方知治亂之關，必在人心風俗；而所以轉移人心、整頓風俗，則教化紀綱爲不可闕矣。百年必世養之而不足，一朝一夕敗之而有餘。　　　　　　——《文集·與人書九》

是以針對明季以來的敗壞世風，炎武痛論「不廉則無所不取，不恥則無所不爲，人而如此，則禍敗亂亡，亦無所不至；況爲大臣，而無所不取、無所不爲，則天下其有不亂，國家其有不亡者乎？」（〈廉恥〉）他並佐論以《北夢瑣言》所載後唐明宗尤惡墨吏，其戮絕不稍假，且曰：「食我厚祿，盜我倉儲，蘇秦復生，說我不得。」故能爲五代中小康之世。因此炎武強調勵風俗、重清議，倡「立閭師，設鄉校，存清議於州里。」（〈清議〉）他復引《南史》所論「漢世士務修身，故忠孝成俗。至於乘軒服冕，非此莫由。」以爲東漢之以道德氣節名，即在其忠孝成俗，則士之欲服官者，捨修身莫由。所以炎武主張朝廷取士，「先觀名行之源，考其鄉邑之譽，崇禮讓以屬己，顯節義以標信，以敦樸爲先最，以雕蟲爲後科，故人崇勸讓之風，士去輕浮之行，希仕者必修貞確不拔之操，行難進易退之規，眾議已定其高下，郡將難誣其曲直。」（〈名教〉）亟言士德爲先、雕蟲制試爲後。縱觀炎武所論，皆以革除時弊爲務，其引古籌今、針砭救世之心亦昭然而揭，故其與後來

多數乾嘉漢學家雖繼承他所提出的考據方法論，卻一味鑽求名物故訓、「執一不化」地走入狹隘的繁瑣考據，實不可同日而語。

二、黃宗羲對明清學術的承先啟後

黃宗羲（1619-1692年），字太沖，號南雷，一號梨洲，浙江餘姚人。生於明萬曆38年，卒於清康熙34年，享年86歲。明宗社覆亡，黃宗羲嘗乞師日本未成，歸而起義兵守浙江；事敗，復隨魯王舟山，播遷山海間，與張煌言等人力圖匡復。入清以後，勉力著述，講學不輟，成為一代學術巨擘。

清初學界碩儒輩出，世推顧炎武、黃宗羲與王夫之為一代宗師。縱觀清初的哲學發展，在顧炎武所強調與突出的氣論思想以外；王夫之山居野處、隱遯終身，其著作刊行傳播已屆晚清，學術雖然精湛卻未能在當世造成影響；黃宗羲則在早年的軍事行動、「孤臣無力可回天」的反滿抗清失望之後，轉而致力於保存文化並領導當世學風，影響極其深遠。他於康熙6年恢復由其師劉宗周所創辦的「證人書院」，康熙7年又在鄞縣創辦「甬上證人書院」，和浙東鄉子弟相與論學，此後遂長期在海昌、會稽等地輾轉講學。全祖望〈梨洲先生神道碑文〉稱「東之鄞，西之海寧，皆請主講，大江南北，從者駢集。」名儒萬斯大、《明史》之實際撰作者萬斯同兄弟等皆出其門下。

江藩《國朝漢學師承記》以黃宗羲和顧炎武作為並世的清學開宗。黃宗羲用力最深且對學界具有深遠影響的著作是明代學術史——《明儒學案》之纂輯，書敘明代三百年哲學思想，尤其是心學一系的發展脈絡；《明夷待訪錄》則猛烈抨擊專制政權，揭露君主專制的弊病並提出限制君權的主張，對於當世思想具有啟蒙作用；此外，持心學立場的黃宗羲還以《易學象數論》系統清理了歷代象數學，辨明程朱一系所愛好援引的易圖、書等，皆緣自道教，此一作為不但護衛王學立場，更開啟

清儒考辨易圖之風——其弟黃宗炎後來又撰《圖學辨惑》，毛奇齡亦有《河圖洛書原舛編》、《太極圖說遺議》，胡渭有《易圖明辨》等，對於程朱一系造成了嚴重打擊，此亦梨洲被目爲清學開山的原因一端。此外清儒又辨《大學》、《古文尚書》等亦非聖學經典，如此一來，本來由於理學內部朱、王兩派義理爭鋒而在清初藉考據利器展開「以義理之是非取證於經典」的經典辨僞，卻反而成爲促成理學在清代衰微的最直接因素，因爲當理學所奉爲圭臬的經典依據都紛紛被證立爲僞之後，理學便很難再維持其主流的學術權威地位了。而自後理學與考據學亦遂出現此消彼長的主盟地位之異變了。

㈠整合心學與氣學的「心即氣」立場

　　黃宗羲哲學思想的突出處，主要在於他認同其師劉宗周「重氣」的理氣觀，並以這樣的觀點上契陽明、孟子之心學，且有《孟子師說》一書。因此梨洲在《明儒學案》中對於羅欽順「理氣一物」的理氣觀也亟表認同；他總論羅氏之學曰：「蓋先生之論理氣最爲精確，謂通天地，亙古今，無非一氣而已。」梨洲復立足在此強調氣化宇宙論的「理氣是一」觀點上，進一步意欲建立起強調性、氣合一的「心性是一」人性論；因此他對於羅欽順在另方面所持論的認同朱熹「心性之辨」的性論思想，極力反對。他認爲「心性二分」和「理氣是一」的思想精神相悖，曰：「心性之名，其不可混者，猶之理與氣；而其終不可得而分者，亦猶之乎理與氣也。」其謂心、性雖然內容有間，但是「性者心之性，舍明覺自然、自有條理之心，而別求所謂性，亦猶舍屈伸往來之氣，而別求所謂理矣。」（《明儒學案・師說》、〈諸儒學案中一〉序錄）是以心性之間，「其終不可得而分者。」因此他對於心、性、氣、理等關係，都採取本來一貫的角度加以論述，曰：

心即氣之聚於人者，而性即理之聚於人者，理氣是一，則心性不得是二；心性是一，性情又不得是二。使三者於一分一合之間，終有二焉，則理氣是何物？心與性情又是何物？

—— 《明儒學案・師説》

人受天之氣以生，祇有一心而已。而一動一靜，喜怒哀樂，循環無已。當惻隱處自惻隱，當羞惡處自羞惡，當恭敬處自恭敬，當是非處自是非，千頭萬緒，感應紛紜，歷然不能昧者，是即所謂性也。初非別有一物，立於心之先，附於心之中也。

—— 〈諸儒學案中一〉序錄

由於梨洲持論心性（理）是一，所以從本體上説，他同於陽明「心即理」一路，學者也多將他歸於心學一系，尤其他序《明儒學案》曰「窮理者，窮此心之萬殊，非窮萬物之萬殊也」，更可見其心學立場。

不過梨洲和傳統心學亦有其不同處，最主要的即是他接受了十五、六世紀來「以氣論心」的自然人性論和強調氣性思想的影響，故梨洲論天命在人者，主要是從氣上説的「氣之聚於人」，所以他是以「氣之靈處」爲「心」。因此梨洲的氣論思想，呈現了明清以來強調「理氣渾然一物」的思想新趨；其所主張「理不離氣」，迥非一向居理學主流的程朱「理氣二分」思想模式，而是心、性、氣、理等皆同條共貫的「理氣合一」。其論曰：

天地間只有一氣充周，生人生物。人稟是氣以生，心即氣之靈處。……理不可見，見之於氣；性不可見，見之於心，心即氣也。……離氣以求心性，吾不知所明者何心？所見者何性也？

—— 《孟子師説》，卷2

故梨洲所提出的「心即氣」主張，即是從氣聚於物、而物之本體是理，所以一切「理」都必須通過「心」而形著，由此推出他所持論、不能「離氣以求心性」之思想主張的。

是故梨洲乃立足在蕺山「盈天地皆氣」和「理氣是一」之宇宙本體論上，復轉化蕺山之論「盈天地間皆道也，而統之不外乎人心」（〈中庸首章說〉），最後則「以心著氣」地推出他所主張「心性合一」之「盈天地皆心」命題的。因此在序《明儒學案》時，梨洲提出了極其著名的一個說法：

> 盈天地皆心也。變化不測，不能不萬殊。心無本體，工夫所至，即其本體。窮理者，窮此心之萬殊，非窮萬物之萬殊也。

梨洲一方面強調經驗界、實在界的現象萬殊——氣既是變化不測的，則現象自然也是變化萬殊的；另方面他又將此「分殊」之萬象收攝乎一心，由博返約地體證「理一」之本體思想。所以在梨洲「心即氣」之命題主張中，心就是天命性理藉諸氣化流行以具現於吾人者，因此他對於蕺山所亟論的工夫重要性，也極力加以強調——蕺山嘗曰「工夫愈精密，則本體愈昭煥。」梨洲則由此進論「工夫所至，即其本體。」由是梨洲展現了整合心學與氣學的思想新趨，他在呈現心學轉向立場的同時，也是「明清氣學」之先驅思想。是以梨洲正是體現明清儒者日漸重視形下氣化、強調經驗現實義理新趨的承先啟後思想家。

(二)開清代浙東史學派

黃宗羲的父親黃尊素是東林黨人，曾任監察御史，在天啟間他嘗三疏彈劾魏忠賢，致與楊漣、左光斗等清流並被魏忠賢害命，死於詔獄中。崇禎皇帝即位後，年少氣盛的梨洲草疏上京訟父冤，至則逆閹已

誅，於是當庭訊魏黨時，他出袖錐錐刺許顯純、毆打崔應元，並拔崔氏鬚以歸祭父靈，聲名四起。他並遵父囑「不可不通知史事，可讀徵獻錄」以及師事蕺山之遺命，從《明十三朝實錄》上溯《廿一史》，皆為遍讀之。於時，江南文人結社之風很盛，梨洲也是復社領導人物之一，他與幾社、應社等士人如張溥、楊廷樞、陳子龍、錢謙益等人聲氣相通——復社、幾社是晚明諸社的代表，皆以濟世用世為懷，時人譽為「小東林」；清兵入關以後，復社、幾社逐由參政運動轉變成為排滿運動，南明朝即堪稱為復（幾）社的烈士時代，由此並導致清廷之嚴禁立盟結社。論者且謂後來白蓮教、天地會及各支派、甚至包括海外的華僑組織等，凡以知識份子「復社」傳統和民眾「洪門」傳統相結合的，譬如清末教黨、會黨之革命志士以及反清活動等，即對此遺民事業之繼續與完成——而南明福王弘光年間，奸相馬世英與權臣阮大鋮狼狽為奸搜捕復社人士，並指為東林黨餘孽；梨洲亦列名其中且被捕入獄，直至弘光朝覆滅，他才逃回家鄉。又當清兵南下、頒薙髮令時，大江南北義師紛起，南明魯王監國於浙東，梨洲亦組織「世忠營」抗清，他曾經退入四明山結寨自守，也曾經隨侍魯王播遷海上，飽受流離之苦，並且曾被清廷懸賞追捕，可謂「瀕十死者矣」。

直至南明朝永曆政權覆滅，歷近二十年顛沛流離而冉冉老矣的梨洲眼見復國已無望，遂轉而著述以保存故國文化。滿懷家國之痛的梨洲在順治8年至康熙2年間陸續撰成《易學象數論》、《明夷待訪錄》，並以此為標誌開始了他晚年著述和講學的生涯。梨洲弟子林立，聲名遠播，康熙間嘗詔以博學鴻儒，不赴；後來清廷開館纂修《明史》，又再三以修史請，仍不可致。清廷遂命浙江督撫抄錄其所著書關乎史事者入京，並詔其弟子萬斯同、其子黃百家從事。斯同初不欲往，後來銜梨洲之命以出，梨洲並付以家藏史著《大事記》（黃尊素著）、《三史鈔》等；在史局，萬斯同始終堅持不署銜、不受俸，終以布衣手定一代之

史。而梨洲雖未入館，史局大案仍多與之商定，梨洲並嘗賦詩：「四方
聲價歸明水，一代賢奸托布衣。」其於《明史》的苦心於此可見。

方清廷詔請梨洲時，梨洲嘗賦詩「勿令吾鄉校，竊議東海濱」答
之，以明不仕之心，並肆力於經營《明史案》、《行朝錄》九種（《隆
武紀年》、《贛州失事紀》、《紹武爭立記》、《魯紀年》、《舟山興
廢》、《日本乞師記》、《四明山寨紀》、《永曆紀年》、《沙定洲紀
亂》）以及《明文案》、《明文海》、《南雷文定》等存故國文獻之著
述；但是當論及士之出處時，則梨洲並未一概以逃世期之，他持論道：
「遺民者，天地之元氣也。然士各有分，朝不坐，宴不與，士之分亦止
於不仕而已，……亦未嘗廢當世之務。是故種瓜賣卜、呼天搶地、縱酒
祈死、穴垣通飲饌者，皆過而失中者也。」他並舉陶淵明為例，謂「生
此天地之間，不能不與之相干涉，有干涉則有往來。陶靖節不肯屈身異
代，而江州之酒、始安之錢，不能拒也。」（〈謝時符先生墓誌銘〉、
〈余若水周惟一兩先生墓誌銘〉）是以梨洲晚年亦與清吏時有往來，對
於清廷也嘗稱以「國朝」、「王師」、「聖天子」等，以此不免留有餘
議。惟誠如所論，士之分際止於「不仕」，並非必要離群索居，反使
「過而失中」，故梨洲以布衣存史之一生職志終無所虧。

清代浙東史學由梨洲所開宗；其學風主要是從理學走向史學，皎然
展現了與吳皖漢學家從經學走向史學之考據古史截然不同的史學精神。
在清代盛極一時的考經證史風氣中，如王鳴盛《十七史商榷》、錢大昕
《二十二史考異》、趙翼《二十二史劄記》、洪頤煊《諸史考異》、梁
玉繩《史記志疑》……所代表的歷史考據學派，固然以尚博務實的史學
考證，實現了清代考據學風之一代特長；但是誠如章學誠《文史通義》
所論：「整輯排比，謂之史纂；參互搜討，謂之史考；皆非史學。」
（〈浙東學術〉）梁啟超亦謂：「以經學考證之法，移以治史，只能謂
之考證學，殆不可謂之史學。」（《清代學術概論·十四》）是故能夠

及時徵存文獻、保存當身之史的浙東史學，殊爲可貴；尤其南明史之徵存，須以無懼刀鋸鼎鑊的史識與膽識，則在清代史家中尤其難能！關於徵存文獻之可貴者，實齋嘗論以：

> 古今沿革，非我臆所能爲也；考沿革者，取資載籍，載籍俱在，人人得而考之，雖我今日有失，後人猶得而更正也。若夫一方文獻，及時不與搜羅，編次不得其法，去取或失其宜，則他日將有放失難稽，湮沒無聞者矣！
>
> ——《方志略例·記與戴東原論修志》

是故梨洲以孤臣之淚無補於故國之亡，於是畢力於著述，除發憤纂輯《明儒學案》以總論明代學術史外，更肆力於纂輯《明文海》，並著有《行朝錄》、《海外慟哭記》、《思舊錄》……等一系列得之親歷、言有實據的南明史錄；其《南雷文定》尤以發揚南明遺烈精神、徵存故國文獻而著稱於世。

關於南明史錄——當順治時，閩越一帶仍奉明之曆數，尚非清廷所有；期間並曾數次大有匡復長江流域之勢：當桂王永曆6年（順治9年），反正的流寇李定國轉戰於湖湘一帶，殲滅清軍無數並殺害兩名清廷王爵；張煌言、鄭成功也曾多次從海道反攻，又於永曆12年、13年兩度聯軍合擊，成爲清廷在南方的統治最大威脅者，明軍甚至一度直抵南京城下，大江南北爲之震動。其後雖然桂王在永曆16年、康熙元年（1662年）遇害於緬甸，但是鄭成功退守並經營臺灣，仍然奉明之正朔直到永曆37年、康熙22年（1683年），鄭克塽投降止，至此漢人政權始被清人完全消滅。此間固然福王乃倉卒偏安，唐王、桂王亦流離竄跡，數十年間已不復有國氣象；然而諸義士義旅猶茹苦相從、捨生取義，故南明英烈濡羽救火的精神與氣節，也即梨洲所不忍坐視湮滅者。

因此梨洲嘆「天地之所以不毀，名教之所以僅存者，多在亡國人物；血心流注，朝露同晞，史於是而亡矣！」又說「國可滅，史不可滅；後之君子，能無遺憾耶？」是故梨洲所傾心著作者，即在此鉤沉索隱，曰「此耿耿者，明滅於爛紙昏墨之餘，九原可作，地起泥香。」（《南雷文定・萬履安先生詩序・次公董公墓誌銘》）而此一精神也即浙東史學之自立於時風眾勢外的一貫特色與內在精神。

　　依《浙江通志》，以錢塘江右之杭州、嘉興、湖州三府為浙西；江左之寧波、紹興、臺州、金華、衢州、嚴州、溫州、處州八府為浙東。章學誠《文史通義》論浙東之學，曰：「梨洲黃氏出蕺山劉氏之門，而開萬氏兄弟經史之學，以至全氏祖望輩尚存其意。」又曰：「浙東之學，雖源流不異而所遇不同，故其見於世者，陽明得之為事功，蕺山得之為節義，梨洲得之為隱逸，萬氏兄弟得之為經術史裁，授受雖出於一，而面目迥殊，以其各有事事故也。」他並指出清代浙東史學的特色正在有別於當時稽古考史的考據風尚，特重「專家」之學——「浙東貴專家，浙西尚博雅」，並認為浙東學者「通經服古，絕不空言德性。」「言性命者必究於史，此其所以卓也。」是故浙東史學自從梨洲表揚南明忠烈並編纂《明儒學案》、弟子萬斯同銜師命以出纂修《明史》以來，邵廷采繼之以《思復堂文集》之保存鄉邦文獻、蒐羅遺民孤臣軼事以發揚光大之；全祖望亦徵存文獻、網羅散失，並以《鮚埼亭集》闡揚南明幽隱、表彰亳社先德，又續成梨洲未竟之志，完成《宋元學案》，於是完備記載宋明理學六百多年學術發展的我國兩部最重要學術史、不世之作出焉！此外，章學誠亦致力於史論、提倡方志之學；邵晉涵則於四庫開館時與戴震等五人同被徵召入館，編輯載籍並輯佚群書，群史提要多出其手；其後迄於定海黃式三、黃以周父子之浙東史學後勁，其學並博綜群經，治易、治《春秋》，尤長於《三禮》之學，雖稍近於考據，然其踐履篤實、破除門戶之精神與致力於史乘的為學態度，則仍然

與浙東前賢相契而隱然可見鄉習。故清代浙東一帶、甬句學者，其學多有脈絡可尋——浙東史學之網羅文獻故籍、及時徵存史料，不僅大有功於史著撰寫；其提倡方志之學、強化鄉土觀念，以供國史披沙揀金，亦清代史學之重要特色；而其表章氣節、裨益風教的史學精神，更在有清一片靡然成風的考據聲中，獨樹一幟且大放異彩，此皆浙東史家獨立於考據學風外以展現史學光輝者。因此浙東地區雖然僻處海隅一角，然其人文薈萃、鄉習濡染，形成一極為堅實的地方學風。

　　此外極其特別的：浙東史學深於明清掌故而以發幽闡微為其職志，然而當改步之際，史獄頻傳，是以浙東史家多藉乎獨樹一格的「以碑傳為史傳」體例，以為保存故國文獻的書寫形式。此蓋由於自從鄭成功、張煌言「窺江之役」之北伐後，清廷防漢日嚴，嘗藉「江南奏銷案」為名，牽連萬三千餘人，縉紳之家無一倖免；復指江蘇秀才倪用賓等人聚哭文廟為聚眾倡亂，皆處極刑；並藉莊廷鑨明史獄、戴名世文集獄、查嗣廷試題獄、陸生柟論史獄、謝濟世經注獄、曾靜、呂留良文評獄……等，緊箍文網。因此縱觀《南雷文定》全書所立傳，絕多篇幅都是採取碑傳形式，例不外乎神道碑銘、墓誌銘、墓表、行狀等哀誄、銘祭等文字，後繼的浙東各家亦然。故讀覽浙東史家載集碑傳，皆桑海之交而有奇節卓行、忠烈貞壼者；因憫其名節行將漸滅，而思有以保存之，亦梨洲之言「二十年以來，風霜銷鑠，日就蕪沒，此吾序董公之事，而為之泫然流涕也。」（〈次公董公墓誌銘〉）於是此一藉乎碑傳的史傳形式，也就成為清代浙東史學家避禍之普遍形式與特色。

　　不過清代浙東史學固然由梨洲所開山，其學則可以溯源至二程別傳的南宋浙東學派，故章學誠曰：「浙東史學，自宋元數百年來，歷有淵源。」（《校讎通義·與胡雒君論校胡稺咸集二篇》）當宋世時浙東學術以永嘉、金華、四明之學為盛。永嘉學派是由程門弟子袁溉和許景衡、周行己等人所傳的弟子薛季宣、鄭伯熊所創立的，其後鄭氏弟子陳

傅良與葉適等亦皆能夠發揚其學；金華學派則以呂祖謙、唐仲友、陳亮等人為代表，其中呂祖謙尚性命之學，陳亮宣揚事功之學，唐仲友則講尚經制之學。金華、永康、永嘉等浙東學術關係密切，從共性上說，都被後人稱為「事功之學」。浙東學術另外還包括了四明地區「慶曆五先生」：楊適、杜醇、樓郁、王致、王說之駢集四明百里間，而以經術與孫泰山、胡安定等人遙相應和；另外還有「淳熙四先生」：楊簡、袁燮、舒璘、沈煥等人亦昌明聖學於句餘間；又有「同谷三先生」之陳塤傳陸學、王應麟傳呂學、黃震述朱學，故全祖望《鮚埼亭集》中屢稱兩宋間浙東各地儒哲輩出，其皆講學躬行、導揚先路，使得浙東地區蔚為文教之邦。至於說到清代浙東史學的影響，則逮及清末，革命志士仍多有受其影響與鼓舞者，如沈彤嘗云：「讀《鮚埼亭集》，能令人傲，然亦能令人壯。」（〈偶示諸生詩自註〉）梁啟超也說：「若問我對於古今人文集最愛讀某家？我必舉《鮚埼亭集》為第一部了。」是故浙東史學在清代頗為一枝獨秀，極能展現一代史學之特識。

(三)《明儒學案》之學案體創立

　　黃宗羲《明儒學案》寓新變於繼承中：其體例匯集了中國學案史所推祖的早期理學史：朱熹之《伊洛淵源錄》，以及具有承先啟後重要歷史作用、書敘儒學源流的明周汝登《聖學宗傳》，和孫奇逢變通史籍儒林列傳而將傳記與學術資料合為一編的《理學宗傳》等諸書之長；他並別闢蹊徑地使《明儒學案》成為網羅明代理學中人、歷記有明一代學術盛衰之明代理學史，使得學案體史籍能夠自傳統歷史編纂中獨立出來、別張一軍，且臻於完備與定型。故梁啟超《新史學》中稱為「史家未曾有之盛業」、「我國思想界之雄也」。

　　以「學案」作為書名，當不早於明代中葉，其中較著名者，一是萬曆初劉元卿的《諸儒學案》，原書迄未得見，僅存目於《四庫全書總

目》；另一是萬曆末劉宗周的《論語學案》，載於《劉子全書》中。據《四庫全書總目》云，《諸儒學案》凡八卷，依次輯錄周敦頤、程顥、程頤、張載、邵雍、謝良佐、楊時、羅從彥、李侗、朱熹、陸九淵、楊簡、金履祥、許謙、薛瑄、胡居仁、陳獻章、羅欽順、王守仁、王艮、鄒守益、王畿、歐陽德、羅洪先、胡直、羅汝芳等共二十六家論學語錄，並益之以耿定向之說，但其學屬於陽明學範疇，全書旨在表彰王學。劉宗周亦宗述王學者也，不過他在面對王學末流空疏學風時，另外提出「慎獨」爲宗的主張，以針砭末流。其《論語學案》乃依次摘錄孔門師弟要語並逐條加以闡釋，既存孔子學說、又有宋明理學諸儒及一己之發明。不過該二書皆相沿理學用語錄述學的傳統，主要作爲案主的語錄匯編，而易之以「學案」爲名，或許也受到佛教禪師語錄稱檔案、資料等爲「公案」的影響，主要是一種學術資料匯編的「學術公案」形式。

　　至於學術宗旨，梨洲認爲《聖學宗傳》「主張禪學，擾金銀銅鐵爲一器，是海門一人之宗旨，非各家之宗旨。」至於《理學宗傳》則「雜收，不復甄別。其批註所及，未必得其要領，而其聞見亦猶之海門也。」故梨洲頗以《明儒學案》爲不得不作也；凡《明儒學案》所輯錄，皆務求能夠反映案主之學術風貌。全書編纂體例，皆先以「總論」概括各家之學派源流及其影響、主要特徵、發展概況；再繼以傳略、評傳，以敘案主生平事蹟、其「一生之精神」；最後則殿以案主學說理論之言論摘要及學術資料選編，主要以語錄爲主，兼及論說、書札和其他雜著等，其間梨洲亦略加按語，以爲評論。全書各案皆要求必須能夠突顯各家之思想「入門處」與「得力處」，以期「分別宗旨，如燈取影。」書成，梨洲且不無自得地說道「每見鈔先儒語錄者，薈撮數條，不知去取之意謂何？其人一生之精神未嘗透露，如何見其學術？是編皆從全集纂要鉤玄，未嘗襲前人之舊本也。」他甚至還說「學者觀羲是

書，而後知兩家之疏略。」（〈明儒學案發凡〉）顯然他是很自得於己著迥非前人之流亞的。要之，《明儒學案》變通了史籍〈儒林傳〉、〈儒學傳〉以及〈藝文志〉、〈經籍志〉之所長；集序言、評論以及言論爲一體；又匯輯了各家學術宗旨、生平傳略以及學說語錄爲一編，其對於史體運用之開創及其所採用的新史體方式，系統而完整地呈現出各家各派、乃至整個時代的學術思想風貌，是一種已經具備了現代學術史意義的編纂形式了。

　　《明儒學案》總計六十二卷，上起明初方孝孺、曹端，下迄明亡劉宗周、孫奇逢；全書內容先之以撮錄其師劉宗周論評一代學術的〈師說〉，接著再敘述明儒中有所授受傳承和無所師承的各派，最後則是東林學派和蕺山學派。其中陽明學最爲明學中堅，故《明儒學案》述陽明學派最詳，書中除了述論陽明的〈姚江學案〉外，自卷11到卷36總計二十六卷的近半篇幅，都用以主述幾乎覆蓋全國的王門弟子，計有浙中王門、江右王門、南中王門、楚中王門、閩粵王門、北方王門與泰州等學案。其中最重要的三支代表爲陽明家鄉「浙中學派」錢德洪（緒山）、王畿（龍溪）；江蘇「泰州學派」王艮（心齋）、羅汝芳（近溪）；江西「江右學派」聶豹（雙江）、羅洪先（念菴）等。梨洲《明儒學案》謂「姚江之學，惟江右爲得其傳，……陽明之道賴以不墜。」惟後人對此頗有辯駁。蓋江右聶雙江、羅念菴均非陽明親炙的及門弟子，雙江與陽明僅一面與一信之緣，念菴則爲私淑，他們都是在陽明死後，才經由錢緒山、王龍溪質證而稱爲陽明弟子的。所以例如牟宗三便認爲王龍溪、羅近溪等「二溪」才是王學真正嫡系；以爲江右派代表人物聶雙江、羅念菴之把良知分成已發、未發，在思想義蘊上未得陽明精髓，並非王學思路。不過通過觀察聶雙江與羅念菴所強調的本體非見在、明覺非自發，及其與浙中派王龍溪針對「見在（現成）良知」問題所進行的反覆辯難，且極力反對龍溪「銷行入知」之以現成良知消融後

天工夫，曰「世間那有現成良知？良知非萬死工夫，斷不能生也。不是現成可得。」（《念菴集‧松原志晤》）倒是頗可以見出王門後學之分化及後學詮釋陽明思想所側重的面相。而此亦正是探索從陽明學到蕺山學思想轉向的重要線索；亦梨洲繼承師說並認爲江右派「得其傳」、「陽明之道賴以不墜」的重要原因。

　　大體上說，王門弟子對陽明以「良知」爲本體，皆無異議；但是對於以「致良知」爲「致知」的修養工夫，則有不同入路，而王學分化，實際上也就是環繞著工夫論問題以展開的，其所論辯的焦點也多聚焦在此。聶雙江的「歸寂」說與羅念菴的「收攝保聚」說，都是在肯定良知本體前提下的「致良知」不同詮釋理論；惟此兩種工夫論，都並非陽明強調「知是知非」的「致知」工夫。陽明著重良知的活動義，強調「知是知非」的良知發用與推致，良知無分於寂然或感通，是兼含動、靜爲言的；雙江「歸寂」說則主要突顯良知本體，是主於立「體」（立本）的工夫論，念菴的中心課題亦是「拂拭欲根」、「克念作聖」，兩人都著眼於「知之所以良」的本體義，都強調內返於良知本體（性體、心體）以存養之、以保任良知的超越性，所以他們都強調「歸寂」地認爲良知只有通過寂靜工夫才能達到，咸以精察之功爲達到良知的前提。故雙江的「歸寂」說主要是循程朱「理氣二分」以及李侗「觀未發之中」的工夫入路，念菴的「收攝保聚」說，亦以周敦頤的「無欲」、「主靜」以及程顥之「仁者渾然與物同體」爲入路，都是汲取宋儒思想和理論架構以作爲工夫入路。至於在「格物」說上，雖然雙江、念菴都同於陽明，也都捨棄朱子「即物窮理」之外求取向而反求諸心；但是陽明強調「正其不正以歸於正」的對治義，雙江與念菴則都偏向格物感通的「感而遂通」義，故仍與陽明爲貌合神離的兩套不同思路。

　　不過從聶、羅兩人殊異於陽明的工夫理論中，正顯示了晚明良知學的轉向。即如何「致良知」？才是王門後人所關切的工夫論問題——

「致良知」工夫可以分成對治後天意念和涵養先天良知本體兩種路向：
此中涵養本體於意念未起、防範於未然的第一義工夫，才是從陽明後學
到蕺山所關切的工夫課題，於是如何「致良知」遂轉爲對如何「悟良知
本體」或「保任良知本體」的關切。是以陽明後學的許多義理辯難便都
是圍繞第一義之「如何在本體上做工夫？」問題意識以展開的；而後來
蕺山之強調「誠意」，主張靜存之外無動察，也都是此一從心體發用→
性體存養的思想轉向表現。此亦可證梨洲《明儒學案》對於王門各派的
觀點，主要即承繼師門蕺山之觀點而來。

　　另外〈諸儒學案〉上、中、下，主於敘述「或無所師承，得之於
遺經者；或朋友夾持之力，不令放倒，而又不可係之朋友之下者；或當
時有所興起，而後之學者無傳者，俱列於此。」而〈東林學案〉則錄顧
憲成、高攀龍等十七人，蓋當明季宦官禍國、江河日下時，能起而振衰
救弊者，即東林諸君子也，故梨洲稱以「一堂師友，冷風熱血，洗滌乾
坤。」又謂「熹宗之時，龜鼎將移，其以血肉撐拒，沒虞淵而取墜日
者，東林也。」至於晚明學界，在黃宗羲看來是以其師劉宗周作爲修正
王學之師門干城的，是以《明儒學案》全書即以〈蕺山學案〉爲殿，並
作爲明代學術、乃至整個宋明理學之總結；全書亦以敘論〈姚江學案〉
和〈蕺山學案〉之篇幅爲最長，蓋梨洲認爲「無姚江，則古來之學脈絕
矣！」「若吾先師，則醇乎其醇矣！」即其《南雷文定》中亦謂「向無
姚江，則學脈中絕；向無蕺山，則流弊充塞。凡海內之知學者，要皆浙
東之所衣被也。」（《南雷文定・移史館論不宜立理學傳書》）故於此
皆可見梨洲對於浙東學術及王學之推尊，其學術宗旨亦繫於此。

　　梨洲在完成《明儒學案》之後，又續編《宋元學案》，惜天不假年
而未及完成，不過其子黃百家及私淑全祖望則立足在《明儒學案》之創
造規模及基礎上，續成《宋元學案》，成爲我國完整記錄宋明理學六百
多年發展概況及學術旨要、最重要的兩部學術史著作。

(四)以《易學象數論》開啟清儒辨易圖之風

　　明末，陽明心學席捲天下，取代程朱理學的學術主流地位，但是隨著由明入清，王學也揹負了「清談亡國」的罪名；而除了儒林所充塞的批判王學風潮以外，清廷更是極力「尊朱」——朱熹《四書集注》早自元仁宗皇慶2年（西元1313年）起就被定制成為士人應舉的憑據了；明承元舊，胡廣又編《四書大全》、《五經大全》、《性理大全》以作為科舉定本；明清易鼎以後，清廷更有意於宣示晚明王學中斷道統、而清人則繼承程朱道統，以為滿清政權的強力後盾，即「以道統為治統後盾」，以重歸程朱學統的方式，將治統與道統並收攝於皇權。因此直到清末1905年廢除科舉為止，清廷的官方哲學及科舉考試都以朱子理學作為憑式。清廷之崇獎理學，除了繫以功令以外，並且包括恢復春秋經筵大典、日講《四書》以及清帝之再三宣諭，康熙即曾詔曰「讀書五十載，只認得朱子一生居心行事。」（《康熙帝御製文集》）乾隆也說「《四子》、《六經》，乃群聖傳心之要典，帝王馭世之鴻模。君天下者，將欲以優入聖域，茂登上理，舍是無由。」（《清會典事例・經筵》）而經筵講學更是自從順治重開以來，經康、雍兩朝皆未改地遂成為清朝一代定制，高宗尤重經筵講學，乾隆朝凡經筵講學他都親宣講論。因此有清一朝乃以「崇儒重道」作為基本國策，以《四書》、《六經》作為「優入聖域」之國教取徑。

　　在清廷明白表現尊朱的立場下，由陽明《朱子晚年定論》所引發的朱、王門戶相攻，其戰場遂在清初由學界延燒到了朝廷館閣，因此康熙十八年開館纂修《明史》，首先便遭逢了「如何為陽明立傳？」的極大難題，這一來更正式揭開了清初「朱王之爭」的序幕。過去正史對於儒學中人只設〈儒林傳〉；《宋史》始立〈道學傳〉以繫北宋五子和朱熹、張栻以及程朱門人如謝良佐、游酢、楊時、黃榦、李燔等，尊之為理學正宗；至於非程朱一系的胡瑗、陸九淵、呂祖謙、陳亮等理學家，

則與鄭樵、王應麟、黃震等儒者同繫於〈儒林傳〉。於是清儒徐乾學在修明儒列傳時亦欲仿效之，擬以明儒之程朱派立爲〈理學傳〉，另外陽明、白沙等則別繫以〈儒林傳〉。然而如此作爲激起了清儒王學派之強烈不滿，於是〈道學傳〉的存廢問題，遂成爲清初「朱王之爭」的爭執焦點。這件事最後勞駕到梨洲親自修書《明史》館，曰「《十七史》以來止有〈儒林〉，……未嘗加以〈道學〉之名。」並主張「〈道學〉一門所當去也，一切總歸〈儒林〉。」（〈移史館論不宜立理學傳書〉）同時朱彝尊、湯斌、毛奇齡等儒者也都反對別設〈道學傳〉，最後湯斌出梨洲書以示眾，於是〈道學傳〉乃廢去之。不過雖然眾議削去了《明史》的道學、理學之名，總歸於〈儒林傳〉；但是陽明最終竟被列入勛臣傳中，並未進入〈儒林傳〉，傳中多稱其戰功，於其學則僅述評道「矜其剿獲，標異儒先，卒爲學者譏。」「流弊實然，固不能以功多爲之諱也。」刻意抹殺其學術成就和陽明實際上明代儒宗的地位。

　　面對「空談誤國」的沉重歷史包袱以及朝廷政策的「尊朱」羽翼，清初，梨洲曾經運用自明中葉以後所日益重視的「實證」方法論──如羅欽順曾主張學必須「取證於經書」；歸有光亦謂「聖人之道，其跡載於《六經》。」「能明於聖人之經，斯道明矣。」錢謙益則曰「誠欲正人心，必自反（返）經始。」──成功地藉由《易學象數論》一書、推倒宋易圖書象數學之援道入儒，並帶領一時風潮，使清學得由此另闢蹊徑。因此清儒繼承明儒如楊慎、焦竑、陳第、方以智等人強調取證經典的博雅實證方法論，清初如顧炎武、閻若璩等人皆沿波而起，黃宗羲、陳確、毛奇齡等人也都各有考據建樹，而理學數百年來爭論不已的程朱、陸王義理之爭，遂在考據學天地中發現了新利器，又重新開闢新戰場。此時雙方都意欲憑藉經典辨偽以駁斥對方的立論經典，或謂之援道入儒、如易圖；或謂之本非聖學經典、如《大學》；或謂之係後人作偽、如《古文尚書》，以此確立一己義理之正統性。是故本來是義理之

爭的理學內部理論紛爭，遂在清初藉由辨僞的經典之爭新面目出現，並成爲推動清代考據學蓬勃發展的一大力量。因此考據學在清初的先驅發展就是群經辨僞；而清初辨僞學也和理學「朱王之爭」呈現若干合符的共同關注焦點。述之如下：

1. 王學派質疑朱子「先天太極」說之道教本質——從朱子《周易本義》、到胡廣編《性理大全》、再到康熙御纂《性理精義》，俱皆載入〈太極圖〉，也都強調先天太極說；然其在清初皆被王學一派質疑爲「援道入儒」。其論辨主要集中在王學派黃宗羲的《易學象數論》、黃宗炎《圖學辨惑》、毛奇齡《河圖洛書原舛編》和《太極圖說遺議》等。而易圖「援道」之說，最後並由不具義理立場的胡渭以《易圖明辨》之確鑿證據加以論定。

2. 王學派依據陽明所刊印的古本《大學》，持古本《大學》立場並反對朱子增補〈格致補傳〉的《大學章句》改本，主張應該恢復舊本。蓋自元明來已有諸多學者認爲朱子改本是「玉盤無缺而反毀之」、「割衣補裳」；陽明更謂其支離、疊床架屋。而《大學》改本、古本之爭，由於影響官場生態、牽連甚廣，曾經涉及朱季友、林希元、唐伯元、謝濟世等人的文字獄事件。是以清初陳確〈大學辨〉遂繼其師劉宗周之輯校《大學古文參疑》後，又舉證明確地論證《大學》乃秦後所作、本非聖學，並主張黜歸《禮記》；另外毛奇齡亦有《大學知本圖說》以申其義，凡此皆使得朱學一系依據《大學》而展開的格致之教及理論系統，深受打擊。

3. 偏近朱派學者對於《古文尚書》之證僞。朱熹曾經讚美吳棫對於《古文尚書》的懷疑精神，並質疑傳世孔安國作傳的《古文尚書》何以軟弱如出魏晉人手？不喜王學的閻若璩受此啟示，復繼承明儒梅鷟《尚書譜》之辨僞成果，遂以精確考證另撰《尚書古文疏證》，以證僞東晉梅賾所獻之孔傳《古文尚書》，如此一來，王學

亦失去了理論依歸，故持王學立場的毛奇齡另撰《古文尚書冤辭》
與之抗辯，但亦難挽頹勢。不過對於《古文尚書》的「十六字心
傳」，除王學倚為心學依歸外，朱學亦有所借重，因此辨偽的結果
實際上導致雙方都進退失據。

　　可見入清後作為考據學先驅型態的的經學辨偽，「朱王之爭」的
義理之爭及針鋒相對的義理立場具有推進之功；檯面上的經典辨偽，檯
面下不脫尊朱、擁王雙方的門戶之爭。而理學之趨向衰微，也正是在易
圖、《大學》、《古文尚書》等圭臬經典都紛紛被證立為偽之後，由於
失去了經典權威性，才撼動根基而造成一蹶不振的。嗣後，清儒對於辨
偽、校正、補注、訓詁、音韻等經典考據的興趣，逐漸凌駕超越講論道
德的義理追求了，至此理學始正式被考據學取代其「學術典範」的學術
主流地位了。而上述清初辨偽學風，在《明儒學案》中顯持王學立場並
質疑程朱「先天太極」說的梨洲及其所著《易學象數論》，是顯然具有
推動性作用的。因此江藩《國朝漢學師承記》以《音學五書》中明白揭
示清學門徑並提出「考文知音」主張——曰「讀九經自考文始，考文自
知音始」的顧炎武，和身負文獻重任、持王學立場並以《易學象數論》
引領清初辨偽風氣的黃宗羲，作為並世之清學開宗，曰「國朝諸儒究
《六經》奧旨，與兩漢同風，二君實啟之。」故顧、黃二人既是明朝遺
老，亦是清學之開宗。

㈤《明夷待訪錄》之專制批判暨思想啟蒙

　　《明夷待訪錄》是黃宗羲在時代思維限制下極為出色的歷史、政
治、社會哲學表述，是十七世紀中極其難得的、具民主啟蒙意義的本土
思想。其書不分卷，包括〈原君〉、〈原臣〉、〈原法〉、〈置相〉、
〈學校〉、〈取士〉、〈建都〉、〈方鎮〉、〈田制〉、〈兵制〉、
〈財計〉、〈胥吏〉、〈閹宦〉等十三篇；書名「明夷」，係命自《周

易》第三十六卦卦名，其卦象爲「離下、坤上」，卦辭曰「明夷，利艱
貞。」離代表日，坤代表地，日在地中，象徵太陽的光明受損，以此譬
喻賢人處困、遭受迫害。孔穎達疏云：「此卦曰：日入地中。『明夷』
之象施之於人事，暗主在上，名臣在下，不敢顯其明智。」至於「待
訪」，梨洲原書題辭道「吾雖老矣，如箕子之見訪，或庶幾焉！豈因夷
之初旦，明而未融，遂祕其言也。」可知梨洲是以箕子自況，期待後世
能有明君見訪，採納其說以臻於治世。至於梨洲所期望被明主採納，能
引導國家從黑暗邁向光明的思想見解，其要如下：

　　《明夷待訪錄》之成書，實已逾出「一姓之興亡」，而成爲對君
主專制政權體制的系統批判了。梨洲曰古者「以天下爲主，君爲客」，
以此批判君權高張之不合理，故其〈原君〉即針對君主「家天下」制
度之不合理性，從根本處加以否定。他並將君權的弊端指向「公私之
辨」──君權之起，本來是出自「有仁者出，不以一己之利爲利，而使
天下受其利；不以一己之害爲害，而使天下釋其害。」然而後來的人君
卻不然，他們「以爲天下利害之權皆出於我。我以天下之利盡歸於己，
以天下之害盡歸於人，亦無不可。」故梨洲對此不合理君權，提出強烈
批判，他說：

　　其未得之也，荼毒天下之肝腦，離散天下之子女，以博我一
人之產業。曾不慘然！曰「我固爲子孫創業也。」其既得之也，
敲剝天下之骨髓，離散天下之子女，以奉我一人之淫樂，視爲當
然。曰「此我產業之花息也。」

對於人君如此所爲，梨洲認爲則君主之與獨夫、民賊，又有何異？所以
梨洲批評搜括天下財富以供一家之私的君主，實是「藏天下於筐篋。」
因此他要求限制君權，要以「天下之法」取代「一家之法」，務使「有

治法而後有治人。」（〈原法〉）此外，「天子之所是未必是，天子之所非未必非」，所以梨洲又設計了一種議事機制，他主張擴大學校功能，要使學校不僅是養士之所，更是能夠公議是非、糾繩官吏，以防止君權及吏制專斷的議政機關，要使一切治理天下的設施都出自學校，要使天子「不敢自爲非是，而公其非是於學校。」（〈學校〉）雖然其所提出的議事機構，在時代思維的高度下僅能以「學校」爲名；但其內涵實際上已經觸及現代化議會制度之思維了。

再者梨洲也論臣道。他認爲爲人臣者，應該具備「我之出而仕也，爲天下，非爲君也；爲萬民，非爲一姓也」的情操與理念；至於君臣關係，其曰「夫治天下，猶曳大木然：前者唱『邪』，後者唱『許』，君與臣，共曳木之人也。」（〈原臣〉）君臣之間應該是如「曳大木」的前後唱和、協力合作關係，而不是如僕妾般的順從關係。他同時還對君臣要求應自天下憂樂的角度，盡其所應盡之義務。此外，梨洲復總結歷代經濟政策的成敗利弊，並就土地制度、賦役承擔、商業活動、錢法鈔法等基本經濟問題，提出「富民」思想。縱觀《明夷待訪錄》中梨洲希望耕者有其田、君民共議、工商皆本、寓兵於民……等主張，雖然尚未能突破當時的帝制藩籬，但在時代思想的侷限下已經隱約可見民主思想之先聲了，堪稱爲時代思想之前驅者，故有比爲尚未成熟的盧梭《民約論》者，洵非過譽。

三、結語

清代學術不論在音韻訓詁之學、典章制度、校勘學、文獻學、金石學、史學與學義理學上，都有迥出前人之上的斐然佳績。與黃宗羲並稱爲清學開山的顧炎武，主要乃以務實之學爲「崇實黜虛」的清代學風奠下基礎，復以「考文知音」之方法論爲考據學指示門徑，開啟了清學在我國學術史上極具特色的考經證史、博稽經史之一代風尚。總論顧炎武之一生，遭逢明末散亂、遷徙流離，而撰述不廢也，尤其留心於當世

之務。其學以務實之學力挽明季以來之空疏學風，凡於經義、史學、吏治、財賦、典禮、輿地、藝文之屬等，皆一一疏通其源流、考正其謬誤；其論皆關乎禮樂德刑、國家之制、山川風俗與疾苦利病者，譬如稅賦、田畝、職官、選舉、錢幣、權量、水利、河渠、漕運、鹽鐵、人材、軍旅……等崇實致用之學。弟子潘耒於康熙34年將《日知錄》整理付刻，序曰：「先生非一世之人，此書非一世之書也。」他並以炎武所自言「立言不為一時」——「天下之事，有言在一時，而其效見於數十百年之後者」（〈立言不為一時〉），以期於《日知錄》之他日能夠見用，則「於世道人心，實非小補。」故其又曰：「如第以考據之精詳、文辭之博辨，嘆服而稱述焉，則非先生所以著此書之意也。」其能識炎武「能文不為文人，能講不為講師」之「以器識為先」者。

至於黃宗羲，則自任以文獻之重。他對晚明以來束書不觀、游談無根的敗壞學風，提出學者「必先窮經，經術所以經世，方不為迂儒」的針砭良方；復承蕺山之教，「以慎獨為宗、實踐為主；不恣言心性，墮入禪門，乃姚江之諍子也；又以南宋以後講學家空談性命、不論訓詁，教學者說經則宗漢儒，立身則宗宋學。」故江藩《國朝漢學師承記》認為梨洲與亭林之「究《六經》奧旨，與兩漢同風」，其關鍵即在於「皆深入宋儒之室，但以漢學為不可廢也。」是以在清初，梨洲除了在修正並發揚理學方面，具有時人美稱的「南姚江、西二曲」隆譽以外；在經學方面，復能以不墮入講學家流弊、「說經則宗漢儒」的取證經典方式，具體實踐並引領有清一代之考據學風。梨洲終其一生皆勤於著述，尤用心於明史保存，年逾八十猶矻矻不休；晚年愛謝皋羽《晞髮集》，並為注《冬青樹引》、《西臺慟哭記》，既悲皋羽之身世蒼涼，亦以自傷也；自營生壙於父墓旁，中置石牀，不用棺槨，卒之日遺命「一被一褥，即以所服角巾深衣斂，不棺而葬。」蓋其「自以身遭國難，期於速朽，不欲顯言也。」門生私謚曰「文孝」。

貳
船山哲學的氣本論進路

　　王夫之（1619-1692年），湖南衡陽人，號薑齋，又號船山。清初諸儒中，王夫之最為闇然不彰，入清後，他不薙髮、不仕清，專意著作而罕為世人所知，其著作在當時並沒有流傳，遺書沉埋近二百年，直到西元1842年才由後代子孫王世佺刻成《船山遺書》，後來曾國荃又加補刻，其學方得以彰顯；但是在清初諸儒中，也以晚年遯隱衡陽石船山，取山上有石如船之「頑石」自喻而稱為「船山」的王夫之，其學術體系最博大精深且縝密。於經學，他有諸經疏解、考異者，達二十餘種；於史學，有名著《宋論》、《讀通鑑論》，又有據事直書、堪稱信史的《永曆實錄》、《籌史》等；於哲學，則有其代表作的《張子正蒙注》、《讀四書大全說》、《思問錄》內外篇等十餘種；於文學，又有《薑齋文集》、《薑齋詩集》、《薑齋詞集》等詩文之作及《楚辭通釋》、歷代詩選等。他嘗自題堂聯曰：「《六經》責我開生面，七尺從天乞活埋。」自為墓銘曰：「抱劉越石（劉琨）之孤憤，而命無從致；希張橫渠之正學，而力不能企。」是以在學術思想上，他有意地選擇張載《正蒙》以作為他藉詮釋經典而建構一己哲學之所憑藉，並由此建立起明代最具哲學深度與邏輯思辨性的氣論哲學──《張子正蒙注》之代表性思想。另外如《周易內外傳》、《尚書引義》等，也都並為後人所讚賞的深具哲學內涵之作。

　　當明末張獻忠陷衡州時，嘗執船山之父以為人質而欲其效命，船山遂引刀自刺肢體，舁往易父，父子得以並釋。明亡，船山曾在衡山舉兵抗清失敗後效命於永曆朝廷，但他對於當道奸佞卻絲毫不肯妥協，其

後並以「我坦衷直致，而君終惑於險詖之說，不我從也」之直諫，致「取怨於人」、「受其摧傷」，而在深感「諫道窮矣」下，他遂以病乞身，離開行闕。據船山文集〈九昭〉的仿騷之作題下自注云：「有明王夫之，生於屈子之鄉，而遘閔（遭遇憂患）戢（斂）志，有過於屈者，爰作〈九昭〉而敘之曰：僕以爲獨心者，豈復存於形坿之知哉。……無病之機，所爲空群於千古也。聊爲〈九昭〉，以旌三閭之志。」可見其空群千古的悲淒情意，亦同於屈原之「舉世皆濁我獨清，眾人皆醉我獨醒。」「安能以身之察察，受物之汶汶者乎？……安能以皓皓之白，而蒙世俗之塵埃乎？」（〈漁父〉）不過船山對於自己的進退行止並不在意，他追思進諫之初，還「悔曩辭其猶未半」地遺憾當時仍有未盡之意，未能更直揭其奸慝。他復於文下自注道：

　　所諫者，括天下得失之幾，盡古今興亡之理，規恢而條悉之，非不至也。然及今思之，未即追原禍本，以攻發讒佞，不能無悔。蓋均之取怨於人，不如直揭其奸慝。……靳尚之邪，鄭袖之煽，悔未直攻之，雖受其摧傷，猶令其姦邪露見而不敢違。

其辭氣充分顯露了他悵恨自己當時未能更「追原禍本」地直攻讒佞，使群奸姦邪露見而不能再逞其惡。

　　船山在直諫不聽而離開行闕後，即遯迹窮山；惟其後兩粵俱陷，船山自云：「死於亂兵者幾矣。」於時南明將領李定國則出粵楚而屢有捷報，兵威震耳，於是船山又以「不爲降吏」之「貞夫」而獲進邀。然其時永曆朝廷爲悍將孫可望所把持，孫挾永曆帝以行使號令，群姦亦競相比附之；這使得船山內心掙扎不已、進退縈回，雖然「道在經綸」的船山亟思「潔身而報主」，但他又實不能依附竊柄之魁以受命。於是善易的船山遂藉「神筮之善告」以爲自己的未來占卜吉凶；而當他兩度筮

得〈歸妹〉卦後，他終於豁然開朗於神筮告以「時在蒙昧，不宜急見其剛才。」「今所遇非人……甘於戢退，斯有垠岸之可遵者也。」於占既然，其「素秉清虛之志」的心志亦爾，於是他終於決定不出，並賦〈章靈賦〉以述其事始末。〈章靈賦〉和〈九昭〉並為《薑齋文集》中罕見的、船山於文下皆為自注者；船山於題下先述「時孫可望挾主滇黔，有相邀赴之者。久陷異土，既以得主而死為歆；託比匪人，尤以遇巷非時為戒。」於是在此徬徨無告下，他只好「仰承神告」地參諸神意、借諸於卜了。

〈章靈賦〉賦注中，船山備述他當日因諫而去，復以「貞夫」被召一事。他深痛心於「眾人之憒憒，固不能欺余心之炯炯矣。」又自戒以「秉禮教於鄉里闕黨者，其得弗擇地善行，而徒取進趨乎？」他追憶曩息道：

　　余一意事主，不隨眾狂，而孤立無援，如彼何也？群姦畏死貪略，復陰戴孫可望如舍日而媚紅。北辰固為天樞，非彼所思存，睽而去之，如遺屣矣。既三諫不聽，諫道窮矣。乃以病乞身，遂離行闕。而心念此去，終天無見吾君之日，離魂不續，自此始也。

他又慎思未來道：

　　君見挾、相受害，豈此可託足者哉？……當斯時也，欲留則不得乾淨之土以藏身，欲往則不忍就竊柄之魁以受命，進退縈回，誰為吾所當崇事者哉？

故船山遭此「方其四海淪胥，不餘尺土，則矯制興師者，固以足音慰空

谷；而久假不歸，鬻深改玉，名爲漢相，實漢賊矣」之亂世局面，本來一線希望繫在南明義師，然而悍將操弄則又無異於「漢賊」矣；故船山之「寸心孤往」，「思主則愴悅而煩心，求仁則堅貞而不怨。」最後他終於決定遵從神筮，「退伏幽棲，俟曙而鳴。」自後他即僻處窮鄉，但實際上則以「《六經》責我開生面」之無與倫比氣魄與淵博才學，寫下了明遺民中最具哲學思辨性、最爲博大精深的不朽歷史篇章來。

　　船山哲學在明清之際各家思想中最爲突出，其理、氣之辨，尤具突破性意義。對於明清以來漸受重視的氣論思想，他非常深入地建構起以氣爲基礎的存在論範疇、天道觀，「氣本論」立場的宇宙本體論思想，而在明清氣學的發展史上，具有極大的開創與建立之功。船山區別「天道」之真實存在與「人道」所理解的天道觀——關於天道之真實自存，他認爲應自〈繫辭〉曰：「天地之大德曰生」之高度言，是指「天地無心而成化」之「天以陰陽五行化生萬物」；故人道所理解的「惟人爲有仁義禮之必脩」，只是天道的一種展開形式而已，不足以盡「天道之本然」。由是，船山遂立基在張載「有無混一之常」之強調氣有幽明顯隱之聚散不同、但無所謂「有無」的氣論思想上，而從「氣」爲天道本體的哲學高度，建立起涵蓋論氣、理、氣之理、氣之變合運動規律和以氣論性的人性觀等諸多面向之完整思想體系。是故船山哲學的歷史作用，在於他在理學走過了程朱主流強調「理本論」與陽明心學主張「心本論」之高峰發展和理論建構之後，轉從重氣的角度，成完儒學思想從理本→心本→氣本的全幅開發歷程，成爲我國明清之際最具哲學深度的理論建設。

一、天道以「氣」而有所「生」

　　船山論氣，係從天道之真實存在與萬有存在根本的高度來加以看待。故船山氣本立場下的氣論思想，主要強調㈠宇宙萬有以氣而有所

生。㈡人道是作爲天道的一種展開形式。

說到宇宙萬有,船山首先突顯氣爲萬有生生之本,故謂:「凡兩間之所有,爲形爲象,爲精爲氣,爲清爲濁,自雷風水火山澤以至蜎孑(孑孓)萌芽之小,自成形而上以至未有成形,相與絪縕以待用之初,皆此二氣之充塞無間。」因此吾人推本萬事萬物之所自出,則「莫非一陰一陽之道所往來消長之幾所造也。見乃謂之象,形乃謂之器。」是故對於〈繫辭〉之謂:「天地之大德曰生」,船山認爲就是「統陰陽柔剛而言之。」(《周易內傳・繫辭上・說卦・繫辭下》)是以一陰一陽者,即「太極之所以出生萬物,成萬理而起萬事者也,資始資生之本體也」,所以船山說:「盈天地之間惟陰陽而已矣!」(《周易內傳・繫辭上》)船山即以此「氣本論」樹異於理學長期發展中以仁義等人道作爲進路的「理本論」主流思想。故船山復進論道:

> 天下之物與事莫非一陰一陽交錯所成。
> 物之生,器之成,氣化之消長,世運之治亂,人事之順逆,學術事功之得失,莫非一陰一陽之錯綜所就。
>
> ──《周易內傳・繫辭上》

故凡天地之化,皆以氣而有所生,氣就是萬有資始資生之本體。

宇宙萬有既皆以氣而生,則天道的真實存在便應從天地化生萬物的高度上來說,而不應侷限在人道認識的天道觀而已。因此對於天道,船山認爲《中庸》所說:「誠者天之道」,乃是從「在人之天」以言的;實則天道本來存在、是自在自爲的,「五行之氣自行於天地之間以生化萬物。」(《思問錄・外篇》)故船山亟發揮張載的觀點──天道雖然存在從人道認識出發的「見不見」,即幽明、顯隱之殊異;但其實天道自在,並無所謂「有無」問題。是故船山從「天只陰陽五行,流盪出內

於兩間」的看法出發，倡論天道是由陰陽二氣氤氳化醇之激盪鼓動、流行不已，以實現其自在自爲的，是以「天無心而成化」，「一陰一陽者，原不測也。」其因時順變，不主故常，無有典要，故「一陰一陽，變化之妙，無有典要，而隨時以致其美善者也。」（《周易內傳・繫辭上》）所以氣因聚散而有顯隱，當氣聚時則其形著，形著則可見；當氣散時則其形隱，隱則不可見，然而氣之聚散氤氳，並非任何人爲或理智思辨所能構造者也，故曰：「氣者，天之事也。」「言及於氣，而亦非人可用力之地。」（《讀四書大全說・告子上》）是以天地氣化流行並非人道認識所能概括、或言語所能道盡者。

氣化流行是神妙不測的，故船山形容以：「曰：『不知爲之』，曰：『化』，曰：『神』。」「夫神者，二氣之良能也。春以生，秋以殺，稼者必稿，少者必壯，……始終條理之際，井井如也。」（《讀四書大全說・盡心上》）因此人無法執人道以強使天道從之也；也因此「天即以氣言，道即以天之化言，固不得謂離乎氣而有天也。」是故舍「氣」將何由以觀天道之真實存在？而船山也就是在這裡提出了他的著名論述——「蓋言心言性，言天言理，俱必在氣上說。若無氣處，則俱無也。」（《讀四書大全說・盡心上》）故船山論氣，曰：

　　萬殊之生，因乎一氣；二氣之合，行乎萬殊。天地生生之神化，聖人感應之大經，概可知矣。　　——《張子正蒙注・太和》

　　健者，氣之健也；順者，氣之順也。天人之蘊，一氣而已。從乎氣之善而謂之理，氣外更無虛託孤立之理也。

　　　　　　　　　　　　　　　　——《讀四書大全說・告子上》

船山認爲整個宇宙都是「天以陰陽五行化生萬物」者，故「以氣而有所

生」、「氣以成形而理具也」、「理便在氣裡面。」（《讀四書大全說‧中庸第一章》、《讀四書大全說‧告子上》）也即當「氣充滿於有生之後，則健順充滿於形色之中。」故船山又總論陰陽之氣與道、性、理之間，存在著不可分割的密切關係，其曰：

　　就氣化之流行於天壤，各有其當然者，曰：道。就氣化之成於人身，實有其當然者，則曰：性。

——《讀四書大全說‧盡心上》

　　理即是氣之理，氣當得如此便是理，理不先而氣不後。理善則氣無不善；氣之不善，理之未善也。……天之道惟其氣之善，是以理之善。

　　天下豈別有所謂理？氣得其理之謂理也。氣原是有理底，盡天地之間無不是氣，即無不是理也。

　　天與人以氣，必無無理之氣。陽則健，陰則順也，一陰一陽則道也，錯綜則變化也。……天之與人者，氣無間斷，則理亦無間斷，故命不息而性日生。　　——《讀四書大全說‧告子上》

所以宇宙間凡所有庶物萬化等，船山謂皆因乎陰陽之變合而生、而形著；故對於理學所主「貴性賤氣」，並以不善歸之於氣，或說「性即道」者，船山皆謂其「不知氣」、「膠固而不達於天人之際」。船山所主張者，乃是「理以紀乎善者也，氣則有其善者也。」（《讀四書大全說‧告子上》）他強調氣才是宇宙萬物的資始資生本體，且其所持論者，是「理在氣中」的「理氣相即」觀點及立場。

　　前論已知從人道角度認識的天道觀，雖有顯隱、卻無「有無」問題；故船山闡釋《中庸》之謂：「誠者天之道」，便謂：「言誠者，無

對之詞也。……不可以欺與偽與之相對也。」因為天道自在自為，只有從「人道」角度去談「天道」存在時，才有「見不見」的「顯隱」問題，故不可以從「誠」的對立面、即不誠的「欺與偽」，來理解所謂「誠」。所以他又說：「說到一箇『誠』字，是極頂字，更無一字可以代釋，更無一語可以反形，盡天下之善而皆有之謂也。」「在天之德無有不誠，則不可謂天為誠。誠原與不誠相對，在人始可名之為誠。」（《讀四書大全說・離婁上》、《四書箋解・哀公問政章》）故所謂「誠」者，是從吾人所認識的天道、即人道立場立說，並不是站在天道的真實存在角度言。因此船山認同北溪（陳淳）之區分「天道之本然」與「在人之天道」，而亦將天道區別為「在人之天」與「在天之天」。他認為「在人之天」、即人所認識的天道，指的其實是人之性——「仁義禮者，總以實指人道之目，言天所立人之道、而人所率由之道者若是。」「惟人為有仁義禮之必脩，在人之天道也，則亦人道也。」（《讀四書大全說・中庸第二十章》）所以凡自「人道」角度以言的「天道」，皆指天所命、天所立人之道，即天道授命而人聚為性者。因此天道真實存在的「命」、和天命所立人道的「性」之間，實際上呈現著「天命大而性小」的關係。船山對於性與命的關係，復加以論述道：

在人曰「性」，在天地曰「命」。　　　——《周易內傳・說卦》

天道之本然是「命」，在人之天道是「性」。性者命也，命不僅性也。

聖人可以言誠者，而不可以言天道。非謂聖人之不能如天道，亦以天道之不盡於聖人也。

——《讀四書大全說・中庸第二十章》

故從人所認識的「誠者天之道」之天道觀去談論存在，並不是天道意義上的本體；若只就天所立人之道、而人性中固有之天道，即從人所認識的天命之「性」以言天道，便只是通過人的知行活動視域去談天道的存在，則那是人道意義的天道，並不能窮盡天道之「命」，故非天道本然之真實存在。

而既然「在人之天」不足以盡「在天之天」，那麼欲論天道之真實存在，應該循何種途徑？於此船山提出了他以氣為基礎的存在論範疇，即他主張必須從「氣」出發，才有可能認識天道之真實存在。其曰：

> 仁義之相得以立人道，猶陰陽之並行以立天道。
> ——《讀四書大全說·中庸第二十章》

> 天不能無生，生則必因於變合。……在天為陰陽者，在人為仁義，皆二氣之實也。
> 天地自然之氣行於人物之中，其昌大清虛，過而不可留，生而不可過者，儘他作弄，何曾奈得他絲毫動！
> 氣充滿於天地之間，即仁義充滿於天地之間；充滿待用，而為變為合，因於造物之無心。 ——《讀四書大全說·告子上》

> 氣之聚散，物之死生，出而來，入而往，皆理勢之自然，不能已止者也。不可據之以為常，不可揮之而使散，不可挽之而使留，是以君子安生安死，於氣之屈伸無所施其作為，俟命而已矣。
> ——《張子正蒙注·太和》

船山譬以：「仁義」是通過「人道」角度所認識的天道，那麼想從「天

道」角度出發認識天道的真實存在，就必須通過無止息的陰陽之「氣」所具現的一切氣化流行。因為若侷限於從「人受之以為命」的人道角度去認識天道，以為天道「因命此人此物而設」，則猶管窺蠡測矣。故船山又曰：

　　董仲舒對策有云：「天令之謂命。」……令者，天自行其政令，如月令、軍令之謂，初不因命此人此物而設，然而人受之以為命矣。……天只陰陽五行，流盪出內於兩間，何嘗屑屑然使令其如此哉？
　　　　　　　　　　　　　　　　　——《讀四書大全說·中庸第一章》

船山認為天道之朗現，並無特定針對的對象，固然「性」是「吾之得乎是命以生」；但天道是自行其令、自在自為的，亦「庶物萬化由是以出」的，所以他是從天地之「生」德、即氣化之生生，以說天道之本然存在的。

　　不過我們並不能因此而將船山的天道觀劃歸為自然天道觀，因為他還是強調「性」是天所立人之道的；而從「性」說天道，天道就是性的本原、本體，所以人道之仁義即是天道之本然，因此他亦強調不能將「在人之天」與「在天之天」判然為二物，其曰：

　　如兩間固有之火，與傳之於薪之火，原無異火。特麗之於器者，氣聚而加著耳。乃此所云：「誠者天之道」，未嘗不原本於天道之本然，而以其聚而加著者言之，則在人之天道也。
　　　　　　　　　　　　　　　　——《讀四書大全說·中庸第二十章》

故儘管從天命之「性」、即自「人道」出發的天道觀，不足以盡「天道之本然」；然其「未嘗不原本於天道之本然」，是以其氣之聚、即「麗

之於器」，固能更加顯著地使其為人所認識，但並無改其天道之本體。故德者，「天授之人而人用以行也」；仁義禮智者，「皆為人道之自然，則皆為天理之實然。」（《讀四書大全說・中庸第二十章》）因此「天道立人，即是人道」，確乎無可疑者。

再回到「如何認識天道之真實存在？」的問題上。前論船山謂氣化流行是「變合無恆」的，其顯、其隱，其可見、不可見，概皆天也；但是人道往往只能偏就其可見者以論，故「在人之天」其實並非「在天之天」之全部；是以船山又區別了人道是「有所有」、天道是「所有」——「有所有」是有限的存在、是可見的，是定體；「所有」才是性的本體，是不可限定性、不可見的。故「『所有』者誠也，『有所有』者善也。則孟子言善，且以可見者言之。可見者，可以盡性之定體，而未能即以顯性之本體。」（《讀四書大全說・告子上》）此即「性者命也，命不僅性也」之「命大而性小」，故「惟其誠，是以善。」所以人道只是天道的一種展開形態，其所顯現的只是其「有所有」的一面，並不是天道「所有」的全部。此亦可以自天道之本體與實踐間，呈現「夫在天則同，而在命則異」之「理一分殊」關係來理解之。再者，人道不但只是「有所有」；人道對天道而言，更是「無所施其作為」、「儘他作弄，何曾奈得他絲毫動」的，而天道也就是在這樣「因於造物之無心」、「天地無心而成化」（《周易外傳・繫辭上》）之氣化流行中展開其自身的。

二、「惟化現理」——「理」的活動義、實踐理性強調

理、氣之辨是天道觀的核心問題；船山確立了「氣」在存在論的中心位置，則他如何安置理學發展中長期被認為是天道本體的「理」範疇？故船山之說「理」，有極大的意義翻轉。他說：「天地之所以宰萬

物者，理而已矣。」（《周易內傳・繫辭上》）他轉從「『動』而固有其正之謂也」的活動義強調，發揚「理」之「以理御氣」、「理為之宰」（《張子正蒙注・誠明・可狀》）等實踐理性的「治理」、「顯其理」意義；而非過去理學主流著重發揚的條理、文理等意義。故船山曰：「天地之間只是理與氣，氣載理而理以秩敘乎氣。」「理者理乎氣，而為氣之理也。是豈於氣之外別有一理以游行於氣中者乎？」（《讀四書大全說・中庸二十四章・告子上》）於此，「理」被優先強調的動詞義：治理、使之有理等「著於當然」之理──「就氣化之流行於天壤，各有其當然者，曰『道』」（《讀四書大全說・盡心上》），皆與實踐範疇密切關聯；已不再是理學側重強調的「所以然之理」及對形而上未發的性理強調了。

　　過去程朱主流論「理」，著重強調其「所以然之理」的本體角度，譬如程頤曰：「『一陰一陽之謂道』，道非陰陽也；所以一陰一陽，道也。」「所以陰陽者，是道也；陰陽，氣也。氣是形而下者，道是形而上者。形而上者則是密也。」（《二程遺書》卷3、15）程子對於《易傳》之「一陰一陽之謂道」，反對依字面直解為「陰陽是道」；他認為「所以一陰一陽」──須是著眼於其何以形成如此一陰一陽的「所以然之理」、即何以然之故，才是所謂道，故程朱主流突顯名詞性的「理」，「理」是萬有發展的形而上原理或理由，具有理論理性性格。是以在程朱理學中，「理」是「天下只是一箇理」的天道本體，它往往與「知」相連繫，譬如朱子便有自「心與理一」、「理便在心之中」的「心之為物，眾理具足」角度出發者，論曰：「先有知覺之理。」「所知覺者是理。理不離知覺，知覺不離理。」（《朱子語類》卷5）而當船山轉從「理」的動詞性、活動義的實踐理性範疇出發，他並以笛為喻，道：「氣則所以成聲者，理則吹之而合於律者也」（《讀四書大全說・陽貨》），則「理」所被強調的作用就在於如何「調劑」、「利

導」、「綱紀」氣化流行，以使萬有皆「合於律」的動詞性意義了。其論曰：

　　理只在氣上見，其一陰一陽、多少分合，主持調劑者即理也。
　　　　　　　　　　　　　　　　　　　　——《讀四書大全說·子罕》

　　理，行乎氣之中，而與氣爲主持分劑者也。
　　　　　　　　　　　　　　　　　　　　——《讀四書大全說·陽貨》

　　理者原以理夫氣者也，（自註：理治夫氣，爲氣之條理。）則理以治氣，而固託乎氣以有其理。
　　　　　　　　　　　　　　　　　　——《讀四書大全說·公孫丑上》

　　若夫人之實有其理以調劑夫氣，而效其陰陽之正者，則固有仁義禮智之德存於中，而爲惻隱、羞惡、恭敬、是非之心所從出。此則氣之實體，秉理以居，以流行於情而利導之於正者也。天之以有則者位置夫有物，使氣之變不失正、合不失序。……理以紀乎善者也，氣則有其善者也。　——《讀四書大全說·告子上》

所以「理」就是「以有則者位置夫有物」者也，也就是能夠切實及物地、以其理則綱紀並位置萬物，以使合序者。如此一來，「理」便避免了像是「理也者，形而上之道也，生物之本也。」「未有天地之先，畢竟是先有此理。」「理，則只是簡淨潔空闊底世界，無形跡，他卻不會造作。」（《朱子文集·答黃道夫》、《朱子語類》卷1）諸如此類將本體導向脫離實踐範疇的「未有物而已有物之理」之與「氣」具有不同存在位階的形上學色彩。因此船山哲學中亟反對「氣外有理」一類將

理、氣關係分作二事的說法；他是從理氣相即的角度以說「氣生理成」的。

　　船山擺脫了傳統理學之以理、氣分居「形上／形下」的價值位階，即他對於理、氣採取去等級化以後，便可以說：「氣以成形而理具也」、「氣者理之所凝」了。故其論「理」，係自「理在氣中」的理氣不離角度，從強調理的活動義之肯定氣化流行角度，以說「理」之存在與價值不二的作用。故「理」之變理萬物、「秩敘乎氣」──「惟化現理」，才是船山所要強調的。其曰：

　　　　凡言理者，必有非理者為之對待，而後理之名以立。……是動而固有其正之謂也，既有當然而抑有所以然之謂也。是惟氣之已化，為剛為柔、為中為正、為仁為義，則謂之理、而別於非理。……天為化之所自出，惟化現理。而抑必有所以為化者，非虛挾一理以居也。

　　　　天之神明以成其變化之妙，斯亦可云「化理」而已矣。

　　　　　　　　　　　　　　　　　　　──《讀四書大全說·盡心上》

於此清楚表明了船山認為「理」就是經過了「氣之已化」後，能夠落實地顯現其條理，以使萬物皆「固有其正」、「變不失正」；能夠呈現剛柔、中正、仁義等合乎理序的「當然」之理者。故船山所論「理」，已經脫出理學「草木狗石亦有理」、「一物之理即萬物之理」、「所以謂萬物一體者，皆有此理，……不可道他物不與有也」（《二程遺書》，卷2上）之強調虛心觀理的範疇了。

三、「體一用兩」、「變化日新」的氣之理

　　在船山哲學中，理氣既不離，理就是氣的條理，「理便在氣裡

面」，「只有氣處，便有理在」（《讀四書大全說·盡心上》），那麼氣究竟是通過怎樣的運化方式以實現其自身之條理的？也即氣是如何「變動成乎理」的？或謂理是如何「理乎氣」而爲氣之理的？這就可以說到船山哲學中最富於辯證性思想的氣之兩端迭用、「體一用兩」的變合運動規律，即氣化之條理了。

　　氣在船山思想中是位居存在論中心位置的，而氣又是不斷升降飛揚、聚散循環，變動不居的，所以船山便從強調變化發展觀出發，除了在性論方面強調「性日生日成」以外，他對於整個宇宙更抱持「動靜皆動」的「天地之化日新」觀點，他曾以戶之闔闢爲喻，道：

　　　取象於戶之闔闢者，使人易喻。……已闔而靜，方闔則動；闢之也動，既闢而靜。靜以成體，動以發用。……夫闔則必闢，闢則必闔，萬象體乾坤而各自爲體，陰陽有畸勝而無偏廢。其一陰一陽之相間者，純之必變也。　　　——《周易內傳·繫辭上》

蓋天地萬象皆以闔闢不已爲用者，故「太虛者，本動者也。動以入動，不息不滯。」（《周易外傳·繫辭下》）太極不是不動的，太極之「一動一靜，闔闢之謂也。由闔而闢，由闢而闔，皆動也。」（《思問錄·內篇》）故所謂：「維天之命，於穆不已」，船山說：「只是動而不已。」因此「動靜皆動也；由動之靜，亦動也。」「靜者靜動，非不動也。」（《讀四書大全說·公孫丑上·告子上》、《思問錄·內篇》）不過在「動靜互涵，以爲萬變之宗」的動靜辯證關係下，船山也肯定動中的相對靜止——「動而成象，則靜。」「動有動之用，靜有靜之質。」（《張子正蒙注·太和》）船山從這樣「動靜互涵」的宇宙尚動觀出發，強調自然界的運動是一種「變化日新」的前進過程，曰：「天地之德不易，而天地之化日新。」（《思問錄·外篇》）他認爲宇宙萬

有是推故致新、不斷變化的，既包含「內成」之「通而自成」——「形之不變」而「質之已遷」的自身內部變化，譬如「一芽之發，漸成千章之木」，其「質日代而形如一」、「日新而不爽其故」（《思問錄·外篇》）；也包含「外生」之「變而生彼」——「變，易其故而別爲之新之謂。」（《周易外傳·繫辭上》、《周易內傳·繫辭上》）譬如事物之由胚胎→流蕩→灌注→衰減→散滅的發展變化周期，便是一種「推故別致其新」、「謝故以生新」的變化。是故船山對於理學的主靜說，極力加以反對。

而欲探究陰陽健順、錯綜變化的氣化發展條理，則首先要闡明氣之無止息、不生不滅——「散而歸於太虛，復其絪縕之本體，非消滅也；聚而爲庶物之生，自絪縕之常性，非幻成也。」（《張子正蒙注·太和》）船山認爲宇宙萬有雖其形有聚散，但其氣都是無生滅的，故曰：「形有凝釋，氣不損益。」（《張子正蒙注·誠明》）不論氣之聚散、或人之死生，概皆一氣往復運動之理勢自然。故船山又藉易言：「往來」、〈繫辭〉言：「原始反終」，以說明此二氣交感、互相屈伸、相摩相盪的變合過程，曰：

（陰陽）以互相屈伸，故資始無窮，而要歸可以繼起。易言往來，不言生滅，「原」與「反」之義著矣。以此知人物之生，一原於二氣至足之化；其死也，反於絪縕之和，以待時而復。……生非創有，而死非消滅，陰陽自然之理也。

——《周易內傳·繫辭上》

是以不論萬有之死生聚散，概皆天地氣化無止息的變合過程中的一種「客形」而已，故船山曰：「聚而成形，散而歸於太虛，氣猶是氣也。」（《張子正蒙注·太和》）此說亦與前論天道本然無所謂「有

無」，只有從人道出發的「見不見」、幽明顯隱的殊相，其理一貫。

　　因此說氣之不生滅，又要先辨氣無「無」之根本問題。因爲常人往往滯於「形不形」、「見不見」之象，而「徇生執有」地、執「有」以論「無」——其氣「聚則顯，顯則人謂之『有』；散則隱，隱則人謂之『無』。」而當船山從天道之真實存在、即「在天之天」的角度出發時，「天道自天也，人道自人也。」——站在人道立場而以形氣之「不見」爲「無」時，實則只是氣之「散」（「隱」），並非真「無」，故自人道立場出發的天道觀，說的其實只是氣之聚散、天道的一種幽明狀態罷了；真要從天道立場言，則它是恆存而無所謂「無」的，故船山曰：「無形，非無形也，人之目力窮於微，遂見爲『無』也。」「虛涵氣，氣充虛，無有所謂『無』者。」「氣在空中，空非無氣，通一而無二者也。」因此船山反對據氣之形不形、見不見，即自天道之幽明顯隱狀態以論「有無」，認爲那是淺見謬說，「言有無者，徇目而已。」（《張子正蒙注・太和》）船山強調宇宙萬有不論其形跡之有無、天道之或顯或隱，蓋皆通一無二也，亦張載「有無混一之常」之謂。船山曰：

　　聚而明得施，人遂謂之「有」；散而明不可施，人遂謂之「無」。不知聚者暫聚，客也，非必爲常存之主；散者，返於虛也，非無固有之實。人以見不見而言之，是以滯爾。

　　可見謂之「有」，不可見遂謂之「無」，其實動靜有時而陰陽常在，「有無」無異也。　　　　　　——《張子正蒙注・太和》

船山在論證了「有無」無異、氣無生滅後，便可以說：「天下惡有所謂『無』者哉」了；也可以說聖人「知幽明之故，而不言有無」了。——至此亦可以說氣之不生不滅，惟終始循環、往來屈伸而已了。

　　氣既是不生不滅的，那麼它如何產生萬有無窮變化呢？這就要歸趨到船山論氣之「體一用兩」、「兩端迭用」的運動變化原則了。船山發揮張載《正蒙》之言：「感而後有通；不有兩，則無一」，「兩不立，則一不可見」（〈太和〉），他強調萬物在兼有氣之動靜、虛實、聚散、清濁等兩端現象為「用」下，並不會偏滯於任一相、即一端，而是「無而有，虛而實」之互相滲透、互相涵攝的，故曰：「合兩端於一體，則無有不兼體者」，是故儘管現象萬殊而其「體一」；至於氣又如何達到此「體一用兩」的呢？他說：凡氣之相盪相感、升降浮沉、動靜屈伸等，皆相感而起者也，其始雖皆「因與物相對而始生」，但是其「陰陽之撰具焉，絪縕不息，必無止機。故一物去而一物生，一事已而一事興，一念息而一念起，以生生無窮。」是以萬物在由一氣化生之後，其分殊萬象便都將循著「兩端迭用」之無往不復運動方式以發展變化，是故太和絪縕之氣，「以始於異而終於大同，則感雖乘乎異而要協於一也。」（《張子正蒙注·可狀》）因此萬有形氣都是循著「合→分→和」之相盪相感、動靜屈伸等，而歷經「一體→分殊→復歸太和」之變化發展歷程的。

　　故無往不復的「兩端迭用」，說明了萬有形跡當其氣聚而為象時，它是與物有對的；當其氣散歸太虛時，則它又是合於太和的。所以萬物都是歷經一個從分化對立、再到和諧統一的往復無已運動變化歷程；而此歷程就是藉由氣之升降飛揚、絪縕聚散等運動特性以達成的。故船山論曰：

　　虛必成實，實中有虛，一也；而來則實於此、虛於彼，往則虛於此、實於彼，其體分也。……使無一虛一實、一動一靜、一聚一散、一清一濁，則可疑太虛之本無有，而何者為一？惟兩端迭用，遂成對立之象，於是可知所動所靜，所聚所散，為虛為

實、爲清爲濁，皆取給予太和絪縕之實體。一之體立，故兩之用行。如水惟一體，則寒可爲冰，熱可爲湯，於冰湯之異，足知水之常體。

　　以氣化言之，陰陽各成其象，則相爲對。剛柔、寒溫、生殺，必相反而相爲仇；乃其究也，互以相成，無終相敵之理，而解歸仍返於太虛。以在人之性情言之，已成形則與物爲對，而利於物者損於己，利於己者損於物，必相反而仇；然終不能不相取物以自益也，和而解矣。氣化性情，其機一也。

——《張子正蒙注・太和》

是故船山從氣本的宇宙論、體用觀，再到人生哲學，認爲凡一切變化之發展原則，都是循著：萬物化生→相仇對立與衝突→「相取物以自益」及「互以相成，無終相敵」之和解統一運動規律以達成的，故曰：「天下有截然分析而必相對待之物乎？求之於天地，無有此也；求之於萬物，無有此也。」（《周易外傳・說卦》）所論也頗合乎現代邏輯之「正→反→合」辯證歷程與思維方式。而船山哲學亦以其在理氣、道器、有無、體用、虛實、動靜等諸多哲學範疇的精確思辨和理論鋪陳，豐富了我國十七世紀的「氣本論」思想理論建設。

四、「象成體定」的「天下惟器」論

　　船山從「不得謂離乎氣而有天也」以及「理以秩敍乎氣」的「理氣相即」立場，以論天道之真實存在；因此當落到吾人生活世界之實在界時，則他對於一切作爲客觀實體或對象的「器」、即經驗存在，自然也是看重的。所以對於理學長期來皆以「形上／形下」加以劃分的道器觀，船山亦轉從要求能夠在客觀對境裡被落實實踐的「視聽言動，無非道也，則耳目口體全爲道用」的經驗角度出發，以論「萬物之所自生，

萬事之所自立，耳目之有見聞，心思之能覺察，皆與道爲體。」（《張子正蒙注・大心》）所論亦與他強調「理在氣中」的理氣觀同條共貫。故船山又站在道寓於器、道不離器的道器合一基礎上，進言「盈天地之間皆器矣！」「天下惟器而已矣！道者器之道，器者不可謂之道之器也。」（《周易外傳・繫辭上》）不過要立「體」（器）之前，船山又要先破除舊說道器觀之「形上／形下」分野，所以他先論道、器、理、氣之「通一無二」，皆彼此一貫。他極具辯證性地論道：

　　道者，天地精萃之用，與天地並行而未有先後者也。使先天地以生，則有有道而無天地之日矣，彼何寓哉？而誰得字之曰道？
　　　　　　　　　　　　　　　　　　　　　──《周易外傳・乾》

　　無其器則無其道。……洪荒無揖讓之道，唐虞無弔伐之道，漢唐無今日之道，則今日無他年之道者多矣。未有弓矢而無射道，未有車馬而無御道，未有牢醴璧幣、鐘磬管絃而無禮樂之道。則未有子而無父道，未有弟而無兄道，道之可有而且無者多矣。故無其器則無其道，誠然之言也。　──《周易外傳・繫辭上》

是以船山的道器觀，首出形器概念，他認爲形而上的「當然之道」，寓乎「形而下」的「形之已成乎物而可見可循者」之中──「形而上之道即在形而下之器中。」（《禮記章句・學記》）因此他強調「上下無殊畛，而道器無異體。」「統此一物，形而上則謂之道，形而下則謂之器，無非一陰一陽之和而成；盡器則道在其中矣。」（《周易外傳・繫辭上》、《思問錄・內篇》）他並且認爲既言「形而上」，則已表明其不可離乎形，道器不可相離。
　　船山突破了理學對於主觀性的強調，轉從重視客觀性的「載道」

角度，以肯定「器」之實體價值，由此建立起他強調事物客觀存在意義
及價值的思想體系來。其謂「器」是「象日生而爲載道之器」，是由氣
化、即「氣」凝「象」而成的有形之具體事物和現象，故爲萬殊的存在
實體；「道」則是「物所眾著而共由者也」，是客觀存在事物的一般規
律；然而存在此事物之實體與作用間的關係，則是「可見者其象也，可
循者其形也」（《周易外傳·繫辭上》），故船山又立足在道器統一
的基礎上，而提出他強調「天下惟器」的代表性思想。他以「體用相
函」的關係來論證道與器，他譬之以車和皿：車和皿皆實體也，而車可
乘、皿能貯，故其「體」是車和皿等「器」，其「用」則是可乘可貯等
「道」，此中固然實體與作用的關係是統一的──「無車何乘？無器
（皿）何貯？故曰體以致用。不貯非器（皿），不乘非車，故曰用以備
體」（《周易外傳·繫辭上》）；但要留意的是：實體決定了作用，作
用取決於實存之體，「天下之器，其象各異，而用亦異。要其形質之
宜，或仰而承，或俯而覆，或微而至，或大而容……象成體定，而用以
利矣。」（《周易內傳·繫辭上》）因此船山所強調的是：「象成體
定」、而其用即隨其體而定。故船山又譬以「夫所謂無者，未有積之謂
也。未有積，則車之無即器之無，器之無即車之無，幾可使器（皿）載
貨而車注漿？」（《周易外傳·大有》）他說當器「未有積」、即無其
器時，譬如無車，這時候焉能以皿來載貨？又譬如無皿，其焉能以車來
盛漿？是故「無其器則無器道」，無車無皿則焉能有乘與貯之道？皿之
不可用以載貨、車之不可用以盛漿，明矣！故船山謂「道」即是「器之
道」，而「器」不可以說是「道之器」。

　　因此船山論體用之關係，曰：「吾從其用而知其體之有。」（《周
易外傳·大有》）又曰：「用者，用其體也。原其全體以知用之所自
生，要其發用以知體之所終變。」此中船山所謂「體」者，皆指現象
界具象存在的實體，他強調有形有象的物體乃是客觀世界的存在實

體──「陰陽通變而成象，則有體。」（《周易內傳・繫辭下》）至於
「道」，則只能以「器」爲其存在之實體，而不能作爲獨立的實體存
在，故曰：「形而上之道麗於器之中。」（《張子正蒙注・三十》）因
此船山認爲「善言道者，由用以得體；不善言道者，妄立一體而消用
以從之。」他說理學家以「人生而靜」以上命曰體，則「非彼所得見
矣。」（《周易外傳・大有》）是故船山的道器觀從強調客觀實在性出
發，重視吾人生活世界的一切實有形器，其曰：「一眠一食，而皆與物
俱，一動一言，而必依物起。」「今予所涉者，物而已矣，則何得不以
物爲師也耶？」（《尚書引義・堯典一》、《莊子通・人間世》）故船
山強調「以物爲師」，強調客體對象的重要，反對人師心自用、以心爲
宗，反對以認識主體和活動能力去代替認識對象。

　　因此船山批判呂東萊對於《書》曰：「所其無逸」，釋以「以
無逸爲所」；他反對將「所」解釋成爲「敬」、「無逸」，認爲那是
以「能」代「所」。── 船山區別實有其體曰「所」、實有其用曰
「能」，故「所謂『能』者即用也，所謂『所』者即體也。……所
謂『能』者即己也，所謂『所』者即物也。」是以「境之俟用者曰
『所』，用之加乎境而有功者曰『能』。」人之「能」（用、己）必即
乎「所」（體、物），即器道必相須，方能有功。故船山又譬以「越有
山，而我未至越，不可謂越無山。」「所登者山，不得謂登爲山；所涉
者水，不得謂涉爲水。」是故客體對象（物）不存在於吾人的主觀意識
中──「『所』不在內」，「『所』著於人倫物理之中」；吾人必須落
實地以「取諸耳目心思之用」的「能」副於實境的「所」，並不能「消
『所』以入『能』，而謂『能』爲『所』。」故船山又強調「吾之於天
下，無定所也。」他所要彰明的是：客體對象和主觀能動性必須統一連
繫、不可分割，即「即器言道」，故其又曰：「體俟用，則因所以發
能；用乎體，則能必副其所。」苟能如此，則便不會「使人寓心於無

依無據之地，以無著無住爲安心之性境。」（詳《尚書引義・召誥無逸》）是故船山之反對心學，亦以「心外無理」之說即以主觀能動性的心作爲「所」，而以認識主體代替、凌駕在「境之俟用」的「所」之上，所以船山認爲其客觀性不足。

因此就工夫論言，船山強調「盡器則道在其中矣。」「古之聖人，能治器而不能治道。」「君子之道，盡夫器而止矣。」（《思問錄・內篇》、《周易外傳・繫辭上》）船山復嘗藉易以論曰：

> 卦也、辭也、象也，皆書之所著也，器也；變通以成象辭者，道也。
>
> ──《周易內傳・繫辭上》

此中，變通之道非人所能目見者，人所能夠目見者在其器也，故如卦、象、辭等，皆書而可見者也，皆載道之器也；變通以成此象辭者，是人所不可見者，則是「道」。然而不可見之「道」即寓乎此卦象辭之「器」中，是故道器不可判然分離，明矣。而所謂器者，即體也、物也，船山又嘗詳論道：

> 天之風霆雨露亦物也，地之山陵原隰亦物也；則其爲陰陽、爲柔剛者皆物也。物之飛潛動植亦物也，民之厚生利用亦物也；則其爲得失、爲善惡者皆物也。凡民之父子兄弟亦物也，往聖之嘉言懿行亦物也；則爲其仁義、禮樂者皆物也。
>
> ──《尚書引義・堯典一》

是以實在界凡一切由氣之運化變合所成象、或所作爲者，率皆物也；凡存在主體能動性以外的一切客體對象，包括民之厚生利用、往聖之嘉言懿行和仁義禮樂等，一皆物也。船山甚至還從人倫關係之實在及相對

性，以論：「以我爲子而乃有父，以我爲臣而乃有君，以我爲己而乃有
人，以我爲人而乃有物，則亦以我爲人而乃有天地。器道相須而大成
焉。」（《周易外傳・咸》）因此船山對於王弼所論「筌非魚，蹄非
兔」及其「得言忘象」、「得意忘言」之說，很不能認同。其論曰：

　　魚自游於水，兔自窟於山，筌不設而魚非其魚，蹄不設而兔
非其兔；非其魚兔，則道在天下而不即人心，於己爲長物，而何
以云「得象」、「得意」哉？故言未可忘，而奚況於象？況乎
言所自出，因體因氣，因動因心，因物因理。道抑因言而生，則
言、象、意、道，固合而無畛，而奚以忘耶？

　　　　　　　　　　　　　　　　　　——《周易外傳・繫辭下》

他說意不藉乎象、意不因於言，猶乎人苟未藉諸筌蹄，則魚兔將自游、
自窟地獨立自存於山水之中，便將與人無涉；言、象、意、道等亦皆如
此，若載器不設，則其亦將與人成爲「道在天下而不即人心」的兩不相
干狀態，故舍「器」何由得「道」？因此象以盡意、言以表意、器以載
道，其皆「合而無畛」者，皆道器合一。所以船山反對忘言、忘象，更
反對以形上、形下判分道器。

　　所以船山對於現實世界凡所有當然之理，都認爲是因物而有，故謂
人不能離開「象成體定」的實體物象而空言論道。也因此凡所有被理學
判分爲形而下的自然、或社會存在物的客體對象等，船山都從道器合一
的「道寓於器」角度，強調其載道的重要性及其價值。是以當落在知行
觀上，則船山亦認同《尚書・說命》之「知之非艱，行之惟艱」命題，
而反對陽明的「知行合一」之說。因爲他認爲「知必以行爲功」、「行
可兼知，而知不可兼行。」（《尚書引義・說命中二》）故其所主張
者，在於重視實踐而具有經驗爲取向、重「行」的知行觀。是故從本體

論到工夫論，船山對於理學數百年來所側重發揚「形而上者謂之道」的道德形上學，皆以其突顯客觀性的理論建構，而爲一大翻轉。

五、以氣論性的「性日生日成」人性觀

船山既以氣爲整個宇宙的最高存有、萬物之所資始；則在人性論上，他自亦是持以氣論性立場，具有自然人性論的傾向。他說：「氣之與神合者，固湛一也；因形而發，則有攻取，以其皆爲生氣自然之有，故皆謂之性。」「耳目口鼻之氣與聲色臭味相取，亦自然而不可違拂。」他認爲耳目口鼻等氣質之性，也都是與生俱來的生氣自然，所以他不贊成理學劃分「天命之性／氣質之性」及其氣質之性「不謂性」的說法。其論曰：

> 耳目口體之攻取，仁義禮智之存發，皆自然之理，天以厚人之生而立人之道者也。
>
> 蓋性者，生之理也。均是人也，則此與生俱有之理，未嘗或異，故仁義禮智之理，下愚所不能滅；而聲色臭味之欲，上智所不能廢，俱可謂之爲性。
>
> 天以其陰陽五行之氣生人，理即寓焉而凝之爲性。故有聲色臭味以厚其生，有仁義禮智以正其德，莫非理之所宜。聲色臭味，順其道則與仁義禮智不相悖害，合兩者而互爲體也。
>
> ——《張子正蒙注·誠明》

船山從自然人性出發，認爲聲色臭味之欲等皆人所與生俱有者，無人能夠自外，即上智亦不能廢之，因此對於出自耳目口體、厚人之生的人欲，也都從天命自然的角度加以看待，認爲只要「順其道」，使與「仁義禮智不相悖害」即可，故曰：「性有之，不容絕也。」也因此他未完

全認同理學「存理滅欲」之滅去人欲之說。

　　因此船山反對舊說將天地之性與氣質之性區別為二，反對程子說氣質之性係由「昏明強柔不齊之性」所造成者。船山認為「其所謂氣質之性，才也，非性也。」他對於性與才嘗加以明確區別──「命於天之謂『性』，成於人之謂『才』；靜而無為之謂『性』，動而有為之謂『才』。」是以「性」一方面由於「藉才以成用」，另方面亦由於其「靜而無為」，故性不易見；才則以其「動而有為」之顯然可見，故世之言性者其實多是「以才為性」地說其才，而性則隱而不見。是以對於耳目口鼻等向被劃歸氣質之性者，船山亦皆以為天命自然。不過船山雖持論自然人性，他對於告子所謂「生之謂性」，卻也並不贊成；蓋「知覺運動，生則盛，死則無能為；性者，天理流行，氣聚則凝於人，氣散則合於太虛，晝夜異而天之運行不息，無所謂生滅也。」（上詳《張子正蒙注・誠明》）船山認為生命現象主知覺運動，人之死則無能為也；但是性是天理流行而藉諸氣以聚於人者，而氣無所謂生滅，當氣散了，性亦只是復歸太虛而已。所以他說告子論性亦「因形而發」、「隨形而生滅」，不足以言性。

　　由於以氣論性，而氣是變動不居的；故船山又發揮《易傳》之「善繼成性」思想，他不但強調變化發展觀，並進而提出強調「性日生日成」的人性論重要命題。船山認為所謂「成」者，「謂形已成，而凝於其中也」（《周易內傳・繫辭上》），是以萬有在「以有氣而生」之後，天命流行並不會因此而止息；反之，道不息於既生之後，故「天之與人者，氣無間斷，則理亦無間斷，故命不息而性日生。」「天命不息，而人能瞬息存養，晨乾夕惕，以順天行，則刻刻皆與天相陟降，而受天之命，無有所遺。」（《讀四書大全說・告子上》、《張子正蒙注・可狀》）因此人在終身中的每一天都是不斷地「受命成性」的，並不限於初生之頃之天命授受而已。是以人日受天命之仁義禮智、陰陽健

順之德，也即「繼善」；而人又不斷地加以擴充，故其性亦不斷地「日成之」，所以說：「成乎人之性，惟其繼而已矣。」（《周易外傳・繫辭上》）船山又論曰：

命不已，性不息矣。

—— 《思問錄・內篇》

天命之謂性，命日受則性日生矣。目日生視，耳日生聽，心日生思，形受以爲器，氣受以爲充，理受以爲德。

二氣之運，五行之實，……形日以養，氣日以滋，理日以成；方生而受之，一日生而一日受之。……故天日命於人，而人日受於天。故曰：性者生也，日生而日成之也。

—— 《尚書引義・太甲二》

「繼」者，天人相接續之際，命之流行於人者也。

—— 《周易內傳・繫辭上》

性則因乎成矣，成則因乎繼矣。不成未有性，不繼不能成。天人相紹之際，存乎天者莫妙於繼。……道之不息於既生之後，生之不絕於大道之中，綿密相因，始終相洽，節宣相允，無他，如其繼而已矣。

—— 《周易外傳・繫辭上》

船山認爲性日生日成，是以在日成其性的過程中，性既有秉天命而生的一面，也有接受後天影響的一面，因此船山認爲性正是結合了「命日受則性日生」的「命」、以及「因乎習之所貫」的「習」而養成的結果。故他又自「習成而性與成」的「後天之性，習成之也」角度，以說：「習與性成」（《尚書引義・太甲二》），是故後天之習亦不可不慎。

　　因此船山復強調藉由「學」來貞定天命性理，他說：「好善惡惡，德性也；領者，順其理而挈之也。陽明之德，剛健而和樂，陰濁則荏苒而賊害以攻取於物。欲澄其濁而動以清剛，則不可以不學。學者用神而以忘形之累，日習於理而欲自遏，此道問學之所以尊德性也。」（《張子正蒙注‧誠明》）是以船山亦主張通過「道問學」之功，藉由「日習於理」，以使人忘其形累而自遏其人欲也，故船山又說：「性者天道，習者人道。」他並且對於易曰：「蒙以養正，聖功也」，解釋以「養其習於童蒙，則作聖之基立於此。」所以他總結道：「聖人所以化成天下者，習而已矣。」（《俟解》）而從船山所主張的「性日生」、「習與性成」、「習者人道」等人性論命題，在在都可以看出他對於實在界、客觀性的重視與強調。

　　不過說到習，也不可避免地必然會觸及到現實生活中的理欲之辨，是以船山雖然一方面以氣論性地主張氣質之性亦是性、亦是天命自然，也肯定「聲色臭味，順其道則與仁義禮智不相悖害，合兩者而互為體也。」並且認同「有欲斯有理」、「隨處見人欲，即隨處見天理。」他甚至還批判「離欲而別為理，其惟釋氏為然。」反對脫離現實人生之自然情欲以言理，說那是佛家之言，所以他又自形而下氣質之性的角度出發，說：「食色者，禮之所麗也。利者，民之依也。」「禮雖純為天理之節文，而必寓於人欲以見。」（《尚書引義‧堯典一》、《讀四書大全說‧梁惠王上》）但是和船山上述正視聲色臭味等生理自然同時存在的，則是他在另方面的反對富貴利達之人欲執著，並且認為人欲終是有所妨礙於天理的。譬如船山亦嘗曰：「君子小人，但爭義利，不爭喻不喻。……梁惠王鴻鴈麋鹿之樂，齊宣王之好樂及雪宮之樂，孟子皆以為可推而行王政；獨於利則推而及於大夫士庶，其禍必至於篡弒，言一及之，即如堇毒之入口。」（《俟解》）他說從上位者到大夫士庶等皆然，只要言一及於利，便如堇毒之入口般——此論仍與孟子「何必曰

利」之「求利害義」思想同調，仍然繼承傳統儒學中將私、利、欲加以連繫的利欲觀；故船山還是認同被理學家強化到最高點的義利對立觀——象山嘗曰：「此只有兩路：利欲、道義；不之此，則之彼。」朱子亦曰：「人之一心，天理存，則人欲亡；人欲勝，則天理滅，未有天理人欲夾雜者。」（《象山語錄‧下》、《朱子語類》卷13）船山則也說：「欲曰人欲，猶人之欲也。……必不可絲毫夾帶於靈府，尤不待言。」（《俟解》）是以船山思想中仍以義利觀連繫著公私觀，仍然抱持以「天理之公」壓抑「人欲之私」的崇公抑私立場，故他仍持「求利害義」、「嚴辨義利」基調而重義輕利。換言之，言性、言理，船山反對離開聲色臭味等氣質之性以言理，反對舊說之區分氣質之性和天地之性，因為在以氣論性的立場下，同出於天命自然的氣質之性和仁義禮智等義理之性，其本質未有殊異、更未嘗相悖害，所以他說：「終不離人而別有天。」（《讀四書大全說‧梁惠王上》）但是當落到涵養道德的工夫論時，則船山反對從氣質之性到甘食美服、富貴利達的人欲追求，因為「積金囷粟」，其初皆起於人欲。因此船山的理欲觀，仍然繼承「理欲對立」、「義利對立」的傳統基調，在若干程度上他還是贊成「去欲」主張；只是他從正視氣質之性出發，認為「禽魚、音樂、游觀，私之於己而不節，則近於禽獸。」（《俟解》）強調欲可以「節」、而不可以「絕」。

　　由是，故船山仍然部分認同朱子所說的「人欲淨處，天理流行」；他所反對的只是「淨盡」罷了，因為「望人欲之淨盡，亦必不可得之數也。」所以船山亦嘗區別理欲，而曰：「只理便謂之天，只欲便謂之人。飢則食，寒則衣，天也；食各有所甘，衣亦各有所好，人也。」（《讀四書大全說‧里仁》）「蓋凡聲色、貨利、權勢、事功之可欲而我欲之者，皆謂之欲。……不得如此而為之，則長似懷挾著一腔子悒怏歆羨在，即此便是人欲。」他認為倘若人心而存有人欲如此，則天理便

將「先爲願欲所窒礙而不能通。」所以他又說：「一念之私利未忘，即爲欲所泥，而於理必不逮。」（《讀四書大全說・先進》）是故船山對於出自一己私利、即利己的富貴利達等人欲追求，終未肯定。因此儒學思想從傳統過渡到現代化，居間作爲連繫「理欲對立」、「貴義賤利」→「兼重義利」、「義利合趨」的思想轉化，仍有待於後來在「義／利」之間復建立起一個「求利而不害義」層次的戴震、焦循、淩廷堪、阮元……等乾嘉義理學者，譬如焦循《孟子正義》曰：「人之所以異於禽獸者，在此利不利之間。利不利即義不義，義不義即宜不宜。」劉寶楠《論語正義》亦曰：「人未有知其不利而爲之；則亦豈有知其利，而避之弗爲哉？」故屆於晚清嚴復翻譯《群己權界論》時已經持論「使所行之事，利害無涉於他人，則不必謀於其群，而其權亦非其群所得與。」「凡其人所喜好嗜欲與其所追趨而勤求者，內省其才，外制爲行，禍福榮辱，彼自當之，此亦非他人所得與也。」而此一思維便已相當接近於現代化思維了。

六、結語

總說晚明到清初的思想界，船山哲學的最大突破就在於他以謹嚴而富思辨性的完整理論，建構了我國的氣論哲學。雖然他僻處窮山、著作亦晚行，但是他將「氣本論」思想提高到空前未有的理論高度，雖美玉深藏而終無妨於潛德幽光。船山哲學係自天道觀出發，他強調人道雖然出自天道，但人道角度所理解的天道觀，往往滯於形象見不見之「有無」表相，只是就氣之顯隱幽明以論天道本體罷了，若此則皆未足與論天道之真實存在。故船山轉從天道真實存在的「天不能無生」、「以氣而有所生」，即陰陽變合無止息的氣化流行出發，強調氣就是以其作爲「所有之實也」，以其絪縕而含健順之性，能升降屈伸、條理必信，故能聚而爲象爲形、即「神」也，復能以生萬變、即「化」也，而能爲天地間一切流行與萬有的根本。是故在船山對理氣採取去等級化的「理氣

相即」理論建構中，「氣」就是以其「能生」、「理」就是以其能主持調劑乎氣而爲氣之條理，即能使氣「美」者也，故能建立起非形上學而強調道德創造性的思想體系來。所以氣爲船山哲學中整個宇宙的最高存有、萬物所資始；船山就是以重氣爲出發，以強調氣與「生命力」之生、開始、創造、成就、完成與日新諸義相連繫之存在能動性，而成爲我國明清之際「氣本論」思想的最高理論建構者。

　　此外，船山亦深於史學者也，他深具史識、富於史論。而史學之影響於人者，很重要的一端便在於襟抱與視野，尤其身爲文化人，能夠具備歷史視野地站在高而遠的視點，以宏觀整體歷史文化之進程與發展，則其識見與觀點便有非凡俗流輩所能相比者。船山著有《宋論》、《讀通鑑論》等史論，又有《黃書》、《噩夢》等宏揚民族大義之作；船山所強調的史學精神，主要在於「古今通義」的文化價值，他嘗謂：「有一人之正義，有一時之大義，有古今之通義。」因此他反對「一時之義伸，而古今之義屈。」強調「不可以一時廢千古，不可以一人廢天下。」「一人之義，不可廢天下之公也。」（《讀通鑑論》卷14）是故處亂世而能超越一人一時之狹隘、復能諦視亙古之文化精義者，是爲具有萬世不易公理之胸襟與視野者。船山之辨夷夏，固然以今日言之，不無狹隘的民族主義之見，但在時代高度的思維限制下，亦不能據今以非古；而審視船山之所存心，其君子小人與義利之辨之所持節，正是以文化關懷爲強調者；亦同於亭林所論：「仁義充塞，而至於率獸食人，人將相食，謂之亡天下。」蓋皆「微管仲，吾其被髮左衽」之「所繫者在天下」者。昔司馬遷嘗論孟子之落落不群、不能阿世苟俗，而曰：「天下方務於合從連橫，以攻伐爲賢，而孟軻乃述唐虞三代之德，是以所如者不合」；然深味其「迂遠而闊於事情」的絃外之音，卻是對於孟子激濁揚清的道德堅持之更多尊敬與讚賞。而亭林、船山輩，亦同此亂世之貞儒。

參

新、舊典範交替的清初學術㈠：「朱王之爭」及理論修正（陸世儀、陸隴其、李光地、孫奇逢、黃宗羲、李顒）

　　入清，雖有部分儒者激於時變，而將亡明之禍歸咎王學末流，至謂：「清談亡國」，於是後儒在解釋清學興起時，亦遂說以「反理學」；但其實理學在清初並未衰歇，新學風之興起亦非立足在如此狹隘之負面因素，清初順、康、雍近百年期間，正是舊典範漸趨式微，而新典範深積厚養、等待崛起的學術過渡期。此時一方面民間王學猶自蓬勃發展，於時仍有南學黃宗羲、北學孫奇逢、關學李顒等人各占鰲頭，另方面則清廷亦持「尊朱」及獎掖理學立場——康熙嘗明言：「讀書五十載，只認得朱子一生居心行事。」「朱子洵稱大儒，非氾言道學者可比擬。」「朕以為孔孟之後，有裨斯文者，朱子之功最為弘鉅。」（《康熙帝御製文集》第四集；《清聖祖實錄》康熙四十三年六月丁酉條、康熙五十一年正月丁巳條）朝廷並有諸多理學名臣，如熊賜履任康熙日講官、李光地奉敕編纂《朱子全書》和《性理精義》，陸隴其則以「程朱嫡派」、「洙泗干城」而獲從祀孔廟，並皆榮寵一時；朱熹亦自孔廟「東廡先賢」提升成為「大成殿十哲」，要皆可見清廷文教治國之「崇儒重道」國策及其提倡理學之基本立場。而在延續理學發展之餘勢以外，其時還有反映明清思想變遷而倡導「實行」之學的顏元、提倡新理

欲觀而可以被目爲新舊典範過渡代表暨「乾嘉新義理學」先聲的陳確、
表現十七世紀本土性啟蒙思想的唐甄，以及帶領逐漸躍居學術主流的考
據學之顧炎武音學，以及譬如黃宗羲、毛奇齡、萬斯大、閻若璩、陳
確、胡渭等人之於易圖、《大學》、《古文尚書》等經典辨僞，也都並
開一代風氣之先。是故清初學界與思想界呈現了紛然並呈的學出多方、
各家爭勝局面，在此新、舊典範交替的近百年期間，並皆爲新典範厚植
根基。

一、清廷「尊朱闢王」的官學立場及朱學發展

晚明王學風行，惟末流流弊孳生，故明季東林黨領袖顧憲成、高
攀龍等人不滿於王學，並在理論上加以批判，而主張「由王返朱」。顧
憲成批評王學末流不務實學、高談闊論而塵視下學工夫，致由此造成
「空」與「混」之學術流弊。其曰：

> 「空」則一切解脫，無復掛礙，高明者入而悅之，於是將有
> 如所云，以仁義爲桎梏，以禮法爲土苴，以日用爲緣塵，以操持
> 爲把捉，以隨事省察爲逐境，以訟悔遷改爲輪迴，以下學上達爲
> 落階級，以砥節礪行、獨立不懼爲意氣用事者矣。「混」則一切
> 含糊，無復揀擇，圓融者便而趨之，於是將有如所云，以任情爲
> 率性，以隨俗襲非爲中庸，以闒然媚世爲萬物一體，以枉尋直尺
> 爲捨其身濟天下，以委曲遷就爲無可無不可，以猖狂無忌爲不好
> 名，以臨難苟安爲聖人無死地，以頑鈍無恥爲不動心者矣。
>
> ——《明儒學案·東林學案一》

顧憲成責言流俗者「玄虛而蕩」地蔑視仁義禮法和隨事省察、改過遷善
等砥節礪行之涵養工夫，並反過來強調「混同是非」之隨俗襲非、闒然

媚世，以此形成晚明猖狂無忌、頑鈍無恥的道德敗壞風氣。高攀龍也批評
道：

> 始也掃聞見以明心耳，究且任心而廢學，於是乎詩書禮樂輕
> 而士鮮實悟；始也掃善惡以空念耳，究且任空而廢行，於是乎名
> 節忠義輕而士鮮實脩。　　　　——《高子遺書·崇文會語序》

他也認爲陽明「明心見性」之說，正給予王學末流任心廢學、任空廢
行，而不能潛心實修的藉口，故他亦不滿於王學，強調回歸朱學。

　　清初，則顧炎武以身負大節而望重士林，又以「考文知音」之指
示清學途轍，同時亦學重士林，故他成爲清初批判理學並轉向經學的代
表人物。對於明亡，顧炎武曾經反思並痛責王學道：「以一人而易天
下，其流風至於百有餘年之久者，古有之矣：王宜甫（衍）之清談、王
介甫（安石）之新說；其在於今，則王伯安（守仁）之良知是也。」
（《日知錄集釋·朱子晚年定論》）固然亭林「三王」之誚，因激於時
變而爲過激之言，但他從「經世致用」角度倡言的「經學即理學」以及
「博學於文，行己有恥」之教（《亭林文集·與友人論學書》），在學
術方面，主張「撥亂反正，移風易俗，以馴致乎治平之用，而無益者
不談。」在學者方面，要求「君子之爲學，以明道也，以救世也。」
（《亭林文集·答友人論學書·與人書廿五》）則成爲清初學者奉爲圭
臬的指導思想，於是清初經世學風頗蔚爲一時風潮，而回歸經學亦成爲
有清一代之學術路向。

　　不過亭林所批判的理學，主要係針對陽明心學而發，其言：「不
習六藝之文，不考百王之典，不綜當代之務，……以明心見性之空言，
代修己治人之實學，股肱惰而萬事荒，爪牙亡而四國亂，神州蕩覆，宗
社丘墟。」（《日知錄集釋·夫子之言性與天道》）在直指「明心見

性」之王學是亡國禍首之外，其實他對於程朱理學還是相當崇敬的，嘗曰：「兩漢而下，雖多保殘守缺之人，六經所傳，未有繼往開來之哲；惟絕學首明於伊雒，而微言大闡於考亭，不徒羽翼聖功，亦乃發揮王道，啟百世之先覺，集諸儒之大成。」（《亭林文集・華陰縣朱子祠堂上梁文》）可見亭林頗以昌明絕學、闡釋微言之功盛推朱子，故他雖然倡言：「古之所謂理學者，經學也。……今之所謂理學，禪學也。」（《亭林文集・與施愚山書》）要求以經世實學之「經學」取代空談性理之「理學」，但到底還是為清初程朱理學一系留下了發展空間。

　　至於清初之朱派學者，則於時先有浙西儒者張履祥（1611-1674年），他早年師事蕺山，講「慎獨」、「誠意」之學；經明亡之反思後，遂脫離王學矩範而自朱子《近思錄》入手，轉向「格物窮理」，並猛烈攻訐王學，其言曰：「姚江之教，較之釋氏，又所謂彌近理而大亂真也。」「姚江以異端害正道，正有朱紫苗莠之別。其弊至於蕩滅禮教，今日之禍，益其烈也。」（〈備忘錄一〉、〈答沈德孚〉，《楊園先生全集》）張履祥的思想又深刻影響及呂留良（1629-1683年）。呂留良早歲曾參與抗清，晚歲為辭山林隱逸之薦而削髮為僧，極具民族之義。他亦大張朱學旗幟，極力批評陽明良知之說，其論學宗旨率以程朱為歸，嘗有言曰：「幼讀經書，即篤信朱子細注，因朱子之注而信程張諸儒，因朱子程張而信孔孟。」「凡朱子之書，有大醇而無小疵，當篤信死守，而不可妄置疑鑿於其間。」（《呂晚村文集・與張考夫書・復王山史書》）他並以為良知說之所以風行，「只緣偌大世界，不曾見個真程朱之徒。」故他亟以發明程朱義理為己任，至謂：「今日闢邪，當先正姚江之非。」（《四書講義》、《呂晚村文集・復高彙旃書》）以此而與浙東黃宗羲之王學派有若雙峰峙立，友誼亦生釁隙。其《四書講義》即為發揚程朱學說而作，但並非章句析解、依文釋字之屬，其引申推論，寓理於敘事之中、感懷身事而藉端發抒之說，所在多有，《續修

四庫全書提要》稱以「自成呂氏之書，非一般遵朱不敢失尺寸者可以同
語。」惟呂留良在死後四十餘年，因曾靜反清一案牽連，[1]慘遭「戮屍
梟示」（《清世宗實錄》雍正十年12月乙丑條），其子與孫輩或同遭
戮屍、或被誅殺、或被發遣寧古塔為奴；雍正復令朱軾等人纂成《駁呂
留良四書講義》，指斥其著作之舛誤者。

　　雖然呂留良在二十五歲時因共同參與抗清的叔父呂宣忠死難、兄
長與摯友也先後去世，「生才少壯成孤影，哭向乾坤剩兩眸」，曾經為
求避害而一度進入科場為諸生；但是他旋即深悔「失腳俗塵」而歸隱，
嘗賦詩曰：「誰叫失腳下漁磯，心迹年年處處違。雅集圖中衣帽改，黨
人碑裡姓名非。苟全始信談何易，餓死今知事最微。醒便行吟埋亦可，
無慚尺布裹頭歸。」（〈餘姚黃晦木見贈詩次韻奉答〉、〈耦耕詩〉，
《呂晚村詩集・悵悵集》）故學者頗以為呂留良實「無愧一代大儒」，
「其志節行事，較之明末黃梨洲、顧炎武、王船山三大儒者，則亦絲毫
不遑遜讓者也。」（胡楚生《清代學術史研究》）呂留良工於詩文，八
歲善屬文而造語奇偉，其著作繁多，如《詩經彙纂詳解》、《易經彙
纂》、《易經評解》、《禮記題說》、《天蓋樓遺稿》、《天蓋樓四書
語錄》、《四書講義》、《呂子評語》、《呂氏醫貫》……等，據《清
代禁燬書目》有數十種之多；惟其所著書，除了發明朱學而與清廷同一
學趨的《四書講義》外，幾皆遭到禁燬而多數亡佚，光緒間始有《呂晚

1　曾靜深好呂留良選文多有「夷夏之防」、「井田封建」等語，遣其徒張熙至呂氏家中求書，時晚
村已歿，其子毅中盡以呂氏遺書授之，書多排滿之語。後來川陝總督岳鍾琪因兩度進京陛見被
拒，危疑不安，曾靜遂遣張熙貽書而以其祖岳飛為抗金名將鼓動反清，鍾琪計誘之、並密奏其
事。雍正差大臣拘提曾、張二人，浙江總督並搜得呂留良家藏書籍。雍正曰：「朕繙閱之餘，不
勝惶駭震悼！蓋其悖逆狂噬之詞，非惟不可枚舉，抑且凡為臣子者所不忍寓之於目、不忍出之於
口、不忍述之於紙筆者也。」（《浙江通志》卷首二）雍正十年此案定讞，呂留良及其子葆中皆
戮屍梟示、毅中著改斬立決，呂氏孫輩發遣為奴，為了表示寬大，曾張二人免於處治，惟乾隆即
位，則立斬之。而有關雍正之死，或言即精於劍擊的呂留良孫女四娘所刺。（詳胡楚生，《清代
學術史研究・呂晚村「四書講義」闡微》）

村先生文集》重刊，民國初，《呂晚村詩集》亦刊行。

　　在儒林充塞的批判王學聲浪以外，清廷更是極力尊朱；清廷除了沿襲元代所定制、遵朱熹之《四書集注》以爲科舉定式外，兼亦採行明代胡廣所編《四書大全》、《五經大全》、《性理大全》等，康熙並以篤信朱學的熊賜履（1635-1709年）任日講官，重開日講並恢復春秋經筵大典。而康熙在所強調的對朱子之敬慕外，亦嘗明言：「道統在是，治統亦在是。」其文集中也載有他曾在親被甲胄、統數萬兵，深入不毛的沙磧之地大敗葛爾丹後，「忽有所悟，而自問兵可窮乎？武可黷乎？秦皇漢武皆英君也，因必欲勝而無令聞、或至不保者，豈非好大喜功與亂同道之故耶？」此一「好大喜功與亂同道」的深切體悟，使他認識到國之治統不能建立在武力戰功上，於是他「宵旰孜孜，思遠者何以柔？近者何以懷？……反之身心，求之經史，手不釋卷，數十年來，方得宋儒之實據。」即他最後悟出了朱子之所講論，正是懷近柔遠的治國實據——「朕讀其書，察其理，非此不能知天人相與之奧，非此不能治萬邦於衽席，非此不能仁心仁政施于天下，非此不能內外一家。」（《康熙帝御製文集》第一集）是故康熙之表彰朱子，除了一己的學術好尚外，還兼寓有藉朱子思想以爲治世御民、鞏固階級倫理之指導思想作用。

　　因此康熙在三藩亂平、臺灣回歸以後，便開始調整文化政策，而以彰明朱學作爲官學一貫立場。他深信朱子爲孔孟正傳，「集大成而繼千百年絕傳之學，開愚蒙而立億萬世一定之規。」（〈朱子全書序〉，《康熙帝御製文集》第四集）他並曾與王學學者崔蔚林針對朱、王論「格物」與「誠意」問題展開辯論：康熙反對王學之「心、意、知、物」皆「至善無惡」立場；主張「意是心之所發，有善有惡；若不用存誠工夫，豈能一蹴而至？」（《康熙朝起居注》，18年10月26日）此一議題後來更演爲清廷之「真／僞」理學之辨，且藉以對「假道學」者

進行懲處；康熙五十一年又欲宣躋朱子於孔廟「四配」之次，在李光地
的勸阻下，才以朱子退居「十哲」之末，但仍以朱子凌駕於所有漢唐以
下儒者而躋身孔廟正殿。此後清廷「尊朱」的學術文化政策，更透過御
纂諸經、日講解義、圖書官修等途徑次第實現，而歷康、雍、乾三世皆
一貫。

　　「城中好高髻，四方高一尺。」清廷尊朱對王學產生了排擠效應，
在清廷詔修《明史》的明史館中，徐乾學、張烈等主張仿《宋史》之在
〈儒林傳〉外另設〈道學傳〉及以朱學為理學正統，而亦欲將明儒之朱
學派列為〈道學傳〉，以貶抑陽明一代儒宗之地位。後來在黃宗羲、朱
彝尊、毛奇齡等人的反對下，雖然總歸〈儒林傳〉，但陽明被視為勛
臣，排除在儒林之外，《明史》並未真實反映陽明領袖明學之事實。故
朝廷館閣理學派在陽明心學成為亡明諉過對象、居眾惡下流之劣勢下，
遂乘四方學者一致撻伐之際，以望風披靡之勢樹立起朱學定於一尊的欽
定官方哲學地位。影響所及，益發助長了學界「尊朱闢王」之風尚，故
王源嘆道：

　　　今天下之尊程朱、詆姚江，侈然一代大儒自命而不傀者，幾
　人哉？……有人於此，朝乞食墦間，暮殺越人於貨，而掇拾程朱
　緒論，猖猖焉詈陽明於五達之衢，遂自以為程朱也。……則程朱
　之見推，實程朱萬世之大阨爾。——《居業堂文集・與朱自綠書》）

清初「闢王」之風盛行，學者憂心俗儒掇拾程朱牙慧、以詆詈陽明為
尚，行偽言淺，適足以為程朱理學之大阨。不過清初「由王返朱」之程
朱權威樹立並蔚為趨勢，已是不爭事實。
　　清初著名的尊朱學者，首推「江東二陸」的陸世儀（1611-1672
年）、陸隴其（1630-1693年）—— 李元度《國朝先正事略》稱「本朝

諸儒恪守程朱家法者，推二陸爲正宗。」（〈陸桴亭先生事略〉）而康熙末的朱學領袖李光地（1642-1718年），亦是清初朱學之中堅。述之如下：

㈠主於論敬而不囿於門戶的醇儒陸世儀

陸世儀最重要的代表著作爲《思辨錄》，係他逐日累記學思所得，由好友江士韶、盛敬二人整理成《思辨錄輯要》，初稿記崇禎10年到順治5年所撰；陸世儀去世後，理學名臣張伯行又對此書進行重編，補入順治5年到順治17年所記，《四庫全書》所收錄者即張刻本。顧炎武嘗致書陸氏曰：「讀《思辨錄》，乃知吾當世而有真儒如先生者。」顏元也稱：「當今之時，承儒道嫡派者，非先生其誰乎？」（《亭林餘集・與陸桴亭札》、《存學編・上太倉陸桴亭先生書》）皆極推重之。陸世儀素以學道自任──道在天地間原不可見，「惟學道者能見之」，始能鳶飛戾天、魚躍於淵，而「滿腔中俱是道在。」故他亟強調「學道貴能自任，蓋既自任，則便有一條擔子，輕易脫卸不得。」「要實見得道爲天地間不可無之道，學爲天地間不可無之學，我爲天地間不可少之人，然後能擔當自任。」（《思辨錄輯要》卷1）可見其志道之心，懇懇款款，後世多稱其醇儒。

陸世儀尊朱，不喜王學，但他不爭門戶，能平心以論，曰：「鵝湖之會，朱陸異同之辨，古今聚訟，不必更揚其波。」（《思辨錄輯要》卷30）他不贊成囿於門戶之見而畫地自限，並嘗譬之以「大儒決不立宗旨，譬之醫家，其大醫國手無科不精、無方不備、無藥不用，豈有執一海上方，而沾沾以語人曰此方之外別無藥？」（《思辨錄輯要》卷31）故他亦能肯定陽明「致良知」之功可以入聖，他只是反對打破「敬」字，認爲如此便是壞了良知。其論曰：

　　自心宗之學起，而動云一切放下，動云直下承當，使學者人
人心粗膽大，人人足高氣揚。昔東坡云：「何時打破這敬字？」
愚謂心宗此時已打破「敬」字了也，打破敬字，只爲斷送卻一個
「畏」字。
　　　　　　　　　　　　　　　　　　　──《思辨錄輯要》卷31

他強調學者欲識本心，「斷斷非學問不可」，所以批評「陽明工夫甚
少。」認爲陽明才氣太盛，遽樹良知之幟；繼又有寧藩之變，廓清平定
煞費心力，功名一建，後來遂無日不在軍旅中，雖到處時時講學，「實
不過聰明用事也。」並說陽明強調簡易直捷以救支離之失，至其後學，
如以氣魄鼓動得人的泰州王艮、謗六經的王畿等學，則「世俗小聰明人
最喜之」，故其末流皆厭窮理讀書之繁。因此陸世儀論學所最強調的，
便在於「敬」；他認同程朱「居敬窮理」之教，批評明代講學之風，曰
「講學之風至嘉隆之末、萬曆之初而弊極，凡諸老相聚，專拈四無，
掉弄機鋒，閒話過日。其失更不止如晉室之清譚矣！」（卷31）是以
他強調孔子之言：「君子有三畏」──「畏天命，畏大人，畏聖人之
言。」認爲「古人作聖根基只一『畏』字。」是故陸世儀之論「敬」，
即自知有所「畏」出發。其論曰：

　　人能有所畏，便是敬天；根腳小人只是不畏天命，不畏天命
便無忌憚，便終身無入道之望。　　　　　──《思辨錄輯要》卷2

惟其能「畏」、始能知「敬」，故他又由知「畏」而進論知「敬」。
曰：

　　曾子平日只是做日省功夫，後來悟著一貫，亦只是日省工夫
做到透處。日省工夫即所謂隨事精察也，即所謂「格物致知」

也；日省而至於一貫，即格致而豁然貫通，表裡精粗無不到，而
全體大用無不明也。要之，徹始徹終只一「敬」字，由是上迨堯
舜、下迨程朱，皆以「敬」字按之，無不同條共貫。

「居敬窮理」四字是學者學聖人第一功夫，徹上徹下，徹首
徹尾，總只此四字。四箇字是「居敬窮理」，一箇字是「敬」。

——《思辨錄輯要》卷2

因此陸世儀強調涵養之道須自「隨事精察」之「日省工夫」做起，謂此
即是朱子所強調的「格物致知」；他認爲學者如能時刻存心、便是時刻
「居敬窮理」了。是故「敬」就是爲學「心法」，就是學者入德之不二
門徑。

至於論學，則陸世儀強調實學，注重兵、農、水利等結合現實與實
用的經世之學，並言：「近世講學多似晉人清談；清談甚害事，孔門無
一語不教人就實處做。」「《六藝》古法雖不傳，然今人所當學者，正
不止六藝，如天文、地理、河渠、兵法之類皆切於用世，不可不講。俗
儒不知內聖外王之學，徒高談性命，無補於世。」是以他雖講尙理學，
但不泥古，有曰：「吾輩苟欲用心，不必泥古，須相今時宜及參古遺
法，酌而行之。」（卷1）所以他能夠斟酌古今、切合時用，雖爲尊朱
名家，但卻反對俗儒空談性命，而以實務之學爲所強調。

不過陸世儀也指出「古之學聖賢易，今之學聖賢難」，因爲「只如
讀書一節，書籍之多，千倍於古，學者苟欲學爲聖賢，非博學不可。」
是以在後世汗牛充棟的佶多典籍中，確實需要得其門徑的讀書法，故陸
世儀提出了他個人獨到的看法，主張「自五歲至十五爲一節，十年誦
讀；自十五歲至二十五爲一節，十年講貫；自二十五至三十五爲一節，
十年涉獵。使學有漸次，書分緩急。」（卷4）而其論學之教，亦即緣
此「誦讀→講貫→涉獵」之次第展開，並涵蓋經義、治事二大類。其

「治事」類復包含天文、地理、河渠、兵法等諸科，因此學者在濡浸儒
家經籍之《四書》、《五經》、《周禮》、諸儒語錄、《二十一史》、
諸家古文、諸家詩，並旁及野史、各省輿地志、堪輿家之外；還必須涉
獵諸如實錄、典禮律令、經濟、天文、地理、水利農田、兵法等實務
之學，這才是他所期許的「庶學者俱為有體、有用之士」（卷4）——
「真讀書人」是也。

　　另外，學者徐海松在《清初士人與西學》一書中，亦指出陸世儀還
主張學習西方科學知識，如其在「水利農田書」方面所開列的書單，便
有徐光啟之《農政全書》——是書主要吸收了徐光啟和耶穌會士熊三拔
所合譯的《泰西水法》。徐光啟曾在明末主持大規模引進西法、改革舊
曆和譯編《崇禎曆書》。《崇禎曆書》雖名為曆書，實際上是介紹西方
數理天文之書，即幾何模型方法論之作；而陸世儀之《思辨錄輯要》也
說「西學有幾何用法，《崇禎曆書》中有之，蓋詳論勾股之法也。勾股
法《九章算》中有之，然未若西學之精。」（卷15）此外，陸世儀也
嘗論「數為《六藝》之一，似緩而實急，凡天文、律曆、水利、兵法、
農田之類，皆須用算。學者不知算、雖知算而不精，未可云用世也。」
（卷1）故徐海松言：「在明清實學思潮高漲中誕生的陸氏『六藝』實
學，已經明顯融進了西學的因素。」（徐海松《清初士人與西學》）因
此陸世儀的西學關注擴張了他的學術視野，影響了他以數學用世的經世
思想，此在清初理學家中極為突出。

　　陸世儀入清不仕，並以辭薦、築亭池中名，但他其實極具經世精
神——方明末流寇之患日深時，他曾著〈論平流寇方略〉，力陳拔擢良
將之道，時不能用；明亡，上書南都，亦不用；又嘗參人軍。事解，遂
鑿池寬十畝，築亭其中，不通賓客，「桴亭」之號即以此。後來他應諸
生之請，先後講學於東林、毗陵，復歸講里中，當事者累欲薦之，力辭
不出。全祖望《鮚埼亭集》極稱美《思辨錄》所論「無不粹且醇」者，

並嘆當世少有能知其學者，是以撰為〈陸桴亭先生傳〉，「以為他日國
史底本。」並謂：「其最足以廢諸家紛爭之說，而百世俟之而不易者，
在論明儒，顧《明史・儒林傳》中未嘗採也，予故撮其大略於此篇。」
全祖望終身矢志蒐討山海遺事、網羅舊聞，以補綴舊史；他不滿《明
史》未能呈現出陸學之深邃，以致世罕知之者，所以他曾撮要陸氏傳
略，庶幾乎國初醇儒不致湮沒草莽。此外，陸世儀講求實務之學的精
神，也與清初開新思想典範的顏元、唐甄、朱舜水等人相接近，故亦可
以視為經世實學之先行者。

(二)捍衛朱學門戶最力的陸隴其

　　陸隴其早年嘗徘徊在朱、王之間，後來因受呂留良影響而篤信朱
學，其自言：「某不敏，四十以前，亦嘗反覆於程朱之書，粗知其梗
概。繼而縱觀諸家語錄，糠粃襍陳，珷玞並列，反生淆惑。壬子癸丑，
始遇先生，從容指示，我志始堅，不可復變。」（《陸稼書先生年譜・
卷下》）此後他即以「洙泗干城」、「程朱嫡派」之強烈尊朱立場，
儼然程朱護教、一代理學之正統宗師。雍正初，陸隴其獲得了清代第
一個從祀孔廟的理學名臣寵遇；[2]高宗時又加表彰，且親撰碑文，賜諡
追贈；《四庫提要》紀昀等亦稱：「隴其傳朱子之學，為國朝醇儒第
一。」（《三魚堂賸言》提要）備極榮寵。

　　陸隴其著作主要有《四書大全》、《四書講義》、《問學錄》、
《三魚堂文集》以及張伯行所編之《陸稼書先生文集》。其學風趨向專

2　從祀孔廟分為東廡先賢、東廡先儒、西廡先賢、西廡先儒。「東廡先賢」40位，譬如程顥、邵
　　雍、周敦頤；「東廡先儒」38位，譬如司馬光、歐陽修、范仲淹、文天祥、羅欽順、劉宗周、顧
　　炎武、王夫之、孫奇逢、陸隴其；「西廡先賢」40位，譬如左丘明、公孫龍、公孫丑、張載、程
　　頤；「西廡先儒」38位，譬如董仲舒、諸葛亮、韓愈、胡瑗、胡安國、吳澄、許謙、王守仁、陳
　　獻章、陸世儀、顏元、黃宗羲、湯斌……等。

主程朱，嚴於門戶之辨，有曰：「隴其嘗以爲近世學術之弊，起於不能
謹守考亭。故救弊之法無他，亦惟有力尊考亭耳。」（《三魚堂文集·
答嘉善李子喬書》）因此他對於凡受陽明學影響的學者皆不假辭色，即
於當時大儒如孫奇逢、黃宗羲等亦然，其曰：「歎近年來南方有一黃黎
州，北方有一孫鍾元，皆是君子；然天下學者多被他教得不清楚。」
（《三魚堂賸言》卷8）故對於明朝覆亡之原因反思，明清儒者或謂亡
於李自成與張獻忠等流寇、或謂亡於宦官，康熙認爲亡於朋黨，陸隴其
則歸咎於王學。陸隴其認爲明「亡於學術」也；他指王學「異端」正是
造成宗社丘墟之罪首，曰：「明之天下，不亡於寇盜，不亡於朋黨，而
亡於學術；學術之壞，所以釀成寇盜、朋黨之禍也。」（《三魚堂文
集·學術辨上》）直以教弛俗敗、宗社覆亡之大罪歸諸王學流行，至
謂：「繼孔子而明六藝者，朱子也。非孔子之道者皆當絕，則非朱子之
道者皆當絕。」（《三魚堂文集·周雲蚪先生四書集義序》）而由於陸
隴其在清初批判王學最力，故他被奉爲清初朱學之正宗。

　　陸隴其嘗比較在程朱主流和王學風行下的明代盛衰，曰：

　　嘗論之曰：明之所以盛者，程朱之學行也；其所以衰者，程
朱之學廢也。聖人復起，不易斯言矣！

　　　　　　　　　　　　　　　　　　　　——〈周永瞻先生四書斷序〉

　　考有明一代盛衰之故，其盛也，學術一而風俗淳，則尊程朱
之明效也；其衰也，學術歧而風俗壞，則詆程朱之明效也。每論
啟、禎喪亂之事，而追原禍始，未嘗不歎息痛恨於姚江，故斷然
以爲今之學，非尊程朱、黜陽明不可。

　　　　　　　　　　　　　　　　　　　　——〈周雲蚪先生四書集義序〉

陸隴其並咎王學以：

> 蕩軼禮法，蔑視倫常，天下之人恣睢橫肆，不復自安於規矩繩墨之內。……夫天下有立教之弊，有末學之弊。末學之弊，如源清而流濁也；立教之弊，如源濁而流亦濁也。學程朱而偏執固滯，是末學之弊也；若夫陽明之所以爲教，則其源先已病矣，是豈可徒咎末學哉？
> ——〈學術辨上〉

不過陸隴其論學存在極顯然的門戶之見，他甚至認爲陽明、象山正是以其能夠躬行實踐而學術流害更大，因爲「不躬行之人，任其妄言無害，何則？人總不信也。躬行之人，人將奉爲模楷，稍有偏僻，便流弊無窮。」（《陸稼書先生年譜·卷下》）以此他不遺餘力地闢王。他甚至對於在明末首倡「由王返朱」的高攀龍、顧憲成以及尊朱的陸世儀等，也都不無微詞地批評道：「桴亭極尊程朱，而亦不敢深闢象山、陽明，蓋亦梁谿（高攀龍）之派也。」（《陸稼書先生問學錄》）「高、顧之病，在惡動求靜。」「靜坐之說，雖程朱亦有之，不過欲使學者動靜交養，無頃刻之離耳；非如高子《困學記》中所言，必欲澄神默坐使呈露面目，然後有以爲下手之地也。由是觀之，則高、顧之學，雖箴砭陽明多切中其病；至於本源之地，仍不能出其範圍，豈非陽明之說浸淫於人心，雖有大賢，不免猶蹈其弊乎！」（〈學術辨中〉）要之，其所論學，要求必須完全脫離王學藩籬，惟如此嚴立門戶，亦導致其學之不免流於偏狹。

陸隴其素稟清廉家風，爲官極其清正。其「三魚堂」及文集之命名，據云緣自其曾祖陸溥爲江西豐城縣丞時，嘗押軍餉到南京，夜過采石磯而遭船漏，他跪禱云船中若有一文錢非法，願葬魚腹，船即不漏。天亮檢視船底，有水草裹三魚正抵住隙漏，故隴其之祖父即以「三魚」

名其堂（《陸稼書先生年譜‧附錄》），陸隴其亦以《三魚堂文集》名
其集。而隴其為官亦聲聞極佳，於時並有詩讚曰：「有官貧過無官日，
去任榮於到任時。」他嘗因有感於「儒者往往謂舉業盛而聖學衰」，故
語同志「吾輩皆從舉業出身，當相與努力，一雪此聲。」問雪之如何？
曰：「所惡乎舉業者，為其以利祿之心，從事於聖賢之書。探精索微，
手拮据而口呻吟者，非以求道也，將以求其所欲也。……飾偽長詐，如
市賈然，是以君子惡之。今使為舉業者，無以利祿存於胸，惟知道之當
求，而聖賢之不可不學，以居敬為本，以窮理為用。……如是則舉業與
聖學豈有二乎哉？」（〈錢孝端經義序〉）故隴其對於胡敬齋歎科舉之
學壞人才，則曰：「然吾終不謂科舉之無用者，天下大矣，有玞珷、則
必有和璞，有魚目、則必有隋珠；明道、紫陽，獨非科目中人乎？士苟
有志，雖使處秦之初、宋之季，廢詩書、禁道學，猶將修身獨善，以守
先待後為己任。」（〈同邑文序〉）當隴其任嘉定縣令時，極有惠政；
其後因催科不力而遭罷黜，但他胸懷坦然，不以為意，且曰：「蕞爾嘉
定，其土瘠民貧，較之明季日甚，而賦之加多如此，其死於催科與流離
失所者，可勝計耶？……方且流離轉死之是懼！而何暇顧其官之考成
哉？」（〈嘉定縣加編錄序〉）仁民愛物之胸次可知。

　　另據徐海松言，陸隴其亦曾先後到北京與西洋教士及欽天監曆官
談西學，並與時任欽天監監副而主持西法修曆事務、為康熙講授西學及
製造西式火礮的南懷仁交往，但由於其學術趨向專事「尊朱闢王」，而
深陷門戶中，故其於西學的認識，反不若志存經世的陸世儀來得深刻；
不過就「江東二陸」學術思想之包含西方文化因素而言，則「它在一定
程度上表明了清初中西文化交匯的廣度和深度。」這一點是頗值得注意
的。

㈢康熙末朱學領袖的李光地及其《御纂周易折中》

　　清主的學術好尚對當時學界的「朱王之爭」以及朝臣的「尊朱」立場，具有決定性影響；五十歲以前還游移在程朱、陸王間的李光地，在因王學色彩而失去了翰林院掌院學士一職後，遂翻然投入朱學陣營，其後他以恪尊朱子贏得康熙寵信，並榮登相位，還主持編纂《朱子全書》、《性理精義》，儼若康熙末之朱學領袖。

　　李光地，福建安溪人，幼穎異，年十八，撰《性理解》，十九撰《四書解》，二十撰《周易解》，又嘗從顧炎武受音韻學；其著作除了奉敕編纂《朱子全書》、《性理精義》、《御纂周易折中》等外，主要爲《周易通論》、《周易觀象》、《榕村語錄》等。李光地在康熙末雖受寵眷，但他揹負「賣友」罪名，行爲甚受訾議——李光地和纂輯《古今圖書集成》的同鄉好友陳孟雷，同登康熙九年進士，當三藩亂起、鄭經也據泉州時，回鄉省親的陳孟雷陷耿精忠逆軍中，光地使人潛詣孟雷，得耿軍虛實，而由二人合署密疏獻策以告清廷耿營佈軍；惟光地在蠟丸上疏中刪去孟雷之名，清廷據光地所獻策，由仙霞關入閩大破耿軍，又依光地推薦鄭氏降將施琅攻臺，擊敗固守臺灣抗清的鄭經嗣子鄭克塽，卒平臺灣。於是光地拜爲侍讀學士，後遷文淵閣大學士，陳孟雷則以附逆論死；孟雷亟求救於光地，皆未果，後得徐乾學疏陳光地與孟雷密約之助，始減死改戍奉天，故陳孟雷書爲〈告都城隍文〉、〈與李光地絕交書〉，以責光地「欺君負友」。康熙37年，帝巡視盛京，陳獻詩獲賞識，始得放還；康熙45年纂成《古今圖書集成》，總萬卷，億六千萬餘字，全書依據天文、地理、人、物、理學、經濟等，分成〈歷象〉、〈方輿〉、〈明倫〉、〈博物〉、〈理學〉、〈經濟〉六編，「編」下復分「典」、「部」，共6117部，全面收錄我國從上古到明清間所有文獻。陳孟雷言：「凡在六合之內，鉅細畢舉，其在《十三經》、《二十一史》者，隻字不遺；其在稗史子集者，亦只刪

一二。」張廷玉謂：「自有書契以來，以一書貫串古今，包羅萬有，未
有如我朝《古今圖書集成》者。」規模宏大的《古今圖書集成》，與
《四庫全書》並爲我國古籍整理的雙璧，一爲類書，一爲叢書，各放異
彩，其爲我國古代類書之顛峰作、最大的百科全書，篇幅爲《大英百科
全書》的四倍。而李光地亦終被賣友之名，全祖望《鮚埼亭集·答諸生
問榕村學術帖子》嘗數其「三案」之罪——初年賣友，中年奪情，暮年
以外婦之子來歸。其後雖有方苞、陳壽祺代爲之辨，亦無改於後人之譏
彈。不過光地在康熙詢以孰人善古文時，嘗對曰：「惟戴名世案內方苞
能。」其時正坐戴名世獄論死的方苞由是得釋，並召入南書房。此事則
爲後人所稱道。

　　有關李光地失去翰林院掌院學士一事，《康熙起居注》雖言及康熙
曾指責李光地「所作文字不堪殊甚」，「冒名道學，何以表率翰林？」
實則光地雖被上遇，然以德行受訾議，朝官頗多忌之者；加上李光地徘
徊在朱、王間的理學立場，其始未能與康熙合拍，因此好學的康熙在接
觸西方天文曆學知識、並對中國傳統天文曆學的附會說法產生質疑後，
曾在李光地扈從南巡期間，在南京觀象臺上藉詢問星宿事，對李光地加
以嚴詞責備。李光地亦記曰：

　　　予說：「據書本上說，老人星見，天下太平。」上云：「什
　麼相干？都是胡說！老人星在南，北京自然看不見，到這裡自然
　看見；若再到你們閩、廣，連南極星也看見。老人星在哪一日
　不在天上，如何說見則太平？」上怒猶未平，……上問：「誰
　是？」予曰：「似洋人說得是些。」

　　　　　　　　　　　　　　　　　　——《榕村語錄續集·本朝時事》

回京後不久李光地即遭降職。自後，李光地遂一改爲學宗尚，改投入朱

學陣營；並急於學習天文曆算，迫切結交「自元郭守敬以後一人而已」的曆算第一名家梅文鼎，他亦自言其曆算知識，係：「得梅先生和緩善誘，方得明白。」（《榕村語錄續集·學》）爲了迎合康熙所好，他還建議梅文鼎編纂一部簡要的曆學書籍：《曆學疑問》，且爲之作序，而李光地也著手撰寫他的第一部曆學之作：《曆象本要》。經歷仕途曲折的李光地，在伺機進呈《曆學疑問》並獲康熙御書「積學參微」以賜之後，果然增進了他和康熙在學習科學知識方面的君臣之誼，同年康熙又親賜《幾何原本》、《算法原本》予之。此後，梅文鼎的曆算之學，成爲李光地西學志趣的關注焦點，對於梅文鼎所鼓吹的「西學中源」，李光地尤其推崇備至——對於「西學中源」說，方以智、王錫闡、黃宗羲等也都持論之；其說巧妙迴避了儒家傳統「華夷之辨」所可能引發的中西衝突（參徐海松《清初士人與西學·李光地的西學好尚及其意義》）。而康熙也從其初之與李光地志趣不侔，到後來康熙言：「知光地者，莫若朕；知朕者，亦莫若光地。」（李元度《國朝先正事略·李文貞公事略》）可知李光地早已深孚康熙之心了。

　　不過李光地在康熙的激發下，雖然也頗涉西學藩籬；但他所認同的，是西學曆算之精，在思維方式上，他仍然維持傳統「天人相應」的思維模式，有曰：「西人曆算比中國自覺細密，但不知天人相通之理。……通天、地、人之謂儒；揚雄謂『知天而不知人，則技。』西人此等說話，直是陰助人無忌憚、天變不足畏之說。」（《榕村語錄·理氣》）故其思想在呈現清初學界的西學風尚、印證西學流播擴展之同時，到底還是反映了中國傳統經學思維在邁向近代西方數理思維時所不免出現的衝突與對立。此一思想，並且深切地反映在李光地奉敕纂輯的、代表清廷官方哲學範式的《御纂周易折中》上；是作，李光地便是顯持「由象數明義理」之認同易爲卜筮書暨先天象數說之立場。

　　李光地於學深好《周易》，且尤精於易。他佩服「《周易》一

經，惟孔子透到十二分。」「聖人著語，即一虛字，都一團義理，盡是
《春秋》筆法。」故他嘗自言：「某治易，雖不能刻刻窮研，但無時去
懷，每見一家解必看，今四十七年矣！覺得道理深廣，無窮無盡。」
（《榕村語錄・周易一》）《年譜》73歲條，亦言其「自十八歲即玩
心於易，至是而年七十三矣！前後凡易稿數十次。」其所纂輯《周易折
中》，蓋薈萃自漢至明諸儒之說三百餘家，「易之道於是大備！」李光
地之易學，也和他定趨於程朱理學的義理傾向同轍，並皆追隨程朱，有
曰：「某解易，無一句不是程朱說的道理，不過換換部位而已。」不過
他也說：「程子講易逐段未必都當。……朱子說易亦不必逐段是。如贊
〈先天圖〉、以易爲卜筮之書，皆有大功於易。」（《榕村語錄・周易
一》）是光地極認同朱子之圖書象數說，他正代表從宋明到清初之以
朱子易學爲主流的推崇易圖階段。不過據上言亦可知李光地《御纂周
易折中》雖本程朱，但亦有所折中辨正──大抵義理折中於程頤《易
傳》，以其推天道以明人事，而側重微言大義；象數則折中於朱子《易
本義》，以朱子將易斷爲卜筮之書，而兼用義理與象數，故光地曰：
「朱子崇重〈先天圖〉，得易之本原；明爲占筮之書，得易之本義。」
（《榕村語錄・周易一》）是以光地歸宗於朱子。因此《周易折中》之
纂疏次序，首列朱子《本義》於經文傳辭之後，次以程子《易傳》，然
後再集漢、晉、唐、宋、元、明諸家說易之能明經傳者於後。

　　歷來之研易者，大分之，或由側重卜筮而發展成爲象數易；或推
重〈十翼〉而發展成爲義理易；至於李光地論易，則他在漢儒所強調的
象數之外，復兼重宋儒的易圖書說。他認爲「溺於象數而枝離無根者，
固可棄矣！然易之爲書，實根於象數而作，非他書專言義理者比也；但
自焦贛、京房以來，穿鑿太甚，故守理之儒者，遂鄙象數爲不足言。」
（《御纂周易折中・凡例》）其立場顯然認同易之「根於象數而作」，
只不過他認爲漢儒過於穿鑿，非其所取，所以他看重講象數的周邵、講

義理的程頤、兼用象數與義理的朱熹等「四賢」，尤其推重朱子易學之
能集成。其論曰：

　　易不是爲上智立言，卻是爲百姓日用，使之即占筮中，順性
命之理，通神明之德。《本義》象數宗邵、道理尊程，不復自立
說，惟斷爲占筮而作。提出此意，覺一部《易經》字字活動，朱
子亦自得意，以爲天牖其衷。周子窮天人之源；邵子明象數自然
之理；程子一一體察之於人事，步步踏實；朱子提出占筮，平正
活動的確。故《易經》一書，前有四聖，後有四賢。

　　　　　　　　　　　　　　　　　　　　——《榕村語錄・周易一》

李光地肯定朱子強調易之「占筮」本義，而將《易經》斷爲「占筮而
作」，以爲此即《周易本義》之所以能夠集成、能夠由象數以明義理的
根由，故曰：「後之學者，言理義、言象數，但折中於朱子可矣！」
（《御纂周易折中・凡例》）其說迥別於孔穎達《周易正義》之獨取
王、韓義理；光地認爲王弼雖然能破互卦、納甲、飛伏之陋，但對於義
理，「發明處少，只筭得一分，孔疏亦算得一分。」（《榕村語錄・周
易一》）且他認同易之「畫卦、繫辭之初，則主於卜筮以明民；非如他
書，直闡其理、直述其事者也。」（《周易通論・易教》）故他批評晉唐以來之言易者，「大要
承輔嗣之意，皆以易爲言理之書而已。」（《周易通論・易教》）是以
他推重「朱子深探其本，作《本義》一編，專歸卜筮。」（《周易通
論・易教》）以爲惟朱子爲能本諸象數而推闡義理，故歸宗於朱子。
　　李光地《御纂周易折中》所代表的，是爲宋明以來直到清初，可
以被視爲「宋易」延續發展期的清初易學思想；其有別於後來清代易學
主流之以漢儒經注作爲詮釋基礎的「漢易」階段。後者先緣清初黃宗羲
《易學象數論》、黃宗炎《圖學辨惑》、毛奇齡《河圖洛書原舛編》、

《太極圖說遺議》以及胡渭《易圖明辨》等一系列圖書辨偽而展開，他
們以證據確鑿的方式摧陷廓清了易之道家、道教色彩，並對周敦頤、邵
雍的圖書象數說展開強烈抨擊，導致朱熹易學權威地位動搖，後之言易
者不再尊崇周、邵，即對王、韓、程、朱等亦皆不滿；故其後在惠棟標
舉「漢學」典範之「漢學解經」進路下，惠棟《易漢學》、《周易述》
以及張惠言、焦循……等諸家易學，便都突出對《周易》經傳文字之訓
詁考證與新疏等，而走上清儒「考據治易」之「清代漢易學」階段。

　　而清廷的理學名臣，除了陸隴其、李光地以及經筵講官熊賜履等
人之外，尚有仕於順康朝、為清人入關後首批科舉錄用的漢官、人稱
「魏閣老」而亦篤信程朱的魏裔介（1616-1686年），以及擁有「直臣
之冠」聲名的魏象樞（1617-1687年），和雖然學宗姚江、但亦和衷朱
熹，而其用心吏治、自奉甚儉，因每食野薺與豆羹，至有「清湯」和
「豆腐湯」之稱的湯斌（1627-1687年），還有康熙時頗以循吏政聲著
名、復刻有《正誼堂叢書》的張伯行（1651-1725年）……等，並皆有
功於崇獎理學。是故清初之程朱權威，就是由張履祥、呂留良首倡，其
後並獲陸隴其、熊賜履、李光地等館閣理學名臣努力使之成為廟堂之
學，加以推波助瀾的。現代學者楊菁著有《清初理學思想研究》，專論
清初館閣理學派之理學思想。

　　但是清廷之獎倡理學，不可諱言地、具有將理學加以「實用化」
的傾向；既寓有欲藉學術之「一道同風」以遂其「政教合一」之思想統
一目的，也欲藉理學之倫理名教，以為維護傳統社會倫理秩序之有效規
範。因此從康熙到乾隆，都曾對於「假道學」者加以責言，如康熙曾以
〈理學真偽論〉命試翰林官員；乾隆六年，乾隆復對於王學學者謝濟世
所著書悉遭朝廷焚燬案，親頒聖諭道：「（謝濟世）多係自逞臆見，肆
詆程朱。……從來讀書學道之人貴乎躬行實踐，不在語言文字之間辨別
異同。……謝濟世輩倡為異說，互相標榜，恐無知之人為其所惑，殊非

一道同風之義，且足爲人心學術之害。」（《清代文字獄檔‧謝濟世著
書案》，收在《清代三朝史案》）故清廷提倡理學，相當著重突顯其社
會教化功能，而並非出自對於理學哲學思辨之愛好與發揚；且清廷迭有
藉文字獄以遂其政教合一之目的者，如康熙間莊廷鑨《明史》史獄案以
及戴名世《南山集》案、雍正間呂留良案，皆尤遭世人詬病者。

　　再者，清初館閣理學派之尊朱學者，多主於「述」、而並非
「作」——其大多沿襲明代恪遵朱學矩範、而爲有明第一位從祀孔廟
的儒者薛瑄之言：「自考亭以還，斯道已大明，無煩著作，直須躬行
耳！」（《明史‧薛瑄》）故陸隴其亦嘗辨「作」與「述」之別，曰：
「道學未明，創而明之，此『作』者之事也；道學既明，因而守之，此
『述』者之事也。雖其間闢邪崇正，廓清之功不少，要皆以宋儒所已
明者而明之，初非有加於宋也。」（《三魚堂文集》）熊賜履亦言：
「道理經先聖先賢發揮殆盡，學者只合遵守奉行，不須更去饒舌也。」
（《下學堂箚記》）是以在理論上，他們多無開創性，梁啟超《中國近
三百年學術史》至謂：「據我個人的批評，敢說清代理學家陸王派還有
人物，程朱學派絕無人物。」只不過必須加以辨明的是：清廷宰制思
想，主要表現在對於理學的尊朱立場、對於「華夷之辨」的排滿思想，
以及對於南明史及其史家之難容等；而非過去學界所慣言的禁言理學、
或禁止學者觸及思想領域，並驅使之使從事於考據學等，此等皆屬以訛
傳訛之於清學極大誤解，並由此導致學界過去對於清代學術之未能正確
認識與負面立義。

二、清初的經世學風與王學修正派

　　在清廷樹立起程朱權威的文教路線後，清初王學一系如何在「空談
誤國」之主流輿論劣勢下，賡續其學術生命與發展？——筆鋒常帶感情
的梁啟超在《中國近三百年學術史》說：「凡豪傑之士，往往反抗時代

潮流，終身挫折而不悔；若一味揣摩風氣，隨人毀譽，還有什麼學問的
獨立？明末王學全盛時，依附王學的人，我們很覺得可厭；清康雍間，
王學爲眾矢之的，有毅然以王學自任者，我們卻不能不崇拜到極地。並
非有意立異，實則個人品格，要在這種地方纔看出來。」清初朱學挾朝
廷獨尊之官學優勢，但卻在清廷突出倫理名教之道德教條下，走上日益
僵化之途；反之，當王學學者在面對學界以及館閣派理學派鋪天蓋地、
紛至沓來的抨擊時，遂也同時激起了其於王學之捍衛與修正，譬如全祖
望《鮚埼亭集》載時稱「三大儒」的孫奇逢（1584-1675年）、黃宗羲
（1619-1692年）、李顒（1627-1705年）。故就學術理論而言，從順
治到康熙初葉的三、四十年間，能夠在學術內容上有所開拓、或突破舊
規模而主持學壇風會的，依舊是王學系大儒。

㈠強調躬行實踐、下學上達一貫的孫奇逢北學

　　孫奇逢在明季以節俠聞，天啟間魏忠賢肆害，左光斗、魏大中、
周順昌等清流被誣陷下獄，人多懼禍遠避，惟孫奇逢與後來拒清殉身的
摯友鹿善繼、門人張果夫傾身營救，義聲動天下，時有「范陽三烈士」
之稱；明末，孫奇逢亦曾組織義勇軍以對抗擾境的清軍，據險而守，保
全族人避難的山寨。清人定鼎後，北方學界受孫奇逢影響很深，他廣交
南北學術俊彥，儼然中原學術重鎮，時儒湯斌、崔蔚林等皆出其門下；
當世名儒黃宗羲、顧炎武、傅山、張爾歧等也都推尊之；即顏元、李塨
亦不無受他影響或啟發——顏元後來又對北學進行根本改造，形成了非
朱非王、亦非孫奇逢北學的「習行經濟」之學，但是「顏元尊禮奇逢，
則始終如一。」據陳祖武《清初學術思辨錄》言：「早年的顏元之學，
無疑應屬孫奇逢的北學系統。」「在他學說形成的早期，對其產生了決
定性影響的，正是孫奇逢的北學。」孫奇逢在鼎革後居家講學，後因其
直隸容城的田園廬墓悉爲清廷圈占給旗人作采地，只好避地南下，並躬

耕終老於河南之夏峰，即孫登、邵雍曾經隱居講學的蘇門山；山中有百泉，極富盛名，學者即尊為夏峰先生，又因他迭經明清兩朝徵聘而皆不出，故又稱為孫徵君。

孫奇逢重要著作有《四書近指》、《理學宗傳》、《夏峰集》等。其學出於王學，不啻陸王心學干城，《四書近指》有言：「朱子晚年未嘗不歸本於尊德性，觀其語學者曰：『……所以說個尊德性，而道問學也由此推之。』朱陸本同，學者必致疑於陸氏，何哉？」（《四書近指・大哉聖人章》）不過他雖推本陸王，卻不是抱殘守闕之輩，他在歷經明清更迭打擊、並反思王學末流之「流弊滋甚」後，亦能正視王學所面臨的學術危機，努力地為王學找尋新出路。是以其學術旨趣，一則在於修正王學末流；另則對於明末以迄於清初，愈演愈烈而黨同伐異的「朱王之爭」，則他採取歷史演進觀點地以整個理學發展範疇為視野，並未津津於門戶之分，以消弭門戶之爭。故他從理學長期發展之不同歷史階段角度，看待周、張、程、朱與陽明理學之思想演進；他以《周易》之「元、亨、利、貞」循環軌跡，看待理學之全幅發展歷程，並自此一角度對理學進行總結，撰作了在明清之際極具承先啟後意義的《理學宗傳》。其曰：

> 「元」其周子，「亨」其程、張，「利」其朱子，孰為今日之「貞」乎？……由濂洛而來，且五百有餘歲矣，則姚江豈非紫陽之「貞」乎？
> ——《理學宗傳・自敘》

孫奇逢正是從「陸、王乃紫陽之益友忠臣，有相成而無相悖」（《夏峰集・復魏蓮陸》）的角度，在肯定王學是儒學正統之同時，亦復沿襲東林「以朱補王」之途轍，力求擺脫狹隘的門戶之見，走向會合朱、王之路；而在他會通朱、王的努力中，則他首出「躬行實踐」之旨，以對王

學加以補偏救廢。

　　奇逢以首出實踐強調，來修正王學。此蓋由於奇逢有鑑於晚明社
會誠如高攀龍等所言「掃聞見以明心」、「任心而廢學」，故矯之以落
實用功，因此他標榜「孔子論學皆在實地上做。」「學不向人倫上討著
落，則學爲無用。」（《四書近指・弟子入孝章・賢賢易色章》）以說
明「下學、上達」之一以貫之，並疾呼「聖門以力行爲主。」「只在平
居應事接人之間操存此心，所謂隨時隨處體認天理是也。」（〈子路問
聞章〉、〈樊遲問仁章〉）以此作爲救正王學末流談玄說妙、流於不學
不事之良方。奇逢並有鑑於理學末流空談玄虛、不能務實，而卻借言
「君子不器」以爲口實，故他又論以「無一善以成名，皆不足言器；未
至於器，而侈言『不器』，并失其所據矣！」（〈子貢問曰章〉）他認
爲現實人生中苟無一善以自立，立足之無憑，尚侈談何「不器」？故他
認爲末流之所以不振，正是視「上學」過高、而卑視「下學」工夫之
病；而末流之所以卑視下學工夫，又由於區別「下學、上達」爲二事，
以致流入高談闊論而不能實地用功。所以奇逢突出強調「下學、上達」
固無精粗小大之別，一皆以實踐爲主；他並借陽明之言「上達只在下學
裡」，以說明躬行實踐之重要。其論曰：

　　下學在此，上達在此，固無精粗、小大之可言。

　　　　　　　　　　　　　　　　　　　　　—— 〈洒掃應對章〉

　　夫子一生只是下學，上達在下學內。……姚江王子曰：「夫
耳可得聞、目可得見、口可得言、心可得思，皆下學也；目不可
得見、耳不可得聞、口不可得言、心不可得思，即上達也。如木
之栽培灌溉，爲下學；至於日夜所息，條達暢茂，乃是上達，人

安得預其力哉？故凡可用功、可告語者，皆下學，上達只在下學
裡。」
　　　　　　　　　　　　　　　　　　　　——〈莫我知也章〉

奇逢也認為凡可以用功的、都是下學，無所謂精粗之別。所以他肯定陽
明之言「聖人所說雖極精微，俱是下學；學者只從下學裡用功，自然上
達去，不必別尋箇上達的工夫。」（《王陽明傳習錄・上》）凡一切精
微道論，俱是從下學中悟得。是故奇逢的核心理念，就是講求落實實踐
的「下學」工夫，以救除時弊；而強調「下學、上達」之一貫，也就是
奇逢對於王學末流補偏救弊的核心旨歸。
　　此外，針對晚明之不學、游談無根，奇逢又論：「文章、性道非二
物，凡可見者皆文章，而其不可見者則性道也；除了人事，何處是性命
之流行？」並說「凡散見於天地間者皆文，而文中總具一天然之規則，
曰禮，約即在博。……文、禮非二理，博、約是一事，合外合內，何畔
之有？」（〈夫子之文章〉、〈博學於文章〉）所以性命流行，在「人
事」中；人事之「博文」與「約禮」未可以偏廢，「約」即自「博」中
得，不有「博學於文」，如何能悟「約之以禮」？故奇逢亦會通朱、王
地肯定朱子之言：「洒掃應對是事，所以洒掃應對是理；事即理，理即
事，道散在萬事，那箇不是？若事上有毫髮差過，則理上便有間斷欠
缺，故君子直是不放過，只在謹獨。謹獨須貫動、靜做工夫。」（〈洒
掃應對章〉）道散在萬事，工夫須貫動、靜，是以「下學」之實踐不可
以懸空。要之，孫奇逢就是以務實學風修正晚明學術之懸空不學、游談
無根，以及道德風氣之蕩越禮教大閑而不事不慮。故其論又曰：

　　在夫子與曾子言，曰「一貫」，在曾子與門人言，曰「忠
恕」，非忠恕自不能貫，原非二也；彼高視一貫而平視忠恕者，

不知此是聖學只在尋常日用真實著腳，愈平愈奇。堯舜性之，湯
武身之，夫子之從心不踰，顏子之三月不違，豈能一毫加於忠恕
外乎？湛甘泉曰：「忠恕即是一貫，被曾子一口道著。細看皆是
內外、心事、體用合一。」　　　　　　　　——〈吾道一貫章〉

奇逢從「尋常日用真實著腳」，以論聖學之平凡無奇，「下學、上達」
固是一貫，但落實用功在日用倫常上，則庸行無奇的「忠恕」正是入德
之門。是故道德實踐毋須求之玄虛冥漠，彼高談「上達」與高視「一
貫」者，正不知惟有真積力學，貫徹下學工夫於日常實踐中，始能「下
學在此，上達在此。」故奇逢肯定胡雲峰之云：「苟無平日積累之勤，
必無一朝頓悟之妙。」（〈朝聞夕死章〉）因此他又說：「學術、政事
原是一個道理。……究其實，時雍風動亦不過人人親其親、長其長，堯
舜之道豈能加於孝弟外哉？」（〈或謂孔子章〉）聖學本來無所區別於
內聖外王、心體事上，孔門教人都是合體用為一的。

　　所以對於顏淵之「不改其樂」，奇逢論曰孔子既稱其「不改」，則
是顏子所樂在於貧先，且不因貧而改，故顏子非樂貧也、亦非樂道也，
而是自有其樂耳！——至於所樂者何？奇逢認為正是顏淵從日常庸行出
發而未曾稍懈的道德實踐。所以他肯定袁坤儀所云：「人都說孔子稱顏
子安貧，予謂實取顏子之精進。」認為精進不已的道德實踐，才是孔門
旨歸。因此奇逢突出「顏子克己功深，心體潔淨」，並謂惟能「學顏子
之學，方能樂顏子之樂。」（〈賢哉回也章〉）惟其能學顏淵之「克己
功深」而力行不倦，始能體味顏子之日有新功及所樂。要之，奇逢論道
德，一皆主於發揚孔門「躬行實踐」之旨，以救正王學之流入虛渺；此
「躬行實踐」之旨並影響及後來顏元突出實行和實用等「習行經濟」、
而對北學進行改造的顏李學派。

　　至於奇逢《理學宗傳》之作，則在我國學術史上具有承先啟後的重

要地位──從宋朱熹《伊洛淵源錄》、明周汝登（1547-1629年）《聖
學宗傳》，到明清間孫奇逢《理學宗傳》，再到黃宗羲《明儒學案》以
及草創未成而由全祖望續補的《宋元學案》等，系統記錄並整理了我國
學術史上極重要的思想史發展線索。孫奇逢《理學宗傳》繼周汝登《聖
學宗傳》之後，書成於清初，並於康熙6年刊行，其自敘言：「此編已
三易，坐臥其中，出入與偕者，逾三十年矣！」是於崇禎初即已致力
焉！先略說周汝登之《聖學宗傳》，該作於明代後期折射出了萬曆間的
理學發展情形──明自王學崛起、掩朱學而上以後，陽明故世五十餘年
而獲得從祀孔廟地位，打破了朱學長期來的獨尊態勢，更因萬曆間周汝
登著爲《聖學宗傳》，躋陽明學於儒學正統，陽明終得以被承認是一代
儒宗。是書所著錄儒者，自三皇五帝、以迄於明儒羅汝芳，比較特別
的，是書中還著錄了素爲宋儒所輕忽的荀子以及漢儒董仲舒、揚雄等，
並載及隋王通、唐韓愈；而即使對於宋儒，他也不採周敦頤開宗之說，
他先取穆修、胡瑗、李之才、邵雍等，始及於濂溪；另外在宋儒部分，
他又增列曾被朱熹斥爲「雜學」的張九成；在明儒部分，則除陽明以
外，還著錄有王門弟子徐愛、錢德洪、王畿、羅洪先、羅汝芳等二十餘
人，故《聖學宗傳》於陽明學派述之最詳。不過梨洲嘗批評汝登「主張
禪學，攪金銀銅鐵爲一器。」（《明儒學案‧發凡》）但亦有學者認爲
持論太過。至於《理學宗傳》，則亦奇逢爲陽明學爭聖學傳承正統地位
之作。奇逢擇取宋以來周敦頤、程顥、程頤、張載、邵雍、朱熹、陸九
淵以及明薛瑄、王守仁、羅洪先、顧憲成等十一人爲正宗；並列〈漢、
隋、唐儒考〉如董仲舒、鄭玄、王通、韓愈、李翱等，〈宋儒考〉如胡
瑗、金履祥等程朱門人與陸門弟子，〈元儒考〉則如許謙、許衡等，
〈明儒考〉如胡居仁、劉宗周等，並皆以爲輔；然後復次以「端緒稍
異」之宋儒張九成、楊簡和明儒王畿、羅汝芳、楊起元、周汝登等六人
以爲〈補遺〉，全書載及歷代學者共百七十人，據孫奇逢〈義例〉言是

書「有主有輔，有內有外」，蓋以〈補遺〉諸子為外也。

　　關於孫奇逢歷經崇禎、順治數階段之詳細結撰過程，陳祖武在《中
國學案史》中撰有專章〈從《聖學宗傳》到《理學宗傳》〉以詳論之，
並稱《理學宗傳》合「傳記、學術資料選編、評箋三位一體的編纂新格
局」，正是我國一種新學術史編纂體裁在傳統歷史編纂學中之呼之欲
出。所以是在歷經延續紀傳體史籍的朱熹《伊洛淵源錄》和進一步發展
的周汝登《聖學宗傳》後，到了清初又刊行開其先路的孫奇逢《理學宗
傳》，才接引黃宗羲撰作體例嚴整之《明儒學案》學術史編纂的，故陳
祖武謂：「《明儒學案》的結撰，就其歷史編纂學的淵源而言就直接導
源於《理學宗傳》。」「在兩部書之間，有一個繼承或者至少說是借鑒
的關係。」（《中國學案史》）是故我國的學術史體裁雖然完成並完善
於梨洲的《明儒學案》，但《理學宗傳》實具有繼往開來的功不可沒重
要貢獻。

(二)強調「心即氣」的黃宗羲南學

　　黃宗羲為明清之際著名的王學修正者。他師事蕺山劉宗周；蕺山之
學由陽明轉手，另立誠意、慎獨之教，蓋因王學末流之弊反激而起。梨
洲編纂《明儒學案》，近承蕺山，遠宗陽明；但是他說：「心無本體，
工夫所至，即其本體。」（《明儒學案序》）將心學一派所強調的「本
體」，扭轉到重實踐的「工夫」之上；又說：「讀書不多，無以證斯理
之變化；多而不求於心，則為俗學。」（全祖望《鮚埼亭集・梨洲先生
神道碑文》轉述）一則開重視知識之時代新趨，以矯束書不觀、游談無
根的王學流弊；一則仍然歸宿、收攝於一心，不失為心學傳統舊貫。此
外他還重視當身近代之史，不但成為一代文獻學者，也為浙東史學開其
先路，下啟萬斯大、萬斯同兄弟經史之學和全祖望之史學等。要之，梨
洲以其博大的學術領域和務實學風，在突破王學藩籬的同時，也為清代

學術開闢新蹊徑。

　　梨洲在福王弘光朝覆亡以後，嘗與錢肅樂號召義兵，守浙江、拒清兵，號為世忠營；失敗後遁入四明山寨，以餘兵付王翊，他則復與張煌言、馮京第等追隨魯王監國舟山，從亡於海上，落日狂濤中，君臣相對於僅容旋身的小舟中共圖國是，以繫殘明一緒，全祖望《鮚埼亭集》敘述以「風帆浪楫，窮餓零丁，而司隸威儀一線未絕，遺臣故吏相與唱和於其間。」（〈張尚書集序〉）可謂至悲者已！梨洲亦自言：「瀕於十死者矣！」其撰《南雷文定》並言：「家國之恨，集於筆端，不覺失聲痛哭，棲鳥驚起，後之覽者，亦將有感於斯文！」（《南雷文定・明司馬澹若張公傳前集》明統既絕以後，梨洲以孤臣之淚、無補於故國之亡，遂專意著述，設「證人」書院於浙東，以申蕺山遺緒，從者駢集；康熙間博學鴻儒之徵，力拒之；明史館之召，亦堅辭之，但使弟子萬斯同布衣從事，獨任一代史事重任，梨洲嘗賦詩曰：「四方聲價歸明水，一代賢奸托布衣。」有司遂錄梨洲所著關乎史事者以付史館。梨洲《明夷待訪錄》之作，並曾在晚清發揮重大影響力，梁啟超自言：「我自己的政治運動，可以說是受這部書的影響最早而最深。」「此書乾隆間入禁書類，光緒間我們一班朋友曾私印許多送人，作為宣傳民主主義的工具。」（《中國近三百年學術史》）本著已立梨洲學術專章於前，故以下專論梨洲對於王學之理論修正，以見清初王學發展之一斑。

1. 心性是一、理氣不二的心學立場

　　梨洲之學繼承蕺山師說，一方面「返本」於陽明心學，另方面亦同時繼承蕺山「開新」之氣學新思想，所以梨洲也與羅欽順、王廷相、蕺山、船山等人同為「明清氣學」之先聲。梨洲之歸宗於王學，在其著論中，他一再明白宣稱姚江王學傳承儒統，其師蕺山則救正俗弊。其曰：

　　有明學術，白沙開其端，至姚江而始大明。蓋從前習熟先
儒之成說，未嘗反身理會、推見至隱，此亦一述朱，彼亦一述
朱；……逮及先師蕺山，學術流弊救正殆盡。向無姚江，則學脈
中絕；向無蕺山，則流弊充塞，凡海內之知學者，要皆東浙之所
衣被也。
　　　　　　　　　　　　——《南雷文定・移史館論不宜立理學傳書》

　　梨洲亟稱陽明、蕺山之學並皆衣被海內學者，大有功於學術；此外，蕺
山以絕粒殉亡明，梨洲亦曰：「則國亡與亡，所謂一代之斗極也。」
（《南雷文定・光錄大夫太子太保吏部尚書謚忠襄徐公神道碑銘》）故
梨洲盛稱蕺山學術與氣節並皆昭垂史冊。
　　梨洲承蕺山之教，蕺山有曰：「盈天地間皆道也，而統之不外
乎人心。」「天命之所在，即人心之所在；人心之所在，即道心之所
在。……心只是人心，而道者人之所當然，乃所以為心也。」所以強調
「人心、道心，只是一心。」（《劉宗周全集・中庸首章說》）蕺山之
說承自陽明——陽明持論「物理不外於吾心」，認為「理雖散在萬事，
而實不外乎一人之心」，故曰：「有孝親之心，即有孝之理；無孝親之
心，即無孝之理矣。有忠君之心，即有忠之理；無忠君之心，即無忠之
理矣。理豈外於吾心邪？」（《王陽明傳習錄・答顧東橋書》）陽明並
曾在遊南鎮時，友人指岩中花樹而質疑其言「天下無心外之物」，曰：
「如此花樹，在深山中自開自落，於我心亦何相關？」陽明則回答道：
「你未看此花時，此花與汝心同歸於寂；你來看此花時，則此花顏色一
時明白起來，便知此花不在你的心外。」（《王陽明傳習錄・卷下》）
是以梨洲承自蕺山師說與王學立場，而曰：「人受天之氣以生，祇有一
心而已。……初非別有一物，立於心之先；附於心之中也。」（《明儒
學案・諸儒學案中一》）梨洲序《明儒學案》，更提出其堪稱代表性的
著名說法，曰：

盈天地皆心也。變化不測，不能不萬殊。心無本體，工夫所至，即其本體。窮理者，窮此心之萬殊，非窮萬物之萬殊也。

故梨洲持論「窮此心之萬殊，非窮萬物之萬殊」之心學立場，顯然和區別「心／性」為二而持「理本論」立場的朱子相隔閡。朱子強調宇宙萬物之理，曰：「天下之物，則必各有所以然之故與其所當然之則，所謂理也。……則理所未窮，知必有蔽，雖欲勉強以致之，亦不可得而致矣。故致知之道，在乎即事觀理以格夫物。」（《四書或問》）朱子此一強調「即事觀理」以致其知的「理學」立場，顯然和梨洲認同陽明「即心窮理」的「心學」立場異趣。梨洲嘗有一弟子陳錫嘏，謹守篤行，好格致之學，以病早卒，梨洲為撰墓誌銘，便說他因究極格致導致傷生。其曰：

君從事於格物致知之學，於人情、事勢、物理上工夫不敢放過，而氣稟羸弱，……苟一事一物，精神之不到，則此心危殆不能自安，凡君之所以病，病之所以不起者，雖其天性，亦其為學有以致之也。夫格物者，格其皆備之物，則沓來之物，不足以掩其湛定之知，而百官萬務，行所無事。若待夫物來而後格之，一物有一物之理，未免於安排思索，物理、吾心終判為二，故陽明學之而致病，君學之而致死。

——《南雷文定後集·翰林院編修怡庭陳君墓誌銘》

「格致」學致病之說，固可毋論，不過梨洲之心學立場於此充分表露。梨洲強調收拾精神、自做主宰，認為惟能以心應務，以挺立心體之主觀能動性，始能「行所無事」；他反對拘拘滯滯於紛至沓來之人情、事勢、物理等外務上，認為以人之精神競逐日至萬務，逐一格其「皆備之

物」，自然損耗神明，故謂格致之學傷生。

　　因此梨洲強調「心、性」是一；反對朱子自形上學角度說「理／
氣」之「存有層／活動層」分屬，及其區別「心／性」為二的理論立
場。朱子嘗取譬：「理在氣中，如一箇明珠在水裡。理在清底氣中，如
珠在那清底水裡面，透底都明；理在濁底氣中，如珠在那濁底水裡面，
外面更不見光明處。」以說明理與氣是為二物，「若理，則只是箇淨潔
空闊底世界，無形跡，他卻不會造作。」（《朱子語類》卷4、1）所
以在朱子相應於「理／氣」二分架構下的「心、性、情三分」中，心不
是超越的道德本心；「心」雖統性、情，然兼含實然的情氣，故朱子僅
就情「未發」之「中」、即未雜氣質之「性」以說「性即理」，是以主
張不事分解的陸王與之不侔，梨洲亦與之不應。因此梨洲在《明儒學
案》中，對於羅欽順在理氣觀持論「理氣為一物」、卻在性論上堅持
「心性之辨」，則梨洲論以「心性之名，其不可混者，猶之理與氣；而
其終不可得而分者，亦猶之乎理與氣也。」（《明儒學案・師說》）
梨洲認為心、性之「名」雖然為二，其「實」則一也，故「不可得而
分。」所以對心、性和理、氣，他都自一貫的角度加以論述，曰：「性
者心之性，舍明覺自然、自有條理之心而別求所謂性，亦猶舍屈伸往來
之氣而別求所謂理矣。」（〈諸儒學案中一〉序錄）故其「心性是一」
之人性論即立足在其「理氣是一」之宇宙論基礎上。是以他雖然稱道羅
欽順的氣論思想，謂：「先生之論理氣最為精確，謂通天地，亙古今，
無非一氣而已。」（〈諸儒學案中一〉）但是明白反對其「心、性二
分」之性論思想。

　　由是可以進論梨洲在心學立場外，另方面所繼承於蕺山師說「盈
天地間一氣」、「氣即理也」的氣論思想。蓋明代自羅欽順、王廷相倡
為氣論先聲以來，逮及明末蕺山已經主張心、性、理、氣皆為一了，故
為「明清氣學」之先驅者。蕺山有言：「人心、道心，只是一心；氣

質、義理，只是一性。識得心一、性一，則功夫亦一。」（〈中庸首章
說〉）故他看重經驗氣質暨工夫落實，反對理氣觀、道器觀之劃分「形
上／形下」；而對於「形而上者謂之道」，則他說以「道不可言，其可
言者皆形下者也；雖形下者，而形上者即在其中。」（《劉宗周全集·
論語學案二》）即他自突出經驗存在的現實性出發，而強調理氣渾然、
道器合一，並批判理學「理生氣」一類說法，曰：「夫虛即氣也。何生
之有？吾溯之未始有氣之先，亦無往而非氣也。」他認爲天地間只是一
氣，氣即世界本源，故反對以性、理、道等作爲形器之「體」，故其論
曰：「陰陽之外，別無太極耳。」「天者，萬物之總名，非與物爲君
也；道者，萬器之總名，非與器爲體也；性者，萬形之總名，非與形爲
偶也。」其所主張皆強調離氣無理、道不離器，故「理即是氣之理，斷
然不在氣先，不在氣外。」「有是氣，方有是理；無是氣，則理於何
麗？」（《劉宗周全集·學言中》）於此，梨洲復加以申論道：

　　天地間只有一氣充周，生人生物。人稟是氣以生，心即氣之
靈處。……理不可見，見之於氣；性不可見，見之於心，心即氣
也。……離氣以求心性，吾不知所明者何心？所見者何性也？
　　　　　　　　　　　　　——《孟子師說》，《劉宗周全集》附錄

　　以理馭氣，仍爲二之；氣必待馭於理，則氣爲死物。抑知理
氣之名，由人而造，自其浮沉升降者而言，則謂之氣；自其浮沉
升降不失其則者而言，則謂之理。蓋一物而兩名，非兩物而一體
也。
　　　　　　　　　　　　　　　　——《明儒學案·諸儒學案上二》

故梨洲之心學、氣學立場，乃並行不悖而相輔相成者也，他以「心即氣
之靈處」，「工夫所至，即其本體」，結合了心學立場的人性論和氣本

思想的宇宙論，在對王學進行修正之外，並展現出清初重視經驗現實、
肯定形下實在界的義理學新趨向。

　　是故梨洲雖然歸宗心學，但是對於王學末流之流於空疏學風，以
及朱學一系之淪爲章句講論，皆亟致批評與導正之意。全祖望嘗論以
「公謂明人講學，襲語錄之糟粕，不以《六經》爲根柢，束書而從事於
遊談；故受業者必先窮經，經術所以經世，方不爲迂儒之學，故兼令讀
史。又謂讀書不多，無以證斯理之變化；多而不求於心，則爲俗學。」
（《鮚埼亭集・梨洲先生神道碑文》）說明梨洲以讀書窮理和經世實
務，救弊王學末流之空疏；復以心學之反求於心，導正俗儒之惟務章
句、從違字義。梨洲之論曰：

　　夫一儒也，裂而爲文苑、爲儒林、爲理學，豈非析之欲其極
精乎？奈何今之言心學者，則無事乎讀書窮理；言理學者，其所
讀之書，不過經生之章句，其所窮之理，不過字義之從違，薄文
苑爲詞章，惜儒林於皓首，封己守殘，摘索不出一卷之內，其規
爲措注，與纖兒細士，不見長短，天崩地解，落然無與吾事，猶
且說同道異，自附於所謂道學者，豈非逃之者之愈巧乎？

　　　　　　　　　　　　　　　　——《南雷文定・留別海昌同學序》

梨洲對於明清間脫離現實而不能務實的空疏學風，包括王學的空談性命
與朱學的經生講誦，皆有所針砭，故他突出經世實務的經術強調，曰：
「事功、節義，理無二致。……事功必本於道德，節義必原於性命。離
事功以言道德，考亭終無以折永康之論；賤守節而言中庸，孟堅究不能
逃蔚宗之譏。」（《南雷文定後集・明名臣言行錄序》）他說朱熹與陳
亮的道德、事功之辨，終不能以「離事功」而服陳亮，而班固也不能逃
范曄對他的「賤守節」之譏。是故梨洲正是以結合道德、事功之兼重讀

書窮理與事功節義，希冀扭轉當時學風；他更期望當遭遇天綱毀、地紐絕的「命懸晷刻」之際，能夠得夫「事功節義之士，而與之一障江河之下」，如此者方爲真儒，亦梨洲之所期於天下士者。

2. 突出蕺山王學修正立場的《明儒學案》

　　《明儒學案》是梨洲極有功於明學的一代學術史纂輯；是書立足在蕺山《皇明道統錄》、孫奇逢《理學宗傳》等前人基礎上，成就則後出轉精地更出乎其上。梁啓超說學術史纂輯在清代蔚爲發展，是我國一向少有的「縱斷專史」成就；而我國之學術史又須俟「黃梨洲《明儒學案》六十二卷出，始有真正之學史。蓋讀之而明學全部得一縮影焉。」（《中國近三百年學術史》）其重要性可見一斑。梨洲《明儒學案》先之以蕺山〈師說〉，〈師說〉則自蕺山《皇明道統錄》勾勒而出；是作雖已於道光間亡佚，但據蕺山之子劉汋所撰《劉宗周年譜》，謂蕺山50歲成《皇明道統錄》——「《道統錄》七卷，倣朱子《名臣言行錄》，首紀生平行履，次語錄，末附斷論。」（《劉宗周年譜‧五十歲條》）另外蕺山又有《論語學案》之作——據學者陳祖武考察，我國之以「學案」名其書者，當不早於明代中葉，其較著名者有萬曆初劉元卿《諸儒學案》和萬曆末劉宗周《論語學案》，二書皆爲入案者之語錄匯編；而「學案」名稱則或受禪家藉闡釋「公案」以傳法之影響，指「學術公案」，猶檔案、資料之謂也。不過《諸儒學案》和《論語學案》仍未具備學術史意義，即《明儒學案》初名以《蕺山學案》之較早完成部分卷帙，也尚未逾越禪門中人以文字闡釋「公案」之藩籬；須俟梨洲後來又在記述內容、編纂體例方面大幅充實並完善了《蕺山學案》後，才算真正完成《明儒學案》之有關明代學術盛衰的學術史編纂。（詳陳祖武《中國學案史‧黃宗羲與明儒學案》）至於《明儒學案》所輯錄人物，則起自明初方孝孺、以迄於明亡劉宗周止，有明一代學術演變之迹

皆蠭然可尋。

　　蕺山論學影響梨洲極深，此自《明儒學案》先之以〈師說〉、又以〈蕺山學案〉爲全書之殿可以見出。梨洲稱蕺山之學「醇乎其醇矣！」至言：「五星聚張，子劉子之道通。」蓋自明萬曆以至於明末約百年的晚明期間，因王學末流已逐漸走向空疏，故此時學風頗表現爲王學修正方向，而以被稱爲「最後理學家」的浙江山陰劉宗周爲其代表。他因講學山陰城北的蕺山，故學者稱爲蕺山先生；明亡之際，蕺山在崇禎自縊、福王也被擄遇害後，遂絕粒殉國。蕺山之學遠宗陽明，但不爲王學所囿；他稱譽陽明爲「自孔孟以來未有。」並謂：「即知即行，即心即物，即動即靜，即體即用，即工夫即本體，即下即上，無之不一，以救學者支離眩鶩、務華而絕根之病，可謂震霆啟寐，烈耀破迷。」（《明儒學案・師說》）但是對於王學末流之轉趨空疏，他亦批判道「玄虛而蕩」、「情識而肆」，故他中年標宗「慎獨」，晚年則力主「誠意」以救之。

　　蕺山論學，謂：「君子慎防其微也。防微則時時知過，時時改過。……『子絕四：毋意、毋必、毋固、毋我。』真能謹微者也。」（《劉宗周全集・改過說一》）他並認爲朱、王二人「所最喫緊處，皆不越慎獨一關。」故他同時也指出王學流弊所起，正在「急於明道，往往將向上一幾輕於指點，啟後學躐等之弊。」即學者便少了落實踐履的慎獨、謹微、改過之功。故蕺山於王門中最不滿於王畿，謂之「直把良知作佛性看，懸空期個悟，終成玩弄光景，雖謂之操戈入室可也。」並認爲鄒守益（東廓）爲最能得師門真傳，蓋「東廓以獨知爲良知，以戒懼謹獨爲致良知之功，此是師門本旨。」故稱爲陽明之教所賴以不敝，「可謂有功師門矣！後來念菴收攝保聚之說實遡諸此。」（《明儒學案・師說》）——梨洲《明儒學案》之於王門後學評論觀點，即受此蕺山師說影響。其論亦曰：「姚江之學，惟江右爲得其傳。……陽明之道

賴以不墜。」惟後人對此頗持異議，例如牟宗三《從陸象山到劉蕺山》便謂王龍溪、羅近溪等「二溪」才是王學真正嫡系，並反對梨洲《明儒學案》惟江右得傳之說。蓋江右聶雙江、羅念菴均非陽明及門弟子，雙江與陽明僅有一面和一信之緣，念菴則爲私淑，他們都是在陽明死後，才經由錢緒山、王龍溪質證而稱爲陽明弟子的，故江右派人物雖多，卻無統一風格。牟宗三並認爲江右聶雙江、羅念菴等將良知分成已發和與未發，在思想意蘊上不僅未得陽明精髓，且全非王學思路。

　　《明儒學案》除了主述陽明的〈姚江學案〉外，自卷11到卷36的近半篇幅，都用以述論幾乎涵蓋全國的王門弟子，有浙中王門、江右王門、南中王門、楚中王門、閩粵王門、北方王門與泰州等學案。其中最重要的三支代表爲：陽明家鄉浙中派錢德洪（緒山）、王畿（龍溪）；江蘇泰州派王艮（心齋）、羅汝芳（近溪）；江西江右派聶豹（雙江）、羅洪先（念菴）等。大體而言，王門弟子對於陽明以「良知」爲本體皆無異議；但是對於以「致良知」爲「致知」的修養工夫，則有不同入路──「致良知」工夫可以分爲對治後天意念和涵養先天良知本體兩種路向。其中涵養本體於意念未起、防範於未然的第一義工夫，才是從陽明後學到劉蕺山所關切的工夫論課題；於是如何致良知？遂轉成對如何「悟良知本體」或「保任良知本體」之關切。是以陽明後學許多義理辯難都是圍繞著第一義之「如何在本體上做工夫？」之問題意識而展開；蕺山強調「誠意」爲主，主張靜存之外無動察，即是此一「心體發用→性體存養」之思想轉向具體呈顯。因此王門後學分化實際上都環繞著工夫論問題而展開，其所爭論也都聚焦於此。

　　聶雙江的「歸寂」說與羅念菴的「收攝保聚」說，都是在肯定良知本體前提下，對於「致良知」之不同詮釋理論；惟此兩種工夫都並非陽明強調「知是知非」的「致知」工夫。──陽明著重良知的活動義，強調「知是知非」之良知發用與推致，良知無分於寂然或感通，係涵動

靜而為言；但雙江的「歸寂」說循程朱「理氣二分」以及李侗「觀未發
之中」的工夫入路，念菴的「收攝保聚」說亦主周敦頤的「無欲」、
「主靜」和程顥「仁者渾然與物同體」之工夫門徑，都是汲取宋儒的思
想和理論架構，也都同主「歸寂」而強調良知只有通過寂靜工夫才能達
到，都是強調精察之功的「致良知」取徑。所以雙江「歸寂」說突顯良
知本體，主於立「體」（立本）；念菴的中心課題則為「拂拭欲根」、
「克念作聖」，兩人都著眼於「知之所以良」之本體義，並皆強調內返
於良知本體（性體、心體），以存養、保任良知之超越性。所以在雙
江、念菴殊異於陽明的工夫論中，正顯示了晚明良知學已經轉向關注
「致良知」之「如何在本體上用功？」這才是王門後人的關切焦點。因
此在「格物」說上，雖然雙江、念菴都認同陽明「反求於心」之說，而
舍朱子「即物窮理」之外求；但是陽明強調「正其不正以歸於正」之對
治義，雙江、念菴則偏向格物之「感而遂通」感通義，終與陽明貌合神
離而思路不同，學者林月惠對此論題嘗撰著《良知學的轉折：聶雙江與
羅念菴思想之研究》，有精闢之析論。而通過觀察雙江與念菴強調本體
非見在、明覺非自發，並與浙中派王龍溪針對「見在（現成）良知」之
反覆辯難，極力反對龍溪「銷行入知」之以現成良知消融後天工夫，且
曰：「世間無有現成良知；非萬死功夫，斷不能生。」（《王龍谿全
集‧松原晤語》）倒是頗能見出王門分化及其後學在詮釋陽明思想上的
側重面（上參林月惠前揭書）；也可以見出蕺山強調學者欲優入聖域，
必須「範圍朱陸而進退之」之於王學修正，而此一線索即是探索從陽明
到蕺山的思想演變、再到清初梨洲《明儒學案》根本觀點之重要線索。

　　梨洲持信晚明學界惟蕺山能為師門干城，因此《明儒學案》對於
王門各派評價觀點皆順著蕺山觀點，依蕺山之工夫論進路而來。故梨洲
在蕺山「明人心本然之善」以及兼本體和工夫為言的「慎獨」之教進路
下，他也認為泰州學派主張「率性而後心安」，突出個體意志並反對為

飾名誇善而工於戒嚴，至將「明覺」與「自然」等而觀之，將「不識不知」和「率此良知樂與人同」——「率良知」加以連繫，正是鬆動儒學「理／欲」大防之端倪，亦是陽明學之「失其傳」，躋陽明而為禪。其論曰：

> 陽明先生之學，有泰州、龍溪而風行天下；亦因泰州、龍溪而漸失其傳。泰州、龍溪時時不滿其師說，益啟瞿曇之祕而歸之師，蓋躋陽明而為禪矣。然龍溪之後力量無過於龍溪者，又得江右為之救正，故不至十分決裂。　——《明儒學案·泰州學案》

> 姚江之學，惟江右為得其傳，東廓、念菴、兩峯、雙江其選也。……是時越中流弊錯出，挾師說以杜學者之口，而江右獨能破之，陽明之道賴以不墜。　——《明儒學案·江右王門學案一》

梨洲批判王畿、王艮流於禪，並非王學之正；而以救正王門、維繫陽明之道於不墜，歸功於江右，此皆蕺山之基調。蓋梨洲亦認為泰州學派在將陽明心學推向平民化、世俗化的同時，也將王學推向了「掀翻天地，前不見有古人，後不見有來者」、「復非名教之所能羈絡」之路；導致王學末流走上不重知識事功、徒務現成良知，甚至強調「酒色財氣，不礙菩提路」之「狂蕩」一路。因此對於被目為「叛經離道」的李贄，雖然袁宏道、袁中道等人譽為「上下數千年之間，別出手眼」、「大快人心」、「千古之至言」；但顧憲成、高攀龍等人則加以嚴詞批判，謂之「何心隱輩坐在利欲膠漆盆中。」（〈東林學案〉）此也即蕺山之謂「情識而肆」者也，故亦難辭梨洲借語蘇軾以責言末流「束書不觀，游談無根」（《明文海·黃綰答邵思抑》），並批判此一「天崩地解，落然無與吾事」之空談流弊。

　　至於《明儒學案》之體例，則皆先之以總論，繼之以案主傳略，
再次以案主之語錄、論說、書札與雜著等學術選編。梨洲之所最自得
者，則在於他能分別各家宗旨，以使讀者對於學者之一生精神及其學說
旨要，皆得其宗旨。雖然梨洲對此一釐然分析各家宗旨之撰作旨歸，曾
說明古人於學不輕授——他舉例胡季隨從學晦翁，晦翁嘗不滿其答問而
責以讀書鹵莽不思，季隨苦思因以致疾，晦翁始告之，故曰：「古人之
於學者，其不輕授如此，蓋欲其自得之也，即釋氏亦最忌道破，人便作
光影玩弄耳；此書未免風光狼籍，學者徒增見解、不作切實工夫，則羲
反以此書得罪於天下矣！」（《明儒學案·發凡》）然深味其言，則梨
洲雖言「得罪」、實則自得於《明儒學案》宗旨簡約之能為學者入門階
徑。故他又具論為學門徑端在能夠得其宗旨，其曰：

　　　大凡學有宗旨，是其人之得力處，亦是學者之入門處。天下
　　之義理無窮，苟非定以一二字，如何約之使其在我，故講學而無
　　宗旨，即有嘉言，是無頭緒之亂絲也。……是編分別宗旨，如
　　燈取影。杜牧之曰：「丸之走盤，橫斜圓直不可盡知；其必可知
　　者，是知丸不能出於盤也。」夫宗旨亦若是而已矣！

　　　　　　　　　　　　　　　　　　　　　——《明儒學案·發凡》

梨洲自得於《明儒學案》能「如燈取影」地分別各家宗旨，故雖各家思
想或有枝葉散落處，然其根柢宗旨，總如丸之「不能出於盤也。」是以
《明儒學案》極精於去取，梨洲自言凡所選編，「皆從全集纂要鈎元，
未嘗襲前人之舊本也。」因此梨洲要求各家思想授受必須分明，反對附
會源流之說，「以有所授受者，分為各案」；至於特起、或後之學者不
甚著名者，則總列為諸儒之案；復要求對於一偏之見、相反的論學之見
等，並皆能善加著眼理會，以示學術途轍之「一本而萬殊也」，否則

「以水濟水，豈是學問？」故他正是以能爲讀者索求各家宗旨，以使讀者按圖索驥而得功倍之效自期。如此一來，則梨洲所曾經致慨：「有明文章事功皆不及前代；獨於理學，前代之所不及也」，以及他所稱美「牛毛蠶絲無不辨晰，真能發先儒之所未發」之有明一代理學發展及成就，盡在其盤中矣！而我國兩千年來例皆依附在國史的〈儒林傳〉、〈藝文志〉、〈經籍志〉等學術管窺，亦終得以進至具備晚近學術史意義的專門學史了。

㈢從「悔過自新」到「明體適用」的李顒關學

　　李顒，陝西盩厔人，山曲曰盩、水曲曰厔，故學者稱爲二曲先生。關學自張載後，中經數人累作累替，直至李顒而始復盛；當是時西隴李顒與北方孫奇逢、南方黃宗羲，被視爲昌明理學三大儒。李顒思想反映了明清間部分士人由反思國變滄桑而產生的、從自悔→經世致用之士人心理與思想演進歷程；其代表性思想也從「悔過自新」走向「明體適用」之實學倡導。

　　明代講學風氣盛極一時，由陽明《朱子晚年定論》所引發的朱王之爭，從明末到清初愈演愈烈；清初士人對此頗有反省與拒斥，因此除了批判明代士習以外，亦有部分士人在入清以後產生一種不講學、不結社、不入城的悔罪心理，甚至有焚儒服儒冠、棄儒籍，以示在新的朝廷之自我邊緣化者，學者王汎森撰有〈清初士人的悔罪心態與消極行爲——不入城、不赴講會、不結社〉，以探討此一士人現象（《晚明清初思想十論》）。故梨洲曾批判言心學與言理學者爭立門戶，「天崩地解，落然無與吾事，猶且說同道異。」周應賓則也批評梨洲之講學江浙，是「藉此以圖衣食。」（論參王汎森《晚明清初思想十論》）陳確對於興盛的東南社集諸講會，並辭不赴（《乾初先生年表・順治十二年條》）；呂留良也說：「講學之事，但是非其所知，亦生平所憎疾而不

欲聞也。」（《呂晚村文集・答某書》）全祖望《鮚埼亭集》並記其先
世在福王南京政府被清兵攻破後，全氏一日棄諸生籍者二十四人，且聚
族遷往人跡罕至的東錢湖之東、萬山之中的童䲧地，越三世始返回城
中。（〈先曾王父先王父神道闕銘〉）至於李顒則在早年講學南北獲致
極高聲名而多次被朝廷薦舉，他爲求辭薦，甚至絕粒、拔刀自刺後，因
感於名累，遂築一土室，荊扉反鎖，不與人接，少數例外如顧炎武來，
始爲破例啓鑰，聊一盤桓（《二曲集・答范彪西徵君》）；其後即使康
熙西巡指名欲召見之，他仍以廢疾堅辭。

　　顒築塈室獨處，矢志謙退，不欲以著述自居，四方學者從學問答之
餘，每各輯所聞、各自成帙，故高弟王心敬朝夕侍側，口授筆錄，彙輯
成《四書反身錄》。李顒在中年以後盡焚毀其所著書《十三經糾謬》、
《二十一史糾謬》與象數之學等，以爲近於口耳之學，無當身心，不復
以之示人；其巾箱所藏，惟取《反身錄》以示學者（詳全祖望《鮚埼亭
集・二曲先生窆石文》）。王心敬亦謂其師「未嘗有意筆墨蹊徑，旋草
旋棄，罕存稿。」（《二曲集・書牘引》）故李顒傳世之作僅《二曲
集》、《四書反身錄》二種，皆其講學教授之語，且絕大部分非出其手
筆，而是弟子所輯錄，後來二書合刻刊行。

1. 會通朱、王的「悔過自新」說

　　李顒固不滿於晚明來的空疏學風，但他更反對俗儒記誦成風、惟務
章句等細枝末節之時風，嘗曰：「聖賢立言覺世之苦心，支離於繁說、
埋沒於訓詁，其來非一日矣。是《六經》、《四書》不戹於嬴秦之烈
火，實戹於俗儒之口耳！」其弟子徐超亦記曰：「先生深懲末俗展轉於
語言文字，支離蔽錮；故其論學，因病發藥，隨說隨掃，戒超等毋得竊
錄。蓋恐一落言詮，咸以知解承而不以實體得也。」（〈富平答問〉、
〈錫山語要〉）李顒力戒弟子毋爲知解言詮之學，應以道德實體爲所
務，而此也即李顒著作之所以罕有傳世故。李顒爲學之大本乃立足在王

學上，他推尊姚江「當學術支離蔽錮之餘，倡『致良知』，直指人心一念獨知之微，以爲是王霸、義利、人鬼關也。……大有功於世教。」並謂：「《四書》，傳心之書也。人人有是心，心心具是理。」（〈富平答問〉、《四書反身錄‧二曲先生讀四書說》）故他以所言所感之有合於《四書》者，口授爲《四書反身錄》。但是他也並不諱言地指出王門末流「實致者鮮」，其「不失之空疏杜撰、鮮實用，則失之恍惚虛寂、雜於禪。故須救之以考亭。」（〈富平答問〉）因此李顒雖自王學出發，但針對末流之恍惚玄虛，則他亦「以朱補王」地主張輔以考亭之篤實踐履。故其論學曰：

必也以致良知明本體，以主敬窮理、存養省察爲工夫。由一念之微致慎，從視聽言動加修，庶內外兼盡，姚江、考亭之旨，不至偏廢，下學上達，一以貫之矣。故學問兩相資則兩相成，兩相鬭則兩相病。　　　　　　　　　　　　　　──〈富平答問〉

李顒以突出心學脈絡之「大要歸於治心」（〈傳心錄序〉），強調以「致良知」明本體；復融貫程朱「主敬窮理」、「存養省察」之工夫論，要求融《論》、《孟》、《學》、《庸》與「致良知」於一爐，並由此提出其學說代表性思想的「悔過自新」說，曰：「悔過自新，乃學者入門第一義。」「悔過自新，乃千聖進修要訣。」（〈傳心錄〉、〈悔過自新說〉）他認爲吾人立身行道，從此學則不差矣！

李顒在本體方面，突出「絕大功業，出於絕小一心」之「大要在於治心。」其說主於挺立「教化不在空談義理，惟在『明其心』。」至於要如何「明其心」？即「養之之功奈何？」則「其未發也，虛而靜；其感而通也，廓然大公，物來順應。如是則雖酬酢萬變，而此中寂然瑩然，未嘗與之俱馳。」其能如此，則能「終日乾乾，收攝保任，屏緣息

慮，一切放下，令此心湛然若止水，朗然如明鏡，則幾矣！」（〈傳心錄〉）至於在另方面之工夫論上，則李顒亦有鑑於王學末流空談渺冥，因此在涵養省察上，他又輔以程朱「主敬窮理」之主靜、主敬等踐履工夫，他並標舉《禮記》以爲言，謂：「《禮記》一部，開卷第一義便曰：『毋不敬，儼若思。』」（〈常州府武進縣兩庠彙語〉）故李顒亦言：「能持敬謹獨，方能俯仰無愧。」「學問得力之要，莫要於靜。」（《四書反身錄・論語》、〈靖江語要〉）以此避免落入晚明「情識而肆、玄虛而蕩」之空疏陷阱，故李顒亦強調「用功莫先於主敬。『敬』之一字，徹上徹下的工夫，千聖傳心，總不外此。」「成始成終，不外一『敬』。『敬』之一字，是聖賢徹上徹下的工夫，自灑掃應對，以至察物明倫，經天緯地，總只在此。」（〈傳心錄〉、〈常州府武進縣兩庠彙語〉）李顒期藉會通朱、王以救正王學末流之用心，顯然可見。

　　在李顒調和朱王的學術取向下，他自是反對儒者樹立門戶而相互攻訐，他認爲「先覺倡道，皆隨時補救。」是故理學範疇內雖有各種思想體系之不同，都是學術發展歷程中用以補偏救弊的因革損益，所以他又說：「辨朱辨陸，論同論異，皆是替古人擔憂。」（〈靖江語要〉）李顒從此一角度看待儒學之發展大勢，故其論曰：

　　孟氏而後，學術墮於訓詁詞章，故宋儒出而救之以「主敬窮理」；晦庵之後，又墮於支離葛藤，故陽明出而救之以「致良知」，令人當下有得；及其久也，易至於談本體而略工夫，於是東林顧、高諸公及關中馮少墟出而救之以「敬修止善」；若夫今日吾人通病，在於昧義命、鮮羞惡，而禮義廉恥之大閑，多蕩而不可問。苟有真正大君子深心世道，志切拯救者，所宜力扶義命、力振廉恥，使義命明而廉恥興。　　　——〈南行述〉

李顒在強調各家思想本即在於截長補短之外，並指出當時學風正坐逾越道德大閑之病，因此他批評當時之講學者「往往講之以口，而實未嘗驗之於身，逞臆見、爭門戶，祇以增勝心，此亦通人之通患也。」他並譬之以眾將爭談殺賊之略，有一將獨否，人問其故？曰：「諸君以口殺賊，不才要以手殺賊。」（〈靖江語要〉）李顒引以為深鑒！故他疾言凡有志切拯救者，正須重振「義命廉恥」之大纛，以為吾人立身之基，此為當務之急。正是在這樣的理念下，李顒提出「悔過自新」說以為涵蓋諸儒一切涵養工夫的最直截法門、學問著力之肯綮處。其曰：

> 古今名儒倡道救世者非一，或以「主敬窮理」標宗，或以「先立乎大」標宗，或以「心之精神為聖」標宗，或以「自然」標宗，或以「復性」標宗，或以「致良知」標宗，或以「隨處體認」標宗，或以「正修」標宗，或以「知止」標宗，或以「明德」標宗；雖各家宗旨不同，要之總不出「悔過自新」四字。……所謂心不妄用，功不雜施，丹府一粒，點鐵成金也。
>
> ——〈悔過自新說〉

李顒指出諸儒雖然同樣都開人以「悔過自新」之門路，但過去卻總無人曾明白揭櫫此旨，以使人「當下便有依據」，所以費許多辭說；實則只要直提「悔過自新」四字，便如「點鐵成金」之「丹府一粒」了。

何謂「悔過自新」？——曰：「悔而又悔，以至於無過之可悔；新而又新，以極於日新之不已。」（〈悔過自新說〉）李顒之「悔過自新」說乃立足在其性論思想上，其性論思想則有所繼承於張載區別看待「氣本」與「氣質」之「性、氣」二分，故他對於「天地之性／氣質之性」亦加以區別看待。因此儘管李顒也強調人性固善，認為性體本與天地合德、日月合明，乃是「至善無惡，至粹無瑕」的，但是「人多為氣

質所蔽，情欲所牽，習俗所囿，時事所移」，導致「旋失厥初」；不過
「明鏡蔽於塵垢，而光體未嘗不在，又如寶珠陷於糞坑，而寶氣未嘗不
存。」是以他認為只要勤加刮磨洗剔之功，「則垢盡穢去，光體寶氣自
爾如初矣！」故其所謂「新」，乃以「復其原來本體」為工夫，係指
「『復其故』之謂也。」他並舉「如日在天」為例，以說明日雖有朝升
夕沉，而其「光體不增不減，今無異昨，故能常新。」（〈悔過自新
說〉）至於要如何刮磨洗剔，以保其長新？這就可以進論李顒所強調之
「悔過」工夫論了。

　　李顒乃以「悔過」作為「自新」之工夫門徑。他舉陽明之言「人
言不如自悔之真」，以說明他人徒費脣舌，終不如一己之能見過而內自
訟；惟其能自知所過而痛懲力改，以盡去其身過、心過，始能復見吾人
德性之朗朗昭昭。故李顒論曰：

　　人之病痛各別，或在聲色，或在貨利，或在名高，一切勝
心、妒心、慳心、吝心、人我心、是非心，種種受病不一而足，
須是自克自治，自復其元。苟所病不除，即終日講究，祇成畫
餅，談盡藥方，仍舊是箇病人。　　——〈常州府武進縣兩庠彙語〉

此蓋由於人之病痛，惟一己知之最深，故惟「自克自治，自復其元」，
始能「復其故」地復其原來本體之純粹至善。所以他要求學者「先檢身
過，次檢心過，悔其前非，斷其後續，亦期至於無一念之不純，無一息
之稍懈而後已。」（〈悔過自新說〉）他要求人人皆以如履危橋，惟
恐墮落而不敢稍懈之心，「整頓精神，中常惺惺，一言一動，並須體
察。」「斂之又斂，以至於無時無事之不斂。」（〈傳心錄〉、〈常州
府武進縣兩庠彙語〉）如此便能人人達到以「悔過」為「自新」之德性
實踐了。故李顒正是以會通朱王之「悔過自新」說，突出「正心術、勵

躬行爲入門第一義。」（〈兩庠彙語序〉）並以此作爲修正王學、救正時弊之「千聖進修要訣」的一己學說宗旨。

　　李顒在成學以前，自奮自成、大志希賢、博物宏通；成學以後，則主明性見道、虛明寂定、經綸參贊、無聲無臭。其幼年艱辛而堅苦力學的身世對形成其思想的影響主要有二：一爲能把握道德實踐的樸實性，一爲遺民身分與其內斂氣質結合，使他的道德實踐成爲一種強力緊持的剛性工夫，使他將一切學問都緊收到單純的道德實踐上。故李顒早期標宗的「悔過自新」和「學髓」說，便都是道德實踐中主於立「體」的工夫：「悔過自新」說是以自新其德、「復其無過之體」，使本體不增不損而合於常新之本體；「學髓」說則是對本體之進一步討論，以層次來說，博文、經濟、經史如學之「膚」，存理去欲的道德修養如學之「骨」，直悟本原安身立命始是學之「髓」，所以「學髓」是李顒指明道德實踐中「立本」的意義。「學髓」中李顒並提出「靈原」以爲人之存在與活動根本，亦宇宙之根本；其爲即存有即活動的「真趣」、「生機」，能自悟自證、日充月著，便能挺立而爲人中之人；能悟得「靈原」，便能在存在與行爲上「不執」，認清當前的特殊活動與情境只是此「靈原」流行的道路，而免除可能的陷溺與執念。是故道德行爲不是有意爲善，是如其本性的生機流行，是「無聲無臭，廓然無對」，「寂而能照，應而恆寂」的，如此便能「遇境徵心」、「心境渾融」。所以李顒悔過自新、證成靈原的工夫，是走程朱主敬、李延平默坐澄心、白沙陽明靜坐的「收斂」一路，其要在於「靜」，有別於象山事上磨練、陽明致良知之發用沛然一路。李顒在〈富平答問〉中並書有「佩日用常行之宜於肘後，藉以自警自勵，且識之於不忘」的「肘後牌」，其要曰：篤恭淵默以思道，精神才覺放逸，便「提起」，使心中恆惺惺，常保光明；思慮微覺紛雜，即一切「放下」，萬緣屏息；內外交養，久則「虛明寂定」，渾然太極；然還須化而又化，令胸中空空洞洞，無聲無

臭，是謂盡性至命之實學。

2. 強調「體、用全學」的「明體適用」實學主張

　　昌明關學的李顒，他甘於澹泊地恪守遺民氣節，堅持不仕清廷；
不過在他一再辭薦、不願繩以功名之外的另一個面向，則是他志存康濟
理想，欲在仕途外另闢學術蹊徑，欲藉昌明學術救正人心之經世理想落
實。故他通過對明清更迭之歷史反思，將原本詞章記誦成風的關學，導
向以「悔過自新」結合經世實學的「明體適用」新趨向。李顒對士人
期許甚高，他認爲「學術明則人才興，人才興則風俗正，而治化翔洽
矣！」然而當時之士風，李顒嘆道：「今農、工、商、賈求利，原以資
衣食；士爲四民之首，當正誼明道，表正四民，乃汲汲於利，反更甚若
輩。」（〈常州府武進縣兩庠彙語〉）他痛心於士風不振，學者牟利反
更甚於農工商賈，故他嘗論立志，曰：「立志，當做天地間第一項事，
當做天地間第一等人，當爲前古後今著力擔當這一條大擔子，自奮自
力。……今學術久晦，人失其心，闡而明之，不容少緩。」（〈傳心
錄〉）因此李顒之講學南北，正欲藉昌明學術以整頓士風，乃倡道救世
者也；而學者駢集其門下，幢幢往來，其門若市，蔚爲「江左百年來未
有之盛事」（〈南行述〉），亦治化翔洽之一隅實現。

　　是故李顒雖然不仕清廷，實則志存經世，故其論士，曰：「貴有以
經綸萬物」，論儒學，曰：「明體、適用之學也。」（〈盩厔答問〉）
他並認爲儒學明晦不止關乎士風盛衰，更爲生民休戚之所寄，故他又論
儒者與儒學，道：

　　窮理致知，反之於內，則識心悟性，實修實證；達之於外，
則開物成務，康濟群生，夫是之謂「明體、適用」。……明體而

不適於用，便是腐儒；適用而不本明體，便是霸儒；既不明體、又不適用，徒滅裂於口耳伎倆之末，便是異端。 ——〈盩厔答問〉

儒學乃是「明體、適用」之學，未達斯二旨者，或為不適世用之「腐儒」、或為放失道德之「霸儒」、甚至是與儒學相背道之「異端」，則學者可不慎其趨向乎？是故李顒儘管息心人事，但他並未昧於世務，更未廢離事功；不過他強調功業之來，須是在「體、用全學」之前提下，「不豫期功名，而時至事起，隨感而應，功自建，名自立。」「胸中絕無事功節義之見，方是真事功、真節義。」（〈常州府武進縣兩庠彙語〉、《四書反身錄・中庸》）因此他批判時儒之刻意追求功名利祿者，「徒汩沒於辭章記誦之末，便是俗儒。」（《四書反身錄・大學》）他強調「學貴敦本」，「為學要先識本」——「誠識其本而本之；本既得，則末自盛。」此也即李顒學說之「明體」思想。故何謂「本」？曰：「即各人心中知是知非，一念之靈明是也。」（〈靖江語要〉）而立足在此「敦本」、「識本」之基礎上，李顒復進論「功業」，曰：

　　吾人學苟知本，實體於躬，則為道德而不知所謂道德也；宣之於言，則為文章，初非有心於文章也；見之於事，則為功業，初非有心於功業也；不幸值變，則為氣節，初非有心於氣節也。亦猶水之隨在得名，不期然而然耳！　　——〈靖江語要〉

所以功業之建立，須是在「明體」之前提下，「不期然而然」的「功自建，名自立。」李顒反對舍本逐末之「惟在功業」、「矜功恃業」，謂之「無本」，因此他又強調「發端起念之初」。所論亦頗近於象山之論「辨志」——象山〈白鹿洞講義〉嘗戒學者以言利，因為「志乎利，則

所習必在於利」，則「終日從事者雖曰聖賢之書；而要其志之所鄉，則
有與聖賢背而馳者矣！」推而上之，且必「惟官資崇卑祿廩厚薄是計；
豈能悉心力於國事民隱，以無負於所任使之者哉？」（《宋元學案・象
山學案》）故李顒重視發端起念必須是「真儒」——「行儒之行，始爲
『真儒』。」（〈關中書院會約〉）其曰：「『端』字亦須體認。吾人
發端起念之初，其端果仁、果義、果禮、果智，此是正念，此便是心術
端，此便是端人正士。」（〈常州府武進縣兩庠彙語〉）否則縱使其人
終日懸樑刺股、囊螢映雪、忘食忘寢，「總是孜孜爲利，與大舜分途者
也」，則其學將反成爲濟惡之資。所以李顒從心術發端處說「端」，凡
是不能明體、適用，而徒務章句的口耳之徒，即是儒學之「異端」，而
不待從事於楊墨釋老始爲「異端」。則吾人之起念發端，不可不察。

　　是故李顒認爲學風敗壞，由於學術不明；學術不明，又在於人多認
錯了「功名」二字，致其子弟在受學之初便先種下了務外種子，惟期於
富貴利達。所以李顒又論「功名」，曰：

　　　有功於一方，有功於天下，有功於萬世。……不求名而名自
　　隨，如形之必有影，是有功即有名也。……不豫期功名，而時至
　　事起，隨感而應，功自建，名自立。故求功名者，須以道德爲
　　本、社稷生靈爲念；否則，富貴未必得，而此心先亡。此心既
　　亡，多一富貴，則反受一富貴之累；然此非讀書人之咎，亦學術
　　不明，勢使然也。爲今日計，惟在明學術。

　　　　　　　　　　　　　　　　　　　—— 〈常州府武進縣兩庠彙語〉

李顒即是以「明學術」自期，期藉講明「明體、適用」之經世實學，以
矯晚明之不學以及清初之支離外騖，希冀扭轉當時學者徒以學術作爲弋
取功名憑藉之衰敝學風。

　　而在李顒存志康濟以及「體、用全學」之強調下，知與行皆不容偏廢者也；故其既已闡明「明體」之「立本」，還要由「修己」進論「治人」之開物成務、即「適用」是也，以使學者內外本末、一齊俱到，下學上達、階循而至。否則，終是「空疏無用，而究不足以經世宰物」之「腐儒」（〈富平答問〉）。故李顒又論「行」，曰：

　　經書所載，莫非修己治人之道，皆前人苦心，爲吾人晰疑指迷，作路引也。講明一程，即行一程；行了一程，不妨再講一程。若閉門安坐，盤桓不行，講了又講，解過又解，片刻可說萬里，其實未移跬步。此學人通患，願相與力矯其弊。

——〈南行述〉

李顒所論皆針對「學人通患」而發，其所批判之俗儒講誦，既包括王學末流之徒務空談，也包括時儒之馳騖章句，謂之「片刻可說萬里，其實未移跬步。」以其未能躬體力踐也，而此也即晚明清初學人脫離現實之通患。因此李顒之積極倡道，其學術旨歸就在對「明體、適用」之道德、事功並行不廢強調。如此，則學者能夠立己立人、達己達人，而以經世實學參贊治教，以化育天地。

　　再者，欲爲明體適用之學，須讀明體適用之書，故李顒又開列一份可以階循而至的涵養問學書目，其讀書次第始於「初學入德之門」的學禮，而後次第讀經、讀史、讀文（〈讀書次第〉）。他以偏近陸王一系，譬如《象山集》、《陽明集》、《白沙集》、《龍谿集》、《慈湖集》等「直契心宗」者爲「明體中之明體」，以收「闡明心性」、「洞斯道之大源」的「上達」之功；以程朱諸錄及薛軒、吳與弼等集，譬如《二程全書》、《朱子語類大全》、《朱子文集大全》等爲「明體中之功夫」，以盡「下學」踐履之功；而以「道不虛談、學貴實效」之經濟

實學，譬如《大學衍義》、《文獻通考》、《呂氏實政錄》、《武備
志》、《大明會典》、《歷代名臣奏議》、《泰西水法》、《農政全
書》等，為經國經世之「適用」類書目（詳〈體用全學〉）。此一涵養
問學之書目，在講求實學的清初頗有開風氣之作用，並與顧炎武要求
「崇實致用」，而倡導「明道救世」之務實學風同趨，也與唐甄、顏元
等人講求實用之學及不廢武事同風。總結李顒之學，係立足在動盪的社
會現實上，而以恢復儒學經世傳統為目標，是為合德業與功業為一的王
學修正派。

　　面對晚明以來敗壞的道德風氣以及明清間「假道學」之橫行，李
顒曰：「世路固日趨日下，而自己腳根則不可不堅定，中立不倚，毫無
變塞，方能強哉能矯！否則人趨亦趨，隨俗浮沉，見粉華靡麗而悅，遇
聲色貨利而移，如是則雖日日講道德、談性命，不過口頭聖賢、紙上道
學，其可恥為何如耶？」（〈南行述〉）故李顒即是以「強哉能矯」之
中流砥柱自期，矢志於力振時弊。是故儘管理學入清已如強弩之末，守
成之不易，遑論開創新局？是以就開創新局而言，理學最後亦不得不讓
位於強調經驗形下的「乾嘉新義理學」以及後來成為清學主流的「乾嘉
考據學」；但是誠如李顒所言「自己腳根則不可不堅定」，其學亦始終
堅定地以「自盡其心，自復其性」之「悔過自新」結合經世實學，而申
之以「明體、適用」之學。其弟子也說：「先生之為人也，澹澹穆穆，
無所求於世。其學以『靜』為基，以『敬』為要，以『返己體認』為
宗，以『悔過自新』為日用實際。」（〈南行述〉）李顒息絕人事、甕
牖繩樞，惟以明學術、拯陷溺為志，何其持志之堅也？──李顒嘗曰：
「學問最怕持志不堅，造詣不勇；欲進則不能果於力為，欲退則又有所
顧惜，往往騎兩頭馬，因循苒荏，光陰一去，百年無再生之我，空自耽
閣，雖悔何及？須沉竈焚舟，持三日糧，示士卒以必死，作一背水戰，
方始有濟。」（〈答張澹庵〉）斯亦李顒一生未改其「強哉能矯」之理

學家制行榘範及其學說之註腳。

三、結語

　　入清以來，雖然理學發展仍餘波盪漾，擁朱派挾朝廷「尊朱」之官學權威，其勢甚張；民間擁王派則雖處草野、卻大家輩出，梨洲、夏峰和二曲等都望重一方，也都各有理論修正末流之不振，故清初理學還頗有一番盛況。但是當明、清更迭的歷史過程，隨著康熙中葉臺灣回歸之底定結束後，因著清廷政局之日益安定，清廷亦遂調整其文化政策成為「崇儒重道」，並藉朱學之教化功能以維護道德倫理秩序，然而朱學在理論開拓繼起無人下，漸漸趨向僵化的道德教條；而立足在明清更迭歷史反思上的王學修正派和經世思潮，也完成了其所肩負的階段性歷史使命，而隨著時間推移又漸趨沉寂了。於是除夏峰、梨洲、二曲等人之於王學理論修正外，自明代以來直到清初，一批強調開物成務而突顯「實用」價值的經世實學家，譬如撰作《天工開物》、《徐霞客遊記》、《通雅》、《物理小識》的宋應星、徐宏祖、方以智等，以及運用西方知識方法論並結合中西學術路徑的著名數學或科學家，如薛鳳祚、王錫闡、梅文鼎等，他們或撰作、或系統性介紹西方曆算、物理、化學、醫學、水利、火器、採礦、造船……等實務之學，還有梨洲、亭林、船山等人檢討政治、文化的《明夷待訪錄》、《日知錄》、《黃書》等；顧祖禹、唐甄、顏元等人探討經濟、軍事、社會各方面實務問題的《讀史方輿紀要》、《潛書》、《四存編》……等，遂都在清初繁榮富庶的社會生活裡、在安定的政治環境與文化統一中，逐漸失去其繼續發展的土壤而走回歷史中了。試看顏李「實行」學派的李塨，其晚年亦轉向到考據學，便清楚標示了清初經世思潮之退位與淡出學術檯面。於是自從宋明以迄於清初、領導學界數百年的「理學」舊典範以及清初的經世思潮等，後來都讓位給了繼起領導學術新趨的經史考證之學；且即使在晚清

義理學復興中，理學也難再有理論突破之創新格局了。

不過清初突出「實用性」價值的經世思潮雖然退位，其看重經驗實務的價值觀卻逐漸發酵，並擴散影響及隨著政局安定而又回到內聖修身的道德修養論以及學術方法論之「實證」要求，所以「崇實黜虛」價值觀一方面影響了後來「乾嘉新義理學」之突顯實在界與經驗實踐強調，另方面也影響了考據學「言言有據，字字可考」之「實證」方法論建立及系統理論提出。

是故清初乃是一個新、舊思想同時紛呈的時期，也是新、舊典範交替的過渡時期。在清初「朱王之爭」中被突出運用的實證方法論，譬如黃宗羲《易學象數論》、黃宗炎《圖學辨惑》、陳確《大學辨》、毛奇齡《太極圖說疑議》等用以批判朱學「援道入儒」的經典辨偽法，以及突出經世實務強調的陳確、唐甄、顏元等人之於氣論思想和形下實在界的義理新建設，都在後來的學術發展中由涓涓細流匯聚成河，並演變成為乾嘉學術之下列兩種發展趨向：一是在思想領域內之義理學轉型——從清初到乾嘉，從唐甄、陳確、顏元等人所標榜的經世實學，到後來由戴震集大成並領軍義理學轉型的「乾嘉新義理學」，道德學內部出現了「崇實黜虛」之價值轉型，核心價值觀遂自宋明理學長期標榜的道德價值形上面，轉趨到強調經驗取向的道德價值形下面，於是義理學從理學的「道德形上學」轉為突出經驗取向的清代新義理學，並出現諸如「義利合一」、「以利為善」、「德性資於學問」等新道德觀；另一則是「實證」方法論與考據學「新學術典範」之確立。考據學在清代是先從清初擁朱、擁王雙方針鋒相對地對易圖、《大學》、《古文尚書》等經典辨偽開始的，後來才擴大範圍到對於古籍音韻、訓詁、校勘、補正以及群經新疏之全面總整理，因而發展成為「考據學」對「理學」主流地位取代之學術新典範。所以乾嘉學術不論在「考據學」或「新義理學」方面，都有一番極耀眼之佳績。

　　是故清初學術除了猶有一番盛況的理學舊典範在持續發展以外；此際所同時呈現的，還有引領後來義理學轉型的「新思想典範」曙光初露，以及作為考據學「新學術典範」早期型態的群經辨偽學——清初近百年實是清代學術非常重要的關鍵轉換期。

肆

新、舊典範交替的清初學術㈡：新思想典範之曙光（陳確、唐甄、顏元、朱舜水）

　　明清之際思想紛呈，鼎革之初上層士大夫哲學和庶民思想間有很大的歧異性：對上層知識份子而言，愈是世亂、愈要堅持氣節操守，故清初上層菁英儒者多措意於儒家道統傳承、夷夏之防、義利之辨等原則性問題，如顧炎武之論廉恥、朝廷館閣理學派之由王返朱、民間王學之於王學理論修正等；但是庶民思想在歷經王朝末期變相發達的商業繁榮——由於末世官僚腐敗與社會亂象而蓬勃滋生的商業發達情形，譬如農民在無力負載稅賦下，或投獻土地給地主而自居佃農、或棄地逃亡而棄農從商，也有儒者因絕意仕途而棄儒從商，使得士商漸趨合流的社會現象等，在在皆使社會經濟出現了資本主義因素萌芽現象，因此市民階級崛起、市民文藝興盛、商業活動極其蓬勃，則此時能夠切實反映社會思想與庶民心理的，不是檯面上由上層菁英文化所領導的，如理學之強調「理／欲」之辨、「存理滅欲」等道德形上學；而是在市民文藝中表現庶民意識的《金瓶梅》、《三言》、《二拍》、《今古奇觀》等流露升斗小民關懷現實的思想型態。

　　所以明清間的士人哲學與庶民思想間有相當落差，不能認為學界主流思想就是下層百姓心理；反倒是一些遠離了學術主流，遠離了政治角力場、或在當時未受上層知識份子重視、或鄉居野處而未能產生重要影響力的邊緣士人，他們能更深入民情地反映出社會真實思想。是以

譬如陳確「治生論」之強調「天理正從人欲中見」、「治生尤重於讀書」；唐甄之呼籲平等思想、富利經濟；顏元之主張實用、實功的「習行經濟」之學；乃至後來雖然考據學極負聲名、義理理論卻不為時儒所接受的戴震「通情遂欲」新義理觀等，他們的思想著力點，皆已不再是為流行於上層知識菁英間的理學思想作理論修正，他們提出了諸多迥異於儒者一向從士人觀點出發，而被忽略了的庶民觀點。他們的思想雖未能引起上層士人廣泛的注意，但是社會思想與庶民觀點並非由上層知識份子上對下地、單向而片面領導的；反之，能夠代表當代思想的哲學，必是能夠反映真實社會，且為社會中最後被提煉出來的芸芸眾生心理之理論結晶。故清初陳確（1604-1677年）、唐甄（1630-1704年）、顏元（1635-1704年）等強調經世實學的儒者，除了出自知識份子對時代劇變的反省外，他們重視實在界的現實生活，強調道德價值的經驗面，正以能夠反映多數心理且為社會思想真實寫照，而彌足珍貴。他們重視實在界的現實生活，強調道德價值的經驗面；他們的思想著力點，已不再為流行於上層知識菁英間的理學思想作理論修正，而是提出諸多迥異於儒者從士人觀點出發而一向忽略了的庶民觀點，堪稱為清代義理學轉型的前行者。另外，朱舜水（1600-1682年）以其流亡海外的明孤臣身分，深刻影響及日本德川幕府時期的前期「水戶學」尊儒尊王傳統及經世實學之實現，亦一併附論。

一、陳確肯定人欲正當性的「治生論」

　　陳確，一生不圖仕進，山居鄉處，只著書立說。他和梨洲同出劉宗周門下，梨洲曾嘆「環視劉門，知其學者亦絕少」，但卻肯定陳確「於先師之學十得之四五。」又說陳確為學「無所瞻顧」，「不肯隨聲附和」，「多驚世駭俗之論。」（《陳確集·陳乾初先生墓誌銘》）那麼其所謂陳確不肯人云亦云的驚世駭俗之論，究竟為何？這主要可以分

從陳確表現在義理思想上的如下兩個面向與特識來說明：其一是經學思
想上陳確持「學莫先正心」的王學立場，他反對以官方哲學的程朱理學
作為儒學正宗教義，反對朱子〈格致補傳〉之言：「一旦豁然貫通焉，
則眾物之表裡精粗無不到，而吾心之全體大用無不明矣！」他說：「道
無盡，知亦無盡」，「格致」不是「一截功夫」，故謂朱子之「一旦豁
然」與「知止」之說皆「去禪彌近。」（〈答格致誠正問〉、〈答惟
問〉，《陳確集》）因此他繼其師撰《大學古文參疑》之後，又著《大
學辨》以攻訐朱學，而與閻若璩《尚書古文疏證》並稱為清初的辨偽名
篇；另一則是陳確在其「直接山陰一線之緒」的蕺山弟子身分外，卻素
與理學並不相契、甚至頗為扞格，所以從精神趨向而言，陳確相當程度
地站在理學之對立面、並接引著清代思想新風趨，他甚至提出迥異於儒
學傳統「謀道不謀食」的「治生尤切於讀書」之說，並強烈反對理學之
「理／欲」對立觀，若此皆是即連同門的梨洲都感到不勝驚駭的陳確思
想特識所在。

　　蕺山氣論在「明清氣學」中居於先導地位，他在所持論的心學立
場暨「慎獨」、「誠意」之理論補充外，又說以「盈天地間一氣而已
矣！」「理即是氣之理，斷然不在氣先，不在氣外。」「盈天地間，凡
道理皆從形器而立，絕不是理生氣也。」（〈原性〉、〈學言〉中、
〈答劉乾所學憲〉，《劉宗周全集》）突出強調理氣渾然、道器合一；
陳確則在師說的氣化宇宙論外，復進一步肯定「氣質」之善，並「以氣
論性」地賦予情欲在道德學以合法地位，肯定情欲對道德實踐正面的動
力作用。因此陳確亟反對周敦頤以「主靜」方式超越感性限制的「無
欲」之教，謂為「不禪而禪」；惟陳確對於「無欲」之教亦有過激、扭
曲的失當批評，如曰：「忠孝節義，獨非人之所欲乎？」「真無欲者，
除是死人。」（〈近言集〉、〈與劉伯繩書〉，《陳確集》）實則理學
家「存理滅欲」之「去欲」，指的是不循理的私欲，並未涵蓋生養之道

與理義在內。要之，陳確不但以「理欲合一」的新理欲觀，扭轉了理學立腳點的「天理／人欲」對立觀，其言：「天理正從人欲中見，人欲恰好處，即天理也」，對人欲給予正面肯定，他並立足其上進一步提出「治生論」，主張「學者以治生為本」（〈無欲作聖辨〉、〈學者以治生為本論〉，《陳確集》），有力衝撞了儒學長期的「諱言利」傳統；他復強力批判理學用功於喜怒哀樂「未發」之形上學取向，持說：「行到然後知到。」（〈大學辨三〉）故陳確學說呈現了清儒強調經驗現實的義理學新趨，挑戰了儒學長時期「非功利」的「恥言利」傳統，既是「乾嘉新義理學」之前導理論，也是清代義理學轉型過程中的過渡思想。

(一)氣性論出發的「擴充盡才」強調

陳確論性，強調「知『才、情、氣』之本於天，則知所謂『天命之性』即不越『才、情、氣質』而是，而無俟深求之玄穆之鄉矣！」（〈答朱康流書〉）故他「以氣論性」地肯定氣質之性，認為才、情、氣等皆人之稟命於天者，即是性也，反對作玄遠之論。曰：

> 一性也，推本言之曰天命；推廣言之曰氣、情、才，豈有二哉？由性之流露而言謂之「情」，由性之運用而言謂之「才」，由性之充周而言謂之「氣」，一而已矣。性之善不可見，分見於氣、情、才；情、才與氣，皆性之良能也。　　——〈氣情才辨〉

陳確從「性」所兼具的各種面向，以論氣、情、才等皆「性」之發用流行及其不同面向；所論與理學「性／情」二分模式下、「尊性黜情」的形上學進路有顯著差異。故他對於儒學的「盡性至命」說，亦採取經驗路向的「學問」與「擴充」詮釋進路，亟言：「人性無不善，於擴充盡

才後見也。」（〈性解上〉）陳確此論實開清代新義理學之先聲，後來
戴震等「乾嘉新義理學」便對此有極深入之發揮，如戴震突出強調「重
問學、貴擴充」之「德性資於學問」命題、焦循之「能知故善」說等。

　　陳確論性涵「氣、情、才」而爲言，故他又以「聖亦人」爲出發，
亟強調「聖人可學而至」，曰：「雖聖乎，於人之性曾無毫末之加焉；
則人之未至於聖者，猶人之未完者耳！」此亦「人人皆可爲堯舜」之
謂。對於人之未至聖人者，陳確認爲那是因爲涵養未至，其所稟命的天
性尚未「擴充」完成；但是就其所稟命的天性而言，則其未嘗少異於聖
人。故陳確譬之以「如器焉，未完者亦必不可謂之器也。」又譬之以
「如五穀之性，不藝植、不耘籽，何以知其種之美耶？」（〈聖人可學
而至論〉、〈性解上〉）他從本質上肯定其器不論完成與否？其本質皆
無殊異；但是後天工夫決定了其器能否完成？能否具現其美？是故即使
具有五穀之性，也還需要加以藝植、耘籽，才能有結實之美。其論又
曰：

　　夫齊人之爲齊語也，直不學楚語已矣；人之爲聖人也，直不
爲禽獸已矣。……以爲有生質之限乎？吾未見參之魯有過於賜之
達、求之藝也；紂之強敏辯智，遠出箕、微、周武諸人下也，然
參不害爲賢，而紂無救於暴，則何生質之足恃哉？

　　　　　　　　　　　　　　　　　　　——〈聖人可學而至論〉

　　愛親敬長，猶性而未全，必須學問；惻隱、羞惡、辭讓、是
非之心，亦性而未至，必須擴充。要雖仁至義盡，豈於天命之性
有加毫末耶？是故外天命則無人功，而離人功亦更無天命矣。

　　　　　　　　　　　　　　　　　　　　　　——〈答朱康流書〉

陳確認同德性出自性中，但是就完成道德實踐而言，則仁、義、禮、智等自然天性，尚屬「未完」、「未至」，故猶有待於「人功」之「擴充」，使之充實沛然，如此「涵養熟而後君子之性全。」（〈性解上〉）故「離人功」便未足以言道德。

　　陳確所論與心性論者加以區別「德性／才性」有間；凡陳確所舉魯、達、藝、敏、智等，在心性論者概皆劃歸「才性」所有、非屬「德性」範疇。心性論者持論德性之「質」與才性之「量」並不相干，因此他們每說氣性論者混淆了德性與才性領域；但是「以氣論性」的氣性論者，譬如陳確、戴震等人，則他們強調凡是人所稟命於天者即為「天命之性」，故不論德性與才、情、氣者，概皆屬於「性」中所有，都劃歸性論範疇，是故氣性論者反對偏言德性的性論思想，他們持自然人性論立場。而如此一來，擴充同一性論範疇的才智，便成為足以影響其德性實踐的重要關鍵了。正因為陳確意識型態中篤信德、智、才、情性等概皆屬於同一人性論範疇，故有別於理學之謂德、智不相干，他認為能否完成道德實踐？繫於能否「擴充」其才智？所以他強調「怠、勤異穫」，「敬、肆殊功。」（〈性解上〉）他之舉例曾參之才未過於子貢、冉求，然不害其賢，紂之智無救於其暴，皆為證明能否「擴充」才智？才是道德實踐的決定關鍵。因此性論範疇定義不同，是持論新義理學的清儒與宋明儒義理分趨之內在關鍵。

　　陳確所論亦不同於著名的氣性論者荀子，荀子論性未涵天德之善；陳確則雖強調「人功」、卻肯定「人功」必須立足在「天命之性」上，故曰「外天命則無人功」，認同善性為吾人所固有。後來戴震性論亦與之近似，戴震也持「理義固有」之「性善」立場，並言：「歸於必然，適完其自然。」「必然乃自然之極則。」（《緒言》、《孟子字義疏證・性七》）他認為只要加以「以學養智」和「以情絜情」的涵養之功，吾人便能落實「人能全乎理義」的德性實踐，而此也正是人情所稟

受的天命自然之極致表現，即「必然」的天道之具體實現，故他又說：
「人有天德之知，……其必然則協天地之常，莫非自然也。」（《原
善‧中》）要皆強調惟通過「人功」之擴充，始能完成天命善性之落實
實踐。

　　陳確在說明了命氣無不善、並突出強調「人功」之重要性以後，還
必須進一步回答現實行爲「惡」所從來的問題，是以他又發揮孔子「性
近習遠」之義，具論「慎習」之重要性。其曰：

　　　　氣清者無不善，氣濁者亦無不善；有不善，乃是習耳。若以
　　清濁分善惡，不通甚矣！斯固宋人之蔽也。……善惡之分，習使
　　然也，於性何有哉？故無論氣清氣濁，習於善則善，習於惡則惡
　　矣。故習不可不慎也。　　　　　　　　　　　　　　──〈氣稟清濁說〉

陳確繼承並發揮戴山釋「感於物而動」之謂「遷於習」也；他亦認爲人
之有不善者，非性、非氣，而是由於習也，故曰：「雖惡人之性亦無不
善。不爲，非不能也。」（〈性解下〉）是以其有不善者，由其「習於
惡」。他並認爲孔子之言「性相近」、孟子之道「性善」，就是主張人
所稟命的氣、情、才等皆善。因此他批判理學形上學觀點的「理／氣」
二分，以及理學家蔑視形下氣化之以「惡」歸於氣、而倡爲「存理滅
欲」之說；陳確認爲道德學所應該努力的課題爲「慎習復性」（〈氣稟
清濁說〉），而非如宋明儒倡言之「無欲」、「滅欲」等說。

　　是故從宋明理學到清代新義理學，性論的最大殊異在於範疇定義
不同。宋明儒強調人之所以爲「人」，即人、禽之殊，其所重在於「人
性」，故偏言德性；清代新義理學則強調自然義的「天命之性」，認爲
凡吾人所稟命於天，不論德、才、情、氣性，亦不論輕重、厚薄與清
濁，要皆性也、不可謂之非性，更不能去之。故肇自性論範疇定義不

同，涵養德性與落實道德實踐的工夫論亦自殊異，此即清儒持論新義理觀者之所以不滿於理學形上進路，而另外主張發揚實在界的經驗、客觀進路。

㈡「天理正從人欲中見」——對理學「去欲」主張之反命題

陳確和梨洲同出蕺山門下，他曾讚美陳確思想，言：「其於聖學，已見頭腦」；但他在肯定陳確「深中諸儒之病者有之」之同時，卻也同時批評陳確「或主張太過，不善會諸儒之意者亦有之。」（《陳確集・陳乾初先生墓誌銘二》）究竟陳確什麼主張讓梨洲如此既肯定、又不能完全認同？此或可自梨洲為陳確撰寫的墓誌銘中一窺蛛絲馬跡——梨洲在銘文中曾歸納陳確最重要的思想為「常人之所欲，亦即聖人之所欲也。」另據陳確文集，他亦自言：

> 人心本無天理；天理正從人欲中見，人欲恰好處，即天理也。向無人欲，則亦並無天理之可言矣！　　——〈無欲作聖辨〉

《陳確集》中著名的論述，除了陳確為破除迷信，而針砭時人喪葬之風並批判葬師（即堪輿師）之風水禍福說，且撰作一系列〈葬論〉、〈族葬五善〉、〈深葬上、下〉、〈六字葬法〉、〈儉葬說〉、〈地脈論〉、〈葬約〉……等《葬書》以外；其中最能突破傳統思想的，便是陳確批判理學判然擘分天理、人欲為二事及其「理／欲」對立觀下的「存理滅欲」主張，他另外持說：「人欲正當處，即天理也。」「從人欲中體驗天理，則人欲即天理。」「欲即是人心生意，百善皆從此生。」（〈近言集〉、〈無欲作聖辨〉）他企圖從理論方面建立起道德新標準，俾使儒學長期來一直處於對立狀態的理欲觀，能夠從衝突對立轉向和諧一致，能夠既不過為抑遏人欲、也不違背道德實踐。

　　不過儘管陳確新理欲觀已能強調道德價值的「經驗面」，呈現出綰合理、欲的經驗取向；但是其理論的重要性主要在於對新義理思想之發端，至於要如何進一步落實道德實踐與涵養工夫？則未有深論；有關工夫論的理論建設，還有待於乾嘉時期戴震等人之義理深化。故戴震後來一則繼續強化明清以降漸趨「理欲合一」的新理欲觀，倡言：「理者，存乎欲者也。」「凡事為皆有於欲，無欲則無為矣！有欲而後有為。」「道德之盛，使人之欲無不遂，人之情無不達。」（〈理十〉、〈後序〉、〈才二〉，《孟子字義疏證》）並由此建構起殊異於理學「存理滅欲」主張、而另主「通情遂欲」的新義理觀；同時亦突出「智性」的重要性，強調「尚智重學」之「以學養智」工夫論，以增進「心知之明」的道德判斷來避免「不辨理欲」之陷阱。故自陳確到戴震的新理欲觀，以較於宋明理學之「去欲」思想，是為有力突破。

　　然而陳確所論在當時確實是令人震駭的，故梨洲在肯定其「深中諸儒之病」之同時，亦不免存在對其「主張太過」之不安。梨洲雖也繼承蕺山的重氣思想，也持論「盈天地皆心」和「心即氣」等說，他序《明儒學案》時也說：「心無本體，工夫所至，即其本體」，突顯踐履工夫的重要性；但在工夫論上，則他還是傾向「理／欲」對立觀，他仍然堅守理學「理／欲」大防之一貫立場，曰：「天理人欲，正是相反。此盈則彼絀，彼盈則此絀。故寡之又寡，至於無欲，而後純乎天理。」所以他擔心陳確「必從人欲恰好處求天理」，極有可能落入人欲之陷阱，導致「所見為天理者，恐是人欲之改頭換面。」（黃宗羲〈與陳乾初論學書〉，附錄於《陳確集・與黃太沖書》後）清初朱學派張烈在「朱王之爭」下，也曾質疑王學「即心求理」之主觀性有可能落入「認欲為理」陷阱——「不知所謂用功者，將不辨何者為理？何者為欲？」因此認同朱子「格致」之教，強調「體求本心固為切要，亦有自心所見偏枯，必證諸師友、考諸書籍而後悟者。」所以主張「先辨明理欲，而後能存理

去欲。」（張烈《王學質疑》）梨洲的重心雖異於張烈之針對「即心求理／即事求理」而發，但可視爲另一層次之「認欲爲理」疑慮。故梨洲意識層對於「理欲統一」之「欲」能「合理」性，持不信任態度；而此亦正是理學和清代新義理學對於理、欲之「對立／統一」關係的歧見，也是陳確到戴震等清代新義理學之突破傳統思想處。

是故梨洲雖主理、氣、心、性爲一，但基本上他仍自理學的「性理」思想出發，仍然站在理學強調內在超越性理之一邊；因此梨洲雖然強調氣論，但他一向仍被視爲心學派，就是因爲他仍然守住形上超越的言性言理藩籬，仍採「天理／人欲」的兩橛對立立場。至於陳確，則他對於理學並不相應，他站在明末清初極力要把形上世界向下拉的思想新趨上，他之強調氣化流行與經驗出發，都是爲了弭消經驗界的「理／欲」鴻溝，意欲轉向「理欲統一」的新義理觀，所以他說：「天理中亦有人欲。」「聖人豈必無人欲？要能使人欲悉化爲天理。」（《陳確集·近言集》）於此可見陳確和梨洲兩人學術性格實不相侔，無怪乎梨洲爲陳確撰寫的墓誌銘初稿，文中只談些陳確天才絕出，精擅書法篆刻、洞簫彈棋一類雜藝，並未究其學術；後來是在梨洲重讀陳確著作以後，才感到「負良友多矣！……昔作銘文，不能深究。」於是重作墓誌銘一篇，以表彰其學。但是梨洲晚年又有陳確墓誌銘的改本與最後改本，又將「於先師之學，十得之四五」改成「十得之二三」，其篇幅和引錄的陳確原文也都減少，由此可見梨洲與陳確兩人的論學宗旨，終究存在著難以彌縫的觀點不同。

㈢「治生論」之肯定學者治生

傳統儒學的「義利之辨」，突顯道德價值的獨立性，強調義不受利影響，反對以是否有功利來決定義或不義，即反對以利規定善，更反對以利來決定行止之趨向。然而在儒者標舉「義」爲第一義之「義之與

比」強調下，儘管儒學並未反對功利、更未反對事功，如孔子也肯定
「庶、富、教」與「富而好禮」，孟子亦要求「仰事俯畜」之養生送死
無憾，且夫道德之善未必不利，未必和現實功利異趣；但是由於儒學所
肯定的「利」，是指「利他」與「公利」，所肯定的「欲」是指基本生
養之道，如朱子之以「天理／人欲」判分「飲食／美味」，使得個人的
私、利、欲追求不免被相對壓抑。因此傳統儒學對於「利己」的私利、
人欲等追求，如甘食美服、富貴利達，都劃歸爲「在天」，而不在儒者
的追求正當性中，傳統儒學對個人利欲具有「何必曰利」、「求利害
義」的「非功利」傾向；而理學的「培壅本根，澄源正本」主張（《晦
庵集·答陳同甫第四書》），要求在情之「未發」處遏阻利欲之想，
更使得「非此即彼」的「義／利」兩橛對立關係被強化，如象山曰：
「此只有兩路：利欲、道義；不之此，則之彼。」朱子曰：「人之一
心，天理存，則人欲亡；人欲勝，則天理滅，未有天理人欲夾雜者。」
（《象山語類·下》、《朱子語類》）是故儒學長期處在要求個人「諱
言利」、「恥言利」的保守氛圍與傳統中。

　　不過此一對個人的「非功利」傳統，在明代中後期市民階級新
興、重視自我價值以及譬如棄儒從商等「士商合流」現象中，逐漸被鬆
動了。繼陽明「新四民觀」之肯定四民不分、「四民異業而同道」，
肯定士農工商在「道」之前完全平等——「士以修治，農以具養，工
以利器，商以通貨。……其歸要在於有益於生人之道，則一而已！」
（《王陽明全書·節菴方公墓表》）顧炎武亦指出「今天下之患莫大乎
貧！」故建議「利盡山澤而不取諸民」，要求發展紡織、貿易、採礦業
等（《亭林文集·郡縣論六》）。所以當時包括顧炎武、黃宗羲等大儒
在內，都已經擺脫了傳統的「重農抑商」觀念，而主張「藏富於民」、
「工商皆本」的獎勵工商和富國裕民政策。此際，陳確更以義理建設，
提出了著名的「治生論」，突出「學者治生」之議題和理論，勇敢地賦

予儒者二千年來所不敢言、不能言的個人利欲追求正當性。

陳確「治生論」係立足在明清公、私觀轉變的思想基礎上，此際儒者已不再一味要求以「天理之公」壓抑「人欲之私」了；「重義輕利」、「崇公抑私」或「以公滅私」等傳統思想基調，有逐漸鬆綁之勢。顧炎武曾論：「天下之人各懷其家，各私其子，其常情也。」（《亭林文集‧郡縣論五》）陳確更是肯定君子「有私」，並以強調「學者以治生為本」的「治生論」，一舉突破了儒學長期的「恥言利」思想牢籠。陳確「治生論」具有如下時代意義：其一，陳確以「學者治生，絕非世俗營營苟苟之謂」，肯定「學者治生」之合法性與正當性，此亦近似全祖望所轉述其族先之言，曰：「治生者，非孳孳為利之謂，蓋量入為出之謂也。」此外錢大昕也說：「與其不治產而乞不義之財，毋寧求田問舍而卻非禮之餽。」（《鮚埼亭集外編‧先仲父博士府君權厝誌》、《十駕齋養新錄‧治生》）可以並見清初士人試圖衝破傳統儒學不營生計的「諱言利」窠臼；另一則是陳確「治生論」展現了清代新義理學轉向實在界，意欲發揚道德價值「經驗面」的道德學新取向。所以陳確批判世俗之治生與讀書，二者皆非其論「學者治生」之真義，其論曰：

> 然第如世俗之讀書、治生而已，則讀書非讀書也，務博而已矣，口耳而已矣，苟求榮利而已矣；治生非治生也，知有己、不知有人而已矣，知有妻子、不知有父母兄弟而已矣。而又何學之云乎？
> ——《陳確集‧學者以治生為本論》

陳確一方面批判世儒之脫離現實實務、不能在經營管理層面「治生」者，雖曰「讀書」，就只能以其「務博」迎合舉業，故為「求榮利」的「口耳」之學，並非真正地志於學；另方面則「學者治生」也不是站在

道德對立面的「求利」之謂，非如世俗但知有己而不知有人、不知有父
母之「求利害義」，而是以道德結合治生，故他揭示「治生論」的正面
意義，在於「讀書」與「治生」二者皆爲「學人之本事」，皆不可偏
廢。陳確又論「治生尤切於讀書」，因爲「天下豈有白丁聖賢、敗子聖
賢哉！豈有爲學爲聖賢之人而父母妻子之弗能養，而待養於人者哉？」
不過學者治生必須同時做到「治生以學爲本」，「脩、齊、治、平，悉
於斯焉取之。」即必須是「士惟志學而已。」是故「學者治生」兼顧
現實層面與道德層面兩方面而爲言，是既能規劃管理、復能「正己居
易」──《中庸》所謂「正己不求人，居易以俟命」的「素位」之學。
所以陳確強調讀書、治生、道德必須一體結合，學者惟能「治生」而經
濟無虞、爲能安心志學；如此則「讀書」才能具備真正的獨立精神，而
非牽纏、迎合舉業的「口耳」之學。

　　故陳確在〈井田〉論中亦嘗明言：「吾所謂謀生，全與世人一種營
營逐逐、自私自利之學相反。」其「治生論」既強調「勤儉治生」──
此溯自《周官》之「量出入之法。」以及《大學》之「生眾食寡，爲疾
用舒（生之者眾，食之者寡，爲之者疾，用之者舒）。」與《孟子》之
「易田疇，薄稅斂，食時用禮（食之以時，用之以禮）。」所以陳確謂
此乃是「自天子至庶人」一皆包乎其中的足國、足家、足己的「足民」
之道。此外陳確亦強調「治生論」的道德價值──「到得不求人、不怨
尤地位，則貧亦不期忘而自忘矣！」（〈學者以治生爲本論〉）至此便
是「居易之君子」了。對此，錢大昕也嘗論：「井上之李，甘於彈鋏之
魚；五侯之鯖，劣於牆東之僧。」（《十駕齋養新錄・治生》）所論與
之亦相呼應。

　　陳確「治生論」除了上述賦予士人營生正面意義以外；尤其難能
的，是他還觸及了傳統儒學所一向忽略的管理與經營之經驗層面技術。
陳確強調善治生者，要「勤作家」、「善算計」、「要在行」；並謂：

「惟能學道，則作家不患其俗。」如何不俗呢？曰：「寧先時，無後時。」「無曠土，此與地算。」「農桑之利，人收十五，我收十全；口體之資，人用十全，我用十五。」「賓婚喪祭，循禮而不循俗；日用飲食，從理而不從欲。」（〈學者以治生為本論〉、〈近言集〉）即要能掌握先機、充分開發土地價值、懂得精算與管理，且要能依禮而不循俗地打理日常生活。其論亦頗近於晚清嚴復之強調「善功」思想——嚴復批評「趙宋之道學、朱明之氣節，皆有善志，而無善功。」並要求對於凡所從事，皆必須具備專業技術、專業經營之專業素養，曰：「業是者，於物情必審，於計利必精。不然，敗矣！」（譯《法意》、《天演論》按語）而也與近世史學家黃仁宇在《中國大歷史》、《放寬歷史的視界》中所指出的儒學長期困境——「中國的一窮二白，尚不是道德問題，而是技術問題。……其中最大的弱點，即是不能在數目字上管理。」（黃仁宇《放寬歷史的視界》）屬於同一層次。再者，陳確所強調：善治生故能「不求人」，「先身家而後及國與天下」，亦修正了兩千年來傳統儒學未能正視理財重要性、未能習得如何理財的儒者迷思，其論並與錢大昕所言：「苟生理不足，則於學之道有所妨；彼旁求妄進及作官嗜利者，殆亦窘於生理之所致也。」（《十駕齋養新錄·治生》）同樣粗具現代化思維之「經濟無虞匱乏是人格獨立之所伊始」況味，並皆有效地突破了傳統思維偏重形而上層面的道德價值及其義利對立觀。故陳確「治生論」迥非舊論「衣食足而後知榮辱，倉廩實而後知禮節」所能範疇其意，其在清代思想史上別具意義，是儒學轉向近現代化思維的過渡性思想。

二、唐甄突破階級意識的本土性啟蒙思想與事功強調

雖然儒者一向都以經世濟民的淑世理想自期，但在儒學兩千多年

的思想發展中，能夠撰作名山大業傳世之作的，多是具備文化優勢的上
層知識份子；是故儘管在「致君堯舜」的理想外，儒者也多能體恤民生
疾苦，惟存在士人與農、工、商階級間的鴻溝，以及上層士人「憂道不
憂貧」、「謀道不謀食」的思想牢籠，使得傳世之儒即使未必皆貴顯、
卻也鮮少有能親自從事於生產者，此所以陶淵明「晨興理荒穢，帶月荷
鋤歸」之爲人所津津道。是故長期的儒學思想發展與著述，即便出自偃
蹇困阨的貧士逸民、茅茨土屋與甕牖蓬窗者，亦往往自豐厚經典基礎與
士人立場、士人視角出發，其所涉及下層黎庶之相關問題討論，亦每以
一種上對下之姿，以上層士人所關懷的「義利之辨」、「安貧樂道」等
道德理想性，或是學術道統等傳統原則性、社稷安危與全民福祉等高層
次的朝廷立場與高度，來指導下層庶民思想，卻其實難以真正貼近、融
入、或反映芸芸眾生之真實心靈及其關懷。

　　唐甄則雖出身書香家庭，其父唐階泰爲理學大師黃道周弟子，先祖
也不乏曾仕宦於朝者；但是隸籍西蜀的唐甄卻一生偃蹇，從家中薄有財
貲到淪爲一介貧士，其炊煙屢絕，生活歷盡艱苦。他的祖父在張獻忠入
蜀時曾以武力抗拒，明亡，絕粒而死；其叔祖、叔父並皆以抗清故，被
執慘死；唐父遷徙流亡到吳江時，家道已經不繼，當其父憂憤以逝後，
家計重擔更頓然落在年甫二十歲、且無一官半職的唐甄身上。唐甄後來
曾經短暫入仕，但旋以「逃人詿誤」而遭黜免，迫於家計只好「棄儒從
商」，轉從事蠶絲生意，然而所託非人，盡亡其資；其後曾出任如同今
日經紀人或仲介者的「牙」商身分，又因客金被盜而遭訟，唐甄「器物
鬻盡，無以償之」，「產失而行廢，食盡而禍起。」（〈恆悅〉）生
活陷入極端困境中，記曰：「唐子貧，歲豐而家人恆飢，妻寄食於女
家。」「貧困，食不繼，每舉家闔門臥。」「炊煙嘗絕，日採廢圃中枸
杞葉爲飯。衣服典盡，敗絮藍縷。」（《潛書・恤孤》、楊賓〈唐鑄萬
傳〉、王聞遠〈西蜀唐圃亭先生行略〉）這一番現實生活謀生不易的悲

慘經歷及深刻體認，使唐甄在備嘗生活艱辛之餘，只能算是社會上第二階層的「次層知識份子」，這也使得唐甄之思想內涵極不同於上層士人之宏闊視角，但卻高度代表了下層百姓之真實想法。

唐甄亦自言：「甄，下士也。」（〈潛存〉）他既未師從名門，也未與當代菁英士人相過從，王源、魏禧算是他比較知名的友人；其《潛書》並非縱論天下之宏言讜論；他也一向缺乏經典基礎——他自稱寡聞而善忘，「於《詩》、《春秋》之旨，如聽家人之言、閭巷之語，更不勞我心思，妄起疑義；《書》未及為也，甄老矣；《禮》書繁而未能讀，且徐俟之；至於《易》，固在道陰陽、窮性命、知進退，然必占事知來，乃可以用《易》，不能知來，非占矣，《易》為空理矣。他日若有所受則為之，不然，其亦已矣。……《五經》之未通，非吾憂也。」（〈五經〉）唐甄明言《五經》非其學術旨趣、也非其所關懷；這一番誠實的自我剖白，使他清楚地和儒學的經學傳統劃界，唐甄的思想理路迥不同於清初眾多的經生思維。不過唐甄出自個人迫切難題而激於一己真情實感、所剴切痛陳的切膚需求以及富民思考，不但深切代表了下層百姓心聲，也使《潛書》一書充滿了思想原創性，這在儒學傳統中是極其難得且極其可貴的。《潛書》正是在上層知識份子暨傳統經學思維之外，以儒學中罕見的活潑思想創發力，提供了另一種貼近民生隱曲的經世思想型態。

《潛書》之批判性格極其強烈，在明清之際極具啟蒙精神，堪稱十七世紀本土性的啟蒙思想。是書歷三十年而成，分上、下篇，上篇言學，下篇言治，唐甄並自詡「上觀天道、下察人事」，「非虛言也。」書名初為《衡書》，「志在權衡天下也。」後因「連蹇不遇」而更名《潛書》；從《衡書》到《潛書》，除了篇幅擴增為97篇外，並可見出唐甄心境已由早年之「欲得志於天下」，到晚年轉為潛存其志了。唐甄自期甚高，初曰：「使我立於明主之側，從容咨詢，舍其短而用其

長，以授之能者而善行之，可以任官，可以足民，可以弭亂。不出十
年，天下大治矣！」然而當他歷經「困於遠遊，厄於人事，凶歲食糠
粃，奴僕離散，志氣銷亡」之後，「乃喟然而嘆曰『莫我知也夫！』」
於是「心歸於寂」地倡論「『悅』為入道之門」，並轉為晚年的潛存
了，故《潛書》篇末結之以〈潛存〉篇，以明其志。不過唐甄所嘆，並
非出於一己之憂樂，他說：「不憂世之不我知，而傷天下之民不遂其
生。」（〈潛存〉）雖然他的際遇連蹇困頓，但他所悲憫者，在於百
姓。以下述論《潛書》能夠突破當時思想高度的精彩論見：唐甄自庶民
立場出發而反對階級意識的啟蒙思想，暨社會經濟之「富民」主張等。

㈠十七世紀之本土性啟蒙思想

　　唐甄《潛書》極具啟蒙精神，其中包括對於專制政權之批判以及涵
蓋君民平等、男女平等之「平等」思想萌芽等。在十七世紀，以唐甄之
簞瓢屢空、困於生活者而言，實屬難得。

　　《潛書》強烈批判專制帝制，而與同時代的黃宗羲《明夷待訪錄》
互相輝映，其尖銳程度且更甚於黃宗羲對君主掠奪天下人私產之批判。
由於唐甄早年曾親身經歷張獻忠屠蜀之慘絕經驗——「張獻忠空江夏之
民，盡麼之於江，江水千里不可飲。……遣兵四出，殺郡邑之民。恐其
殺報無實，命獻其頭；頭重難致，命獻其手。道塗之間，彌望更多山
丘，迫而視之，皆積頭積手也。」（〈止殺〉）這使他深切認識到支持
帝制政權背後的荼毒本質。故他不勝悚懼地申論道：

　　昔者張獻忠驅江夏之民於江，驅華陽之民於江，江夏之江
壅，華陽之江不流。……使獻忠既得天下，立宗廟，建社稷，
興禮樂，定制度，與天下更始，群臣諛之，史官贊之，必謂德比

唐虞，功高湯武矣！有天下者，屠一城，是即一城之獻忠，殺一無辜之人，是即一人之獻忠；特以大功既成，貴爲天子，民安其治，無議之者，遂自矜其功，人亦忘其毒。　　　　　——〈仁師〉

帝制君主腳下踩著萬人塚！一方面緣於「成王敗寇」之理，倘使張獻忠果真得到天下，他也勢將得到群臣推戴，而眾人亦遂忘其先前之殘忍屠殺；另方面則是有天下者，也必定都經一番殺伐攻取而後得之，則帝王之如張獻忠者流，何可勝數？百姓之無辜受害者何可勝道？因此唐甄悲憫「自二千年以來，時際易命，盜賊殺其半、帝王殺其半，百姓之死於兵者不可勝道矣！」「悲哉！周秦以後，君將豪傑，皆鼓刀之屠人；父老婦子，皆其羊豕也。」（〈仁師〉、〈止殺〉）唐甄在王朝歌功頌德的表象之外，由於親見了帝制政權最底層的不堪與慘不忍睹的殺戮本質，使他對於帝制制度有一迥異於儒學傳統美言君臣倫理的深刻認識並質疑。故他呼籲勿以君主之得天下、大勢已定，而遂忘其曾經殘殺天下人之殘忍本質；此一對於帝制政權之強烈控訴，自墨子〈非攻〉以後，我國兩千年思想史上實未有過之者。其論曰：

覆軍屠城，以取封侯，是食人之肉以爲侯祿也，其忍之乎？覆天下之軍，屠天下之城，以取天下，是食天下人之肉以爲一人養也，其忍之乎？　　　　　——〈止殺〉

自秦以來，凡爲帝王者皆賊也。……今也有負數匹布，或擔數斗粟而行於塗者，或殺之而有其布粟，是賊乎？非賊乎？……殺一人而取其匹布斗粟，猶謂之賊；殺天下之人而盡有其布粟之富，而反不謂之賊乎？三代以後，有天下之善者莫如漢，然高帝

屠城陽、屠潁陽，光武帝屠城三百。……過里而墟其里，過市而竄其市，入城而屠其城，此何爲者？大將殺人，非大將殺之，天子實殺之。……殺人者眾手，實天子爲之大手。　　──〈室語〉

唐甄，曾經擁有科名並一度入仕，卻如此強烈地反對專制帝制，並於孟子所言「三達尊」之「爵、齒、德」中去其「爵」尊，曰「『爵』之尊不達於我也。」又於「五倫」中去其「君臣」倫，曰：「君臣之倫，不達於我也。」（〈守賤〉）或許唐甄被革爲民的草野身分，使他能更無顧忌地暢所欲言，並敢於提出驚駭世人耳目的「帝王皆賊」論，而他爲無辜百姓請命之勇者無懼，也令人動容！此在帝制專制仍然非常鞏固的十七世紀，實是極其勇敢、極其活潑而充滿思想活力的。

　　尤其難能的，是唐甄之反對專制帝制係自君民平等之「平等」思想出發，這是他在親見帝王荼毒本質之後的又更深一層思考；不僅突破了儒學尊卑倫理的貴賤等級，爲我國本土性早期啟蒙思想，即以較於今日普世價值之「人權平等」思想，實亦不遑多讓！

　　唐甄批判人君之勢尊，曰：「君日益尊，臣日益卑，是以人君之賤視其臣民，如犬馬蟲蟻之不類於我。賢人退，治道遠矣。」（〈抑尊〉）所論與孟子告齊宣王「君之視臣如手足，則臣視君如腹心；君之視臣如犬馬，則臣視君如國人；君之視臣如土芥，則臣視君如寇讎」，在突出君臣間的相對關係之外，復更進一步地觸及了君與臣是爲同「類」的「平等」思想。故唐甄之思想及社會地位雖未爲時人所重，但傳世文獻的《潛書》所蘊藏的進步意識，證明我國早在十七世紀的清代全盛時期，便已經出現本土性啟蒙思想的先驅思想了。唐甄曰：

天子之尊，非天帝大神也，皆人也。是以堯舜之爲君，茅茨

不翦，飯以土簋，飲以土杯，……無不與民同情也。……人君高居而不近人，既已瞽於官、聾於民矣，雖進之以堯舜之道，其如耳目之不辨何哉！……人君之尊，如在天上，與帝同體，公卿大臣罕得進見，變色失容，不敢仰視，跪拜應對，不得比於嚴家之僕隸。於斯之時，雖有善鳴者，不得聞於九天；雖有善燭者，不得照於九淵。臣日益疎，智日益蔽。……豈人之能蔽其耳目哉？勢尊自蔽也。

——〈抑尊〉

天地之道故平，平則萬物各得其所；及其不平也，此厚則彼薄，此樂則彼憂。爲高臺者，必有洿池；爲安乘者，必有繭足。王公之家，一宴之味，費上農一歲之穫，猶食之而不甘。……人之生也，無不同也，今若此，不平甚矣！提衡者，權重於物則墜；負擔者，前重於後則傾，不平故也。是以舜禹之有天下也，惡衣菲食，不敢自恣，豈所嗜之異於人哉？懼其不平以傾天下也。

——〈大命〉

古之賢君，雖貴爲天子，富有四海，存心如赤子，處身如農夫，殿陛如田舍，衣食如貧士，海內如室家。微言妙道，不外此類。

——〈尚治〉

唐甄一方面批評君主以其勢尊而造成「自蔽」耳目，然耳目之不辨是非，是「自蔽」其智、自遠於堯舜之道；另方面他又自「人之生也無不同」之「皆人也」角度，以說貴賤平等。他舉例譬如王公貴人之「爲安乘」者，乃是建立在貧賤下民之「有繭足」上，其不平也，甚矣！因此他讚美舜禹「與民同情」之惡衣菲食，並對君主提出「接賤士如見公卿，臨匹夫如對上帝，禮之實也」之「抑尊」要求（〈善施〉），亦反

對君主以其勢尊凌駕於人。

　　而除了對於君民貴賤階級之「不平」現象的不平之鳴外，唐甄的
平等思想還觸及了對我國長期來「男尊女卑」思想陳窠的挑戰。他又自
「人心雖異，其用惟情」的角度，以說：「是故君子觀於妻子，而得治
天下之道；觀於僕妾，而得治天下之道。」（〈尚治〉）唐甄亟自人情
無不同的角度以說人之生而平等，如此充滿力度地打破了我國長期的階
級與男女不平現象，實是對我國傳統階級社會之振聾發聵，亦是我國粗
具現代化平權觀念之早期萌發。且唐甄之突破傳統士大夫未能正視婦女
地位的男女平等思想，並不僅止於理論層面，唐甄雖然極為窮困，但夫
妻情感極篤；其婿言，他「處夫婦，琴瑟諧好，相敬如賓，五十餘年，
無失言失色焉！」而且唐甄「雖生女，必抱而廟見。」（王聞遠〈西蜀
唐圃亭先生行略〉）未嘗以女兒而卑視之，他甚至還說「我之恤女也，
則甚於男。」他並嘗論：「恕者，君子善世之大樞也。五倫百行，非恕
不行，行之自妻始。」因此他強烈批判「今人多暴其妻，屈於外而威於
內，忍於僕而逞於內，以妻為遷怒之地，不祥如是，何以為家？……人
倫不明，莫甚於夫妻矣！」他亟責備男子之「入室而逞於妻」（〈夫
婦〉），認為「夫之下於妻者，德也。」反之，「夫不下於妻，是謂夫
亢；夫亢，則門內不和，家道不成。」（〈內倫〉）而不但《潛書》有
〈內倫〉、〈夫婦〉等論及夫妻相處之道者，其代表性思想的「帝王皆
賊」論，更是出自其夫妻相對言之〈室語〉篇──甄曰：「吾欲有言，
未嘗以語人，恐人之駭異吾言也。」妻曰「我，婦人也，不知大丈夫之
事，然願子試以語我。」（〈室語〉）可見其夫妻間確能相互尊重、傾
訴心聲並進行思想討論。

　　唐甄所倡論的君民、男女平等思想，即使後於唐甄百年的清儒都
還未必能接受──譬如十八世紀亦以平等思想名世的清儒戴震，他曾經
批判尊卑貴賤的階級倫理壓迫，曰：「尊者以理責卑，長者以理責幼，

貴者以理責賤，雖失謂之順；卑者、幼者、賤者以理爭之，雖得謂之逆」，致「人死於法，猶有憐之者；死於理，其誰憐之？」（《孟子字義疏證・理十》）然而戴震思想在當時未獲時人認同；另外袁枚之尊重女性、提倡女權，亦屢遭訕謗；屆於晚清，則雖有倡導平等思想的譚嗣同曰：「我相除，則異同泯；異同泯，則平等出。」「苟明男女同爲天地之菁英，同有無量之聖德大業，平等相均，……去其粉黛服飾，血肉聚成與我何異？」（《仁學》）惟其時已屆西學東漸的十九世紀後期了。唐甄思想之前瞻性，於此可見一斑。

㈡富利思想的經濟觀

　　唐甄思想的活潑性及其民間立場，來自他親身經歷的下層百姓生活；他切己的貧窮，甚至曾經窮到夫妻被迫離散地讓妻子寄食於婿家，這使他深刻地體認到「天下之大，生民之多，飢無食，寒無衣，父母不得養，兄弟妻子離散，嬰兒之委於草莽者，不知其數矣！」（〈恤孤〉）是以其經濟思想迥異於儒家上層菁英之保守性和對於道德原則性的強調；他不但突破了儒者不言利的「義／利」對立觀，並且主張積極創造財富的富利思想。

　　唐甄的經濟思想，係自百姓希冀創造財富的角度出發，其曰：「財者，國之寶也，民之命也。」（〈富民〉）故他以「富民」爲目標，強調立國之道無他，惟在於富。對於明亡，他並提出在眾人論以學術、朋黨與流寇之外的、社會經濟觀察視角；他精闢地析論明亡於社會經濟崩潰──從表面上政治角度言，明亡於李闖，固是不錯；但其核心因素卻在四海困窮、民不聊生，百姓希冀改變貧困現狀。因此李自成雖嘗敗散，卻旬日之內立致數十萬眾，陝謠且謳曰：「挨肩膊，等闖王。闖王來，三年不上糧。」民之歸也如是，故唐甄言：「蓋四海困窮之時，君爲讎敵，賊爲父母矣。四海困窮，未有不亡者。……撼山沸河，數百年

厚建之社稷，如椎卵矣。若是者，皆困發也，爲奸雄所憑也，此明之所
以亡也。」唐甄分析李自成之崛起，正是乘勢於百姓極端困窮下的一線
希望寄託；否則若四海安樂，誰不樂於保其家？誰與爲亂？故他嘆：
「爲政者眾，知政者寡。」（〈明鑒〉）惟能爲百姓創造富利經濟者，
始爲善政。

　　以此，唐甄極具思想活力地突破了傳統儒學所一向標榜的「廉吏」
標準，那只是一種消極性的不作爲；他要求的是有積極性作爲、能夠進
取地爲百姓創造「豐財厚利」的「良吏」。是以他尖銳地批判了不能爲
百姓創造財富的保守爲政者，曰：

　　廉而不能養民，其去貪吏幾何？……才而不能養民，其去酷
吏幾何？……廉才之吏，不能救民之飢餓，猶乳母而無乳者也，
是可謂之良吏乎？……若廉止於潔身，才止於決事，顯名厚實歸
於己，幽憂隱痛伏於民。……爲治者不以富民爲功，而欲幸致太
平，是適燕而馬首南指者也，雖有皋陶稷契之才，去治愈遠矣。
　　　　　　　　　　　　　　　　　　　　　　──〈考功〉

唐甄的民間立場，使他深刻地體認到爲政者的當務之急，首在富民；倘
使廉止於潔身、才止於決事，則那不過是博取一己之令聞罷了，實際上
幽憂隱痛仍然留給百姓。故長期儒學濡浸下的廉吏標準，他認爲並非務
民所急，無救於民之水火。

　　故當唐甄短暫任職長子縣知縣期間，他因見「其民貧，終歲而賦不
盡入」，而鄰區則「璩里之民，五月畢納，利蠶也。」且夫「吳絲衣天
下，……室廬舟楫之繁庶，勝於他所，此蠶之厚利也。」（〈權實〉）
所以他在分析貧富殊別之關鍵後，遂亟致力於勸百姓植桑養蠶，並且在
他的極力宣導下，當地居民很快地改變了懶散之風，可惜旋遭黜免，其

志未酬。要之，唐甄認爲善政就是要能夠找出有效辦法，積極引導百姓創造財富，如其〈達政〉篇所言「勤農豐穀」、「桑肥棉茂」、「山林多柴，池沼多魚，田多果蔬，欄多羊豕」一類的，通過增產厚生的方式以達到「富民」之經濟目標。故唐甄的社會經濟思想絕不以二千年儒學傳統的「養生送死」爲滿足，他認爲「民無凍餒」只能免於「民有飢色，野有餓莩」而已；爲政者必須進求「藉一室之富可爲百室養」之「富民」目標，斯爲「良吏」之善政。

在唐甄的「富民」主張下，他在一般人所認識的清初清廷「盛清」印象外，有諸多深層觀察及披露，他曾深入僻暗角落地反映了一些罕爲人知的民生疾苦，如：「吳西之民，非凶歲爲麨粥，雜以菽稃之灰，無食者見之，以爲是天下之美味也。」「清興，五十餘年矣，四海之內，日益窮困，農空、工空、市空、仕空，穀賤而艱於食，布帛賤而艱於衣。」（〈大命〉、〈存言〉）生於18世紀的焦循亦嘗書寫地方荒災，道：「君不見、農夫餓死西原頭，鳶鳥攫腸犬食臂。」「春作農家子，冬爲求乞兒。……昨夜北風起，老父死高隄，稚子凍斃盡，霜雪埋其屍。」（《雕菰集‧荒年雜詩》）並皆反映了上層士人外的百姓哀苦無告。解決之道，則唐甄一方面指出貪吏擾民，所當疾革；另方面亦積極提倡因地制宜、「因其自然之利」以增產厚生的生財富民之道。首先他批判地方官僚之「虐取」弊政，他以柳爲譬道：

今夫柳，天下之易生物也。折尺寸之枝而植之，不過三年而成樹，歲翦其枝，以爲筐筥之器，以爲防河之掃，不可勝用也。其無窮之用，皆自尺寸之枝生之也。若其始植之時，有童子者拔而棄之，安望歲翦其枝以利用哉？其無窮之用，皆自尺寸之枝絕之也。

——〈富民〉

唐甄久處民間，親見地方官僚時有擾民虐政，民間產業或有因官僚貪腐虐取而致蕩產傾家者，故他強烈譴責「虐取於民者，拔枝者也，絕其生也。」「虐取者，取之一金，喪其百金；取之一室，喪其百室。」（〈富民〉）是以唐甄極力呼籲「不擾民者，植枝者也。」他再三懇請爲政者應如「植枝」般厚養民力，以使無窮之用皆自此而生。至於如何生財富民？則他強調因地制宜。曰：

> 隴右牧羊，河北育豕，淮南飼鶩，湖濱繰絲，吳鄉之民編蓑織席，皆至微之業也，然而日息歲轉，不可勝算。此皆操一金之資，可致百金之利者也。……海內之財，無土不產，無人不生。……是故聖人無生財之術，因其自然之利而無以擾之，而財不可勝用矣！　　　　　　　　　　　　　　　　　　——〈富民〉

所以只要官僚不擾民、不虐取，進而加以保護、扶植之，以使自由發展，則各地之民皆可以因其自然地利而創造財富。

是以唐甄又進論考覈施政良窳之標準，首先應該具體落實在能否足食養民、以爲百姓創造福祉之考察上，其曰：「古之賢君，舉賢以圖治，論功以舉賢，養民以論功，足食以養民。」（〈考功〉）故他主張依「足食→養民→論功→舉賢」之標準，以爲論功選拔人才的憑藉，如此始可以任賢治民。他並譬之以「車取其載物，舟取其涉川，賢取其救民。不可載者，不如無車；不可涉者，不如無舟；不能救民者，不如無賢。」（〈有爲〉）因此唐甄復批判朝廷之不知論功舉賢——當他實際考察爲朝廷拔爲高位者的吏政時，發現「其境內凍餓僵死猶昔也，豕食丐衣猶昔也，田野荒莽猶昔也，廬舍傾圮猶昔也」（〈考功〉），則正坐所當論罪者，何德何能可以位居高官？故唐甄之論吏政良窳亦緊密連繫於社會經濟思想。以此，他也批判朝廷以八股取士的舉賢之方，他批

判經由八股制藝選拔出來之長於「時文」者，其與經世實務何涉？如之何臨民而聽政？唐甄主張選拔人才應該首重其經世實務的實業能力。

此外，唐甄還涉論了當時的貨幣政策，他主張「廢銀用錢」，以助流通——蓋自明代專用銀幣以迄於清，白銀日少而不充世用，當時頗有「銀荒」、「聚銀」之弊，故唐甄曰：「非窮於財，窮於銀也。」此由於白銀「爲物甚約」，極便「囊之、瘞之」，地主官僚皆愛藏之，反而造成商業流通不便，因此唐甄又主張廢除稅賦徵銀之制、改用銅錢，其論曰：「財之害在聚。銀者，易聚之物也。……救今之民，當廢銀而用錢，以穀爲本，以錢輔之，所以通其市易也。」（〈更幣〉）對此社會問題，時儒如梨洲、亭林、船山等亦皆曾有廢銀之議，幣制問題在當時誠然困擾民間。

要之，唐甄有其個人極其深於民情的獨到觀察，其經世濟民的關懷重點頗異於傳統儒生之道德原則性角度，而皆出自實地考察民生所需，故能切中時弊、並切中肯綮地提出具體改革之道。《潛書》所論爲後來賀長齡輯《皇朝經世文編》所收錄者，有〈性功〉、〈非文〉、〈取善〉、〈善施〉、〈權實〉、〈富民〉、〈尙樸〉、〈大命〉、〈抑尊〉、〈爲政〉、〈教蠶〉、〈惰貧〉、〈內倫〉……等二十篇。其經世實學觀之突出於當時，可見一斑。

㈢心學之事功化

唐甄服膺陽明之教，有曰：「陽明子有聖人之學，有聖人之才，自孟子而後，無能及之者。」（〈法王〉）故他嘗撰〈法王〉篇，且曰：「甄雖不敏，亦願學陽明子而不敢謝不及者，蓋服乎知行合一之教也。」（〈知行〉）是以他宗陽明良知之學，自心學立場出發，直探心體而不逐乎物，曰：「心運於中，不因乎物。」（王聞遠〈西蜀唐圃亭先生行略〉）又曰：「心之本體，無憂無樂者也，不受物加，不懼外

鑠。」「人之有心，無運不成。……心，靈物也。不用則常存，小用之
則小成，大用之則大成，變用之則至神。」（〈恆悅〉、〈辨儒〉）他
並以「權」喻心，謂：「心如權，世如衡，權無定所，乃得其平；確守
不移謂之『石義』，揚號以服人謂之『聲義』，二者雖正，不可以馴暴
安民。」（〈性才〉）他從強調心體能「權」的主觀能動性出發，反對
執一無權和空喊口號，並生動地稱之以「石義」和「聲義」，謂皆不能
馴暴安民；他所突出的是，心體之由「變用」→「至神」，故他要求
「心體性德」之修身須能落實在「天地萬物」之並治上。

　　至於如何並治？其曰：「必措之政事而後達。」（〈宗孟〉）故唐
甄論性，亟強調性德、性才與性功之合一，強調經由「措之政事」之及
物潤物，以潤澤斯民，所以他反對程朱理學「離功言性」之以「性」為
形上寂然、為未發。其論曰：

　　世知性德，不見性才。…人人言性，不見性功，故即性之無
　　不能者，別謂為才。……彼（程朱）能見性，未能盡性。外內一
　　性，外隔於內，何云能盡？　　　　　　　　　　　──〈性才〉

唐甄亟強調具體事為與客觀事功之能落實，他反對程朱理學割裂德性和
才性，而將「性功」之無不能者歸諸才性，故他批評程朱理學「未能盡
性」，即以其區隔內、外，雖見「性德」、卻不能盡「性才」與「性
功」，是為「遺外」者。他並以「美帶」為喻，譬喻理學之遺落事功，
曰：「修身、治天下為一帶。……致中和、育萬物為一帶。」他說內向
修身與外向治天下，恰如不可割裂之一帶，反之，「割之遂不成帶。」
是以「仲尼、子輿言道德必及事業，皇皇救民。」（〈性功〉）因此他
批判程朱「精內而遺外」，不滿於宋學以來聖言大興、卻「樹功則無
聞焉。」（〈辨儒〉）故唐甄極突顯「性功」思想地強調「言性必言

才」，對於儒學傳統「明其道不計其功」之「不計功」思想，是爲一大
反轉與修正。

　　是故對於佛者大瓠言「儒者不計功」、顧祖禹亦嘗主張「內盡即外
治」，唐甄皆加以致辨，他以爲斯二子之言皆非。其曰：

　　大瓠曰：「吾聞儒者不計功。」曰：「非也。儒之爲貴者，
能定亂、除暴，安百姓也；若儒者不言功，則舜不必服有苗，湯
不必定夏，文武不必定商，禹不必平水土，棄不必豐穀，益不必
辟原隰，皋陶不必理兵刑，……事不成，功不立，又奚貴無用之
心？」
　　　　　　　　　　　　　　　　　　　　　　　　　——〈辨儒〉

　　顧子曰：「內盡即外治。」唐子曰：「然則子何爲作《方
輿》書也？但正子之心、修子之身，險阻戰備之形，可以坐而
得之，何必討論數十年而後知居庸、鴈門之利，崤函、洞庭之用
哉？」童子進粥。唐子以粥爲喻曰：「謂粥非米也，不可；謂米
即粥也，亦不可。耕之、穫之、舂之，米成矣，未可以養人也；
必炊而爲粥，而後可以養人。身猶米也，脩猶耕穫舂簸也，治人
猶炊也，如『內盡即外治』，即米可生食矣，何必炊？」唐子
觀霍韜之書，其言有之曰：「程朱所講《周禮》，皆未試之言
也。程朱講學而未及爲政，故其言學，可師也；其言政，皆可疑
也。」唐子曰：「善矣霍子之言！先得我心之所欲言也。古之聖
人，言即其行，行即其言；學即其政，政即其學。」
　　　　　　　　　　　　　　　　　　　　　　　　　——〈有爲〉

唐甄強烈反對以「內盡」代替「外治」，他認爲未能落實成爲「外治」
事功的，只是紙上談兵。他並以粥爲喻地說米雖經耕、穫、舂、簸等工

夫，仍須炊以爲粥，始可進食，故「內盡」涵養不能取代「外治」事
功。是以他言：「堯舜雖聖，豈能端居恭默、無所施張，使天下之匹夫
匹婦、一衣一食，皆得各遂？」必須要在命禹治水、稷教農、契明倫、
皋陶理刑、后夔典樂之後，「庶職無曠，庶政無闕，乃可以成功。」
（〈性才〉）故惟有從理論進至經驗實踐，始可以成就事功而使天下遂
其治，所以唐甄復藉霍韜之謂程朱所言皆無實務經驗、不能落實，以
論聖學須是「言行合一」、「政學合一」，惟其能切於世用，方爲有
益之學。而唐甄之致辨於顧祖禹，亦猶顏元之致辨於李乾行──李嘗
曰：「操存功至，即可將百萬軍。」顏元悚懼道：「虛學誣罔至此！」
（《顏習齋先生年譜》）二人所論實有異曲同工之妙。

是以唐甄亟發揚陽明「知行合一」之教，強調客觀事爲之踐履篤
行，認爲「君子不爲無用之言。」（〈潛存〉）要求學術不能脫離現
實、遠離民生。故他批評理學之形而上強調以及獨善其身者，是爲「裂
一而得半。」其曰：

儒者不言事功，以爲外務；海內之兄弟，死於饑饉、死於兵
革、死於虐政、死於外暴、死於內殘，禍及君父，破滅國家。當
是之時，束身錮心，自謂聖賢，世既多難，己安能獨賢？是何異
於半掩寢帳之見也，是乃所謂「半」也。……後儒豈不曰：「天
地吾心，萬物吾體」？皆空理，無實事也；後儒豈不曰：「湯武
可法，桀紂必伐」？皆空言，無實行也。不能勝暴，即不能除
暴；不能圖亂，即不能定亂；不能定亂，即不能安天地萬物。後
之儒者，學極精備矣；終身講道，吾不聞其一言達於此，又奚問
其用不用乎！
　　　　　　　　　　　　　　　　　　　　　　　──〈良功〉

唐甄深於民情的百姓立場，使他厭惡儒者之飾爲空言，他沉痛地指出

「不能勝暴，即不能除暴」，「不能定亂，即不能安天地萬物」，恁言：「天地吾心，萬物吾體」，率皆無用之空理。是以唐甄強調「實功」，他讚美「上古聖人與龍蛇虎豹爭而勝之，堯舜與洪水爭而勝之，湯武與桀紂爭而勝之。」（〈良功〉）苟其無益於世，奚用聖學爲？聖學之爲用，正在其有益民生、能安民利百姓。

唐甄之務實，且不僅止於理論立說而已，那仍是空言；其言皆出自於身履行之而後言。故他亦效法陽明之習於兵學，其曰：「兵者，國之大事」（〈虛受〉），正是「措之政事而後達」者，因此他亦實地從事於有益世用的兵學實務，並與同樣擅長兵學的王源友好，二人在當時並皆以兵學名世。唐甄自經世實學的角度，進言儒生之與武事合一，他認爲學者必須具備「仁、義、兵」三者，始爲「全學」。他並指出儒者高談性命而恥言兵事者，其蔽有三，曰：「高者講道、卑者夸文，謂武非我事，蔽一；視良將如天神，非常人所可及，蔽二；畏死，蔽三。……習爲儒儒，……無惑乎士之不知兵也。」他說歷來儒生率以武備爲無關乎己，因此視良將如天神之非人，而普遍畏死地不能禦敵，故他強調「學人善獨身，居平世，仁義足矣，而非全學也。全學猶鼎也，鼎有三足，學亦有之：仁一也，義一也，兵一也。」（〈全學〉）以此，唐甄亦泯除了長期來儒生與武事的界限。

除了論習武之重要性外，唐甄本身亦極擅長兵法戰略，《潛書》中也頗有論戰之作。論戰，唐甄主張善用奇術與諜報，如曰：「諜者，軍之耳也。有以諜勝、亦有以諜敗。敵有愚將，可專任諜；敵有智將，不可專任諜。……吾聞之，善用諜者，用敵人之諜，不可不察也。」他並強調「用兵之道，莫神於得機。」故其論兵講求奇謀，涵蓋了游擊戰、心理戰與諜報戰等諸多戰術之運用，在儒者中殊爲罕見。所論如曰：

正道之上，我之所往，敵之所來，我之所爭，敵之所禦，不可以就功；善用兵者，不出所當出，出所不當出。……必攻之地常固，必攻之城常堅，必攻之時常警，不可以就功；善用兵者，不攻所當攻，攻所不當攻，欲取其東，必擊其西，……欲取其後，必擊其前，……能擊之者勝。……善用兵者，不專主乎一軍，正兵之外有兵，無兵之處皆兵。有游兵以擾之，有綴兵以牽之，有形兵以疑其目，有聲兵以疑其耳。所以撓其勢也，能撓之者勝。此三奇者，必勝之兵也；少可勝眾，弱可勝強。

——〈五形〉

可見唐甄提倡經世實學並非空言其理，他主張儒者習武亦非高談闊論；而除了善用奇術謀略以外，唐甄還強調良將要能得乎軍心，故「士卒未安不先寢，未食不先食，草食不甘食，疾病必視藥；賞賜俘財，盡以分賜；日烹牛豕饗眾，親之如此，士卒愛之如父母矣。」（〈兩權〉）他並且批評孫子之用兵，「只知去疾，不知養體。」所論且已粗具近世西方新興的預防戰爭發生之概念了。故唐甄所論實務之學，皆其深有體會者。

唐甄深入民情地考察時弊，並提出切實的救民濟世之道，他是儒者中真正能夠與民同其情、感民之所感者，所論亦多能切中時弊。雖然有時他也難免囿於聞見而有一隅之見，但在儒學二千年來習常的若干思想陳棄之外，唐甄思想的清新活潑思考方式，不僅提供儒學上層菁英文化以外的、其他想法與進路；他更以切己的貧窮與真實貼近的下層生活，留下了一些極其珍貴的社會資料——譬如唐甄之僕婦因貧而被迫鬻子，女則送之育嬰堂，故《潛書》中留有若干書寫中國早期育嬰堂的相關資料，像是「蘇州有育嬰之堂，以收棄子。凡窮民之不得有其子者，則送之堂中，願育者懷之而去；衣褓醫藥，無不備焉。月給乳婦之食

三百錢，乳婦之記籍者三百餘人。歲費千餘金，皆士大夫助之。此一鄉
之善事也。」「其籍記中，病者十二三，死者十一二。……自有此堂以
來，所活者多矣，然念所不得全者，恆為戚戚焉！」（〈恤孤〉）……
諸如此類的。以唐甄相較於傳統經生思維，既不遑多讓，更不可多得。
唐甄一生雖然境遇坎坷，其志則未嘗稍替，他僦居於吳市雖僅三數椽，
蕭然四壁而炊煙常絕，但他雞鳴而興，夜分而寢，「陶陶然振筆著書不
輟」，並曰：「君子當厄，正為學用力之時。窮阨生死，外也、小也；
豈可求諸外而忘其內，顧其小而遺其大哉？」（〈潛存〉、〈西蜀唐圃
亭先生行略〉）行年七十，更曰：「我髮雖變，我心不變，我齒雖墮，
我心不墮；豈惟不變不墮，將反其心於髮長齒生之時。人謂老過學時，
我謂老正學時；今者七十，乃我用力之時也。」唐甄於其所著書藁珍若
琪璧，遠遊必攜；每乘舟，輒語僕曰「設有風波不測，汝先挾我書藁登
岸，然後來救我。」（〈七十〉、〈西蜀唐圃亭先生行略〉）唐甄思想
堪稱為我國思想史上一奇葩，而他亦終藉《潛書》以傳。

三、顏元強調「習行經濟」的經世實學

　　顏元的思想在當世並未產生重要影響力，是在戴望編《顏氏學記》
後，以及在十九世紀中國思想界出現文化價值轉向的新動向中，顏元
才開始受到比較高度重視的。梁啟超《清代學術概論》嘗以杜威（John
Dewey, 1859-1952年）的「惟用主義」、「實驗主義」（Pragmatism）
比論顏元思想，說他體現了新教育思潮；劉師培〈習齋學案序〉也將注
意焦點置放在顏元主張「兵出於學，民盡為兵」的「現代性」上（《左
盦外集·習齋學案序》、《劉申叔先生遺書》）；馮友蘭、錢穆並皆以
顏元作為清初的代表思想家；侯外廬則一再頌揚顏元思想的進步意義，
說他「預言著近代的市民世界。」（侯外廬《中國思想通史》）顏元的
思想主要集中在對於儒教「約之以禮」之身體力行上，他強調禮學和兵

學等「實行」、「實用」之學的切實實踐，並講求經驗界的「實功」實現，故他肯定《易傳》所言「利者，義之和也」，而以「正其誼以謀其利，明其道而計其功」（《四書正誤》），修正了儒學二千年來對於個人利欲之「諱言利」和「不計功」傳統思想。因此顏元強烈批判偏落形上性理的宋明理學，謂其非堯、舜、周、孔之舊道，「朱子所見之道與所爲之學、所行之教，與聖門別是一家。」（《習齋四存編·存學編》）強烈反對以宋明理學爲聖學。故顏元思想在清初亦表現爲截然殊異於理學模式的其他儒家思維方式。

㈠「習行經濟」的實行哲學

　　「習而行之，以濟當世」，是顏元學說的核心思想。顏元的思想歷程，從早年的程朱信徒轉變爲後來激烈反程朱的反理學代表，其轉折和「乾嘉新義理學」集大成的戴震如出一轍，而顏、戴二人激烈的反理學言論，也都成爲後世論者對他們不論正面或負面詮釋的焦點所在。顏元早歲維護程朱，聞有質疑周程張朱者，即「忿然力辨，如詈父母。」惟當顏元34歲、代父居祖母之喪時，「式遵文公《家禮》，尺寸不敢違」，卻深感拂戾性情——「過朝夕不敢食，當朝夕，欲哀至，又不能食，幾乎殺我。」事後並大病一場。因此顏元乃以《禮記》與《家禮》互校，始發現《家禮》刪改失當，同時也發現周公、孔子的三物、四教才是正學，故書爲《存性編》、《存學編》。顏元對於程朱之學顯違性情的切身之痛，是他質疑理學的關鍵，而文公《家禮》則是直接的導火線。不過從中年直到南遊中州前，顏元尚曲意依違，「不忍悖少年引我之初步」，「欲扶持將就，作傳統之餼羊。」但他南遊後，因見「人人禪子，家家虛文」，幾乎已經動搖社會根基，讓他體認到程朱學風對社會的深刻負面影響，斯時他始轉成「必破一分程朱，始入一分孔孟」的強烈反程朱立場，並論定「孔孟、程朱判然爲兩途」，他則「不願作道

統中鄉愿矣。」（《年譜》58歲條）顏元思想在某個程度上也表現爲清代義理學轉型之先聲，顯示了當時思想界在理學的「由王返朱」和「王學修正」以外，還有部分儒者試圖擺脫清初普遍的遺民情結、華夷之辨，不再侈談理學「清談亡國」、或「束書不觀，游談無根」等空論；而真正企圖從建構義理理論出發，希望建立起義理學範疇內、有別於理學架構的新話語暨新思想系統。

顏元的思想特色主要表現爲清人重視道德價值「經驗面」的新取向，是爲對於儒學長期來強調道德價值「形上面」和「以義統利」的「重義輕利」、「求利害義」等思想基調之大力扭轉。其著述精華在於《存治編》、《存人編》、《存性編》、《存學編》所合編而成的《四存編》——《存學編》敘述孔子以前的教學成法皆切實有用；《存性編》則反對宋儒區分天地之性與氣質之性，其謂性善正在氣質；《存治編》欲以井田周官之制斟酌施行於世；《存人編》專駁佛教，以爲其非人道。貫穿於《四存編》的思想主軸，正是顏元超越時代思維與思想空間而具有時代穿越性的：對理學之批判。在學界數百年所濡浸的理學思維與風氣中，顏元獨標孔子之「習而行之，以濟當世」，強調實行、實用的經世實學，並從實然氣化層面落實言性、言理，故他說：「程朱與孔門體、用皆殊。」（李塨《顏習齋先生年譜》、顏元《四書正誤》）這樣的思想即使到了戴震，都還很難爲時人所理解與接受，況在清初之顏元？章學誠論戴學曾謂：「乾隆年間未嘗有其學識，是以三四十年中人，皆視以爲光怪陸離，而莫能名其爲何等學？」「誦戴遺書而得其解者，尚未有人。」（〈答邵二雲書〉、〈與史餘村〉，《文史通義》）也就無怪乎顏、戴思想並皆未爲當世所重視。但是逮及晚清，當國家在列強覬覦中面臨了兩千年未有之變局，儒學也漸次融入了世界性現代化進程時，顏、戴等人思想中的現代性因子，才開始受到時人重視；不過由於學界長期負面看待清代思想的緣故，過去並未自儒學現代化轉型之

「自轉化」高度來看待顏、戴等人早在十七八世紀所出現的義理學轉型。

清初「顏李學派」的代表人物顏元，也一如「乾嘉新義理學」的代表人物戴震，其思想轉型的意義，在當時未能爲時人所認識；但是走過歷史扉頁，當二十、二十一世紀學界從事於探討儒學的現代化轉型時，卻仍然普遍地溯源自十九世紀末葉的「西學外鑠」，而忽略了其實早在十七、八世紀的清初——此時學界所慣言十九世紀末的「西學外鑠」尚未發生、明清之際短暫的中西學術交流也僅侷限於數理與科技層面，而儒學就已經出現本土性的價值轉換與義理學轉型之「自轉化」了。清初，部分儒者提倡迥異於理學「證體」傳統，轉向發揚「實踐」傳統、而以道德價值之「經驗面」爲強調，並以形下「實在界」作爲理論視域的新義理主張，於時雖未在上層知識菁英間廣泛傳播，卻是出自對民間思想和廣大庶民心理之提煉；不容否認地，其在儒學二千多年漫長的演進歷程中已如熹微晨光般，是爲儒學邁向近現代化思想之曙光微露。

是故顏元在清初所提倡的「習行經濟」之學，實際上具有重要的思想史意義。有關戴震學出何人？其說紛紜，而戴望《顏氏學記》正是認爲戴學衍自顏元，梁啟超篤信之。梁啟超並列出三個戴震可能聽聞顏李之學的途徑：一、桐城方用安（方苞之子）爲李塨門生，戴震與方家人（如方希原）素有往來。二、江南是仲明曾分別和李塨、戴震往復論學，戴震或有所聽聞。三、程廷祚是江南顏李學派大師，其姪程晉芳與東原交情也不淺。故梁啟超儘管並無直接證據，但卻推論戴震極有可能通過程氏而「得聞顏李學說，乃至得見顏李的書。」他甚至大膽推說戴震雖自言「十七歲即有志聞道」，其「東原哲學」之鎔鑄與完成，則由於「中年得顏李學派的幫助。」（梁啟超《戴東原》）姑不論事實是否如此？——學界還另有錢穆謂戴學之尊漢抑宋，「實有聞於蘇州惠氏之風而起也。」並提到同樣極辨宋儒「理」字的毛奇齡也可能對戴震產生

影響，曰：「東原可不知顏李，不容不知西河。」（《中國近三百年學術史》）李慈銘也指出翁方綱、阮元等曾說惠戴二人之發古義以釋聖言，極爲近似；余英時則另標乾嘉時期反程朱之第一員猛將且身爲《四庫全書》總纂官、又與戴震關係密切的紀昀之可能影響（《論戴震與章學誠》）；再者，戴震和顏元也存在著學術理路之不同：戴震強調「從古訓明義理」，故他藉以「正人心」的《孟子字義疏證》是其學術終極目標與生平著述第一，但顏元則與其說是有志改革義理，還不若說是經世致用之實學者與社會改革家來得貼切；且夫戴震強調「由詞通道」之「古訓」門徑，主張從故訓進求理義，但是顏元徹底反對他所認爲「無用」的漢儒章句之學。——不過如果針對反對當時學界所獨尊、亦是時代思維模式的理學而言，那麼顏、戴二人的學風，同樣都強調實踐傳統，都重視經驗氣化，也都反對形上超越的性理觀而務破宋儒之說，則兩人在思想上確有其近似處。

　　長期以來，宋明理學家合自然本體與道德本體爲一的宇宙觀以及突顯「天命之謂性」的性理觀，不但成爲儒學意識形態下的社會、自然與人類真理，更獲得朝廷建制成爲士人應舉的定式；然而歷經元明至清數百年的科舉，當「真理的思索變成背誦文本」，「文本」又蛻化成爲文字符號，並以知識和權力進行「交換」時，則此時在思想層次已難再有新進境了。（借葛兆光語，《中國思想史：七世紀至十九世紀中國的知識、思想與信仰》）對於這樣的思想基調與文化主流來說，顏元與戴震都是站在破壞的對立面；不過破壞不是負氣相爭，而是爲了要建構新話語系統、新義理架構，是爲了「立新」，所以必須「破舊」。

　　理學和清代新義理學是儒學中各有側重的兩種義理類型——理學強調「應然」之理，重視「性理」的形而上面及超越價值、突顯是非意義的道德判斷，所以朱子強調「義理之心頃刻不存則人道息。」「立心之本，當以盡者爲法，而不當以不盡者爲準。」（《晦庵集・答陳同甫

第八、九書》）務力於闡明至善之道德本體，為道德歷程標舉永無止境
的至善理境、以為「學」之目標，所以理學偏重內聖與「明體」方面的
理論建設；清儒新義理則以現象萬殊的實在界作為主要視域，著眼於
「事」上之「理」、「實然」之經驗事實，所以重視成敗意義的歷史判
斷，是為對於孔子「聖之時者」之精神闡發，屬於儒學義理中偏重「實
踐」傳統而發揚「外王」、「達用」精神的另一種義理類型。不過由於
顏元在突顯「實行」重要性的同時，批評程朱語多矯激，例如：「朱子
與南軒一派詩友，原只是說話讀書度日。」「若夫講讀著述以明理，靜
坐主敬以養性，不肯作一費力事，其與釋老之相去也者幾何？」「宋元
來儒者卻習成婦女態，甚可羞！」（《存學編‧性理評‧學辨一》）若
此之類雖然意在針砭，但多扭曲，則其招謗亦不難理解。

　　在顏元的「實學」強調下，他如何論學？曰：「聖人學、教、治，
皆一致也。」（《存學編‧由道》）他強調「修道」必如「周公以六藝
教人」，須「就人倫日用為教。」他認為必須在日用中多方涉獵，如周
公教人習六藝般，否則如果只是用心於口目，將導致耗神脆體，故「我
輩多病，皆不務實學所致。」因此他曾習書射、學歌舞、演拳法；當崇
禎末天下大亂時，顏元方弱冠，他與鄉人挾利刃、大弓、長箭，騎生馬
疾馳以習射禦賊，同輩無敵；晚年益好射，常率子弟比耦射箭，復考究
兵農水火諸學，學堂中眾生皆習揖讓進退、歌謳舞蹈。在〈上太倉陸桴
亭先生書〉中，顏元闡述其論學宗旨，曰：

　　著《存學》一編，申明堯舜周孔三事、六府、六德、六行、
六藝之道；大旨明道不在《詩》、《書》章句，學不在穎悟誦
讀，而期如孔門博文、約禮，身實學之，身實習之，終身不懈
者。
　　　　　　　　　　　　　　　——《存學編‧上太倉陸桴亭先生書》

至其內容，則顏元具論道：

> 孔門之「博學」，學禮、學樂、學射、學御、學書、數，以
> 至《易》、《書》，莫不曰「學」也。……孔門之「約禮」，大
> 而冠婚、喪祭、宗廟、會同，小而飲食、起居、衣服、男女、問
> 老聃、習大樹下，……纖微必謹，以此約身，即以此約心，出即
> 以此約天下，故曰「齊之以禮。」此千聖體道之作用，百世入道
> 之實功。
> 　　　　　　　　　　　　　　　　　　——《存學編‧性理評》

此即顏元發揚現實精神與經驗取向的理想儒教。而由於顏元對實學的強
調，他又區別「儒者」與「文人」之不同，他說「讀盡天下書而不習行
六府、六藝，文人也，非儒也；尚不如行一節、精一藝者之為儒也。」
（《存學編‧學辨一》）他期於士人勿以專主記誦的「文人」為自足，
要以經世濟民、務為實學的「儒者」自任。其學具有顯然的實用主義色
彩，並體現了清初的經世思潮。

因此顏元對於朱子稱美李侗「謝絕世故四十餘年，簞瓢屢空，怡然
自得。」極加以痛詆，曰：「試觀孔子前有『謝絕世故』之道學乎？」
（〈性理評〉）並且顏元曾和李乾行論學，乾行曰：「何須學習？但操
存功至，即可將百萬軍無不如意。」這使得顏元悚然而懼「後儒虛學誣
罔至此！」（《顏元年譜》）故他極反對脫離現實而用心於內，且即使
對於曾有平宸濠之功的陽明，顏元也說：「其擒宸濠、破桶岡，所共事
者皆當時官吏、偏將、參謀，弟子皆不與焉；其《全書》所載，皆其門
人旁觀贊服之筆，則可知其非素以是立學教也。」（〈明親〉）他說陽
明本身固然文武全才，但弟子卻未習此，陽明亦未以武事立教，武事只
是陽明之獨善耳。所以顏元強調經驗實踐的經世實學，他說：「心中
醒、口中說、紙上作，不從身上習過，皆無用也。」（〈性理評〉）要

之，惟能合「學、教、治」於一體，始是「民以安、物以阜」之實學。

　　是故顏元反對講論性理、不喜人論性，並不是認爲性理之談不當；
而是反對儒者陷溺講論，以致少了「下學」之功──「未爲不是，但少
下學耳！」所以他說「秦漢以降，則著述講論之功多，而實學實教之力
少。」（〈性理評〉、〈明親〉）他之反對理學靜坐、主敬等性理空
論，都是從強調經濟、實用等「實行」之學角度加以反對的。故其論又
曰：

　　「從源頭體認」，宋儒之誤也；故講說多而踐履少，經濟事
業則更少。　　　　　　　　　　　　　　　　　　　　──〈性理評〉

　　兵農禮樂爲東周、孔子之用也；經筵進講、正心誠意，程朱
之用也。　　　　　　　　　　　　　　　　　　　　──《顏元年譜》

他還譬諸以學琴，曰：

　　詩書猶琴譜也；爛熟琴譜，講解分明，可謂學琴乎？故曰以
講讀爲求道之功，相隔千里也。　　　　　　　　　　──〈性理評〉

　　是故顏元一生所致力弘揚的，就是躬行踐履、習行經濟的力行精
神。他強烈批判宋儒未能重視現實經驗面，導致「實學既失，二千年
來，只在口頭取勝，紙上爭長。」他又取譬於俗儒之謂：「有聖賢之
言，可以引路」，他說然而「今乃不走路，只效聖賢言，便當走路，每
代引路之言增而愈多，卒之蕩蕩周道上鮮見其人也。」（〈性理評〉）
他批評以言代行者，只爲空說而已，是以凡未能落實其學而用力於實行
者，皆不過是口頭聖賢罷了。顏元所論是爲對於明代以來學術蹈空之當

頭棒喝！

因此對於清初儒者所普遍突顯的讀書窮理進路，顏元亦持不同立場之反對態度。他亟辨「博學」不應只落在「多讀書」一端，曰：「多識自不可廢，博學乃只多讀書乎？」他批評朱子等理學家論學，「只是論讀書」，致「博學」淪為「以文墨為文」的「博讀、博講、博著。」（〈性理評〉、《顏元年譜》）惟顏元並非否定讀書；他是要人將讀書收攝於「習行」之中，以使「進退周旋無非性命也，聲音度數無非涵養也，政事、文學同歸也，人己、事物一致也，所謂下學而上達也，合內、外之道也。」因他擔心「人之精神無多，恐誦讀消耗，無歲月作實功也。」（〈明親〉、〈學辨一〉）以此，顏元論學既殊異於理學、復有別於後來的乾嘉考據學風。

顏元的實學說，既涵蓋了禮、樂、兵、農、水、火、錢、穀、工、虞、天文、地理等各個客觀領域，復要求個人主體必須具備六德、六行、六藝——知、仁、聖、義、忠、和等「六德」；孝、友、睦、嫻、任、卹等日用彝倫之「六行」，以及強調實用技藝的禮、樂、射、御、書、數等「六藝」。不過由於顏元獨立於時風眾勢外，其所主張恢復堯舜周孔舊道又不免具有漠視時代因素的一面，是以他亦頗招迂闊不切實際之譏。惟顏元所強調的習行、勤動以及提倡禮、樂、兵、農之實學和實行精神，既批判了政教一體的科舉時風和理學傳統，又樹異於漸成為主流而籠罩學界的考據學，同時還粗具了現代化實學教育之思想特色，所以在十九世紀末的儒學現代化進程中，不論洋務派或改良派，凡主張革新傳統教育及要求創建新式學堂的改革家，都對顏元在漳南書院所推行的習行經濟之學，及其分設文事、武備、經史、藝能等科目的教育思想及方法，加以推崇並汲取其精神。

㈡「理善則氣亦善」的性論思想

　　明清儒者有逐漸重氣的傾向，從明代中晚期羅欽順、王廷相、劉
蕺山，到清初黃宗羲、顧炎武、王夫之、陳確、顏元等人莫不然，乾嘉
戴震尤爲集大成者。故顏元在清初也突出氣論思想地「以氣論性」，他
說：「氣質非他，即性、情、才之氣質也。」（《存性編・性圖》）持
論理氣合一，並強調「若無氣質，理將安附？且去此氣質，則性反爲兩
間無用之虛理矣。」（《存性編・棉桃喻性》）他認爲氣正是以其能動
性，而能生宇宙萬化；苟無其氣，則理便徒爲虛理而已，所以氣質乃是
性命之作用，氣質之外無性。因此他亟駁斥宋儒之以氣質爲惡，曰：
「若謂氣惡，則理亦惡；若謂理善，則氣亦善。蓋氣即理之氣，理即氣
之理。」（〈駁氣質性惡〉）他並自強調本質之善的「善質」角度，以
說：「若謂性善而才、情有惡，譬則苗矣，是謂種麻而秸實遂雜麥也；
性善而氣質有惡，譬則樹矣，是謂內之神理屬柳、而外之枝幹乃爲槐
也。」（〈性圖〉）他以種子與結果的關係，譬喻氣善與性善的關係，
並說明理、氣爲一體俱善；至於惡，則另有致至因素。而他之撰作《存
性編》，也就是爲了闡明氣質之善，並以此樹異於理學「性其情」之壓
抑情性以及去欲、滅欲的思維模式。其曰：

　　　後儒之言性也，以天道、人性攪而言之；後儒之認才、情，
　　氣質也，以才、情、氣質與引蔽習染者雜而言之。以天道攪人
　　性，未甚害乎性；以引蔽習染雜才、情、氣質，則大誣乎才、
　　情、氣質矣。此無他，認接樹作本樹也。嗚呼！此豈樹之情也
　　哉？
　　　　　　　　　　　　　　　　　　　　　　　　　——〈性圖〉

　　著《存性編》一編，大旨明理、氣俱是天道，性、形俱是天
命；人之性命、氣質雖各有差等，而俱是此善。氣質正性命之作

用，而不可謂有惡；其所謂惡者，乃由「引、蔽、習、染」四字
爲之祟也。　　　　　　　——《存學編·上太倉陸桴亭先生書》

在顏元理、氣俱「善」的持論下，「惡」乃緣「引蔽習染」而生——
「禍始引蔽，成於習染。」（〈性圖〉）是以顏元反對理學從形上價值
位階來看待性理；他重視形下氣化而「以氣論性」地持論氣質之善。他
說理學把後天的「引蔽習染」雜乎才、情與氣質等自然人性，故謂惡出
氣質，實則乃是對於才、情、氣質之誣陷。顏元強調理氣是一、性形不
二，俱是天道、天命，且並皆爲善，其論亦與陳確頗爲近似。

顏元、陳確與後來乾嘉新義理學諸學者並皆肯定氣質之善，且皆
以「惡」歸於後天習染所致，此一思維模式迥然殊異於宋明理學「性／
情」二分的「尊性黜情」主流模式。顏元傳人李塨也說：「孟子曰性
善，即魯《論》之『性相近』也，言本善也；晏子曰：『汩俗移質，習
染移性』，即魯《論》之『習相遠』也，言惡所由起也。」（李塨〈存
性編書後〉）要皆持論人之有惡，係由後天習染所起，所以他們都強調
道德學的課題應該針對後天習染，而非如理學之蔑視氣質及其「存理滅
欲」主張。故顏元又嘗致辯於或謂：「子靜之學，看他千般萬般病，只
在不知有氣稟之雜」者，他則說：「朱子之學，全不覺其病，只由不知
氣稟之善。」（〈性理評〉）其立意迥然別於理學之區別「義理之性／
氣質之性」，他正是以「氣稟之善」來駁斥朱子的「不知氣稟之善」。
因此對於氣質之善、惡持論不同，是爲宋明理學與清代新義理學的一大
鴻溝，而顏元思想則可以視爲清代新義理學之先行。

至於人欲如何才能不受引蔽習染所導向而流於惡？顏元曰：「惟在
明明德而已。存養省察，磨勵乎《詩》、《書》之中，涵濡乎《禮》、
《樂》之場，周孔教人之成法固在也。」（〈性圖〉）是顏元仍然主張
《詩》、《書》、《禮》、《樂》等周孔爲學進路；他只是反對理學默

坐澄心、逆覺體證等「主靜」的涵養進路。蓋顏元尙動，強調氣質之發用，故他批判理學論學之蔽在於「不自六藝入」，「不知六藝即氣質之作用，所以踐形而盡性者也。」（〈性理評〉）他認爲道德實踐之「踐形盡性」，必須落實在經驗界「六藝」等「實行」之學上，故謂程朱理學之偏差，正在未能肯定氣質之善，以致不能循客觀事爲及階徑以踐形盡性，是以凡顏元所強調者，皆爲必須經由經驗途徑完成的實行、實用之學。

㈢修正非功利傳統的「正其誼以謀其利，明其道而計其功」

　　陳確嘗言：「常人之所欲亦聖人之所欲也，聖人能不縱耳！」顏元亦言：「聖賢之欲富貴，與凡民同。」（《陳確集・無欲作聖辨》、鍾錂《顏習齋先生言行錄・學人第五》，收在《顏元集》）清儒對於人欲的態度是「不絕欲，亦不從欲」，他們向皆以爲欲不可無，欲是一切作爲的原動力，「百善皆從此生」，所以反對「割情抑性」之抑遏人欲。因此他們對於經驗行爲，要求以「不縱欲」作爲防檢尺度，絕不同於理學要求正本清源地從動機上做到個人利欲之「無欲」。故顏元曰：「富何負人？要貴善施，不可守錢虜可乎！」他認爲現實生活富貴之求，只要不流於「縱欲」，便可以不涉及個人道德批判，孔子也曾說過：「學也，祿在其中矣！」「富與貴是人之所欲也。」更何況如能由此進而善施助人，那就更是孔子所言「富而好禮」了。是以毋須在動機上對於富貴之想加以「絕欲」，富貴福澤本非罪惡，其有過者，乃在於人之求利害道，故道德判準不在其「有／無」人欲？而在其「是／否」害道？顏元論曰：

　　世有耕種，而不謀收穫者乎？世有荷網持鉤，而不計得魚者乎？抑將恭而不望其不侮、寬而不計其得眾乎？這「不謀」、

「不計」兩「不」字，便是老無、釋空之根；惟吾夫子「先難後
獲」、「先事後得」、「敬事後食」三「後」字無弊。

　　　　　　　　　　　　——《顏習齋先生言行錄・教及門第十四》

顏元對於利欲之想，將「不」字換成「後」字，是其雖然肯定人欲，但
不汲汲營求；如此一來，利欲之求也就被合理化了，只要是兼顧道義而
合乎德性實踐、是經由正當途徑以實現的富貴利達，其既無損於他人、
亦無害於道，那麼何為而不可求？所以顏元強調「義中之利，君子所貴
也。」（《四書正誤》）顏元所論與理學從源頭處根除人欲與私利，顯
然是兩種不同的義理模式，而對待一己私利之態度不同，亦清代新義理
和理學之根本殊異處。

　　顏元對義利觀所抱持的態度是「先事後得」，他強調「義中之利」
雖有先後次序，但不必去欲、絕利，以此修正理學的「滅欲」說，並補
充傳統儒學言「不謀其利」及「不計其功」之強調人的純粹存心——傳
統儒學強調求天下大利之心應該純粹，須是認為義之所在，不是以功利
來衡量道德價值，更不是出自功利心所驅使。而清代義理學初露轉型端
倪之際，除了陳確提出「治生論」外，顏元也力主「正其誼以謀其利，
明其道而計其功」，以扭轉儒學的保守思維以及長期略言現實事功面，
並作為他貫穿整體「實行」哲學的內在基礎。

　　由於傳統儒學一向強調忠義節烈等精神氣節，長期領導學界的宋明
理學更是著力發揚道德形上學，相對減少了對形下現象界之措意，因此
顏元之反對理學，曰：「人之歲月精神有限，誦說中度一日，便習行中
錯一日；紙墨上多一分，便身世上少一分。」（《存學編・總論諸儒講
學》）他認為當有限時間都被消耗在紙墨講誦中了，實在界的躬行實踐
自然就有所欠缺。所以顏元痛斥儒者之云：「無事袖手談心性，臨危一
死報君王。」其友人王法乾也說：「孔子是教天下人為臣為子，若都袖

手高坐作君父，天下事叫誰辦哉？」（《存學編・學辨一》）顏元對於明亡及儒者之廢言事功，並曾有過一番深刻之體悟。其曰：

> 吾讀《甲申殉難錄》，至「愧無半策匡時艱，惟餘一死報君恩」，未嘗不淒然泣下也；至覽和靖祭伊川「不背其師有之，有益於世則未」二語，又不覺廢卷浩嘆，爲生民愴惶久之。
>
> ——〈性理評〉

顏元痛心於明亡之際雖不乏氣節感人之儒者，但卻不能有效提出匡時濟用之策；接著他又讀到和靖祭伊川文，雖然和靖也自覺只能做到謹守師說而不能有益世用，但卻猶未覺悟地說：「學者只守得某言語，已自不易」，這使得顏元不禁爲生民愴惶——顏元所愴惶者，即儒者之「專肆力於講讀，發明性命，閑心靜敬，著述書史」，卻不能落實成爲經世濟民的實功，故其結果導致或「以空言亂天下」之「徒以口舌致黨禍」、或「全以章句誤乾坤。」（《存學編・由道》）是故顏元倡爲「習行經濟」之學，就是希望國人能夠積極看重客觀事功，扭轉長期來不計功、不言利之儒者保守心態。

故顏元論治，嘗譬之以「飢驥而責千里，則愚。」氣壹則動志，飢驥如何行千里？是以重視現實功利苟能不害義，便不害其德，因此顏元曰：「全不謀利計功，是空寂、是腐儒。」（《存治編・治賦》、《顏習齋先生言行錄》）他並認爲孟子之所以極駁「利」字，乃因「惡夫掊剋聚斂者耳！」即孟子是針對上位者之「掊剋聚斂」而發，並非針對眾人之義利觀立言。所以顏元倡論「以義爲利」，大膽顛覆了傳統兩橛對立的義利關係。其論曰：

以義爲利，聖賢平正道理也。堯舜「利用」，《尚書》明與「正德」、「厚生」並爲「三事」；「利貞」、「利用安身」、「利用刑人」、「無不利」、「利者，義之和也」，《易》之言利更多。……後儒乃云：「正其誼不謀其利」，過矣！宋人喜道之，以文其空疏無用之學；予嘗矯其偏，改云：「正其誼以謀其利，明其道而計其功。」

——《四書正誤》

顏元蓋取鑑於時弊，故倡爲「義中之利」的「義利合一」思想，以此作爲他強調「正德、利用、厚生」無所偏廢的富民思想之中心意識。而顏元之提倡實行、實功、實用的經世實學，雖然站在傳統儒學不謀利、不計功的對立面，甚至以其反命題作爲出發，實則其所發揚者，從公領域言，與傳統儒教之富民思想並無不同；其所區以別之者，在於個人之修身範疇——顏元強烈批判理學「滅欲」思想的不合理，故他在個人修身方面突破了傳統儒教只言「公利」而不言「私利」的「君子喻義」觀，他反對以「言利」作爲道德義的小人判準。顏元正是以肯定謀利、計功合理性的新道德標準，掙脫了傳統儒學「非功利」之諱言個人利欲的思想牢籠。

我國儒學發展雖然在理學高峰期也曾經一度出現永嘉葉適、永康陳亮的事功學派；但在朱子等主流思想強調「培壅本根，澄源正本」以及對事功學派的批判下，事功之談終如曇花一現。但是逮及明清之際，理學遺落事功、未能有效化成現實世界的流弊漸次浮現，故亭林嘗責理學「不習六藝之文，不考百王之典，不綜當代之務……以明心見性之空言，代修己治人之實學。」梨洲亦責以「不見長短，天崩地解落然無與吾事。」（《日知錄・夫子之言性與天道》、《南雷文定・留別海昌同學序》）唐甄則主張言性言才必計其功，曰：「儒之爲貴者，能定亂、除暴、安百姓也。……事不成，功不立，又奚貴無用之心？」（《潛

書‧性才‧辨儒》）顏元更說：「孔子與三千人習而行之、以濟當世，
是聖人本志本功；刪述是老來無奈何方作底。」所以他指斥朱子〈大學
章句序〉不解孔子濟世之志，誤認孔子意在「取先王之法，誦而傳之以
詔天下。」（《四書正誤》）而江藩在《國朝宋學淵源記》中也加以批
判「宋儒道統之說起，謂二程心傳直接鄒魯，從此心性、事功分爲二
道。」（《國朝宋學淵源記‧序》）指出我國長期來「事功」面之被遺
落，以及儒學從本來「一以貫之」的「本心性以爲事功」轉入心性、事
功分途，正是肇始於宋儒。故晚清嚴復譯《法意》時亦曾按語：「趙宋
之道學、朱明之氣節，皆有善志，而無善功。」（《社會劇變與規範重
建──嚴復文選》）以爲宋儒徒有「始善」，不足以化民成俗，並強調
須是落實踐履而能完成經驗實踐的「終善」，才是有益世用之學。惟顏
元之重習，宜乎針對如何求取經驗知識及落實客觀實踐以立說，不宜以
重習反對成德之教──一味強調內向務德固然不足以開出事功，但是徒
有身體力行也不足以成就事功，且其失卻儒學根本德教，是亦有失。
然在上述諸儒自理學之「形而上」強調轉趨實事實功之發揚，並突出
「仲尼、子輿言道德必及事業，皇皇救民」的思想線索中（《潛書‧性
功》），確實清楚呈現了從宋到清，儒者要求道德必須兼具事功的思想
演變脈絡。

四、澤被東瀛的朱舜水實學

　　明清之際浙江餘姚猶有一儒朱舜水，本名之瑜，流寓日本時爲德
川幕府之水戶藩主德川光圀（1628-1700年）迎聘爲師，藩主尊師不敢
稱名，請其號，於是朱之瑜以家鄉之「舜水」爲號。學界多稱朱舜水之
實學思想，或將他與王夫之、傅山、孫奇逢等並列爲清初之經世致用學
者，梁啓超《中國近三百年學術史》更以朱舜水和顧炎武、黃宗羲、王
夫之、顏元等並稱爲清初五大儒師。崇禎時，舜水嘗以諸生兩奉徵辟，

均不就；明亡之際，又因福王政權爲馬士英所把持，他也拒絕福王徵召，但遭臺省交章彈劾「之瑜偃蹇，不受朝命，無人臣禮」，責以忤旨，準備捉拿，驚聞此訊，舜水在不及別家人的情形下，星夜逃避海濱，不久轉赴舟山，寄跡商賈之列，然後東渡日本。不過舜水雖因拒徵與拒絕清人統治而「乘桴浮於海」，其反清之志則始終未改，自稱「明孤臣朱之瑜」，成爲流亡海外的明遺民，後來並名揚東瀛，爲中日文化交流之傳播儒教大功臣。

　　福王、唐王、魯王期間，朱舜水嘗三赴安南（越南）、五赴日本，以籌措反清資金和乞師日軍，但他爲人深藏若虛，雖曾與張煌言在舟山共事、入四明山助王翊練寨兵、與馮京第到日本乞師、隨鄭成功入長江北伐，而東南儒者幾無與之往來者，學界未知其名。當魯王監國6年時，舜水赴安南，舟山此時爲清兵所陷，魯王避走廈門，吳鍾巒、王翊等人殉節；舜水離開安南後，前往廈門與魯王會合，並參與鄭成功和張煌言會師長江之南京攻略；敗後，舜水因不願成爲清虜及薙髮，遂東渡長崎，亡命日本以終老。其時正當日本德川幕府時期，朱舜水成爲日本幕藩鎖國時期被破例允許居留的華人。後來他應水戶侯德川光圀之請，講學江戶（水戶藩邸，今東京），奠定了日本德川幕府時期「水戶學」之尊儒和尊王傳統——德川幕府自1603年德川家康開江戶幕府到1868年明治維新奉還大政止，史稱「江戶時代」，在日本史學上素有「德川二百餘年，太平之治」之譽，德川光圀之父爲德川家康的最幼子賴房，封在水戶，德川光圀幼時因其雍容氣度而被三代將軍指定爲水戶藩的繼承人；他一生極其尊崇中國古典儒學並遭愛民間，又爲三代將軍侄子、四代將軍叔父，故民間編造了許多他微服出訪的有趣故事，宛如日本的包青天；他官至中納言，中納言的別稱爲黃門，故德川光圀又被稱爲「水戶黃門」，日本前期「水戶學」即由德川光圀和朱舜水及諸弟子所創。講學江戶是朱舜水流亡生涯中的轉捩點，到江戶後，舜水一心所繫

已不再是個人出處進退、或遺民反清復明的問題了；而是聖學儒教要如
何不分疆界畛域與族群地普遍傳布？屬於更深一層的文化議題。

　　舜水之學重踐履篤行，亟強調「學」之重要性，有曰：「博學、審
問、慎思、明辨、篤行之功，極而至於己百己千，無時無地稍有懈弛，
則蔽者盡撤，撓者盡袪，明德自明，而強幹自植。」（《朱舜水集》）
他又強調格實物、講實理，認爲「聖賢要道，止在彝倫日用」，謂：
「仲尼之道如布帛、菽粱，誠無詭怪離奇。」又曰：「吾道之功如布帛
菽栗，衣之即不寒，食之即不饑。」（《朱舜水集》）故他批評明儒講
學墮於虛，而倡爲實學、實功，他欽服陽明之氣節及事功，曰：「若陽
明先事之謀，使國家危而復安，至其先時擊劉瑾，堪爲直臣」；但是對
其講學，則意有不然地說以：「其後多坐講學一節，使天下多無限饒
舌。」舜水論曰：

　　明朝中葉，以時文取士，時文者制義也，此物既爲塵飯土
羹；而講道學者，又迂腐不近人情，如鄒元標、高攀龍、劉念臺
等……於是分門標榜，遂成水火，而國家被其禍，未聞所謂巨儒
鴻士也。巨儒鴻士者，經邦弘化，康濟艱難者也。

　　　　　　　　　　　　　　　　　　　　　　　——《朱舜水集》

是故舜水即以經邦弘化、康濟時艱之「巨儒鴻士」自期，他從60歲起
流寓日本講學到83歲去世，極有系統地將儒家思想、學校教育、釋奠
禮儀、文物制度……等傳播到日本，對日本文化界產生了極深遠之影
響，日人尊爲「日本孔夫子」，學者亦謂朱舜水「是使日本可以從一個
文化尚未大開局面而躍升爲二十世紀主要強國的關鍵人物。」（歐崇敬
《中國哲學史》）舜水亦嘗在給日本學者、其重要弟子的〈與安東守約
（省庵）書〉曰：「水戶學者大興，雖老者白鬚白髮亦扶杖聽講，且贊

儒道大美，頗有朝聞道夕死而可之意。」（《朱舜水集》）故舜水以忠節義士之身，持志傳承儒教，認為「若使聖道得行，能為日本立萬世之功、除萬世之害，則不必急於死。」（徐興慶《朱舜水集補遺》）到江戶第五年，他以歡欣語調寫下了〈遊後樂園賦〉，他藉〈上林賦〉之盛世氣象，表述其所輔佐的光圀卿與所領導的水戶學派、在日本文化及政治上的影響及貢獻，曰：「余以異邦樗朽，倚蒹葭於玉樹之藩。……堯與禹憂勞天下，到於今，到於今，載明德也悠悠。」賦中「其為樂也融融，豈復有加於此者哉」之志得道行，有別於一般「黍離之悲」、「新亭對泣」之遺民書寫，呈現了朱舜水在流寓生涯中所朗現的柳暗花明，那是歷經生與死、仕與隱的抉擇後，舜水所終於看到的光明境界。

　　舜水淹通經史，而強調經世實學。他嘗設置「彰考館」（今德川文獻館），仿《朱子綱目》之例，集合學者佐助德川光圀編纂《大日本史》。他並針對當時日本的賤王（天皇）尊霸（將軍）思想，以正君臣名分、嚴是非邪正以及「尊皇攘夷」、「尊王一統」之義，要求「克己復禮」地克制擴張私欲並突出尊王強調，對於創建虛君天皇和實際執政幕府並存的理論暨革除當時「下剋上」的叛亂風潮，有重大貢獻；且為末代將軍德川慶喜在內戰爆發時、即將政權交還天皇，而實現了明治維新邁向近代化之思想根源。此外，在日本極具重要性的古學派創建者伊藤仁齋、山鹿學派創始者山鹿素行，都曾直接請教舜水（參呂玉新〈有關朱舜水研究文獻目錄〉）。另外舜水又精善工藝，凡農圃梓匠之事、衣冠器用之制，皆極精審，《清史稿》稱他：「為日人作學宮圖說，商榷古今，剖微索隱，使梓人依其圖而以木模焉，棟梁枅椽，莫不悉備。而殿堂結構之法，梓人所不能通曉者，親指授之。度量分寸，湊離機巧，教喻縝密，經歲而畢。文廟、啟聖宮、明倫堂、尊經閣、學舍、進賢樓、廊廡射圃，門戶牆垣，皆極精巧。又造古祭器，……作簠、簋、籩、豆、登、鉶之屬；如周朝欹器，唐、宋以來，圖雖存而制莫傳，乃

依圖考古，研覈其法，巧思默契，指畫精到。授之工師，……教之經
年，不厭煩數，卒成之。」同時，他又「率儒學生習釋奠禮，改定儀
注，詳明禮節」，使得「學者皆通其梗概，日人文教爲之彬彬焉。」舜
水在水戶民間還親授蠶桑製絲之術、醫藥種痘之方，當地父老至今猶頌
其德。是以舜水所傳承給日本社會的學藝，在儒學外，並涵蓋了建築技
術、農業與地理知識以及衣冠裁製之諸多領域，即使在舜水已經逝世百
餘年之後，德川幕府重建聖廟，仍依舜水所遺留在水戶藩內的孔廟模型
以爲依據。

　　朱舜水不僅影響了德川光圀的思想與學藝，在其死後，尊師的光圀
將之葬於德川藩主祖墳地中；其忠義思想也深刻影響了水戶學的精神文
明，水戶學派之強調大義名分、重視經世實學的根本精神，也都得力於
舜水。舜水所創建的前期水戶學對於日本後來的王政復古貢獻尤大，是
爲促成明治維新實現的一大主力，故梁啟超也說舜水「是日本維新致強
最有力的導師」，「德川二百年，日本整個變成儒教的國民，最大的動
力，實在舜水。」並且認爲舜水之學與亭林、習齋有其近似之處，雖然
其博學於文不如亭林，而守約易簡過之；摧陷廓清之功不如顏元，而氣
象較之更博大，還說：「舜水之學不行於中國，是中國之不幸；然而行
於日本，也算人類之幸了。」（《中國近三百年學術史》）晚清黃遵憲
嘗賦詩稱頌之，曰「海外遺民竟不歸，老來東望淚頻揮。終身齒食興朝
粟，更勝西山賦采薇。」（陳錚《黃遵憲全集》）以悼念舜水之爲海外忠
臣而留名東瀛義行。

　　朱舜水爲明遺民提供了一種生存選擇的可能——知識份子的流亡也
可能成爲經典。

五、結語

　　清初近百年，對清代學術而言，是極重要的新舊典範交替時期，是

從宋明理學轉進所謂「清學」的過渡時期。但由於宋明理學乃合「學術典範」與「思想典範」爲一，既是當時的學術主流、同時也是思想界之主流；而清學則學術典範與思想典範分流——檯面上掛帥領軍的新學術典範是考據學，尤以乾嘉考據學爲其顚峰；而思想典範，則雖有部分清儒力求擺脫理學的「道德形上學」、轉進經驗取向新義理觀之實在界與經驗落實強調，但於時並未造成大流行，甚至還有更多清儒反對，以致罕爲後世所認識。惟戴震領軍、而系列揚州學者如焦循和阮元、淩廷堪等人加以發揚光大的「乾嘉新義理學」，確爲清學突出我國思想史之重要義理成就，並且是真正能夠反映清代新思想的義理觀。

是故清代新義理學由於已不再是檯面上的學術主流，其所綻放的義理新光彩、所反映的清人新義理觀，往往被檯面上異軍突起的考據學遮掩了光芒，於是乎「從義理學高度發展的宋明理學轉入思想沒落的清學」遂成爲一般人對清學的極大誤解。尤有甚者，當學術被政治糾纏，當歷史上出現重大政權異變時，自政治角度出發的因果關係詮釋經常凌駕了學術發展的內在理路，學術也往往被曲解或負面看待，而失去學術的獨立意義與客觀價值。這樣的誤解，往往必須等到歷史讓出了足夠的時間距離，當後世學者已不再糾纏於當時的政治時空因素、卸下了情感包袱，始能重新加以審視並客觀評價。是故當走過了明末清初的政權覆亡創痛，也走過了清末民初之列強侵略、革命家對「反清」思想的借用、政制型態轉換和內戰分裂與抗戰等動盪之後，在進入嶄新新頁的二十一世紀今天，則重新客觀評價清學，此其時矣！

清初近百年的學術發展，當審視者拋開了政治與情感揹負，不再採取「失序」狀態的理解與責言，而自一種新舊典範交替的同時紛呈角度加以審視，則將睹見此時實是學術史極其精彩的一頁，此時百家爭鳴而燦爛並呈。於時，舊典範宋明理學的勢力尙未衰退，朝廷採行「崇儒重道」的尊朱立場，更期藉朱學以展現「一道同風」的政教合一強勢統

治；民間王學則有黃宗羲、孫奇逢、李顒等人之致力於理論修正，故清
初理學猶有佳績而其勢未已。至於在建立新典範之一方面，則分流成爲
考據學和義理學兩個面向的發展：對清代新義理學而言，此時是醞釀與
萌發時期，陳確、唐甄、顏元等人雖非站在學術舞臺之中心，但學術邊
緣的位置，使其更能超然於長期正統思想之束縛外，如擺脫傳統思想之
「義／利」、「理／欲」對立觀，而初露新思想曙光，甚至成爲本土性
的早期啟蒙思想；再就考據學言，則其與義理學之間呈現了一種既具內
在連繫、又緊張衝突的矛盾關係 ── 清初考據學是以辨僞學面目呈現
的，其辨僞的經典選擇亦頗與理學之「朱王之爭」同趨，譬如朱王雙方
對於易圖、《大學》、《古文尚書》的對峙立場；但在辨僞學推倒了理
學的經典信仰、考據學亦逐漸取代其學術主流地位之後，考據學遂走上
了自成學門的辨、正、校、補康莊大道，而創造出足與《十三經註疏》抗
禮之代表清代經學成就的「群經新疏」來。是故清初正是清代學術的關
鍵轉折期，有清一代之學術發展奠基於斯時。

伍

新、舊典範交替的清初學術㈢：
辨僞學興盛對後來清學走向的影響
（陳確、黃宗羲、萬斯大、閻若璩）

　　清初是我國學術發展在治學典範上，從理學過渡到考據學的時期。其時學出多方、爛漫紛呈，既有理學之餘勢發展如：清廷「尊朱」之官方哲學和黃宗羲、孫奇逢、李顒等民間王學修正派；又有新思想之曙光初露，如陳確、唐甄、顏元等人之新義理觀；同時還有考據學先驅發展之群經辨僞學等。後來作爲清代學術標竿的乾嘉考據學和乾嘉新義理學之興盛，皆賴斯時奠基。下文緣清初群經辨僞學展開，著重探討清初辨僞群經的歷史作用、發展情形，及其對於後來學術走向、學風特色、治學範式之影響等。所涉議題包含：清初經學辨僞與「朱王之爭」及明清間轉趨「氣本論」的義理學趨向之呼應關係；清初辨僞易圖、《周禮》、古文《尚書》等儒學經典，對清學後來尊漢、重訓詁考據及三禮學興盛等學術途轍、學術風尚之推進，甚至影響及晚清疑經風氣之形成等；最後則總結以清初辨僞學是爲居間銜接並轉換明清學術，進而推波清學走向辨、正、校、補之考據學大盛的重要關鍵。

　　從宋明到清，理學和考據學分別標竿了領袖一代的典範學術；在這樣的典範轉移中，從發揚價值的形上面到經驗面，是屬於核心價值觀的思想理念轉換，從形上思辨到經驗實證，是屬於治學門徑的方法論轉變。所以「形上界→實在界」的視域、論域暨方法論轉換，就是清學另闢蹊徑的關鍵性轉換。順此發展，清學不但在我國的學術變遷上，以考

據學所要求的經典實證、回歸經典等「書本子學問」，取代了理學所強調的邏輯思辨、形上取向；即在思想方面，也以講求經驗、客觀的實踐哲學，表現出和理學偏重「證體」之證立良知主體不同的取向。總結來說，在清初新、舊衝突的學術多元發展中，針對「舊典範」的宋明理學，清儒或進行總結、或加以賡續發展，而有「由王返朱」之清廷維護朱學權威，和民間「王學修正派」的南學、北學、關學之各具勝場；另外在「新典範」方面，則可以分就兩方面言之：一是後來成爲清學主流的「新學術典範」之考據學，一是非主流的思想領域之「新思想典範」：「非形上學而強調道德創造性」的義理學新說。至於本文所著眼，係在前者考據學逐漸形成清學典範過程中率先登場的辨僞學，即作爲清代考據學先驅的辨僞學興盛。就學術變遷的時間點而言，由於辨僞學居間銜接了明清新、舊學術，可以推論其與二者間應皆具有連繫關係。辨僞學不但對於理學應有內在理路之發展對應關係；對於後來的考據學走向，也應有一定程度的影響力。故有關清初辨僞學在與「舊典範」的理學關係方面，譬如清學如何從理學的「道德形上學」轉趨經典實證的辨僞學？清儒和宋明儒對於「理本論／氣本論」的宇宙論等義理殊見，是否影響及辨僞學？清初辨僞學和理學內部的「朱王之爭」是否具有關聯性？以及其與「新典範」考據學之後來走向，譬如突出「尊漢」、「考據治經」的經學途轍及建立起訓詁學方法論，乃至後來常州學派與考據派的「微言大義／名物訓詁」之爭，甚至延及晚清的今、古文之爭等，是否也有某種程度的關聯性？即爲本文所欲探論──清初辨僞學在清代學術史與思想史的意義──的觀察重點。

　　清學主要乃以「崇實黜虛」爲中心意識，治經強調證諸原典，形成重視音聲訓詁、典章制度的「漢學」解經進路，義理學則突顯經驗視域與論域，強調落實於實在界的實踐哲學；而講求「識字審音→明古訓→通經義」的「由詞通道」方法論，則是考據學和義理學二者間的重要

連繫。此一學術變趨可以上溯至明代中葉陳第（1541-1617年）、焦竑
（1540-1620年）、楊慎（1488-1559年）年等人或精確、或博雅的古
籍考證，如《毛詩古音考》、《屈宋古音義》、《焦氏筆乘》之〈古詩
無叶音〉等，以及明清間部分思想家對於宇宙本體論的「氣化」強調，
如羅欽順（1465-1547年）主張「理須就氣上認取」，王廷相（1474-
1544年）言：「氣也者，道之體也」，劉宗周（1578-1645年）言：
「盈天地間，一氣而已矣！」「有是氣，方有是理；無是氣，則理於何
麗？」黃宗羲（1610-1695年）亦謂：「天地之間只有氣，更無理。所
謂理者，以氣自有條理故立此名耳！」以及王夫之（1619-1692年）強
調「理即是氣之理，氣當得如此便是理。」若此皆透露學風轉變之先
聲。

　　不過從明到清，雖然重「實」的清學和被批評「玄虛而蕩」的晚
明學風有所對比，清學卻未必出自對理學的反動。[1]近年學界針對過去
主流的「理學反動」說之反思，如余英時〈從宋明儒學的發展論清代思
想史〉、〈清代思想史的一個新解釋〉，以及筆者《清代義理學新貌》
等系列著作，或已指出考據學和理學間的密切關係、或另補充清學的內
在義理性；本文更意欲藉由證成清初辨偽學和理學的緊密關聯、或說其
在某個程度上係為解決理學的什麼問題，以闡明辨偽學在清初蔚起所具
有的思想史與學術史意義。本文也與過去學界對於清初辨偽學的相關研
究，如林慶彰《清初的群經辨偽學》、許華峰《閻若璩尚書古文疏證的
辨偽方法》、吳通福《晚出〈古文尚書〉公案與清代學術》、劉人鵬
《閻若璩與古文尚書辨偽：一個學術史的個案研究》……等，重點不

---

[1]　持清學起於「理學反動說」者，主要以梁啟超為倡。其論清學，如曰「吾言『清學之出發點，在
　　對於宋明理學一大反動』。」「吾常言『清代學派之運動，乃「研究法的運動」，非「主義的運
　　動」也。』」「厭倦主觀的冥想而傾向於客觀的考察。」（《清代學術概論》、《中國近三百年
　　學術史》）

同。彼等或欲彌補過去「階段經學史」之不足、或欲闡論辨偽各家的方法論與成就；本文則意欲梳理清初辨偽學和義理學之間既繼承、發展、互補而又衝突的關係線索，以及其於後來清學走向所產生的影響。

一、清初辨偽學和「朱王之爭」的內在對應關係──以《大學》古本、改本之爭及考辨古文《尚書》為例

　　明清之際漸趨高張的朱、王之爭，始於王陽明（1472-1529年）撰作《朱子晚年定論》，書中「援朱入陸」地條論朱子晚年因自覺「支離」而修正採用陸說；朱派學者陳建於是撰作《學蔀通辨》予以辯駁，並自此開啟了朱學者連串的攻擊砲火，導致朱、王兩派在清初演成水火之勢。顧炎武亦咎陽明此作乃「舞文之書」，至言：「昔范武子論王弼、何晏二人之罪，深於桀紂；以為一世之患輕，歷代之害重，自喪之惡小，迷眾之罪大。」直以「歷代之害」、「迷眾之罪」批評該著，並稱《學蔀》為「今日中流之砥柱矣！」（《日知錄集釋・朱子晚年定論》）嗣後，朱王兩派戰場還由學界延伸到朝廷館閣，影響及清儒撰作《明史》之立場：先是館臣欲效《宋史》分立〈道學傳〉、〈儒林傳〉，北宋五子和朱熹、張栻及程朱門人謝良佐、游酢、楊時、黃榦等為〈道學傳〉，非屬程朱系的胡瑗、陸九淵、呂祖謙、陳亮等人則和鄭樵、王應麟、黃震等合為〈儒林傳〉；故史館總裁徐乾學亦議以明儒之程朱派為〈理學傳〉，陽明和白沙為〈儒林傳〉，欲藉此摒棄陽明於理學道統外。如此一來便激起了王學派的強烈反彈，〈道學傳〉的存廢問題亦成為清初「朱、王之爭」下的史局焦點。最後在王學派黃宗羲親自修書史館表達反對意見，[2]〈道學傳〉始被廢去，但是陽明亦被棄於儒

2　梨洲修書指責當時的道學家「薄文苑為詞章，惜儒林於皓首，封己守殘，摘索不出一卷之內，……猶目說同道異，自附於所謂道學者。」主張「《十七史》以來止有〈儒林〉。」「〈道

林外，列爲勛臣而未列入〈儒林傳〉，變相否定了陽明的明儒學宗地位；同時朱、王兩派罅隙益加擴大，紛藉考證經典的新學風來駁斥對方立腳經典之僞，由此，清初辨僞學者和朱、王兩派學者的義理立場間遂出現了若干合符的相對應關係。

　　清初辨僞學和「朱、王之爭」具有以下的共同聚焦點：㈠王學派批判朱子易學之先天太極說援道入儒。從朱子《周易本義》到胡廣（1369-1418年）編《性理大全》，再到康熙《御纂性理精義》，率皆載入〈太極圖〉並強調先天太極說；對此，梨洲首先發難，指其並非聖學傳統。於時主要的辨難者爲王學派的黃宗羲《易學象數論》、黃宗炎《圖學辨惑》、毛奇齡《河圖洛書原舛編》和《太極圖說遺議》等。易圖「援道」之說，最後則係由不具義理立場的胡渭《易圖明辨》論定之。㈡延續明末朱王兩派的《大學》古本、改本之爭——自元明以來即有諸多學者不滿朱子改本的《大學章句》，陽明不但指其割裂經傳，更謂其所增補之〈格致補傳〉支離、疊床架屋。此一《大學》版本之爭，因影響官場生態而牽連甚大，先後曾發生朱季友、林希元（1482-1567年）、唐伯元（1540-1597年）、謝濟世（1689-1755年）等人之文字獄事件。因此陳確繼其師劉宗周撰爲《大學古文參疑》之後，又撰《大學辨》以論證《大學》乃秦後所作，並非聖學之傳，主張《大學》應該廢經、黜歸《禮記》；另外，毛奇齡也有《大學知本圖說》之辨駁。這些對於《大學》的非經之辨，對朱學依《大學》而展開的格致之教及理論系統皆造成打擊。㈢偏近朱派學者之於古文《尚書》證僞。由於朱子曾經質疑「〈書序〉恐不是孔安國做。漢文麤枝大葉，今〈書序〉細膩，只似六朝時文字；〈小序〉斷不是孔子做。」「《尚書》孔

學〉一門所當去也，一切總歸〈儒林〉。」並獲得朱彝尊、湯斌、毛奇齡等人支持，湯斌以梨洲書示眾，〈道學傳〉始被廢去。（詳《南雷文定・移史館論不宜立理學傳書・留別海昌同學序》）

安國傳，此恐是魏晉間人所作，托安國爲名。」朱子甚至說：「孔安國
解經最亂道，看得只是《孔叢子》等做出來。」（《朱子語類》）明言
他懷疑古文《尚書》近似《孔叢子》之僞經亂道。於是尊朱者多藉朱子
之說，力指古文《尚書》係屬僞作。清初閻若璩（1636-1704年）受此
啟示並繼承前賢辨僞成果，撰爲考證精確的《尚書古文疏證》以證僞古
文《尚書》，使得王學派亦被推翻立論根柢，且即使護衛王學立場的毛
奇齡後來另撰《古文尚書冤辭》與之抗辯，亦難扭轉劣勢。惟古文《尚
書》的「十六字心傳」除被王學倚爲心學旨歸外，朱學實際上亦頗借重
此一道統、道心之說，因此辨僞的結果導致兩敗俱傷，雙方都進退失
據。但是誠如余英時所言：「這十六字心傳是陸王心學的一個重要據
點，但對程朱的理學而言卻最多只有邊緣的價值。」（《中國思想傳
統的現代詮釋》）是故王學一系在古文《尚書》的經典證僞中備受打
擊。不過自宋明以來，其實儒者對前述之經典辨僞亦已經迭起，如吳棫
（1100-1154年）、朱熹、梅鷟（1483-1553年）……等，只是皆不若清
儒般系統、條理、全面與深入。有關清儒在辨僞學上的突破，《清初的
群經辨僞學》一書已曾論列；至於清初辨僞之與義理學連繫爲何？其與
清學後來的走向關聯性又如何？則爲本文所欲突出者。

㈠辨僞《大學》與「朱王之爭」的義理立場連繫

　　清初群經辨僞若干程度緣清初「朱王之爭」的爭論焦點展開，顯
示入清後學術發展與蛻變仍部分延續理學內部的「理學派／心學派」之
爭。由於朱子相對重視客觀知識對道德的正面作用，強調「漸教」之
「今日格一物，明日格一物，正如遊兵攻圍拔守，人欲自消鑠去。」
（《朱子語類》卷12）其《大學章句》並先之以〈格致補傳〉，以突
出讀書窮理、由博返約的「格致」之教；反之，陽明同於象山一路，肯
定「心即理」之良知即天理，重視圓融頓悟的當下自證、即格致即誠

意，他亦主張返求本心、先立其大，以復見聖人乃以誠意正心爲先。在程朱、陸王對於涵養道德「由博反約／先立其大」相持不下的工夫論歧異下，陽明不滿朱子先以「格致」之教的《大學章句》，欲重返《大學》古本之舊；而明清儒者表現在《大學》問題上的爭論，亦遂有支持朱子首出格致之教的改本《大學章句》，以及贊成陽明先求本心的古本《禮記・大學》之版本殊異。

　　溯自朱子強調「學問須以《大學》爲先」（《朱子語類》卷14），並將《學》、《庸》從《禮記》中抉摘而出，與《論》、《孟》稱爲《四書》；但他質疑《大學》錯簡、文義失序，故予以分經別傳，將《大學》文本區分成爲「經一、傳十」，並先之以他所增補的〈格致補傳〉，於是《學》、《庸》一躍成爲理學家最高經典依據，更爲朱子據以建構理學結合道德本體與自然本體的理論基礎。而隨著朱子所撰《四書章句集注》被元定制爲科舉範式，於是《大學章句》緊密連繫著士人之仕途，成爲士子弋取功名之必要門徑，所以《大學》盤根錯節地紮根在聖經世界達數百年之久。《大學》之政教關聯如此既深且鉅，遂又影響了明清儒者對《大學》的釋經權之爭上升到政教宰制權之爭的高度。因此朱熹加以改訂文序、分經別傳、增補〈格致補傳〉的《大學章句》，遂與陽明認爲「朱子《大學章句》非聖門本旨」、而另外推尊《禮記》舊本的古本《大學》，形成相對疊局面；再加上當時還有風靡一時的偽石經《大學》，益增複雜情勢。明豐坊所僞造的魏石經拓片即石本《大學》，顯示朱子錯將《大學》分經別傳，但也略異於陽明古本之文序；其文義更爲聯貫順暢，故廣受反對朱學者之喜愛，如劉宗周《大學古文參疑》便大致以豐坊石經爲基礎。

　　《大學》釋經不但在明清政治衝突事件中牽動著仕途利祿，復因功令所繫，有時災且及身。如鄱陽人朱季友在朱學盛行下的明永樂2年上所著書，毀濂洛關閩，結果書被禁毀並杖一百。而當明末王學流行時，

陽明所倡古本追隨者眾，嘉靖28年有朱派學者林希元上《大學經傳定本》抨擊陽明古本，被削籍落官；萬曆12年朝廷議決陽明從祀孔廟，又有尊朱的江門學者唐伯元詆良知心學「惑世誣民」，請頒豐坊石經《大學》於學官，亦被劾以「詆毀先儒」並左遷貶官。惟當清初時移勢易後，朱學再度成為官學且盛極一時，則王派學者謝濟世因進古本《大學注》而遭飭，書亦遭燬。若此皆可見政治對於《大學》的學術干預，也可見「朱王之爭」已由學界延燒到廟堂之上，成為朝廷壓制異說的門戶鬥爭憑藉。故《四庫提要》論宋錢時《融堂四書管見》，對其「《大學》但析為六章，不分經傳」，亦自門戶觀點出發，論以「蓋時之學出於楊簡，簡之學出於陸九淵，門戶迥殊，故不用程朱之本。」認為各據門戶是為各家決定採用《大學》改本、或古本的關鍵原因。

清初，考辨《大學》成為王學派攻擊朱學派的一個切入點。先是明末王學派劉宗周從義理觀點撰作《大學古文參疑》以批判朱本；後來其弟子陳確（1604-1677年）更對當時學風寧誣孔孟而不敢倍程朱，不滿地說：「世儒習氣敢於誣孔孟，必不敢倍程朱，時為之痛心。」（《陳確集·與黃太沖書》）他認為要平息此一眾說紛紜的混亂局面，必須釜底抽薪地否定《大學》的聖經地位。所以他繼陽明批判朱子之分經別傳及其補傳——「（《大學》）原無經傳之分，格致本於誠意，原無缺傳可補」（《年譜·戊寅四十七歲七月》），復撰為《大學辨》，以申「《大學》廢經」之主張，以弭消長期來緣《大學》釋經所產生的紛爭。他分從歷史源流和思想內涵，論證「《大學》首章，非聖經也；其傳十章，非賢傳也。」他否定《大學》和孔曾間的師承源流，曰：「以迹則顯然非聖經也，以理則純乎背聖經也。」復自義理角度指出《大學》之「言知不言行」及「知止」之教，皆空寂之學，「其言似聖，而其旨實竄於禪。」主張將《大學》駁歸《戴記》：「駁歸《戴記》，猶是以《大學》還《大學》，未失《六經》之一也。」「《大學》廢則聖

道自明，《大學》行則聖道不明。」（〈辨瀕補〉、〈大學辨〉）陳確
如此甘冒天下大不韙地反對朱子《四書集注》及《大學》立經，時人頗
以為狂悖，他亦自言：「一國皆以為狂而相恥笑之。」「世皆切切然莫
不以吾言之聱。」（〈瞽言序〉）他嘆：「謂《大學》是聖經，甚安而
易；謂《大學》非聖經，甚危而難」（〈答張考夫書〉），其所為「無
異桀犬吠舜，百口奚解？」其友人甚至「擬之介甫之廢《春秋》」而動
色勸戒（〈答張考夫書〉、〈辨瀕補〉），惟他仍然堅持蚍蜉撼大樹之
「狂悖」精神，曰：「竊欲還《學》、《庸》於《戴記》，刪性理之支
言，琢磨程朱，光復孔孟，出學人於重圍之內，收良心於久錮之餘，庶
無忝於所生。」（〈書大學辨後〉）始終不改其欲將《大學》逐出儒學
信仰共同體的聖經世界外之堅持。

　　陳確《大學辨》成為清初辨偽學重要代表作之一，其廢經主張更
對後來的清學走向造成影響。是作除與黃宗羲《易學象數論》、閻若璩
《尚書古文疏證》同開清代辨偽學風外；其斷論《大學》非孔氏遺書，
亦對程朱一系依《大學》德目開展的「格致」之教及所謂聖學道統和理
論體系等，造成失去經典的嚴重打擊，故對於清學從理學長期側重的
《四書》路線重回到漢儒的《五經》路線，以及清代成為經學復盛的時
代，有推波之功。此外，清初辨偽學亦對儒學投下了一顆強烈震撼彈，
從當時的學風面來說，不但挑釁了程朱理學權威，使得即使清廷尊朱，
也改變不了理學的衰微運勢及與考據學之間的消長發展；再從後來的學
術發展面來說，復由於群經義理間具有相互支持的關係，而可能波及對
其他儒學經典的信仰，甚至擴及對整個儒家聖經體系的神聖性挑戰，譬
如晚清康有為的「新學偽經」說，以及餘波盪漾到民國後的疑經風氣
等，其影響不謂不大。

㈡辨偽古文《尚書》檯面下的朱、王義理立場之爭

　　清初另一個造成程朱、陸王兩敗俱傷，反之，考據學益發確立其學術主流地位，並影響及晚清今文學大盛的辨偽焦點，在於辨傳世的晚出古文《尚書》之偽，其代表作是閻若璩的《尚書古文疏證》。

　　關於今、古文《尚書》：當秦皇焚書時，伏生曾壁藏《尚書》，惠帝除挾書令後始出之，《史記‧儒林傳》載其事；文帝時派晁錯學《尚書》於伏生家，有歐陽、大小夏侯二十九篇隸書寫本之今文《尚書》傳世。後來景帝封魯恭王於曲阜；魯恭王擴建宮室而壞孔子宅，於壁中復得先秦寫本之古文《尚書》。孔安國以今文考之，古文多出十六篇——〈舜典〉、〈汩作〉、〈九共〉、〈大禹謨〉、〈棄稷〉、〈五子之歌〉、〈允征〉、〈湯誥〉、〈咸有一德〉、〈典寶〉、〈伊訓〉、〈肆命〉、〈原命〉、〈武成〉、〈旅獒〉、〈冏命〉，其中〈九共〉九篇，故或謂二十四篇。但〈武成〉亡於建武時，故以二十三篇加今文三十一篇（歐陽又分〈盤庚〉為三），再加漢武時河內女子所獻〈泰誓〉亦分為三，以及〈書序〉一卷，即《漢書‧藝文志》所稱：「《尚書》古文經四十六卷為五十七篇。」是為壁中書，亦即閻若璩所認為真古文《尚書》者。此一古文《尚書》於漢武末由孔安國家人獻給朝廷，逢巫蠱事，未立學官，後來亡於永嘉之禍。又，《後漢書‧杜林傳》亦載東漢時杜林於西州曾得漆書古文《尚書》一卷，常寶愛之，雖遭難困總握持不離，馬融〈書序〉云即為逸十六篇。不過杜林漆書是否即為孔壁古文？未有明據；而賈逵、馬融、鄭玄等《訓》、《傳》、《注》亦皆未及逸十六篇，《漢書》中並皆未載孔安國作《傳》事。

　　惟逮及東晉，卻有梅賾復上附有孔安國《傳》之古文《尚書》五十八篇，較之今文猶多二十五篇。[3]其篇目部分與逸十六篇同，但對

3　梅賾所上孔《傳》之古文《尚書》較今文多出二十五篇：〈大禹謨〉、〈五子之歌〉、〈胤

馬、鄭所不注的逸書，則此晚出古文《尚書》遍爲之注，是即流傳之孔傳古文《尚書》。故今所稱古文《尚書》，實際上真、偽參半，既包含伏生真今文《尚書》，也包含後來被證立爲偽的孔傳古文《尚書》二十五篇。陸德明（557-641年）《尚書釋文》以及孔穎達（574-648年）頒布天下的《尚書正義》，並皆採信此晚出之孔傳古文《尚書》；但宋儒則頗疑其偽，後儒考辨古文《尚書》之漫漫歷程並於焉展開。

　　關於晚出的古文《尚書》，宋時吳棫已經提出懷疑了；朱子亦嘗針對其文章風格、文字難易等加以懷疑，謂：「《尚書》注并序，某疑非孔安國所作。蓋文字善困，不類西漢人文章，亦非後漢之文。」他懷疑「伏生書多艱澀難曉，孔安國壁中書卻平易易曉」，豈有古文淺近善飾、今文反難曉之理？故謂「此尤可疑。」俱見於《朱子語類》和《朱文公文集》中。不過朱子雖然明言對孔〈傳〉的懷疑，但因當時尚未建立起辨偽的系統理論，故他儘管懷疑古文卻仍未敢明斥其偽，其所援用藉以建立理論者仍屢見不鮮。以此，梅鷟《尚書考異》言：「朱子于先漢小序盡力排之，不肯少恕；于東晉後出偽書，雖云可疑之甚，然不免表章尊顯，疑信相半。」正因朱子對於古文《尚書》的「疑信相半」，導致隨之而來的，後世學者對之亦有諸多分歧立場。約略言之：偏近程朱義理的學者，往往因朱子啟發而站在懷疑古文《尚書》之一方，如《四庫提要》言：「吳澄諸人本朱子之說，相繼抉摘其偽。」而趙孟頫（1254-1322年）和明儒歸有光（1507-1571年）、焦竑、郝敬（1558-1639年）等亦皆有所考辨，梅鷟更撰《尚書譜》和《尚書考異》，指出偽古文諸多破綻，如襲用他書所引《尚書》文句、襲用他書文句及文義扞格者。清初，閻若璩《尚書古文疏證》亦立足在此一基礎而爲進一

征〉、〈仲虺之誥〉、〈湯誥〉、〈伊訓〉、〈太甲〉三篇、〈咸有一德〉、〈說命〉三篇、〈泰誓〉三篇、〈武成〉、〈旅獒〉、〈微子之命〉、〈蔡仲之命〉、〈周官〉、〈君陳〉、〈畢命〉、〈君牙〉、〈冏命〉等。

步推進，他亦自述：「吾為此書，不過從朱子引而伸之，觸類而長之耳，初何敢顯背紫陽以蹈大不韙之罪？」（卷首，顏咏轉述）故梁啟超說：「閻若璩的成功，不能不賴吳棫、朱熹的發問。」（《古書真偽及其年代》）但是也有程朱派學者因朱子終是採信古文《尚書》，而站在辯護古文《尚書》之立場者，如陸隴其。陸氏有〈古文尚書考〉、〈書古文尚書考後〉，其於古文《尚書》，曰：「直至東晉，此書方出，是以朱子亦嘗疑之，……然命蔡沈作《書傳》，卒主古文《尚書》。又嘗謂門人輔廣曰：『書有易曉者，恐是當時做底文字，或是曾經修飾潤色來；其難曉者，恐只是當時說話，當時人自曉得，後人乃以為難曉耳。』則是朱子於古文《尚書》，固終信之，而不敢疑也。」（《三魚堂文集・書古文尚書考後》）陸隴其便是因為朱子終究採信古文《尚書》而不敢疑其偽。反之，站在朱子義理立場對立面者如毛奇齡，即站在為辯護古文《尚書》而對之進行考辨之一方，故皮錫瑞言：「毛奇齡好與朱子立異，乃作《古文尚書冤詞》。」（《經學通論・書經通論》）毛氏之考證乃為證明古文《尚書》為真。再者，也有陸王一派的學者在考辨古文《尚書》已成學界共識之後，遂因時風而亦懷疑晚出的古文《尚書》，如黃宗羲、朱彝尊等。

　　閻若璩《尚書古文疏證》是清初辨偽學具代表性的著作之一；惟在是作完成後，毛奇齡頗感不愜地另撰《古文尚書冤詞》與之對立。維護王學甚力的毛氏，在學術作為上頗與朱學針鋒相對，他除在易學上撰有《河圖洛書原舛編》、《太極圖說遺議》以批判朱學，辨〈河圖〉不可攔入《易經》、〈洛書〉非〈洪範〉九疇，以及〈太極圖〉雖出周敦頤卻襲自魏伯陽《參同契》之〈水火匡廓〉、〈三五至精〉二圖，皆「不可為訓」外；在《尚書》學上，他也以和閻若璩立場相對的《古文尚書冤詞》為其代表作。有關毛氏《冤詞》一書，綜合學者錢穆、戴君仁、林慶彰之說，有出於反朱、衛經與好名等諸說。毛氏反朱，如清儒

李紱有曰：「毛氏素不喜朱子之說，其為此書，亦藉以駁朱子耳。」
（《穆堂初稿・書古文尚書冤詞後》）全祖望亦謂：「其所最切齒者，
為宋人；宋人之中所最切齒者，為朱子。」（《鮚埼亭集・蕭山毛檢討
別傳》）皮錫瑞亦言毛氏：「長於辨駁，務與朱子立異而意見偏宕，遂
有信所不當信、疑所不當疑者。」（《古文尚書冤詞平議・序》）衛經
之說，則當毛氏在明亡避兵於山時，曾聞客有能辨古文《尚書》之偽
者，他「聞言惡之，歸而不食者累日。」（《古文尚書冤詞》）他並自
述：「向亦惟衛經心切，誠恐偽之果足以亂真。」「祇謂聖經是非所繫
極大，非可以人情嫌畏，謬為遜讓。」他且認為古文《尚書》之冤，則
「凡能救正，即是聖人之徒。」是其殷切護經之心頗為昭然。至於好名
而欲與閻氏爭勝：一向頗受推重亦頗自負的毛奇齡，他其實相當推崇閻
若璩，嘗曰：「自揣生平所學，百不如潛丘。……潛丘之學，萬萬勝
予。」他並自述其撰作本來名為《古文尚書定論》的《古文尚書冤詞》
之目的：「其中微及潛丘并敝鄉姚立方所著攻《古文》者，兼相質難，
以為學無兩可，祇有一是」，他更意有所指地說：「大凡有學識人，定
無我見，一聞真是，便當自舍其所非。」暗諷若真是有學識人，當能自
舍其非而從其是，他甚至責備：「聖經無可非而非之，詖士也。」故其
「定論」之所以改名為「冤詞」，正為「研經好學如立方者，亦復墨
守不下，曰『各行所知。』……某因削去『定論』名色，而改名『冤
詞』。」（《西河集・寄閻潛丘古文尚書冤詞書》）奇齡自言其所以激
切改名為「冤詞」，正為「質難」那些「聖經無可非而非之」的「詖
士」，且即針對閻潛丘、姚立方等「非聖毀經」者而發。因此毛氏《冤
詞》之作，反朱、衛經與爭勝數端兼而有之，而此數端則息息相關乎其義
理立場。

　　奇齡在《冤詞》書成之後，並曾負氣地在卷上標明：「有能言《冤
詞》非者，長跪請教，立刻改悔。」惟「遲久無應者。」（《西河合

集‧經集‧凡例》）且其附錄於所著《經問》後之〈附古文尚書冤詞餘錄〉，亦言：「予作《古文尚書冤詞》成，蠢吾李生（塨）攜之北行，即江浙間亦多知其事，然無來駁辨者。」文中涉及諸多當時考辨古文《尚書》的學者如閻若璩、姚際恆、胡渭、朱彝尊、錢煌等，但卻皆未再與毛氏爭辯。雖然後儒對於考辨古文《尚書》一事，大多認爲閻勝毛敗；但是爲什麼時儒對《冤詞》都閔默不再致辨？殊不可解。後世學者曾提出若干揣測性推論，如錢穆頗爲奇齡辨冤，認爲閻若璩嘗「深隱嚴諱」毛說——「凡西河《冤詞》所辨，潛邱認爲己說之誤者，則沒其前說，改造新論，……亦不著『得見西河《冤詞》，舍己而從』之真，顧曰：『此余所以不與毛氏辨，而但付之閔默爾。』……而西河於是乎乃真得其冤矣！」惟皆已不能得其真實原委。

此外，清初辨僞學的另一重心：考辨易圖，其中的辨易圖名家如黃宗羲、黃宗炎、毛奇齡等也都具有王學色彩，並皆可以作爲探討清初辨僞學和「朱王之爭」具有內在連繫性的線索，惟以下另置諸清初辨僞學和新義理觀連繫下觀察，以避免重複論述。

二、清初辨僞學和清代新義理觀的連繫——以考辨易圖爲例

《繫辭》論易與卦強調取象天地而「近取諸身，遠取諸物」；歷來易學在有關宇宙生成與本體論方面，則有「重理／重氣」之不同側重發展。清易繼宋易結合理學而呈現哲理化傾向，及其結合自然本體和道德本體的「理本論」之後，或重回漢儒氣論路線如惠棟、或反對宋易圖書象數說如黃宗羲。故清易與宋易之絡合理學「性即理」模式與「證體」旨要，以及證立「人之所得乎天而虛靈不昧」之偏重內向存養的「主靜立人極」等形上進路，大異其趣。如周敦頤《太極圖說》曰：「聖人定之以中正仁義，而主靜。」並於句下自注：「無欲，故靜。」《通書》

亦根據《周易》以發揮「誠」之形上義，曰：「誠者，聖人之本。『大哉乾元，萬物資始』，誠之源也。『乾道變化，各正性命』，誠斯立焉。純粹至善者也。故曰：『一陰一陽之謂道，繼之者善也，成之者性也。』元亨，誠之通；利貞，誠之復。大哉《易》也，性命之源乎！」（〈誠上第一〉）若此皆可見宋儒藉理學論誠、靜、無欲等「理」的哲學與性命之學以闡發易理；反之，清學則頗重視明中葉以來羅欽順、王廷相等人突出「元氣之上無物」、「元氣即道體」而強調「氣即道，道即氣」的宇宙本體論，但其與漢儒董仲舒等人強調天人同構、「陽尊陰卑」之陰陽理論，復有所歧異。論詳下文。

　　先說從理學到清學，在宇宙本體論方面的理論發展：清初，屬於舊典範的理學儘管猶有南學黃宗羲、北學孫奇逢、關學李顒等「王學修正派」，以及清廷「尊朱」之強勢作為與科舉庇蔭，但其發展終屬強弩之末；其後又經群經辨偽，導致理學圭臬經典如易圖、《大學》、《古文尚書》等，或被證立為偽、或被指「援道入儒」，發揚「理本論」的理學遂終難挽頹勢地日趨衰微了。反觀屬於新典範的清學發展，梨洲除修正王學、著有引領清初辨偽易圖風潮的《易學象數論》外，他同時也是繼其師劉宗周倡論離氣無理、道不離器，主張「盈天地間，一氣而已矣！」「理即是氣之理，斷然不在氣先，不在氣外」（《劉宗周全集‧學言中》）之後，明清間亟具代表性的氣論思想家。梨洲批判理學「理、氣二分」、「心、性、情三分」等說，曰：「離氣以求心性，吾不知所明者何心？所見者何性也？」（《孟子師說》）梨洲從明清義理新趨「理氣渾然」、「理不離氣」的心、性、氣、理一貫角度，「以氣論心」地說：

　　天地間只有一氣充周，生人生物。人稟是氣以生，心即氣之

靈處。……理不可見，見之於氣；性不可見，見之於心，心即氣

也。　　　　　　　　　　　　　　　　　　　——《孟子師説》

他復提出極著名的説法：

　　盈天地皆心也。變化不測，不能不萬殊。心無本體，工夫所

至即其本體。　　　　　　　　　　　　　　——《明儒學案·序》

梨洲重視現實經驗的現象萬殊與實踐工夫，並整合心學與氣學地以工夫

爲本體，具現了明清義理學重視形下氣化的經驗現實趨向。而緣此氣論

興盛而來的，則有後來清學在本體論主張「理在氣中」、方法論講求經

驗實證、人性論依「氣性」一路建立、工夫論強調客觀事爲之新義理學

出現。

　　「氣本論」顛倒了程朱的理氣關係，強化了對客觀物理的探索——

從孟子論「夫志，氣之帥也」、「持其志，無暴其氣」，到理學主流劃

分「理／氣」爲「形上／形下」不同價值位階，以「理」爲先驗與超越

的至善本體，形下之「氣」則有害聖賢——朱子答問「何故不能爲聖

賢？」嘗曰：「卻是被這氣稟害。」又曰：「形而下者只是那查滓，至

於形，又是查滓至濁者也。」（《朱子語類》）至於明清儒者則立足在

逐漸成爲趨勢的「氣本論」，並逐漸擴大學術效應及於各個層面的理論

建設。從明到清，當走過明清易鼎的歷史關卡後，繼清初亭林之批判

「以明心見性之空言，代修己治人之實學，股肱惰而萬事荒，爪牙亡

而四國亂，神州蕩覆，宗社丘墟」（《日知錄集釋·夫子之言性與天

道》），以及梨洲謂：「天崩地解，落然無與吾事；猶且說同道異，自

附於所謂道學者」（《南雷文定·留別海昌同學序》），清儒亦對儒學

「客觀化困境」的時代課題深切反思，戴震堪稱這一波反省思潮之集大

成者。戴震「專與程朱爲水火」的價值轉換及理論建構，雖然殊異於清廷尊朱之哲學立場，且未爲時儒所普遍接受；但卻相當程度反映了儒學從十六、七世紀起的義理變遷。明清義理新趨在「性／情／欲」的觀念以及公私、理欲、義利、德智等儒學核心概念上，呈現從「諱言利」、「貴義賤利」傳統轉趨「義利合一」的價值重估與思想變遷；而戴震的義理觀，則是對明中葉後逐漸蔚起的重氣思想之繼承與發揚光大。戴震的義理體系主要以迴異於理學形上學模式的「非形上學而強調道德創造性」的思想理論爲內容，強調「道」藏於「器」，對形上、形下採取「理在氣中」、「理氣合一」之取消價值位階的「去等極化」；並結合考據學與義理學，曰：「故訓非以明理義，而故訓胡爲？」（〈題惠定宇先生授經圖〉）主張從故訓進求理義，而另闢蹊徑地建構了肯定實在界、經驗取向的義理新構。其強調實在界的客觀進路與實踐哲學的理論重心，殊異於理學主流「理本論」與「性即理」之「證體」強調，呈現出清人「形上→形下」的視域轉換及時代思想變遷。以視於過去的理學舊典範，清代義理學和理學對「理／氣」、「形上／形下」具有畸輕畸重之側重面不同，故其於理學「理本論」出發的易學詮釋及圖書說不滿，自是不難理解。

再就我國易學發展言：宋易繼晉唐易排斥漢易的取象、互體、納甲、卦變等象數學，而轉向玄學化的「易老同源」老莊解易特色後，又走向突顯先天易、重視圖書象數的易學路徑，且有劉牧以各種圖式說易的「圖書」學和周敦頤重「象」、邵雍重「數」之別。不過宋易圖書象數說迴不同於漢易象數學——宋儒「因經明道」地以易學結合高度哲理化的理學，以心性論中心哲學取代了漢儒天人感應的宇宙論中心哲學；其哲理化的圖書象數學，殊異於漢易結合天文、曆算、數學並突出「氣本論」而強調「天人感應」、甚至災異符命與讖緯等神學色彩的象數學。從周敦頤、邵雍到朱熹，都雅愛以宇宙自然本體和道德心性相對應

的哲理化易學。尤其朱熹結合周敦頤《太極圖說》展示的宇宙生成圖式、萬物化生過程，和邵雍以天時人事互驗而以數理推人事變化，將宇宙生成歸結為「象」與「數」的演化過程，並以揉合了周敦頤《太極圖說》和邵雍先天八卦圖的象數九圖，附於《周易本義》和《易學啟蒙》中，[4]曰：「易之圖九，有天地自然之易，有伏羲之易，有文王、周公之易，有孔子之易。自伏羲以上，皆無文字，只有圖畫，最宜深玩，可見作易本原精微之意；文王以下，方有文字，即今之《周易》。」（《周易本義·圖目》）朱熹以圖書象數說廢孔穎達《周易正義》所採之王弼、韓康伯義理；然而從學統來說，〈太極圖〉和〈先天圖〉皆源自道教陳摶、穆修等人。而早在南宋時，朱、陸兩派便也已在「無極」問題上發生對峙了：袁樞、薛季宣曾對朱子《周易本義》首列九圖抱持疑議，象山更是批評朱學為老學；反之，朱子亦斥象山頓教為釋氏——此一互相批判的焦點即是清代「朱、王之爭」之基調。故清初王學派的辨偽名家黃宗羲、黃宗炎、毛奇齡等人，便都集矢在考辨宋易圖書之道家、道教色彩，「援道入儒」亦成為清儒指責宋易圖書說的最大突破口。梨洲《易學象數論》不但以證論了朱學援道，以辨偽清理儒學門戶並維護了王門；他同時為清儒具體示範了學術新徑，故能蔚為一時風潮。

不過清儒雖然重氣而在宇宙本體論上親近漢代，但不僅在義理觀上，其與漢儒突出天人同構、貴陽賤陰的天人宇宙論圖式不同；即清代漢易學亦不同於歷史上的漢代易學——漢易充斥著陰陽災異、天人相應等說法；清儒則強調經驗落實與客觀精神。清學之重氣，主要表現為人性論之強調血氣心知、方法論之要求經驗實證，以及工夫論之要求現實

---

4 朱熹《周易本義》首列九圖為〈河圖〉、〈洛書〉、〈伏羲八卦次序圖〉、〈伏羲八卦方位圖〉、〈伏羲六十四卦次序圖〉、〈伏羲六十四卦方位圖〉、〈文王八卦次序圖〉、〈文王八卦方位圖〉、〈卦變圖〉等。

精神與客觀實踐等。是故清儒儘管處在「漢學」典範下；但其於漢儒經說之採擷多導向「實證」方法論，即引經據典之言言有據、字字可考，而不是對於陰陽象數說之發揚。這顯示了清儒固然不滿宋明理學「理氣二分」的「理一元論」；但其於形下氣化世界的肯定，亦與漢學有分有合，清學絕不同於漢學傳統之天人宇宙論圖式。因此清易與漢易對於象數說的態度不同。如梨洲雖為明清氣論思想代表，但他除批判宋儒附會「天地之數」和「九宮之數」的〈河圖〉、〈洛書〉，並舉證漢唐學者如揚雄（前53-18年）、《乾坤鑿度》、虞翻（164-233年）《易注》、《黃帝內經》等皆未言及此二圖；[5]他同時擯落漢儒飛伏、互體、納甲等種種象數說。梨洲《易學象數論》之易學立場，推崇《周易正義》的王、韓注以及「得意忘象」說，肯定其於象數說之「廓清之功」，「庶幾潦水盡而寒潭清矣！」他並言易學因能範圍天地、廣大無所不備，致使「九流百家之學，俱可竄入。」「九流百家，借之以行其說，於易之本意反晦矣！」所以他批評周敦頤取魏伯陽（約100-170年），《參同契》與陳摶圖書說，以及邵雍上接种放、穆修、李之才（980-1045年）的〈河圖〉等先天說，是「將夫子之韋編三絕者，直等之賣醬籤桶之徒，而易學之榛蕪，蓋仍如焦、京之時矣。」（《南雷文定‧易學象數論序》）其論曰：

　　〈河圖〉、〈洛書〉，歐陽子言其怪妄之尤甚者！且與漢儒異趣，不特不見於經，亦是不見於傳。先天之方位，明與出震、齊巽之文相背，而晦翁反致疑於經文之卦位。……世儒過視象

5　黃宗羲考證「漢儒孔安國、劉歆皆以八卦為〈河圖〉，〈洪範〉本文為〈洛書〉；鄭玄依《緯書》則云〈河圖〉有九篇，〈洛書〉有六篇。」指出劉歆和偽孔《傳》皆以八卦為〈河圖〉、〈洪範‧九疇〉之文字為〈洛書〉；鄭玄說雖異，但亦未有如宋儒之〈河圖〉、〈洛書〉云者（《易學象數論‧圖書二》）。

數，以爲絕學，故爲所欺；余一一疏通之，知其於易，本了無干涉，而後反求之於程《傳》，或亦廓清之一端也。

—— 〈易學象數論序〉

梨洲指出象數只是易的一家之言，不僅於易本無干涉，且有背離經文者；但因科舉緣故，世儒對朱熹頒於學官之《易本義》不敢妄議，使得「經生學士，信以爲羲文周孔。」故梨洲期望後儒反求程本 —— 程頤（1033-1107年）《易傳》採王弼（226-249年）注之「經、傳混一」形式，將十翼（傳）各卦說解分附於六十四卦卦爻辭（經）之後；朱熹《易本義》則採呂祖謙（1137-1181年）分別經二卷、傳十卷之「經傳分離」形式；至於明胡廣《周易大全》，原係採用董楷割裂朱《義》予以附入程《傳》後者，但因後來士子漸棄程《傳》而專主朱《義》，故又有抽去程《傳》之專刻朱《義》者即監本，至此，好言圖書的傳世朱《義》已轉爲與程《傳》貌似之「經、傳混一」形式了 —— 斯即梨洲之欲反求程本，以及辨明朱《義》圖書象數說非儒且非易。

清初，相應於明清義理新趨的具體學術作爲，正是持論「天地之間只有氣，更無理」的梨洲於順治18年所完成的易圖辨僞：《易學象數論》。義理立場屬王學派的黃宗羲等人之反對宋易圖書象數說，以及其於清初所形成的考辨易圖風潮，不但體現了清儒重「氣」的義理轉趨，也寓有「朱、王之爭」之門戶歧見於其中。而自理學至清代義理學之思想轉趨，如「存理滅欲→通情遂欲」、「貴義賤利→義利合一」、「黜情→尊情」、「守常→通變」……等等，在呈現國人對儒學保守思想之修正外，也具見了儒學之「宋明理學→明清氣學」演進歷程，以及清儒從理學「理氣二分」轉爲「理氣合一」、「形神不二」之理氣內在一元思想演變，這樣的思想轉趨並且是貫串整體清代思想界直至晚清的。

三、清初辨偽群經對後來清學發展的影響

清初辨偽群經摻雜了諸多除了經學本身以外的其他因素，如義理立場的「朱、王之爭」與「理本論／氣本論」的紛歧看法，已如前述；故經學考據與義理學之間具有千絲萬縷的分合關係，或出於辯難駁斥、或出於證立立場。而當「以義理是非取證於經典」成為清學新趨，經學傳統亦在清初受到重視後，經學復盛之滔滔洪流遂成為清代不可抑遏的學術主流，經學考據亦屹立成為清學典範。以下具論清初辨偽學對後來清學走向暨發展的影響。

㈠辨偽易圖對清學「考據治易」的影響

清學中以「漢學」治經的「漢學」典範，是由惠棟所揭櫫、開啟的。惠棟（1697-1758年）「尊漢抑宋」地推尊兩漢經師賈逵（30-101年）、馬融（79-166年）、服虔（不詳-188年）、鄭玄（127-200年）等人的經說古義，治經循著反宋→宗鄭→尊漢之脈絡，治《易》更循著輯佚和根據漢儒舊注以疏釋易理的考據治易路數，對於奠立清代考據學風具有關鍵性影響。因此清代學術發展在經學重回漢儒經說古訓，以及義理學形成「由訓詁進求理義」之「由詞通道」過程中，惠棟是首先奠立「漢學」典範並開啟新局的承先啟後人物。惠棟區分漢、宋學差異，並提出「經之義存乎訓」的「漢學解經」進路（《松崖文鈔‧九經古義述首》），自後多數乾嘉儒者即在此「漢學」典範的標榜下，相互砥礪於輯佚漢儒「古義」並據以通經釋義，並由此發展出清儒新十三經註疏，清學亦奠基此一基礎上建立起「崇實黜虛」之回歸經典學風。但是在清學的「漢學」典範樹立以前，實際上清初由梨洲所帶領的易圖辨偽便已經預先為「清代漢易學」做了一番廓清宋易圖書說的工作了。梨洲之辨易，不但動搖了朱熹的易學權威地位，並粗具端倪地引領清易走向

「考據治易」之趨向；而考辨易圖，更是清代考據學中率先登場的辨偽學風潮之所伊始。故梨洲批判易圖的首倡之功，對清代後來的易學發展有開關榛蕪之作用，斯亦即江藩《國朝漢學師承記》之所以尊梨洲為清學開山者。

從元明到清初，由於科舉獨尊關係，易學發展仍以強調先天太極的朱熹易學為主流，故清初易學仍然處在尊圖書說的宋易階段，如李光地（1642-1718年）《御纂周易折中》、張烈（1622-1685年）《讀易日鈔》等，便仍皆發揮朱熹《易本義》。逮及梨洲《易學象數論》始以辨偽易圖吹響了反宋易號角，且在繼之者眾的情形下，一舉摧廓了易之道家與道教色彩。自後清儒之言易者，不僅不尊周、邵，即對王韓、程朱等並皆不滿。後來即連尊朱學者也多不再侈言圖書，如撰作《朱子年譜》的王懋竑（1668-1741年）亦辨證：「九圖斷斷非朱子之作。……蓋自朱子既沒，諸儒多以其意改易《本義》，流傳既久，有所竄入亦不復辨。」（《白田雜著・易本義九圖論》）其意九圖與揲法皆係後人竄入，並非朱子本意。要之，經過清初對易圖書說的一番廓清，遂給予後來「清代漢易學」走向考據治易、力追兩漢經學極有利之發展條件。是以從考據學全盛時期到清末，清代易學轉入以漢儒經注作為釋經基礎的漢易階段，譬如惠棟的《易漢學》、《周易述》等；清代易學亦由此建立起強調「實證」方法論的「漢學」典範，並皆表現出引經據典、輯佚校勘舊注等考據治易和輯佚漢注的清易特色。

以此，從考據學全盛時期到清末，清代易學轉入以漢儒經注作為詮釋經典基礎的「清代漢易學」階段。惠棟反對《五經正義》的王、韓易，更反對宋易傳統的圖、書象數學，他主張重回漢易的陰陽象數傳統。蓋自孔穎達纂輯《周易正義》採用王、韓注而鄭玄注亡；南宋王應麟以及後來系列清儒之輯佚鄭玄注如惠棟的《新本鄭氏周易》三卷等，皆立足在李鼎祚大量採錄漢儒的《周易集解》基礎上，由此開啟了清儒

輯佚漢注之風，其後張惠言、焦循等並皆對於《周易》經傳文字的訓詁考證做出了突出貢獻。譬如惠棟輯校整理漢易的《易漢學》、《易例》、《周易古義》、《新本鄭氏周易》以及闡發易理的《周易述》、《周易本義辨證》等，皆不脫考據治易的漢學矩範；自後輯佚鄭注的諸多學者，有袁鈞《鄭氏周易注》、丁杰《周易鄭注》、孫堂《鄭康成周易注》、張惠言《周易鄭氏注》、黃奭《周易鄭注》……等；另外也有通過輯佚以疏釋易理者，譬如收在《皇清集解》的張惠言《周易鄭氏義》等，清代易學亦由此建立起「漢學」典範之強調「實證」方法論，表現出引經據典、校勘舊注、輯佚漢注的「考據治易」清易特色。雖然後來的清易走向，並不同於梨洲辨僞易圖主張王、韓注的得意忘象，但是經過清初對宋易圖、書說的廓清後，「清代漢易學」所趨向的「考據治易」路數，仍與清初要求經典實證之回歸經典具有密切關係，清初仍不失爲奠下清易趨向的一個重要階段。

　　梨洲《易學象數論》晚於陳確順治11年所完成的《大學辨》，但因《大學辨》在當時即連同門亦多加以責難，遑論時儒？[6]康熙末已罕有流傳。反觀梨洲之辨易，則在清初掀起了一陣辨僞易圖之風；繼梨洲是作之後，清儒考辨易圖的系列著作如雨後春筍般前後踵繼，推動了清初辨僞學之興盛以及作爲清學典範的考據學蓬勃發展。不過梨洲之論辨仍有不周延處，林慶彰教授便說其「思想史上的意義要比辨僞學上的意義重要得多。」（《清初的群經辨僞學·考辨易圖》）故繼梨洲是作之後，其弟宗炎復有《圖學辨惑》之作，主要辨〈河圖〉、〈洛書〉、〈先天圖〉與〈太極圖〉，其考辨易圖範圍之廣爲前代學者及梨洲所不及。宗炎除了〈圖〉、〈書〉說有部分繼承梨洲思想外，其最突出處在

6　《大學辨》所附錄之查旦〈大學闕疑〉有言「一時同學之士皆起而非之。」陳確亦自言「知《大學辨》者未見百一。」（《陳確集》）

於辨周敦頤受自道教的〈太極圖〉，他指出〈太極圖〉出自陳摶的〈无極圖〉，為道教修煉金丹之術，周敦頤〈太極圖〉只不過顛倒〈无極圖〉的順序罷了。[7]宗炎指證歷歷，益使宋易「援道」無所遁詞，其後朱彝尊、毛奇齡、胡渭等皆承其說。在梨洲《易學象數論》引領考辨易圖風潮後，朱彝尊也以〈太極圖授受考〉溯論〈太極圖〉之授受源流；毛奇齡有《河圖洛書原舛編》、《太極圖說遺議》，針對圖書象數說之未盡議題續加探討；而最後使得易圖之辨歸於論定的，是胡渭集眾說大成的《易圖明辨》。該書分辨〈河圖〉、〈洛書〉、五行、九宮、先天四圖、先天古易、後天之學與卦變、象數流弊等，幾乎涵蓋了宋易圖書象數說的所有說法，故能一箝說者之口。至此，清儒辨易圖附經歸於論定，謂為「易外別傳」可也。《四庫提要》對胡渭是作評價甚高，拔之毛奇齡《河圖洛書原舛編》與梨洲兄弟《易學象數論》、《圖學辨惑》之上，汪中、梁啟超也都給予極高評譽——汪中稱：「〈河〉、〈洛〉矯誣，至胡氏而絀。」並以胡渭為「國朝六儒」（凌廷堪〈汪容甫墓誌銘〉轉述，《校禮堂文集》）；梁啟超則或受其時批判舊學之學術氛圍影響，亟強調胡渭之解放精神。不過林慶彰教授對此，認為《提要》

7　對於周敦頤受自道教的〈太極圖〉，黃宗炎曰：「〈太極圖〉者，創于河上公，傳自陳圖南，名為〈无極圖〉，乃方士修鍊之術也。」「茂叔得此圖于穆修，又得先天地之偈于壽涯，乃顛倒其序、更易其名，以附于大易，指為儒者之秘傳。」所謂「顛倒其序」者，蓋〈无極圖〉為鍊精、鍊氣、鍊神之「內丹」術，「其義自下而上，以明逆則成丹之法。」此由於「火性炎上，逆之使下，則火不燥烈，惟溫養而和燠；水性潤下，逆之使上，則水不卑濕，惟滋養而光澤。」故內丹修鍊術是「自下而上」，由〈无極圖〉最下圖「玄牝之門」、人身命門兩腎空虛處提升其祖氣（氣之所由以生，是為祖氣），加以「鍊精化氣、鍊氣化神」；然後貫此精氣於五臟六腑，即五行相生之圖式；其上圖之「取坎填離」，象水火二氣相交；最上層之圖象則是「鍊神還虛，復歸无極。」至於周敦頤之〈太極圖〉，則用以說明天命源頭到萬物化生的過程，故他由上而下地顛倒了〈无極圖〉之次序，最上層「無極而太極」，象天地未分之元氣混一、無象無形；第二層坎離互涵，象「一動一靜，互為其根；分陰分陽，兩儀立焉。」第三層水、火、木、金、土五行交錯，象「五氣順布，四時行焉」；第四、五層各一圓，則由「乾道成男」、「坤道成女」進至「萬物化生」（《圖學辨惑‧太極圖說辨》）。

「稍嫌揄揚過甚。」持平地說，胡渭確能反映清初考辨易圖之風且爲之總結；至於在學術史與思想史上，帶領清初考辨易圖之功並推動考據學前進者，歸諸梨洲。

(二)辨偽《周禮》引領的考證經禮之風──以萬斯大《周官辨非》爲例

　　三禮之名起於東漢末，鄭玄注《周禮》、《儀禮》、《禮記》，始合稱三禮。三禮中以《周禮》最爲聚訟紛紜。《周禮》本名《周官》，書共六篇：〈天官冢宰〉第一、〈地官司徒〉第二、〈春官宗伯〉第三、〈夏官司馬〉第四、〈秋官司寇〉第五、〈冬官司空〉第六，但〈冬官〉亡佚，另以〈考工記〉補之。至於《周官》稱爲《周禮》，始於成帝時劉歆（前53-23年）欲立古文學官而與太常博士辯難；但其獲立學官，是在王莽以劉歆爲國師時，始得以《周官經》立《周禮》博士。賈公彥爲鄭玄《周禮注》作疏，序稱：「《周禮》起於成帝劉歆，而成於鄭玄。」又《四庫提要》言《漢志》有云《周官經》六篇，「杜子春、鄭興、鄭眾、賈逵、衛宏、張衡所注皆稱《周官》；馬融、鄭玄所注猶稱《周官禮》；迨唐賈公彥作疏，始沿用省文稱爲《周禮》。」（《欽定周官義疏》提要）皮錫瑞《經學通論》亦論以漢初名曰《周官》，始見於《史記·封禪書》；並據荀悅《漢紀》曰：「劉歆奏請《周官》六篇列之於經，爲《周禮》。」陸德明序錄亦稱：「劉歆始建立《周官經》以爲《周禮》。」故他也說：「《周官》改稱《周禮》，蓋即始於劉歆。」（《經學通論·三禮》）至於乾隆間修成的《欽定周官義疏》，則將《周禮》恢復稱爲《周官》，不過二名仍皆通用。《周禮》是古文經最重要的典籍之一，歷來爭議性極大。凡於《周禮》之書名、來源、作者、內容等，儒者皆有所辨難。

　　歷來有關《周禮》來源，有謂與《逸書》、《逸禮》同時得之於

孔壁而爲孔安國所獻，亦有謂得之武帝時河間獻王等。至其作者，則有持論周公所作，乃「周公致太平之迹」者，如劉歆、鄭玄、孫詒讓（1848-1908年）《周禮正義》；有持論戰國時作，如林孝存曰「末世亂瀆不驗之書」、何休（129-182年）言「六國陰謀之書」（賈公彥《周禮註疏‧序周禮廢興》）；逮及清儒，則毛奇齡《經問》認同「《周禮》一書出自戰國，斷斷非周公所作」，惟他同時持論「其爲周制則尙居十七」，是以他心存護衛而反對「餼羊盡亡」（《周禮問》）。皮錫瑞認同此說，亦曰：「三禮皆周時之禮，不必聚訟，當觀其通。」（《經學通論‧三禮》）另外則也有認爲係劉歆所僞作者，自宋儒已多持論。清儒方苞嘗著《周官辨》，他反對僞作之說，但他對於書中之不合古禮者，皆歸諸劉歆所竄造；姚際恆《周禮通論》、康有爲《新學僞經考》等，則皆持論僞作之說。再說到《周禮》的內容，也有文王治岐之制、成周理財之書、六國陰謀之書以及漢儒劉歆竄造以助莽等說，莫衷一是。

入清，在諸多複雜因素下清儒的學術興趣很快地定調在經學上，「崇實黜虛」亦成爲解決蹈空學風的清學一貫中心意識。《四庫全書總目‧周易大全》即批判明學：「諸儒註疏皆庋閣不觀，《三傳》、《三禮》尤幾成絕學。」清儒面對晚明以來或鑿空不學、或不切實際的學術蹈空危機，改弦易轍地從心性之學跨出，轉而立足在儒家經典上，要求「通經→明道→致用」之「經典、經世」一體，所以由明入清，清學的一個大轉向便是重回到儒家經典上，而多從事於落實經典文獻的文字辨證、引經據典。再者，由於一個時代的禮制與社會禮教可以作爲觀察德盛政修的指標，清代緊接著元明經學長期積衰之後，亟思「以禮經世」地藉由禮學來整頓社會風氣，但是推行禮教在相當程度上必須倚重禮書，是故通過「考禮」，正可以提供百姓日用倫常「習禮」的憑藉。此外，禮學內部亦存在著議禮之爭：清儒質疑在明世宗「大禮議」事件

中，明儒所議不符禮學傳統，因此要求重回經禮以檢驗之。[8]於是有關三禮學的議禮、考禮等禮學考證問題漸次浮上檯面，清初的儒者關懷亦自明代獨重的家禮──冠、婚、喪、祭等四禮，重回到經禮的三禮學強調。

　　故明代「大禮議」事件是影響明清禮學轉向的一個契機，而家禮的落實實踐，也為三禮學的議禮、考禮開啟了一條「經典→經世」的具體途徑。在清代經學之路和考據方法都已經被打開的情形下，謹於「考禮」而詳究名物度數的三禮之學，以其符合清儒「以禮經世」之經世理想和經典興趣雙重因素，而受到清儒高度青睞，並由此形成結合「考禮」和「習禮」的清代禮學發展特徵，自後，立足在三禮以研禮的學者前後接踵不絕。不過清初的禮學成就如張爾岐《儀禮鄭注句讀》，毛奇齡《辨定嘉靖大禮議》、《郊社禘袷問》、《辨定祭禮通俗譜》，萬斯

8　明代「大禮議」事件緣自孝宗子武宗亡，無子嗣、又無兄弟，皇位虛懸近四十日。朱厚熜（即世宗）依《皇明祖訓》「兄終弟及」原則，以興獻王（憲宗子、孝宗同母弟）長子、武宗從弟身分繼統。閣臣楊廷和援司馬光、程頤之「濮議」（詳下），要求厚熜必須以孝宗嗣子身分先繼嗣、後繼統；然厚熜堅持不願繼嗣於孝宗。張璁為迎合上意而主張「嗣、統二分」，並據《儀禮》「長子不得為人後」說，使厚熜終得尊本生父為「興獻帝」；其後又在議定尊號時去其「本生」字樣，逕稱「皇考」，對孝宗則稱「皇伯考」。由此引發了二百多位朝臣伏闕爭禮的「左順門」事件。厚熜為平息事件，採取高壓逮補之流放、戍邊、奪俸、杖刑等手段，朝臣被杖死者達17人。最後在嚴嵩支持下，世宗更「嗣、統合一」地奉興獻帝入祀太廟，追尊為睿宗皇帝，且頒《明倫大典》以昭孝義。故「大禮議」的最後結果是世宗在「孝宗→武宗」的帝統之外，另立「睿宗→世宗」新帝統，使得繼統演成篡統。不過清儒質疑：在明代紛亂近二十年的「大禮議」中，雖然結合皇權而強調「親親」之義的張璁被普遍認定非義，輿論傾向持「濮議」而仗義死節的儒家道統捍衛者；然而「緣情制禮」的儒家禮教，是否確如「禮學理學化」所強調，必須突出君臣大義而以公義絕私恩？統、嗣究竟孰重？尊君的「尊尊」之義是否凌駕尊父的「親親」之義？要求君臣綱紀的「君統」忠義，應否高於父子親情的「親統」仁孝？──因此儘管明臣之持「濮議」者氣節可貴，但其禮有無錯謬？正是清儒對儒家禮秩展開全面重省的切入點（參張壽安《十八世紀禮學考證的思想活力──禮教論爭與禮秩重省》）。
　　按：西漢成帝以定陶恭王之子（即漢哀帝）為後、宋仁宗以濮王之子（即宋英宗）為後，皆在封建宗法制度之大宗制度下，以宗統繼承帝統，而先繼嗣、後繼統。斯即宋代大禮議時，司馬光、程頤強調政治關係、貶抑血緣關係的「濮議」主張。

大《周官辨非》，李光坡《三禮述注》，方苞《周官辨》、《周官集注》、《三禮析疑》、《喪禮或問》……等，主要在於對三禮學的考辨、疏注等「考禮」上；另方面結合義理學的「習禮」強調和理論建設等，則有待乾嘉時期的戴震以及有「一代禮宗」之稱的揚州學者淩廷堪，他們在突出價值的經驗面之義理趨向下，始著力強調禮學對道德實踐的客觀規範意義並建構理論。

　　清學突出於我國學術史的一個特徵，就是發揚經學傳統與重視經典，是故清代禮學復盛的重要特徵，就是重回儒學的「經禮」傳統。高宗於即位之初即諭開「三禮館」，命儒臣纂修《三禮義疏》並修訂《大清通禮》。乾隆此舉具有學術史與文化史雙重意義，他一方面要求冠、婚、喪、祭等各種禮制與儀節，都必須酌古準今、繁簡合度地切於民用，以化民成俗；另方面則清廷在重修禮書、重訂禮典下，自會觸及很多議禮、考制與考文的禮學考證問題，所以清廷的官方意識不但與學界倡禮之風同趨，也爲經唐宋之式微與元明之積衰後幾成絕學的三禮學，提供了有利的發展空間，直接推動了三禮學的興盛。在清代經學復盛中尤稱顯學的三禮考辨，則萬斯大是開端緒者。萬斯大是明遺民、復社名士萬泰之子、梨洲之弟子。他絕意仕進，不事帖括，專精禮學；著有《學禮質疑》、《禮記偶箋》、《儀禮商》、《周官辨非》等禮論之作，而與《學春秋隨筆》合爲《經學五書》。好友鄭梁稱其禮學「能推倒一世，親見古人如此。」（〈跛翁傳〉，附錄於《經學五書》）斯大治禮與宋明儒之差異，在於他突出根柢在三禮學的「經禮」強調。所撰《周官辨非》，開清儒以專書考辨《周禮》的風氣之先，故梁啟超稱清代：「禮學蓋萌芽於此時了。」（《中國近三百年學術史》）《周官辨非》一書辨傳世《周禮》絕非周公所作，他舉證歷歷地指出《周禮》一書載制有諸多弊害，將害於民生；他認爲周公之書絕不如此，是以復還其名爲《周官》，曰：「《周官》一書所列官冗而歙重，即末世亡國之

弊亦無過此者。」（《四庫提要・周官辨非》）梨洲亟稱許斯大此作，
謂：「未有得其佐證明顯如兄所言者。」（〈答萬充宗質疑書〉）梁啟
超亦謂：「《周官》這部書，歷代學者對他懷疑的很不少，著專書攻擊
而言言中肯者，實以此書爲首。」（《中國近三百年學術史》）所以梁
啟超在萬斯大的禮學諸作中，認爲《周官辨非》價值最大。

　　斯大考辨《周禮》的《周官辨非》名著，立足在「以經說禮」之會
通諸經方法論的辨偽成果。雖然《周官》一書歷來迭有疑之者，如宋儒
張載、蘇軾、蘇轍、晁說之、胡宏、洪邁、黃震與明儒方孝孺、楊慎、
郝敬等，不過多爲零箋斷篇；逮及斯大始撰爲專書，辨《周禮》之不可
信。斯大該著主要以《魯史》轉述的《周禮》云云嬲之傳世《周禮》，
但未見其文；又以《周禮》所載諸官職掌、法制典章等取校於《五
經》、《論語》、《孟子》等經典，發現其中有諸多不合古禮者；尤其
其弊害叢生，不可用於施政，其用之者、古來惟劉歆與王安石二人，以
此斯大斷論傳世《周禮》非周公所作，「周公之《周禮》已亡；而今之
所傳者，後人假托之書也。」（《周官辨非・前言》）此其撰作名爲
《周官辨非》的原因。關於萬斯大《周官辨非》的辨偽法，方祖猷〈萬
斯大的《周官辨非》〉與林慶彰《清初的群經辨偽學》皆嘗條陳剖析其
細節，如曰：「以《周禮》制度有害於民生而辨其非」、「以《周禮》
自相謬戾而辨其非」、「〈大宗伯〉所述祭先王之制，與古不合」、
「〈司服〉所言天子服制，與古不合」，諸如此類的；不過林慶彰同時
也指出斯大之辨偽法仍有有待商榷者，像是他多引證《孟子》、《禮
記・王制》、《尙書・周官》等，以證成《周禮》所載各種職官制度之
非，但「孟子所述的其他典章制度，也不能作爲當時之實錄來看待。」
而有時他也引〈毛詩序〉爲證，然「實不能以〈詩序〉之說來代表詩篇
的主旨」（《清初的群經辨偽學》），如此者不一而足。《四庫全書》
中並未著錄《周官辨非》，惟加以存目而已。《提要》說明斯大大旨在

於病《周官》之「官冗而賦重」；然而館臣認爲雖《周官》一書展轉流傳而不免有所附益，但其容有可疑卻不至於僞，故總論以「斯大徒見劉歆、王安石用之而敗，又見前代官吏之濫賦斂之苛，在在足以病民，遂意三代必無是事，竟條舉《周禮》而詆斥之。其意未始不善，而懲羹吹齏，至於非毀古經，其事則終不可訓也。」斯大《經學五書·學禮質疑自序》自述他本於「經禮」的禮學方法論，曰：

> 　首取《戴記》諸篇相對，次取《儀禮》與《戴記》對，次取《易》、《書》、《詩》、《春秋》及《左》、《國》、《公》、《穀》與二《禮》對，見其血脈貫通，帝王制度約略可考用。……禮教弘深，學者務使禮經與諸經傳逐節關通。

斯大治禮本諸經禮，要求「以經釋經」並「會通諸經」的經學方法論，尙在清學形成「漢學」典範及訓詁學系統理論建構前，故侯外廬《中國思想通史》目爲「十八世紀漢學的前驅者。」斯大據經爲斷、以諸經互證的經學主張，實開專門漢學之先河。他治經重視經典，反對世儒過信傳注、反致疑經——由於六朝義疏之學「疏不破注」的傳統，雖與漢學傳統頗相貫通，但對於漢注舛誤者亦曲爲彌縫，反而懷疑經典有誤——於是在清儒要求經典覈實下，晚出且思想駁雜的六朝義疏學價值逐漸崩毀，如孔穎達《五經正義》用杜預（222-284年）《春秋經傳集解》、《周易》採道家之王韓注等，皆極受到清儒批判。是故萬斯大《經學五書》之強調回歸經典，在清初極具先導意義。

　後來清儒復將考辨《周禮》的層面擴大到訓詁章句、典制考證等各方面，考究制度的，如沈彤《周官祿田考》、王鳴盛《周禮軍賦說》；考究製作的，如戴震《考工記圖》、阮元《車制考》；另外還有孫詒讓《周禮正義》之古經新疏等，學者以爲詳審更出於舊疏之上。同時清儒

還將考證範疇擴大及於諸禮，譬如萬斯大在《周官辨非》以外，還著
有《學禮質疑》、《禮記偶箋》、《儀禮商》等，並皆倡發其於三禮
學的見解。此外，段玉裁之《周禮儀禮漢讀考》、張爾岐《儀禮鄭注
句讀》、沈彤《儀禮小疏》、胡匡忠《儀禮釋宮》、程瑤田《喪服足
徵錄》、任大椿《深衣釋例》、張惠言《儀禮圖》、淩廷堪《禮經釋
例》、焦循《群經宮室圖》、胡承珙《儀禮今古文疏義》以及杭世駿
《禮記集說》、朱彬《禮記訓纂》、金榜《禮箋》、孔廣森《禮學卮
言》、武億《三禮義證》……等，也都可以看出清儒對三禮學的濃厚興
趣。是故清代的禮學成就，從清初到乾嘉、再到晚清，正如為山覆簣而
先河後海——從清初諸儒創關之功，如署名徐乾學、由萬斯同所撰的
《讀禮通考》，到乾隆朝修《三禮義疏》、《大清通禮》以及署名秦蕙
田而諸儒助修的《五禮通考》，其特徵為博大；再到晚清諸儒發皇而禮
學大盛，如胡培翬《儀禮正義》、黃以周《禮書通故》、孫希旦《禮記
集解》、孫詒讓《周禮正義》……等，其特徵則為考證精詳而極專精。
因此涉及《周禮》、《儀禮》、《禮記》等文獻辨證，涵蓋禮意、禮
儀、禮制、禮俗等各層面探討的三禮學，是清代經學復興之中堅，不僅
《皇清經解》、《皇清經解續編》所著錄的清儒禮學之作居其大宗，三
禮之學和復禮思潮在清代的發展盛況，更綿延不絕有如康莊大衢一般。

㈢辨偽古文《尚書》對儒學經典之神聖性削弱

　　有關證偽古文《尚書》，明儒梅鷟《尚書考異》率先出現突破性
成果；清儒閻若璩則立足此基礎上，撰作了被公認是《尚書》學史上集
辨偽大成的《尚書古文疏證》。其書斷論晚出古文《尚書》為偽，並激
起了王學派的毛奇齡另撰《古文尚書冤詞》與相抗辯，但晚出古文仍普
遍被認定是偽書，如沈彤、惠棟、錢大昕、王鳴盛、戴震、段玉裁等皆
肯定此一結果。而由於孔穎達《尚書正義》係用作明經取士之科舉標

準，影響儒學發展甚鉅，故清初辨僞學興盛以來，迭有圍繞著閻、毛辨偽和辯護古文《尚書》之不同立場者；即在近世之學術發展中，對於古文《尚書》的真僞考辨也還占有一席之地，如二十世紀「古史辨」的疑古派，認爲閻氏《尚書古文疏證》是疑古成果最成功的「證偽案例」；但在另方面卻也頗不乏質疑閻氏之辨偽結果能否成爲定論者，例如劉人鵬《閻若璩與古文尚書辨偽——一個學術史的個案研究》、〈詮釋與考證——閻若璩辨偽論據分析〉，便認爲閻氏辨偽其實是站在其所預設觀點上的詮釋結果，「表面上是尊重材料、憑證據說話，但證據之所以成爲證據，是解釋的結果。……對史料的直接信任感，其實遠低於前代。」晚近則有戴君仁《閻毛古文尚書公案》、林慶彰《清初的群經辨偽學》、吳通福《晚出〈古文尚書〉公案與清代學術》等，對於辨偽《晚書》之來龍去脈以及閻毛兩人辨、護古文《尚書》之學術公案，有全面性的深入探討與析論。

　　古文《尚書》中最爲程朱、陸王兩派所共推的理論根據，在於〈大禹謨〉之「十六字心傳」——「人心惟危，道心惟微，惟精惟一，允執厥中。」此一「傳心」之說正是陸王一系倚爲「發明本心」、「先立其大」之「心即理」立論根據；不過朱子對之亦加採信，如曰：「此自堯舜以來所傳，未有他議論，先有此言。聖人心法，無以易此。」「必使道心常爲一身之主，而人心每聽命焉，乃善也。」（《朱子語類》）其《中庸章句》也說：「道統之傳有自來矣！其見於經，則『允執厥中』者，堯之所以授舜也；『人心惟危，道心惟微，惟精惟一，允執厥中』者，舜之所以授禹也。」（〈中庸章句序〉）因此辨偽古文《尚書》，非但使得陸王一系心學根據蕩然無歸，即程朱一系所倚重的道心與聖學道統亦因之動搖。這就導致當《尚書古文疏證》論定古文《尚書》偽作時，不論程朱或陸王都遭到了嚴重打擊，整個理學的牆腳幾乎被連根挖起，理學在清初的衰微也就更加一蹶不振了。所以有關古文《尚書》的

真偽考辨逐形成了一個特殊的現象：自明儒梅鷟《尚書考異》辨偽晚出
的古文《尚書》以來，便有陳第之起而護衛；而當清初閻若璩撰《尚書
古文疏證》以證偽古文《尚書》時，亦有毛奇齡另撰《古文尚書冤詞》
與之對壘，且自比為抑洪水驅猛獸，形成了經典辨偽的一攻一守對立現
象。而清儒對於古文《尚書》的真、偽之爭，在後來的清學走向中也並
未侷限在今、古文家既有的學術立場。譬如清代首倡公羊學的常州學派
莊存與，他在乾嘉考據主流外另撰發揚公羊微言、根據公羊義法解經的
《春秋正辭》；然他對於古文《尚書》卻持肯定態度，反對古文廢官。
而晚清向被稱為今文家的龔自珍亦高度肯定莊存與用心。他認同莊氏持
說在閻氏《尚書古文疏證》辨明偽古文後，學者已毋須再致辨於古文
《尚書》之真偽問題了——「辨古籍真偽，為術淺且近者也，且天下學
僅盡明之矣，魁碩當弗復言。」他指出莊氏寧「自韜污受不學之名」地
反對古文廢官，且在《尚書既見》中數稱〈禹謨〉、〈冏誥〉、〈伊
訓〉者，係由於「今數言幸而存，皆聖人之真言，言尤疴癢關後世。」
古文《尚書》最後並因此仍獲學官而未廢——龔自珍亟宣揚莊氏「為有
所『權』以求濟天下」的苦心，並認為這是門徒所「不能宣其道」者
（詳《龔自珍全集・資政大夫禮部侍郎武進莊公神道碑銘》），所以他
稱美莊氏為「史之大隱」。

　　對於「十六字心傳」，閻若璩以歷史源流法進行溯源，證明其襲用
《荀子・解蔽篇》和《論語》之說。《尚書古文疏證》曰：

　　（二十五篇之書）其精密絕倫者在虞廷十六字。……余曰此
蓋純襲用《荀子》，而世舉未之察也。《荀子・解蔽篇》：「昔
者舜之治天下也」云云，「故《道經》曰『人心之危，道心之
微。』危微之幾，惟明君子而後能知之。」此篇前又有「精於

道」、「一於道」之語，遂櫽括爲四字，復續以《論語》「允執
厥中」，以成十六字，僞古文蓋如此。

閻氏明白揭示「人心、道心」之說出自《荀子》，「允執厥中」另出自
《論語·堯曰》之堯以命舜語，僞古文「十六字心傳」便是連綴此二語
而成。但是究竟是晚出《古文尚書》襲用《荀子》？抑或《荀子》襲用
〈大禹謨〉？則閻氏復爲進一步之綿密論證，曰：

　　或曰：「安知非《荀子》引用〈大禹謨〉之文邪？」余曰：
「合《荀子》前後篇讀之，引『無有作好』四句，則冠以『書
曰』；引『維齊非齊』一句，則冠以『書曰』，以及他所引
《書》者十，皆然；甚至引『弘覆乎天，若德裕乃身』，則明冠
以『康誥』；引『獨夫紂』，則明冠以『泰誓』，以及〈仲虺之
誥〉亦然，豈獨引〈大禹謨〉而輒改目爲《道經》邪？」予是以
知「人心之危，道心之微」必真出古《道經》，而《僞古文》蓋
襲用，初非其能造語精密至此極也。　　——閻若璩《尚書古文疏證》

上論斷定了「十六字心傳」之僞，而學界亦普遍「揚閻抑毛」地接受了
梅賾晚出古文《尚書》作僞之說，如《四庫提要》曰：「至若璩乃引經
據古，一一陳其矛盾之故，古文之僞乃大明。所列一百二十八條，毛奇
齡作《古文尚書冤詞》百計相軋，終不能以強詞奪正理，則有據之言，
先立於不可敗也。」自後儘管仍然餘波盪漾，仍不乏維護古文《尚書》
者，但皆難挽僞古文之劣勢。
　　不過閻若璩雖然證僞梅賾之古文《尚書》，但極要留意的，是他在
另方面所力言的，他認爲鄭玄所注之古文《尚書》是爲真本，他並以此
作爲證僞晚出古文《尚書》核心思想之「根柢」；而此也即劉人鵬所說

閻氏對於所有文本的解釋，都依他所預設的核心觀點而來者。若璩之言又曰：

> 按天下事，由根柢而之枝節也易，由枝節而返根柢也難，竊以考據之學亦爾。予之辨偽古文喫緊，在孔壁原有真古文，爲〈舜典〉、〈汨作〉、〈九共〉等二十四篇，非張霸偽撰，孔安國以下、馬鄭以上傳習盡在於是；〈大禹謨〉、〈五子之歌〉等二十五篇，則晚出魏晉間，假托安國之名者。此根柢也，得此根柢在手，然後以攻二十五篇，其文理之疎脫、依傍之分明，節節皆迎刃而解矣！

故雖然閻氏證偽魏晉間晚出之孔傳古文《尚書》，但他採信孔壁古文、杜林漆書之說，他以爲馬、鄭注本即是孔壁真古文；而他之所以證偽晚書，也就是爲了要重構此一真古文之歷史。

關於閻、毛兩人之爭論：閻氏的辨偽法乃以孔壁十六篇爲真《古文》，認爲晚出二十五篇與安國十六篇不合，係晉人造偽，他並爲抄襲自古書的二十五篇溯源，以找出古書源頭的方法，使之無所遁跡；反之，毛氏則認爲古文《尚書》其實未嘗亡佚，藏在晉祕府中，二十五篇即是十六篇，其中內容與古書相同者，正是古書引用古文《尚書》之證據，而非古文《尚書》由抄襲古書或集綴而來。此中，他們同樣都強調孔壁十六篇是真古文《尚書》，只不過對於是書之存佚以及梅賾晚出之孔傳古文《尚書》真偽，兩人所見適爲相反。其後，圍繞著閻、毛學術公案的討論仍層出不窮，如陸隴其、李光地、李塨、程廷祚《晚書訂疑》、王鳴盛《尚書後案》、惠棟《古文尚書考》、崔述《古文尚書辨偽》、丁晏《尚書餘論》、皮錫瑞《古文尚書冤詞平議》……等，不絕如縷。要之，歷來辨偽古文《尚書》者，可以大分爲兩端：⑴辨晚出孔

傳古文《尚書》之真偽；(2)辨孔壁古文之真偽，即兩漢究竟有無真古文？並由此形成了辨偽古文《尚書》極其錯綜複雜之關係。據皮錫瑞《經學通論》整理歷來辨偽古文《尚書》包括如下不同角度之看法：孔穎達疏係以孔氏經傳為真，馬、鄭所注則為張霸偽書；[9]宋儒以孔安國書為偽；毛奇齡以孔氏經傳為真、馬鄭所注本於杜林漆書者為偽；閻若璩、惠棟以孔氏經傳為偽，馬鄭所注本於杜林者為孔壁之真古文；劉逢祿、宋翔鳳、魏源等以為孔氏經傳與馬鄭本於杜林者並皆為偽，逸十六篇也非孔壁之真；皮錫瑞亦不採信古文之說，其謂：「逸十六篇本之杜林，託之孔壁，衛、賈、馬、鄭遞相授受；馬融以為絕無師說，鄭亦不註逸書。」「古文說出，初不知所自來，衛、賈、馬、鄭所說各異，既無師授，安可據依？」（皮錫瑞《經學通論·書經通論》）至於晚出孔傳，皮氏更稱以「偽中作偽」——「孔壁古文久已不傳，其餘真偽難明，或且偽中作偽。」不過他也認為劉逢祿、魏源說解《尚書》多臆說而不可信，「莊、劉、魏皆議論太暢，……皆立論太果。此宋儒武斷之習，非漢儒衿慎之意也。」另外在辨偽過程中所採信的證據，則或有據孔傳以攻蔡傳者，如毛奇齡《古文尚書冤詞》；有據蔡傳以攻孔傳者，如閻若璩《尚書古文疏證》；也有據馬、鄭以攻孔傳與蔡傳者，如江聲《尚書集注音疏》、王鳴盛《尚書後案》（參皮錫瑞《經學通論·書經通論》）。至於辨偽古文《尚書》之結果，則張霸之偽——漢成帝時有張霸割裂今文二十九篇並採《左傳》、〈書序〉，造偽了「百兩篇」之古文《尚書》，其事已經《漢書》辨明；梅賾晚出孔書之偽，亦已經閻若璩等加以辨明；至於馬、鄭注本出於杜林者，是否即是孔壁之真古文？則學界說仍紛紜，尚未有定論。

---

9 漢成帝時張霸嘗割裂今文《尚書》二十九篇並採《左傳》、〈書序〉，造偽為「百兩篇」之《古文尚書》。

　　閻氏辨古文《尚書》，對清初學術發展頗有其影響力，譬如在清初辨偽學上同具開創之功的梨洲，其初對於另一辨偽重鎮的古文《尚書》並未措意，且嘗謂「聖人之言，不在文詞而在義理，義理無疵，則文詞不害其為異，如〈大禹謨〉人心、道心之言，此豈三代以下可偽為者哉？」（閻若璩《尚書古文疏證》轉述）但是當他後來為閻若璩《尚書古文疏證》作序時，則已改稱：「人心、道心本之《荀子》，正是荀子性惡宗旨。……故孟子言求放心，不言求道心；言失其本心，不言失其道心。」甚至還說：「則此十六字者，其為理學之蠹甚矣！」（《南雷文定・尚書古文疏證序》）可見閻氏辨偽之能鼓動風潮一斑。不過閻氏《尚書古文疏證》之作，對於當時的思想界、文化界，不啻投下了一顆強烈震撼彈，當李塨南遊時，他面對時儒之攻擊《庸》、《學》、《易傳》、《三禮》，而「見之大怖，以為苟如是，則經盡亡矣。急求其故，則自攻古文《尚書》為偽書始。」（毛奇齡《西河合集・經集》序目）後儒亦有曰：「至康有為出，直謂聖人之《六經》皆劉歆之偽書，而閻百詩毀經侮聖之禍於斯為烈。」（張諧之《尚書古文辨惑》）反之，如梁啟超對於《尚書古文疏證》則讚賞不已，亟言閻若璩「把偽古文《尚書》的案件，從朱熹、梅鷟、胡應麟等所懷疑而未能決定的，用種種鐵證證明了。」（《古書真偽及其年代》）並認為二千餘年被公認為神聖不可侵犯之寶典，上自皇帝經筵、下至蒙館課讀皆無不加以背誦的古文《尚書》，雖歷來亦頗有積疑者，但皆有所憚而莫敢斷，「自若璩此書出而讞乃定。」是以對於韓愈所說「曾經聖人手，議論安敢到」的經典神聖性而言，閻若璩動搖了《六經》之神聖地位，從而推動了新思潮之進一步發展，故梁啟超至譽為「近三百年學術解放之第一功臣。」是其對於清初考據學興盛過程中，閻若璩能以解放精神、求真態度開辨偽風氣且考證精確，譽之極高。不過雖然學界對於閻、毛古文《尚書》真偽之爭的學術公案，普遍多揚閻抑毛而接受閻氏證偽之說，

但其說能否成爲學界定論？則今日學者仍有諸多疑義論辨，而仍然餘波盪漾。

四、結語

　　清代的經學興盛，其大成在於清儒展現訓詁成果的群經新疏；而在由惠棟樹立起「漢學」典範、到戴震繼之以建立系統性訓詁理論、再到後來諸儒撰爲群經新疏出現以前，清代的經學復盛正是由群經辨僞開端的。因此本文通過對清初群經辨僞學的發展觀察，欲探究其在清代學術史及思想史上的意義和影響。

　　清初近百年的學術發展，當審視者拋開了政治與情感揹負，不再採取「失序」狀態的理解與責言，而自一種新舊典範交替的同時紛呈角度加以審視，則將睹見此時實是學術史極其精彩的一頁，此時百家爭鳴而燦爛並呈。於時，舊典範宋明理學的勢力尚未衰退，朝廷採行「崇儒重道」的尊朱立場，更期藉朱學以展現「一道同風」的政教合一強勢統治；民間王學則有黃宗羲、孫奇逢、李顒等人之致力於理論修正，故清初理學猶有佳績而其勢未已。至於在建立新典範之一方面，則分流成爲考據學和義理學兩個面向的發展：對清代新義理學而言，此時是醞釀與萌發時期，譬如陳確、唐甄、顏元等人，他們雖然不是站在學術舞臺中心，但是學術邊緣的位置，使他們更能超然於長期正統思想之束縛外，如擺脫傳統思想之「義／利」、「理／欲」對立觀，而初露新思想曙光，甚至成爲本土性的早期啟蒙思想；再就考據學言，則其與義理學之間呈現了一種既具內在連繫、又緊張衝突的矛盾關係。辨僞學在清初作爲一種方法論運用──余英時認爲羅欽順之謂「取證於經書」，就是清初爲解決朱王義理之爭而無心插柳的轉趨考證學契機；因此清初辨僞焦點多集中在各具義理立場的易圖、〈大學〉、古文《尚書》上。但是釁叢既開之後，則在在可見清人以一種精密論證的專門

辨偽學高度，將辨偽學推到了一個非宋明儒所能企及的考證高度。當清初辨偽學在推倒了理學的經典信仰，而考據學亦逐漸取代其學術主流地位後，考據學亦逐走上自成學門的辨、正、校、補之康莊大道，並創造出足與《十三經註疏》相抗禮、代表清代經學成就的「群經新疏」。譬如惠棟「尊漢抑宋」的《周易述》、《春秋經傳集解》、《春秋左傳補注》，以及江聲《尚書集注音疏》、邵晉涵《爾雅正義》、孫星衍《尚書今古文註疏》、焦循《孟子正義》、郝懿行《爾雅義疏》、陳奐《詩毛氏傳疏》、胡培翬《儀禮正義》、劉文淇《春秋左氏傳舊註疏證》、劉寶楠《論語正義》、廖平《穀梁春秋經傳古義疏》、孫詒讓《周禮正義》……等。故清初是為清代學術的關鍵轉折期，有清一代的學術發展奠基於斯時，而辨偽學則是影響及後來清學走向的重要學術聚焦點。

陸

清代的三禮學復興暨清初禮學名家（毛奇齡、萬斯大、萬斯同、李光坡、方苞、江永）

　　清代是經學復盛的時代，禮學尤其蓬勃，學者並往往以元明的經學積衰作爲對比；但就禮學之發展而言，實則明儒並非不言禮，明儒所重在於冠、婚、喪、祭等「家禮」，故與立足在三禮學而強調「經禮」的清儒禮學重心不同。因此本講自突顯清學典範出發，從學術史上清儒之強調經學、要求覈實經典切入，以出生於十七世紀的毛奇齡、萬斯大、萬斯同、李光坡、方苞、江永等學者作爲主要觀察對象，期能通過實際爬梳清初諸儒的經禮研究，梳理出清初的禮學發展脈絡，並以清初的禮學興盛，作爲清代經學復盛的一個學術史切面觀察。

　　清代之經學興盛，其大成在於清儒展現訓詁成果的群經新疏；不過在由惠棟樹立起「漢學」典範、到戴震繼之以建立系統性訓詁理論、再到後來諸儒撰爲群經新疏之出現以前，清代的經學復盛是由群經辨僞開其端緒的。辨僞在清初作爲一種方法論運用——余英時謂羅欽順論學所強調的「取證於經書」，就是清初爲解決朱、王義理之爭而「以義理的是非取決於經典」之趨向考證契機（《歷史與思想·從宋明儒學的發展論清代思想史》），因此其焦點多集中在各具義理立場的易圖、〈大學〉、《古文尚書》上；但是蠶叢既開以後，譬如王學系的毛奇齡，便在他用以闢朱的《太極圖說遺議》和《河圖洛書原舛編》之外，復藉辨僞法以治禮，並針對姚際恆《周禮通論》之主張《周禮》是劉歆僞作，

另撰《周禮問》加以駁斥。他認爲其書出自戰國，非漢儒所僞作；不過其書雖非周公所作，其制則確然周制無疑。此外，在清初以《易學象數論》闢易圖並開清人辨僞先聲的梨洲，其弟子萬斯大也以辨僞法治禮而著有《周官辨非》，他亦持論《周禮》是戰國人書。因此入清以後，有關《周禮》考辨的問題，遂從漢代學者多認爲周公所作、亦有何休疑爲戰國之作；到宋儒頗疑非周公作、而疑爲劉歆僞作，如張載、胡宏、司馬光、蘇軾、洪邁、黃震……等；再到清儒對於周公所作、戰國所作、劉歆所竄以及劉歆所僞等，各有持論，清人並以一種精密論證的專門辨僞學高度，將《周禮》考辨推到一個非宋明儒所能企及的考證高峰。

　　後來清儒復將考辨《周禮》的層面擴大到訓詁章句、典制考證等各方面，考究制度的，如沈彤《周官錄田考》、王鳴盛《周禮軍賦說》；考究製作的，如戴震《考工記圖》、阮元《車制考》；另外還有孫詒讓《周禮正義》之古經新疏等，學者且以爲詳審更出於舊疏之上。同時清儒還將考證範疇擴大及於諸禮，譬如萬斯大在《周官辨非》以外，還著有《學禮質疑》、《禮記偶箋》、《儀禮商》等，並皆倡發其於三禮學的見解。此外，段玉裁之《周禮儀禮漢讀考》、張爾岐《儀禮鄭注句讀》、沈彤《儀禮小疏》、胡匡忠《儀禮釋宮》、程瑤田《喪服足徵錄》、任大椿《深衣釋例》、張惠言《儀禮圖》、凌廷堪《禮經釋例》、焦循《群經宮室圖》、胡承珙《儀禮今古文疏義》以及杭世駿《禮記集說》、孫希旦《禮記集解》、金榜《禮箋》、孔廣森《禮學卮言》、朱彬《禮記訓纂》、武億《三禮義證》……等，也都可以看出清儒對三禮學的濃厚興趣。是故清代的禮學成就，從清初到乾嘉、再到晚清，正如爲山覆簣而先河後海——從清初諸儒創闢之功，如署名徐乾學、由萬斯同所撰的《讀禮通考》，到乾隆朝修《三禮義疏》、《大清通禮》以及署名秦蕙田而諸儒助修的《五禮通考》，其特徵爲博大；再到晚清諸儒發皇而禮學大盛，如胡培翬《儀禮正義》、黃以周《禮書通

故》、孫詒讓《周禮正義》……等，其特徵則爲考證精詳而極專精。因
此涉及《周禮》、《儀禮》、《禮記》等文獻辨證，涵蓋禮意、禮儀、
禮制、禮俗等各層面探討的三禮學，是清代經學復興之中堅，不僅《皇
清經解》、《皇清經解續編》所著錄的清儒禮學之作居其大宗，三禮之
學和復禮思潮在清代的發展盛況，更綿延不絕有如康莊大衢般。

一、清初禮學復盛的學術背景

　　入清，清儒的學術興趣很快地定調在經學上；學術興趣爲什麼轉
移到經學？有諸多複雜因素，而解決蹈空學風，是清儒的中心意識。由
於形上學遠離百姓日用，學術僅能爲少數上層文士立言，而「存理滅
欲」的絕高道德標準，對士人而言同樣難以臻至，致流爲李贄所批評
「名爲山人而心同商賈，口談道德而志在穿窬」的「假道學」、或清初
顏元所批判的「無事袖手談心性，臨危一死報君王。」（《焚書‧又與
焦弱侯》、《四存編‧學辨一》）另方面則晚明雖然有泰州學派王艮等
人另外選擇移風易俗的淑世途徑，以隨機指點農工商賈的大眾化講學方
式，「入山林求會隱逸，過市井啟發愚蒙」，期在「布衣倡道」的講學
宗旨中實現「日用即道」的化民理想；惟在實現庶民文化的同時，末流
又不免流入「情識而肆」、「束書不觀，游談無根」之流弊，故《四庫
提要‧周易大全》批判明學：「諸儒註疏皆庋閣不觀，《三傳》、《三
禮》尤幾成絕學。」是以清儒面對晚明以來或鑿空不學、或不切實際的
學術蹈空危機，遂改弦易轍地、從一己心性之學跨出，轉而立足在儒家
經典上，要求「通經→明道→致用」之「經典—經世」一體。所以由明
入清，清學的一個大轉向，便是重回儒家經典，清儒多從事於落實經典
文獻的文字辨證、引經據典；而清初由義理學「朱、王之爭」和群經辨
偽學所揭開序幕的經學考據，亦廣泛地被運用成爲清代學術的主流形
式。

　　那麼在經學復盛的學術氛圍中，禮學如何脫穎而出、形成一代禮學復興之「復禮」思潮？此一方面由於一個時代的禮制與社會禮教，可以作爲觀察德盛政修的指標，清代緊接著元明經學長期積衰之後，亟思「以禮經世」地藉由禮學來整頓社會風氣，而推行禮教在相當程度上必須倚重禮書，「考禮」可以提供百姓實踐典範，以爲日用倫常之「習禮」憑藉；另方面則禮學內部所存在的議禮之爭，譬如清儒質疑在明世宗「大禮議」事件中，明儒所議不符禮學傳統，要求重回經禮加以檢驗，於是有關三禮學的議禮、考禮等禮學考證問題漸次浮上檯面，清初的儒者關懷亦逐從明代獨重的家禮——冠、婚、喪、祭等四禮，重回到經禮之三禮學的強調。是故明代「大禮議」事件亦是影響明清禮學轉向的一個契機；而家禮的落實實踐，亦爲三禮學的議禮、考禮開啟了一條「經典→經世」的具體途徑。

　　明代「大禮議」事件緣自孝宗子武宗亡，無子嗣、又無兄弟，皇位虛懸近四十日。朱厚熜（即世宗）依《皇明祖訓》「兄終弟及」原則而以興獻王（憲宗子、孝宗同母弟）長子、武宗從弟身分繼統；但閣臣楊廷和援司馬光、程頤之「濮議」，[1]要求厚熜必須以孝宗嗣子身分先繼嗣、後繼統，他則堅持不願繼嗣於孝宗。另外張璁爲迎合上意而主張「嗣、統二分」，並據《儀禮》「長子不得爲人後」爲說，故厚熜終得尊本生父爲「興獻帝」；其後又在議定尊號時去其「本生」字樣、逕稱爲「皇考」，對孝宗則稱「皇伯考」。由是引發了二百餘位朝臣伏闕爭禮於「左順門」事件，爲了平息，厚熜採取高壓逮補之流放、戍邊、奪

1　以楊廷和為首的閣臣主張嘉靖應入嗣孝宗，一如西漢成帝立定陶恭王之子、宋仁宗立濮王之子，在封建宗法制度之大宗制度下，漢哀帝、宋英宗皆以宗統繼承帝統，先繼嗣然後繼統——宋代大禮議時司馬光、程頤持此一強調政治關係而貶抑血緣關係的「濮議」主張；惟清儒毛奇齡據《漢書》力言史實並非如此，他說哀帝即位後，仍「父」定陶恭王，並無改稱「叔父」事，也沒有為定陶恭王別立嗣子，仍自居為定陶王之後（論詳張壽安《十八世紀禮學考證的思想活力——禮教論爭與禮秩重省》，頁246）。

俸、杖刑等手段，朝臣被杖死者達17人。最後在嚴嵩的支持下，世宗
並得以「嗣、統合一」地奉興獻帝入祀太廟、追尊爲睿宗皇帝，故「大
禮議」的最後結果是嘉靖帝在「孝宗→武宗」的帝統之外，另立「睿宗
→世宗」新帝統，使繼統演成篡統，還頒著《明倫大典》以昭孝義。不
過雖然在明代紛亂近二十年的「大禮議」中，結合皇權而強調「親親」
之義的張璁普遍被認爲非義，輿論多傾向持「濮議」而仗義死節的儒家
道統捍衛者；然而「緣情制禮」的儒家禮教，是否確如「禮學理學化」
所強調的必須突出君臣大義而以公義絕私恩？統、嗣究竟孰重？尊君的
「尊尊」之義是否凌駕尊父的「親親」之義？要求君臣綱紀的「君統」
忠義是否高於父子親情的「親統」仁孝？雖然明臣持「濮議」者氣節可
貴，但禮意有無錯謬？這些問題都不免受到清儒質疑，清儒並由此對儒
家禮秩展開全面重省。學者張壽安曾以此議題出發，撰作《十八世紀禮
學考證的思想活力——禮教論爭與禮秩重省》，並指出清儒對皇位過繼
考證的現實意義，更在於影響了雍正廢嗣以及同治、光緒、宣統之皇位二
度過繼等問題，考證與經世脈動極其密切。

　　是故在清代經學之路和考據方法都已經被打開的情形下，謹於「考
禮」而詳究名物度數的三禮之學，以其符合清儒「以禮經世」之經世理
想和經典興趣雙重因素，受到清儒的高度青睞，並由此形成結合「考
禮」與「習禮」的清代禮學發展特徵。不過清初的禮學成就如張爾岐
《儀禮鄭注句讀》，毛奇齡《辨定嘉靖大禮議》、《郊社禘祫問》、
《辨定祭禮通俗譜》，萬斯大《周官辨非》，李光坡《三禮述注》，方
苞《周官辨》、《周官集注》、《三禮析疑》、《喪禮或問》……等，
主要在三禮學的考辨、疏注等「考禮」上；結合義理學的「習禮」強調
和理論建設等，則有待乾嘉時期的戴震以及有「一代禮宗」之稱的揚州
學者凌廷堪，他們在突出價值經驗面的義理趨向下，始著力強調禮學對
道德實踐之客觀規範意義並建構理論。

　　清代禮學復盛的一個重要特徵，就是重回儒學之「經禮」傳統——學界向謂明代經學積衰，如張廷玉《明史》、顧炎武《日知錄》、皮錫瑞《經學歷史》等；然劉師培、章太炎則持反對意見地認爲清學有賴明學植基，日人小島毅並舉明代禮學爲例，指出明儒以冠婚喪祭等「四禮」爲中心的「家禮」實踐，雖被《四庫全書》列爲「雜禮書」而未受重視，實則正是明代禮學的重心，「明代禮學，至少有關禮經的注釋書，其數量足以誇示明代比得上宋代之禮學。」「明代並非沒有禮學、或者並非蕭條；只不過是沒有清朝考證學定義下的《儀禮》之學罷了。」（《明代經學國際研討會論文集・導言・明代禮學研究的特點》）張壽安亦指出，禮學從明代的「家禮」轉到清代的「經禮」，可說是「明清禮學轉型」，「清儒的禮學考證已從移風易俗之四禮轉向國朝典制之大禮」，借用毛奇齡的話說，就是清學標示「禮有定制，不容輕議」之「以古禮正今俗。」（《十八世紀禮學考證的思想活力》）由此形成了清代禮學回歸經典的三禮學興盛特色。

　　接著轉換視野到清廷欲藉「崇儒重道」以實現「道統在是，治統亦在是」的指導思想（《康熙帝御製文集》），即清廷在藉文化正統性以爲治權後盾的「政教合一」下，清廷的文化政策，從戎馬倥傯的順治帝確定「帝王敷治，文教是先；臣子致君，經術爲本」、「興文教，崇經術，以開太平」以來（《清世祖實錄》順治12年三月壬子條），到康熙舉「博學鴻詞」科，再到乾隆開「經學特科」，正可以一窺清代前期官方意識形態及學術走向的變遷——自康熙到乾隆中葉前，清廷都極力提倡理學；康熙雖也重視經學、也曾重修諸經，如御纂《易經解義》、《書經解義》等，但大抵未脫胡廣《五經大全》底色，康熙一朝所表現的學術好尚主要是提倡理學、崇獎朱學，呈現一派尊朱氣象。康熙並嘗言：「讀書五十載，只認得朱子一生居心行事。」「朱子註釋群經，闡發道理，凡所著作及編纂之書，皆明白精確，歸於大中至正，經

今五百餘年，學者無敢疵議。朕以爲孔孟之後有裨斯文者，朱子之功最
爲弘鉅。」（《康熙帝御製文集》第四集；《清聖祖實錄》康熙51年
正月丁巳條）高宗也說：「朕自幼讀書，研究義理，至今《朱子全書》
未嘗釋手。」並於乾隆5年親頒長篇諭旨，倡讀宋儒之書、研精理學，
並曰：「不可以偽託者獲罪於名教，遂置理學於不事。」（《清高宗實
錄》乾隆6年七月癸亥條、乾隆5年十月己酉條）不過在乾隆致力於提
倡理學之同時，頗要留意的，是他也欲藉訂禮以扶植綱常名教，使治統
和道統同體一貫。他一方面欲解決滿、漢禮儀衝突暨儒教禮俗雜入佛、
道儀式等問題，另方面也鑑於其祖已修有四經義疏、獨三禮未就，故乾
隆元年（1736年）於即位之初即諭開「三禮館」，命儒臣纂修《三禮
義疏》並修訂《大清通禮》。高宗此舉具有學術史與文化史雙重意義，
他既要求冠、婚、喪、祭等各種禮制與儀節，都必須酌古準今、繁簡合
度地切於民用，以化民成俗；而清廷在重修禮書、重訂禮典下，自然會
觸及很多議禮、考制與考文的禮學考證問題，故清廷官方意識不但與學
界倡禮之風同趨，也爲三禮學提供了有利的發展空間，直接推動了三禮
學之興盛。

　　再根據學者陳祖武指出，乾隆21年後的經筵講學便已透露出高
宗對朱學的態度轉變；高宗一改早年的推闡朱學，多次對於《中庸章
句》、《朱子語類》提出異議，對朱子說法也屢加辯駁，據統計終其
朝達17次之多（陳祖武〈從經筵講論看乾隆時期的朱子學〉，「朱子
與東亞文明」研討會論文）。故清廷學術好尚，自康熙敕纂《朱子全
書》、《性理精義》以迄於高宗，雖高宗亦獎掖理學，但理學始終不
振，而且他素惡理學諸臣之「假道學」，嘗責：「惟是講學之人，有誠
有偽；誠者不可多得，而偽者託於道德性命之說，欺世盜名，漸啓標榜
門戶之害，此朕所深知，亦朕所深惡。」（《清高宗實錄》乾隆5年十
月己酉條）另外在同一時間內，則江南稽古窮經之研經風氣日益浸盛，

於是高宗於乾隆15年開「經學特科」以薦舉經術之士——惠棟辭薦亦嘗言：「國家兩舉制科，猶是詞章之選，近乃專及經術，此漢魏六朝、唐宋以來所未行之曠典。」（《松崖文鈔·上制軍尹元長先生書》）嗣後高宗於乾隆38年又開「四庫館」，此一由朱筠倡開、紀昀主持的「四庫館」，更儼然漢學家大本營，紀昀本身尤爲「乾嘉時代反程、朱的第一員猛將。」（余英時《論戴震與章學誠》）因此清廷從一開始極力「尊朱」之理學興趣逐漸轉移到經術好尚，其「尊理學→尊經學」之迹顯然，且此一變趨與民間學界「以經學濟理學之窮」具有互動關係，從「博學鴻詞」到「經學特科」，不但說明了清廷官學逐漸調整文化政策轉趨經學，也濃縮呈現了清初學術風氣之變遷。

二、清初的禮學發展暨禮學名家：毛奇齡、萬斯大、萬斯同、李光坡、方苞、江永

　　「三禮」之名起於東漢末，鄭玄注《周禮》、《儀禮》、《禮記》，始合稱三禮，因此皮錫瑞稱：「鄭注三禮，有功於聖經甚大！」（《經學通論·三禮》）三禮中以《周禮》最爲聚訟紛紜；《周禮》原名《周官》，書共六篇：〈天官冢宰〉第一、〈地官司徒〉第二、〈春官宗伯〉第三、〈夏官司馬〉第四、〈秋官司寇〉第五、〈冬官司空〉第六，但〈冬官〉亡佚，另以〈考工記〉補之；《周禮》之名起於成帝時劉歆欲立古文學官，故賈公彥序《周禮註疏》曰：「《周禮》起於成帝劉歆，而成於鄭玄。」至其獲立學官，則始於王莽時劉歆爲國師，立《周官經》爲《周禮》，置博士。《周禮》雖是古文經最重要的典籍，但歷來的爭議也最大，《四庫提要》禮類開篇云：

　　古稱議禮如聚訟，然《儀禮》難讀，儒者罕通，不能聚訟；《禮記》輯自漢儒，某增某減，具有主名，亦無庸聚訟；所辯論

求勝者，《周禮》一書而已。　　　　　　　　—— 《四庫提要・禮類一》

可見《周禮》之啟辯由來久矣！凡有關《周禮》之書名、來源、作者、
內容等，儒者皆有辨難。

　　關於《周禮》之稱，《四庫提要》言《漢志》有言《周官經》六
篇，且「杜子春、鄭興、鄭眾、賈逵、衛宏、張衡所注皆稱《周官》；
馬融、鄭玄所注猶稱《周官禮》；迨唐賈公彥作疏，始沿用省文稱為
《周禮》。」（《欽定周官義疏》提要）皮錫瑞《經學通論》則論漢初
名《周官》，始見於《史記・封禪書》，而「荀悅《漢紀》曰：『劉歆
奏請《周官》六篇列之於經，為《周禮》。』陸德明序錄曰：『劉歆
始建立《周官經》以為《周禮》。』」故他說：「《周官》改稱《周
禮》，蓋即始於劉歆。」（《經學通論・三禮》）乾隆間修成的《欽定
周官義疏》，也將《周禮》復其本名地稱為《周官》，不過二稱仍皆通
用。

　　至於《周禮》來源，則有謂與《逸書》、《逸禮》同時得之於孔
壁而為孔安國所獻者，亦有謂得之武帝時河間獻王等說。其作者，也有
持論周公所作，乃「周公致太平之迹」者，如劉歆、鄭玄、孫詒讓《周
禮正義》；有持論戰國時作，如臨孝存曰「末世亂瀆不驗之書」、何休
言「六國陰謀之書」者（詳賈公彥《周禮註疏・序周禮廢興》）；逮及
清儒，則毛奇齡《經問》認同「《周禮》一書出自戰國，斷斷非周公所
作」，惟他同時持論「其為周制則尚居十七」，是以他心存護衛而反對
「餼羊盡亡」，皮錫瑞認同此說，亦曰：「三禮皆周時之禮，不必聚
訟，當觀其通。」另外也有認為係劉歆所偽者，自宋儒已多持論；清儒
則方苞著《周官辨》反對偽作之說，但他對於書中之不合古禮者，歸諸
劉歆所竄造；姚際恆《周禮通論》、康有為《新學偽經考》等，則並持
論偽作說。再說到《周禮》之內容，亦有文王治岐之制、成周理財之

書、六國陰謀之書，以及漢儒劉歆竄造以助莽等，莫衷一是。

　　至於《儀禮》，其單稱《禮》，或稱《禮經》、《士禮》，西漢所稱《禮經》，即今文經所主張的今本《儀禮》十七篇，由魯高堂生傳授，其後分大戴、小戴、慶氏三家，大小戴禮皆立於學官，慶氏則立與未立說法不一；清初毛奇齡《經問》曾經辨正「漢立十四博士，禮大、小戴」，此所謂二戴博士乃指《儀禮》、非指《禮記》也，以此辨正後世說者之誤。不過自從《逸禮》三十九篇出，《禮》十七篇遂有不全之疑；自三禮之名出，十七篇復有非經之疑；加上《漢志》又言：「《禮》古經者，五十六卷」、「《禮》古經者，出於魯淹中及孔氏」，益啟今、古文之爭——古文家以為《儀禮》十七篇不全，今文家則以為足本矣。故今文立場的邵懿辰《禮經通論》持論：「《禮》十七篇當從大戴之次，本無闕佚。」以為鄭玄所注十七篇即是完書，《逸禮》和《逸書》並皆劉歆所偽；他並認為《儀禮》是孔子所定，曰：「夫『經禮三百，曲禮三千。』《儀禮》所謂經禮也，周公所制本有三百之多，至孔子時即禮文廢闕，必不止此十七篇，亦必不止如《漢志》所云五十六篇而已也；而孔子所為定禮樂者，獨取此十七篇以為教。」皮錫瑞《經學通論》認同此說，亦謂：「《禮》十七篇，原於周公，定於孔子。周公、孔子時但名《禮》，漢以立學，名為《禮經》。」並謂：「邵氏此說，犁然有當於人心。以十七篇為孔子所定，足正後世疑《儀禮》為闕略不全之誤；以《儀禮》為經禮，足正後世以《周禮》為經禮、《儀禮》為曲禮之誤。」因此稱許道：「真乃二千年儒先未發之覆！」（《經學通論‧三禮》）梁啟超《古書真偽及其年代》認同此論，並以《儀禮》載禮頗與《春秋》、《左傳》有同之者加以佐證。至於後來《儀禮》見黜，乃始於宋王安石推行新法，另以《三經新義》試士，而以《周禮》（《周官新義》）黜《儀禮》，自後《儀禮》遂為士子罕習而幾成絕學；因此清儒復興《儀禮》之路，備極艱

辛漫長。又，明儒郝敬《儀禮節解》雖然嘗辨《儀禮》是「儀」而非
「經」，清儒姚際恆《儀禮通論》也認為「古禮不傳，亦無專經」，皆
反對朱熹以《儀禮》為經、《禮記》為傳，故另主《儀禮》是「輔禮之
書」、並非「經」也，但他們也都沒有抹殺《儀禮》的價值；逮及乾
嘉，則諸儒多已據信《儀禮》是「經」了，譬如盧文弨、錢大昕、淩廷
堪、阮元、胡培翬等。

　　惟《儀禮》一書全為儀文度數，苟不能自委曲繁重之節文威儀中
得其禮意，真有不知為何治禮之感，是以清儒之治《儀禮》者，多持
「即器明道」理念，欲自儀節中推求禮意，進求禮儀之深層結構，即聖
人所據以制禮的「義」之所在。此也即《左傳》子太叔之回答趙簡子，
曰「揖讓周旋」是「儀」、非「禮」也，亦林放問「禮之本？」以及孔
子之言「人而不仁，如禮何」之命意所在。是以禮儀只是用以「徵聖德
之至」者，禮意才是治禮之目的所在，清儒之治禮就是為了落實實踐儒
家「以禮經世」的禮治理想。因此清代《儀禮》學極能突顯清人強調形
下氣化的重「器」思想特質，譬如淩廷堪的禮學思想，便主張由考禮→
習禮，所撰《禮經釋例》之「考禮」就是為了「習禮」，為使「冠昏飲
射，有事可循也；揖讓升降，有儀可按也；豆籩鼎俎，有物可稽也。」
（《校禮堂文集·復禮下》）所以皮錫瑞也稱：「禮所以復性節情，經
十七篇於人心世道大有關繫。」（《經學通論·三禮》）因此清代之
《儀禮》學復興，正是清學強調經驗視域、要求經驗落實而發揚客觀實
踐精神之一隅表現。

　　而《禮記》者，乃由孔子弟子共記所聞，後儒復加以損益者也，
據魏張揖上〈廣雅表〉，以為是秦博士、魯人叔孫通所撰輯，清儒陳
壽祺主之。《禮記》一書並沒有真偽問題，但有戴德傳記八十五篇之
「大戴禮」和戴聖傳記四十九篇之「小戴禮」二書行世，小戴禮即為
鄭玄所注，今本《禮記》是也。陸德明《經典釋文》謂是書：「〈中

庸〉是子思伋所作；〈緇衣〉是公孫尼子所制；鄭玄云〈月令〉是呂不韋所撰；盧植云〈王制〉是漢時博士所爲。」清儒則康有爲《新學僞經考》也說《六經》而外，皆七十子後學所記，故《禮記》：「如後世之爲類書然。」「今按儒家有《子思》二十三篇、《曾子》十八篇、《公孫尼子》二十八篇、《孫卿子》三十三篇、賈誼五十八篇。《禮記》中如〈中庸〉釆之《子思》，〈曾子問〉及〈立事〉十篇釆之《曾子》，〈坊記〉、〈表記〉、〈緇衣〉釆之《公孫尼子》，〈三年問〉釆之《荀子》，〈保傅〉、〈禮察〉釆之賈誼，則《禮記》純釆之七十子後學可知。」毛奇齡《經問》也說：「此書爲戰國人書，而其禮則多是周禮。」朱熹認爲《儀禮》是經、《禮記》是傳——如《儀禮》有〈冠禮〉，《禮記》便有〈冠義〉；《儀禮》有〈昏禮〉，《禮記》便有〈昏義〉，以至〈燕〉、〈射〉之禮莫不皆然，故朱子加以分別經、傳，有《儀禮經傳通解》之作。至於清代《禮記》學發展，則盛況不如《周禮》、《儀禮》，雖也有杭世駿《禮記集說》、朱彬《禮記訓纂》，然須逮及今文學崛興始獲得較多關注，譬如康有爲《禮運注》和皮錫瑞《王制箋》等，皆有所闡發之。

在有關三禮紛紜之述略後，接著進論清初禮學名家：張爾岐、毛奇齡、萬斯大、萬斯同、李光坡、方苞、江永等人之禮學旨趣及思想大要：

◎張爾岐（1612-1678年）、毛奇齡（1623-1716年）

張爾岐所著《儀禮鄭注句讀》，開有清一代漢學治經以及治《儀禮》學先聲，距惠棟（1697-1758年）後來樹立清代「漢學」典範、標榜專門漢學的治經路徑，猶近百年之久。當明清更迭世亂之際，禮學名家張爾岐，不應科名，杜門著述，而能有此慧識，頗值得一書。

《儀禮鄭注句讀》本於鄭玄注，但並未拘泥；爾岐實兼取監本、唐開成石經本、元吳澄本、陸德明音義以及朱子、黃榦所次經傳通解諸

家，與相讎校，凡有誤謬、脫落、衍羨、顛倒或經注混淆者，皆詳加考
校而得其實。至於書名「句讀」者，《提要》有言：「是書全錄《儀
禮》鄭康成注、摘取賈公彥疏，而略以己意斷之，因其文古奧難通，故
並爲之句讀。」復加案語，舉《禮記》：「一年視離經辨志」及注曰：
「離經：斷句，絕也」，以《禮記》言入學一年先教斷句爲說，故曰：
「『句讀』爲講經之先務。」《提要》並稱其書「於字句同異，考證尤
詳」，可見爾岐對於考證之重視及學風之先導。是以《儀禮鄭注句讀》
極重要的學術作用，便在於繼宋明理學長期以理解經之後，回歸到漢說
傳統之鄭注上，故以顧炎武之少有許人者，獨於張爾岐極推重之，曰：
「張君稷若名爾岐者，作《儀禮鄭注句讀》一書，頗根本先儒，立言簡
當；以其人不求聞達，故無當世之名，而其書實似可傳。」甚至還稱以
己不如之，可謂推挹之甚也，而《提要》亦曰：「爾岐茲編，於學者可
謂有功矣！」（《儀禮鄭注句讀》提要）附論於此。

　　毛奇齡，博洽群書而說經善考證，其學縱橫博辨，睥睨一世，《提
要》稱以：「著述之富，甲於近代。」（《西河文集》提要）他於易學
著有《仲氏易》、《推易始末》、《春秋占筮書》、《易小帖》、《河
圖洛書原舛編》、《太極圖說遺議》；於春秋學著有《春秋毛氏傳》、
《春秋簡書刊誤》、《春秋屬辭比事記》；於禮學著有《辨定嘉靖大禮
議》、《郊社禘祫問》、《辨定祭禮通俗譜》、《喪禮吾說》、《曾子
問講錄》、《昏禮辨正》、《廟制折衷》、《大小宗通釋》、《學校
問》、《明堂問》；於詩經學著有《毛詩寫官記》、《詩札》、《詩傳
詩說駁義》、《續詩傳鳥名》；於尚書學著有《古文尚書冤詞》、《尚
書廣聽錄》、《舜典補亡》；於四書學著有《論語稽求篇》、《四書
賸言》、《大學證文》、《大學知本圖說》、《大學問》、《四書改
錯》，其門人弟子復爲編次《四書索解》、《逸講箋》、《中庸說》等
等，餘作尚多，不一一列舉，要之，清儒著述之富，罕有出其左右者。

《四庫提要》說奇齡：「說經善考證，而喜辨論，故詮釋義理，往往反覆推衍，以典籍助其駁詰。」並稱美他「就經說經，不相繳繞，尤爲特識矣！」對於開闢學風，亦肯定「自明以來，申明漢儒之學，使儒者不敢以空言說經，實奇齡開其先路。」（《四書賸言》提要、《春秋屬辭比事記》提要、《易小帖》提要）不過相對於毛奇齡之學術高度評價的，卻是時人對其爲人之貶辭，全祖望曾撰〈蕭山毛檢討別傳〉詆其不德；《四庫提要》也屢在稱美其學「義例皆有徵據，而典禮尤所該洽」之外，對其人卻罕有好詞，甚至在評論其爲人與風格時，曰：「至於喧呼叫呶，則其結習所成，千篇一律，置之不議不論可矣。」（《春秋毛氏傳》提要）大有心死之況味。

毛奇齡於康熙十七年以博學鴻儒徵，授翰林院檢討，與修《明史》，負責撰寫孝宗弘治、武宗正德兩朝紀傳，故在史纂之外，他對明代「大禮議」一事亦極爲措意。毛氏純就禮制層面言，認爲「典禮見在六經」，他一方面引經據典地駁斥程頤、楊廷和等人強調政治關係而貶抑血緣關係的「濮議」主張徒爲臆說，責以不識《春秋》、《三禮》之義，「不讀書，誤人國事」；另方面亦恐後人據《明倫大典》興獻王稱宗而奉祀入廟以爲變亂之本，因此撰爲《辨定嘉靖大禮議》辨正其事。

明代大禮議最重要的爭論焦點，在於楊廷和、桂蕚等堅持「繼統必先繼嗣」、「爲人後者爲之子」，主張世宗繼統必須以孝宗爲父、本生父興獻王爲叔，即在「皇位過繼」下必須以孝宗嗣子之身分踐位。世宗不從其說，質疑「父可改乎？」否則寧可「避位歸藩」。於是張璁迎合上意地主張「嗣、統二分」，並據《儀禮》「長子不得爲人後」以爲說，楊廷和等人退讓，世宗終得尊本生父爲「興獻帝」。不過在世宗得遂心意、後來楊廷和亦致仕以後，「大禮議」卻愈演愈烈，並發展成爲朝臣伏跪爭禮以及世宗血腥鎮壓；最後遂在嚴嵩之支持下，世宗爲所欲爲地追尊獻帝爲睿宗皇帝，使未爲天子的睿宗得以享祀太廟，事件的最

後結果以另立新統的方式篡統。明代「大禮議」經政治發酵後，早已非
復單純的議禮事件，而是涉及朝廷派系傾軋奪權之政治事件；不過清儒
乃以純粹的經學考證興趣出發，強調回歸經典，從學術層面的「治禮」
角度來加以考禮、議禮，從而提出客觀的論禮之見。

　　毛奇齡論傳位法，主要在於析論「世統」與「廟統」之分——「世
統者，生倫之序也；廟統者，即人君歷數相授之次第也。」他主張「繼
爵不繼人」，「世宗當後武宗，不後孝宗」（《辨定嘉靖大禮議》），
當以廟統之昭穆為序，而無變於血緣生倫之本生世系。其〈又奉史館總
裁劄子〉亦曰：「其書昭穆者限之以廟次之稱夫高、曾、祖、禰。……
假使以尊長而繼卑幼耶，則卑亦從尊，魯閔公之為祖是也。魯閔以弟先
立，而僖兄繼之，則閔弟為祖、僖兄為禰。若必先兄而後弟，則在《左
傳》謂之逆，而在《公羊》別傳直謂之叛，以先禰而後祖也。」（《西
河集・又奉史館總裁劄子》）是故「繼統」與「尊親」依禮可以並存。
奇齡並以《漢書》為證，具論「濮議」創於司馬光與程頤，所論突顯
「尊尊」之義而以「天理」說君臣大義，要求入繼主必須斷絕私親，其
說不僅不合史實且古禮無此說；而楊廷和等所據「濮議」之謂「舜不追
尊瞽瞍，漢光武不追尊南頓君」，證諸史實亦非如此——史載之歷歷可
考者，如光武立廟「以元、成、哀、平四帝作高曾祖禰四廟；但對本生
之親統，自生父南頓君以上之四祖輩，亦皆立廟、稱皇、稱考」，何嘗
如宋儒所論對於本生世系不立廟、不稱皇、不稱考？所以毛氏說他們對
漢魏史書並不一寓目焉。

　　故凡程頤、楊廷和所謂入繼主對於所從出父母應另加以「本生」
字、且不得以「皇考」稱之，毛奇齡謂皆不合於禮且無據，他認為「祖
孝宗、禰武宗，追尊興獻王為皇考、立廟京師，則公私俱安。」（《辨
定嘉靖大禮議》）是故宋明儒強調獨尊君統而斷絕本生的禮論，遭到了
清儒強烈批判，並認為明儒因誤信「濮議」之論，蔑視興獻妃與厚熜的

寡母獨子之情，導致杖朴貶謫、血流廷殿，反陷世宗於不義；但是明世宗尊親太過，奉興獻入太廟之過激行為，使得「繼統」演成「篡統」之中絕帝統，亦同樣受到批判，故《明史》曰：「生衬太廟，而躋武宗之上，不已過乎！」自後清儒之論禮者絡繹於途，據張壽安拈出清儒對於皇位過繼的後續重要討論，猶有任啟運強調「統不奪親、親不奪統」之「繼統」與「父子之名」為二事；朱筠之指出歷史上有「間代立後」事實；段玉裁〈明世宗非禮論〉十篇也說《春秋》之以兄後弟、以孫後祖、以叔後姪者，所在多有，故「為人後」實際上是一種「立後禮」的禮身分；另外晚清王棻《大禮平議》等也「統、嗣二分」地將君統、本宗判然二途；郭嵩燾復於《禮記質疑》提出「君臣倫非父子倫」，主張君臣、父子二倫之分立（詳《十八世紀禮學考證的思想活力》）。故清儒普遍反對宋儒要求父子改稱之無據，以此鬆動了宋儒對於「為人後者為之子」的迷思，也使得禮制獲得進一步之澄清。

　　不過儘管毛奇齡自認深於禮學，三禮學的著作極其繁多，四庫館臣亦承認他善禮學，「典禮尤所該洽」，但《四庫全書》禮學之部只著錄他《郊社禘袷問》和《辨定祭禮通俗譜》二書，其餘眾作則皆存目而已；反倒是奇齡另一編次未竟、尚非完書的《春秋屬辭比事記》，其所以被著錄的原因，卻在「奇齡長於辨禮；《春秋》據禮立制，而是書據禮以斷《春秋》，宜其秩然有紀也，……尤為特識矣。」故此頗堪玩味。因此以下即以《提要》述評作為線索，以考察清廷的官方意識型態以及《四庫全書》對毛奇齡眾作的取捨判準。

　　有關毛奇齡的禮學著作，《四庫》雖然收錄了其《郊社禘袷問》之作，但仍附帶批評：「奇齡性喜攻駁，反覆詰辨，未免繁雜。」是對其學術風格顯然有不愜於心者。而對於另一部同樣獲得著錄，其內容主要是涵蓋祭所、所祭者、主祭之人、祭之時、祭儀、祭器、祭物等而言的《辨定祭禮通俗譜》，則《提要》在說明其得為《四庫》收錄的原因在

於能取古禮而酌以今制以外，復因其內容間有與朱子《家禮》爲難者，而費詞地多方爲朱學辯說、開脫，此亦耐人尋味。《提要》曰：

> 其中各條，雖間與朱子《家禮》爲難，不出奇齡平日囂爭之習。然考《朱子年譜》，《家禮》成於乾道六年，……其薰旋爲人竊去，越三十年朱子沒後，始復有傳本行世，儒者或以爲疑。黃榦爲朱子弟子之冠，亦云爲未暇更定之本。則《家禮》之出自朱子手定與否？尚無顯證。即真獲朱子已失之薰，而草創初成，亦恐尚非定本。以王懋竑之篤信朱子，而所作《白田雜著》乃反覆辯是書之依託，其言具有根據。則奇齡之辨，又不能盡以好勝目之矣。

該提要雖然述評奇齡《辨定祭禮通俗譜》之作，卻多所說明館臣對於奇齡辨駁朱子《家禮》之作，何以仍加錄存的原因。故《提要》一再闡述《家禮》一書未可以盡信確實出自朱子手定，其書有可能係依託僞作者、或朱子所未暇更定之書，因此亦未能盡以好勝來看待奇齡之作——如此婉辭說明《四庫全書》錄存毛奇齡「與朱子《家禮》爲難」的《辨定祭禮通俗譜》之緣由，流露了館臣對於著錄與朱子立場不同的奇齡之作的不安、或非其所好。

蓋奇齡兼擅義理學與考據學，他在清初頗有辨僞之作，對於清代考據學風、尤其辨僞學之開關極爲有功；然其所持義理立場，則與梨洲同屬色彩鮮明的王學一系，這和清廷崇獎理學的「尊朱」立場顯然相悖。而其所撰著《大學知本圖說》、《太極圖說遺議》、《河圖洛書原舛編》，不但批評朱學援道入儒，也對朝廷採用朱熹增補〈格致補傳〉的改本〈大學〉構成挑戰，並與明末劉蕺山《大學古文參疑》、清初陳確《大學辨》等護衛陽明學說之辨僞諸作互相輝映，概屬清初主流外的

雜音、異音。毛奇齡如此攸關科舉利害、仕途利祿的學術考辨及對立立場，即撇開館臣對其為人「性喜攻駁」之不滿，其所面對來自各方兩極化的批評，也是不難理解的。是故館臣對於奇齡不涉朱、王門戶之爭者，尚能給予好評，如《春秋毛氏傳》，《提要》即稱其：「自吳澄《纂言》以後，說《春秋》者罕有倫比。」同時《提要》又說：「非其說《詩》、說《書》，好逞臆見者比」，更可見奇齡在譬如《詩》、《書》等學上所呈現的、與朱學立場不同之對立意識，才是館臣所不滿於其學的真正原因，故此頗可以提供索解官方意識形態及禮學立場的線索。因此通過考察《四庫提要》對於奇齡易學、禮學、詩經學、尚書學的眾多述評，或可以按圖索驥而得到答案。

　　奇齡的義理學在清初以王學立場名；然而四庫館臣在「漢學解經」之經學方法論外，於義理學係抱持「尊朱」立場，如朱筠曰：「程朱大賢，立身制行卓絕，其所立說，不得復有異同」（《國朝漢學師承記‧洪榜傳》），可以作為代表性思想。因此《四庫全書》所著錄奇齡易學之部的著作，如《仲氏易》、《推易始末》、《春秋占筮書》、《易小帖》等皆未涉朱王立場者──《提要》亟推崇毛奇齡漢學治經的方法論，如《易小帖》提要稱：「申明漢儒之學，使儒者不敢以空言說經，實奇齡開其先路。」便亟稱美奇齡引據古人、使儒者不敢空言說經之開清初考證學風。然而對於一落朱、王門戶者，譬如《河圖洛書原舛編》，則《提要》曰：「自生名例，轉起葛藤，左右佩劍，相笑無休，是仍以鬬解鬬，轉益其鬬而已矣」，故僅得存目。其實關於圖書象數說，在胡渭《易圖明辨》後，朝廷與學界大致均已接受易圖「援道」的辨偽共識了；然而館臣對於清初王學派先導性的開啟易圖辨偽之風，仍存在微詞地加以點名批判，謂：「國朝毛奇齡作《圖書原舛編》、黃宗羲作《易學象數論》、黃宗炎作《圖書辨惑》，爭之尤力，然皆各據所見抵其罅隙。」此中顯然寓有館臣對於王學系辨偽易圖之不滿；反之，

對於沒有義理立場的胡渭《易圖明辨》則未有貶辭，且稱其：「辨象數
流弊者，皆引據舊文，互相參證，以箝依託者之口。使學者知圖書之
說，雖言之有故、持之成理，乃修鍊術數二家旁分易學之支流，而非作
易之根柢，……尤爲有功於經學矣。」再看《提要》之於奇齡僅得存
目的《大學知本圖說》述評，亦可以瞭然於館臣和王學系的義理立場
之各有其主。《提要》言：「毛奇齡撰是書由古本〈大學〉之說，以
攻朱子〈格物〉之傳。……蓋奇齡歷詆先儒，而頗尊其鄉學，其直指
『知本』，仍王守仁之『良知』；其主『誠意』，則劉宗周之『愼獨』
也。」實則清初從館閣理學名臣之於朱學捍衛，到《明史》立傳之貶落
陽明，再到《提要》之貶抑陽明所主張古本〈大學〉及其「致良知」之
說等，在在皆可見官方意識形態對於王學一系持壓抑的素來不滿態度。

　　由於清廷的理學立場「尊朱」，故館臣對於王學一系凡與朱學爲難
者，皆心存不喜；是以《提要》之於奇齡他著述評，一再地批判他之尋
釁於朱學，如曰：「惟恃其博辨，往往於朱傳多所吹求，而所言亦不免
於疏舛。」「可謂虛辭求勝，不顧其安。」「奇齡以竄亂古經詆朱子，
而所爲又更加甚焉！雖善辨者，殆亦難爲之辭矣。」（《續詩傳鳥名》
提要、《尚書廣聽錄》提要、《舜典補亡》提要）至於《四庫全書》在
充分理由下必須錄存奇齡存在朱、王立場不同的著作時，《提要》也必
多方說明其所以著錄的原因，竟似有不得已而著錄者，如曰：「奇齡才
辨足以移人，又以衛經爲辭，託名甚正；使置而不錄，恐人反疑其說之
有憑，故並存之。」「奇齡學本淵博，名物訓詁頗有所長，必盡廢之，
亦非平允之道。」（《古文尚書冤詞》提要、《毛詩寫官記》提要）而
即使已著錄了，還要申明「置其臆斷之說，而取其精核之論」之館臣立
場與態度（《尚書廣聽錄》提要），如此「殊不好之」的自我表白，除
了可見館臣也不得不承認清初王學系的毛奇齡確實有功於經學外，亦顯
見「朱王之爭」在清初延燒未歇之一斑。

　　而除了思想上顯然的朱、王門戶以外，通過考察《四庫提要》，
還可以探討作爲漢學大本營的四庫館在特定主題上的意識型態，因此回
到毛奇齡的禮學著作，除前述《郊社禘祫問》和《辨定祭禮通俗譜》二
書以外，其禮學諸作皆僅得存目，大多未爲《四庫全書》所著錄，此中
便頗可以提供觀察線索。以下考察奇齡未被《四庫》收錄、僅收入「禮
類存目」的《提要》述評：《周禮問》提要首先說明奇齡的《周禮》立
場，「辨《周禮》出戰國之末，不出劉歆」，只此一端便已不符清廷立
場了——但其實奇齡雖然持論《周禮》非周公所作，他舉證《史記》、
《漢書》以證明漢武時已有是書，故謂亦非劉歆所僞；他並跳脫過去學
者非褒即貶的態度，自《周禮》保存周制的歷史價值，客觀地予以肯
定。惟清廷係自肯定周公作《周禮》的立場出發，因此《提要》明說
《四庫》不錄存《周禮問》的原因，就在於奇齡對於《周禮》，「陽雖
翼之，陰實攻之矣！」「好爲異論，不足據也。」實則其未能完全符合
清廷持論故也。而除了毛奇齡以外，實際上《四庫全書》對於凡辨以戰
國人作、或漢儒劉歆所竄亂者，並皆一概不取。

　　再如《喪禮吾說》提要，曰：「奇齡說經好立議論，而顚舛乖謬
則莫過於是書。……奇齡以《周禮》、《儀禮》同出戰國人僞撰，故於
《周禮》司服職齊衰斬衰之文，置之不道。……不特叛經且背律矣，豈
非恃其博洽，違心巧辨哉？」又，附論於《古文尚書冤詞》提要者，亦
曰：「《儀禮》十七篇古無異議，惟章如愚《山堂考索》載樂史有五可
疑之言，後儒亦無信之者；奇齡獨拾其緒論，詆爲戰國之僞書。」於此
皆可見清廷堅信聖人作爲的禮學立場。餘如《昏禮辨正》提要：「其說
頗爲辨博，其中論告廟朝至之儀，雖頗有根據而核，其大致穿鑿者多，
未足據爲定論也。」《曾子問講錄》提要：「是皆橫生臆見，殊不可
從。」《廟制折衷》提要：「一自奇齡言之揆諸經傳，反多未合，甚矣
其彊辨也。」《學校問》提要：「殊爲牽合溷淆也。」《明堂問》提

要：「輕議前儒，未免反成舛漏矣。」皆可見館臣素不滿奇齡所論，多指為違心巧辨、穿鑿、橫生臆見、彊辨、牽合溷淆、舛漏；然《四庫》於「五經總義」類亦嘗著錄奇齡以隨問隨答方式回答執經問難而纂輯成的《經問》一書，且亟讚美，至謂「以馬鄭之淹通、濟以蘇張之口舌，實足使老師宿儒變色失步，固不可謂非豪傑之士也！」可見館臣對於奇齡同時存在著嫌惡與佩服兩種矛盾心態；持平地說，館臣對其學亦極為推崇，有時也亟致隆譽之辭。

　　總論毛奇齡其人其學，《提要》云：「其學淹貫群書而好為駁辨以求勝」（《古文尚書冤詞》提要），已足以盡之矣。綜觀《提要》之於奇齡各作述評，可知館臣所不滿於奇齡者主要有二端，即對其人駁辨求勝及其學術立場之不能認同，後者尤其呈現朝廷官學意識形態與奇齡思想間的矛盾衝突立場，故凡奇齡表現出王學色彩而與朱子為仇、或辨偽《周禮》係出戰國之作者，皆因與朝廷「尊朱」以及強調《周禮》係「周公致太平之迹」學術立場不同，而不為館臣所認同、所作亦未獲錄存。《四庫全書》對於清初遍注群經的奇齡眾作，其所著錄者，皆為對於後來形成清學主流形式、引經據典之漢學解經進路具有先導之功，而不涉義理立場者。

◎萬斯大（1633-1683年）、萬斯同（1638-1702年）

　　萬斯大、萬斯同兄弟，浙江鄞縣（今寧波市）人，他們是明遺民、復社名士萬泰之子，梨洲之弟子。萬斯同精通經、史之學，尤以史學名世，後來銜師命進入「明史館」，以不署銜、不受俸之姿領導編修《明史》；萬斯大亦絕意仕進，不事帖括，專精禮學，著有《學禮質疑》、《禮記偶箋》、《儀禮商》、《周官辨非》等禮論之作，合《學春秋隨筆》為《經學五書》。梨洲嘗親自點定《經學五書》，並為《學禮質疑》撰序，復於斯大之死，親撰〈萬充宗墓誌銘〉，自稱以「姚江老

友」，痛曰：「聖經興廢，上關天運，然由今之道，不可不謂之廢也。此吾於萬充宗之死，能不慟乎！」好友鄭梁亦稱譽其禮學，「能推倒一世，親見古人如此。」（鄭梁〈跛翁傳〉，《經學五書》附）焦循代阮元撰〈萬氏經學五書序〉，稱：「非數十年冥索之功，未易有此。」（《雕菰集・代阮侍郎撰萬氏經學五書序》）《浙江通志・儒林傳》、《寧波府志・文學傳》並皆稱其：「發先儒之所未發者。」（《經學五書》附）斯大禮學之為世所重，可見一斑。

　　三禮之學歷唐宋式微與元明積衰後，幾成絕學；入清，在清儒突出經學傳統並對禮學具有濃厚興趣下，立足於三禮以研禮的學者前後接踵。在清代經學復盛中尤稱顯學的三禮考辨，萬斯大堪稱開端緒者；所撰《周官辨非》開清儒以專書考辨《周禮》的風氣之先，故梁啟超稱清代：「禮學蓋萌芽於此時了。」（《中國近三百年學術史》）斯大治禮與宋明儒之差異，就在他突出根柢於三禮的「經禮」強調，他曾自述其本於經典的禮學方法論，曰：

　　首取《戴記》諸篇相對，次取《儀禮》與《戴記》對，次取《易》、《書》、《詩》、《春秋》及《左》、《國》、《公》、《穀》與二《禮》對，見其血脈貫通，帝王制度約略可考用。……禮教弘深，學者務使禮經與諸經傳逐節關通。

　　　　　　　　　　　　　　　　　　──《經學五書・學禮質疑自序》

梨洲亦嘗讚美並歸納其治經法，曰：

　　（充宗）湛思諸經，以為非通諸經，不能通一經；非悟傳註之失，則不能通經；非以經釋經，則亦無由悟傳註之失。何謂通

諸經以通一經？經文錯互，有此略而彼詳者，有此同而彼異者，
因詳以求其略，因異以求其同，學者所當致思者也。何謂悟傳註
之失？學者入傳註之重圍，其於經也無庸致思，經既不思，則傳
註無失矣，若之何而悟之？何謂以經解經？世之信傳註者過於信
經，……反有致疑於經者，……如此者層見疊出，充宗會通各
經，證墜緝缺，聚訟之議渙然冰泮。

　　　　　　　　　　　　　　　　——《南雷文定・萬充宗墓誌銘》

　　斯大治禮本諸經禮，強調據經為斷，要求「以經釋經」、「會通諸
經」，開專門漢學之先河。他突出諸經互證的經學方法論，尚在清學形
成「漢學」典範及訓詁學系統理論以前，故侯外廬《中國思想通史》目
為「十八世紀漢學的前驅者。」斯大研經重視經典，反對世儒過信傳
註、反致疑經——如六朝義疏在「疏不破註」原則下之疑經現象；而在
清儒強調覈實經典的「回歸經典」中，晚出且駁雜的義疏之學之價值觀
亦逐漸崩毀，如孔穎達《五經正義》之《左傳》採用杜預《春秋經傳集
解》、《周易》採用道家之王韓註等，便極受清儒批判，故斯大《經學
五書》之回歸經典主張，在清初極具先導意義。

　　在〈學禮質疑自序〉中並可以見斯大研經係以「考用」三代帝王
典制為出發，即他之關懷禮儀、禮俗等問題，一皆出於經世理想；故他
取曆法、祭法、宗法、喪禮、嘉禮之有疑者，條而說之，且質之其師黃
宗羲，撰為《學禮質疑》。梨洲為序亦曰：「充宗以為質疑者，欲從余
而質也。」（〈學禮質疑序〉）是書亦突出覈實經典的「會通諸經」主
張，如斯大問於梨洲曰：

　　「學禮有疑，求之註疏而不得，求之唐宋以來諸儒而又不

得，以經說禮，其可乎？」先生曰：「然。」又請於先生曰：
「《易》、《詩》、《書》、《春秋》而下，《左》、《國》、
《公》、《穀》去古爲近，可擇而取也；外此如汲冢《竹書》之
類，非古而託之於古，附會多而確據少，置而不道，其可乎？」
先生曰：「然。」　　　　　　　　　　　　　　——〈學禮質疑自序〉

　　此外，梨洲文集中有〈答萬充宗質疑書〉、〈答萬充宗鄉射侯制〉等
文，亦可以見當時師弟間的禮學問答。梨洲亟稱許萬斯大禮學，嘗曰：
「讀質疑二篇，吾兄經術繭絲牛毛，用心如此，不僅當今無與絕塵，即在
先儒，亦豈易得！」（〈答萬充宗質疑書〉）斯大於禮學之用心細密，可
見一斑。

　　斯大《學禮質疑》和《儀禮商》二書爲《四庫全書》所收錄，另外
《周官辨非》和《禮記偶箋》則列爲存目。《學禮質疑》所負盛稱者，
如斯大嘗針對禮制之「常」與「變」，進行關於世次、昭穆、廟制等問
題之思考，並提問：「天子七廟固爲定制，然而處常則易明，遇變則難
曉。何謂常？父死子繼是也；何謂變？兄終弟及、或以兄繼弟、以叔繼
兄子之類是也。」於是關於處「變」，斯大提出了昭穆說上極具里程碑
意義的「兄弟同昭穆」之說。其曰：

　　蓋嘗思昭穆之爲義，生于太廟中祫祭位鄉（自註：太祖東
鄉，子孫南北鄉，南向者爲昭，北鄉者爲穆），而子孫因之以
定其世次。故父子異昭穆，而兄弟則昭穆同。……如謂以兄終弟
及之故，即如父子之易世，……非父子而以爲父子，本兄弟而不
以爲兄弟，如是而以爲禮，是徒知天下之足重、天子之當尊，不
知兄弟之倫之不可無也。……聖人於兄弟之際，天下國家在所可

輕，而一體無分之至情不因勢位而稍變。如謂以兄終弟及之故，
使生爲一父之子，沒爲異世之親，將上何以接高曾祖考之神靈？
下何以協子孫臣庶之稱謂？是昭穆一混，而名之不正、言之不順
即隨之。
—— 《學禮質疑·兄弟同昭穆》

然而兄弟同昭穆，如兄弟相繼之變例，則廟制當如何？斯大曰：「同廟
異室。」他並據〈考工記·匠人營國〉所載世室明堂皆五室，謂曰：
「同廟異室，古人或已有通其變者，正不得指之爲後人之臆見也。」所
論在毛奇齡於明代「大禮議」上主張區別世次、廟次，「一以人君入廟
之先後書爲次第」之外，別立其說，而《提要》對於斯大所論稱以「皆
極精確」；反之，在「史部·政書類」存目中則《提要》批評奇齡「實
乖典制」，駁斥其：「謂世宗既嗣武宗，即當以武宗爲父，引公羊傳
『爲人後者爲之子』作證；然奇齡於所著《春秋毛氏傳》及《曾子問講
錄》內論仲嬰齊卒一條，則又力闢公羊之誣，謂嬰齊不得以兄子家爲
父，父仲遂爲祖，……此說前後矛盾，殆不可解。」（《辨定嘉靖大禮
議》提要）另外秦蕙田《五禮通考》亦稱：「萬充宗據兄弟同昭穆之
義，定爲同廟異室之制，則世次不紊而廟制有常，不惟補先儒之闕，直
可爲萬世之典矣！」斯大之說對於後儒頗有影響。

斯大遷杭以後，又嘗與曾舉博學鴻詞科並撰有《禮學彙編》七十
卷、爲《四庫》所存目的應撝謙，往復論辯禮制而撰爲《儀禮商》一
書；撝謙爲序《儀禮商》述及兩人當時論辯之激烈，曰：「余喜其潭
思，嫌其自用，時欲切磋之；而萬子護其所見，未肯動步，往復之際，
動盈卷軸。非余兩人不適時宜、癡且癖，莫肯爲此也。」《儀禮商》主
於會通《儀禮》、《戴記》，而歸納禮制之通例者。斯大《學禮質疑》
嘗言：「禮取相配而義足相成，推類而識其真，亦聖人之所許也。」
《儀禮商》論鄉飲酒禮，亦曰：「《儀禮》著其儀，《戴記》詳其義，

義所以明禮，相爲表裡，二而一者也。其儀禮有未備者，則義文補之，讀者取而並觀，互爲考訂，其中首尾脈絡，本自明通。即或用此禮者，其名不同，要不得謂《儀禮》之禮與《戴記》之義有殊禮也。」（《學禮質疑‧北郊主月》、《儀禮商‧鄉飲酒禮》）因此他強調：「《儀禮》一經與《禮記》相表裡，考儀文則《儀禮》爲備，言義理則《禮記》爲精。……必通達其儀文，而後得明其義理，故讀《禮記》而不知《儀禮》，是無根之木、無源之水也，懸空無據，豈能貫通。」（《儀禮商‧與陳令升書》）歷來對於《儀禮》嘗進行通例歸納者，譬如李如圭《儀禮釋宮》、朱熹《儀禮經傳通解》、魏了翁《儀禮要義》等，皆曾運用之，斯大《儀禮商》更歸納其例曰：

　　大要十七篇中，以冠昏、喪祭、朝聘、射鄉、燕食、相見爲之目；以冕弁、衣裳、帶韠爲之飾；以幣帛、皮圭、璧琮、車馬爲之物；以鼎俎、豆籩、簠簋、敦鋪爲之器；以升降、拜跪、揖讓爲之文。委曲周詳，至繁至密。……古人之禮行於廟者十七，行於寢者十三，……苟不由行禮之節次，因以熟察其精微，則是得其淺而遺其深，識其末而忘其本，究且與祝史無異。

　　　　　　　　　　　　　　　　　　　　　　——〈與陳令升書〉

至其細節，如謂：

　　古者飲食賓客之禮，曰食、曰饗、曰燕。食主于飯而已，其禮簡；饗則几設而不倚，爵盈而不飲，禮雖盛而情未洽；惟燕所以示慈惠，主於飲酒，恩意懇款，盡醉飽之歡，故其用至廣。

　　　　　　　　　　　　　　　　　　　　　　——〈燕禮第六〉

故學者梁勇稱萬斯大：「是有清一代對《儀禮》進行通例歸納的第一
人。」（梁勇《萬斯大及其禮學研究》）其後江永有《儀禮釋例》，也
對禮服進行通例歸納；淩廷堪有《禮經釋例》定禮例爲八——通例、飲
食之例、賓客之例、射例、變例、祭例、器服之例、雜例等，使繁縟的
節文威儀成爲簡明之通例，是清儒視歸納通例爲治《儀禮》門徑之集大
成者。再者，對此繁複禮制，斯大又以圖解禮，如他繼宋聶崇義《新定
三禮圖》、楊復《儀禮圖》之後，另製〈廟寢圖〉以修正補充楊復之
《儀禮圖》，並曰：「竊依經文，更爲〈廟寢圖〉，門庭、戶牖、堂
階、房室，昭昭布列，明乎此，則凡行禮之始終節次，井然秩然，雖其
委曲周詳、至繁至密者，無不言下立辨，迎刃而解矣。」（《儀禮商‧
與陳令升書》）而斯大在《學禮質疑》爲世所稱的〈宗法〉八篇中，也
製有大、小宗圖——〈公子宗道三圖〉、〈大宗百世不遷之圖〉、〈小
宗五世則遷之圖〉⋯⋯等，他亦是清儒以圖解禮之第一人，其後清儒有
張惠言《儀禮圖》之集大成，故斯大有篳路藍縷之功。

　　此外，斯大考辨《周禮》的《周官辨非》名著，亦立足在「以經
說禮」之會通諸經方法論的辨僞成果。雖然《周官》一書歷來迭有疑之
者，宋儒張載、蘇軾、蘇轍、晁說之、胡宏、洪邁、黃震與明儒方孝
孺、楊慎、郝敬等，皆曾對《周禮》作者質疑辨難，但多爲零箋斷篇，
逮及斯大始撰爲專書，辨《周禮》之不可信。斯大該著主要以《魯史》
轉述的《周禮》云云覼之傳世《周禮》，但未見其文；又以《周禮》所
載諸官職掌、法制典章等取校於《五經》、《論語》、《孟子》等經
典，發現其中有諸多不合古禮者；尤其其弊害叢生，不可用於施政，其
用之者、古來惟劉歆與王安石二人，以此斯大斷論傳世《周禮》非周公
所作，「周公之《周禮》已亡；而今之所傳者，後人假托之書也。」
（〈序〉）此其撰作名爲《周官辨非》的原因。關於萬斯大《周官辨
非》的辨僞法，方祖猷〈萬斯大的《周官辨非》〉與林慶彰《清初的群

經辨僞學》皆嘗條陳剖析其細節，如曰：「以《周禮》制度有害於民生而辨其非」、「以《周禮》自相謬戾而辨其非」、「〈大宗伯〉所述祭先王之制，與古不合」、「〈司服〉所言天子服制，與古不合」，諸如此類的；不過林慶彰同時也指出斯大之辨僞法仍有有待商榷者，像是他多引證《孟子》、《禮記·王制》、《尚書·周官》等，以證成《周禮》所載各種職官制度之非，但「孟子所述的其他典章制度，也不能作爲當時之實錄來看待。」而有時他也引〈毛詩序〉爲證，然「實不能以〈詩序〉之說來代表詩篇的主旨」，如此者不一而足。

斯大《周官辨非》辨《周官》非周公所作，最重要的內容在於他認爲傳世《周禮》之載制有諸多弊害，將害於民生，絕不可以爲法。其曰：「《周官》一書所列官冗而斂重，即末世亡國之弊亦無過此者。」（李呆堂〈周官辨非序〉轉述）他認爲周公之書絕不如此，是以復還其名曰《周官》。其辨如：

山林川澤，民之所以取材用也，或恐其不時而入，則物或易盡，爲之設禁以守之，特數有司之事耳，曷爲而官吏若是其多乎？既官吏若是其多，則凡山澤之所出足資國用者，官取之可矣，曷爲而賦於民乎？……復物物分斂之，數十百官吏，結網羅、置陷阱於山澤之中，民生其間，真一步不可行，一物無所有，纍然桎梏之人耳。　　　　　　　　——《周官辨非·山虞》

奈之何征稅以困商？商困而思辟稅，或有不出於關者，即舉其貨罰其人，是不以商視商，而以盜賊視商；以盜賊視商，而己即以盜賊之行待商也。嗚呼！誰生厲階？至今爲梗。
　　　　　　　　——《周官辨非·司關》

斯大持信聖人之治，將以興利除害、利益萬民，「善政莫如薄斂」
（〈周官辨非序〉），如之何乃以冗官與重賦加諸於民？斯豈周公之制
禮作樂乎？他不信周公之制如此，以此力辨其非，故他又說：「官多則
靡祿，靡祿則財匱，財匱則聚斂，聚斂則病民。嗚呼！生之者眾，食之
者寡，《大學》生財之道也；作《周官》者，曷亦思之乎？」「然則
〈載師〉所言，豈待辨而知為聚斂小人之說乎！」（《周官辨非‧鄉
老‧載師》）斯大羅列諸多證據，論證《周官》乃劉歆用以媚莽，以作
為施政所本者，所以他斷論斯作乃小人舉末世弊政而誣聖人所作，絕非
周公之定制。

　　《周官辨非》在《四庫全書》中並無著錄，惟存目而已。《提要》
說明斯大大旨在於病《周官》之「官冗而賦重」；然館臣認為《周禮》
之「通儒授受，必有所徵」，雖《周官》一書展轉流傳、不免有所附
益，容有可疑、卻不至於偽，故總論以「斯大徒見劉歆、王安石用之而
敗，又見前代官吏之濫賦斂之苛，在在足以病民，遂意三代必無是事，
竟條舉《周禮》而詆斥之。其意未始不善，而懲羹吹齏，至於非毀古
經，其事則終不可訓也。」是以《四庫全書》未加著錄。惟梨洲亟稱
許此著，曰：「未有得其佐證明顯如兄所言者。」（〈答萬充宗質疑
書〉）梁啟超亦謂：「《周官》這部書，歷代學者對他懷疑的很不少，
著專書攻擊而言言中肯者，實以此書為首。」（《中國近三百年學術
史》）故梁啟超認為斯大的禮學諸作中，《周官辨非》的價值最大。

　　至於《禮記偶箋》——《禮記》自孔穎達《禮記正義》後，以宋
衛湜之《禮記集說》號稱大備；惟明胡廣編《五經大全》，其《禮記大
全》則獨取陳澔之《禮記集說》，而澔注淺顯、不為儒者所稱，是以明
代三禮學荒疏，《禮記》之學尤其衰微，故斯大在清初所撰《禮記偶
箋》，便有開端緒之作用，極具清初治此學的先聲意義。但其實萬斯大
一生學術所用力最勤者，另在卷帙浩繁的《禮記集解》上（由其子萬經

定名），共49卷。據浙東史家全祖望〈禮記輯注序〉，謂斯大之於三禮，於《禮記》成帙最富；又謂斯大方箋疏時，《通志堂經解》未刻，他多方求衛湜書而不可得，於是自忖「以吾所見，未必較櫟齋（衛湜）爲少，乃自註疏。」至其裒然成編後始得衛書，取而讎之，「則凡櫟齋之所有者，無不在；後乎此者，倍之。」且其「和齊斟酌，審異致同，極之於繭絲牛毛之細，直足過櫟齋而抗文潔（黃震）。」祖望接著又說：「是書則以部帙之繁，未有能梓者，予從其家借鈔之。」（《鮚埼亭集外編・禮記輯注序》）不過據斯大之子萬經言，斯大始終未見衛書，全氏所見《輯注》中有衛湜言，係萬經後來所校讎增補，萬經本擬先付刻《經學五書》，嗣後再單獨梓刻是書，未料竟毀於鄰火，全氏鈔本亦佚，故傳世者惟《禮記偶箋》令人痛心！要之，斯大生於元明經禮不振之後，獨以三禮之學名家，除了《周官辨非》開啟清初考辨《周禮》之風以外，於《儀禮》、《禮記》二學並皆深有闡發之功，誠無愧爲「漢學前驅者」，更是清初所不可或缺的重要禮學家。

斯大之弟斯同則以領修《明史》盛稱於世，但他實際上經、史齊名，著作皆夥；惜其家貧又客死京師，遺稿多散落、或爲他人所竊取，致經學之名幾遭湮沒。斯同著作，後世說法不一，經浙江學者方祖猷考證，有33種之多。除史部著作外，其中最負盛名者，爲署名徐乾學之《讀禮通考》——該著係因徐乾學遭母喪而請斯同撰作，據全祖望《鮚埼亭集》言：「崑山徐侍郎乾學居憂，先生與之語喪禮，侍郎因請先生纂《讀禮通考》一書。上自國卹、以迄家禮，十四經之箋疏、廿一史之志傳、漢唐宋諸儒之文集、說部，無或遺者。」（〈萬貞文先生傳〉）後世亦普遍認同該著爲斯同所作，如陳訓慈曰：「徐乾學之《讀禮通考》，出季野手筆，爲論學者所共知。」（《中國史學史論文選集・清代浙東之史學》）是書所謂「讀禮」乃專指喪禮而言，故其書專論喪期、喪服、喪儀節、葬考、喪具、變禮、喪制、廟制等八事，「喪期歷

代異同則有表；喪服暨儀節、喪具則有圖。」其縷析條分，極爲詳備，斯同並以餘論撰成《喪禮辨疑》四卷、《廟制折衷》二卷，惟二書並皆亡佚。

　　不過關於《讀禮通考》之卷數，有九十卷和一百六十卷的不同說法；經方祖猷考證，論曰：「季野獨力完成九十卷。徐氏在康熙29年歸里，又請顧炎武、朱彝尊、閻若璩等續補訂定，擴而爲一百二十卷、或一百六十卷。」並證之以《四庫提要》言徐氏：「歸田後，又加訂定，積十餘年，三易藁而後成。」是以方氏論是書之作者，「以斯同之力爲多，然並非全爲斯同所作。」（《清初浙東學派論叢・萬斯同著述考略》）要之，不專主一經、通貫諸經的《讀禮通考》，是言喪禮最詳備的專書，《四庫提要》稱以：「古今言喪禮者，蓋莫備於是焉！」此著爲後世論斯同禮學之代表作。

　　而除了《讀禮通考》外，世疑斯同或另有一部也同樣存在著作者之爭的禮學名著——《五禮通考》。全祖望《鮚埼亭集》說徐乾學在斯同撰《讀禮通考》後，「乃知先生之深於經，侍郎因請先生遍成五禮之書二百餘卷。」蔣學鏞《鄞志稿・萬斯同》也說：「尚書（徐乾學）又請遍撰五禮，遂節略前書，復補其四，共二百餘卷，未及繕寫，先生卒。稿本留京師一故家，近時有檢得之者，其書多以紙黏綴，或脫落失次，因重爲編輯，竟竊名己作，崑山所刻（按：《讀禮通考》），人知出先生手，而《五禮通考》，人或未之知也。」（轉引方祖猷）蓋秦蕙田（1702-1764年）《五禮通考》亦成於眾手，可考者譬如戴震，故梁啟超《中國近三百年學術史》也說：「秦味經（蕙田）的《五禮通考》二百六十二卷，這書爲續補《讀禮通考》而作；我很疑心有一大部也出萬季野手，但未得確證，不敢斷言。」他並極爲斯同抱不平其一生重要著作幾皆爲人竊名，《讀禮通考》外，王鴻緒竊名又竄亂《明史稿》乃人盡皆知者，是以梁啟超又嘗語帶矯激地說：「秦蕙田的《五禮通

考》，恐怕多半也是偷季野的。」其下復自註道：「據謝山說季野既續作五禮之書二百餘卷，這部書往哪裡去了呢？只怕也像《明史稿》一樣被闊人偷去撐門面了。」學者陳訓慈也說：「識者以爲秦氏《通考》，或即大部竄竊萬稿而成。」（〈清代浙東之史學〉）惟金毓黻《中國史學史》反對此說，認爲「無徵不信，厚誣古人。」（〈清代史家之成就〉）是以方祖猷考證萬斯同之遺作，曰：「按季野爲徐乾學撰《讀禮通考》，內容僅爲喪禮（凶禮），而未及吉、軍、賓、嘉四禮，其後遍撰其四禮，實有極大可能。斯同卒，其遺書多爲弟子錢名世竊攘，或有散落。然確否爲秦蕙田所檢而竄以己名，則無實據。」是其雖不排除《五禮通考》爲萬斯同撰作的極高可能性，但仍語帶保留地說「真僞難定，或應予以否定。」並未將之計入斯同著述33之數。

至於《四庫提要》則在《五禮通考》下具名秦蕙田，而曰：「是書因徐乾學《讀禮通考》惟詳喪葬一門，而《周官‧大宗伯》所列五禮之目，古經散亡，鮮能尋端竟委；乃因徐氏體例網羅眾說，以成一書。」是其雖未冰釋作者之疑，但卻指出該著在內容和體例上，皆與《讀禮通考》具有續成四禮及因襲體例之密切關聯性。再佐以梨洲文集中有〈答萬季野喪禮雜問〉、〈再答萬季野喪禮雜問〉等文，並皆可見梨洲與斯同論禮之一斑；而斯同在明史館時，也嘗撰爲《群書辨疑》一書，對於禮制有諸多發揮；復因明代禮制淆亂而撰爲〈禘說〉八篇，駁斥鄭玄等之謂禘祫二分，認爲禘祫是一祭，「祭始祖所自出而以始祖配之。」（《群書辨疑‧郊禘說》）後來斯同並將廟制部分匯編成爲《廟制圖考》，「統會經史，折衷廟制」，凡宗廟之廟制沿革皆圖繪之，附於經後，《四庫全書》著錄在史部「政書類」之「典禮」屬，《提要》稱其「通貫古今，有條有理」，「援徵精確，爲前人所未發矣！」故有關《五禮通考》作者，姑不妄下斷言，而斯同之深於禮學則確然可知，其於喪、祭之禮尤爲獨具心得。故章太炎〈清儒〉稱曰：「自明末有浙東

之學，萬斯大、斯同兄弟皆鄞人，師事餘姚黃宗羲，稱說《禮經》，雜陳漢、宋，……而說禮者麗靡不絕，定海黃式三傳浙東之學，始與皖南交通；其子以周作《禮書通故》，三代制度大定。惟漸江（即浙江，今錢塘江）上下諸學說，亦至是完集云。」（《訄書》重定本）皆亟肯定二萬兄弟對於浙東學術深明禮學有傳承之功。

◎李光坡（1650-1723年）

　　康熙間猶有一儒李光坡，對於三禮之學亦卓然有成，嘗撰《三禮述注》──《周禮述注》、《儀禮述注》、《禮記述注》之巨帙。李光坡，大學士李光地之弟，然與其兄進身仕途、青雲扶搖相較，則光坡家居不仕、潛心經學，數十年間埋首書冊，孜孜矻矻，澹泊名利；而其家學淵源，其兄李光地《榕村集》中亦有《周官筆記》，其姪鍾倫有《周禮訓纂》，均為《四庫全書》所著錄，其從孫清植則有《儀禮纂錄》，皆與光坡之著作體例相近似，可見其家風一斑。

　　《三禮述注》主要強調以義貫通，光坡善於疏釋義理，其於《儀禮》，曰：「《儀禮》、《周禮》同是周公所制，題號不同者，《周禮》取別夏、殷故言周；《儀禮》不言周者，欲見兼有異代之法。」又曰：「《儀禮》亦名《曲禮》，言儀者，見行事有威儀；言曲者，見行事有屈曲，故有二名也。」（《儀禮述注》）於《禮記》，曰：「《禮記》之作，出自孔氏之徒共撰所聞，以為此記。或錄舊禮之義，或錄變禮所由，或兼記體履，或雜序得失，故編而錄之以為記。」（《禮記述注》）光坡並自述其撰為《禮記述注》之所由，蓋出於對陳澔《禮記集說》不滿，明初之為《大全》又一以《集說》為宗，不合者不取；坡始讀之，「病其未盡，及讀註疏，又疑其未誠。」以其「抵冒前人，即欺負後生，何以示誠乎？」且其內容「逐節不往復其文義，通章不鈎貫其脈絡」，故光坡自謂：「本述註疏朱子之教也，陳氏雜合註疏、諸儒為

文，或仍之，或以註疏增其未備、損其枝辭。」（〈禮記述注序〉）因此光坡在求其義通之外，復對於疏注訓詁極為重視；而乾嘉經學之大成，正是以群經新疏作為標誌，是故光坡著述亦具承先啟後之功，並皆為專門漢學之先聲。

　　《四庫全書》對於《三禮述注》並皆加以著錄，自下列《提要》之於光坡學風述評，一方面可見光坡學術旨趣，另方面亦可照見康熙間學風漸由宋學→漢學，從重視義理逐漸轉向到詁訓強調的轉變之迹。《四庫提要·周禮述注》曰：

　　　　其書取註疏之文，刪繁舉要，以溯訓詁之源，又旁采諸家、參以己意，以闡制作之義。……宋儒喜談三代，故講《周禮》者恆多；又鑑於熙寧之新法，故恆牽引末代弊政，支離詰駮，於註疏多所攻擊，議論盛而經義反淆。光坡此書，不及漢學之博奧，亦不至如宋學之蔓衍；平心靜氣，務求理明而詞達，於說經之家，亦可謂適中之道矣！

此論極清楚地表述了四庫館臣對《周禮》的官學立場：既反映出乾嘉漢學重視訓詁註疏；又對清廷持信《周禮》為周公所作加以申明，以駁斥辨難者之「牽引末代弊政，支離詰駮。」復表明館臣反對學風之「議論盛而經義反淆」，並皆為官學漸趨漢學的明證。《提要》並說明光坡之學，「雖於鄭、賈名物度數之文多所刊削，而析理明通，措詞簡要，頗足為初學之津梁」，即他一方面雖然重在義通，但未如講學家之空言；另方面則他能旁采諸家註疏、以溯訓詁之源，而與清初學風漸趨漢學疏注同趨，因此《提要》說光坡「不及漢學之博奧，亦不至如宋學之蔓衍」，正是居於宋學議論與漢學考證間、可觀風趨之變的有力線索與直接證明。

　　逮及乾隆時期，清廷的官方意識以及四庫館臣的學術立場，已經
明顯表現出反對宋學之議論過盛而經義不明了，是以《提要》在《周禮
述注》外，復對光坡之《儀禮述注》加以高度評價道：「《周禮》猶可
談王、談霸；《禮記》猶可言敬、言誠；《儀禮》則全爲度數節文，非
空辭所可敷演。……光坡此編雖瑕瑜互見，然疏解簡明，使學者不患於
難讀，亦足爲說禮之初津矣！」另外對於《禮記述注》，也同樣站在學
風漸變的立場和角度，評價以：「其論可謂持是非之公心，埽門戶之私
見，雖義取簡明，不及鄭、孔之賅博，至其精要，則亦略備矣！」要皆
可見光坡學風正是學術過渡時期、亦是清廷官學由崇獎理學轉而弘揚漢
學的轉變代表。

　　惟光坡寒素終生，書成而無力刊刻，最後只得借語梅文鼎，聊以自
慰地對其子鍾份說：「存與不存，不關刻與不刻也。」（《周禮述注》
後跋）幸其遺願得在其子集資付印後獲得實現；三禮館修訂《三禮義
疏》時亦曾移文索取所著，《四庫全書》並皆加以錄存其書，差堪獲慰
於地下矣！

◎方苞（1668-1749年）

　　方苞早歲究心詞章，中歲以後潛研三禮；他早年曾爲好友戴名世
書寫南明史的《南山集》作序——集中因削清號、稱永曆帝號而發生史
案，戴名世被殺、方苞初亦論死，賴李光地援救始免死繫獄，獄中方苞
專注於禮學，其後出任三禮館副總裁，《三禮義疏》條例依正義、辨
正、通論、餘論、存疑、存異、總論等七類，在每節經文之後列敘從漢
到明的諸家說解，即據方苞〈擬定纂修三禮條例劄子〉而定。在三禮學
上，方苞除了曾經主修《三禮義疏》的《周禮》、《儀禮》等部以外
（論參劉康威《方苞的周禮學研究》），他並著有《周官辨》、《周官
集注》、《周官析疑》、《儀禮析疑》、《禮記析疑》、《喪禮或問》

等禮學諸作，其中多有爲《四庫全書》所錄存者；此外，他還兼治《詩經》、《春秋》，著有《朱子詩義補正》、《春秋通論》、《春秋直解》、《春秋比事目錄》等。在一般人固有的對於方苞桐城名家之認識外，實則方苞亦是清代前期經學家、尤其禮學名家，一如《四庫提要·禮記析疑》所言「苞在近時，號爲學者」，其書亦「頗有可採。」

方苞深明三禮之學，尤用力於《周官》一書，他對於《周官》的基本主張，係認爲《周官》內容是周代六官程式，故爲周公所作無疑——他篤信周公之作，曰：「《周官》晚出，群儒多疑其僞；至宋程、張二子及朱子繼興，然後知是書非聖人不能作。蓋惟三子之心幾乎與公爲一，故能究知是書之精蘊，而得其運用天理之實也。」方苞極尊程朱義理，目程朱諸人與聖人同之，並認同程朱的《周官》不僞立場；不過對於《周官》，他認爲是書後來因劉歆助莽而遭竄亂經文，鄭玄作注未察，故「鄭氏以漢法及莽事詁《周官》，多失其本指。」（〈周官辨序〉，《方望溪全集·集外文》）因此方苞撰《周官辨》，即欲辨正劉歆所竄亂以及鄭注之誤者。其曰：

余以〈王莽傳〉辨《周官》所僞亂，循是以考《戴記》、《尚書》及子史傳注，然後知舍莽政之符驗，《周官》無可疵者；舍莽事之比類，古聖無見誣者。循是以討去之，然後諸經之賊蝕，一旦而廓然。　——《方望溪全集·書辨正周官戴記尚書後》

方苞所論《周官》爲歆竄亂助莽者，「其誣枉未有若周公踐阼，居天子之位者」，故他析辨劉歆造僞成王襁褓之幼、不能蒞阼一事，他另據《尚書·金縢》之言「公爲詩以貽王」、「王亦未敢誚公」，而論成王「則年非甚少，斷可識矣。」（詳〈書考定文王世子後〉、〈辨明堂位〉）是以其《禮記析疑》刪此數語。另，〈周官辨僞一〉，方苞所辨

如：莽頌六藝而託言《周官》，其未篡也，既以公田口井布令，既篡以
後不能遽變十一之說，但他想要增加稅收、又要根據經典，於是劉歆承
意竄入〈載師〉云：「近郊十一；遠郊二十而三；甸、稍、縣、都皆
無過十二」，以示《周官》之田賦，本不止於十一也。又如王莽立山
澤、六筦、榷酒、鑄器稅眾物，以窮工商，於是劉歆竄入〈廛人〉云：
「廛人掌斂市：絘布、總布、質布、罰布、廛布，而入於泉府。」在市
官所掌廛布與罰布外別增其三，以示《周官》征布之目，本如是其多
也。再者，莽好妖妄，爲天下訕笑，於是劉歆增竄〈方相氏〉、〈壺涿
氏〉、〈蟄蔟氏〉、〈庭氏〉等職司「射國中之夭鳥」、「掌覆（毀）
夭鳥之巢」、「掌除水蟲，……欲殺其神，則以牡橭（樗，榆木）午
貫象齒而沉之」之殊方異俗的職官，以示聖人之法，固如是其多變怪
也。……餘例尙多，務使莽行一無悖於《周官》（詳《方望溪全集・周
官辨一》），若此皆方苞所認爲劉歆竄經以助王莽者。此外，《周官》
亡〈冬官〉而補以〈考工記〉，然宋儒胡宏等認爲〈冬官〉未亡，只是
混入〈地官〉；對此，方苞則承李光坡之見，主張〈冬官〉已亡，並反
對以〈考工記〉補〈冬官〉，故以《周官》爲一編，〈考工記〉另爲一
編，不冠稱〈冬官〉。《欽定周官義疏》與方苞上論亦皆若合符，蓋以
《三禮義疏》之《周禮》即由方苞主修故也。《欽定周官義疏》於乾隆
6年完成後上呈高宗，「上留閱兼旬，命發刻，一無所更。」（沈廷芳
〈方望溪先生傳〉）可見所論尙能孚當時共識，不過後儒則評價不一，
反對者認爲劉歆不能預知莽政，不能預爲竄造經文以使莽政符驗。

　　方苞在主修《欽定周官義疏》外復撰爲《周官集注》，亦爲《四
庫全書》所收錄，是注仿朱子之例，《提要》稱其：「訓詁簡明，持論
醇正，於初學頗爲有裨。」並說明：「是編集諸家之說詮釋《周禮》，
謂其書皆六官程式，非記禮之文」，故「改題本號以復其初。」所論清
楚地闡述了方苞認爲《周禮》不是記禮之文，故應復其初而稱以《周

官》，而《欽定周官義疏》之不稱《周禮》而稱《周官》，即同於此論，四庫館臣也並皆沒有疑義；不過對於方苞所論《周官》之有不合古禮者皆係劉歆所竄入，則四庫館臣頗與三禮館觀點歧異——在清學之「漢學」典範高峰下，以四庫館臣為代表的官方禮學意識，係尊信《周禮》為周公所作、而且反對任何劉歆竄亂或戰國時作的一類說法，因此《提要》緊接著批評方苞另一書《周官辨》，謂其：「指《周官》之文為劉歆竄改以媚王莽，證以《漢書》莽傳事蹟，歷指某節某句為歆所增，言之鑿鑿如目睹。其筆削者，自以為學力既深，鑑別真偽，發千古之所未言，……持論太高，頗難依據，轉不及此書之謹嚴矣。」（《周官集注》提要）故據此線索可以溯源乾隆初年開三禮館、到乾隆38年開四庫館期間的思想演變。

　　《四庫全書》對於方苞所著《三禮析疑》之《儀禮析疑》、《禮記析疑》皆加以錄存，惟獨對於《周官析疑》未予收錄；然三禮之中、方苞實於《周禮》用力最深，且他身為三禮館副總裁，在纂修《三禮義疏》上具有相當裁斷力，除了主修《周禮》以外，《欽定周官義疏》卷首之〈擬周官總辨〉八條，如曰：「以是數者按之莽之亂政，則一一相符，……必歆承莽意而增竄之，非其舊也」，故主張以《周官》「覆按諸職之文，削其為與莽事相類者，則皆理備而義完，其辭氣亦前後相承無間」，亦皆與方苞《周官析疑》及《周官辨》觀點一致、甚至相同，學者也認為出於方苞之手。然而儘管關係如此密切、觀點並皆合符，《欽定周官義疏》以其官修而得為《四庫全書》所收錄；《周官析疑》和《周官辨》卻因「以竄亂歸之劉歆」，而未被錄存，那麼四庫館臣在彰明官方禮學意識及立場之餘，又如何對此自圓其說？以下以《提要》述評作為觀察線索。

　　《提要》對方苞《周官析疑》述論道：

　　其書體會經文，頗得大義；然於說有難通者，輒指爲後人所
竄，因力詆康成之註。……蓋苞徒見王莽、王安石之假藉經義以
行私，故鰓鰓然預杜其源。其立意不爲不善，而不知弊在後人之
依託，不在聖人之制作。

《提要》對於方苞「於說有難通者，輒指爲後人所竄，因力詆康成之
註」，顯然持反對立場；然而對於《欽定周官義疏》之同皆持論「劉歆
增竄」，以及王安石依鄭玄之說而襲迹新莽、以致於禍宋，則《提要》
申明館臣之立場是毋庸諱言之，其言曰：

　　大抵《周官》六典，其源確出周公，而流傳既久，不免有所
竄亂，不必以爲疑，亦不必以爲諱；說《周官》者以鄭氏爲專
門，而訓詁既繁，不免有所出入，不可護其短，亦不可沒其長。
　　　　　　　　　　　　　　　　　——《欽定周官義疏》提要

此二述評表面上似有出入，其實相爲表裡；前者說方苞「不知弊在後人
之依託，不在聖人之制作」，但這其實正是方苞認爲《周官》是周公所
作、但爲劉歆所亂之立論——後儒多謂晚清康有爲撰作《新學僞經考》
係受方苞論劉歆竄亂《周官》啟發，惟必須分辨二人古、今文立場不
同：方苞持信《周官》乃周公作之，志在維護古經；康有爲則強調劉歆
造僞經典，志在否定古經——是故《四庫全書》雖必然地收錄了方苞主
修的官修《周官義疏》，卻不得不婉轉地表明館臣係持「不必以爲疑，
亦不必以爲諱」、「不可護其短，亦不可沒其長」的態度；反之，《四
庫全書》雖未著錄方苞的《周官析疑》和《周官辨》，但《提要》卻也
不得不代爲辯言，辯稱方苞係見王莽、王安石之假借經義以行私，故
「鰓鰓然預杜其源，其立意不爲不善。」如此才能既維護清廷之強調古

經立場，亦不過貶「竄亂說」以及《周官義疏》緣此而展開的諸多辨僞經文之辨證成果。是以《提要》所論可以視爲調停兩可而兼顧雙方立場的說法。

　　此外，方苞強調三禮互證，他以求其貫通的方法治禮，晚年用力於《儀禮》頗勤，甚至「設爲身履其地、即其事，而求昔聖人所以制爲此禮、設爲此儀之意，雖臥病猶仰而思焉。」（《方苞年譜》82歲條）《提要》亦謂：「苞於三禮之學，《周禮》差深；晚年自謂治《儀禮》十一次，用力良勤。……其用功既深，發明處亦復不少，……皆細心體認，合乎經義，其他稱是者尚夥。檢其全書，要爲瑜多於瑕也。」故方苞不惟在修定《三禮義疏》上深具影響力，他也著有禮學各書，《望溪集》中並多論述經傳子史之文，《提要》亦曰：「苞於經學研究較深，集中說經之文最多，大抵指事類情，有所闡發。」學者楊向奎並謂方苞「劉歆竄亂《周官》說」開清代今文學之法門，其後劉逢祿遂倡爲劉歆造僞《周禮》、《左傳》等古經之說，晚清康有爲更張大其說地撰爲《新學僞經考》（《清儒學案新編》三）——然則何以後儒在其桐城文士身分之外，卻罕有稱其經生及禮學家身分者？此或由於方苞所持「義理說禮」之進路，頗異於後來清學主流的「漢學解經」進路。方苞究心於宋元經解，素以「學行繼程、朱之後，文章介韓、歐之間」作爲立身及學術宗旨，亟推重程朱義理之學，故他強調義理之貫通，並未強調名物辨證，爲清代主流外之經學家，《清儒學案》亦稱他：「於宋元人經說，薈萃折衷其義理，名物訓詁則略之。」（〈望溪學案〉）是以方苞經學旨趣與漢學典範之訓詁解經頗爲異趣；重以方苞尊朱太過，不容非議程朱，對於凡說與宋儒異者皆加以指摘，至謂：「自陽明以來，凡極詆朱子者，多絕世不祀」，並舉顏元、李塨、毛奇齡爲例（《方望溪全集·與李剛主書》），其黨同伐異過激之言，實不足取，故《提要》對於方苞的宋儒學風與臆斷之習，亦多加以批評。如《禮記析疑》提要在

稱其「融會舊說，斷以己意」之餘，復加以批評道：

　　其最不可訓者，莫如別爲〈考定文王世子〉一篇，刪「文王
有疾」至「武王九十三而終」一段，又刪「不能菽阼、踐阼而
治」八字及「虞夏商周有師保、有疑丞」一段，……夫《禮記》
糅雜，先儒言之者不一；然刪定《六經》惟聖人能之。孟子疑武
成不可信，然未聞奮筆刪削也；朱子改〈大學〉、刊《孝經》，
後儒且有異同；王柏、吳澄竄亂古經，則至今爲世詬屬矣。苞在
近時，號爲學者，此書亦頗有可採，惟此一節，則不效宋儒之所
長，而效其所短，殊病乖方。

論中可見號稱漢學大本營的四庫館之於宋儒改經不滿，以爲正是宋學所
短；再佐以《提要》之論方苞《春秋通論》，謂：「苞乃於二千餘載之
後，據文臆斷，知其孰爲原書、孰爲聖筆，如親見尼山之操觚，此其說
未足爲信。」並皆可見館臣之於方苞輕率改經之不滿，故曰：「今錄存
其書而附辨其謬於此，爲後來之炯戒焉！」（《禮記析疑》提要）雖錄
存其書，仍不無責賢之意。不過以《提要》相較於漢學營壘江藩論禮之
謂：「（萬斯大等）吾無取焉！方苞輩，則更不足道矣！」（《國朝經
師經義目錄》）則《提要》所論尙屬公允。《提要》甚至還稱方苞《春
秋》學，「實非俗儒所可及，譬諸前修，其吳澄之流亞歟！」（《春秋
通論》提要）以方苞比於和許衡並稱南北二學的元儒吳澄，遠出於一般
人對方苞的文士認識之外；只不過漢、宋學隔閡，也確是存在乾嘉學界
之不改事實。

◎江永（1680-1762年）
　　雍、乾之際，徽州江永亦以治禮名；徽歙爲朱熹故里，朱熹晚年嘗

亟致力於編纂《儀禮經傳通解》，其用心甚深，即老病之際猶未稍歇，嘗與友人書曰：「今日吾輩只有此事是著緊處。……急欲了此書，及未盲間讀得一過，粗償平生心願也。」「老拙衰病，日甚於前。目前外事悉已棄置，只此事未了爲念。」「覺得歲月晚，病痛深，恐不了此一事，夢寐爲之不寧也。」（《朱子文集·答黃直卿》）其流風未歇，故皮錫瑞說朱子《儀禮經傳通解》，「爲江永《禮書綱目》、秦蕙田《五禮通考》所自出。」錢穆亦言：「徽學原於述朱而爲格物，其精在《三禮》。」（《經學歷史·經學變古時代》、《中國近三百年學術史·戴東原》）是以清儒江永，其繼起有功者。

江藩在《國朝漢學師承記》稱江永爲「一代通儒」，並謂戴震在江永行狀，「稱其學自漢經師康成後罕其儔匹，非溢美之辭。」江永長於步算、鍾律、聲韻，尤深於禮；其著作宏富，有《周禮疑義舉要》、《儀禮釋宮增注》、《禮記訓義擇言》、《深衣考誤》、《禮書綱目》、《鄉黨圖考》、《春秋地理考實》、《古韻標準》、《四聲切韻表》、《音學辨微》、《推步法解》、《近思錄集注》、《讀書隨筆》、《四書典林》……等。其爲人和易近人，處里黨以孝悌仁讓爲先，嘗勸鄉人輸穀立義倉，行之三十年，一鄉之人不知有饑饉。方苞嘗與論禮，從容答之，苞負氣不服，永哂之而已。乾隆崇獎實學，命舉經術之儒，有薦永者，永以「穨然就老，無復可用」辭之，並書其弟子戴震曰：「馳逐名場非素心。」詔開三禮館，聞永有《禮書綱目》之作，檄下郡縣，錄送以備參訂；永沒後，又詔修《音韻述微》，刑部尙書秦蕙田復請於朝，令督臣取所著韻書三種進呈貯館，以備採擇。秦蕙田並嘗延戴震助修《五禮通考》，戴震於「觀象授時」一類中全篇載入江永的《推步法解》。江藩嘗嘆：「竊其唾餘取高第、掇巍科者，數百人；而永以明經終老於家，豈傳所謂『志與天地擬者，其人不祥』歟？」（上據《國朝漢學師承記》、《東原集·江慎修先生事略狀》）述其禮

學於後。

　　江永禮學諸作多為《四庫全書》所收錄，且皆有好評，惟一僅得
存目的禮學之作是《儀禮釋例》，因「是書標曰『釋例』，實止釋服一
類，寥寥數頁，蓋未成之書。……此則草創之本耳。」從另一個角度
看，寥寥僅數頁的江永未成之作、草創之本，《四庫全書》猶且加以存
目，是館臣對其著作幾可謂之「珍若珙璧」矣！而亦可見擅長考證的江
永，確能符合乾嘉學風對於考證精詳之突出要求與強調。在江永禮學
著作中最負盛名的，是其《禮書綱目》85卷。戴震〈江慎修先生事略
狀〉謂江永是書之作，係由於朱子晚年為《儀禮經傳通解》，未成而
沒，其後雖經弟子黃氏、楊氏續纂，然猶多闕漏，故江永「為之廣摭博
討，一從《周官經‧大宗伯》吉、凶、軍、嘉、賓五禮舊次，使三代禮
儀之盛，大綱細目井然可觀於今。」江永自序亦言：「蓋欲卒朱子晚年
惓惓之志，兼備他時採擇。」朱子《儀禮經傳通解》係以《儀禮》為
經，而以《周官》、《戴記》和諸經史雜書補之；其編類之法，則因事
而立篇目、分章以附傳記，江永譽為：「秦漢而下未有此書也。」故江
永撰為《禮書綱目》，除了續夫朱子未竟之志以外，其特重《儀禮》，
亦取義於朱子〈乞修三禮劄子〉之言：「《周官》一書固為禮之綱領；
至其儀法度數，則《儀禮》乃其本經；而《禮記》〈郊特牲〉、〈冠
義〉等篇乃其義疏耳！」故江永亦謂：「所謂『周監二代，郁郁乎文』
者，此其儀法度數之略也；《周禮》為諸司職掌、非經曲，正篇又逸其
〈冬官〉，蓋周公草創未就之書；《禮記》四十九篇則羣儒所記錄，或
雜以秦漢儒之言，純駁不一，其〈冠〉、〈昏〉等義則《儀禮》之義疏
耳！」是以三禮之中他特重以儀法度數表現「郁郁乎文」的禮之本經、
即《儀禮》是也，且倚為實現考辨禮書理想之所寄。江永自述其《禮書
綱目》之體例，曰：

　　是書規模極大，條理極密，別立門目以統之，更爲凡例以定
之，蓋裒集經傳，欲其該備而無遺；釐析篇章，欲其有條而不
紊。……其門凡八：曰嘉禮、曰賓禮、曰凶禮、曰吉禮，皆因
《儀禮》所有者而附益之；曰軍禮、曰通禮、曰曲禮，皆補《儀
禮》之所不備，「樂」一門居後，總百有六篇，八十有五卷。凡
三代以前，禮樂制度散見經傳雜書者，蒐羅略備，而篇章次第較
《通解》尤詳密焉。……名曰《禮書綱目》，蓋八門爲總綱，而
八篇則綱中之綱也；篇分章段爲目，而事之繁碎者又有細目，則
目中之目也。
　　　　　　　　　　　　　　　　　　　　　──〈禮書綱目序〉

　　於是從朱子《儀禮經傳通解》到江永《禮書綱要》，「經禮三百，曲禮
三千」之禮書載籍的儀法度數以及「三代以前，禮樂制度散見經傳雜書
者」等，皆得蒐羅備至而釐然有序矣！此也即清儒弘揚禮治理想、欲落
實禮學實踐於日常生活之所憑藉。《四庫提要》論是作：「雖仿《儀禮
經傳通解》之例，而參考群經，洞悉條理，實多能補所未及，非徒立異
同。」並亟稱江永之於朱子《通解》態度持平，因《通解》係朱子未竟
之書，故其既「不故相詰難」、「亦未嘗曲相附合也」，其中並有諸多
「揆以禮意，較《通解》爲有倫次」者，「視胡文炳輩務博，篤信朱
子之名，不問其已定之說、未定之說，無不曲爲袒護者，識趣相去遠
矣！」故《提要》總論江永是作，「引據諸書，釐正發明，實足終朱子
未竟之緒。」可謂對之推崇備至。

　　江永學風尊漢、又尊朱，凡所辨證，皆立足在考證精密的經典基
礎上，不但符合乾嘉學風和館臣的尊漢宗鄭要求，也與清廷的尊朱立場
同趨不悖，是以《四庫提要》亟稱美江永之三禮學。如《提要》稱《周
禮疑義舉要》：「是書融會鄭注，參以新說，於經義多所闡發，其解
〈考工記〉二卷尤爲精，……鄭注亦未及詳解。」清廷立場對於凡涉辨

偽《周禮》或駁斥鄭注者，素皆不好，於此館臣謂言鄭注猶有未及者，
殊爲難能；《提要》還同時批評孔疏之若干訛誤，「均不及永之所說確
鑿有徵」，是以《提要》說江永，「其於古制，亦可謂考之詳矣。」另
外《儀禮釋宮增注》提要，亦曰：「是書取朱子《儀禮・釋宮》一篇，
爲之詳註，多所發明補正。其稍有出入者僅一二條，而考證精密者居十
之九。……其辨訂俱有根據，足證前人之誤，知其非同影響剽掇之學
矣。」《禮記訓義擇言》提要，亦言：「是書自〈檀弓〉至〈雜記〉，
於注家異同之說，擇其一是，爲之折衷，與陳澔注頗有出入，然持論多
爲精核。……全書持義多允，非深於古義者不能也。」蓋清儒本不喜澔
注，每言其淺顯、不如衛湜之《集說》，且謂澔注得爲科舉定式，係緣
於朱子、黃榦之故，因此三禮館纂修《禮記義疏》逐退澔注而進衛說，
江永亦所不取，《提要》也亟肯定此一立場，於此皆可見清儒在《禮
記》學之取向與共識一斑，同時也可以見江永三禮學之「確鑿有徵」、
「辨訂俱有根據，足證前人之誤」、「深於古義」，在清代前中期禮學
諸家中，確能深孚館臣之心。

　　除三禮學外，江永在考釋器物方面也著有《深衣考誤》與《鄉黨
圖考》。《提要》曰：「深衣之制，眾說糾紛。……今以永說，求之訓
詁諸書，雖有合有不合，而衷諸經文，其義最當。」「考證精核，勝前
人多矣！」至於《四庫全書》在「四書類」中所著錄之江永《鄉黨圖
考》，書取經傳中制度名物之有涉於鄉黨者，分爲九類，計有：圖譜、
聖蹟、朝聘、宮室、衣服、飲食、器用、容貌、雜典等，《提要》亦稱
其：「考核最爲精密。」且謂：「其中若深衣、車制及宮室制度，尤爲
專門，非諸家之所及。」要之，《提要》對於江永之禮學總評，曰：
「亦可謂窺於三禮者矣！」以視夫《提要》之於他書往往有褒有貶，多
所批評，則館臣對於江永可謂厚愛甚深，凡所評價皆極推尊其學。

三、從《三禮義疏》到《四庫提要》的官方禮學意識

在清廷「崇儒重道」的基本國策及文教政策中，乾隆元年到13年開三禮館修定《三禮義疏》、38年到49年開四庫館編輯《四庫全書》，堪稱清盛世中最具代表性的具體政教措施和學術成果。而乾隆即位所諭開的三禮館，以其居間處在康熙崇獎理學和乾隆中葉開四庫館並轉趨「漢學」的過渡歷程中，學風之變趨清楚地反映在三禮館的修書立場上，因此《三禮義疏》一方面表現出若干可與《四庫全書》相互印證、另方面又有若干可以對比四庫館臣轉換價值的禮學意識形態。是故通過考察《三禮義疏》之修定立場，以及《四庫全書》之禮部錄存典籍和《四庫提要》之於採摭對象的存廢去取說明，正可以觀察清廷官方立場的禮學意識形態轉變，以爲考察清初禮學發展及官學意識形態的憑藉線索。

乾隆13年，由鄂爾泰、張廷玉、朱軾、甘汝來等任總裁，楊名時、徐元夢、方苞、王蘭生等任副總裁的三禮館完成了《三禮義疏》之修定，計《欽定周官義疏》48卷、《欽定儀禮義疏》48卷、《欽定禮記義疏》82卷。在《三禮義疏》之修纂上，可以看出清初由惠棟（1697-1758年）所樹立的「宗鄭」與「尊經崇漢」等考證學風，已經對於清廷修纂禮學的立場發生顯然的影響與作用了；其後《四庫全書》更是顯持「尊經」之漢學立場，對於凡是涉及疑經、非經者，如辨偽《周禮》、或言《儀禮》非經等，館臣幾皆加以排斥。故《四庫全書》未著錄明儒郝敬的《儀禮節解》和《禮記通解》等，《提要》曰：「好爲議論，輕詆先儒，此編尤誤信樂史五可疑之說，謂《儀禮》不可爲經，尤其乖謬。」於此顯然流露了清廷反對輕詆先儒、非毀古經之學術立場。再印證前述《提要》之批評萬斯大《周官辨非》，曰：「非毀古

經，其事則終不可訓也。」復批評毛奇齡《周禮問》，「以爲戰國人
作，則仍用何休六國陰謀之說，與指爲劉歆所作者，亦相去無幾，陽雖
翼之，陰實攻之矣；與其以《儀禮》爲戰國之書，同一好爲異論，不足
據也。」並反對方苞《周官辨》之「以竄亂歸之劉歆」，要皆同持尊經
立場而反對動搖經典根本，並皆未加著錄而僅使存目。

　　其中尤其能夠呈現思想轉變之迹的，是由方苞所主修的《欽定周官
義疏》──該著完成後曾經乾隆御覽而一無更定；然逮及《四庫全書》
之編定時，則館臣對於方苞持竄亂說的《周官辨》、《周官析疑》，皆
未予錄存。再根據《提要》之於《欽定周官義疏》，述曰：「大抵《周
官》六典，其源確出周公。……說《周官》者以鄭氏爲專門。」清楚地
表明了四庫館臣之於《周禮》，係持論作者出於周公、經解則採鄭玄注
之學術立場；雖然《提要》也曾對《欽定周官義疏》的若干竄亂辨證提
出說明，謂：「流傳既久，不免有所竄亂。不必以爲疑，亦不必以爲
諱。」對於駁正鄭注者，也說以「訓詁既繁，不免有所出入。不可護其
短，亦不可沒其長。」然而揆諸《四庫全書》之於萬斯大、毛奇齡、方
苞各家堪稱代表作的辨僞諸書，皆不錄存，並以爲不可爲訓，則其尊信
古經立場已是不言而喻的事實。不過四庫館臣雖然反對清初各家禮學辨
僞結果，但對於將《周禮》正名爲《周官》，以正唐、宋以來襲自賈公
彥《周禮疏》之改《周官》爲《周禮》的「實非本名」之誤，館臣則無
異議，以其未涉立場。

　　此外清初逐漸形成趨勢的、強調名物訓詁的漢學路數，也反映
在修定《儀禮義疏》之立場上。《儀禮》一經自韓愈已苦其難讀，蓋
《儀禮》「全爲度數節文，非空辭所可敷演，故講學家避而不道也。」
「《儀禮》至爲難讀，鄭注文字古奧，亦不易解，又全爲名物度數之
學，不可以空言騁辯，故宋儒多避之不講，即偶有論述，亦多不傳。」
（《儀禮述注》提要、《欽定儀禮義疏》提要）其習者愈少，傳刻之譌

便愈甚，故自宋明以來，惟元敖繼公《儀禮集說》能疏通鄭注而糾正其失，號爲善本。因此《欽定儀禮義疏》即以敖繼公《儀禮集說》爲宗，而不取朱熹之《儀禮經傳通解》——從三禮館到四庫館，清儒皆不滿朱熹《儀禮經傳通解》之「割裂古經」，《提要》說《通解》：「所載《儀禮》諸篇咸非舊次，亦頗有所釐析，如〈士冠禮〉三屨本在辭後，乃移入前陳器服章；戒、宿、加、冠等辭，本總記在後，乃分入前各章之下；末取雜記女子十五許嫁笄之文續經，立女子笄一目，如斯者不一而足。」因此三禮館之修定《儀禮義疏》，一從古本而不用割裂改易之說，《四庫提要》亦稱《儀禮義疏》：「一一刊其譌謬，拾其疎脫；舉數百年庋閣之塵編，搜剔疏爬，使疑義奧詞渙然冰釋，先王舊典可沿溯以得其津涯。考證之功，實較他經爲倍蓰。」故清初所衍爲趨勢的，對於職官、制度、儀節等專門考訂之考證學風，皆在《欽定儀禮義疏》中獲得了進一步發展；也揭示了清代《儀禮》學重回名物度數、引經據典之言有實據路上，有力地擺脫了清儒所詬病的、宋儒之空辭敷演義理流弊。

　　清廷官方意識推尊三禮學以及漢注，通過下列之《提要》說明，可以清楚概見館臣的立場。曰：

　　雖朱子掊擊漢儒不遺餘力，而亦不能不取其禮注，蓋他經可推求文句，據理而談；三禮則非有授受淵源，不能臆揣也。……大抵鄭氏之學，其間附會讖文以及牽合古義者，誠不能無所出入，而大致則貫穿群籍，所得爲多。魏王肅之學百倍於敬，竭一生之力與鄭氏爲難，至於僞造《家語》以助申己說，然日久論定，迄不能奪康成之席也。

顯然地，四庫館臣反對肆詆鄭注，並舉王肅爲例，謂其竭盡一生之力、

甚至不惜造偽以與鄭氏爲難，然終不能奪康成席也。是以凡是批評鄭注
太過者，館臣亦皆並無好評、或未加以著錄，如方苞《周官析疑》之見
棄，《提要》也明說其「力詆康成之註。」若此並皆可見清廷之官學立
場，已自清初康熙崇獎理學而漸次轉向乾隆中葉以後尊經崇漢的漢學典
範了。或亦可謂凡被清廷網羅進入四庫館的館臣學者，本即是提倡漢學
方法論的同一批學者，是以其學術立場亦遂成爲代表清廷的官方意識。

　　接著再說到《欽定禮記義疏》：自元儒陳澔《雲莊禮記集說》在
明初被定制爲科舉定式以來，誦習相沿而影響廣遠，故明永樂中胡廣奉
敕修定《五經大全》，其中之《禮記》即廢鄭注而改用澔注《禮記集
說》。有關澔注之大行，《四庫提要》說明南宋朱學大行，澔父大猷師
饒魯、魯師黃榦、榦爲朱子壻，故澔注因朱子之餘蔭而獲獨列學官；然
澔注多憑臆說，不知證據，未爲儒者所稱，《四庫提要》評論以「說
《禮記》者，漢唐莫善於鄭、孔，而鄭注簡奧，孔疏典贍，皆不似澔注
之淺顯；宋代莫善於衛湜，而卷帙繁富，亦不似澔注之簡便」，故謂澔
注「用爲蒙訓則有餘，求以經術則不足。」《提要》甚至還借朱彝尊
《經義考》詆以「兔園冊子」爲說，故批評明代《大全》本，「抱殘
守匱，執一鄉塾課冊，以錮天下之耳目者。」（《雲莊禮記集說》提
要）至於清朝定制之初仍沿用舊貫，則《提要》亦說明是爲了「以便童
蒙」，後來乾隆朝開三禮館重定禮書便不復如是了。

　　三禮館在修定《禮記義疏》上，亟反對澔注之空說義理、未識禮
制而沒有根據，正是清儒所素惡者，故謂之「略度數而推義理，疏於考
證，舛誤相仍。」（《禮記大全》提要）因此清廷修禮，不宗陳澔《禮
記集說》，「退澔說於諸家之中。」不過《禮記義疏》之所採摭，亦頗
殊異於《欽定儀禮義疏》、《欽定周官義疏》二書之側重典制考證。此
蓋由於《禮記》不同於《周官》及《儀禮》之著重禮制，其所側重者在
於申明禮意——「禮制非考證不明；禮意則可推求以義理。」故清儒並

不反對以義理進路說《禮記》，只是強調必須言有實據，因此《欽定禮記義疏》亦「頗采宋儒以補鄭注所未備。」至於所採者何？則從三禮館到四庫館，館臣皆亟稱美於宋儒衛湜所撰之《禮記集說》，如《提要》稱衛書：

> 採摭群言，最爲賅博，去取亦最爲精審。自鄭注而下所取凡一百四十四家，其他書之涉於《禮記》者，所採錄不在此數焉，今自鄭注、孔疏而外，原書無一存者。朱彝尊《經義考》採摭最爲繁富，而不知其書與不知其人者凡四十九家，皆賴此書以傳，亦可云禮家之淵海矣。

四庫館臣以著錄繁富的朱彝尊《經義考》和衛湜《集說》相比，發現衛湜還比朱彝尊所收錄多出49家，極具存古學之功；然而如此善本卻因湜書獨列學官，以致衛書若隱若顯，故《提要》曰：「《欽定禮記義疏》取於湜書者特多，豈非是非之公，久必論定乎！」（《禮記集說》提要）認爲表彰衛書是爲還衛湜以是非公道。

此外，《欽定禮記義疏》猶有值得留意者：陳澔之學係承朱學而來，其《禮記集說》遂因《禮記》之〈大學〉、〈中庸〉篇已被朱子編定爲《四書》，《集說》因而刪除該二文。對此，清儒頗譏爲「妄削古經」。因此三禮館重修三禮，爲存舊本而使〈大學〉、〈中庸〉復歸《禮記》，可謂對清初陳確《大學辨》主張〈大學〉廢經之具體實現——陳確倡論：「〈大學〉首章，非聖經也；其傳十章，非賢傳也。」「〈大學〉廢則聖道自明。」「駁歸戴記，猶是以〈大學〉還〈大學〉，未失《六經》之一也。」（《陳確集·大學辨一》）於此亦可以印證清學已自理學發揚《四書》傳統回歸到尊崇《五經》傳統之路上了。

四、結語

　　禮者何？據《四庫提要》云：「禮者，理也。其義至大，其所包
者亦至廣，故凡有制而不可越者，皆謂之禮。《周官》所述皆政典，而
兼得《周禮》之名，蓋由於此。」（《欽定皇朝禮器圖式》）故儒者持
信由聖人所「制禮」的禮，其涵蓋面極廣，既包括「禮儀」、也包括蘊
乎其中的「禮意」；「禮儀」則又涵蓋國朝典制如明堂、辟雍、禘祀
等，以及日用家禮如冠、婚、喪、祭、鄉射、鄉飲酒等；至於禮學，則
那就還必須涵蓋書之於文的「禮書」之載籍了。而古禮要能傳世，必須
依賴禮書，因為典制儀文等，其器數委曲繁重，不有禮書詳於所載、則
進退失其據，是以必須有如《周禮》、《儀禮》、《禮記》等「經禮」
之經典載籍，以作為落實實踐的法式指點，因此儒者又必須博古通經，
以從事於名物度數等覈實考證的「考禮」工作。但徒有禮制亦不足以自
行，是以儒者還必須落實道德實踐，「習禮」以踐行之，此即朱熹《儀
禮經傳通解》之所以側重「學禮」，淩廷堪《禮經釋例》之強調「學禮
復性」和「制禮節性」。因此清代禮學復興，實際上涵蓋了內容極為廣
泛的「考禮」與「習禮」兩方面為言，而不論從學術變遷、或是清初經
世理想的角度來說，清儒所標榜的實學思想都在禮學復興中達到了最高
點，「以禮經世」就是清儒所共同寄望於學術發揮經世作用的最有效途
徑與指導思想。因此清代禮學思想之突出於學術史的發展特徵，就是回
歸經典的禮制考證與實踐強調，並以此與清代強調名物訓詁的考據學風
相合轍，而匯流發展出學術成果極其豐碩的禮學大盛及考據高峰。是故
在眾所周知的清代考據學之外，不可須臾離的，正是清儒的禮學經世精
神；故清儒亟強調經典法式和禮學實踐必須如車轍之雙輪前進，如此始
不會落入考證無用的繁瑣餖飣、亦不會落入空談義理之未識禮制流弊
中。

柒

「一代賢奸托布衣」
萬斯同明史修撰與浙東史學的連繫

　　浙東學術在清代鏊然自成體系，尤其長於史學，史家前後接踵。在正史上，如纂修《明史》；學術史上，如撰作《明儒學案》、《宋元學案》；南明書寫，如《南雷文定》、《行朝錄》、《明季兩浙忠義考》、《思復堂集》、《鮚埼亭集》；史論如《文史通義》，皆有重要貢獻。浙東史家所尤其難得的，是在當時籠罩學界的博古通經、考據時風之外，以史學撰著精神卓然自立。

　　「浙學」一詞原係朱熹用以批評浙東思想的用語，朱熹為批判當時活躍在永嘉、永康等地之所謂「事功學派」與功利思想，提出了「浙學」之說，他所稱「永嘉學」、「婺學」，也都類此；但是全祖望續纂《宋元學案》則反其道地，用為彰顯並頌揚「浙學」卓越性之用語。發軔於北宋、形成於南宋而興盛於明清的浙東經史之學，既非單一的學術思潮、也不是統一的學術流派；浙學中既有宗奉程朱的理學派、也有持信陸王的心學派，還有獨立於其外的事功學派，所以「浙學」是一兼容並蓄、包含多種學術思想的多元並存學術群體。章學誠在《文史通義》中提出了「浙東學術」之說，他撰有〈浙東學術〉篇，指出浙東之學「宗陸而不悖於朱」、「通經服古，絕不空言德性」，具有不立門戶、博通經史以及務實的學術特性。梁啟超《清代學術概論》又名之以「浙東學派」，且盛稱其史學成就，因此清代具有浙東共同地域關係的黃宗羲、萬斯同、邵廷采、全祖望、章學誠等人皆被視為浙東史學家，章太

炎《檢論》又益之以邵晉涵及晚清黃式三、黃以周父子等；後來周予同遂更進一步地提出了「浙東史學派」之稱。

　　不過清代浙東學術並未以史學爲限，譬如萬斯大《經學五書》的經學成就，便在清初經學考據上占有重要的一席之地；只是史學確爲浙東地區在清代的傑出表現與輝煌成就，故梁啟超說：「浙東學風，從梨洲、季野、謝山起，以至於章實齊，蔚然自成一系統，而其貢獻最大者實在史學。」（《中國近三百年學術史》）惟在浙東特殊地域意識下形成的所謂浙東史學派或是浙東學統、浙東學脈等，並非強調其間具有家法互相傳授、或有師承關係的狹義「學派」之謂，故亦有學者金毓黻突出授受源流而反對浙東史學派之成立，曰：「（梨洲）與宋代呂、葉、二陳絕少因緣。」「章、邵二人，異軍特起，自致通達，非與黃、全諸氏有何因緣。」（《中國史學史》）以及何佑森反對梨洲被劃爲浙東學術、遑論開山，曰：「亭林、梨洲並未自立門戶，其治學亦未嘗先定範圍，……所謂浙西與浙東之學亦絕無嚴格的分野。」（《清代學術思潮‧黃梨洲與浙東學術》）不過本著所持立場以及對浙東史學派之理解，係採取如杜維運所言：「所謂『學派』或『某家』，往往爲後人之命名；一部分學者，於比較固定之地區，從事於講學著述，其宗旨目標，大致相同，且其學爲後人所師法，則某家某學派出。浙東地區，數百年間，史家前後相望，其精神相銜接，其傳授之脈絡可追尋，然則名之爲浙東史學派，又有何不可哉？」（《清代史學與史家‧黃宗羲與清代浙東史學派之興起》）亦如乾嘉學術另一重鎮的揚洲學派，也以地緣意識名其學然。是故就其內涵與內在的價值意識而言，「浙東史學派」是指根植在譬如永嘉、金華、四明等浙東地區，而在精神共性或學風取向上，共具有史學經世與博通經史等學術特色之語彙用法。

　　至於史之所以爲貴，浙東史學家萬斯同曰：「蓋千古與一時不同軌也。」——名滿一時之文士，或能邀得一時之譽，然未必即有千載之

名，「蓋在一時，則與當代之文人相頡頑；傳之後世，將與千古之賢豪相比量，是以難耳！」（《石園文集・寄范筆山書》）斯為知言！

一、「浙東學術」的特殊地域意識

浙東地區在明清之交有極特殊的抗清經驗，是南明史重要的構成部分；清末民初以來，對南明史的研究曾一度受到重視，但始終缺乏關於南明史較完整的學術專著，直至謝國楨《南明史略》於1957年出版，始較完整地論述和評介了南明弘光、隆武、紹武、永曆諸政權之興亡變遷，兼及荊襄巴東的農民起義、韓王政權和北方各族的反清抗爭；逮及晚近，則顧誠於1997年出版的《南明史》頗負盛名，另外還有美國史家司徒琳（L.A.Struve）《南明史》、南炳文《南明史》等，並皆成書於二十世紀末葉。此外，錢海岳自1920年代初即潛心研究南明史事，有志於為南明史研究集大成，並於1944年倣歷朝正史體裁完成《南明史》初稿百卷（柳亞子曾於1950年加以抄錄，現藏於北京中華書局圖書館），其後又增訂為120卷，惜文革期間受害慘烈，書稿亦悉數被抄，直到2004年始經學者整理付梓，顧頡剛生前對此著極為推崇，認為足備一代文獻，應置《明史》之後。

浙江地區一向學風鼎盛，《浙江通志》以錢塘江以西的杭州、嘉興、湖州三府為「浙西」，錢塘江以東的寧波、紹興、臺州、金華、衢州、嚴州、溫州、處州（今麗水）等八府為「浙東」，故浙江傳統稱法有「上八府」、「下三府」之謂。時至今日，因出現「浙南」一詞，「浙東」概念始縮小為寧波、紹興兩地之代稱；但作為歷史上「浙東學術」的範疇，則涵蓋原八府之範圍及其經、史、文獻、哲學、文學等各方學術成就。章學誠嘗論亭林開清代浙西之學，梨洲開浙東之學，謂：「浙東、浙西道並行而不悖也。浙東貴專家，浙西尚博雅，各因其習而習也。」（《文史通義・浙東學術》）浙東學術限於浙東地區，實齋又

曰：「浙東之學，雖源流不異而所遇不同，故其見於世者，陽明得之爲事功，蕺山得之爲節義，梨洲得之爲隱逸，萬氏兄弟得之爲經術史裁；授受雖出於一，而面目迥殊，以其各有事事故也。」（〈浙東學術〉）浙西之學則與乾嘉考據學主流相結合，在清代主要表現爲歷史考據學，其範圍廣闊，並不限於浙西之地。

　　清代浙東史學之形成，具有獨特的地理意識，此與浙東地區在明清之交特有的南明抗清經驗緊密相連繫：

　　順治入主、明朝滅亡以後，東南地區曾以「南明」續明朔之一線未絕，先後歷經福王弘光、唐王隆武與魯王監國及桂王永曆等數朝。寧波地區自順治乙酉二年起，便從事於抗清活動，當福王在蕪湖被擒後，浙東諸臣熊汝霖、孫家績、錢肅樂、張煌言、張名振等共扶魯王監國於紹興，爲浙東之師；其時錢肅樂起兵寧波，定海總兵王之仁、石浦游擊張名振以海上兵響應，與清軍畫錢塘江而守，是爲「畫江之役」。此時黃道周、鄭芝龍等亦擁立唐王即位於閩中，是爲閩中之師。然而閩、浙不和，曾互殺使臣——福京之亡，亡於鄭芝龍通款降清，此即肇因於唐王殺魯王使陳謙，其友鄭芝龍百計營救不得而心生異圖；閩、浙有隙，導致丙戌間清兵取閩、殺唐王，隆武一年旋亡，江浙之地也旋遭清軍攻渡錢塘，浙東亦不復明廷所有。於是王翊等結寨四明山，[1] 清兵又攻破之，餘部乃迎魯王駐舟山。其後魯王入閩，曾先後復三府一州二十七縣，但在清軍增援後，所復州縣又陷而重入舟山；舟山又陷，張肯堂、吳鍾巒等死節，魯王浮海並集眾依附鄭成功；後來魯王聞桂王已經正位

1　四明山在紹興府餘姚縣南百十里、寧波府鄞縣西南百五十里，互兩郡之境，蟠跨數縣，由鄞縣小溪鎮入者，曰東四明；由餘姚白水山入者，曰西四明；由奉化雪寶山入者，則直曰四明。其高峰軼雲，連岫蔽日，層巒絕壁，深谿廣谷，道書稱以第九洞天，又名丹山赤水之天；峰凡二百八十二，洞週迴一百八十里，中有芙蓉峰，刻漢隸「四明山心」四字，其山四穴，如天窗，隔山通日月星辰之光，故曰四明。於時，依巖結寨之義軍綿亙林立。

粵西,遂疏謝監國而棲蹤浯島金門,據1959年金門出土魯王壙誌,魯王最終病死金門。最後則是張名振、張煌言和鄭成功於永曆13年、順治16年之聯合抗清,聯軍曾一度登陸,有「鎮江之捷」,得四府三州二十四縣,下游維揚、蘇常各地皆待時而降,聲勢赫赫,東南半壁震動,是為「窺江之役」,惟亦曇花一現。功敗後鄭成功退取臺灣並長期抗清,張煌言則於康熙3年被捕犧牲,於是浙東地區近二十年之抗清行動告終;臺灣方面則在桂王已死之情形下,鄭氏仍奉永曆正朔至37年(康熙22年,1683年)鄭氏降將施琅領清軍入臺,鄭克塽降為止,計鄭氏三世經營臺灣二十二年。鄭氏敗滅而明室覆亡矣;總此,南明抗清達四十年之久。

南明抗清之偉績,初期以魯王為最,其自魯、而浙、而閩、而粵,首尾凡十八年,影響一時人心尤大。期間浙東地區曾歷清廷屠城、洗山、遷界、禁海以及「留髮不留頭,留頭不留髮」等殘酷鎮壓,以寧波為中心之抗清極其艱苦,以下略舉一二,以見一斑:

梨洲《魯紀年》記魯王之浮海,「以海水為金湯,舟楫為宮殿,上陸處者惟在舟山二年耳。海舶中最苦於無水,侵晨洗沐,不過一盞;艙大周身,穴而下,兩人側臥,仍蓋所下之穴,無異處於棺中也」;諸臣則以艙頂為朝房,議事其中,「落日狂濤,君臣相對,亂礁窮島,衣冠聚談。」故梨洲嘆:「零丁飄絮,未罄其形容也。有天下者,以此亡國之慘,圖之殿壁,可以得師矣!」張煌言則曾賦〈絕炊〉詩,自言:「自去梁間燕,真同水上鷗。……亭午炊煙絕,何能免百憂?」林時躍哭張煌言詩,亦言:「春秋大義不依違,手把雕弓挽落暉」、「廿年潮汐打伶仃,……王業未成先碎骨。」(全祖望輯《續甬上耆舊詩·上》)南明君臣之播遷海上、困處窮礁以延明祚,其慘澹實不足為人道。

又,清廷在福王、唐王並被害後,所忌憚者惟魯王監國之部將張煌

言、張名振與唐王賜姓之鄭成功，而彼所居均爲沿海島嶼之地；在苦無良策下，清軍遂採堅壁清野之遷界棄地之舉，悉將山東、江、浙、閩、粵等海疆之民遷徙內地，插木爲界，凡有出界者死；以此嚴杜沿海任何接濟明鄭的途徑，欲使不攻自滅，而實害及五省人民，民皆罹禍，且遷界非止一次。據梨洲《舟山興廢》記丁酉魯王棄舟山，清廷即遷其民，曰：「北人以舟山不可守，遷其民過海，迫之海水之間，溺死者無算，遂空其地。」清廷以舟山不可守、又不願爲南明所資借，竟至迫百姓於水以空其地，殊爲慘絕。而沿海五省被遷之民，盡廢江南漁鹽之富，棄田宅、擎家產、別墳墓、號泣而去，其無家可依、無糧可食、生民不得計，無異於委民溝洫，張鷺〈插界〉詩敍述道：「婦子牽衣泣，畏此波濤翻。田廬非所計，何處謀饔飧？小兒饑索飯，老贏臥樹根，伶仃棄溝壑，十口無半存。」然而猶不止此，「部帖昨忽下，再遷滄海村，江浙與閩粵，千里哭聲吞。」更有甚者的是：「軍機嚴須臾，遲者死郊原。倉皇未出戶，兵火燎邱園。」（《續甬上耆舊詩・下》）海疆之民被一遷再遷，如有不即遷者，清軍即移兵勦誅之，故鄭成功東去以後，沿海一帶已無義師之跡。清廷並在平定浙東之抗清活動後，極震怒於浙人頑抗，斥以風俗澆漓，曾停止浙江地區之會試，且設觀風整俗吏加以整飭。

如此特殊的時空背景，浙東意識自是殊絕於國內其他地區。以清代浙東史學開宗的梨洲爲例，他便曾在順治年間積極參與軍事抗清，「瀕於十死」；其師劉宗周也在福王弘光朝覆亡時絕粒殉國；再如清代浙東史學重鎮的全祖望，其先世亦抗志高蹈而不事異姓，明亡後舉族棄諸生籍並遷往萬山之中、人跡罕至的荒僻童舋地，駢聚隱遯，越三世始返城中。謝山（全祖望號）之伯母張孺人爲張煌言之女，方謝山少時，屢爲道及南明志士血淚及所親見聞軼事，謝山「據觚而聽，聽已，即記之。」（《鮚埼亭集・張督書畫像記》）當順治下江南時，張煌言與錢

肅樂於浙東拒命並共扶魯王；張爲督師、崛強山海間累蹶累起，爲清所指目而悉錄其眷屬，謝山族祖穆翁臨終書命曰：「吾未得爲蒼水（張煌言號）延一線，汝曹當世奉其祀。」（〈穆翁全先生墓誌〉）故謝山歲爲張蒼水設祭，「殷勤雞黍展微忱。」（《鮚埼亭詩集》）若此皆成爲形塑浙東史學表彰忠義特色之內在意識結構。

除了政治因素以外，浙東地區亦爲人文淵藪；浙學蔚然成學，其淵源甚遠──雖然溯自宋代的浙東學術與明清間發達的浙東經史文獻之學，未必有直接連繫；但浙東地區學術氣象崢嶸，數百年來鄉先賢之精神濡染大有功焉。

自宋世起，浙東地區便以永嘉（溫州府）、金華、四明（寧波）三處學風爲尤盛。四明學風之盛，在北宋真、仁宗之際，當儒林猶草昧而濂洛之輩方萌芽未出時，慶曆五先生──楊適、杜醇、樓郁、王致、王說，已經駢集在四明百里間講明正學，並與孫泰山、胡安定以經術遙相應和了。故全祖望《鮚埼亭集》曰：「數十年以後，吾鄉逐稱鄒魯。」（〈慶曆五先生書院記〉）宋室南渡後，淳熙四先生（甬上四先生）──楊簡、袁燮、舒璘、沈煥出，又大昌聖學於句餘間；其道會通朱子、張子、呂子而歸宿於陸子，得象山學統，於陸學最有昌明之功，全祖望稱以「爲海邦開群蒙。」（〈淳熙四先生祠堂碑文〉）此外又有竹洲三先生──竹洲在鄞西湖之南，三先生爲沈渙及弟沈炳和呂祖儉。宋季則有同谷三先生，其中陳塤承象山之緒，傳陸學；王應麟得呂學大宗；至於黃震則宗述朱學，皆各有所成。全祖望曰：「當是時，甬句學者，鼎撐角立，雨戴笠，宵續燈，互相過從，以資攻錯。」（〈同谷三先生書院記〉）稍後又有天臺（臺州府）胡三省出，注《資治通鑑》，開明清文獻派之先河。故四明理學，大師前後相承，發跡於安定、泰山講學之初，以迄於末葉猶未替。

宋世浙東文教之盛，除四明外，永嘉、金華亦盛。永嘉之學有所謂

元豐大學九先生，其中有伊川及門者、有私淑伊川者，以許景衡、周行己爲最著，不過全祖望《宋元學案‧周許諸儒學案》序錄曰：「世知永嘉諸子之傳洛學，不知其兼傳關學。」是其亦未以程學爲限。南宋則鄭伯熊、薛艮齋復興永嘉之學，主禮樂制度，並見於事功；其後又有陳傅良、葉適等並出鄭氏之門，亦能光大其教而皆好言事功，故世以功利之學目永嘉，惟葉適亦工文，其弟子多從事於辭章。至於金華之最要者爲呂祖謙，祖謙與朱子同時，兼取朱陸之長而輔以中原文獻之傳。另外永康陳亮和唐說齋亦屬金華，說齋以經制禮樂之學孤行其教，其學不顯；陳亮則專言事功、嗤黜空疏，亦可視爲永嘉別派。元時又有金華四先生，其中金履祥、許謙及其後學等，對於理學北傳及傳播朱子學有重要的推動之功。

迄於明初，則明太祖命授太子經而有「開國文臣之首」之稱的金華宋濂，通經致用並擅長史學，撰有《元史》；青田（處州府）劉基亦博通經史，有「一代宗師」之稱，著有《春秋明經》、《郁離子》，嘗佐明太祖底定天下；寧海（臺州府）方孝孺，也以明王道致太平爲己任，曾從宋濂遊，剛正有節，拒爲明成祖書即位詔而磔死。逮及明中葉，理學泰斗餘姚（紹興府）王守仁出矣；晚明則山陰（紹興府）有「浙中王門弟子」王畿，在發揚王學上有功，梨洲《明儒學案》稱以「陽明先生之學，有泰州（王艮）、龍溪（王畿）而風行天下。」（〈泰州學案〉）因此明清之際，浙東地區一方面有王畿思想影響了寧波萬斯同祖上的萬表，並有撰作《聖學宗傳》的王畿弟子周汝登，而由周之弟子陶望齡和陶奭齡兄弟將其學回傳紹興，沈國模（陽明三傳弟子暨晚明餘姚姚江書院派之開創者）、史孝咸等則傳其學至餘姚，故王學精神對於浙東紹興、寧波等地亦頗有影響；另方面則在陽明心學之影響外，也有因

應晚明社會危機而起的復社、[2]東林及經世實學等,也都對於浙東學術造成了相當影響,如明崇禎年間紹興、寧波等地的昌古社、文昌社等文社,都與復社關係極為密切,黃宗羲、黃宗炎、黃宗會等兄弟和萬斯同之父萬泰等,都同時是文昌社和復社的成員,而號稱理學最後宗師的山陰劉宗周則是其師。以至於晚清,著名的經史學家黃式三、黃以周父子,也是寧波定海人。

　　知悉了浙東地區之特殊背景,自是不難理解明代覆亡以後,何以浙東不但出現激烈的抗清事蹟,並且在諸義士前仆後繼、相繼殉身之事有不克後,浙東學術在清代又進入了「浙東史學派」之新階段發展──自從梨洲稟承父親黃尊素遺命:「不可不通知史事,可讀《徵獻錄》」,於是他自明十三朝《實錄》上溯《二十一史》,並撰作《明史案》、《南雷文定》、《行朝錄》九種以來,萬斯同繼之以《兩浙忠賢錄》、《明季兩浙忠義考》;邵念魯亦有《思復堂集》、《東南記事》、《西南記事》;全祖望則有《鮚埼亭集》……另外還有眾多私著野史等,並皆詳於南明抗清事蹟之記載,並且發展出浙東史學特有的「以碑傳為史傳」之逃避文網特殊歷史紀傳方式。是故若以黑格爾強調地理環境是民族精神自我發現場地而言,「浙東學術」亦宜乎自浙東地區特有的文化傳統角度來看待其所擅長的經、史、文獻之學等;浙東史學的學風宗旨,亦殆如全祖望用以稱述清代浙東史學開宗的梨洲學術,曰:「以《六經》為根柢」,「以濂洛之統,綜會諸家,橫渠之禮教,康節之數學,東萊之文獻,艮齋、止齋之經制,水心之文章,莫不旁推交通。」至於教人,則凡「受業者必先窮經;經術所以經世,方不為迂儒之學,

---

2　明季結社之風極盛,復社、幾社尤負盛名:復社取「復興絕學」義,幾社則取絕學再興之「知幾其神」義。以復社為例:自江南至江西、福建、湖廣、貴州、山東、山西等各省,皆不乏其同志;而復社雖曾經歷福王弘光小朝廷為馬士英、阮大鋮把持,致遭殺戮名流事,但東林左、楊被難諸孤等皆與復社結合,復社、幾社之詩酒結社逸情,也在明亡後一轉而成為殺敵滅仇之豪舉。

故兼令讀史。」是以梨洲之強調「學必原本於經術，而後不爲蹈虛；必證明於史籍，而後足以應物」（〈梨洲先生神道碑文〉、〈甬上證人書院記〉），正是清代浙東史學整體風貌之根本精神。也如實齋所言：「浙東之學，言性命者必究於史。」「南宋以來，浙東儒哲講性命者多攻史學，歷有師承；宋明兩朝，記載皆稿薈於浙東。」（〈浙東學術〉、〈邵與桐別傳〉）因此清代浙東史學就是以經、史、文獻之學並重以及發揚史學經世精神而名世的。

此外，浙東地區還有相當值得一書的：一爲我國佛教極重要發展的天臺宗，在唐武宗「會昌法難」滅佛並強迫僧尼還俗後，一蹶不振，直至宋知禮始於浙東中興天臺宗；知禮爲鄞縣人，有「四明尊者」之稱，並被尊爲天臺十一祖。是以寧波地區佛教極爲發達，天臺與禪宗並皆興盛，禪宗亦有諸多著名禪師傳法於浙東；清初寧波禪宗一度發生的教義、教派之爭，並擴及許多教外人士，如雍正、黃宗羲和錢謙益等皆曾涉入。

另一則爲寧波的范欽天一閣藏書樓。乾隆年間編纂《四庫全書》，廣徵民間藏書，時以江浙四大藏書家進呈最多，其中又以范氏天一閣爲首，乾隆並欽賜四大藏書家以內府殿版珍印銅活字本《古今圖書集成》各一部作爲獎賞。《古今圖書集成》全書共萬卷、5020冊（目錄20冊），裝爲522函，是我國雕版史上官刻的最大規模金屬活字工程，當時書印六十部（或說六十四部），現存七部；這套銅活字未曾刻印其他書籍便爲大內部分占有、或被竊，遂於乾隆初銷燬鑄成銅錢。乾隆對於天一閣予以極高度推舉，有曰：「藏書家頗多，而必以浙之范氏天一閣爲巨擘。因輯《四庫全書》，命取其閣式以構庋藏之所。」故《四庫全書》所藏七閣之藏書閣，「閣之制一如范氏天一閣。」因乾隆之極力嘉許，於時各地藏書樓皆紛紛取法天一閣，如揚州馬氏小玲瓏山館、吳氏測海樓、四明盧氏抱經樓、姚江黃氏五桂樓、海寧吳氏拜經樓、湖州陸

氏弼宋樓等；另外藏書樓亦多學習天一閣「代不分書（分家不分書），書不出閣」之管理規則，如阮元〈焦山藏書條例〉便曰：「照天一閣之例，但在樓中，毋出閣門。」故天一閣之營造法式與管理制度幾為人人所推服，成為當時藏書家的取法範式；而天一閣之名震寰宇，乾隆則不啻為其功臣（參〈《古今圖書集成》與天一閣〉，《天一閣文叢》）。天一閣建於明嘉靖末，閣名蓋取「天一生水」義，以書忌火，故取水勝火之義。

如斯浙東學術，以其特殊地域學風，而在經史、文獻學與文學、哲學、佛學上，皆有極突出之成就，宜乎其在清代學術佔有一席之地。清代浙東史學在黃宗羲之開山以後，萬斯同為清代前期的最大繼承者與發揚者，乾嘉時期並有全祖望之文獻學與章學誠之史論等，亦皆能夠光大浙東史學，故乾嘉學術之高峰發展有吳、皖、揚、浙等學派並立於時。

二、負國史之重的《明史稿》修撰

斯同之祖先為明代九世世勳，四世死忠，死於王事。其高祖萬表，為陽明浙中弟子之一；其父萬泰，為復社名士，著名明遺民。萬泰有八子，時人稱為「八龍」，其中以萬斯選之理學、萬斯大之經學、萬斯同之史學為最著。斯選涵養純粹，六十歲卒，梨洲哭之慟，曰：「甬上從游，能續蕺山之傳者，惟斯選一人，而今已矣！」斯大志性剛烈，慕義若渴，抗清志士張煌言死難後棄骨荒郊，斯大葬之南屏山；他精研經學，所著《萬氏經學五書》，開清代辨偽《周禮》之風；其子萬經，當梨洲講學甬上時，亦曾侍聽席末，與聞其教。斯同則以精於明代掌故而名重一時，明亡後以故國世臣守節不仕；康熙十七年，詔舉博學鴻儒，力辭；次年開明史館，詔梨洲不至，議以斯同入史局，斯同念國史之重，以布衣參史局，堅持不署名、不受俸，史稿皆由他審定之。

在兩千年儒學傳承中，經世之學素為儒者要務，此自不待言；然而

何者爲經世之學？則言人人殊。萬斯同素稟經世之志，他曾論經世之學，曰：

　　吾竊不自揆，常欲講求經世之學，苦無與我同志者。……夫吾之所爲經世者，非因時補救、如今所謂經濟云爾也；將盡取古今經國之大猷，而一一詳究其始末，斟酌其確當，定爲一代之規模。使今日坐而言者，他日可以作而行耳。……使古今之典章法制，爛然於胸中而經緯條貫，實可建萬世之長策；他日，用則爲帝王師，不用則著書名山，爲後世法，始爲儒者之實學，而吾亦俯仰於天地之間而無媿矣！　　　　　　　　　——〈與從子貞一書〉

是其主張儒者之報國，須綰合學術與經濟爲一，所謂經世之學者，爲能取古今經國大猷及典章法制，加以詳究始末、斟酌確當，以建萬世之長策，即能傳遺萬世而爲「後世法」的資治之學；而並非強調因時補救、或以詩古文辭名世的當代文士等一時之學，斯即其言「千古與一時不同軌」之有所別。故他反對儒者自外於治國平天下之業、或謂「儒者自有切身之學，而經濟非所務」一類說法，他說如此則將置天下生民於何如？故他批判學者之等而下者溺志於詩文，不知經濟爲何事；稍知振拔者，則以古文爲極軌，未嘗以天下爲念；能爲聖賢之學者，又往往疏於經世，以爲粗跡而不欲爲，於是「學術與經濟遂判然分爲兩途，而天下始無真儒矣。」由是，故斯同定志於史學，自期以「爲聖賢之學，而抱萬物一體之懷。」（〈與從子貞一書〉）此其夙昔稟志之所謂經世大業。

　　故斯同儘管以故國世臣而不欲仕清，但他接受徐元文邀請，於康熙18年赴京修史，辭史局而館於總裁所。梨洲勉以「一代是非，能定自吾輩之手，勿使淆亂，白衣從事亦所以報故國也。」（黃嗣艾《南雷

學案》）並贈予家藏《大事記》及《三史鈔》；其友人雖或有加以質疑者，並以出處相勉，實則斯同之以修史爲志，其自言：「季野自志學，即以《明史》自任；其至京師，蓋以群書有不能自致者，必資有力者以成之，欲竟其事然後歸。」（《方望溪文集・萬季野墓表》）他明言欲纂一代之史，則在羅致群書上必須藉助於有力者，非個人之力所能爲之；只要纂成《明史》，他即行南歸。故他又曾對友人言：「吾此行無他志，顯親揚名非吾願也；但願纂成一代之史，可藉手以報先朝矣。」（楊無咎〈萬季野先生墓誌銘〉）斯同身後寥落，在其行狀與墓誌銘中，好友曾轉述其所矢志從事《明史》及其所親言的「凡此皆僕未白之衷」，有曰：

> 三百年祖宗功德於亙古無兩，而國史承譌襲謬，迄未有成書。乃發憤以史事爲己任，以謂庶持此志，上告列祖在天耳！
> ── 楊無咎〈萬季野先生墓誌銘〉

> 今鼎遷社改無可爲力者，惟持此志上告歷祖在天耳。……昔吾先世四代死王事，今此非王事乎？祖不難以身殉，爲其曾玄，乃不能盡心網羅，以備殘略，死尚可以見吾先人地下乎？故自己未以來迄今二十年間，隱忍史局，棄妻子兄弟不顧，誠欲有所冀也。
> ── 劉坊〈萬季野行狀〉

斯同自言隱忍史局而棄妻子兄弟，正欲有所圖也──他乃以網羅殘略、纂修國史爲明之王事，且欲以此報先人之德於地下，此其所謂「有所冀也。」斯同欲以文章報故國，故他以布衣任國史之重；其參史局，先辭博學鴻儒，又辭七品俸暨以翰林院纂修官領史局，終身惟以遺民自居，其所存心惟《明史》之一念耳！

　　《明史》之修纂耗時甚久，自順治2年修明史之議起，順治2年和康熙4年曾經兩次開過史館，惟其時體例未定、史料缺乏，史館若存若亡，此時可視爲修明史之準備期；康熙17年，繼三藩亂平、又舉博學鴻儒詞科，遂以鴻儒備《明史》之修纂，故於康熙18年重開明史館，由徐元文監修，葉方藹、張玉書總裁，21年又改由徐乾學、湯斌、王鴻緒總裁，萬斯同則雖然布衣，但始終被倚重爲顧問。《明史》之成書在雍正13年，乾隆4年加以刊刻完成，其間歷時數十年、或謂近百年，是我國編修時日最長的一部正史，並爲學界公論的官修史書善本，是《二十四史》中除了《四史》以外的最佳史著。趙翼《廿二史劄記》嘗論諸朝正史優劣，謂：「近代諸史，自歐陽公《五代史》外，《遼史》簡略，《宋史》繁蕪，《元史》草率，惟《金史》行文雅潔、敘事簡括，稍爲可觀，然未有如《明史》之完善者。」而《明史》之成書，在近百年期間屢易其監修、總裁、纂修官，獨萬斯同所貢獻之力最爲後人所稱道。

　　有關《明史》之發凡起例，係依據徐乾學所提出〈修史條議〉六十餘條，但實際上多爲斯同所擬定。修史之過程，據全祖望言：「諸纂修官以稿至，皆送先生覆審。先生閱畢，謂侍者曰取某書，某卷某葉有某事當補入；取某書，某卷某葉某事當參校。侍者如言而至，無爽者。《明史稿》五百卷，皆先生手定。雖其後不盡仍先生之舊，而要其底本足以自爲一書者也。」（《鮚埼亭集・萬貞文先生傳》）楊無咎〈萬季野先生墓誌銘〉也說：「當其在江南會館時，名王大姓有叩門請見者，有虛左相迎者。或夜半飛騎到門，問以某事某人，則答以片紙，云在某年月某書某卷，使者馳去，已而復來，率以爲常。其足以備顧問於一時者如此。」錢林《文獻徵存錄》亦謂：「每史官有纂撰，必伺斯同意，乃敢下筆」，史館中凡「建綱領、制條例、斟酌去取，譏正得失，悉付斯同典掌。」後來徐元文兄弟遭劾去官，斯同亦擬南歸以與劉獻廷共纂

南明史，但爲總裁張玉書、陳廷敬所堅留；康熙33年，斯同應總裁王鴻緒之請入邸，專修列傳，此時斯同已病眼，故以口述方式而由助手錢名世加以寫定。

自康熙18年到41年，期間斯同除兩次南歸探親約一年外，其他時間都居京修史，現存被視爲是經斯同審定的《明史稿》有二：一爲僅有列傳的313卷本《明史紀傳》，一爲416卷的全本《明史》。不過經斯同修定而爲王鴻緒所改定進呈者，其中有斯同所親撰者，有其他纂修官寫作而經斯同修定者，有斯同口述而由錢名世筆錄者，也有錢名世加以點竄者，又有斯同所修定而由監修熊賜履改定進呈者，還有經王鴻緒刪削改定者；即以抄本而言，也有史館抄本、私人抄本、輾轉互抄，以及抄於史稿未成和已成之後的，是故今日存稿已難以定論孰爲原稿或抄本及其作者了。不過萬稿主要是作爲《明史》初稿到四庫本《明史》之間的過渡稿──從開明史館，斯同不居總裁之名而隱操總裁之實的《明史稿》，到王鴻緒根據斯同審定稿改定而成的《明史稿》，再到雍正時再開明史館，並由張廷玉總裁，而於乾隆4年刊刻完成、5年頒行天下的《明史》殿本，以及又經考證勘修並新修本紀、最後爲《四庫全書》所收錄的四庫本《明史》──《明史》之撰作歷程歷經多次修定，極其複雜。

其中爲武英殿刊印並獲得頒行的，是乾隆4年所刊印、由張廷玉領銜重修的336卷本《明史》，此係：「世宗憲皇帝命張廷玉等爲總裁，即鴻緒本，選詞臣再加訂正。」（趙翼《廿二史箚記‧明史》）是故殿本《明史》係依鴻緒本爲底本，其中對於王稿的增刪修定，比較明顯的是增添了論贊部分；該書雖未標明斯同之名，但張廷玉〈恭進明史表〉有言：「舊臣王鴻緒之史稿，經名人三十載之用心，進在彤閭，頒來秘閣，首尾略具，事實頗詳。」（《皇清文穎》）所言三十載用心之「名人」，即隱指斯同。不過王鴻緒之《明史稿》其實也並未全襲萬氏原

稿——康熙41年，《明史》列傳甫脫稿而未及訂正，斯同即卒於王鴻
緒京寓；是年冬，熊賜履取萬斯同所修定的416卷本《明史稿》稍加更
正後進呈，但「上覽之不悅，命交內閣細看。」（楊椿《孟鄰堂文鈔·
再上明鑑綱目館總裁書》）後來由斯同審定的《明史紀傳》又經王鴻緒
之改定，並於康熙53年以《明史列傳稿》208卷進呈；但是王稿未標斯
同之名，其所改定者亦已難辨明，故後儒對此頗咎責王氏，認為剽竊萬
稿並竄亂，如梁啟超便批評王鴻緒是「白晝行劫的偷書賊。」（《中國
近三百年學術史》）後來因《明史列傳稿》僅有列傳，仍缺本紀、志與
表，是以王鴻緒又將舊稿作一調整，並取舊稿之志及諸表、本紀等加以
刪改，「或筆削乎舊文，或補綴其未備，或就正於明季之老儒，或咨訪
於當代之博雅」，而另外彙整成具備本紀、志、表、列傳的《明史稿》
310卷，於雍正元年再次進呈，是為體例均備的全本《明史稿》。

　　學者衣若蘭曾撰文〈《明史稿》本探研：從萬斯同《明史稿》到
四庫本《明史》〉，指出王鴻緒先後所進呈康熙本與雍正本之《明史
稿》，其列傳部分未盡相同；康熙53年所呈《橫雲山人集明史列傳
稿》（王氏別號橫雲山人）和雍正元年所呈《明史稿》，兩刻本在列傳
的傳目及各傳所錄人物上仍有些許調整。而清人對王氏也並非一味詆
毀，如曾經參與史館纂修的楊椿即言其時與修《明史》者多為博學宏
詞，如湯斌、徐嘉炎、朱彝尊、徐乾學、潘耒、尤侗、汪琬、毛奇齡等
皆分任其事，而且王稿「重加編次，其分合有無，視萬、錢稿頗異。」
（〈再上明鑑綱目館總裁書〉）是以湯斌文集中有《明史稿》若干篇、
朱彝尊也有史館上總裁書，亦多通究修史義例，可見史稿不必盡出萬
氏；惟悉經刪定，則不容否認。因此也頗有學者為王氏兩百年所受誣妄
辨正，如學者黃彰健便認為繁冗史文之考訂、刪除，「王氏之能編成一
書，其功亦不在萬氏之下。」（《中央研究院史語所集刊·明外史考》
第24本）是王鴻緒在《明史》撰修過程中也有纂輯、刪定之功；只是

他改定斯同《明史稿》而隱諱其名,終有可議之疵。

另外,《古今圖書集成》中又有《明外史》,徵引明人傳記達七百萬字,其文多與王鴻緒據斯同《明史稿》改定者相合而往往加詳;《古今圖書集成》完成於王稿成書之前,故楊家駱認爲《明外史》亦當爲經斯同審定之《明史稿》(論參衣若蘭前揭文)。

乾隆4年武英殿《明史》刊刻告竣後,乾隆又下旨要求仿《資治通鑑綱目》編輯《明紀綱目》,書於乾隆11年完成。惟乾隆40年,高宗有感於《明紀綱目》考覈未爲精當,又詔曰:「《明史》內於元時人、地名,對音訛舛,譯字鄙俚,尙沿舊時陋習,如『圖』作爲『兔』之類,既於字義無當,而垂之史冊,殊不雅馴。……《明史》乃本朝撰定之書,豈可轉聽其訛謬?現改辦《明紀綱目》,著將《明史》一併查改,以昭傳信。」(《清高宗純皇帝實錄》卷983)故乾隆復命查繳原頒之書,詔令重修《明史》,對全書之年代、人名、地名、史實等皆詳加考證,並修改其論贊部分;而其中變動最大的,還在於新修本紀,另有新成的《明史本紀》24卷重刻本。全書於乾隆54年勘定完成,收入《四庫全書》中,不過因爲藏在清宮,絕少流傳而罕爲人知。以上是自順治2年議修《明史》起,中經萬斯同和王鴻緒《明史稿》、張廷玉《明史》殿本,再到《四庫全書》所收乾隆詔修本的《明史》全部修史始末。清廷對於《明史》之一再修定,凡書法、體例、考證等皆較其他官修史書謹嚴,反映了清主對於修史的高度重視與監管之意。

《明史》初稿大部分成於萬斯同之手,斯同可謂爲《明史》耗盡了畢生精力,錢大昕所言:「乾隆初,大學士張公廷玉等奉詔刊定《明史》,以王公鴻緒《史稿》爲本而增損之,王氏稿大半出先生(萬斯同)手。」(《潛研堂文集・萬斯同傳》)是爲學界公論。但是本來抱著「以任故國之史事報故國」理念的斯同,卻在寓京修史時悒悒思歸,且有〈寄七兄允誠〉和〈再寄五兄公擇〉詩,曰:

　　向來此意爽然失，豈若家園守敝裘？他年歸臥西臯上，與爾同儕牆東牛。

　　所遇多邅迍，何時展長抱？……天涯悲遊子，生意何枯槁！吁嗟行路難！沉憂不可了。

此二詩悵然的意緒躍然紙上，則此中又頗涉斯同與王鴻緒對於《明史》筆削問題之看法差異。在斯同修史過程中，他所最不滿的，就是不能依己意定史之無奈，而其中他所最不能自做主的，又是有關福王、魯王、唐王、桂王與共扶南明之節義烈士等南明記事；然而這正是他懷抱故國之思與強烈浙東意識，而欲手定一代之史以發揚先烈事蹟的修史初衷。斯同嘗嘆：「二百九十三年之得失竟無成書。」（劉坊〈萬季野行狀〉）其所言「二百九十三年」，正是自洪武元年（1368年）到永曆15年（1661年）桂王之死為止，是以斯同希望藉由修史以為有明延一線國祚，卻其志未酬。對此，全祖望也曾批評《明史》對於南明紀事忌諱太多，如「（《明史》）乙酉以後起兵之事甚略，蓋有所諱而不敢言。」「桑海之際，吾鄉以書生見者，最多奇節，……當時多以嫌諱弗敢傳。」（〈明大學士熊公行狀跋〉、〈明婁秀才窆石志〉）況且如此削去南明國祚的作法，亦有違斯同要求「信史」之史法主張，因此斯同亟思獨立於朝廷之外，希望辭館以與好友劉獻廷共成南明紀事之一代偉業。

　　康熙23年當徐元文領監修《明史》時，康熙曾經同意以「附傳」之例，使福、魯、唐、桂王等事繫於崇禎本紀末，故徐乾學〈修史條議〉有云：「忠義之士莫多於明，一盛於建文之朝，再盛於崇禎之際，此固當大書特書，用光史籍。若乃國亡之後，吳越閩廣多有其人，此雖洛邑之頑民，固即商家之義士。……莊烈愍皇帝紀後，宜照《宋史》瀛國公紀後二王附見之例，以福、唐、魯、桂四王附入，以不泯一時事

蹟。」（《儋園文集》）——不能以正朔爲明代續一線之傳，這已經使得斯同很不能滿意了，所以他另以南明書寫事委之學生溫睿臨，並謂：「《明史》以福、唐、桂、魯附入懷宗（崇禎），紀載寥寥，遺缺者多。」（《南疆逸史·凡例》）然而後來的發展情況其實是更令斯同失望的，只是那已是在斯同客死京師以後的事了。康熙49年因發生戴名世《南山集》文案一事，戴名世由於主張南明書寫而被禍，書毀人死，於是自後康熙即連三王附傳崇禎末也加以禁止了。因此王鴻緒康熙本的《明史列傳稿》未立〈三王傳〉，有關三王事蹟皆書「事別載」，且稱以「僭號永曆」，其與斯同所稱「建號永曆」大相逕庭。而王鴻緒後來所進的雍正本，則將南明諸王降於藩封之列，不稱弘光、隆武、永曆三帝而稱以「三王」，且附傳於〈列傳六〉之朝廷藩封「諸王」下，另以三王爲〈列傳六下〉；而《明史》列傳之體製甚鉅，前述任一版本之〈列傳〉皆逾二百卷，以〈忠義傳〉、〈孝義傳〉、〈列女傳〉而言，便已羅列近二千人，故魏源曾經批評《明史》列傳繁冗，可刪去十之三——則王稿以三王附〈列傳六下〉，其用意可知。而亦不難於理解《明史》修撰是在清廷之監視下進行，斯同與總裁王鴻緒之間頗因筆削不同，而未能充分實現其史學理想。

　　另外，斯同《石園文集》中有若干史論與史傳可資參照，亦得一窺斯同之史筆遺意。如其〈書丙子鄉試錄後〉，記丙子浙江鄉試而鄞地獨得八舉，八人在亡明之際，或隨魯王從亡海外，相從於鯨波間、或披衲入山而長往不顧、或因甲申北都之變而受刑死、或卻公車之徵而窮餓不悔，要皆完節，不負先朝，故斯同特爲載記。又，〈書陸給事、王御史劾胡宗憲二疏〉，因「宗憲之爲害於吾浙也，可勝言哉？……使宗憲不去，吾浙人其尚有皮骨耶？」然而國史無宗憲傳，故斯同題識於二疏之後。再如〈書楊文忠傳後〉，則斯同論嘉靖大禮議定後，世宗視舊臣元老如寇讎，新進好事之徒復以乖戾之性佐之，十數年遂有南北大亂，

故斯同論以「大禮之議非但嘉靖一朝升降之會，實有明一代升降之會也。」即其撰作〈王中齋先生八旬壽序〉，亦由於中齋先生乃明室禁衛親臣，熟悉先朝遺事且篤念故主，嘗有〈崇禎遺錄〉一篇以辨誣野史，故斯同在深感先朝耆碩凋零已盡下，樂得「故老之傳聞真有關於國史」者，況其又經侍戲晨，爲明室親臣，尤爲宇內少有。另外自〈循吏高公傳〉中，更可以一睹斯同史筆，是傳之作，以高公「足當有道之碑，故摭其行述爲之傳。」蓋斯同在痛心吏治敗壞下，知循吏高公以仁心爲質，確然能爲斯民託命，而歎爲「豈非當世之麟鳳哉！」故他徵諸其鄉之賢者，歷載其事蹟以使傳遺後世。而志存網羅文獻，不忍先賢事蹟泯沒，亦即斯同慨然自任明史之所由。

三、「事信而言文」的史法強調

　　斯同撰史亟強調信史，他之矢志撰作《明史》，即肇始於所見私家撰述，各家史傳記載或失之於略、或褒貶枉誣、或抵牾疏漏，他在《石園文集》中嘗批判以「無一足滿人意者」，他並責言某家郡志：「苟且成書，疵謬顯著，每一披閱，氣輒填膺。不知當時儘有讀書者，何若是其抵牾也？」（〈與李杲堂先生書〉）而在斯同歷觀有明各朝之實錄以後，他發現：「天下之大觀蓋在乎此，雖是非未可盡信，而一朝之行事暨群工之章奏，實可信不誣。」故他認爲「不觀國史而徒觀諸家之書者，真猶以管窺天也。」因此他「欲以國史爲主，輔以諸家之書，刪其繁而正其謬，補其略而缺其疑；一倣《通鑑》之體，以備一代之大觀。」（〈寄范筆山書〉）他矢志撰作一部主要取裁自明代歷朝實錄，而足以傳遺後世的一代信史。是以其所撰作，主要乃以國史實錄爲指歸，曰：「蓋實錄者，直載其事與言，而無可增飾者也；因其世以考其事、覈其言，而平心以察之，則其人之本末，可八九得矣。」至於若干特殊事蹟與言論，或因有所由、有所激而有所隱諱，則另輔以諸家之

書。故方苞嘗轉述斯同之言曰：「凡實錄之難詳者，吾以他書證之；他書之誣且濫者，吾以所得於實錄者裁之。」（〈萬季野墓表〉）凡載籍之有關明事者，斯同皆未嘗不涉覽，如稗官野史之可參見聞者，郡志邑乘、雜家志傳之文，亦皆寓目焉；他並多方遊歷，以就故家長老求遺書、考問往事，要之，務求是非不枉於人。斯同在《石園文集》中，亦嘗亟論不能徵諸實事，便不足為信史，如其〈讀洪武實錄〉與〈讀弘治實錄〉，便謂：「為國諱惡，顧得為信史哉？」又批評嘉靖弊政，「群工百職箝口而不敢言，故後人無由知其詳」，皆是史實失載；又如〈書國史唐應德傳後〉，則代唐公辨誣者，他嘆：「自古史官挾私以枉人者何限？」「念公賢者，受誣至此，安可不為之辨？」另外他也嘗撰〈宋遺民廣錄訂誤〉，亟辨宋遺民錄中有出應鄉試者、有擔任山長或教授者、有元人不用而非隱逸之流者、亦有老耄而理無再仕者，斯同強調若此皆不當載入遺民錄中，於此並皆可見斯同之於「事信」強調。

而除了手定《明史稿》外，斯同亦深感：「吾郡人才至宋而盛、至明而大盛，近者鼎革之際，更有他邦所不及者，是不可無以傳之」；然而「國史但紀政績而不及家鄉之行，其書既略而不詳；郡乘多徇請託而不免賢否之淆，其書又雜而無別」，故他又主張做《浦江人物》（宋濂著）、吳郡先賢（《吳郡志》范成大著）之例，「採實錄之明文，搜私家之故牘，旁及於諸公之文集，核其實而辨其訛、考其詳而削其濫，使善無微而不顯，人無隱而不章，此實不朽之盛事，而亦先賢之有待於後人也。」（〈與李杲堂先生書〉）此即他心中存念已久卻不能公開明言的、意欲發揚浙東先賢先烈之南明精神，思為鼎革之際浙東抗清事蹟存留一代信史。

不過斯同撰史雖然體行「事與言，而無可增飾者」之信史書寫，〈明史條議〉亦有曰：「信史既不可虛美失實、又不可偏聽亂真，願以虛心覈其實蹟，庶免佞史、謗史之譏。」「史傳之敘事也，當辨而不

華、直而不俚，其文直、其事核，古人嘗言之矣。」但有關其「事信而言文」之史法明確提出，則頗有一番曲折——斯同在京素善方苞，曾豫以身後事託之，其曰：「吾老矣！子東西促促，吾身後之事，豫以屬子。是吾之私也，抑猶有大者。史之難爲，久矣！非事信而言文，其傳不顯。……而在今則事之信尤難，蓋俗之偷久矣。好惡因心，而毀譽隨之。」他主張修史必須講求「事信言文」之史法，然而他在史局中卻深感「事信」之難以實現，因爲官修史書雜亂，毀譽每因主事者之好惡而定，以致「言語可曲附而成，事跡可鑿空而構，其傳而播之者，未必皆直道之行也；其聞而書之者，未必有裁別之識也。」故他批評：「官修之史，倉卒而成於眾人，不暇擇其材之宜與事之習，是猶招市人而與謀室中之事耳。……吾恐眾人分割操裂，使一代治亂賢奸之跡，暗昧而不明。」他既對官修眾人之史識疑慮不安，又深畏分割操裂以使一代治亂賢奸之跡不明，故他在一己之史撰外，又以私心之外的「猶有大者」託付方苞，曰：「子誠欲以古文爲事，則願一意於斯：就吾所述，約以義法而經緯其文。他日書成，記其後曰：『此四明萬氏所草創也。』則吾死不恨矣！」故斯同以「約以義法」之史事大者託付方苞，希望方苞能夠根據他所撰史，以義法經緯其文，並且「指四壁架上書，曰：『是吾四十年所收集也。踰歲吾書成，當並歸於子矣。』」惟方苞南歸，踰年斯同即客死於京，據苞言，於時「無子弟在側，其史藁及群書，遂不知所歸。」（〈萬季野墓表〉）全祖望言其所攜數十萬卷書遂爲助手錢名世囊括而去；劉坊行狀亦言：「遺書死後多爲輕薄所竊。」因此方苞在對於史事之大者未獲從事，「迍邅轗軻於所屬」之餘，遂在所撰作斯同墓表中，揭櫫並闡揚斯同所意欲強調的「事信而言文」史法，以彰顯於世。

　　在斯同秉持「事信言文」史法之最高指導原則下，儘管他以任故國史事爲報故國之方，但他對於明代史事反對有任何曲筆隱諱，認爲苟不

能紀實、便不足爲信史。是以其〈讀洪武實錄〉批評明太祖暴虐、誅殺功臣於天下既定之後，使得「士子畏仕途甚於穽坎，蓋自暴秦以後所絕無而僅有者。」他並說：「此非人之所敢謗，亦非人之所能揜也。」他認爲信史必須做到無所謗、亦無所揜，故他亟不滿於明代史官曲加隱諱之史識與史裁。其曰：

> 乃我觀《洪武實錄》，則此事一無見焉，縱曰爲國諱惡，顧得爲信史乎？至於三十年間藎臣碩士，豈無嘉謀嘉猷足以垂之萬祀者？乃亦無所記載；而其他瑣屑之事，如千百夫長之祭文、番僧土酋之方物，反累累不絕焉。是何暗於大而明於小，詳於細而略於鉅也？
>
> ── 〈讀洪武實錄〉

他一方面反對爲國諱惡而迴護失實，以爲此非史家之客觀態度，更非信史之求真精神；另方面他亦譏斥明代史官無識，對於史事既取捨無方、又詳略失宜。他說洪武年間有諸多藎臣碩士之嘉謀嘉猷皆足以垂之萬祀者，史臣卻無所記載；反之，對於瑣瑣細務卻載之累累不絕，是爲史官取捨失當、史裁失宜。

是以斯同極反對官修史書，此即肇因於他對史館眾人史學專業之史裁、史識不信任。再以他在明史館中，有關宋太祖曾受命於韓宋一事之書寫爲例：斯同在「事信」之信史強調下，認爲毋須諱言明祖曾奉韓林兒「龍鳳」正朔一事，認爲刻意隱諱反使史書失實；然而王鴻緒對此便持反對立場。王氏曾經批評錢謙益之同持反對刊落韓宋「龍鳳」立場，謂：「若以爲曾奉其名號，便當表林兒爲君、明祖爲臣，則九江王之殺義帝、德慶侯（廖永忠）之沉林兒，千古同有罪矣。」（《明史例案·王橫雲史例議上》）惟斯同正是以爲刊落龍鳳，乃是史官無識，致史載未能如實呈現歷史真實。其論曰：

　　明太祖之未踐祚也，實奉宋主「龍鳳」之朔，至丁未安豐既陷，始改號「吳元年」。……今國史及諸家傳記，皆沒而不載，其意蓋爲國諱也，不知此何必諱？漢祖不嘗受命懷王乎，韓氏之興與懷王何異？不聞漢史爲高帝諱，今國史何必爲太祖諱也？況韓氏事雖不成，而下中原、隳上都、雲擾六合，辛致元氏失圖，皆其首發難之功；則其所驅除，實開太祖之先初。……則韓氏之立國，何不可大書特書？而乃爲太祖諱也。

——〈追記先世所藏令旨事〉

　　是斯同亟強調國史應據實而書，務須昭明「事信」之史筆，以取信於後世。惟此一據實書寫明祖曾奉「龍鳳」詔之史裁，在徐乾學總裁時猶得遵而行之，故〈修史條議〉有云：「太祖之興，其官爵皆受之於宋，如……皆歷歷可考，而《實錄》盡諱之，今當悉爲改正，不宜仍前譌謬。」然在前述王鴻緒於斯同死後所另立的〈史例議〉中，則其看法顯然已與斯同相左了，故斯同在《明史稿》中並不能充分實現其史學理念，於此可見一斑；而在斯同一度辭館欲南歸時，鄭梁嘗有〈送萬季野南歸〉詩，其中有曰「史局未昭千載信」（《寒村詩文選·玉堂後集》），亦可見斯同之所以悒悒思歸之所由。

四、發揚浙東史學「以詩補史」的「詩史」精神

　　詩言志，亡國之音哀以思；浙東地區緣自特殊的政治與地域因素，改步之際，遺民愴惶山海間的遺文軼事殊多。明清之交，諸君子崎嶇山海之表見於詩文者，或意氣風發，所謂「英爽與之俱」；或流落江隅，所謂「剩此灰劫餘。」（《鮚埼亭詩集·題陳秋濤相國墨蹟》）蓋以其所親身涉歷，淒楚鬱結而深哀託寄，故梨洲有謂亡國之際，詩可補史，其〈萬履安先生詩序〉曰：

今之稱杜詩者，以爲詩史，亦信然矣。然註杜者但見以史證詩，未聞以詩補史之闕；雖曰詩史，史固無藉乎詩也。逮夫流極之運，東觀蘭臺但記事功，……史於是而亡矣；猶幸野制遙傳，苦語難銷，此耿耿者，明滅於爛紙昏墨之餘，九原可作，地起泥香，庸詎知史亡而後詩作乎！　　　　　——《南雷文定》

梨洲在歷來強調杜甫以詩紀事、以詩證史的「詩史」精神外，復提出「以詩補史」之說，開出「詩史」之新意義，故梨洲也嘗著有《南雷詩歷》，如〈感舊〉詩曰「南都防亂急鴟梟，余亦連章禍自邀。可惜江南營帝業，只爲阮氏殺周鑣。」記復社清議周鑣、梨洲等人嘗書爲〈南都防亂公揭〉，斥阮大鋮、馬士英之奸軌，甲申難後阮大鋮復起，遂按揭搜捕清流一事；又記孫嘉績隨魯王畫江自守而敗師事，嘆：「虞淵事業已難憑，此意沉埋卻未曾，夢哭蘆花寒月上，誰人更復唱平陵。」悲張蒼水，亦有詩曰：「廿年苦節何人似？得此全歸亦稱情。廢寺釀錢收棄骨，老生禿筆記琴聲。」若此皆足補史闕者。其後全祖望深受梨洲影響，論詩也主補史之說，他亦認爲遺民之詩關乎舊史，不可聽其湮沒，故全祖望嘗續纂李杲堂所編《甬上耆舊詩》以迄於清初，名曰《續甬上耆舊詩》，以期「殘編叢說證楡枌」，並賦詩：「軼事徵山海，廋詞託漢唐，重泉應一笑，魂魄慶重光。」（〈題杲堂內稿後時其仲孫世法方擬開雕〉、〈芍庭爲予至青山求元人葉編修家乘抄其遺文歸……贈以七古〉）除《續甬上耆舊詩》外，他並纂有《句餘土音》，係全氏歸里後倡爲真率社以詩會友，分題賦詩以存鄉里掌故之作，故書序曰：「有感於鄉先輩之遺事缺失，多標其節目以爲題；雖未能該備，然頗有補志乘之所未及者。」（〈句餘土音序〉）皆志在以詩補志乘之所未及，光緒間所修《鄞志》多取材於此。可知浙東史學派在清廷之南明忌諱下，爲誌殘明餘緒，頗多採取迂迴的方式保存故國文獻，並避開文網。

斯同所長在於史學，固是不錯，但他亦未嘗以史學爲限；他除了
膺任《明史》之國史重責以外，當徐乾學居憂時，斯同嘗與論喪禮，徐
因請斯同撰作《讀禮通考》一書。是書爲清初集禮學大成之重要著作，
「上自國卹、以迄家禮，十四經之箋疏、廿一史之志傳、漢唐宋諸儒之
文集、說部，無或遺者。」斯同並以其餘另輯爲《喪禮辨疑》與《廟志
折衷》等研經之作。此外，秦蕙田之《五禮通考》亦成於眾手，據全祖
望言：「侍郎因請先生遍成五禮之書，二百餘卷。」（《鮚埼亭集‧萬
貞文先生傳》）雖然秦蕙田《五禮通考》有否竄竊萬稿？並無實據，但
亦不能排除有部分爲斯同撰作的可能性，事已詳於前論。而在斯同之經
史齊名以外，他也曾「以詩補史」地撰作《明樂府》（《新樂府》），
對於浙東史學之「詩史」精神亦有所發揚光大。其在自序中亦曾明白地
突出他係以「明室軼事」作爲撰作主題，其曰：

　　昔之擬「樂府」者，率用漢魏古題；獨唐白少傅取本朝事爲
題，而名之曰「新樂府」，蓋新題體口非漢魏遺制也。余讀而愛
之，因采明室軼事爲題而係之以詩，不過五七言長短句，非有音
節可被之管絃也。

斯同明言其作名爲「樂府」者，不過是借用五七言、長短句之形式罷
了；實則他正是效法白居易歌詩爲事而作之「取本朝事爲題」精神，
目的在於「采明室軼事爲題」，故他獨取明三百年間朝事及士大夫品
目，撮以爲題而繫之以詩，「意存諷刺，以合於變〈風〉、變〈雅〉之
義。」李鄴嗣（李文胤所改名）序《明樂府》曰：「季野即未及纂成一
朝之史，而且以新樂府先之，是亦史之前驅也。先詩而後史，與祭先
河而後海同，詩其源也，史則其委也。誦其詩者，即可知季野之史學
矣。」故斯同樂府正是對於詩史精神之發揚。不過斯同樂府詩作皆係己

未以前作,自入史館後,其詩作已隨史稿散亡而不可得矣。

斯同在史局,自徐乾學兄弟去館後,頗與續任之王鴻緒有諸多相左意見;惟後人只能依據王氏所改定的《明史稿》論定斯同,這使得斯同往往有不能自白者。是以斯同之《明樂府》,便在某個程度上成為補充斯同史裁與史論的重要依據。殆如全祖望《續甬上耆舊詩》收錄《明樂府》,而跋之以「此乃先生少年時,館李杲堂家所作也。隨意拈題,未及該備,要其議論有足以定史案者。」(〈九宮山〉後跋)斯同以詩定史案,正是正史之外所用以補史闕者,何況其所賦詩皆明室軼事,宜乎視之以史。

關於斯同史裁與王鴻緒之意見不同,譬如有關明惠帝建文究係自焚或遜國一事──燕王稱兵犯闕,既入京,宮中火起,帝已潛身逸去;王問帝所,或指灰中他骨曰:「燒死矣。」王撫屍而哭曰:「火燒頭,何至是也?」因此惠帝究係自焚或遜國而去?遂成懸案,故有成祖遣鄭和下西洋以訪尋遺蹤事。而錢大昕撰〈萬先生斯同傳〉,他依王鴻緒〈史例議〉而謂斯同主張建文自焚,並論以「建文之書法遂定。」這一來便導致後人多據錢傳而認為此是斯同考史之一失。然而揆諸《明樂府》斯同所賦詩,其〈火燒頭〉和〈下西洋〉詩,曰:

火燒頭,真還假?當年火裡屍若真,異日遜荒胡為者?乃知天心終有存,雖亡天下不亡身。

人言讓帝遯西極,此舉意在窮其跡。被褐已辭黃屋尊,泛舟寧作滄波客。何妨尺地使容身,應念高皇共本根。

詩中顯然斯同不信火裡屍真是惠帝,認為建文已遜讓而去,「泛舟寧作滄波客」,他並且批評成祖遣鄭和以窮遜帝之跡,是未念及同根之情,故斯同絕無「建文自焚」之說。雖然徐時棟也曾臆以「蓋先生少年以遜

荒爲真；既師梨洲，梨洲力闢之，先生亦遂變其初說。」（《續甬上耆
舊詩·火燒頭》後附）惟學者方祖猷辨以徐說出自推論，實則梨洲亦
未言及建文自焚，況夫斯同師事梨洲在37歲館於李杲堂家並賦《明樂
府》之前，且方氏亦嘗論及王鴻緒〈史例議〉，「寫於萬斯同卒後，與
萬氏毫無關係。」（《清代浙東學術論叢·萬斯同的史考及其得失》）
故上例足以說明斯同史裁在王鴻緒之改定下，確有被淆亂真相而無從辨
明者；亦可以見斯同詩作對其史學思想確有若干補正作用。

關於建文書法事，另據清禮親王昭槤《嘯亭續錄》言，實亦頗涉王
鴻緒立場。其曰「惠宗遜國事，本在疑似之間，今王本力斷爲無，凡涉
遜國之事皆爲刪削，不及史臣留程齊一傳以存疑也。」他責言王氏對永
樂等篡逆「每多恕辭」，對惠帝「則指摘無完膚狀」，至稱以「奸人著
史。」（〈明史稿〉、〈王鴻緒〉）王鴻緒不僅在雍正元年所呈《明史
稿》中盡刪削建文遜國事，在〈史例議〉中也以過半長篇批判野乘之失
實，錢大昕〈萬先生斯同傳〉即據此底本。惟乾隆42年所詔修的《明
史》新本紀，則對此事重新釐定爲：「宮中火起，帝不知所終。棣遣中
使出后屍於火，詭云帝屍。……或云帝由地道出亡。……自後，滇黔巴
蜀間相傳有帝爲僧時往來跡。」新本紀言「建文自焚」說中之帝屍實係
后屍所詭稱，帝則「不知所終」；並間採野乘帝僧之說，以闕其疑，以
此重定建文書法，故魏源曰「幸乾隆中重修《明史》，略爲平反。」
（〈書明史稿二〉）於此或亦可以註腳所謂斯同詩作之「議論有足以定
史案者」。

又，斯同對於史法之「事信」要求，在王鴻緒之總裁及刪定下，
亦有不能貫徹實踐者。譬如前論有關明太祖曾奉「龍鳳」詔一事，王鴻
緒便反對加以載記；然而斯同反對史局曲加隱諱的「佞史」作法，此一
史法之看法不同，並成爲斯同和友人王源意見不合且屢加爭議的具體事
件。是故斯同詩作雖然「不過如變〈風〉、變〈雅〉，勞人怨士之所偶

發耳，不足以該明史，豈足以見季野之萬一哉」；但是誠如鄭梁序《明樂府》所言，「史者，開局設官而成，其是非可否，非一人所得而主；詩者，滿心肆口而出，其美刺勸懲，實一人所得而操。」（《寒村詩文選·五丁集·樂府新詞序》）斯同之所不能自白者或有藉詩而明者，則是其詩能補史闕也。故《明樂府》以〈沈瓜步〉開其篇，詩言明太祖曾受命韓林兒，並揭露明祖後來使人沉韓林兒事——元順帝時欒城人韓山童聚眾起兵，為元將所殺，其子林兒逃之武安山，童黨迎立為帝，國號宋；明太祖起兵，初依郭子興，子興死，遂歸宋，受其官爵而奉其年號；龍鳳九年，明太祖迎宋主歸滁陽，授意廖永忠沉之於瓜步。斯同詩曰：

> 韓家帝子年雖小，曾據中原稱帝號。明祖起兵十年間，江南實頒龍鳳詔。……廖永忠，爾何逆！豈不知，我皇之興賴其力，胡乃弒主甘為賊？人言斯事實逢君，異日將希格外恩。寧知終受誅夷禍，太祖何嘗念若勳？

斯同於詩中揭露了眾多史實：他言明太祖部將廖永忠為迎合其意而沉韓林兒於瓜步，再言明太祖最後亦誅殺廖氏，何嘗加恩顧惜？王源對此大表不滿，他斥斯同以「欲奉一未成事之賊子牧豎為正統，與太祖正君臣之分，……而自以為《實錄》所不載者吾能知之。」（《居業堂文集·與友人論韓林兒書》）王源主張國史應諱國惡，如魯桓奪位弒兄，《春秋》但書曰「公薨」，桓之立亦僅書曰「即位」，皆未言及弒君；故他認為斯同所述韓林兒事，是不知大義而炫博學，主張「龍鳳」事應予諱之。斯同則答以〈追記先世所藏令旨事〉，他以家藏明太祖授其先祖萬斌令旨二道而皆書以「龍鳳」，以證「則是太祖之初受命於宋主明甚。」（〈追記先世所藏令旨事〉）斯同反對國史及諸家傳記因諱國惡

而有所隱沒，他認爲韓林兒下江南有首難之功，元末紅巾軍具有亡元大功，豈可求爲太祖諱而刊落其事、並隱沒沉林兒於瓜布一事？然而斯同廁身史局，其所撰作皆須聽由總裁決斷，不僅不能自做主，所被改定者也未必盡如斯同史裁，故另據可資對照之斯同詩作，或可窺見斯同原意，間亦可以「以詩補史」地照見部分史實。

再如《明樂府》之〈青詞相〉一詩，亦斯同在正史之外，用以譏刺世宗好神仙而往往命詞臣撰奉青詞之作。青詞係齋醮用文體，凡太清宮道觀薦告詞文，皆用青藤紙朱字，宋人文集中常有之；明時道教盛行，詞臣以此爭迎上意，嚴嵩尤擅以青詞結主知而位居樞要，時號稱爲「青詞相」，其時之宰臣率由此進，是以斯同以詩譏刺明廷青詞邀寵之荒誕現象。其詩曰：

天子銳意求長年，深居秘殿祠神仙。一時臣僚爭獻媚，西苑供奉何榮貴！撰得青詞文句諧，六卿方上鶴飛來。君不見、夏相當年棄西市，頗由青詞失帝旨；又不見、嚴相當年擅國權，實由青詞邀帝歡。神仙之事誠有無，君兮相兮乃爭趨。天子未得神仙力，群公實賴神仙澤。試觀前後諸公輔，誰不由茲登政府？君王論相只青詞，廟堂衮職更誰補？吁嗟！廟堂衮職更誰補？

斯同痛心君王沉迷於神仙術，朝臣得勢與失勢概皆繫於青詞，廟堂重任無人能輔，故他刺以神仙未能有助於天子安邦國，群公則無疑賴於神仙扶。與斯同斯作前後相應的，有全祖望之六世祖以碩德大節侍永陵講筵，卻因不肯草西內青詞，寧失撰席而遷陪都，故謝山先祖雖揚歷兩京，但清貧自守、祿廩無餘，諸子爲治壙而不免於鬻田。於此亦可見斯同《明樂府》拈明代朝事爲題，以論列明政敗壞之所由，其譏諷、針砭之意甚爲顯明。

另外，熹宗昏庸、為魏忠賢竊柄，其用事者有五虎、五彪之為禍，斯同亦以詩刺之，曰：「虎何暴，彪何酷，張牙相向誰敢觸？虎在郭，彪在郊，白日當道人安逃？」（〈虎彪橫〉）又，崇禎末李自成橫行中原；而儘管李闖殘暴無比，窮民苦賦役者卻相率歸之，於時且有謠曰：「喫他孃，穿他孃，大家開門納闖王，闖王來時不納糧。」（〈納闖王〉序）因此斯同〈納闖王〉詩亦站在百姓立場，表達對於橫徵暴斂下的饑民同情。他為百姓心聲代言道：

闖王來，城門開。闖王不來，誰將衣食與吾儕？寒不得衣飢不食，還把錢糧日夜催。更有貪官來剜肉，生填溝壑誠可哀。……君不見、朱泚當年據關內，大呼街市免加稅；又不見、劉豫當年據汴城，聲傳鄉邑捐重征。民畏重征不畏盜，自古如斯君莫驚。寄語有司各守職，慎勿迫民使為賊。

在腐敗官僚之催逼剜肉下，斯同憐憫百姓貧無立錐而「生填溝壑」，故賦以此詩。其《石園文集》中亦嘗論：「民之苦賦，甚於苦賊。」（〈書陸給事、王御史劾胡宗憲二疏〉）對此，唐甄也曾析論明亡於四海困窮、民不聊生，百姓因希冀改變貧困現狀而寄一線希望於李闖；因此李自成雖曾敗散，卻於旬日內復聚數十萬眾，是以唐甄亦言：「蓋四海困窮之時，君為讎敵，賊為父母矣。四海困窮，未有不亡者。」（《潛書‧明鑒》）故斯同《明樂府》之作皆關乎史事，他在詩中抨擊太祖、成祖殘暴；[3] 譏刺武宗、世宗、神宗、熹宗昏庸；復自記載史實

---

3 趙翼據《草木子》，言明祖重懲貪吏，「贓至六十兩以上者，梟首示眾，仍剝皮實草。府、州、縣、衛之左特立一廟，以祀土地，為剝皮之場，名曰皮場廟。官府公座旁，各懸一剝皮實草之袋，使之觸目警心。」（《廿二史箚記‧明史》）謝國楨《明清筆記叢談》亦指出明太祖的大誥有「士不為君用，則死」之條例，太祖並有「金樽相共飲，白刃不相饒」之詩句。

角度，反映了民生之疾苦，故《明樂府》乃爲求明亡教訓而發，未可以視爲一般詩歌創作。

斯同素稟濃厚浙東意識，其詩作除《明樂府》外，《石園文集》中還有〈竹枝詞〉五十首。斯同之賦是作，開篇先言：「浙江東渡是寧波，人物繇來此地多。欲識吾鄉風俗好，請君細聽竹枝歌。」詩中自越國文種、漢代虞翻起，歷述鄞地名人與名勝佳蹟，再及於鄞地之風土民情，如歌曰：「鄞俗由來不尚華，布衣糲飯足生涯。田家有子皆知學，仕族何人不績麻。」（《石園文集・竹枝詞》）要皆不遺餘力地闡揚浙東精神，亦詩史之一端。至於浙東史家之以揄揚「詩史」精神爲特色，其見諸載籍者，主要有全祖望《續甬上耆舊詩》所收錄的浙東抗清史詩，總計收錄近七百人、詩一萬五千九百餘首。其所輯錄詩集譬如錢肅樂《正氣堂南徵集》，張煌言《奇零草》、《采薇吟》，林時躍《朋鶴草堂集》……等；詩作則有錢肅樂〈海鵰行〉以精衛塡海比浙東之負海隅頑抗，曰：「天皖皖，鬼斧劃，一星突兀不肯服，旁行匿行作天眼。……精衛塡東海，中心豈不苦？精衛飛來復飛去，滄海知爾心，勸爾此行惜毛羽。」又有他藉以自明心跡的〈比干心〉：「天地正直氣，搏此忠孝心。」〈子胥眼〉：「君心戀西子，臣目懾東鄰。」〈王蠋頭〉：「齊亡有義士，乃在田野間。」〈睢陽齒〉：「一身扶大義，百戰抵重圍。」另外如王藥師〈聞諸路起兵信〉詩曰：「日月無光風雨淒，橋山弓劍共哀啼。……朱亥臂橫皆欲裂，田光頭落手猶提。甬東亦有蒼頭卒，願效前驅渡浙西。」又如張煌言描述甬東戰事慘烈的〈翁洲行〉：「孤城聞警早登陴，萬騎壓城城欲夷。礮聲如雷矢如雨，城頭甲士皆瘡痍。……忠臣盡瘞伯夷山，義士悉到田橫島。」……在在皆可見浙東義士在明清之交所寫下的令人感泣一頁。故浙東史家黃宗羲嘆：「天地之所以不毀，名教之所以僅存者，多在亡國之人物。」並致力於「捃拾溝渠牆壁之間，欲起酸魂落魄，支撐天下。」（〈萬履安先生詩

序〉、〈謝皋羽年譜遊錄注序〉）是故誠如林時躍〈弔鶴山大兄嘿農華公〉詩所言「三百年來養士報，書生一個立綱常」，是爲浙東精神與浙東史家之寫照。

五、萬斯同與南明書寫

斯同雖然隱居《明史稿》總編修之責，但修史是在清廷監視下進行的，而且館臣眾多，儘管「一時修史諸君多從季野折衷」，卻實非他一人所能任意獨專，尤其一些事涉清廷立場者，如清廷所最忌諱的南明史，斯同都必須聽命於史局總裁王鴻緒；況夫王鴻緒和斯同之間又有諸多對史法、史裁之意見分歧處，此亦鄭梁爲斯同序《明樂府》所嘆：「夫天下事，能者不任而任者不能，往往如此，此世道之所以日非，而有識者之所爲不欲觀者也。」（《寒村詩文選・五丁集・樂府新詞序》）故任者不能、卻往往左右大局，即斯同居京屢動歸志的最大致慨之由。是故斯同一方面緣自對「事信言文」之史法強調，另方面也緣自意欲發揚浙東遺烈精神，有關南明記事與相關人物之錄存，正是斯同和王鴻緒筆削不同的最大歧見所在。斯同對南明史所持立場，據斯同另請溫睿臨纂輯的《南疆逸史》以及楊無咎撰作的墓誌銘轉述，有曰：

倘專取三朝，成一外史，及今時故老猶存，遺文尚在，可網羅也；逡巡數十年，遺老盡矣，野史無刊本，日就零落，後之人有舉隆、永之號而茫然者矣，我儕可聽之乎？

——《南疆逸史・凡例》

郡誌當大亂之後，其人物之卓然傑出者，不可以無傳，當做《浦江人物》、吳郡先賢之例以表章之者也。

——〈萬季野先生墓誌銘〉

斯同從意欲發揚南明大義、更欲藉手以報先朝的立場出發，其所強調網
羅遺文遺獻、彰明大義的角度，自是迥異於受命清廷的王鴻緒「敕修」
立場，並且感到層層受制、處處掣肘。而此亦即斯同所憂心於官修史書
之「分割操裂，而使治亂賢奸之跡不明。」故就此端言之，已足令斯同
心生「不如歸去」之嘆了；況乎他棄妻子兄弟而廁身史局，誠如其寄五
兄、七兄詩所言：「先人餘七子，昆弟不爲少。時願一堂聚，蔬食共飢
飽。」「微願終難遂，分飛各遠道。」「今來荏苒越歲華，歸夢依然在
兄側。平生雅志期壯遊，欲遍山川窮九州。」（〈再寄五兄公擇〉、
〈寄五兄公擇〉、〈寄七兄允誠〉）如此雅志相違、隱忍史局二十餘
年，澹泊清虛而自任以國史之重，斯同誠秉「我輩以文章報故國」之理
念。

　　斯同素有志於史學，「顧其事非一人之所能爲」，他每苦於無同志
以共成其事，故他不僅個人專意明史而自任以國史，他亦懇懇款款於力
勸諸好友共同從事之。如〈與李杲堂先生書〉曰：「先生之文誠善矣，
傳之後世必不至於覆瓿；然但可成一身之名，初何益於天下之事？惟以
我之文章表前人之遺行，使前人借我而得以不朽者，我亦借前人而附以
不朽，豈非所謂相得而益章者哉！」又如〈寄范筆山書〉，曰：「願吾
兄暫輟詩古文之功而留意於此。……其與徒事詩文而無益於不朽之大業
者，果孰緩而孰急也？……惟史學則願與吾兄共任之。」〈與錢漢臣
書〉又曰：「願兄毋急急於文集，且絕筆不爲，而大肆力於經史；俟經
史之學既充然其有餘，則放筆之時自沛然其莫禦。」〈與從子貞一書〉
亦曰：「願暫輟古文之學而專意從事於此。」即桐城名家方苞之轉從事
經學，亦自言係由於斯同每告之曰：「子於古文，信有得矣！然願子勿
溺也。……於世非果有益也。」故方苞自述：「余輟古文之學而求經
義，自此始。」（〈萬季野墓表〉）是斯同之於史學，亦如屈原「亦余
心之所善兮，雖九死其猶未悔」者流，其懇懇款款之情躍然紙上。

斯同在史館，與來京修史的明宮庭太醫之子劉獻廷（繼莊）善；
繼莊亦終身不仕，兩人並皆有志於南明史，曾私下「各以館脯所入，鈔
史館祕書，連簣接架。」於時，私鈔史館藏書是不被容許的，史館編修
朱彝尊即曾因私鈔各地進書而被劾降級，況乎他二人所鈔又是最觸清廷
忌諱的南明野史。期間由斯同留京，繼莊則屢南下遊歷，以密蒐明遺民
文獻，全祖望亦言：「其人蹤跡非尋常遊士所閱歷，故似有所諱而不令
人知。」（《鮚埼亭集・劉繼莊傳》）斯同以故國世臣義不仕清，隱忍
史局二十餘年而辭銜辭俸，好友鄭梁曾言：「季野獨蕭然一布衣，弱妻
病子，啼號破屋。」（《寒村詩文選・五丁集・送萬季野之京師序》）
而繼莊亦「棲棲吳頭楚尾間」，雖「衣食不遑給而奔走拮据」，卻「出
金數百購求遺書。」故戴名世謂：「其力既已勤，而其志亦已苦矣！」
又曰：「繼莊尤留心於史事，購求天下之書，凡金匱石室之藏，以及稗
官、碑誌、野老、遺民之所紀載，共數千卷，將欲歸老洞庭而著書以終
焉。」（《南山集偶鈔・送劉繼莊還洞庭序》）蓋斯同與繼莊規劃等待
離開史館之後，將「共成所欲著之書」、即南明史之纂輯；然而繼莊先
行南歸卻突然病逝，二人所鈔及其蒐集並皆散佚，人死書散，對斯同造
成了極大打擊。

後來康熙37年斯同第二次返鄉、往訪梨洲之子百家時，得窺梨洲
晚年所著《明三史鈔》遺作──此《三史鈔》不是斯同赴京修史梨洲所
贈予者，而是明末三王紀事；斯同樂極並語百家曰：「此一代是非所關
也。我此番了事歸來，將與汝依此底本，另成《明朝大事記》一部，何
如？」他又矢志要與百家共成明史之私修，百家亦「心甚快之，每依
北斗，延頸而望先生之來踐此言。」（黃百家〈萬季野先生斯同墓誌
銘〉，收在錢儀吉《碑傳集》）未料斯同竟於康熙41年，在王鴻緒府
邸去世，壯志未酬，齎志而沒，年六十五。斯同居鄉而家貧、弱妻病
子，寓京後其後人更是式微，故斯同之卒，旁無親屬，所攜數十萬卷書

遂爲不肖助手錢名世囊括而去，未獲保全。全祖望嘆曰：「繼莊返吳，不久而卒，其書星散；及萬先生卒於京，其書亦無存者。」（〈劉繼莊傳〉）斯爲南明史之大阨。

至於戴名世，則爲斯同留京纂修《明史》所後來結識的另一好友，亦有志於南明史，嘗曰：「余夙昔之志，於明史有深痛焉！……此志未嘗不時時存也。」（〈與余生書〉）他亦嘗與劉獻廷相約，欲共纂明史。在劉南歸時，他曾書〈送劉繼莊還洞庭序〉，有曰：「繼莊家在西山，尤爲幽人之所棲息。繼莊歸而爲余懸一榻焉，余雖不能即行，終必圖與繼莊著書終隱，以酬曩昔之志。」故他在劉、萬二子先後故世之後，仍爲實現「曩昔之志」而努力地慇勤蒐集，其〈天籟集序〉亦曰：「頃余有志於先朝文獻，欲勒爲一書，所至輒訪求遺編，頗略具。」〈與劉大山書〉又曰：「生平尤留意先朝文獻，二十年來蒐求遺編、討論掌故，胸中覺有百卷書，怪怪奇奇、滔滔汨汨，欲觸喉而出」，並自言將欲入名山中，洗滌心神，息慮屏氣，「久之，乃敢發凡起例，次第命筆。」然而在康熙49年卻發生了令人唏噓的文案：戴名世所著《南山集》因主張南明書寫而爲都御史趙申喬所糾，戴名世被殺、書被毀版，成爲清代著名的文字獄案。戴書言曰：

昔者宋之亡也，區區海島一隅僅如彈丸黑子，不踰時而又已滅亡，而史猶得以備書其事；今以弘光之帝南京，隆武之帝閩越，永曆之帝兩粵、帝滇黔，地方數千里，首尾十七八年，撥以《春秋》之義，豈遽不如昭烈之在蜀、帝昺之在崖州？而其事漸以滅沒，……至於老將退卒、故家舊臣、遺民父老，相繼漸盡，而文獻無徵、凋殘零落，使一時成敗得失，與夫孤忠效死、亂賊誤國、流離播遷之情狀，無以示於後世，豈不可嘆也哉！

——〈與余生書〉

戴名世《南山集》以反對抹殺南明數朝歷史而書毀人死——南明史正是清廷所最忌諱、而屢加責難且難容者，也是斯同在京修史未能暢言始末的悒悒不樂緣由之一。不過儘管南明書寫連番僨蹇，南明一緒畢竟正氣所寄；斯同書稿雖為人所竊去，但他死前曾將董理南明史一事託付學生溫睿臨，溫亦不負所托地蒐集、整理了四十餘種野史和斯同所交付的明末諸傳，故繼萬、劉、戴之後，終有溫睿臨《南疆逸史》之成書於康熙末，有福、唐、桂三王以及魯王監國等〈紀略〉4卷、〈列傳〉52卷；其後又有全祖望《鮚埼亭集》之著名南明書寫，並皆能夠保存浙東抗清事蹟而發揚南明精神。《南疆逸史》在清末宣統間曾為革命黨人排滿所資借，改書名為《南天痕》，用作反清宣傳。

六、結語

浙東地區與南明朝有著極密切的地域關係，明亡之際浙東義士的抗清血淚，撼動了諸多史家心靈；而向為人文淵藪的浙東地區，其後勁在深感鄉先賢忠烈精神長存下，爰多收拾散佚地網羅遺文遺獻，從事於學術史或史撰一類的文化保存工作，此皆形塑浙東史家發幽闡微、表彰忠義特色之內在意識結構。萬斯同亦在結合了地域因素與個人史學理想下，肩負國史之重，從事於《明史稿》撰作；然而他實際上處在希望實現史學理想和不能違逆清廷立場的兩難處境中，故儘管《明史》在《二十五史》中已稱佳作，但斯同在撰述過程中仍時感掣肘而與主事的王鴻緒諸多相左意見，並屢動歸志，他畢竟還是未能充分發揮史學專長，也未能達成藉修史以為明代延一線國祚的希望，故他亟譏評官修史書之分割勦裂。不過針對斯同修史之志有未逮，又可以分就兩方面以言：一是在浙東史學「以詩補史」之共同風尚下，斯同嘗有《明樂府》之作，藉諸《明樂府》猶得以一窺斯同部分史識、史裁，並發現確有若干殊異於王鴻緒竄亂後的《明史稿》見解者，是斯同特識有為王稿所不

能掩蔽者，亦全祖望論其詩而謂：「其議論有足以定史案者。」另一則
是斯同在國史纂修過程中，志存南明史而不能，他只得寄寓未獲實現
的史志理想於另成一部《明朝大事記》上。儘管其事後來仍然充滿波
折──包括原先約定共纂南明史的劉獻廷於南歸後突然病逝，二人所鈔
及所蒐集書藁並皆散佚，也包括斯同竟亦賷志而客死京師，書稿盡爲人
竊去，不過南明書寫雖然歷經如此人死書散的重大挫折，南明延國祚於
一線未絕，畢竟爲天地正氣所寄，勒成南明史一事最後終在斯同所另外
託付的學生溫睿臨撰成的《南疆逸史》上獲得實現；尤其難得的，是近
四百年後的二十世紀末葉且有多部《南明史》面世。

　　斯同嘗論著述之道曰：「文人之著述有可已者，有必不可已者。
往時士人一登仕籍，即有文集遺世，徒供他人覆瓿之用，此可已者也；
若編摹乎史傳、紀載乎軼事，使前人之名蹟得以不泯乎後世，此不可已
者也。」斯同所謂「必不可已」之著述，即指史傳紀載等史學而言；他
認爲文士立身，或可邀譽於一時，卻往往不足以頡頏千古，故他又言：
「今無才者不能著述，而有才者又不肯著述；此前賢之懿行所以多不傳
於後世也。……不及今急爲採葺，使先賢之行事愈久愈湮，當亦君子
之所痛心也。」（〈與李杲堂先生書〉）故斯同以修史爲志，矢志手
定《明史》。不過此一番深切體悟，是在斯同歷經爲學三變以後始得
之──他早歲嘗有志於古文詩詞，其後「薄其所爲無益之言」，而轉從
事於典制考索；後又因典制諸書「按圖布之有餘矣」，是以棄去，遂
「欲徧觀有明一代之書。以爲既生有明之後，安可不知有明之事？」然
而當他集諸家記事之書讀之，卻「見其抵牾疏漏，無一足滿人意者」
（〈寄范筆山書〉），故他嘆：「二百九十三年之得失竟無成書，……
今日失考，後來者何所據乎？」（劉坊〈萬季野行狀〉）於是最後定志
於《明史》撰作。而雖然斯同欲藉修史以爲明代延一線國祚的希望，在
史館總裁王鴻緒等人的主導下，志有未遂，但斯志不可泯。

　　張壽鏞嘗爲斯同《石園文集》校編並作序，他慨然於斯同「詩古文辭之傳於世者僅已，他諸撰述又多爲人掠奪去，即《明史稿》號爲先生所盡心者，世亦莫能見其眞本。」故他嘆：「先生學雖博、名雖高，而志不見於當時，書不盡傳於後世，於淸初諸老中實最爲不幸。且其經學雖深，而掩於史；詩古文辭雖工，而掩於經；天固欲成就之，而人事反又厄之如此。」惟斯同儘管現實困阨，幽芳終不掩其國色；斯同寓京修史而南歸探親時，梨洲亦曾贈之以詩，曰：「四方聲價歸明水，一代賢奸托布衣。」（《南雷詩歷・送萬季野北上》）且斯同嘗論所謂承家者，「在乎立身，而不在乎富貴」；立身者，「在乎詩書禮樂，而不在乎顯達。」（〈逸老堂記〉）故斯同之以布衣定有明一代紀事，雖阨於一時，其名則終傳遺後世且與千古賢豪相較量而不朽矣。

【附記：河姆渡遺址】

　　浙東，一個過去學術史上經常被忽略而具有高度學術成就的地區，近年來並因出土史前文化遺址而舉世震驚。河姆渡遺址位在浙江餘姚市河姆渡鎮渡頭村；河姆渡村北有姚江，1973年夏，村民欲在雨季前築一排澇站，在開挖時卻挖掘出了中國遠古文明的搖籃──河姆渡文化遺址。其出土文物經碳十四之測定，一共疊壓著四個文化層：最上層距今4700年，第二層5800年，第三層和第四層則距今6210年到6950年。在河姆渡遺址發現之前，國人相信中華文明在西元前3000年誕生於黃河流域，在黃河流域之外的地方尚未發現更早期人類活動的證據；河姆渡遺址則證明了中華文明起源不限於黃河流域，長江流域亦是中華文明的發源地之一。

　　河姆渡文化遺址出土了迄今最早的漆器、中國最早的水井遺跡，和目前已知世界上最古老的人工栽培稻，並以此修正了我國栽培稻外來之說。河姆渡出土的骨耜，亦是中國目前發現最古老的骨製農具，證明了生活在七千年前的河姆渡人已經進入耜耕農業之階段；其建築且為地上架空之「幹欄式建築」，是從「有巢氏」傳說之樹上築巢過渡到地面居住的一種建築形式；再從出土的大量野生果實及動物骨骸來看，此地氣候溫暖濕潤，地理狀況與自然環境適合動植物生長，河姆渡先民除了掌握水稻之種植技術以外，並已開始馴養家畜——發掘證據顯示了河姆渡是長江下游、新石器時代晚期的一處氏族聚落生活遺址；他們依賴種植水稻、採集、捕魚和狩獵為生，並已開發展出蘆葦和麻製品等。

　　河姆渡之得名，係由於夏黃公墓。據《史記》、《漢書》載，秦末有商山四皓——東園公、綺里季、角里先生、夏黃公等鬚眉皆白，不應高祖召；其後高祖欲廢太子，呂后用張良計，以四皓侍太子見高祖，高祖曰：「羽翼成矣！」遂止之。夏黃公在呂后執政時避居浙東，死後葬此，因墓近姚江渡口，故此渡稱為「夏墓渡」，並由墓名轉為地名；又因浙東土音「夏、河」音近、「墓、姆」音同，於是「夏墓渡」轉為「河姆渡」。

　　極令人吃驚的，河姆渡遺址位於東經121°22′、北緯29°58′，幾乎在北緯30度線上——北緯30度線是一個神祕地帶，世界上許多著名的自然和人類文明之謎都貫穿在北緯30度線上：從地理大佈局來看，有地球最高山脈珠穆朗瑪峰、古埃及金字塔群、獅身人面像、死海、巴比倫空中花園、百慕達三角區、遠古瑪雅文明遺址等；而世界幾大河流：埃及的尼羅河、伊拉克的幼發拉底河、中國的長江、美國的密西西比河，也都在北緯30度線入海。至於河姆渡文明之未獲延續，根據遺址之地層堆積，河姆渡文化時期至少曾發生兩次持久的特大洪水，分別為距今六千年、五千年前後；海水沿河道上溯而形成海侵，海侵達到最高峰時，河姆渡遺址逐被淹入海底，就此深埋地下。

第二篇

共創乾嘉學術高峰的吳、皖、揚、浙學

捌
乾嘉學辨

　　清代考據學在我國學術史上，是取代宋明理學的學術新典範，乾嘉時期尤爲考據學之發展顛峰。但是關於清代學術，歷來卻充斥諸多似是而非的說法，如對於清代考據學和宋明理學間的新、舊學術典範轉移，學界普遍認爲肇因於清廷壓制思想導至理學衰微，故乾嘉學術鮮少思想意義，而「漢宋之爭」也即考據學和義理學相互爭鋒……等。實則清廷極其尊朱，直至清末廢除科舉爲止，清廷一逕皆奉理學爲功令所憑；而乾嘉學術在考據學外，另有取代理學形上學模式的義理學新構；至於清代的「漢宋之爭」，實是兩種義理模式間的義理辯難，導因於清儒中部分漢學家持論義理新說而與固守理學門庭的宋學派之思想歧異。爰爲以下辨說。

一、清代學術典範──考據學之興起與興盛

　　眾知乾嘉考據學的興盛事實；惟關於清代考據學的「興起」和「興盛」，卻是長久來被混淆的兩個不同概念。蓋一門新興學術的興起原因探討，關乎新、舊典範交替，必須扣緊新典範對舊典範的批判即核心價值觀之轉換以言；興盛，則要涵蓋新範式在眾多可能性中已經出線即興起之後，其何以致興盛乃至成爲新典範的過程探討。所以清儒「由虛返實」的「崇實黜虛」中心意識、取證經典的學術方法論，以及清初在「朱、王之爭」下的《易》圖、《大學》、古文《尚書》等經典辨僞，對於理學學術權威的影響等，是爲推波清代考據學興起的原因；而經濟繁榮下的讀書人多、藏書風盛、書肆鼎盛，以及大型類書編纂、科舉趨

尚……等社會與政治助緣因素，則是促進考據學蓬勃發展即興盛的助瀾
有功。

㈠清儒「崇實黜虛」的中心意識暨清初辨僞學興起

　　一個時代中凝聚了眾多學者共識的迫切待解決問題，是爲時代課
題；其後並往往因爲提出解決之道而發展成爲足以彰顯當代核心價值的
學術新典範。譬如宋儒面對長期的儒學不振和儒、佛爭席，爲重回儒學
主盟，遂以融合魏晉玄學和隋唐佛學的形上學路線與思維方式，改造傳
統儒學的現實取向，創造了宋明理學「道德形上學」的顚峰發展。然歷
五、六百年形上學路線後，一方面是學術自身之「盈科而後進」；另方
面亦由於長期偏重思辨方式的學術路線，學者日漸遠離經典而趨向空
談，故明清之際經學和理學的虛、實之辨及「孰能傳道？」之爭又起。
清儒斥理學以玄虛，亦如理學家譏漢儒以傳經不傳道及斥佛學空虛。重
以理學內部長期的程朱、陸王之爭也在清初益形熾烈，雙方都藉辨僞經
典以打擊對方。故清學先是在學術方法論上「崇實黜虛」地轉趨經典實
證，並逐漸發展成爲考據學對理學的「學術典範」取代；後來且有新義
理學家如戴震、焦循等人以「非形上學」的義理新說，轉揄揚道德價值
的經驗面，以對「形下之器」的重視，揚棄理學的「形上之道」推崇，
亦使理學在思想領域內的獨尊風光不再，是爲新、舊「義理學典範」轉
移。

　　就我國學術發展的大勢言之，漢儒重經而宋儒突出性道思想，一重
經典微言與章句訓詁，一重道德形上學之義理闡發，皆爲儒學發展之重
要環節。宋儒在歷經漢代神學化經學之以天爲價值根源後，轉而彰顯人
文價值，另以講論道德本體和性命微旨的《四書集注》重建孔門道統。
宋儒結合了人之道德本體與宇宙自然本體，以綰合天道與人道的「生生
爲仁」、「天地之大德曰生」即以「仁」爲道體的道德形上學，作爲儒

家義理學的發展主軸及崇高目標；其工夫實踐亦循「證體」進路，以個人之窮理盡性作爲對《中庸》結合個人與天地化育的德性實踐。故從本體論到工夫論，理學都循著形而上路線的證立仁體，以達致天道與人道相一致的宇宙無限生機。惟當「形上之道」的追求被視爲超越與絕對時，即連儒家經典文獻、遑論章句訓詁，都被視爲「形下之器」的「糟粕」。如程頤曰：「誦其言辭，解其訓詁，而不及道，乃無用之糟粕。」（《二程文集・附錄》）宋儒對於先秦兩漢以來的儒者治經以及經學發展，正是從「道」是「經」之推高一層的「經典糟粕」角度，將研精註疏的治經法貶爲「不及道」的買櫝還珠。故朱熹退《五經》之三代政教紀錄而轉發揚《四書》傳統，以追求聖人之本心即道心，曰：「聖聖相承，以此而接夫道統之傳。」「以續夫千載不傳之緒。」（〈中庸章句序〉）隨著其後近千年的科舉功令獨尊，理學更長期穩居儒家正統思想地位。

　　然歷明、清易鼎後，清儒頗咎明學束書不觀、游談無根，《四庫提要》亦謂：「明代諸儒註疏皆庋閣不觀，《三傳》、《三禮》尤幾成絕學，其板更乖舛不可讀。」（《三傳三禮字疑》提要）其實自明代中葉以來，一股反思學風空疏的考證古籍風氣已悄悄萌櫱：楊慎（1488-1559年）、焦竑（1540-1620年）、陳第（1541-1617年）、方以智（1611-1671年）等人皆以博洽稱。焦竑博極群書，究心考據；陳第精研古音，著有《毛詩古音考》、《屈宋古音義》；方以智也以考據精核名，其言「藏理學於經學」（《青原志略・凡例・書院條》），更與顧炎武（1613-1682年）著名的「古之所謂理學，經學也」（〈與施愚山書〉）即被全祖望轉述爲「經學即理學」（〈亭林先生神道表〉）的重要論述，極其近似。另外，歸有光（1505-1571年）也說：「聖人之道，其跡載於六經。」「能明於聖人之經，斯道明矣。」（《震川文集・示徐生書・送何氏二子序》）錢謙益（1582-1664年）曰：「誠

欲正人心，必自反（返）經始。」（《牧齋初學集·新刻十三經註疏序》）費密（1625-1701年）言：「聖人之道，惟經存之。舍經無所謂聖人之道。」（《弘道書·道脈譜論》）……前後相應的諸多尊經之說，皆駁斥了所謂漢唐傳經、宋人傳道之說。再者，批判理學末流及對理學的義理不安，從李贄（1527-1602年）嘆：「能講良知，則自稱曰聖人；不幸而不能講良知，則謝卻聖人而以山人稱。展轉反覆，以欺世獲利。名爲山人而心同商賈，口談道德而志在穿窬。」（《焚書·又與焦弱侯》）亟不滿於明代「假道學」之虛僞士風；到顧憲成（1550-1612年）、高攀龍（1562-1626年）對於王學末流之指摘，曰：「姚江之弊，始也掃聞見以明心耳，究而任心而廢學，於是乎詩書禮樂輕而士鮮實悟；始也掃善惡以空念耳，究而任空而廢行，於是乎名節忠義輕而士鮮實修。」（《明儒學案·東林學案一》）亦咎末流以任心廢學而鮮實悟、任空廢行而鮮實修。證之以明清鼎替之歷史變局，長期學術所追求的道德理性既不能保證事功之「必然」，則儒者對於發揚道德價值形上面的信心遂從根柢處被動搖了；以迄於清初，更在經學和理學「孰能傳道？」之辨中，出現了此消彼長的運勢推移。

　　值此之際，重以清初「朱王之爭」下兩派都藉考據以辨僞對方圭臬經典，不僅鬆動、更瓦解了理學的經典權威，同時柳暗花明地又找到了學術新路向。溯自陽明《朱子晚年定論》謂朱子晚年因自覺「支離」而修正爲近陸九淵路向，引來陳建（1497-1567年）《學蔀通辨》之辯駁與朱學派猛烈砲火，朱王兩派勢同水火。繼之，康熙18年開館纂修《明史》的陽明立傳問題，更引爆了黃宗羲（1610-1695年）代表的民間王學派對朝廷尊朱官學立場之不滿——於時館閣爭論：究應遵朝廷尊朱立場而循《宋史》之例，[1]以程朱一系設爲〈理學傳〉，另將陽明、

1　《宋史》立〈道學傳〉，除北宋五子外，並列入朱熹、張栻，以及程氏門人謝良佐、游酢、楊

白沙等歸入〈儒林傳〉，以示摒於理學道統外？抑或如實呈現王學風行天下，明學幾盡歸王學之歷史事實？最後雖在黃宗羲親致書明史館反對設立〈理學傳〉後，《明史》終削去〈理學傳〉而總歸〈儒林傳〉；但是陽明僅列勛臣，並未列入儒林。如此一來益發使得在清初「朱王之爭」中，因朝廷強力尊朱而屈居劣勢的王學派，必須另闢戰場──清初王學三大儒除北學孫奇逢（1584-1675年）、關學李顒（1627-1705年）致力於理論修正外，南學黃宗羲以及同為王學的陳確（1604-1677年）、毛奇齡（1623-1716年）等人皆清初辨偽學之健將。而在王學與朱學雙方都祭出考據利器以辨偽對方經典下，遂形成了清初盛極一時的辨偽之風。故余英時認為羅欽順（1465-1547年）主張義理的是非必須「取證於經書」（《困知記》），就是對明代儒學有力的挑戰，使得數百年來彼此論難的程朱、陸王義理之爭，在這裡找到了彼此抗衡的新戰場。因此以義理的是非取證於經典，是「由義理之爭折入文獻考證」之導引出清代全面整理儒家經典的關鍵；是促使清儒「崇實」地回歸經典暨考據學興起的重要契機與內在線索。

　　當時雙方所聚焦，主要在程朱倚重建構理論的《易》圖書說和朱子增入〈格致補傳〉的《大學章句》，以及陸王心學推尊的古文《尚書》等。清初從義理爭論擴及考據角力的「朱王之爭」及辨偽盛況如下：

1. 王學系辨偽《易》圖援道

　　我國易學發展，在漢易主要以好言卦氣與陰陽災變的孟喜、京房「象數易」為代表。晉唐易則以王弼、韓康伯據老莊解易，具「易老同源」玄學化特色的「義理易」是為代表，孔穎達《周易正義》用之。逮及宋易，有周敦頤重「象」、邵雍重「數」，並皆突顯先天易。朱熹則

時……和朱氏門人黃榦、李燔……等所謂「傳道之儒」，尊為理學正宗；另外胡瑗、陸九淵、呂祖謙、陳亮……等非程朱系的理學家，則與鄭樵、王應麟、黃震等有功學術者同繫〈儒林傳〉；梅堯臣、黃庭堅、秦觀、周邦彥……等辭章文士則繫〈文苑傳〉。

以結合了周敦頤《太極圖說》展示的萬物化生過程、邵雍以天時人事互驗的數理之說，將宇宙生成歸結爲「象」與「數」的演化過程；並以《周易本義》和《易學啓蒙》對北宋以來的易學進行了一次總結，且倚重此圖書說和先天象數，作爲闡釋其言「理在氣先」、「未有天地之先，畢竟也只是理」的性理說和宇宙論、本體論根據。朱著《周易本義》和《易學啓蒙》附有揉合了〈太極圖〉和〈先天圖〉的象數九圖，其言曰：「自伏羲以上，皆無文字，只有圖畫，最宜深玩，可見作《易》本原精微之意。」（《周易本義·圖目》）隨著朱學在元世被定制爲科舉功令，他以圖書象數說廢孔穎達《周易正義》所採王、韓注的易學思想，影響後世甚鉅；明胡廣所編並獲頒學官的《性理大全》收入〈太極圖〉，康熙《御纂性理精義》也篤信圖、書之說。故《易》圖、書說在朱子推波與科舉助瀾下，自元明至清初，皆深植人心地密切連繫著《易》學。

　　然而周、邵借重的〈太極圖〉和〈先天圖〉都源自道教陳摶、穆修等人；自宋儒袁樞、薛季宣、陸九淵及明儒楊慎、歸有光等，皆曾加以質疑或辨難。清初，黃宗羲則以《易學象數論》開啓了清儒辨僞易圖之門。其弟黃宗炎繼以《圖學辨惑》、毛奇齡以《河圖洛書原舛編》和《太極圖說遺議》、朱彝尊亦以〈太極圖授受考〉，同辨易圖。最後由不具義理立場的胡渭《易圖明辨》，確論了易圖援道入儒。至此，程朱一系援易圖、太極、陰陽、道器觀等概念建立的理學理論皆深受打擊。

2. 王學系辨僞朱子《大學章句》

　　清初王學派另一個辨僞的焦點是朱子《大學章句》。朱子亟強調「學問須以《大學》爲先」（《朱子語類·大學一》），故將《大學》和《中庸》從《禮記》中摘出，與《論》、《孟》合稱爲《四書》；但他懷疑《禮記》中的《大學》有錯簡而致文義失序，於是依一己義理系

統，將經文割裂爲「經一傳十」、並增〈格致補傳〉，以爲理學最高經典依據。然自元明以來，學者已認爲朱子改本的《大學章句》「割衣補裳」、「玉盤無缺而反毀之」；逮及陽明，更責以支離、疊床架屋，曰：「（《大學》）原無經、傳之分，格致本於誠意，原無缺傳可補。」（《年譜・戊寅四十七歲七月》）陽明並另刻舊存的《大學》古本，以與朱注《大學章句》相頡頏。

惟由於朱熹《四書集注》在元仁宗皇慶年間被定制爲科舉功令，形成了嗣後《大學》與仕進間的盤根錯節複雜關係——明永樂2年朱季友上書毀濂洛關閩，結果所著遭毀、杖一百；明嘉靖28年，在王學大行下，有朱派學者林希元上《大學經傳定本》反擊陽明古本，遭削籍落官；萬曆12年朝廷議以陽明從祀孔廟，又有唐伯元詆良知學「惑世誣民」，另上《石經大學》請頒學官，[2] 也以「詆毀先儒」遭左遷貶官；清初朱學大興，王派學者謝濟世復進古本《大學注》，亦遭降旨嚴飭、所注焚燬——對此《大學》古本、改本之爭自學界延伸到廟堂，而成爲朝廷壓制異說與門戶鬥爭工具的現象，明末先有劉宗周從義理觀點輯校了《大學古文參疑》；後來其弟子陳確更認爲惟釜底抽薪地否定《大學》之聖學地位，爲能平息紛紜眾說，故撰爲廢經主張的《大學辨》。他從文獻觀點，說「自漢有《戴記》，至於宋千有餘年間，亦絕未有一人爲謂是孔、曾之書爲者」；又從義理觀點，說《大學》「言知不言行」、「知止之教」等皆禪學之教；最後總結以「駁歸《戴記》，猶是以《大學》還《大學》，未失《六經》之一也。」「《大學》廢則聖道自明。」（《陳確集》）陳確《大學辨》所辨《大學》非經、不是孔氏遺書，並主張黜歸禮論以使回歸《禮記》，使得程朱一系依《大學》所

---

2 《石經大學》係明豐坊所僞造。豐坊謂《石經大學》刻於魏政和年間。但「魏」者，僞也；且魏無政和年號，純屬子虛。

建立的道德學理論系統、格致之教以及聖學道統等，皆深受打擊。

3. 朱學系辨偽梅賾古文《尚書》

另一個造成程朱、陸王兩派兩敗俱傷的辨偽焦點，在辨偽心學圭臬經典的古文《尚書》。秦皇焚書時，伏生藏《尚書》於壁中；漢世，文帝廣求遺書，派朝錯學《尚書》於伏生家，所傳即隸書寫本的今文《尚書》；後來景帝封魯恭王於曲阜，魯恭王修宮殿、壞孔子宅，於壁中發現了先秦寫本的古文《尚書》。是書於漢武末年由孔安國家人獻給朝廷，但歷永嘉之禍而亡佚。東晉時有梅賾（生卒不詳）復上孔傳古文《尚書》，陸德明《經典釋文》之《尚書釋文》和孔穎達《五經正義》之《尚書正義》即科舉憑式，皆信之不疑；然宋世學者頗疑其偽，後世對於古文《尚書》的漫漫辨偽歷程，亦於焉展開。

朱子在《朱子語類》和《朱文公文集》中，已嘗就文章風格質疑「〈書序〉恐不是孔安國作。漢文麤枝大葉，今〈書序〉細膩，只似六朝時文字。」致疑西漢文豪，何以孔〈序〉、《傳》軟弱如出魏晉人手？故清儒之偏近程朱學者，往往因受啟示而懷疑古文《尚書》。不過理學家除陸王心學尊奉古文《尚書》為圭臬經典外；即朱子雖曾致疑古文《尚書》，但終究疑信相半地，仍然對之多所理論援用。古文《尚書》中最為程朱、陸王兩派共同推重的理論，在「虞廷傳心」之「十六字心傳」──「人心惟危，道心惟微，惟精惟一，允執厥中。」（〈大禹謨〉）朱子曰：「必使『道心』常為一身之主，而『人心』每聽命焉，乃善也。」「此自堯舜以來所傳，未有他議論先有此言，聖人心法無以易此。」（〈中庸一・章句序〉、〈尚書一・大禹謨〉，《朱子語類》）而強調「發明本心」、「先立其大」的陸王心學，更是對此「傳心」之說推尊為立論根據。故辨偽古文《尚書》，導致包括程朱所稱聖學道統與陸王心學之理論憑據等，並皆蕩然無歸，整個理學牆腳幾乎被

連根拔起，理學遂更加一蹶不振。因此從明儒梅鷟（1483-1553年）撰《尚書考異》辨偽古文《尚書》以來，即有陳第起而護衛；清初偏近朱學的閻若璩（1636-1704年）撰爲《尚書古文疏證》以論定古文《尚書》之僞，亦有王學派的毛奇齡另撰《古文尚書冤詞》加以辯護，形成了經典辨偽之一攻一守特有現象。不過辨僞結果，到底使得朱、王學雙方都進退失據而兩敗俱傷；清儒從理學心性之學跨出，立足儒家經典而要求由通經明道的學風，亦水到渠成地形成了。

由明入清，清學的一個大轉向，就是袪虛務實地重回儒家經典。從顧炎武強調「明善之功先之以博學」，撰作《音學五書》，揭櫫「讀九經自考文始，考文自知音始，以至諸子百家之書亦莫不然」的治經方法（〈與友人論學書〉、〈答李子德書〉），以「考文知音」爲清學指示途轍；以及黃宗羲以考據學辨僞理學經典，並以辨僞《易》圖的《易學象數論》而爲清初辨僞學的前行者，引領後來的經典辨僞風潮；再到風氣既開，陳確、毛奇齡、閻若璩等人並皆據經辨僞而各有建樹。可見清學突出經典實證的具體實踐，在清初率先登場的，就是群經辨僞學；乾嘉考據學之巔峰發展，則是在清初辨僞學推倒理學之經典依據後，才學風推移地形成後來之一枝獨秀發展盛況的。因此清初辨僞群經，對於清學從理學側重的《四書》路線重回漢儒的《五經》路線與清代經學復盛，具有推動之功；不過在此同時，其於儒學信仰也投下了一顆震撼彈，不但嚴重挑釁了理學的學術權威，造成即連清廷尊朱都挽救不了的理學衰微命運，以及理學和考據學之間出現新舊典範轉移、運勢推移。並且由於群經義理的相互支持關係，也可能波及對其他儒學經典的信任，甚至擴及對整個儒家聖經體系的神聖性挑戰；證之以餘波盪漾縣及民國後的疑經風氣，影響不謂不大。然要之，清儒「崇實黜虛」的中心意識，及以義理是非取證於經典而形成的辨僞風氣，是清代考據學興起，且在嗣後蔚爲一代學術典範的核心關鍵；不能人云亦云地歸因清廷

壓制思想所致。

(二)經濟繁榮、科舉趨尚對考據鼎盛之助瀾

經典辨僞是清初率先登場的考據學發展，繼辨僞群經之後，考據學遂取得了學術優勢。此一根基在書本子上的學術研究，更隨著清政權之日益穩固、社會與經濟趨向繁榮，而在物阜民康下達到了空前的高度。考據學興盛的一個重要條件，是立足在精確校勘上，此則又要依賴書籍的廣爲流通；因此江南地區的富庶經濟，對於購書、藏書、書肆鼎盛，以及因藏書人多而促進的刻書風氣和大型類書編纂等，在在形成了有力支持，爲乾嘉考據學的歷史性發展奠下重要的社會條件與基礎。而在江南地區靡然向風的考據學蓬勃發展之後，由於科舉和學術的密切關聯，儘管清初以來朝廷的一貫政策是尊朱、獎倡理學；考據學仍在中葉以後藉由科舉廣泛傳衍，所向披靡。除江浙、安徽與京畿等考據大本營以外，陳澧弟子桂文燦的《經學博采錄》便記載了分布兩廣、福建、江西、兩湖、雲貴、四川、山東、山西、河南等地的諸多治漢學者。因此在乾隆朝亦形成了一股由民間擴及朝廷的，以經學考據取代理學之學風變革。

藏書風氣在明末就已經形成了，直至清末仍未衰歇。范欽（1506-1585年）天一閣、錢謙益（1582-1644年）絳雲樓、毛晉（1599-1659年）汲古閣等，都在當時極負盛名；其後下逮錢曾（1629-1701年）、季振宜（1630年-不詳）、徐乾學（1631-1694年）、黃丕烈（1763-1825年）、張金吾（1781-1829年）等，其風不衰。盛名的絳雲樓火後餘燼，後來由錢曾（錢謙益之族曾孫）繼承；錢曾將所有藏書編爲《述古堂書目》和《讀書敏求記》，後者對於其後的目錄學影響很大，不僅大內殿藏的《天祿琳琅書目》仿其體例，即曹溶、朱彝尊、黃丕烈等人的藏書目也受其影響。此外，汲古閣的毛晉節衣縮食，遑遑然以

購書、校讐、刊刻爲務,當時里諺有云:「三百六十行生意,不如鬻書於毛氏。」而當藏書成風後,買書人多,書價也日趨高昂,斯時的宋版書價竟至按葉論計。從嗜書如命、惜書不惜錢而甘受書賈勒索的黃丕烈等藏書家身上,便可以反映吳中書肆之所以蓬勃的原因。這時候的私人藏書達到了前所未有的盛況,私家目錄也盛極一時。除錢謙益《絳雲樓書目》、黃虞稷(1629-1691年)《千頃堂書目》以外,姚際恆(1647-1715年)《好古堂書目》、朱彝尊《竹垞行笈書目》、徐乾學《傳是樓書目》、彭元瑞(1731-1803年)《知聖道齋書目》、孫星衍(1753-1818年)《孫氏祠堂書目》和《平津館鑑藏書籍記》、黃丕烈《百宋一廛書錄》、《士禮居藏書題跋記》……等,也都負有盛名。此風直至咸、同、清季未歇,瞿鏞(1794-1846年)《鐵琴銅劍樓書目》、丁丙(1832-1899年)《善本書室藏書志》、陸心源(1833-1894年)《皕宋樓藏書志》、繆荃孫(1844-1919年)《藝風堂藏書志》等,皆其中之佼佼者。至於藏書家和考據學的關係,從考據名家錢大昕(1728-1804年)、段玉裁(1735-1815年)、陳鱣(1753-1817年)等人,皆與吳門四大藏書家的黃丕烈、顧之逵(1752-1797年)以及「千元十駕」的吳騫(1735-1813年)等眾多藏書家相善,而往往從他們手中借得善本以讀,或互相通假、彼此論學,便可以窺豹。管庭芬跋《經籍跋文》即言:「(陳鱣)晚客吳門,聞黃蕘圃主政百宋一廛,《九經》、《三傳》各藏異本,於是欣然定交,互攜宋鈔元刻,往復易校。」錢大昕也曾幫范欽六世孫葦舟編撰《天一閣碑目》。李慈銘則謂顧廣圻(1770-1839年)校讐之爲古今第一,實由多見顧之逵(顧廣圻從兄)、黃丕烈、錢曾、毛扆(毛晉之子)、季振宜……等人藏書而來。故學者羅炳綿認爲清代考據學狂潮主要即接著藏書家這一線索發展而來。

藏書風也密切關聯著刻書活動。繁榮的社會經濟、發達的印刷事

業、鼎盛的書肆，在在都使讀書人與藏書者具有較多選擇與較高要求，於是書肆對於刻本的精刻精校與重視相對提高，必須以大量的精刻本爲後盾，才能刺激買書人不斷購書的意願。在文風盛極的學術氛圍與清廷「文教是先」之一貫政策下，康熙12年，清廷在武英殿設刻書處。從康熙到乾隆，「殿版」所刊刻者既多且精，堪稱集印刷術與手工業之大成，在清廷昌明學術的宣示意義外，對於必須講求精確校勘的考據學而言，更具有實質的推動力量；尤其內府刻書往往詔集天下名士精審詳校，不僅素爲士林所愛，對於坊間書肆更具有風行草偃的示範與激勵作用。刻書內容不但遍及經、史、子、集，並曾多次詔集名儒進行儒家經典的疏解、校注與類書編纂。在注解古籍方面，武英殿刻有《易經通注》、《日講易經解義》、《御纂周易折中》、《御纂周易述義》、《日講書經解義》、《欽定書經傳說匯編》、《欽定詩經傳說匯編》、《御纂詩義折中》、《欽定周官義疏》、《欽定儀禮義疏》、《欽定禮記義疑》、《日講春秋解義》、《日講四書解義》、《御纂律呂正義》……等，可謂對於乾嘉學術大規模的訓詁、校勘、注釋儒家經典作爲先行示範。而在編纂類書方面，如《康熙字典》、《古今圖書集成》、《淵鑑類涵》、《子史精華》、《分類字錦》、《宋稗類鈔》、《佩文韻府》、《駢字類編》、《清會典》、《清文獻通考》、《清通典》、《清通志》、《續三通》、《歷代職官表》、《全唐詩》……等，亦是薈萃了眾多學者無數心力的結果。另外，乾隆間規模宏大的《四庫全書》編輯，更具政治與學術雙重意義，兼收思想上整飭異己之效。

　　當時的刻書者除內府外，私刻與坊刻也很興盛。乾隆之際及考據風盛時，私刻還有藏書家、校勘家之分；藏書家往往注重版本而以宋元舊槧取勝，校勘家則以考訂精審、校讐精確著稱。於時不僅一般士夫嗜刻群書，即富商巨賈亦往往依附風雅而廣事傳刻。故藏書家與富商豪紳

等常以所典藏所愛好者、或宋元舊刻，在重加校勘後雕版付梓；當世著名的校勘學者，亦每以精心校注的舊本付刻。類此私刻因寓有學術理想在，並非全以牟利為目的，較之坊刻，普遍具有較高的學術價值，對於傳播學術文化大有功焉。自後刻書者必校讎精審而後鏤版，在裒輯之外並有別裁之意，由此益啟古書校勘之風。清代名儒如錢大昕、王念孫引之父子、王鳴盛、盧文弨、紀昀等，均無一不善校讎。

此外，清代的叢書刊刻也頗突出於前人。當時除各家著述外，繁富的叢書刊刻亦蔚為一時之盛。其特色並有「板本派」如黃丕烈《士禮居叢書》，多仿刻宋元舊槧為主；「校讎派」如盧文弨《抱經堂叢書》、顧廣圻《思適齋叢書》、孫星衍《岱南閣叢書》和《平津館叢書》、畢沅《經訓堂叢書》、洪頤煊《傳經堂叢書》、臧庸《拜經堂叢書》、宋翔鳳《浮溪精舍叢書》、阮亨《文選樓叢書》……等，則皆參稽善本、手批目驗，而以精擇審校、求其至當名於世；還有專門纂輯刊刻前賢著錄所遺漏的「目錄派」，如鮑廷博《知不足齋叢書》、顧修《讀書齋叢書》、蔣光煦《別下齋叢書》、伍崇曜《粵雅堂叢書》和《嶺南遺書》……等。叢書內容可以按經、史、子、集學部分類；亦可以依古今著述、自著叢書、郡邑叢書、族氏叢書等加以分類。如阮元《十三經註疏》、《皇清經解》，為四部之經部負盛名者；《唐人諸集》、《唐人三家集》、《南宋群賢小集》等為集部之作；戴震之《戴震叢書》、章學誠之《章氏叢書》、段玉裁之《經韻樓叢書》等，為彙集個人平生著作者。還有如張海鵬《學津討源》、吳省蘭《藝海珠塵》……等，為兼收並包而不拘門類者；李調元《函海》為專門著錄自漢迄明之蜀人著述罕傳者；趙紹祖《涇川叢書》則專主地域之一隅，並未及於他郡。要皆具有網羅之功。總說清代叢書刊刻，起於內府而盛於江浙，遠及閩粵，西至川隴；其事始於宋明，集大成於清。明清之際，刊刻叢書尚不過裒輯殘叢；自徐乾學與納蘭成德刻《通志堂經解》起，則清人無取於明季

資奇愛博舊習，不以斷簡殘編和廣集遺聞自限，在纂輯抉擇與刊刻精良上皆有過前人處，在內容及種類繁多上，更有融匯百家、包括眾長，以及辨、正、校、補等整理古籍之功。故叢書刊刻亦清刻本之一大成就。

在大量叢書刊刻和要求詳訂精審下，更多的學者投入了校勘古書的行列。乾隆以還，刊刻舊本或由豪紳巨賈延聘學者爬梳整理、或由校勘名家親加批校，務求糾謬發覆、決疑千古。如此一來，亦給予仕進不得志的士人，另一條毋須以仕宦作爲惟一選擇的安身立命之路。因此一些爲考證而考證，既不必談經世致用、也不必夤緣求進，純粹以讀書考證爲志業的讀書人產生了。他們有的爲富商所延聘、有的爲朝廷和顯宦所網羅，或纂輯遺書、或校勘考訂，對於士人從事純粹的經籍考證以及考據學的蓬勃發展，具有正面意義。清初徐乾學在編纂《大清一統志》時，即曾網羅當時名學者胡渭、閻若璩、顧祖禹……等，並培養了他們往還論學的深厚友誼。曾任湖廣總督的畢沅，在修纂《史籍考》時也延聘了章學誠、孫淵如、洪亮吉、凌廷堪、邵晉涵……等著名學者爲幕下。而章學誠除了曾任畢沅賓客外，還曾應謝啟坤之聘；除了助修畢沅《史籍考》外，還助其修纂《續資治通鑑》、《湖北通志》、《常德府志》、《荊州府志》等；至於同應謝啟坤之聘者，又另有錢大昭、胡虔、陳鱣等名家；陳、胡且又助其修纂《小學考》。再如戴震、錢大昕等，也都曾爲秦蕙田編輯《五禮通考》；王念孫則代朱筠校刻大徐本《說文》；洪頤煊亦出於孫星衍之門；另外，具校讐盛名的顧廣圻，也曾先後被孫星衍、張敦仁、黃丕烈、胡克家、秦恩復等人延攬，主持校書刻書事，後來又應阮元聘而進入校經局。再自乾隆38年開館修《四庫全書》以來，有學之士更幾爲朝廷所囊括而優於祿位，時儒也多以薦入四庫館爲榮遇。凡歷十年而書成，著錄書3457部、存目書6766部，繕寫七套，頒貯北京禁城文淵閣、圓明園文源閣、奉天文溯閣、熱河文津閣、揚州文匯閣、鎮江文宗閣、杭州文瀾閣，漢學風氣達到極盛。斯

時也有諸多官員出資延聘貧士校書，藉由集體修纂以校刊群書，類似養士的爭相延攬之風遂起，如朱筠、畢沅、阮元、謝啟坤……等皆曾擁有許多知名的幕下賓客。顧廣圻墓誌銘言，「家故貧，常以為人校刻博糈以食。」（李兆洛〈顧君墓誌銘〉）可以佐見當時士人校書為生的風氣。若此皆是乾嘉考據學高度發展的絕佳背景。

　　在江南地區經濟繁盛的絕佳發展條件下，考據學如火如荼地蓬勃燎原，並促成了由下而上、由民間擴及朝廷的科舉改革。高宗除在乾隆15年（1750年）開「經學特科」昭示學術好尚外；從乾隆22年到52年間，「為順應十八世紀中期漢學之益受重視」（艾爾曼〈清代科舉與清學的關係〉），更數次更改科舉程式，「基本上是朝利於治漢學者的方向轉變」（蔡長林〈乾嘉道咸經學采風──讀《經學博采錄》〉）：先是在三年一試的鄉試、會試中廢除詔誥、表、判等駢儷文，改試「經義」；又將原置諸首場的「性理論」移置二場的核心──「經義」之後，以使首場《四書》題與二場《五經》題並重；後來並改士子自行擇就一經成為《五經》輪試。於是科場長期偏重《四書》之風為之一變，《四書》文與《五經》文也不再以朱注系統作為惟一準式，士子爭競漢學作答，中式者日多通經學古與湛深經學之士。故科舉驅動益發助瀾了靡然向風的考據學鼎盛；乾嘉時期經學考據如日中天，大江南北治經者競起。一時名儒如領袖編纂《四庫全書》的紀昀，主持風會的朱筠、朱珪、惠棟、戴震、錢大昕、王鳴盛、段玉裁、王念孫、阮元、汪中、孫星衍、張惠言……等，皆為漢學支持者、或當時科舉新趨所拔擢之以古義作答的考據治經者。

　　考據學全盛期，考據對象多為循文字、音韻、訓詁階除以達的古籍經典；此中所尤為後人稱道者，是清儒在明代彙刻而雜有晉唐經學傳統的《十三經註疏》外，另外建立「漢學」典範之直挑兩漢經學成就的群經新疏，或可稱為「十三經新注」。江藩贊曰：「漢學之絕者千有

五百餘年，至是而粲然復章矣！」（《國朝漢學師承記》）梁啟超亦稱清學最有功經學者，在「諸經殆皆有新疏也。」（《清代學術概論》）江藩並撰《國朝漢學師承記》，建立起清儒而為漢學者之考據學統，稱：「從此漢學昌明，千載沉霾，一朝復旦。」（《國朝漢學師承記·前言》）其考據成果，經學方面如惠棟《九經古義》、《易漢學》、《周易述》；張惠言《易別錄》、《周易虞氏易》；江聲《尚書集注音疏》、孫星衍《尚書古今文註疏》、陳奐《詩毛氏傳疏》、胡承珙《毛詩後箋》、《儀禮今古文疏義》，胡培翬《儀禮正義》、劉文淇《春秋左氏傳正義》、孔廣森《公羊通義》、邵晉涵《爾雅正義》、焦循《孟子正義》、劉寶楠《論語正義》……等，梁啟超《清代學術概論》稱：「其精粹者不下數百種。」小學方面，有段玉裁《說文解字注》、桂馥《說文義證》、朱駿聲《說文通訓定聲》、戴震《方言疏證》、《爾雅文字考》、江聲《釋名疏證》、王念孫《廣雅疏證》……，梁氏亦稱：「六朝以前之字書，差無疑滯矣！」（《清代學術概論·十四》）在音韻方面，有江永《音學辨偽》、戴震《聲韻考》、《聲類表》、段玉裁《六書音均表》、孔廣森《詩聲類》、《詩聲分例》、陳澧《切韻考》……，以及典章制度方面的惠棟《明堂大道錄》、徐乾學《讀禮通考》、秦蕙田《五禮通考》、戴震《考工記圖》……；另外在史學方面，亦有錢大昕《廿一史考異》、《漢書辨疑》、《後漢書辨疑》、趙翼《廿二史劄記》、惠棟《後漢書補注》、梁玉繩《史記志疑》、杭世駿《三國志補注》……等，洋洋大觀蔚為我國學術史上考據奇葩。自乾隆38年（1773年）開四庫館，到嘉慶23年（1818年）《國朝漢學師承記》刊刻，以及道光元年（1821年）阮元輯刻《皇清經解》期間，是考據學的鼎盛發展期，考據學獲得了傲視清代學壇、領袖風騷的學術典範地位。

二、清代並未同步建立的「學術典範」和「義理學典範」

　　眾知清學是考據學主盟的時代，學術典範從理學轉移到了考據學；但是在考據學光芒掩蓋下，學界往往以乏善可陳來看待清代的思想發展。惟當一個時代的思想成就即其當代的學術主流時，此時「學術典範」和其「義理學典範」是合流的，如宋明理學；而苟非如此，譬如成為清代學術典範的考據學乃以考經證史為目的，並非訴求義理，則此時分流的「學術典範」和「義理學典範」便不可混為一談。是故理學的道德形上學，既是宋明「義理學典範」而也即其「學術典範」；清學則不能適用於此。因為考據學追求知識系統而遵考文知音、經典實證為途徑；既非以哲理思辨為目的，自然便不能以義理角度或思想貧乏批評之。但是義理學不是清代的「學術典範」，也並不意味清儒沒有足以彰顯其當代思想特色的義理建設、或其義理思想缺少價值；僅僅只是說明義理學並非清儒的主流學術而已。因此理學固然入清而衰，但若欲論思想表現，則不能逕取考據學和理學兩者不同訴求的學術典範加以比較思想成就；應以思想範疇內真正呈現清人思想風貌的義理新說，和理學加以比觀。如此始能抉發出屬於清代思想的意義與價值特色，並考察宋明清以來的思想變遷及理論殊異。

　　再者，易代之間，理學被考據學取代主流地位的「學術典範」轉移，和理學後來發生思想信仰危機的「義理學典範」轉移，其時間點也不一致。清初固有辨偽學興盛及理學經典權威被推倒、被取代，但其所造成的運勢推移，僅限於理學主流地位被考據學取代的「學術典範」轉移；若就思想範疇言，則此時程朱理學還仍然穩居一枝獨秀的思想獨尊地位。蓋清廷尊朱，極力塑造朱學權威。康熙自稱：「讀書五十載，只認得朱子一生居心行事。」他以朱學為能「治萬邦於衽席」

者，稱朱子「集大成而繼千百年絕傳之學，開愚蒙而立億萬世一定之規。」（《康熙帝御製文集・朱子全書序》）所以康熙時不但朱熹從祀孔廟的地位，從「東廡先賢」提升成爲「大成殿十哲」；館閣理學派如陸隴其（1630-1692年）、熊賜履（1635-1708年）、李光地（1642-1718年）等也都位居顯宦。李光地主持編纂《朱子全書》、《性理精義》，爲清世科舉功令所繫，儼若康熙末朱學領袖；陸隴其則以「洙泗干城」、「程朱嫡派」之程朱護教而從祀孔廟。於此亦可證明，理學雖入清而衰，但非緣自學界慣言的，清廷爲「絕其恢譸異謀」、「錮天下智惠爲無用」（章太炎《訄書・學隱第十三》）、「以古書爲消遣神明之林囿」（錢穆《中國近三百年學術史・自序》），故使學者爭治漢學。反之，清代的漢學家除極少數如戴震、阮元等新義理學家外，普遍多抱持「經學、理學分趨」觀念，而以「漢學」解經、「理學」修身。如清初惠氏數世傳經而專標漢幟地「尊漢抑宋」；但惠士奇手書楹聯，曰：「《六經》尊服、鄭，百行法程、朱。」（江藩《國朝宋學淵源記》）惠棟也說：「宋儒談心性，直接孔孟，漢以後皆不能及。」「漢人經術、宋人理學，兼之者乃爲大儒。」（《九曜齋筆記・趨庭錄・漢宋》）即連身爲考據陣營領袖的朱筠，亦言：「程朱大賢，立身制行卓絕，其所立說，不得復有異同。」故質疑戴震妄論，曰：「何圖更於程朱之外，復有論說乎？」（江藩《國朝漢學師承記・洪榜傳》轉述）要皆視理學爲儒家惟一義理學。顯見絕大多數漢學家之「尊漢抑宋」只能扣緊經學觀言；在道德心性上，他們仍然推尊程朱。這就無怪乎宋派學者如程晉芳言「詆毀宋儒，就是獲罪於天」（詳胡適《戴東原的哲學・戴學的反響》）；姚鼐說：「程朱猶吾父師，……欲與程朱爭名，安得不爲天之所惡？」（《惜抱軒文集・再復簡齋書》）方東樹更宣稱：「夫古今天下，義理一而已矣！」（《漢學商兌》）是故考據學在乾嘉時期雖已成爲當時的學術主流、學術典範，同時在思想領域內也有戴震

之嚴詞批判理學；但此時程朱理學仍是多數漢學家的共同信仰，時儒仍加以強烈捍衛並詬厲戴震，理學尚未走下思想獨尊的殿堂。是為清學之「學術典範」和「義理學典範」並未同步建立。

因此乾嘉學者之尊漢與黜宋，只能偏就考據學言，並未有效涵蓋義理學範疇；明清「義理學典範」轉移，是要逮及戴震集大成明清之際的重氣與重情思想，建構起真正反映清人思想特色的新義理體系，繼之並有凌廷堪、焦循、阮元……等漢學家推波，爾後持續發酵於晚清如嚴復、康有為、譚嗣同、章太炎等人著作中，而共同表現從理學「存理滅欲」到清儒「通情遂欲」之思想轉趨——要置放在長時間的思想演進軌跡中觀察，才能成立。

戴震繼承明清氣論，一秉清人「崇實黜虛」之中心意識，一方面立足在清人講求經典實證的學術特長即考據學上，另方面亦以重視實在界與生活世界的態度，建構起道德學具足現實意義而貼近人情的思想系統。在道德學理論上，他強力反對理學突出形上學路線的「形上之道」與「證體」傳統，釜底抽薪地將被理學區別的形上、形下價值位階予以「去等級化」，以經驗落實與客觀驗證原則檢視道德實踐；在學術方法上，則他以「由詞通道」方法論連繫起考據學和義理學，「從故訓進求理義」地由識字審音而通經義，結合經典與經世地探求經典中之聖賢智慧。故在考據學盛行的乾嘉時期，欲論思想變遷，須俟戴震以「發狂打破宋儒家中〈太極圖〉」的義理企圖心，在理學之外另建同樣強調道德創造性但樹異於理學「形上學」模式，重視道德價值經驗面的「非形上學」義理學新範式，以及嗣後焦循、阮元、凌廷堪、劉寶楠等人並皆結合了道德學理論和經典考據，在極受稱道的古經新注：《孟子正義》、《論語通釋》、《孟子正義》、《論語正義》、《禮經釋例》……等，以及集結了清人漢學總成就的《皇清經解》之曠世纂輯外，並皆從考據進求義理，也並皆反對理學的形上玄虛路線，以真實呈現清人心理、貼

近民情的義理新說各有建樹，至此，清儒對於理學的信仰危機及義理質疑躍然檯面，理學從宋明到清初的思想獨霸地位始被撼動，殆如章學誠《文史通義》所反映，在戴震之登高疾呼下，「趨其風者，未有不以攻朱爲能事也。」「誹聖排賢，毫無顧忌，流風大可懼也！」（《文史通義・朱陸・書朱陸篇後》）方東樹亦曰：「近世有爲漢學考證者，箸書以闢宋儒攻朱子爲本。……海內名卿鉅公、高才碩學，數十家遞相祖述。」（《漢學商兌》）綿及晚清民初，清儒「由虛返實」的「非形上學」義理新說，以其真實提煉自社會心理、反映人情，並趨近現代化思維而益受重視。故清儒強調道德創造性的「非形上學」思想體系歷漫長的歷程後，可謂已與長期獨尊的理學思想相分庭；且縱有晚清曾國藩、郭嵩燾等人之復興理學，理學也難再守住形上學規模，走向跨越漢宋門戶的「禮理合一」了——須是就此長時間思想發展軌跡中被截然翻轉的、義理思維與理論重心從形上轉趨形下，始可言清學之「義理學典範」轉移——清代新義理學確立了儒學思想在理學側重道德價值形上面以外的，另一種以形下經驗視域爲著眼的義理學新典範。

　　所以乾嘉學術不但以經典實證的學術方法論，完成從理學到考據學的「學術典範」轉移；也以對形下經驗領域的看重及要求經驗落實的道德學理論，完成儒家義理學兼含形上、形下的全幅歷程開發與「義理學典範」轉移。儘管戴震的義理新說在當時並未爲時儒所重與接受，義理學也因非清代主流學術故，其所受到的關注實無法與理學主盟宋明學術之如日中天相提並論；但是清代新義理學所呈顯的清人普遍重視義理學現實意義的思想趨向，掙脫了理學長期桎梏情欲的形上學牢籠，以及「諱言利」、「恥言利」的傳統儒學束縛，既是新、舊傳統的過渡，亦可以從儒學現代化轉型的前驅性思想、或「前理解」加以看待。尤要者，清儒此一自轉化的「義理學典範」轉移，是儒學在邁向現代化進程中，從倫理中心主義、尊卑貴賤原則、共性至上與保守心理等，轉爲講

求功利而追求自由平等、個性解放、物質利益與創造需求……等現代化思維，在近代學術所慣言的「西學外鑠」說，普遍以爲儒學的現代化是受19世紀後半葉西方列強迫使開放所致以外的──屬於本土性與儒學導向的觀察。清代新義理學站在傳統與現代的折衝點上，終結了儒學兩千年來意識形態偏落「形上謂道」之道德價值形上面偏頗局面；在中國邁向早期現代化進程的歷史舞臺上，扮演著居間連繫傳統與現代思維的過渡橋樑重要角色。清代由戴震集大成領軍的道德「非形上學」旨要如下：

1. 從天命性理到客觀情理、事理的價值轉換

　　清代新義理學以經驗取向爲特色，主要著眼於實在界的形下視域，務力發揚儒學的實踐傳統；此其與偏重證體傳統及形上進路的宋明理學之根本殊異。

　　部分清儒繼承了明中葉以來的重氣新趨，繼續推進羅欽順、王廷相、劉宗周、黃宗羲、顧炎武、王夫之等人之突出形下氣化與經驗形器。以章太炎、梁啟超、胡適皆同聲讚揚的清代新義理學代表──戴震及其《孟子字義疏證》爲說，戴書從肯定道德價值的經驗面出發，直搗黃龍、務拔理學根基地集中論述理、道、天道、性等儒學核心概念──這些概念同時也是理學據以建構思想體系的核心理念。戴震爲破理學之形上學並證立「非形上學」之義理體系合理性，他先對於被理學賦予不同價值位階的形上、形下予以「去等級化」；他從「理在氣中」的「理、氣合一」角度，具論「非形上學」之能具道德創造性。據此以推翻理學「形而上者全是天理，形而下者只是那查滓」（《朱子語類》）的「理、氣二分」模式。故其學說理論中居核心指導地位的「道」論，便是從「凡有生即不隔於天地之氣化」、「氣化流行生生不息，是故謂之道」（《緒言》、《孟子字義疏證‧天道一》）的氣化論出發。他顛覆了理學自豪的「續千載不傳之緒」之於形上之「道」闡發；轉持論：

「謂之道者，指其流行之名。道有天道、人道；天道以天地之化言也，人道以人倫日用言也。」（《孟子私淑錄》）他從氣化流行的角度，肯定「在天地則氣化流行生生不息，是謂道；在人物則凡生生所有事，亦如氣化之不可已，是謂道。」如此一來，舉凡「人倫日用、身之所行」者，就無一不是「道」了──「出於身者，無非道也。」（〈道一〉、〈道二〉）一舉將理學貶抑爲形下情氣的經驗云爲等都提升爲「道」的層次。

　　至於論「理」，他也與理學持論「性即理」的天命「性理」觀迥異。戴震論「理」除天人合德的德性──「理之爲性」（《緒言·上》），還包括強調感覺經驗、心靈反省的「情理」與「事理」；除了「禮義亦出於性」以外，還包括「天下事情，條分縷晰。」「有條而不紊，謂之條理。」「情之不爽失也；未有情不得而理得者也。」（《孟子字義疏證·理一·理二》）所以道德之「善」，須是立足在客觀條件與現實經驗上──「情之至於纖微無憾」（《戴東原集·與某書》），始得謂之「理」。以此，他既破理學看待「性」、「道」、「理」的形上純理、寂然不動角度和「喜怒哀樂未發」等說；更提出「通情遂欲」新義理觀，持論：「道德之盛，使人之欲無不遂，人之情無不達。」（《孟子字義疏證·才二》）堪稱清人最具代表性的義理學新命題，針鋒相對於理學主張「存理滅欲」之蔑視形下氣化而違反人情。如此一來，理學長期從先驗、超越、形而上角度強調的本體論與性理思想等，就都被扭轉到形下氣化、貼近現實人情的現象萬殊與經驗萬端上來講了。

2. 以禮經世──對儒學外王理想的發揚

　　以道德實踐言，宋明理學偏重發揚儒學的仁學傳統，清儒則突出禮學傳統。當「禮」落在思孟、理學一系時，指「仁義禮智」之懿德即人

之善性，故涵養工夫遵孟子「擴充」其善之「內聖」進路；清儒則強調客觀禮制而偏近荀子「隆禮」，故重視禮書並要求經驗實踐，主要發揚孔子禮治理想之「外王」面。

　　乾嘉時期頗有「以禮代理」之「復禮」思潮。清儒迥別於理學之蔑視形器，在思想理論上，轉從「器以藏道」、「器以藏禮」的角度看重禮學；考據上亦特重藏蘊禮意於其中的禮書疏解、禮器考證等考《禮》。《皇清經解》和《續皇清經解》中輯有大量的考《禮》之作；其負盛名者如徐乾學《讀禮通考》、江永《禮經綱目》、秦蕙田《五禮通考》、凌廷堪《禮經釋例》、胡承珙《儀禮今古文疏義》、胡培翬《儀禮正義》、孫詒讓《周禮正義》……等。至於思想理論建設，譬如有「一代禮宗」之稱的凌廷堪，便在獲得高度考《禮》成就的《禮經釋例》之外，復著眼於禮能有效作為客觀規範──「冠昏飲射，有事可循也；揖讓升降，有儀可按也；豆籩鼎俎，有物可稽也。」故從考據進至義理地，突出「說禮不說理」之思想辨證，並從事於「學禮復性」、「制禮節性」等禮論闡發（《校禮堂文集・復禮》）。清儒此一強調經驗的「文化－心理」結構亦反映在釋經學上，展現和宋明理學重形上思辨截然不同的詮釋系統。例以孔子譏管仲「器小」、「不知禮」：朱熹《論語集注》主要強調王霸、義利、邪正之道德判準，故責管仲以「王、霸之略混為一途」，「其不知聖賢大學之道，局量褊淺。」清儒劉寶楠《論語正義》則自管仲「三歸反坫、官事不攝」之「自同於諸侯」等僭越禮制行為說其「不知禮」；「器小」也著眼於其「越禮犯分，以驕其功」之「驕矜失禮」，而「無與於桓公稱霸之是非。」於此顯見清儒之於「禮」及其詮釋系統所突出的，是禮能提供從個人到國家各種範身矩行、體國經野的具體規範──「經國家，定社稷，序民人，利後嗣」之禮治理想（《春秋左傳註疏・隱公十一年》），是對孔子以禮經世的外王理想發揚。

3. 「理、欲一本」的尊情思想

在程朱主流理學中，心、性、情分屬「理／氣」範疇之「形上／形下」不同價值位階。「性」是「天命之謂性」而「喜怒哀樂未發」的形上純理，即「性即理」之純粹至善；「情」則是形下已發的氣化流行，且往往與「欲」相連繫。故理學家普遍推尊性理而蔑視情氣，從程朱到陽明都「尊性黜情」地主張「存理滅欲」。清儒則在性、情、欲觀念上出現了很大的思想變遷。歷17世紀以降的情欲覺醒，從李贄（1527-1602年）「童心說」、袁宏道（1568-1610年）「性靈說」、湯顯祖（1550-1617年）「至情說」，到馮夢龍（1574-1646年）「情教說」，皆以情感之「真」而非倫理之「善」作爲審美與價值判準。如袁宏道重「趣」地突顯人生情意，他說：

世人所難得者惟趣。趣如山上之色、水中之味、花中之光、女中之態。　　　　　　　　　——《袁中郎文鈔·敘陳正甫會心集》

張岱更顛覆傳統，不避聲色地渲染人情所好，說：

少爲紈褲子弟，極愛繁華，好精舍、好美婢、好孌童、好鮮衣、好美食、好駿馬、好華燈、好煙火、好梨園、好鼓吹、好古董、好花鳥，兼以茶淫橘虐，書囊詩魔。

　　　　　　　　　　　　　　　——《瑯嬛文集·自爲墓誌銘》

李贄則從思想理論，進論情性與德性之自然合拍，爲戴震論「必然乃自然之極則」前聲。其論曰：

蓋聲色以來，發於情性，因乎自然，……故自然發於情性，
則自然止乎禮義，非情性之外復有禮義可止也。

——《焚書·讀律膚說》

清人立足在明人此一重情之基礎上，在義理學上公然地樹起情性與理欲
合一的義理大纛。如陳確便提出即連同門黃宗羲都深感其學「無所瞻
顧」、「多驚世駭俗之論」（《陳確集·陳乾初先生墓誌銘》）的「理
欲合一」說。其論曰：

聖人豈必無人欲？
從人欲中體驗天理，則人欲即天理。 ——《陳確集·近言集》

天理正從人欲中見，人欲恰好處，即天理也。

——《陳確集·無欲作聖辨》

陳確「天理正從人欲中見」與戴震「理者，存乎欲者也」之說前後相映
（〈理十〉），皆持情欲與理義同趨立場。戴震並從「理氣一本」出
發，反對理學「別理氣為二本」、「別形神為二本」之「理欲對立」觀
（〈天道四〉），以及緣此而來的「以性約情」、「性其情」等「黜
情」主張。他從自然情性的好、惡角度，看待孟子言「理義之悅我心，
猶芻豢之悅我口」（〈理八〉），持信理義與情欲同源，故「其好是懿
德也，心知之自然。」（〈理十五〉）好德既是理、也是欲，情欲無失
就是理。以此，「古之言理者，就人之情欲求之，使之無疵之為理。」
（《孟子字義疏證·後序》）他對理欲間相互依存及歸宗的關係，又
以「自然而歸於必然」、「必然乃自然之極則，適以完其自然」（〈性
七〉）加以辯證，曰：

> 善其必然也，性其自然也。歸於必然，適完其自然，此之謂
> 自然之極致。　　　　　　　　　　　　　　　　——〈道一〉

> 非制其自然使之強而相從也。……就其自然明之盡而無幾微
> 之失焉，是其必然也。　　　　　　　　　　——《緒言·上》

必然之理藉由自然之情呈現，當自然明之盡而無幾微之失了，就是必
然。所以孔子「從心所欲」者，是自然；「不逾矩」者，是歸於必然。
是故理在欲中、欲歸於理；一本同源的血氣心知情欲等自然情性經過涵
養後，必能實踐歸宗理義的德性之善。故善是自然之極致表現——「完
其自然」者也。

　　而繼情性之獲得學理的肯定後，戴震更以「我情」為出發，提出
「以情絜情」說。所論既能正視一己情欲感受，以使自我價值與道德價
值和諧一致；又以「我情」推諸「他情」，而可以避免落入「舍情求
理，其所謂理無非意見」之「未有不以意見當之」陷阱（〈理五〉）。
後來焦循復以「情之旁通」說之，曰：「知己有所欲，人亦各有所
欲。」「以己之心通乎人之心，則仁也。」（《雕菰集·格物解三·格
物解二》）並皆突出「我情」就是絜矩人、我的溝通平臺，突破了過去
儒學諱言一己情私的牢籠。故自理學「黜情」到清儒「尊情」，人情種
種已不再是士人諱莫如深的「不可說」了。譬如人情之「懷生畏死」：
戴震曰：「使無懷生畏死之心，又焉有怵惕惻隱之心？」（〈性二〉）
又如人情之「趨利避害」：劉寶楠《論語正義》亦以「人未有知其不利
而為之，則亦豈有知其利而避之弗為哉？」徹底翻轉了所謂「古人刀鋸
在前，鼎鑊在後，視之如無物者，蓋緣只見得這道理，都不見那刀鋸鼎
鑊」的理學家言（《朱子語類》）。故戴震強烈呼籲：「生養之道，存
乎欲者也；感通之道，存乎情者也。」（《原善·上》）亟以「通情

遂欲」說，以避免傳統社會尊卑貴賤的階級倫理結合被從絕對天理看待的性理說而可能落入的，「理欲之辨，適成忍而殘殺之具」（〈後序〉）、「未有任其意見，而不禍斯民」之道德迫害（〈理五〉）。是爲對於社會普遍存在的人情共通心理真實提煉。

4. 客觀進路的主智重學涵養工夫

清代新義理學放棄了理學「性即理」的「證體」路線，並正面看待情欲，後儒的批判角度也就往往集矢在恐其淪爲放縱情欲上；因此清儒在重建人欲合理性的理論之餘，緊接著必須處理的問題，是吾人所據以實踐德性行爲的內在判斷爲何？就此而言，戴震等清代新義理學家顯然親近荀子突出「心知之明」的路線。

儒學中本有孟、荀路線殊別；由於荀子性論係就「目好色、耳好聲、口好味、心好利、骨體膚理好愉佚」等「感而自然」的自然情性言之，故他突出「塗之人也，皆有可以知仁義法正之質」之能習禮義、知事理的理智心——「『心』不可以不知『道』；心不知道，則不可道而可非道。」其工夫實踐亦強調「聖人者，人之所積而致」的「積學」進路，期於「情然而心爲之擇謂之慮」，以使「慮積焉、能習焉，而後成。」（〈性惡〉、〈解蔽〉、〈正名〉，《荀子集解》）而儘管戴震兼含義理之性與氣質之性的人性論異乎荀子——戴震認同孟子善性內具之「明禮義之爲性」；反對荀子「遺禮義」之「無於內而取於外」、「不知禮義亦出於性。」（〈性七〉）但因戴震性論兼含氣質，則當情欲與理性未能一致時要如行其判斷？在他所認同的「稟天地之氣，即併天地之德有之」的德性之外，應如何引導「荀揚所謂性者古今同謂之性，即後儒稱爲氣質之性者」（〈性八〉）的部分？於此，則戴震親近荀子之突顯認知心及「善言學」，其論曰：「人莫大乎智足以擇善。」（《原善・中》）「心之所通曰知；百體皆能覺，而心

之知覺爲大。」（〈性二〉）在戴震「性之欲，其自然也；性之德，其必然也」之思想架構下，人、物的殊別在於「物循乎自然，人能明於必然。」（《緒言・上》）對此，焦循也論以「性何以善？能知故善。」（《雕菰集・性善解三》）人就是以其智性即心知之「足以擇善」、「能明於必然」，而異乎禽獸。所以戴震以「德性資於學問」命題（〈理十四〉），改寫了從張載到程頤皆持說的「德性之知，不假見聞」（《二程遺書》）；以「重問學、貴擴充」之「積學」進路，實現了「聖人之學，使人明於必然」之「始乎蒙昧，終乎聖智」（〈理十四〉、《緒言・上》）的德性完成歷程。而「主智重學」的道德觀，也爲清代考據學之知識追求提供理論依據，爲鼎盛的考據學風提供深層的思想基礎。重智幾乎是清儒的同調。

5. 義利合一的功利思想

在傳統儒教尤其是理學的道德形上學長期濡浸下，儒者對於凡涉一己情私、情欲、自利的思想，早已養成安貧樂道、知足認命的消極被動態度而諱莫如深。從孔子「義利之辨」、孟子「何必曰利」，到董仲舒「正其誼不謀其利」、陸象山「名利如錦覆陷阱，使人貪而墮其中」（《象山語錄》）、王陽明「功利之毒淪浹於人之心髓。」「良知只在聲色貨利上用功。」（《陽明傳習錄》）傳統儒學皆以「義利對立」、「求利害義」的意識型態，要求以「天理之公」壓抑「人欲之私」，而形成「崇公抑私」、「貴義賤利」的思想基調。這種情況直到明清社會價值轉型、情欲覺醒，以及清儒在私、利、欲中復區別出一個「求利而不害義」的層次，傳統由「諱言利」、「恥言利」思想築起的高牆始被鬆動。

當理欲合一、義利不必衝突的觀念逐漸形成清人共識後，包含私利在內的功利追求開始被賦予正當性。顧炎武點出「天下之人各懷其

家，各私其子，其常情也。」（《亭林文集・郡縣論五》）陳確則高唱「治生論」，肯定「爲學亦當治生」，「足民之道，即足國足家足己之道。」（《陳確集・學者以治生爲本論》）唐甄（1630-1704年）責理學以「事不成，功不立，又奚貴無用之心？」（《潛書・辨儒》）顏元（1635-1704年）也譏理學「靜坐、讀書」之說，「如望梅畫餅，靠之飢食渴飲不得。」（《習齋四存編・存學編・性理評》）其《四書正誤》更以「正其誼以謀其利，明其道而計其功」，一改近兩千年「不謀其利」、「不計其功」之保守思維。戴震復言：「趨利避害，凡血氣之屬所同也。」（《緒言》）焦循《孟子正義》則縮合義利地說：「利不利即義不義，義不義即宜不宜。」劉寶楠《論語正義》亦言：「豈有知其利而避之弗爲哉？」再到晚清銜接傳統與現代化思潮的嚴復（1853-1921年），他有感於東西方舊教之「分義、利爲二塗」，儘管用意至美卻造成了「於化於道皆淺，幾率天下禍仁義」的後果。故他批判「趙宋之道學、朱明之氣節，皆有善志而無善功」，另以「義利合，民樂從善」之「善功」思想爲倡（《原富》按語一一、《法意》按語一六一，《嚴復集》）。至此，國人已能掙脫「君子食無求飽、居無求安」以及恥言「惡衣惡食」的束縛，不再桎梏於非功利的思想框架了。故總言之，雖然理學在內向存養外並未偏廢力行，在「窮理以致其知」之同時亦強調「反躬以踐其實」；但以其側重道德價值的形上面，而形上思辨本即親近逆覺體證的主觀存養、澄思靜慮方法論，故爲彰顯現實精神、要求經驗實踐的清儒所不滿。清儒希望以「著於行事」、「實事可徵」的經驗取向，使道德理性即善的現象界落實──殆如阮元要求「仁必須爲」之「必於身所行者驗之而始見」（《揅經室集・論語論仁論》），能有所保證。因此在清儒主張利己與利人、功利與道義並行不悖聲中，儒學長期的「非功利」傳統被「義利合一」的功利思想取代了；要求兼及自利與正誼明道的新義理觀，亦順利銜接世界性現代化潮流的功利追

求，而成爲國人今日普遍接受的道德標準。

三、考據學興盛下的「漢宋之爭」

　　清代的「漢宋之爭」是學界長期來一個紛擾的議題。《四庫全書總目》總論我國經學發展，依明嘉靖、隆慶間唐樞撰《宋學商求》和毛奇齡以「漢學」稱名彰明漢說，而以「漢學」和「宋學」對舉地說：「自漢京以後，垂二千年，儒者沿波，學凡六變。……要其歸宿，則不過『漢學』、『宋學』兩家互爲勝負。」（《四庫全書總目‧經部總敍》）不過必須加以釐清的是：漢宋學概念並不能和清學中的「漢宋之爭」劃上等號。清代「漢宋之爭」最激烈的時間點發生在宋學派代表方東樹（1772-1851年）強力攻訐漢學派一竿學者；惟斯時方氏攻擊最力的漢學派代表戴震（1724-1777年）早已辭世，雙方並未正面交鋒，名以「漢宋之爭」實是後人命之。肇因於江藩（1761-1831年）撰《國朝漢學師承記》，謂：「經術一壞於東西晉之清談，再壞於南北宋之道學，元明以來此道益晦」；後來又撰《國朝宋學淵源記》，復尊漢貶宋地言：「苟非漢儒傳經，則聖經賢傳久墜於地，宋儒何能高談性命耶？」並咎理學以門戶之見，曰：「爲宋學者不第攻漢儒而已也，抑且同室操戈矣！爲朱子之學者攻陸子，爲陸子之學者攻朱子。……今漢學昌明，遍於寰宇，有一知半解者，無不痛詆宋學。」因此激起了宋學派方東樹的強烈不滿，另外刊刻嚴正捍衛宋學立場尤其是程朱宗旨的《漢學商兌》。書中對於《國朝漢學師承記》所著錄暨當世著名漢學家，如顧炎武、黃宗羲、錢大昕、惠棟、戴震、汪中、凌廷堪、焦循、阮元……等人所論，均嚴詞駁斥，以負面的否定方式對乾嘉漢學進行總結。惟方東樹在阮元助刊江藩《國朝漢學師承記》後，亦曾以《漢學商兌》呈閱，希望也得到助印，在〈上阮芸臺宮保書〉中並推崇以「卓然有大功於六經而無愧色矣！」至比爲唐賢韓愈，且與馬融、鄭玄、孔穎

達、賈公彥等人並論；然當其助印期望落空而與阮元分道且另投鄧廷楨後，他遂轉為屬言詆訶阮元，謂以「畔道離經」、「支離詖誕」、「最足惑亂學者耳目」（《漢學商兌》），頗坐實負氣之謂。[3] 而隨著清代「漢宋之爭」演為激烈，後人在說明清儒對於義理或考據各有擅場、或是學風更迭以及趨向時，亦遂多以寓有「漢宋之爭」義的「尊漢抑宋」、「調和漢宋」、「折衷漢宋」……等說法名之。

但是有關清代學風以及清儒在義理、或考據上的學術表現，可否即以「漢學」作為重視經典實證、章句訓詁的考據學，而「宋學」作為強調道德心性的義理學之代稱？對此，《四庫全書總目》嘗論以：

> 漢學具有根柢，講學者以淺陋輕之，不足服漢儒也；宋學具有精微，讀書者以空疏薄之，亦不足服宋儒也。
>
> —— 《四庫全書總目・經部總敘》

實則不僅漢學、宋學不能以章句訓詁和性道義理一刀兩斷之 —— 龔自珍言：「若以漢與宋為對峙，然漢人何嘗不談性道？……宋儒亦何嘗不談名物訓詁？」（《龔定庵全集類編・附與江子屏牋》）且欲以漢學、宋學作為清儒所從事不同學術類型的概括性用法，則學術內容具有互涉關係的考據學和義理學亦難截然擘分 —— 戴震言：「故訓非以明理義，而故訓胡為？」（《戴東原集・題惠定宇先生授經圖》）尤要者，「宋學」概念所表述的義理學是理學的道德形上學；清儒出於「崇實黜虛」中心意識而站在理學對立面的道德「非形上學」，其與「宋學」間具有

---

3 後世學者多謂《漢學商兌》「肆口無忌。」「肆口詆譏，以氣凌人，而不能以理服人。」「純以私意肆其謾罵。」「方東樹著書的動機全是一種盲目的成見。」（分詳錢穆《中國近三百年學術史》；張舜徽《清人文集別錄》；皮錫瑞《經學歷史・經學復盛時代》；胡適《戴東原的哲學》）

天壤之別，清儒的義理成就絕不能名之以「宋學」。試以「漢宋之爭」
的漢學派代表人物戴震與阮元爲例：尊漢抑宋的戴震是清代最負盛名的
反理學代表，他是領軍推倒宋儒形上學的新義理學集大成者，考據學只
是他追求義理理想的工具──「六書九數等事如轎夫然，所以舁轎中
人」（《戴東原集·序》，段玉裁轉述）；若以「宋學」作爲義理學代
稱，則在「漢宋之爭」中，戴震究應歸屬漢學、或宋學之一方？又，義
理立場批判宋學且纂輯《皇清經解》以總結清人經學成就，復助印錢大
昕、汪中、劉臺拱、錢塘、孔廣森、張惠言、焦循、淩廷堪等諸多漢學
名家著作的阮元，他對清代漢學亦有推動與集成大功；然學界往往因其
深具義理興趣且生當嘉道學風又重義理之際，而以「漢宋兼采」或「折
衷漢宋」稱之，[4] 如此豈非淆亂學統？是故儒學義理在歷明清間氣學思
想轉盛，以及戴震集大成地建構起強調道德價值經驗面的義理系統後，
此時儒家義理學的內涵已不再是宋明理學道德形上學惟一類型所能涵蓋
的了。那麼，「宋學」在清代自是不能作爲義理學代稱。其不能涵蓋道
德「非形上學」範疇的思想理論，不能反映清儒對道德行爲訴求可檢證
原則與經驗落實的要求，至爲顯然。

　　因此欲論清代的「漢宋之爭」，不能以簡單化約的「漢、宋學」
概念當之；而應扣緊江藩二書挑起漢、宋學派對立，並聚焦在雙方所
「爭」的對峙觀點、交鋒意見上；應該檢視作爲雙方代表的戴震如何批
判宋學？方東樹又如何批判漢學家？而不能以一種寬泛的「漢、宋學」
概念，以兩種學風的優劣得失比較和概說，如「名物則漢學勝，理義則
宋學勝」當之。就此而言，學界往往未能明辨。

　　歸納學界歷來對於清代「漢宋之爭」的說法，約涉如下層面：學術

4　錢穆云：「以芸臺頗主求義理，故漸成漢宋兼采之風。」（《中國近三百年學術史》）現代學者
　　亦以「尊漢抑宋」和「折衷漢宋」的矛盾說法，說明阮元的學術風格。（黃愛平〈阮元學術述
　　論〉，《史學集刊》）

史範疇的「義理學／考據學」之爭，這是最常見的用法；經學史、或考據學領域對於經說的「漢注／宋說」之爭；思想史範疇的「實證哲學／形上學」之爭；科舉場域的「經學／文學」即藉經學考據、或經術文章仕進之爭。

此中最屢見不鮮的，就是以「漢學」作爲音韻訓詁的考據學代稱、以「宋學」作爲講論性道的義理學代稱，而把「漢宋之爭」視爲是義理學和考據學之學術更迭、或主流爭勝。例如梁啟超言：「當洪楊亂事前後，思想界引出三條新路：其一，宋學復興，……『反漢學』的思想常在醞釀中。」（《中國近三百年學術史》）錢穆云：「以芸臺頗主求義理，故漸成漢宋兼采之風。」（《中國近三百年學術史》）余英時則論：「漢、宋的對峙，自十八世紀中葉以來即已顯然」，而自註以「即所謂考據與義理。」（《歷史與思想》）另外有海外學者說：「阮元在去世前最後十年，逐漸重視義理之學，這是19世紀儒家話語轉向漢宋折衷的又一標誌。」（美・艾爾曼《從理學到樸學》）凡此皆用以指稱學術型態、學風更迭或學術大勢；同一思維也有用以指稱個人所擅長學術型態者，例如龔自珍說阮元，「已匯漢宋之全。」（《龔定庵全集類編・阮尚書年譜第一序》）學者亦稱錢大昕，「正是一個兼采漢宋二學的學者。」（黃啟華〈錢大昕經學要旨述評〉，《故宮學術季刊》第九卷第1期）若此亦皆著眼於義理學或考據學的學術型態，而將「漢宋之爭」視爲爲主流學術之爭勝，或亦可類比南宋以來道學與儒林的對立狀態。

以漢注、宋說爲論者，則主要指清儒在經學範疇內，在經說經解上對於漢注或宋說各有取捨立場。固然「訓詁者，義理之所從出」，但因該層次僅涉經解取捨，並未擴及對整個義理系統的全面觀照及理論系統建構，所以仍屬考據學範疇；不過若由此繼續推進，就會進一步觸及對思想體系的全面思考而進至義理學類型的哲學層次之爭了。從經說經

解角度出發者，如皮錫瑞《經學歷史》論：「國初諸儒治經，取漢唐註疏及宋元明人之說，擇善而從。由後人論之，為『漢宋兼采』一派。」「惠戴諸儒，為漢學大宗，已盡棄宋詮，獨標漢幟矣！」「萬斯大、方苞等兼通《三禮》，多信宋而疑漢；其不染宋學者，惟毛奇齡。」（〈經學復盛時代〉）凡此皆就經義取捨之考據層次言。另外，由於科舉對學術興衰影響甚鉅，又有學者指出科舉場域據以取才的經學考據或經術文章，因涉官場仕進而為士子爭較，故亦形成常州學派重視經學「微言大義」、乾嘉主流強調「章句訓詁」之兩造爭鋒——「其所爭者，既是學問的載體（以經術文章承載學問或以考據究明學問）孰優孰劣的問題，也是學問主導權（文章家或是考據家）的問題，更是學術方法（經術文章或是訓詁考據）優劣的問題。」（蔡長林《從文士到經生——考據學風潮下的常州學派》）該見對於清學的流衍發展亦具補充作用。

　　至於筆者所持，「漢宋之爭」應從宋明與清的義理學不同類型、或哲學高度看待之，指清儒之宋學派不滿戴震為首的部分漢學家建立彰顯道德價值經驗面的義理新說，故而形成清儒漢學派新建實證哲學、宋學派固守程朱門庭的對立現象。前述學術史與經學範疇的「漢宋之爭」是學界常見的普遍用法，有時學者也並未仔細辨析而通用之，[5]可說是對於「漢宋學」寬泛的廣義理解與運用；哲學史範疇的「漢宋之爭」則強調歷史時點與雙方義理體系殊異，認為在清儒「漢宋之爭」下雙方具有不可調和的義理歧見。析辨如下：

5　例如皮錫瑞〈經學復盛時代〉云：「國初，漢學方萌芽，皆以宋學為根柢，不分門戶，各取所長，是為漢宋兼采之學。乾隆以後，許鄭之學大明，治宋學者已尠，說經皆主實證，不空談義理，是為專門漢學。」該說前論「漢宋兼采」，謂「不分門戶，各取所長」，係就經義之取捨言；後論「專門漢學」，謂「說經皆主實證，不空談義理」，則又兼有考據與義理之主流嬗變意味在其中。

　　清儒捍衛程朱理學最力的宋學派以方東樹及《漢學商兌》為代表，其於漢學派的最大不滿即其最激烈辯駁者，不在考據學本身之清儒小學音韻、天文術算、名物訓詁等考證成果上；方氏對此還稱以「唐宋以來所未有」，「誠有足補前賢、裨後學者」，「實為先儒所未逮⋯⋯固談經者所不可闕之功也。」但是對於身為考據學標竿人物的戴震藉《孟子字義疏證》建立起批判程朱理學的義理新說，亦戴震所自述「發狂打破宋儒家中〈太極圖〉」者，及其同調漢學家如焦循、阮元等人的系列理論，則痛加駁斥。誠如章學誠所述，「為漢學考證者，箸書以闢宋儒、攻朱子」，「至今休歙之間，少年英俊，不罵程朱不得謂之通人」，故「異日戴氏學昌，斥朱子如拉朽。」（〈答邵二雲書〉、〈又與朱少白〉）如此嚴重損及程朱權威的挑戰，才是方東樹捍衛理學在義理學中惟一且正統地位而集矢戴震等人的原因——其非以考據學本身作為攻擊對象。這是辨析清代「漢宋之爭」首要辨明者。

　　為捍衛程朱理學在義理學中的不可挑戰性，方東樹宣稱：「夫古今天下，義理一而已矣！何得戴氏別有一種義理乎？」直斥戴震「欲以掃滅義理。」實則他對於戴震亦以義理學作為學術旨歸全然無法理解；但這並非單獨現象——前述乾嘉之尊漢抑宋只能偏就考據學範疇之宗漢以言，理學仍是時儒思想所信仰可證。此蓋由於理學在義理學中長期居於獨尊地位，學者幾皆視理學為義理學惟一歸宗，故江藩言：「戴氏所作《孟子字義疏證》，當時讀者不能通其義。」（《國朝漢學師承記・洪榜傳》）章學誠也說：「乾隆年間未嘗有其學識，是以三、四十年中人，皆視以為光怪陸離，而莫能名其為何等學？」「誦戴遺書而得其解者，尚未有人。」（《文史通義・與史餘村・答邵二雲書》）戴學的思想意義鮮為時人所認識；當時僅有極少數人如洪榜、焦循等能夠認識「東原自得之義理，非講學家〈西銘〉、〈太極〉之義理。」「宋之義理，仍當以孔之義理衡之；未容以宋之義理，即定為孔子之義理也。」

（《雕菰集‧申戴‧寄朱休承學士書》）但是儘管焦循已經點明戴學和
理學原是兩種截然不同的義理類型，理學並不是義理學的惟一；在清代
前中期的思想界，理學仍是穩居義理學獨尊地位的一支獨秀。且非惟如
此，即在近世，學界仍多排斥理學以外的其他義理類型而普遍抱持對清
代思想的負評。如章太炎「學隱」說，謂清儒「爭治漢學，錮天下智惠
爲無用。」（《訄書‧學隱第十三》）梁啟超也說清學「乃研究法的
運動，非主義的運動。」（《清代學術概論》）錢穆則譏乾嘉訓詁考
訂，是「以古書爲消遣神明之林囿矣！」（《中國近三百年學術史‧自
序》）甚至有人宣稱考據學興盛是「儒學的墮落。」（美‧艾爾曼著，
趙剛譯《從理學到樸學》）歷來學界罕能真正認識清代義理學轉從事實
證哲學之思想意義與價值，故亦鮮少能自哲學高度看待清代之「漢宋之
爭」者。

　　由於戴震務破宋儒之說，而從學術方法論到義理學理論建構，皆
以經典實證與客觀現實、經驗實踐爲旨歸，復以「以理殺人」和「以意
見爲理」（〈與某書〉、〈理五〉）等嚴厲措辭批判理學缺乏現實基
礎，激起了方東樹的強烈攻訐，是爲「漢宋之爭」內因；至其肇端，則
由於方氏嗔怪惠棟經解專標漢幟，後來江藩、阮元之所著錄又皆宗漢，
「凡不關小學、不純用漢儒古訓者，概不箸錄」（《漢學商兌》），
是爲導火線與外因。方東樹所駁斥的對象，據《漢學商兌》開篇云：
「近世有爲漢學考證者，箸書以闢宋儒、攻朱子爲本」（〈漢學商兌序
例〉），所謂「闢宋儒、攻朱子」的漢學考證者，正是戴震等人；方氏
所視爲「漢學一大宗旨，牢不可破之論」、「乃漢學宗旨第一義，千條
萬端皆從此路差去」者，正是戴震主張理義不可舍經而空憑胸臆，以及
「從故訓進求理義」的「由詞通道」方法論──「經之至者，道也；所
以明道者，其詞也；所以成詞者，字也。由字以通其詞，由詞以通其
道，必有漸求。」（〈與是仲明論學書〉）蓋戴震持論：「賢人聖人之

理義非它，存乎典章制度者是也。」「理義不存乎典章制度，勢必流入異學曲說」（〈題惠定宇先生授經圖〉），故批判理學空言窮理；方氏則指斥漢學家「訓詁之外別有義理，非吾儒之學」、「訓詁者，義理之所從出」云云，譏以「言言有據，字字可考，只向紙上與古人爭訓詁形聲；傳注駁雜，援據群籍，證佐數百千條，反之身己心行，推之民人家國，了無益處」，是爲「虛之至者也。」方氏並反覆述論：「程朱教人窮理，皆先就自家身心及倫物日用之地求之，爲說甚詳，何嘗以空言窮理？」「朱子曰：聖賢說性命，皆是就實事上說。」「陸子曰：古人自得之，故有其實。言理則是實理，言事則是實事，德則實德，行則實行。……吾生平學問無他，祇是一實。」可知方東樹所最措意者，在於實證哲學和形上學的虛、實之辨。

不過方東樹和戴震的中心關懷並未對焦。方氏在否定戴震義理學的大前提下，籠統地就知識對象言，其言理學是講人倫的切身實學、考據學卻是書上的客觀知識；實則他不解戴震論「理」亦就道德性命之「人」學而言。戴震之「崇實黜虛」與追求真知，涵蓋學術方法論的經典實證，以及對真理標準、道德規範譬如「理」要求以現實基礎。所論已具認識論意義而帶有經驗主義色彩，對知識起源即知識由何而致以及真理的尺度，要求在「自明之理」的理性外並應重視感覺經驗與心靈反省的重要性，以避免落入個人的主觀「意見」，所以他批判理學形上玄虛。儘管雙方的邏輯範疇並未對焦，所論仍充分顯示漢學家依典制故訓講論經義，復立足經義以發揚道德價值的經驗面，才是造成宋學派與之針鋒相對的「漢宋之爭」核心關鍵。

但是還要釐清，清儒立足經注基礎以「辨名析義」的「由詞通道」方法論，以及重視客觀意義和經驗實踐的新義理學，並不只是要發揚經注經義而已；他們不是採取就字義「直譯」的方式建構思想，即非學界過去所慣言的「復古」趨向。他們要在理學的道德形上學以外，另建與

之分庭抗禮的新義理學企圖，遠非漢儒經傳註疏所能侷限；只不過在過去學界對清學思想性普遍的負評下，清儒「非形上學」的義理學終極理想鮮爲人知。如勞思光便說清儒「哲學問題當作訓詁問題。」（《中國哲學史‧孔子與儒學之興起》）羅光說：「哲學是講事理，事理不能由前代的一個名詞所有字義而被限制。」（《中國哲學思想史‧清代學術中的哲學思想》）徐復觀亦言「以語源爲治思想史的方法，……其結論幾無不乖謬。」（《中國思想史論集‧研究中國思想史的方法與態度問題》）錢穆則說：「既牽纏於古訓，又依違於新說，故時見矛盾模稜也。無怪譏評漢學者，謂彼輩只能考訂名物，談及義理，便無是處。」（《中國近三百年學術史‧焦里堂、阮芸臺、凌次仲》）但其實考據學和漢儒經注不過是作爲清代新義理學家的工具而已——「六書九數等事，如轎夫然，所以輿轎中人。」（《戴東原集‧序》，段玉裁轉述）他們主要是依據自己的思想系統及所處時代思想、文化氛圍來解讀經典，具有強烈的思想意向性與脈絡性。故清代新義理學雖然重視考據基礎，但語義探究並不是他們的終極目標；他們欲發揚實證哲學而強調經驗取向的義理理想，未受語詞訓詁所侷限。在經典詮釋上，他們也未違背詮釋者的主體性與經典的主體性交融之「心得」原則——「通之心理，空所依傍。」[6]他們根據考據學以進行的「詞意」挖掘，係爲闡明儒學存在理學以外的其他詮釋進路；並要在語詞數義中找到一種可作爲清人思想後盾的解釋方式，以示思想有本，且賦予傳統經典「現代」（詮釋者所處之時代）意義。故溯自明代中葉、高峰發展於乾嘉時期，而由戴震領軍、標榜「崇實黜虛」的清代新義理學，其與宋明理學分樹典範、各自標竿我國思想史一段里程的發展情形，頗類似西學之實證主

6　該論轉化自黃俊傑論宋明儒注孟，係「以詮釋者的『主體性』與《孟子》這部經典交融爲一」，及其引論清儒李兆洛言治經有二途：一爲「守一師之法」的「專家」；二爲「通之心理，空所依傍」的「心得」。（《中國孟學詮釋史論‧孟學詮釋史的中的一般方法論問題》）

義哲學對傳統形上學的批判。戴震亟致批判於道德形上學及宋儒解經方式輕語言分析、經傳註疏，而重先驗、主觀的形上思辨；他另據可驗證原則，在道德理性之外，其論「善」、說「理」，皆益以事理、物理的客觀與經驗意義，以對比理學純任性理之缺乏現實基礎。

　　以下試舉新義理學家另一重鎮的阮元性論與仁說爲例：

　　針對長期來理學涵養德性的內省默識途徑，阮元仁論強調經驗進路而要求「仁必須爲，非端坐靜觀即可曰仁也。」（《揅經室集・論語論仁論》）他立足清儒考據成果──錢大昕繼惠棟《九經古義》和臧琳《經義雜記》後，其〈說文校譌字〉曰：「仁者，人也。鄭康成『讀如相人偶』之人。《儀禮》注屢言『相人偶』。」（《十駕齋養新錄》）凌廷堪也說：「『爲人由己，而由人乎哉！』人、己對稱，正是鄭氏『相人偶』之說。」（〈論語論仁論〉轉述）故阮元以一種要求走入人群的「相人偶」、「必於身所行者驗之而始見」的姿態，闡明「仁」必須落實爲經驗事實，始可謂對仁的實踐，迥別於理學家從本體化的「道體」角度論仁。理學以「仁」爲生生之德、萬善之首，「仁」猶天理，百理畢具於其中；阮元則發揮鄭玄論仁之「以人意相存問之言」的「相人偶」之旨。[7] 阮元〈論語論仁論〉正是突顯現實意義的「人之偶之也」，「必人與人相偶而仁乃見」，「爾我親愛之辭。」他從兩人協力並耕的「耦耕」（如《論語》「長沮、桀溺耦而耕」），延伸到現實世界人與人之間一切相互關懷、親近、互助、友愛……等和諧狀態的人倫實踐以說仁，發揮孔子「仁遠乎哉？我欲仁，斯仁至矣！」以及「爲仁由己」之現實意義。

　　此外，阮元並針對理學「復初」之復性說另立「節性」說，以見

7　鄭玄注《禮記・中庸》「仁者，人也」，曰：「讀如『相人偶』之人。」注《儀禮・大射》「卑者與尊者爲耦」、「揖以耦」……，亦皆注以「相人耦」。

宋儒錯說孔孟。他以東漢趙岐（106-201年）《孟子正義》爲後盾，證成戴震性論在德性之外兼重耳目口鼻等氣質之性，實合乎孔孟之道，以此重定孟子性命觀。孟子嘗性、命對揚地說：「口之於味也、目之於色也、耳之於聲也、鼻之於臭也、四肢之於安佚也，性也，有命焉，君子不謂性也。仁之於父子也、義之於君臣也、禮之於賓主也、知之於賢者也、聖人之於天道也，命也，有性焉，君子不謂命也。」對此，趙岐漢注和從天命性理出發的宋儒性命說，具有淵壤之別。趙注曰：

> 口之甘美味、目之好美色、耳之樂音聲、鼻之喜芬香……此皆人性之所欲也。……君子之道，則以仁義爲先，禮節爲制，不以性欲而苟求之也，故君子不謂之性也。

> 仁者得以恩愛施於父子，義者得以義理施於君臣，好禮者得以禮敬施於賓主，知者得以明智知賢達善，聖人得以王道王於天下，此皆命祿。……君子之道，則修仁行義、修禮學知，庶幾聖人，矍矍不倦，不但坐而聽命，故曰：「君子不謂命也。」

> ——《十三經註疏·孟子正義》

趙岐釋孟，據孟子明言耳目口鼻所好惡是「性也」以立意；至於孟子又曰「有命焉」，係就現實言，「得居此樂者有命祿，人不能皆如其願也。」但是君子之道，「不以性欲而苟求之」，所以孟子復言：「君子不謂性也。」而仁義理智聖者，孟子亦已明言「命也」，故趙注曰：「遭遇乃得居而行之，不遇者不得施行。」惟君子「不但坐而聽命」，故孟子復言：「君子不謂命也。」於此，阮元認同趙注地說：

> 惟其味、色、聲、臭、安佚爲性，所以性必須節，不節則性

中之情欲縱矣；惟其仁、義、禮、知、聖爲命，所以命必須敬
德。……可以見漢以前性命之說，未嘗少晦。

——《揅經室集·性命古訓》

阮元通過訓詁考證以證論漢儒非不言性命，漢儒另有不涉玄虛而迥異宋
儒的義理系統；清代新義理學正是以尊漢爲後盾，遵循漢注地以味色聲
臭安佚爲「性」、仁義禮知爲「命」。所論可以具見清儒依據漢注的詮
釋進路，是在宋明理學以外的另一解經路數，涉及思想體系之爭；而宋
儒長期持論的性理說以及「存理滅欲」等形上學主張，在阮元「節性」
說和前述戴震「通情遂欲」主張中，則被顛覆成重視形下經驗領域的
「非形上學」。斯爲清代「漢宋之爭」中漢、宋學派雙方義理結構無可
調和的根本歧見；而義理歧見與思想體系殊異，才是清代「漢宋之爭」
的衝突內因與關鍵所在。

四、結語

　　清代新義理學不但爲儒學的道德實踐另外開闢一條經驗取向的蹊
徑，圓滿了儒家義理學兼具理念信仰與生活世界的形上、形下理論建
設；同時也成爲儒學現代化進程中銜接傳統與現代的過渡橋樑。我國的
現代化思想轉型，要從兩千年傳統的獨尊道德價值之「非功利」型態轉
進20世紀的現代化功利主義，清代新義理學的理論建設正是居間轉換
的思維變遷，譬如「存理滅欲→通情遂欲」、「求利害義（貴義賤利）
→義利合一」、「黜情→尊情」、「守常→通變」……，即可以從現
代化的「前理解」、「前概念」角度被看待。[8]惟對於現代化進程的議

8　該語參考帕瑪《詮釋學》。書中論及布特曼以爲「所有的詮釋都受詮釋者的『前理解』所引
　　導」；施萊爾馬赫（Schleiermacher）論「詮釋學循環」的「前知識」；海德格（Heidegger）論理
　　解的前結構分析——前有、前見、前把握（prior having, prior view, prior conception）等詮釋的先決

題，學界長期皆抱持「西學外鑠」說，認爲儒學的現代化係因西方強權以軍事武力爲脅迫，迫使我國開放門戶、開港通商、劃地割界；在國事垂危下，國人始被迫向西方學習船堅炮利，乃至社會制度與思想文化。此一歷史解釋造成的重大影響，既使國人相信數千年的儒家思想不合時宜，產生進退失據的文化自卑心理；也使我國思想史發展出現斷層鴻溝，普遍認爲自宋明理學在我國思想史上獲致高峰成就以來，入清旋即進入三百年的思想晦暗期，至謂清代是沒有思想的時代。如此一來，有關我國的現代化轉型，自是必須仰人鼻息、亦步亦趨、隨人腳跟地由「外鑠」所啟動。

　　然而此其然乎？一個數千年文明古國的現代化進程，可能在沒有本土性資源、缺少內在思想演進理路的情形下，憑藉外力而消極被動地啟動嗎？故此中必須釐清：究竟是清學缺少思想性？抑是清儒在我國思想史上樹起新里程碑，轉進一個國人過去所不曾認識的新領域，即其義理轉型未能被正確認識？── 事實上，清代思想已從國人過去崇高看待、不敢褻瀆的「形上學」神聖殿堂走下來；另以一種進入國人生活世界的「非形上學」義理觀，取代兩千年來由「恥言利」傳統理念撐挂起來的、對於道德價值「形上面」之發揚。不難理解，如此重大的理論改造、或說「盈科而後進」的思想轉型，其所遭致的誤解、誤說、被謾罵、被忽視 ── 種種站在對立面的反對與批評聲浪，是多麼地排山倒海！因此本文首先就標竿清學的考據學發展，闡明檯面上的經史考據成就，實際上推動其前進的背後動力，是清人對於理學「形上學」玄虛進路不滿的「崇實黜虛」中心意識，以及緣自程朱、陸王迭迭爭論而轉進的經典辨僞；易言之，眾所共見的理學和考據學之新舊學術典範轉移，

　　　條件（《詮釋學》）。本文持信吾人之所以能夠理解某事物或觀念，則在我們的理解內早已具有對這些觀念的「前概念」或預見，並在理解中發生著作用 ── 因此清代新義理學所建立的部分觀念，可以從國人接受現代化思維所需要的「前概念」角度來看待之。

事實上緣自檯面下核心價值觀與思想的變遷。於此亦預示了清學思想性之不容忽視。

而隨著清初辨僞學之興盛發展，暨理學因辨僞而失去經典權威並趨向衰微的學術嬗遞，社會經濟繁榮與科舉推波之政經因素等，則是清代考據學出線以後，推動考據學達致巔峰發展的助瀾有功。不過還要釐清的是：學術典範不一定等於義理學典範。宋明時期，理學既是學術典範也是義理學典範，即兩者合流發展；但是由考據學領軍的清學，則其學術典範和義理學典範分流發展，不可混爲一談。這正是學界過去緣木求魚地批評清代思想乏善可陳的關鍵所在。從清儒以來便屢見不鮮地，儒者因未識戴震義理而譏以「可以無作」，「何圖更於程朱之外，復有論說乎？」或是責以「欲以掃滅義理。」斯即章學誠所言：「誦戴遺書而得其解者，尚未有人。」亦江藩所謂：「戴氏所作《孟子字義疏證》，當時讀者不能通其義」之普遍現象。即近世學者仍不免扞隔地說清儒把「哲學問題當作訓詁問題。」「彼輩只能考訂名物，談及義理，便無是處。」是以本文又辨清代緣自宋學派代表方東樹攻訐系列漢學家「從故訓進求理義」的「漢宋之爭」，其所爭論焦點，實際上在於「形上學」和「非形上學」的體系不同，是爲雙方之根本殊異。只是即連當事人方東樹，也在視理學爲義理學惟一類型的大前提與有限認知下，以爲戴震批判理學就是想要掃滅義理學以發揚考據學；那就無怪乎學界眾人把「漢宋之爭」視爲考據學與義理學之爭鋒，並且出現許多以「宋學」作爲義理學代稱的矛盾性說法了。因此本文又拈出部分漢學家以漢儒經說爲後盾，並建立了道德「非形上學」的義理體系，才是造成清代「漢宋之爭」的真正原因。

故乾嘉時期既是我國考據學的發展巔峰，同時也是義理學轉型的理論集成時期。從十六、七世紀羅欽順、王廷相、王夫之、劉宗周、顧炎武、黃宗羲等人的重氣思想蔚起，到十八世紀戴震、凌廷堪、焦循、

阮元、劉寶楠⋯⋯等人發揚光大的道德「非形上學」，圓滿了儒家義理學長期突顯「形上之道」以外的，重視實在界並肯定感覺經驗、心靈反省，強調客觀進路與經驗實踐的「形下之器」一面之理論開拓。而且有關中國的現代化進程、儒學的現代化轉型，緣著此一本土性的資源線索，在時間上更可以提早到十六、七世紀明代中晚期的義理學「自轉型」開始；而非學界過去所慣言的，在十九世紀後半葉始由西方文明挾科技優勢衝撞傳統所啟動。再者，中國的思想發展並未斷層，清代並非沒有思想的時代，傳統文化中蘊蓄著促成儒學更新內涵的內在機制；清人除在詩、詞、散文、小說等各體文學皆獲佳績外，在思想領域亦邁入一個嶄新的義理學建設時代，值得後人關注與重加梳理。

玖
惠棟與清代經學之「漢學」典範建立

　　清學中以「漢學」治經的「漢學」典範，是由惠棟（1697-1758
年）所揭櫫、開啟的。

　　針對如何導正明代以來的空疏學風？代表朝廷官方立場的館閣理學
派如陸隴其、熊賜履、李光地等，採取「由王返朱」的「尊朱」路線，
朱學並成爲整個清朝的官方哲學與科舉準式；民間則代表王學修正派的
李顒、孫奇逢、黃宗羲等，皆以針砭王學而負盛名；但是也有從事於反
宋學者，譬如略晚的紀昀、戴震等人，戴震並另外建構新義理體系，以
與宋明理學相分庭抗禮。至於學術興趣不在於義理學的學者，當時最能
凝聚學者共識而蔚爲主流的，就是崇尙博雅考證的經史考據之學，「乾
嘉考據學」逐漸發展成爲清代學術新典範的標竿。而在此一重新回到漢
儒經說古訓及形成「由訓詁進求理義」之學術發展過程中，惠棟乃是清
儒首先奠立「漢學」新典範並開啟新局的承先啟後人物，他區分了漢、
宋學差異，並提出「經之義存乎訓」之「漢學解經」進路；自後多數乾
嘉儒者即在此「漢學」典範的標榜下，相互砥礪於輯佚漢儒「古義」，
並據以通經釋義地形成了清儒新十三經註疏，清學也由此建立起「崇實
黜虛」之回歸經典一代學風。

　　惠氏四世傳經，從惠有聲、惠周惕、惠士奇再到惠棟，家學極其深
遠。惠棟傳承家學重「古義」之風——他曾自言「余家四世傳經，咸通
古義」（《松崖文鈔·九經古義述首》），而他更將經義存乎古訓的治
學見解，擴大成爲解釋經典的一般通則。蓋漢學強調學有所本的師法、
家法傳授，正是清儒所用以對治晚明「束書不觀，游談無根」之空疏學

風、以及避免學術墮入蹈空危機之取徑方法，是故惠棟提倡的「漢學解經」進路，為乾嘉考據學立下了普遍獲得遵循的解經規範，即連盛名的考據學大家戴震，也受其啟發、影響。故錢大昕〈古文尚書考序〉稱：「今士大夫多尊崇漢學，實出先生緒論。」陶澍《國朝耆獻類徵初編》也說：「由漢儒小學訓詁以上溯七十子六藝之傳者，定宇先生為之導也。」錢穆《中國近三百年學術史》亦曰：「確然以漢易標宗名家者，自定宇始。」所以惠棟就是以「推尊漢儒，尚家法而信古訓」的治經方法，使得「漢學之壁壘遂定」。

惠棟中年以前學博而雜，五十以後專心經術，尤邃漢易。其所賴以開啟一代風潮之作，主要有《易漢學》、《周易述》、《古文尚書考》、《明堂大道錄》、《禘說》、《春秋左傳補注》、《九經古義》等，皆依「古訓釋經」之「漢學解經」進路以說經。

一、惠棟「尚家法而信古訓」的「漢學解經」進路

惠棟之治經，乃以「漢學解經」為其門徑及經學宗旨。他素稟家學「經之義存乎訓」理念，加上兩漢經說一方面以「去古未遠」、「其所訓詁要於本旨為近」（盧文弨〈《九經古義》序〉），且其講求師法、家法，能存孔門精義；另方面其說又在佛、道盛行以前，未雜二氏之言，因此古訓成為惠棟用以對治宋儒自詡直承孔孟而貶視經傳註疏造成的空疏學風之所憑藉。故漢儒經說成為惠氏及乾嘉儒者研經之首要門徑，惠棟嘗自述以：

漢人通經有家法，故有《五經》師。訓詁之學，皆師所口授，其後乃著竹帛。所以漢經師之說，立於學官，與經並行。《五經》出於屋壁，多古字古言，非經師不能辨。經之義存乎訓，識字審音，乃知其義，是故古訓不可改也，經師不可廢也。

——《松崖文鈔·九經古義述首》

「經之義存乎訓」，表明了惠棟強調「經、義、訓」三者之內在連繫及其一貫性；也突顯了他主張由「識字審音→明古訓→通經義」之「以考據治經」學術進路，是以惠棟治經首重漢儒古訓。然而漢儒經說經注更歷《五經正義》及宋明理學之後，已多散佚不全──孔穎達《五經正義》上承南北朝義疏之學；宋儒則更突破漢魏舊注等幾乎所有的漢唐註疏舊傳統，他們「以意逆志」地重新注解經典、進而疑經改經，甚至逕以解經之「傳」名其書，譬如不用王弼、韓康伯舊注的程頤《易傳》和分庭抗禮於《毛傳》、《鄭箋》的朱熹之《詩集傳》，他們皆企圖以直承孔孟的學術位階來創新局面，因此兩漢「古義」遂成為惠棟等乾嘉儒者首要輯存的考據對象，也由此開啟了惠棟強調訓詁考據之「漢學」典範學術宗旨。是故「漢學」即是惠棟所憑藉抗衡於「宋學」的別樹旗幟。

因此惠棟推尊兩漢經師賈逵、馬融、服虔、鄭玄等人之經說古義，其《九經古義》和《春秋左傳補注》即皆立足在推尊「古義」之治經法上，他並輯有《新本鄭氏周易》一書，亦由此帶動一股將散佚已久的經說傳注重新集輯成書的經學風潮。故惠棟之治經，是循著「反宋→宗鄭→尊漢」之脈絡（說詳張素卿〈「經之義存乎訓」的解釋觀念──惠棟經學管窺〉），以樹起「漢學解經」之學術門徑的。關於鄭注，他在自述撰作《古文尚書考》動機時曾說道：

> 《尚書》後出，古今通人皆知其偽，獨無以鄭氏二十四篇為真《古文》者。余撰《尚書考》，力排梅賾而扶鄭氏。
> ──《松崖文鈔·沈君果堂墓誌銘》

惠棟表明他撰《古文尚書考》的用心，一方面固然在於「排梅賾」，斥棄自從孔穎達纂《五經正義》以來、千餘年皆著為功令的偽《古文尚

書》，然此事在清初閻若璩著作《尚書古文疏證》以盡發梅賾之僞以後，已是「古今通人皆知其僞」者，惠棟亦衍閻緒，故惠棟自述撰爲此作的目的，主要在於他認爲鄭玄乃是依孔壁真《古文尚書》而爲之注者，因此「扶鄭氏」之推崇鄭玄作注的二十四篇，才是他的真正用意，他並認爲這是發學界所未發者。是以惠棟正是由推擴「宗鄭」之意而確立起「尊漢」之學術路線，又由「尊漢」而進主「漢學解經」之研經進路的。他在撰作《易漢學》後也嘗自述用心，道：

　　漢人傳易，各有源流，余嘗撰《易漢學》七卷，其說略備。識得漢易源流，乃可用漢學解經。　　　　　——《九曜齋筆記》卷2

所以輯存漢儒舊注並根據「漢學」典範以疏釋經典，就是惠棟治經所奉爲圭臬的門徑與宗旨；於此亦可見「漢學解經」之經學主張，乃是惠棟推諸各經而皆然的共法。

　　因此惠棟之《九經古義》以廣摭漢儒古訓的方式徧治群經，包括《周易》、《尚書》、《毛詩》、《周禮》、《儀禮》、《禮記》、《左傳》、《公羊傳》、《穀梁傳》、《論語》等十部經典，其中《左傳》四卷後來增補爲六卷並更名《補注》，另外刊行，是以惟存其九。惠棟之崇經，寓有「通經致用」之意在，他曾說：「漢儒以經術飾吏事，故仲舒以通《公羊》折獄，平當以明〈禹貢〉治河，皆可爲後世法。」至於惠棟之治經，則他遵鄭玄之論：「其始書之也，倉卒無字，或以音類比方，假借爲之，趣於近之而已」（《九曜齋筆記·經術飾吏事·古字假借》），故依「識字審音」之訓詁原則以爲疏釋經義的判斷依據；在形式上，則他以條舉羅列群經「古義」的方式爲之，寓解釋於「述古」中，具有「述而不作」之意，惠棟自述以「采先儒之說，末乃下以己意，令讀者可以考得失而審異同。」（《春秋左傳補注·序》）

章太炎則說他「篤於尊信，綴次古義，鮮下己見。」（《訄書・清儒》）書中惠棟有針對古字、經文、異文、義旨加以闡釋者；也有釋其音讀、音訓者；還有及於器物、制度，乃至時語、人名、地名、動物名之考釋者，書可謂詳備矣！其作刊行以後，研經者亦多倚為門徑。《四庫提要》亦稱《九經古義》具有辨別音義、六書通假及疏通源流之功，其曰：

> 　　古者漆書竹簡，傳寫為艱，師弟相傳，多由口授，往往同音異字，輾轉多歧；又六體孳生，形聲漸備，毫釐辨別，後世乃詳，古人字數無多，多相假借，沿流承襲，遂開通用一門。談經者，不考其源，每以近代之形聲，究古書之義旨，穿鑿附會，多起於斯。……於讀古人之書，則當先通古人之字，庶明其文句而義理可以漸求。棟作是書，皆蒐採舊文，互相參證。……大抵元元本本，精核者多，較王應麟詩考、鄭氏易註諸書，有其過之無不及也。
> 　　　　　　　　　　　　　　　　——《四庫全書總目・九經古義》

是故惠棟以考據治經，其輯存、講明「古義」及辨析文字源流等，確乎具有存佚扶微的存古學之功；對於後學者，也提供了通經明道具體可遵循的入門之階，功在不小。

　　不過必須申明的是，惠棟之「尊漢抑宋」必須扣緊經學觀而言；在道德心性之學上，則他對於宋明理學並未全然否定，此自其父惠士奇手書楹聯「《六經》尊服、鄭，百行法程、朱」（江藩《國朝宋學淵源記》序），及惠棟之曰：「宋儒談心性，直接孔孟，漢以後皆不能及；若經學，則斷推兩漢。」「漢人經術、宋人理學，兼之者乃為大儒」（《九曜齋筆記・趨庭錄・漢宋》），皆清楚表明了在道德心性學上仍尊程朱之意。惠棟此說亦略同於後來領袖漢學陣營的朱筠之言：「程朱

大賢，立身制行卓絕，其所立說，不得復有異同。」（《國朝漢學師承記・洪榜傳》）這並且就是清代漢學家所普遍抱持的「經學、理學分趨」觀念，即以「漢學」解經、而以「理學」修身。是以在義理學方面，就大體而言，乾嘉儒者仍然歸趨於朝廷官學的程朱理學；也因此後來當戴震意欲另外建構和理學相分庭的新義理體系時，其所遭受到的阻力及反對聲浪均甚大，除了本來就對立的宋學派以外，即連與之相善的漢學陣營朱筠等人，也都無法接受其新義理觀。是故惠棟「反宋」之所疾言反對者，只能針對經學方面之宋儒以理說經、鑿空無據，即惠棟認爲宋儒不講訓詁、援理入經，致空疏無本而淆亂經學而言。

二、惠棟在「漢學」典範下之以考據治易

　　易學是惠棟在「漢學」典範下、研經之最大成就者。清儒研易的特色主要表現爲輯佚、和根據漢儒舊注以疏釋易理之考據治易上；高張漢幟的惠棟，尤其如此。

　　以下主要說明惠棟易學和他所反對《五經正義》之王、韓易有何差異？以及重回到漢易陰陽象數傳統的清代易學，其與推崇圖書象數學的宋易有何不同？因此必須簡單回顧我國之易學發展——我國易學發展可以大分爲戰國時期的《易傳》以及漢易、晉唐易、宋易、清易等數階段。繼代表戰國時期《周易》研究的《易傳》及其自哲學高度建立的太極、陰陽、道器、形而上與形而下、言與意、神、幾、陰陽剛柔、窮神知化等哲學範疇與命題的易學體系之後，漢易時期的主要方向爲：⑴孟喜、京房代表的官方象數學立場。他們以象數說《周易》經傳，好言陰陽災變，強調以六十四卦配四時、十二月、二十四節氣、七十二候的「卦氣」說。⑵費直所代表的義理派。⑶結合黃老道家之陰陽變易以說易者。另外，西漢末年還有發展孟、京象數學，並將易理予以神秘化的《易緯》出現。東漢則馬融傳鄭玄，鄭玄作易注、荀爽作《易傳》，皆

費氏學。東漢末年又有魏伯陽著《周易參同契》，以《周易》原理及卦氣說結合煉丹術和理論方法，為道教易學之先驅。

　　晉唐易則呈現了結合老莊思想的玄學化特色，《周易》為「三玄」之一，主流的王弼、韓康伯易注重視發揚義理而排斥漢易的取象、互體、納甲、卦變等象數學，表現出「易、老同源」的老莊解易特色。孔穎達所奉敕纂輯的《周易正義》即採王、韓注，於是鄭玄注亡。不過於時另有李鼎祚之《周易集解》大量採錄漢儒如孟喜、焦贛、京房、馬融、鄭玄、荀爽、劉表、宋衷、虞翻、陸績、干寶等諸家易說，以糾正王注、孔疏之偏，也因其部分保存鄭注，而開啟了南宋王應麟及後來系列清儒之輯佚鄭注，如惠棟的《新本鄭氏周易》三卷等。

　　宋易主要表現出「因經以明道」之不務文字訓詁特色，故《周易》高度哲理化為宋易的重要特徵。北宋仍然存在劉牧、周敦頤、朱震代表的圖書象數派和程頤、張載代表的義理派殊別。象數派又有劉牧以各種圖式說易的「圖書」學和周敦頤重「象」、邵雍重「數」之殊別，而並皆突顯先天易；義理派則也有張載重氣之別出。後來南宋朱熹以《周易本義》、《易學啟蒙》對北宋以來的易學發展進行了一次總結，並成為科舉標準，影響後世甚鉅。此外還有李光、楊萬里之史事易學派、楊簡心學派易學、葉適功利派易學等。不過宋易形式的易學發展不限於兩宋，由於科舉建制緣故，元明兩代也都是宋易的發展期，此風並延續到清初——其間如明代《周易大全》之頒布，即清楚標誌了程朱易學、特別是朱熹易學之統治地位。後來王夫之亦自繼承宋明以來氣學與象學傳統的義理派角度，對宋明易學以及哲學思想又一次進行總結，既修正程朱派義理、也批判心學派，復致辯於漢代象數學，從而建立起一個博大精深的易學哲學系統。

　　後來清代「漢學」典範興起，於是清儒對《周易》的研究又重回到漢易傳統的路上。清代漢學家惠棟、張惠言、焦循等，都對於《周易》

經傳文字的訓詁考證有突出貢獻，梁啟超並認爲可以代表清儒易學成就者，惟此三家而已。不過說到清代易學，則首先必須溯源至清初以考據治易的顧炎武《易本音》，尤其是首開圖書辨僞風氣的黃宗羲《易學象數論》、黃宗炎《圖學辨惑》以及毛奇齡《河圖洛書原舛編》、《太極圖說遺議》等考據辨僞之作，他們都對周敦頤、邵雍等人的圖書象數學加以抨擊，後來胡渭並以《易圖明辨》施予宋明易學最後一擊，動搖了朱熹易學的權威地位。經過如此一番摧廓易之道家與道教色彩後，自後之言易者不僅不尊周、邵，即對王、韓、程、朱等也都深表不滿；同時也就給予力追兩漢經學、強調以考據治易的「清代漢易學」極有利之發展條件了。是故清代易學大致可分爲兩階段：一是由明至清初的宋易階段，如李光地《御纂周易折中》、張烈《讀易日鈔》等，由發揮朱熹《易本義》而來；另一則是從考據全盛期延續到清末，以漢儒經注作爲詮釋經典基礎的漢易階段，如惠棟《易漢學》、《周易述》以及焦循《易學三書》等。不過清代漢易學並不同於歷史上的漢代易學，因爲歷史上的漢代易學充斥著陰陽災異、天人相應等說法；但是清儒強調經驗實證精神，他們在「漢學」典範下對於漢儒經說的採摭，主要是被導向「實證」方法論的言言有據、字字可考，也即引經據典、學有所本上，而不是對於陰陽象數說之發揚。也因此清代易學雖然以漢易作爲研治對象，在輯存漢儒經說時也不免會涉及爻辰、卦變、讖緯等；但實際上他們意不在象數學，他們只是在實踐考據學的特色以及經義裁斷。是故學術史上清代易學所標誌的特長，在於方法論之輯佚校勘舊注、以考據治易和判斷經義上，而不在突出原創性的內容見解。

　　因此回到惠棟的易學上──惠棟對《五經正義》之各經註疏儘管不滿，但是他所最深惡者還在於《周易正義》之王、韓注上，他嘗痛言：「惟《周易》一經，漢學全非。」（《松崖文鈔・上制軍尹元長先生書》）蓋自王弼注通行以後，漢儒易說幾皆散佚，因此在惠棟標舉「漢

學解經」之「漢學」典範下，他所用力最深、成就最爲突出者，也在於易學上；而其輯校整理漢易的《易漢學》、《易例》、《周易古義》、《新本鄭氏周易》以及闡發易理的《周易述》、《周易本義辨證》等，自然也都不脫考據治易之漢學矩範。略述如下：

　　自晉唐流行以老莊解易、孔穎達專用王弼注以後，鄭注遂亡；故惠棟先自李鼎祚《周易集解》中鉤稽出漢儒易學，掇拾孟喜、虞翻、京房、鄭玄、荀爽等易家遺注爲《易漢學》，使學者能夠略見漢儒門徑。其《易例》則係隨手題識之掇拾漢儒易說，采摭未完、門目亦尚未分，屬於草本性質，故《提要》曰：「由未及排貫，遂似散錢滿屋。」至於惠棟之輯存《周易古義》，是作爲《九經古義》的一部分，主要亦是輯存漢儒古訓以供治經之佐，而後之研易者亦多憑藉爲門徑。另外惠棟之輯佚《新本鄭氏周易》，更爲清代輯佚經文立下了典範，自後之輯佚鄭注者遂多了起來，如袁鈞《鄭氏周易注》、丁杰《周易鄭注》、孫堂《鄭康成周易注》、張惠言《周易鄭氏注》、黃奭《周易鄭注》……等皆是；而也有通過輯佚以疏釋易理者，譬如收在《皇清集解》中的張惠言《周易鄭氏義》以及今人胡自逢《周易鄭氏學》、徐芹庭《兩漢十六家易注闡微》的鄭玄部分等屬之。

　　再說到惠棟眾多研易之作中，最能夠標誌清儒立足在漢詁、而通過廣徵博引的考證法以疏釋經典之一代學風者，是惠棟訓釋經文的《周易述》。全書仍自漢儒舊注出發，但出之以申說辯證之清儒「新疏」樣貌，從而成爲自乾隆到嘉道間、甚至逮及清末猶餘波未息的一系列清儒新疏——「群經新注」之開山。梁啟超也說清學「其最有功於經學者，則諸經殆皆有新疏也。」凡如江聲《尚書集注音疏》、邵晉涵《爾雅正義》、孫星衍《尚書今古文註疏》、焦循《孟子正義》、郝懿行《爾雅義疏》、陳奐《詩毛氏傳疏》、胡培翬《儀禮正義》、劉文淇《春秋左氏傳舊註疏證》、劉寶楠《論語正義》、廖平《穀梁春秋經傳古義

疏》、孫詒讓《周禮正義》……等，皆可視爲踵繼惠棟之「新疏」遺風
者，故現代學者張素卿以「從『古義』到『新疏』的脈絡」名此發展線
索。全書惠棟在疏釋各卦時，例先在經下輯集虞翻、荀爽、鄭玄等各家
易說，這是「注」的部分；然後他會分就各家易注再作疏釋，此時他復
旁徵博引諸家之說以證成其所輯存舊注，這便是「疏」的部分，故《提
要》說惠棟「自爲注而自疏之。」所以惠棟是以條舉「古義」的方式闡
述己義，藉發揚漢儒經注以表述他個人立異於魏晉以降諸家易說之「新
疏」立場。而其先前自《周易集解》中輯佚而出《易漢學》，也即爲此
書預作準備工作。以下先說惠棟所持漢易立場與晉唐易之別；再說漢易
象數學與宋易圖書象數學之別。

關於漢易、晉唐易之精神及取向殊異，通過比較惠棟易學及所輯
存漢注和《五經正義》中《周易正義》之王弼注、孔穎達疏，可以窺見
一斑。故以下即取惠棟收錄在《皇清經解》之《周易述》和孔穎達《周
易正義》之乾坤二卦的卦、爻辭疏釋，加以比對，再參照王弼《周易略
例》所論，當可略見彼此殊異以及惠棟之著作體例。《周易述》對於乾
卦爻辭，惠棟釋以：

「初九，潛龍勿用。」【注】易，逆數也。氣從下生，以下
爻爲始。乾爲龍，陽藏在下，故曰潛龍。其初難知，故曰勿用。
大衍之數，虛一不用，謂此爻也。「九二，見龍在田，利見大
人。」【注】坤爲田，大人謂天子。二升坤五下體离，离爲見，
故曰見龍在田。群陰應之，故曰利見大人。……【疏】「易逆」
至「爻也」。〈說卦〉云：易，逆數也。注云：易，氣從下生，
故云逆數。〈繫〉上曰：錯綜其數。虞翻彼注云：逆上曰錯，卦
從下升，故曰錯綜其數。《乾鑿度》曰：易，氣從下生。鄭玄注

云：易本無形，自微及著，故氣從下生，以下爻爲始是也。……
「坤爲」至「大人」。此荀爽義也。與坤旁通，坤土稱田。《釋
言》曰：土，田也。《太玄》曰：觸地而田之。故曰坤爲田
也。……九二陽不正，故當升坤五，五降二體离，〈說卦〉曰：
相見乎离。故离爲見，二升坤田，故見龍在田。坤群陰應之，故
利見大人也。

《周易正義》則孔穎達疏曰：

　　【疏】……聖人雖有龍德，於此時惟宜潛藏，勿可施用，故
言勿用。……若漢高祖生於暴秦之世，惟隱居爲泗水廷長，是勿
用也。……陽在下也，則是初有下義，互文相通義或然也。且第
一言初者，欲明萬物積漸，從無入有，所以言初不言一與下也；
六言上者，欲見位居卦上，故不言六與末也。

從上例中可見惠棟《周易述》乃以條列漢注之發揚「古義」方式來疏釋
易理；他在「述」古義的過程中，以「述古」兼亦「述己」的「述而不
作」方式呈現己見，也即是所謂「疏」了，此亦其所以名所著爲「述」
的原因。文中並可見其所引述還旁及《易緯》，如唐以前說經諸家恆引
用、舊本由鄭玄作注的《乾鑿度》也涵蓋在內，蓋以「卦氣之學傳自孟
喜，蓋周秦以來遺法。……易《乾鑿度》亦用卦氣。」至於孔疏則明顯
擺落象數之說，他強調對爻辭的義理疏釋，甚至引申到具體事件以作爲
印證義理的延申運用，並且還發揮王弼「有生於無」之說，申明「初
九」之所以不稱「一」或「下」、而稱以「初」者，就在於爲要闡明萬
物化生，其積漸都是「從無入有」之義，於此顯然呈現了道家宇宙論的
義理色彩；也可見其焦點頗異於漢注對於「易，逆數也」、「錯綜其

數」以及「氣從下生」等象數觀念之強調。

　　再如坤卦卦辭：「元亨，利牝馬之貞。君子有攸往。先迷後得主，利。西南得朋，東北喪朋，安貞吉。」惠棟《周易述》輯存漢注並疏曰：

　　【注】坤爲牝，乾爲馬，陰順於陽，故利牝馬之貞。乾來據坤，故君子有攸往。……爻辰：初在未。未，西南陰位，故得朋；四在丑。丑，東北陽位，故喪朋。……【疏】「坤爲牝」，九家説卦文。「乾爲馬」，〈説卦〉文。坤順也，故爲牝；乾健也，故爲馬。以陰順陽，〈傳〉曰：柔順利貞，故利牝馬之貞也。凡卦辭、爻辭言利者，〈繫〉下云：變動以利言。故乾坤變動皆言利也。君子謂陽，陰順於陽，陽來據坤初、三、五之位，故君子有攸往也。……「爻辰」至「故也」。此劉歆義。歆説詳三統厤也。爻辰者，謂乾坤十二爻所值之辰。乾貞於十一月……坤貞於六月……鄭氏説易專用爻辰，十二律取法於此焉。坤初六在未，未值西南又坤之位，故得朋；六四在丑，丑值東北陽位，故喪朋。……後世王弼、崔憬之徒，舍坤象之卦爻，廣求之於方位，尋其歸趣，雖強附於得喪，未見承天之象。今既刊落俗説，惟是易含萬象、所託多塗，虞氏説經獨見其大，故兼采之以廣其義。虞以易道在天，八卦三爻已括大要，故以得朋、喪朋爲陰陽消息之義。

《周易正義》之於坤卦卦辭，則王注、孔疏曰：

　　【注】坤，貞之所利，利於牝馬也。馬在下而行者也，

而及牝焉，順之至也，至順而後乃亨。故惟利於牝馬之貞。
【疏】……蓋乾坤合體之物，故乾後次坤，言地之爲體，亦能
始生萬物，各得亨通，故云「元亨」，與乾同也；「利牝馬之
貞」者，此與乾異。乾之所貞，利於萬事爲貞；此惟云利牝馬之
貞，坤是陰道，當以柔順爲貞正，借柔順之象，以明柔順之德
也。……不云牛而云言馬者，牛雖柔順，不能行地無疆，無以見
坤廣生之德；馬雖比龍爲劣，所而亦能廣遠，象地之廣育。……
【注】西南，致養之地，與坤同道者也，故曰得朋；東北，反西
南者也，故曰喪朋。陰之爲物，必離其黨，之於反類，而後獲安
貞吉。【疏】正義曰「君子有攸往」者，以其柔順利貞，故君
子利有所往。「先迷而後得主，利」者，以其至柔，當待唱而
後和。凡有所爲，若在物之先即迷惑，若在物之後即得主。利以
陰，不可先唱，猶臣不可先君，卑不可先尊故也。

例中清楚可見漢儒強調爻辰、方位、納甲、陰陽消息等象數之學。惠棟
並明言他之取義於虞翻，即以「虞氏說經獨見其大。」──惠棟嘗在被
收錄於《皇清經解續編》之《易漢學》中輯有〈虞仲翔易〉，虞注曰：
「坤象曰『西南得朋』，乃與類行。『東北喪朋』，乃終有慶。仲翔
曰：此指說易道陰陽消息之大要也。謂陽月三日變而成震出庚，至月八
日……故西南得朋，謂二陽爲朋。……東北喪朋，謂之以坤滅乾，坤爲
喪也。」顯見虞翻強調月相盈虧、以朔望說易，故惠棟據以批判王弼之
義理說易，「未見承天之象。」他並曾言：「王輔嗣以假象說易，根本
黃、老。」是以惠棟自言其撰《周易述》，即在於「刊落俗說」。不過
王弼之不信象數，他在《周易略例》中也曾明白表達他對於象數學的批
判，並且提出中國詮釋學上極富盛名的「得意忘言」方法論。其論曰：

　　夫爻者何也？言乎變者也。變者何也？情偽之所爲也。夫情偽之動，非數之所求也。故合散屈伸，與體相乖。形躁好靜，質柔愛剛，體與情反，質與願違，巧歷不能定其算數，聖明不能爲之典要，法制所不能齊，度量所不能均也。……故立象以盡意，而象可忘也；重畫以盡情，而畫可忘也。……義苟在健，何必馬乎？類苟在順，何必牛乎？……忘象以求其意，義斯見矣。

　　蓋王弼認爲情偽之變，動而不已，象數不能定言之，是以爻之言「變」，「觸類可爲其象，合義可爲其徵」，絕非任何巧歷、聖明、法制、度量所能夠均一的，則象數之說焉能據信之？故其謂：「言者，象之蹄也；象者，意之筌也」，言與象，皆只是作爲一種暫假的符號罷了，只是傳達一時之意而已，因此「存言者，非得象者也；存象者，非得意者也」，反倒是「存象忘意」之捨本逐末了。所以他批評泥於互體、卦變、五行說之象數論者，縱使其說偶有當值，亦義無可取也，曰：「案文責卦，有馬無乾，則偽說滋漫，難可紀矣。互體不足，遂及卦變，變又不足，推致五行，一失其原，巧愈彌甚。縱復或值，而義無所取，蓋存象忘意之由也。」由此王弼強調「忘象者乃得意者也，忘言者乃得象者也」，惟忘象忘言才能知易，故曰：「忘象以求其意，義斯見矣。」此即王弼不信、亦不重「取象」和「取數」說之理論基礎。是以《周易正義》王注、孔疏之所側重者，自上例坤卦卦辭的說解，可以顯然見出他們把更多的關懷重點放在疏釋義理及義理之引申推擴上；而此也即惠棟之不滿於王弼自出己意、未得天道「陰陽消息之義」。不過於此亦正可以見「易含萬象，所託多塗」，各家說解儘管不同而各有擅場。

　　以下論漢易象數學和宋易圖書、象數學之別：

　　惠棟既然認同虞翻「取象說」之強調八卦三爻爲能得「易道在天」

者也，認同漢易所強調的象數之學，反對漢、魏以降《周易正義》的晉唐易諸家之說；那麼為什麼清代易學、包括惠棟在內的乾嘉諸儒卻普遍持反對宋易圖書、象數說之立場呢？此蓋由於宋儒係以儒家思想結合漢末道士魏伯陽《周易參同契》和陳摶的《先天圖》等，是在三教融合之基礎上發展宋易強調先天太極說之圖書象數學的；所以宋易象數學是以儒家道德心性論為主軸，並融合道家強調萬有化生的宇宙論和形上學，復繼承道教之以各種圖式解說易學原理，因此宋易就是以心性主體、超越性理之追求，而擺脫漢儒強調「人副天數」之「天人感應」說及其結合了天文、曆算、數學，甚至災異符命、讖緯等具有神學迷信色彩之象數學的。

　　宋儒以心性論中心哲學取代了漢儒天人感應的宇宙論中心哲學，宋易象數學亦被進一步地哲理化了。是故宋儒從周敦頤、邵雍到朱熹等，都極強調先天太極說——周敦頤《太極圖說》展示了宇宙生成圖式和萬物化生過程；邵雍將宇宙生成過程歸結為「象」與「數」的演化過程，他在《皇極經世書》中以天時、人事互驗，並用數理推論一切現象變化，以「陰陽之消長」說明「古今之治亂」；朱熹則雅愛此說，以為可以上推遠古、先天地而生，又可以象萬物之理，更可以作為從形上學角度說「理／氣」、「性／情」二分以及「形上／形下」具不同價值位階的義理模式之形上依據。因此朱熹廢王弼以來引申之理、好象數，並揉合周敦頤《太極圖說》和邵雍根據《周易》、《尚書・洪範》一些數字制定的先天八卦圖，而在《周易本義》中首列象數九圖，於是圖書象數說在朱熹與科舉的推波助瀾下，歷宋元明皆深植人心。然而漢易象數學側重的是，從「天人同構」的天人宇宙論圖式談天道觀，表現漢人所認識的氣化論及天道思想；宋易象數學則以道德本體結合自然本體，吸收道家宇宙生成論、並結合儒家以道德為萬有存在根本之本體思想，突顯「理本體」之形上學範疇，故自宋人言之，氣與理顯然存在形下、形上

之價值位階不同，是以宋人蔑視文字糟粕的傳注傳統。不過由於周敦頤的《太極圖》和邵雍《先天圖》都源自道教陳摶、穆修等人，且夫道家思想更多談論宇宙生成論，因此一方面「援道入儒」成爲清儒指責宋易圖書說的最大突破口；另方面亦給予清儒譏斥理學「束書不觀，游談無根」、末流狂禪之口實。也因此清初黃宗羲、黃宗炎、毛奇齡、胡渭等人對易圖之辨僞，多集中在宋易先天太極說之道家、道教色彩上；乾嘉諸儒則多致力於輯存漢儒之經說舊注，突顯古學之重要性。

接著，再說到乾嘉儒者其實並未強調今、古文門戶區別；所謂漢儒「古義」、「漢學解經」，皆涵蓋兩漢經師經說而言，並非後人予以狹隘化的東漢古文學。是以縱觀惠棟《周易述》，其全書內容主要徵引在漢世五代傳孟氏易並獲立學官的虞翻今文學；但同時亦輔以荀爽、鄭玄等人之易注，他們則是傳費氏易的古文學家，因此惠棟研易兼採眾說而未區別今、古文。江藩《國朝漢學師承記》中曾對《周易述》加以述評道：

> （惠棟）謂宣尼作〈十翼〉，其微言大義，七十子之徒相傳，至漢猶有存者；自王弼興而漢學亡，幸傳其略於李鼎祚《集解》中。精研三十年，引伸觸類，始得貫通其旨，乃撰《周易述》一編。專宗虞仲翔、參以荀、鄭諸家之義，約其旨爲注，演其說爲疏。漢學之絕者千有五百餘年，至是而粲然復章矣！書垂成而疾革，遂闕〈鼎〉至〈未濟〉十五卦及〈序卦〉、〈雜卦傳〉二篇。

故惠棟《周易述》使得漢學粲然復彰於一千五百年後，居功可謂厥偉；惜乎該書未成而惠棟先卒，是以弟子江藩復撰作《周易述補》以補其闕。凌廷堪爲〈《周易述補》敘〉亦稱：「漢易最深者，無過荀氏、虞

氏」，且嘆其散逸，致「易終為幽渺不可知之書。」蓋漢易象數學結合了天文、曆算、數學、人體生理結構等，後來甚至還發展出結合醫理而為中醫理論基礎的《黃帝內經》以及《周髀算經》、《九章算數》等數學名著，堪稱在時代高度限制下的自然科學一脈發展，其價值不容抹殺；故淩廷堪亦歎服惠棟《周易述》之輯存古義，「疏其源而導其流，不可謂非一代之儒者宗也。」此外，《周易述》書中還附有兩卷雜錄舊說、雜抄經典論易之語的《易微言》，據《四庫提要》云，「此為當棄之糟粕，非欲別勒一編」，其文也未加詮次，但在惠棟歿後，弟子過尊師說而一併刻入，「實非棟本意也。」另外，比較特別的是惠棟還著有《周易本義辨證》，此在惠棟眾多易學著作中最不受重視，或因《易本義》係朱熹所撰，因此在「尊漢」的乾嘉時風中不僅《四庫全書》未收、江藩《國朝漢學師承記》也未提及。惟於此亦可見惠棟並未盡斥宋學，他甚至還想為士子勘定一本完善的《易本義》，以便於科第仕進。

惠棟開清儒「漢學」解經風氣之先，並以豐富的考據成果具體實踐之，雖然他也因雜用今、古及或有改易經文而遭到批評，譬如他根據漢儒說解而改動王弼本，故阮元〈十三經註疏校勘記序〉在肯定「國朝之治《周易》者，未有過於徵士惠棟者也」之餘，也不免說：「而其校勘雅雨堂李鼎祚《周易集解》與自著《周易述》，其改字多有似是而非者。」至於並用今、古問題，如前所述，惠棟之標舉「漢學」古義，本未侷限在東漢古文學，乾嘉儒者也未特意區分今、古文壁壘；清學之區別今、古，是在常州公羊學興盛以後才被強化的。是故惠棟治易之目的本來即在於發揚漢易，而其所推崇的漢易是孟、京以來的象數學與卦氣說，是以惠棟言易亦主「取象」與「卦氣」說，他在《周易述》中不但將六十四卦和十二月的陰陽消息變化過程相配合；即在經傳註疏的取擇上，他也多採京房的納甲及五行說、《易緯》的九宮及八卦方位說、鄭玄的爻辰及五行生成說、荀爽的乾生坤降及互體說、虞翻的卦變說等，

凡此皆是屬於「取象」說系統，故惠棟撰成《易漢學》後曾自言：「自
孟長卿以下，五家之易，異流同源，其說略備。」（〈易漢學自序〉）
此或亦可以作為他治易兼取虞翻和鄭玄、荀爽等諸家易說之不別今、古
註腳。

三、惠棟在「漢學」典範下之以考據治《春秋》[1]

　　惠棟在「漢學」典範下，除了「尤邃於易」之考據治易以外；在
《春秋》學上，他也採取以「古義」治《三傳》——輯佚存古、據舊注
以求新解之治經門徑。代表著作是《春秋左傳補注》；另外《九經古
義》中有〈公羊古義〉二卷、〈穀梁古義〉一卷，為清代復興公羊學與
穀梁學之先驅。故清代今文學並非晚至中葉為拯時救弊而始興，實則在
劉逢祿、龔自珍、魏源之前已有儒者絡繹於途了。於此並可以見惠棟治
經不別今古之不拘門戶、不墨守一家特色；尤其特別的，是他以「古
義」治今文經的經學模式——惠棟在以《左傳補注》針砭杜預《春秋經
傳集解》缺失之外，更擺脫了歷來治《公》、《穀》之書法義例解經門
徑，他一逕依「漢學解經」之經學宗旨，據漢儒舊注以及「識字審音」
的訓詁原則校釋典章制度，故其〈公羊古義〉、〈穀梁古義〉，皆未謹
遵何休、范甯，率皆補苴以古義。是故惠棟用「古義」疏釋經典之解經
類型及治經方式，實為《公》、《穀》學在後來常州學派以微言大義解
經方式之外的另一治今文經模式，所以惠棟亦是開闢清儒以輯述漢儒古
訓和考釋禮制治《公羊傳》、《穀梁傳》之先驅。

　　故後之儒者如孔廣森以近乎「漢學」的路數治《公羊通義》，書
多會通禮制，並強調音韻訓詁，亦不墨守何休；凌曙之《公羊禮說》、

1　本節部分內容參考張素卿：〈惠棟「漢學」及其《左傳補註》〉，收在《清代「漢學」與《左
　傳》學——從「古義」到「新疏」的脈絡》（臺北：里仁書局，2007），頁33-77；〈清代「漢
　學」與《春秋》學——從古義到新註疏（II）〉，國科會計畫：NSC93-2411-002-050。

《公羊禮疏》、《公羊答問》、《禮論》等，並皆以禮爲綱；陳立《公羊義疏》亦頗采惠棟〈公羊古義〉之說，其關注焦點也在於禮制；此外邵晉涵曾撰《穀梁古注》（或《穀梁正義》）、洪亮吉於《春秋左傳詁》以外亦曾輯《穀梁古義》，惟未成書；馬宗璉則在《春秋左傳補注》外又撰《公羊補注》、《穀梁傳疏證》；胡承珙有《穀梁古義》，陳奐亦有《公羊逸禮考徵》、《穀梁逸禮》，侯康有《穀梁禮證》，鍾文烝有《春秋穀梁經傳補注》……等，概皆循古義治經之「漢學」門徑以治經者；至於以義疏方式而撰爲新疏者，亦有廖平之《穀梁春秋經傳古義疏》。只不過因穀梁學專書頗多未成或不傳，致其在三傳之中顯得最幽微不彰。

　　再說到《春秋》學自從元延祐中胡安國之《春秋傳》被定制爲科舉功令以來，從明到清初都加以因襲；不過對於胡《傳》之主華夷之辨、申攘夷之義，清主深感惴惴不安、不愜於心，從康熙到乾隆皆曾明言不滿，是以後來的《春秋》試士遂不再專用胡氏而兼取《三傳》，惟仍綴胡《傳》於《三傳》之末。是故此際一方面由於胡《傳》已漸失官學權威；另方面則以敘事見長而尤受清儒推重的《左傳》，遂在此漸重《三傳》的學術氛圍中被突出重視。不過須留意的是，清儒之治《左傳》並不是以宋儒傳注作爲首要針砭對象，而是針對過去長時期在《左傳》學居獨尊地位、孔穎達《五經正義》專用其注的杜預《春秋經傳集解》。此風亦是延續長期來學者不滿杜注而屢有規杜、補杜之指瑕辨誤。蓋自南北朝起，申漢儒而難杜者已不乏其人，例如北周樂遜、隋劉炫、元趙汸及明邵寶、陸粲、傅遜等；清儒則自惠棟以賈、服等漢注匡杜之後，繼起者亦眾，系列之作如馬宗璉《春秋左傳補注》、洪亮吉《春秋左傳詁》、張聰咸《左傳杜注辨證》、沈欽韓《春秋左氏傳補注》、劉文淇《春秋左氏傳舊註疏證》……等，且諸家講尚「古義」多明言即上承惠棟《左傳補注》而來，譬如馬宗璉曰：「東吳惠先生棟，遵四代之家

學，廣蒐賈、服、京君之注，援引秦、漢子書爲證，繼先儒之絕學，爲左氏之功臣，余服膺廿載，於惠君《補注》間有遺漏，復妄參末議焉。」（氏著《春秋左傳補注》）並皆可視爲惠棟高張漢幟以導正學風之後續發展。

　　回到惠棟之《左傳補注》，惠棟首標漢幟並務力於蒐集古訓以說解經義，他素不滿於承魏、晉義疏之學而來的《五經正義》；他不僅在易學上以輯存漢注相分庭於《正義》之王、韓注；在《春秋》學上，他也力求恢復賈逵、服虔等漢代經師古訓，以相抗衡於杜預的《春秋經傳集解》。雖然清初顧炎武也曾經對杜注有所匡謬補闕，但他一如先前之規杜者多只是針對個別注釋，並未明確指引出後來躍爲清代《左傳》學主流的扶翼賈、服之解經風向，如段玉裁即言：「顧氏第尋繹經文，裁以己意；定宇則廣摭賈、服舊注。」（〈左傳杜注辨證序〉，張聰咸《左傳杜注辨證》書首）而且他雖然批評王學卻猶尊朱學、雖然信古卻未特尊漢儒，是以真正開清學「區分漢宋」與「尊漢抑宋」之風者是惠棟。在惠棟專標漢幟以後，學風乃爲之一變，而清儒之批判杜注層面亦遂廣及訓詁、地理、曆法、禮制等各方面。以下試比較惠棟《左傳補注》和杜注以明之。

　　由於杜預《春秋經傳集解》之獨尊與專行，導致漢、魏舊注大多散佚；因此惠棟在以「漢學」解經之一貫理念下，在《左傳》學上力持表彰漢儒賈逵、服虔之古訓立場。他曾在家藏《前漢書》之題記中書曰：「余家世通漢學，嘗謂亂《左傳》者杜預，亂《漢書》者顏籀（字師古）；故《左傳》扶賈、服，《漢書》用古注。」所論適與宋儒鄭樵《通志》之云：「杜預解《左氏》，顏師古解《漢書》，所以得忠臣之名者，以其盡之矣」（〈藝文略·春秋家〉），成爲針鋒相對，同時也闡明了他對於《左傳》學的看法。故惠棟《左傳補注》主要輯錄舊注而致力於匡正、糾謬、補闕杜預之說。譬如桓五年，《左傳》：「蔡衛不

枝，固將先奔。」杜注謂：「不能相枝持也。」惠棟以爲否，他另據《戰國策》「魏不能支」，而高誘注以「支猶拒也，支與枝同。」以及《史記・項羽本紀》「莫敢枝梧」，如淳集解亦云「梧音悟，猶枝扞也」，以證明杜注之誤。又如僖二十三年，《左傳》說「仕」，有曰：「策名、委質」，杜注「委質」爲「屈膝而君事之。」孔《疏》進釋以「質，形體也，……拜則屈膝而委身體於地，以明敬奉之也。」但惠棟依服虔舊注，訓「質」爲「贄」，是說獻給所臣事之君之物。惠棟注曰：

　　服虔曰：「古者始仕，必先書其名於策，委死之質於君，然後爲臣，示必死節也。」棟案：服讀「質」爲「贄」。〈晉語〉曰：「臣委質於翟之鼓」，韋昭曰：「質，贄也。士贄以雉，委贄而退。」《尚書》稱「二生、一死贄」，故云「委死之質」。服說頗勝於杜，當從之。（惠自註：既注此，而考顧氏《補正》，亦與余同，但不引服注，故仍存之。）

對於「委質」，惠棟採納服虔舊說且有詳盡辯證過程，他在徵引《國語・晉語》之韋昭注以及《尚書》等古籍相關佐證後，確信服虔「以質爲贄」遠勝杜注。蓋《左傳》「委質」之說是指士之始仕，必須委一死贄（譬如死雉）於君，以示己身願意效死節而委命於君，一如所獻給君主之死贄般。而惠棟該補注的結尾註語，亦正可以看出顧炎武《左傳杜解補正》雖也認爲「質」訓「贄」，但是其所引據是韋昭注以及《孟子》、《管子》等，並非服虔古注等；是以惠棟說明保存該條補注的原因，就在於推尊服虔舊注之可貴。換言之，顧炎武並沒有特別推尊舊注，證之以段玉裁前述語及亭林說易而尊程朱，並謂：「荀爽、虞翻之徒，穿鑿附會，象外生象」，賴有王弼「一掃易學之榛蕪」，復自註：

「王輔嗣《略例》曰：互體不足，遂及卦變，變又不足，推致五行，一失其原，巧喻彌甚。」是故「不有程子，大易何由而明乎？」則他雖然反對圖書象數學，卻仍然推崇程朱之易理，是以他實際上還沒有產生如後來清儒推尊經說舊注之「尊漢」意識，甚至彼此是易轍殊途的。

再說到惠棟之「尊漢」及其「漢學」解經的經學主張，其並非表現爲直接對於漢代經說古訓之採摭及據以解經；他在繼承、彰顯漢儒的經學成果以外，還同時繼承了漢儒的經學方法論：詳審名物訓詁、典章制度之考據方法，是以惠棟所摭拾古訓，皆係通過「識字審音」之訓詁考據等檢驗後而爲之的抉擇裁斷。因此惠棟所補注者，有據古字、俗語以說其形音義者，也有博考群經以徵其信者。譬如宣二年，《左傳》載宋城謳曰「于思于思，棄甲復來」以刺敗將華元，杜注「于思，多鬚之貌。」然而惠棟博引諸家說、復證之以《後漢書》所載，遂得到不同說解。其辯證過程相當繁複，曰：

賈逵曰：「白頭貌。」案：《毛詩・瓠葉》云：「有兔斯首。」鄭箋云：「斯，白也，今俗語斯。白之字作『鮮』，齊魯之間聲近『斯』。」《正義》曰：「服虔（應作賈逵）以于思爲白頭貌。」字雖異，蓋亦以「思」聲近「鮮」，故爲白頭也。《後漢書・朱儁傳》「賊多髭者，號于氐根。」注引杜注爲證。案：此則「于」爲「鬚」，「思」爲「白」，「于思」爲「白鬚」也。

例中，惠棟據賈逵漢說以「于思」爲「白頭」，認爲「于思」當有「白」義；杜注、孔疏則雖也注意到該說，卻認爲若依年歲揣度，華元此時應尙未至白頭，故《正義》依杜注而說以「多鬚」；惠棟於此則另佐以《毛詩・小雅》鄭玄箋謂俗語稱「白」爲「鮮」，而齊魯之間

「鮮」音近於「斯」，故惠棟探認「思」爲「白」義。至於「于」，惠棟又另據《後漢書》記群賊並起山谷間，「其大聲者稱『雷公』，騎白馬者爲『張白騎』，輕便者言『飛燕』，多髭者號『于氏根』。」而李賢作注即引杜預該注「多鬚」爲說，故惠棟論以「于」爲「鬚」，「于思」爲「白鬚」。該例論證過程極其細密委曲，既未完全探信賈逵之說，也未全然排除杜注、孔疏，而是對於其說之可探者並皆探信之；至於有疑處，則另外根據群經與諸史，最後惠棟才推斷出「于思」即「白鬚」之結論。

再如襄十八年，《左傳》：「有班馬之聲，齊師其遁。」杜注：「夜遁，馬不相見，故鳴。班，別也。」對此，惠棟亦不以爲然地說道：

> 班，還也。郭璞引作「般」。齊師夜遁，馬鳴聲漸遠，故云「班馬之聲」。《尚書》：「班瑞於群后。」《史記》「班」作「還」，古字通。

惠棟根據郭璞注《爾雅》之「般，還也」，郭璞同引《左傳》而書爲「般馬之聲」，說以「般音班，還音旋。」是以惠棟亦據《爾雅》訓「般」爲「還」，而釋《左傳》之「班馬之聲」爲形容「還馬之聲」，其意是說齊師夜遁，其奔馬之聲漸遠而漸無聞。此外，他復旁證以《尚書》「班瑞於群后」，他徵引〈舜典〉記舜受堯讓後，望祭山川群神並擇吉日月見四岳群牧，親還以公、侯、伯、子、男五等諸侯所執信之瑞圭璧。所以他根據《尚書》「班瑞」之還瑞義，旁證《左傳》之「班」亦訓爲「還」。是故惠棟是在博證群籍之後，始證論「班」、「般」、「還」之古字皆相通的。

此外惠棟也重視從考察禮制層面來證成經義。桓十八年，桓公偕

文姜如齊，文姜與齊侯通、復譖桓公於齊侯，齊侯於是使公子彭生殺桓公，文姜歸後復於莊公即位以後奔齊，因此莊元年，《春秋》書曰：「三月夫人孫於齊。」——《春秋》皆稱「姜氏」，獨於此處稱「夫人」；《左傳》說以「不稱姜氏，絕不爲親，禮也。」對此則歷來頗有異解，究竟在齊彊魯弱的情勢下，《左傳》稱「禮也」，是善莊公與姜氏絕、不稱姜氏？還是刺莊公和文姜未能與齊絕，故以禮責之？杜注云：「姜氏，齊姓；於文姜之義，宜與齊絕。」孔穎達《正義》亦疏以「言於夫人之義宜與齊絕，不復爲親也。……應絕不絕，所以刺文姜也。」其說認爲《春秋》之書「夫人」者，是說莊公、文姜據禮應該絕齊，所以《傳》是「明絕之於齊也」之不與齊爲親，因此杜注、孔疏持論《左傳》乃以「禮」刺莊公、文姜；但是惠棟則另依服虔舊說，他認同先儒之謂《左傳》所稱「禮也」乃是善莊公絕母、不復以姜氏爲親，爲能得「禮」之「尊父之義」也，故謂《左傳》是善莊公之所爲。說頗與杜異。惠棟證論以：

　　服虔曰：夫人有與殺桓之罪，絕不爲親，得尊父之義，善莊公思大義，絕有罪，故曰：「禮也」。此說與杜異。案：莊廿二年，「肆大眚」，然後書：「葬我小君文姜。」則服氏之說爲有據矣。《說苑》曰：「絕文姜之屬，而不爲不愛其母。」正與此同。屬，謂不稱姜氏也。

惠棟除依服虔舊說以外，他並證以莊廿二年，《傳》書「肆大眚」之大赦有罪後，又書：「葬我小君文姜」，並皆可見莊公絕母、「不稱姜氏」，以示其「絕不爲親」之意；他並旁徵《說苑》亦謂莊公絕文姜之屬，非不愛其母也，蓋以大義之所在也，可見《說苑》也同主此義。所以他論以服虔之說爲是，認爲《左傳》所稱「禮也」，乃是善莊公、而

非刺之。

又如《春秋》桓二年，「宋督弒其君與夷、及其大夫孔父。」杜注依《春秋》之稱「名」皆寓貶責義，而說以「孔父稱名者，內不能治其閨門，外取怨於民，身死而禍及其君。」是杜預之誅不爲不重。然而何休《春秋公羊解詁》說與之異，其曰：「賢者不名，故孔父稱字。」《穀梁傳》亦曰：「孔，氏；父，字、謚也。」范甯《集解》釋以「孔父有死難之勳，故其君以字爲謚。」楊世勛《疏》亦曰：「孔父，以字爲謚。」對此，惠棟則通過考證古制之名、字稱謂書法，以證明「孔父」並非稱名、而是稱字，是美賢之意。惠棟此例不但據「先儒皆謂善孔父而書字」以糾正杜預之說，並且還涉及《春秋》義例凡弒君而書以「及其大夫某」者，所有杜預之說解都可能被推翻的廣大層面。惠棟之考察與辯證過程如下：

孔父，孔子之先也，《傳》云：「孔父嘉爲司馬。」是「嘉」名、「孔父」字，古人稱名、字，皆先字而後名，「祭仲足」是也。鄭有子孔，名嘉，《說文》曰：「孔，從乙從子。乙，請子之鳥也，乙至而得子；嘉，美之也。古人名嘉字子孔。」《說文》此訓，蓋指鄭、宋兩大夫。故先儒皆謂善孔父而書字。杜輒爲異說，不可從也。

此例惠棟先以《說文》爲據，他在具述古人名、字之關係及其書法，以糾謬杜預錯說《春秋》書「孔父」之「名」是貶稱以後；復旁徵桓十一年，《春秋》書「宋人執鄭祭仲」以佐之，惠棟曰：「《世本》載姓氏皆先字後名，此與孔父嘉一例；則仲字、足名，確然無疑。」據此可證孔父、祭仲皆是書其字。而於此也呈現了清儒善考據並據考證成果以證成經義，確有發前人所未發者。且夫惠棟之《左傳補注》雖然推尊賈

達、服虔等舊注，卻也不是俯仰隨之、墨守其說。譬如昭三年，《左傳》曰：「三老凍餒」，惠棟即採取杜注之謂：「三老謂上壽、中壽、下壽，皆八十以上，不見養遇。」而反對服虔之釋爲「工老、商老、農老」，他並且還由此推及對於三代養老之法的探討，故其《明堂大道錄》有專論〈明堂養老〉之制度者，可見他也不是一概不取魏、晉以降之說的。是以惠棟雖推尊漢儒、守家法，但並非如漢儒般亦步亦趨。

不過依賴漢學畢竟也有其侷限性；清人病《十三經》舊疏，薄魏、晉說經不道，故其蔽亦在於忘魏、晉籀蟲之功。譬如朱一新即嘗論以「杜注訓詁之學雖疏，地理之學不疏，洪稚存必欲摭司馬彪、京相璠等之殘文墜簡以相詰難，故用力多而成功少也。」（《無邪堂答問》卷3）然對此也有學者指出杜注確有部分注解僅爲泛說或其說不確、甚至臆解，經惠棟後勁如馬宗璉、張聰咸廣引《郡國志》、《水經注》，依司馬彪、京相璠、酈道元之說，於詳細考辨地理後爲之補苴匡謬者（詳張素卿，前揭書）。另外《四庫提要》述評各家時，則雖然批評「杜注多強經以就傳，孔疏亦多左杜而右劉，是皆篤信專門之過」，但到底也還是認同杜注：「宏綱巨目，終越諸家。」對於惠棟，則說：「其長在博，其短亦在於嗜博；其長在古，其短亦在於泥古也。」梁啓超更在述評清學時，對惠棟下以「凡古必真，凡漢皆好」之結論，其語固然矯激，但也有若干程度之反映。

又附及之，惠棟之關懷與探討明堂禮制等問題，也是後來清儒所熱衷考證的焦點，乾嘉時期即曾出現顯然的復禮思潮；故惠棟之撰作《明堂大道錄》，爲歷來僅見的專書探討「始於神農」（——「伏羲作八卦，神農法之，立明堂，贊化育」）、「禮樂刑政皆行於明堂」之明堂禮制，詳考〈明堂四代之禮〉、〈明堂靈臺同處〉、〈廟學同處異處皆統於明堂〉、〈辯明堂即路寢不在郊〉、〈明堂制度〉、〈明堂行政〉、〈明堂清廟〉、〈明堂配天〉、〈明堂配食〉、〈明堂治曆〉、

〈明堂大學〉、〈明堂郊射〉、〈明堂尊師〉、〈明堂朝覲〉、〈明堂養老〉、〈明堂興替〉、〈諸儒論明堂〉……等議題，又實開清儒論明堂風氣之先。是以以師禮事惠棟的錢大昕嘗爲作傳而論以「擬諸漢儒，當在何邵公、服子慎之間；馬融、趙岐輩不能及也。」惠棟爲領袖乾嘉學風之大儒，確然無疑也；而清儒之皓首窮經，爬梳經典的考證工作實極其繁重委曲，殆如焦循所言：「譬如探星宿海河原，已走萬里，覺其不是，又回家；更走萬里，又不是，又回；又走。每次萬里，不憚往返。此非悉屏一切功名富貴以及慶弔酬應，不能耐心爲此。」（《易話·學易叢言》）故後人固不得以「繁瑣餖飣」來抹殺清儒梳理古籍之功。且夫高明、沉潛雖半由氣性所致，但清儒願意如此悉屏功名富貴、慶弔酬應而自任以耐心考證古籍之艱鉅工作，寸縷之功或即是攸關後人「未成一簣」、「而不及泉」之一間未達關鍵所在，誠然值得高度肯定。

四、結語

詮釋經典是倚重經典傳世的儒學所特有之現象，我國歷代儒者皆緣著「釋經學」之註疏傳統展開其思想建構；各代儒者皆藉由詮釋經典之「意義賦予」，以實現其淑世理想及傳承聖學。是故當各代儒者面對新學術課題時，皆各自提出「返本」於儒家經典的「開新」詮釋，由此實現了儒學之新舊典範不斷交替及革故鼎新、繼往開來的發展與傳承。因此我國之思想史發展往往與經學傳統密不可分，形成一種相互依附的極其密切關係。

縱觀我國兩千多年儒學發展及所尊奉經典的走向大勢，可以大分爲《四書》傳統和《五經》傳統——宋明理學以《四書》傳統取代了漢唐之《五經》傳統，其代表性經典是朱熹詮釋《論》、《孟》、《學》、《庸》之《四書集注》，宋儒並自詡這是「傳千四百年不傳之祕」的孔

孟本旨；《五經》傳統則其間歷經升降浮沉卻源遠流長地、漢唐與清代皆屬於發揚經學傳統的時期。其發展線索可以從《五經正義》到《十三經註疏》以及代表清代經學成果的《皇清經解》、《皇清經解續編》中一窺涯涘；不過就《五經》脈絡之經學傳統而言，清儒實際上也不滿意魏晉以及唐人經學——在孔穎達兼採漢儒經說和魏晉義疏的《五經正義》中，除了《毛詩正義》用毛傳鄭箋、《禮記正義》用鄭玄注以外，其《周易正義》用王韓注而斥棄漢易象數學、《尚書正義》用僞孔傳、《春秋左傳正義》用從南北朝起即已受到諸多指瑕辨誤的杜預《春秋經傳集解》，皆深受清儒訾議而以爲失其根本者，惠棟甚至責言：「《春秋》爲杜氏所亂，《尚書》爲僞孔氏所亂，《易經》爲王氏所亂。」（〈易漢學自序〉）故惠棟對此皆著有專書駁斥。因此清儒在宋明理學長期主導學界之後，乾嘉時期即由惠棟樹起「尊漢抑宋」旗幟，一方面重回到經學傳統之路上去，另方面則亦對於明代所彙刻的《十三經註疏》加以全面檢覈，乃有欲取代傳統之《十三經註疏》，而爲清儒所撰代表其思想和經學成果，或可稱爲「十三經新注」之群經新疏出現，蓋皆清儒不愜於舊疏而欲直祧兩漢經師之作。故江藩贊以「漢學之絕者千有五百餘年，至是而粲然復章矣。」清代學術亦成爲我國發揚「漢學」典範之經學復興時期。

在清儒復興經學的發展歷程中，惠棟不但是首先登高一呼提出「漢學解經」、成爲後來演爲經學主流的「漢學」典範開山，同時在他的學術隆譽下，他的周圍還聚集了一批當世著名學者，如沈彤、余蕭客、江聲、王鳴盛、錢大昕等，他們並皆恪遵「尊漢」、「以考據治經」之經學圭臬，並由此形成了一個主要流傳在民間的清代重要學術陣營；於是先以吳地爲中心，後來則逐漸向江南、再向大江南北傳布開來，流風所及甚至影響到清廷開四庫館而亦招募了部分「漢學」名家，如戴震、邵晉涵等，是其影響力由民間而延及官學，終至衍爲一代思潮。又因爲惠

棟是江蘇吳縣人，所以章太炎在《訄書・清儒》中遂稱之以「吳派」，並與由戴震領軍的「皖派」共同被視爲清學典範代表的「乾嘉考據學」之發展高峰，後世亦多沿用之。

拾
戴震結合經典與經世的學術思想體系（上）：
「由詞通道」的訓詁學方法論建立

　　述戴學必須結合兩端：一是戴震堪稱爲清學「典範中之典範」的經學研究和考據成果；另一則是戴震彰顯社會思想新動向，其學術終極目標的新義理學建構，即其謂：「予生平著述之大，以《孟子字義疏證》爲第一，所以正人心」者。此二者實爲一體兩面。蓋戴震曾言：「余以訓詁、聲韻、天象、地理四者，如肩輿之隸也；余所明道，則乘輿之大人也。」明說他雖然重視文字、音韻、訓詁等考據法，卻只是作爲學術方法論，即其「由詞通道」之整體學術門徑；至於「故訓非以明理義，而故訓胡爲？」則說明了「明道」之義理目的才是學術旨歸。

　　不過在清廷力尊程朱，乾嘉儒者也普遍抱持「經學、理學分趨」的觀念下，時儒往往不解其所建構的新義理旨要，而偏言其考據成就，其繼承者也主要從事於語言和文獻學研究，故梁啓超謂之「未可云能傳東原學也。」戴震的新義理學被時儒譏爲「可以無作」，甚至「群惜其有用精神耗於無用之地。」即當時與戴震同爲漢學陣營且領袖學界的朱筠，也說：「程朱大賢，立身制行卓絕，其所立說，不得復有異同。」而在經學上高張漢幟的惠棟，他也認爲「宋儒談心性，直接孔孟，漢以後皆不能及。」「漢人經術、宋人理學，兼之者乃爲大儒。」則宋學陣營壁壘對立的方東樹曰：「夫古今天下，義理一而已矣！何得戴氏別有一種義理乎？」不難理解。無怪乎章學誠《文史通義》指出「誦戴遺書而得其解者，尚未有人。」且謂：「乾隆年間未嘗有其學識，是以三、

四十年中人，皆視以爲光怪陸離，而莫能名其爲何等學？譽者既非其真，毀者亦失其實。」梁啟超亦言：「當時學者雖萬口翕然誦東原，顧能知其學者實鮮。」因此戴震反映清代社會價值的新義理學，爲今日重新認識清學所應予以闡明者。以下先論戴震憑藉作爲方法論的考據成果及理論建樹，另講再述其新義理觀。

　　過去學界在說明清代考據學興盛的原因上，往往歸因於清廷專制統治禁錮思想所致；實則從這樣的角度出發談論考據學，是一種對於清學帶有負面預設之立場，難以抉發出學術史上清學的真正意義與價值——十步之內必有芳草；堅信一個時代的人不會都沒有理想性，是對於人類的善意信念。以清代初期之盛世而投入如此大量人力、物力來對學術進行龐大規模的考證整理，其於中國古籍整理和發揚之功自是不容抹殺；況且學界長期所採取的負面進路，刻意強調清廷壓制反清思想，卻避談其「崇儒重道」之基本國策及其提倡程朱理學之以繼承「道統」作爲「治統」後盾的用心，既扭曲了清廷尊崇理學的事實、忽視了清學的思想性，更是刻意貶低考據學價值、否定學術自主性之偏頗評價。清代從康熙起就以儒臣日講《四書》、恢復春秋經筵大典，而藉理學開科取士的作法也終有清一代皆未變；其時並有許多理學家如北學孫奇逢、關學李顒、南學黃宗羲等；更不乏位居顯宦的理學名臣，如編纂《朱子全書》和《性理精義》而仕至宰相的李光地、任皇帝日講官的熊賜履、以「程朱嫡派」爲程朱護教而獲得從祀孔廟的陸隴其等，都足證理學在清初猶未衰歇、清廷並未禁絕士人從事義理思想的學術態勢；更何況在清廷極力尊朱並以《四書》、《五經》作爲經筵講學的學術氛圍中，卻有閻若璩《尚書古文疏證》之斷定《古文尚書》僞作，而領銜編纂《四庫全書》的紀昀也帶頭反宋學、擔任四庫館編修的戴震亦「發狂打破宋儒家中〈太極圖〉」且另建推倒程朱理學之新義理學，這些學術活動都沒有受到清廷的責難或壓制，也在在說明了純粹學術活動在當時之自由發

展空間。

　　因此清廷雖然確曾密佈文網，阻止士人非議朝政，並耗費巨大財力，透過大規模修書和纂輯叢書、類書，以清除反滿思想、進行學術干預；但是必須指出的是，清廷的文字獄主要以政治性目的，如干預南明書寫和消滅反清思想為主，很少涉及學術發展型態——清廷之塑造朱學權威，除了康熙本身的愛好以外，此中所寄寓的，批判明人中斷道統、宣示清人繼承道統，仍不脫政治目的；故有關經學考據之復盛，並不能用清廷引誘文士鑽入「故紙叢碎中」以使避談思想來解釋，更絕非「儒學的墮落」。反之，清廷之以政治結合學術，領導以謹嚴考證為基礎的大規模修書活動，雖然在相當程度上扮演了支持並推進考據學的角色，但此一角色實是清廷在修書過程中所意外促成，因為大規模的編修纂輯，需要堅實的經典考證作為基礎，必須甄別文獻、校勘版本、糾正誤謬，是故清廷的文化政策對考據學具有推波助瀾作用；但我們並不能因此就說考據學之興盛，是清廷為了禁錮思想、「絕其恢譎異謀」之有意作為。那樣不但無視於清廷極力提倡理學並藉理學維持功令的事實，也過度誇大了政治對於學術的主導力量——以清廷之極力尊朱，理學卻仍然走向衰微可證。是故學術演進自有其內在理路，任何政治外力的干預都不能完全主導學術之型態發展以及運會之趨；是在考據學已經於明清之際先受到了重視之後，清廷的文化政策才產生助緣力量的。至於促成清代考據學興盛的原因，則另有複雜的學術內部因素。

　　從思想演進的大端而言，當宏觀兩千多年的儒學發展時，我們發現清人所特別強調的是「經驗面」的價值——無論是思想上與兩千年所強調的「形上面」價值、「諱言利」意識型態迥異；抑或清人在學術方法上強調經典檢證、要求「言言有據，字字可考」的方法論革命，要之，都以殊異於理學形上思辨型態的「崇實黜虛」為清人之核心價值。是以清學正是由思想價值轉型而進至方法論轉型的；突顯「經驗」之重要與

必要性，才是占據清代思想史中心位置的時代價值觀，然後由此一核心價值觀又拓及方法論之實證強調，於是根基於辨、正、校、補之經史考據學遂浮上檯面成爲一代學術典範，並發展出群經新疏、訓詁學方法論等考據成果。因此由「核心價值→方法論→學術成果」之循序漸進，才是學術更迭、新舊典範嬗遞之內在軌跡；至於外緣政治因素等，就只是占據影響力的一部分而已。

再者，我們也不能過責考據學之脫離現實，因爲儒學固然強調經世致用不錯，但是在學術不斷向前演進的歷程中，學趨多門、分工精細，本是學術必然的深化與前進。因此包括道德學、經學、史學、文學等在內的所有「學」門，都有其獨立的價值與地位；實用價值並非惟一訴求、治術也非絕對的檢驗標準；考據學雖爲清代學術主流，但是清代也並不乏洋洋鉅製之《皇朝經世文編》。是故倘以理學之挺立道德主體性，或以民生實用價值之譬如水利、邊防、財賦等作爲學術的必要質素，則是混淆學門界限、甚至抹殺學術獨立價值及地位的作法。明乎此始可與論儒學史上各個不同階段之學術獨立發展及其意義。

一代考據名家戴震，他代表了乾嘉考據學之高峰發展，也是清儒中著意建立我國訓詁學理論體系者。其所成就，述略如下。

一、傳信闕疑的徵實態度及學風

戴震十歲從學時，即對於塾師講授的朱子《大學章句》「右經一章」致疑道：「此何以知爲孔子之言，而曾子述之？又何以知爲曾子之意，而門人記之？」師應以朱子注之。又追問：「相去幾何時矣？」師曰：「幾二千年。」又問：「然則朱文公何以知其然？」師無以應，曰：「此非常兒也。」（段玉裁《戴東原先生年譜》）於此可見戴震的徵實學風及其謹嚴的爲學態度根乎氣性，自幼即已露出端倪。

戴震徵實的謹嚴態度表現在經學範疇，便是對於凡與治經相關涉

者，無論鉅細本末皆躬親涉獵，凡天象、地理、古今地名沿革、宮室服裝、工藝制器、鳥獸蟲魚草木等，即一器物之微他也都翔實審知之，嘗著有《考工記圖》、《續天文略》、《曆問》、《古曆考》、《策算》、《句股割圜記》、《水地記》、《原象》、校《水經注》等，並撰〈明堂考〉、〈三朝三門考〉、〈匠人溝洫之法考〉、〈記夏小正星象〉、〈釋車〉、〈樂器考〉、〈記冕服〉、〈記皮弁服〉、〈記爵弁服〉、〈記朝服〉、〈記深衣〉……等，至於訓詁字義所必須的字學、音韻、古音學、故訓等，那就更不在話下了，所著如《爾雅文字考》、《爾雅註疏箋補》、《屈原賦注》、《聲韻考》、《聲類表》、《方言疏證》、《尚書義考》、《毛詩補傳》、《毛鄭詩考正》、《大學補注》、《中庸補注》、《經考》……等。其言曰：

> 至若經之難明，尚有若干事：誦〈堯典〉數行，至「乃命羲和」，不知恆星七政所以運行，則掩卷不能卒業；誦〈周南〉、〈召南〉，自「關雎」而往，不知古音，徒強以協韻，則齟齬失讀；誦古《禮經》先〈士冠禮〉，不知古者宮室衣服等制，則迷於其方、莫辨其用；不知古今地名沿革，則〈禹貢〉職方失其處所；……不知鳥獸蟲魚草木之狀類名號，則比興之意乖；而字學、音聲、故訓未始相離。　　——《東原集·與是仲明論學書》

故戴震亦嘗言治經的第一個難處就是「淹博難」，因此他強調「士貴學」的勤學態度（〈古經解鈎沉序〉），此亦與其義理主張強調「重問學，貴擴充」的態度，曰：「惟學可以增益其不足，而進於智」互相呼應（《孟子字義疏證·理十四·理六》）。所以他批判學者之鑿空，曰：「古六書、九數等，儒者結髮從事；今或皓首未之聞，何也？」他並指出鑿空之蔽，在於「緣詞生訓」和「守譌傳謬」（《東原集·考工

記圖序》），猶乎今日「望文生義」、「以訛傳訛」是也。是故戴震的徵實要求落在考證方法論之建構時，他首先要求的是學者的學術態度，他要求凡提出觀點，必須是出自「十分之見」之不輕易爲之。其論曰：

> 所謂「十分之見」，必徵之古而靡不條貫，合諸道而不留餘議，鉅細畢究，本末兼察。若夫依於傳聞以擬其是、擇於眾說以裁其優、出於空言以定其論、據於孤證以信其通，雖溯流可以知源，不目睹淵泉所導；循根可以達杪，不手披枝肆所歧，皆未至「十分之見」也。以此治經，失「不知爲不知」之意，而徒增一惑，以滋識者之辨之也。　　　——〈與姚孝廉姬傳書〉

戴震要求的「十分之見」還必須排除：非一己之所創獲者、據孤證以爲論者，而未加舉證之空論、未能條貫諸經而合於道論者，也都在其所摒棄。故其所謂「十分之見」必須「如繩繩木，昔以爲直者，其曲於是可見也；如水準地，昔以爲平者，其坳於是可見也。」這才是他所強調「傳其信、闕其疑」的治學態度。他並且還提出一種「庶幾治經不害」的治經態度，足令學者深自警惕；他批評程朱「論中心爲忠、如心爲恕」等說，以及王安石《字說》之「強以意解」——王安石廢六書之五而專主「會意」，如謂「波者水之皮」之屬，若此，戴震皆謂之「失六書本法，歧惑學者」者流。故戴震在字學上所提出的六書「四體二用」之說，經他「存諸心十餘載」，經反覆思辨、多方證論後始予提出；其釋考、老之「轉注」猶「互訓」也，又謂諧聲會意爲其「體」、「轉相爲注」爲其「用」（〈答江慎修先生論小學書〉），一糾歷來「考字左迴，老字右轉」之誤，更爲段玉裁注《說文解字》之所宗據。當然其後之學者又後出轉精，此亦學術歷程之所固然，而其手披枝肆開路之功，則在於不沒。

　　再說到戴震之徵實有據，在他極力強調「由詞通道」方法論背後的，正是他欲「藉『通經』以爲『明道』階徑」之最高指導思想，即他欲以考據學爲根基，憑藉作爲建構和理學抗衡的新義理學取徑；也就是前論他以訓詁、聲韻、天象、地理等爲肩輿之僕隸，即其方法論，而以「明道」爲乘輿之大人，即其義理學之終極目標與理想。因此就戴震的新義理學而言，他之強調方法論、研經與考證，固爲徵實學風之落實實踐，實亦其意欲重建新義理學之必要憑藉；他的目的，在於以「通經」證明聖人的聖道、義理觀，都是能被具體落實在現實世界、具備經驗取向和現實意義的，以此他反對形上學之根本形態，此其所欲「明道」者。所以戴震正是透過訓詁章句以連繫經典與經世，其義理觀乃是立足在知識論之基礎上——如其《尚書義考》、《毛詩補傳》、《毛鄭詩考正》、《中庸補注》之考證禮學等，目的即在於發揚儒學之禮治精神，以禮作爲建設理性社會憑藉，並提供百姓可以具體遵循的規範。因此戴震義理觀所借重於考據者，在於「由是推求理義，確有據依」之方法論意義。其論曰：

　　　所謂理義，苟可以舍經而空憑胸臆，將人人鑿空得之，奚有於經學之云乎哉？惟空憑胸臆之卒無當於賢人聖人之理義，然後求之古經；求之古經而遺文垂絕、今古懸隔也，然後求之故訓；故訓明則古經明，古經明則賢人聖人之理義明，而我心之所同然者乃因之而明。賢人聖人之理義非它，存乎典章制度者是也。……故訓非以明理義，而故訓胡爲？理義不存乎典章制度，勢必流入異學曲說而不自知。　　——〈題惠定宇先生授經圖〉

是故戴震的爲學途逕，由「故訓→古經→聖人理義→我心同然」，他是利用語言文字分析法以進入古聖賢之思想世界、以考據方法論作爲所倡

論新義理學之堅強後盾。因此戴震代表的清人傳信闕疑之徵實學風，即清人在整理古籍上能夠獲得高度成就、戴震之新義理學能夠發揚儒學現實精神之利器。

二、戴震「由詞通道」的方法論建立

我國傳統訓詁學著重探討古今字義變化，對於詞彙之構成、演變以及詞義學等也都必須兼及之；孔穎達嘗釋「詁訓」曰：「『詁』者古也，古今異言，通之使人知也；『訓』者道也，道物之貌以告人也。……『訓詁』者，通古今之異辭、辨物之形貌，則解釋之義，盡歸於此。」（《詩經正義‧關雎詁訓傳第一》）是故在傳統儒學的通經明道學術途轍中，訓詁章句是必要之取徑。而傳統古籍除了散見於群經傳注的注釋以外，我國最早的訓詁學專著《爾雅》，即針對古今詞義進行疏通、解釋，以今語釋古語，用當時的通行語言去解釋古代的「同義詞」，其內容探集了春秋戰國至秦漢後古書的訓詁內容；此外，揚雄《方言》收錄了諸多方言同源詞，有助於古漢語聲轉問題之研究；劉熙《釋名》廣泛運用同音、或音近的聲訓法以解說詞義，對後世強調「形聲字聲符兼義」的「右文說」以及「音近義通」等理論有很大影響；許慎《說文解字》則匯集了東漢以前古詞、古義，建立起「讀若」、「讀如」等聲讀條例，又說明漢代經注經常使用的「聲同」、「聲相近」、「聲誤」、「方音之變」等分析字音條例，並皆爲漢代重要的訓詁學專著。其後重要的訓詁學家則如郭璞、陸德明、孔穎達等；再後來而能夠接續訓詁學研究並有開創性成就的，就是清儒了。民國以來，學者在繼承清儒研究成果的基礎上，又吸收西方早期語言學知識，也頗有後出轉精的新理論體系建立，詞義學研究並有逐漸脫離先秦、兩漢經典訓詁之「古漢語詞義學」範疇，朝向獨立而完整、系統、科學性發展的趨勢。於此可見學術是一個不斷積累的連續進程，開闢榛莽殊爲不易，而考鏡

源流則可以知夫學術之發展流變，亦可以循序漸進、學無躐等。

回到清代初步建立起訓詁學方法論的考據學大家戴震，戴震根器使然的謹嚴爲學態度，使他不能輕信、也反對任何沒有憑據的論說，他強調「治經先考字義」，所以他一方面強調「儒者治經宜自《爾雅》始」、「援《爾雅》附經而經明」（〈爾雅註疏箋補序〉），並有《爾雅文字考》、《方言疏證》等作，其後清儒之治《爾雅》者即循此途轍；而在另方面則他亦強調「凡學始乎離詞，中乎辨言，終乎聞道」之方法次第（〈沈學子文集序〉）。蓋戴震的經學觀，「離詞」必須借徑文字訓詁，所以文字、故訓是所訴求的方法論——「離詞，則舍小學，故訓無所藉」；而「明道」則是通經的最後目標，因此離詞→辨言→聞道，就是戴震解經論道的遵循途徑，亦其著名的「由詞通道」訓詁學方法論之所由。其論曰：

> 經之至者，道也；所以明道者，其詞也；所以成詞者，字也。由字以通其詞，由詞以通其道，必有漸求。
>
> ——〈與是仲明論學書〉

戴震一再述及經書所蘊含之理，是以「道→詞→字」之次第展開的；則學者欲求道就得循著「字→詞→道」之階徑返溯之。他爲惠棟弟子余蕭客《古經解鉤沉》作序，亦曰：「由文字以通乎語言，由語言以通乎古聖賢之心，譬之適堂壇之必循其階，而不可以躐等。」所以歸根究柢，訓詁字義遂成爲解經之關鍵。因此戴震批評彼未知夫小學、語言文字者，其所解經適足以亂經，曰：「故訓明，六經乃可明；後儒語言文字未知，而輕憑臆解以誣聖亂經，吾懼焉！」（〈六書音均表序〉）此外他也強調語義所反映出來的當時時空因素，譬如古今語、地域方言、思想背景等足以影響其語義形成之多方面要素，所以他復要求「一字之義

當貫群經，本六書然後爲定。」又說：「《爾雅》，六經之通釋也。」
（〈與是仲明論學書〉、〈爾雅註疏箋補序〉）蓋他認爲詞義之產生必
不脫當時語言、文字所共有的環境與背景，因此一字之字義當能貫通群
經、其必非孤證，此亦合於治經之「通諸經以通一經」、「以經解經」
等方法論強調；也是戴震論「十分之見」，要求「徵之古而靡不條貫，
合諸道而不留餘議」之具體落實——因此，正確訓詁字義遂成爲戴震經
學方法論之最根本要求、其新建義理學之有力後盾。是故戴震的訓詁學
方法論即從文字之音、義著手，理論層面涵蓋了六書之「四體二用」
說、論六書「假借」之音義關係，以及古韻部之重新釐定、提出「轉
語」理論等建設。

(一)論六書之「四體二用」

　　在戴震「由詞通道」的學術門徑中，「所以明道者，其詞也；所
以成詞者，未有能外小學文字者也。」（〈古經解鉤沉序〉）是以其論
爲學之方，強調以文字爲先——「自昔儒者，其結髮從事必先小學；小
學者，六書之文是也。」（〈六書論序〉）而在訓詁字義上，則他亦要
求務必「本六書然後爲定。」他並著有《六書論》三卷，其於六書之看
重，自下論中可以睹見，其曰：

　　六書也者，文字之綱領，而治經之津涉也。載籍極博，統之
不外文字；文字雖廣，統之不越六書。　　——〈六書論序〉

不過歷來對於六書有三種歧說：一爲劉歆〈七略〉、班固〈藝文志〉之
曰：「象形、象事、象意、象聲、轉注、假借」；一爲鄭眾說：「象
形、會意、轉注、處事、假借、諧聲」；一爲許慎〈說文解字敍〉之
「一指事、二象形、三形聲、四會意、五轉注、六假借。」這些說法中

普遍能夠獲得共識的，是象形、指事、形聲、會意四者乃造字之法則；至於轉注、假借究屬造字法則、抑或用字法則？則迄有爭議，難以取得一致性看法。明楊慎有六書「四經二緯」之說，以爲象形等四者是造字之經，轉注、假借則爲緯；另外，戴震所名於當世者，則爲六書「四體二用」之說，他認爲轉注、假借並不是講文字構造的造字法則，而是用字法則。不過近人也有另外提出「三書」說法者，譬如唐蘭《中國文字學》從文字的形、意、聲三方面，說文字「不歸於形，必歸於意；不歸於意，必歸於聲。」故認爲「象形、象意、形聲」三者已足以範圍一切中國文字而不致混淆不清了；另亦有陳夢家《殷墟卜辭綜述》主「象形、假借、形聲」，以及裘錫圭《文字學概要》主「表意字、形聲字、假借字」等三者。

六書有轉注，故一義數文，一義可衍爲數形；有假借，故一字數用，一形可兼數義，因此「轉注者，所以恣文字之孳乳；假借者，所以節文字之孳乳。」關於轉注，歷來主要有主張形轉、義轉、聲轉三派。主形轉者，如唐裴務齊從隸書、楷書的字形，說以「考字左回，老字右轉」（〈切韻序〉），學界頗不乏承其說者；主聲轉者，譬如楊慎《轉注古音略》、顧炎武《音論》；戴震則是從義轉的用字角度，認爲「轉注」猶言「互訓」，二者不過古、今語之殊別；另外，他也反對徐鉉、鄭樵等人又從形聲字中另外區別出「聲義兩近」者以作爲轉注的說法，其謂若此則轉注成爲形聲之附庸矣。其論曰：

　　裴務齊《切韻》猥云考字左迴、老字右轉；戴仲達、周伯琦之書雖正老字屬會意、考字屬諧聲，而不能不承用左迴右轉爲轉注，別舉「側山爲阜，反人爲七」等象形之變轉者當之。徐鉉、徐鍇、鄭樵之書就考字傅會，謂祖考之考，古銘識通用丂，於丂之本訓轉其義而加老省注明之；又如犬走貌爲猋，《爾雅》

扶搖謂之猋，於猋之本訓轉其義，飆則偏旁加風注明之，此以諧聲中聲義兩近者當轉注。……今區分諧聲一類爲轉注，勢必強求其義之近似，況古字多假借，後人始增偏旁，其得盡證之使自爲類乎？……《說文》老从人毛七，言須髮變白也；考从老省，丂聲。其解字體一會意、一諧聲，甚明。……震謂考老二字屬諧聲、會意者，字之體；引之言轉注者，字之用。轉注之云，古人以其語言立爲名類，通以今人語言，猶曰互訓云爾。轉相爲注、互相爲訓，古今語也。

在戴震所提出極具代表性的「四體二用」說中，他說明始造字時無所憑依，故依宇宙之「事」與「形」兩大端造字──「指其事之實曰指事」，「象其形之大體曰象形」；文字既立以後，則「聲」與「意」皆寄乎字矣，故博衍之，「取乎聲諧，曰諧聲；聲不諧而會合其意，曰會意」，他並認爲此四者已足以涵蓋文字之造字結構了，曰：「四者，書之『體』止此矣。」至於轉注、假借，則他歸諸於文字之「用」，其論曰：

　　由是之於用，數字共一用者，如初、哉、首、基之皆爲始，卬、吾、臺、予之皆爲我，其義轉相爲注，曰轉注；一字具數用者，依於義以引伸，依於聲而旁寄，假此以施於彼，曰假借。所以用文字者，斯其兩大端也。　　──〈答江慎修先生論小學書〉

戴震明言凡是字義「互訓」之轉相爲注者，即是轉注；至於假借，則他認爲包括「依於義以引伸」之引申義和「依於聲而旁寄」之「依聲託義」，即「義由聲出」者皆是，而此皆屬於文字之運用法則。戴震將六書分體、用的「四體二用」說，頗能獲得學者認同，如段玉裁贊以「聖

人復起，不易斯言矣！」並據以注《說文解字》，著名的語言學家黃侃也首肯之；不過其說並未能完全弭平爭議，爭議的焦點仍然主要集中在「轉注、假借屬於造字法或用字法？」之無法獲得共識上。另外關於轉注究是形轉、聲轉、或義轉之紛紜，也未能得到一致共識；甚至對於引申義到底算不算假借字？也頗有加以質疑者。

　　有關轉注的紛紜眾說，大多是在戴震所強調的同義關係外，還要求必須範之以形類、或音類相同的條件。譬如近人劉師培雖然以「不易之說」認同戴、段之以「互訓」說轉注，但卻認為戴震以《爾雅‧釋詁》為證，氾濫失所歸矣；故其主張許書所謂轉注者，「指同部互訓言，不該異部互訓言也。」要求在字體形類上還必須是同一部首者。另外章太炎也認為戴、段「互訓」之說失之太廣，他仍以造字之法視六書之轉注，在《國故論衡》中他主張轉注除同訓以外，還必須緯以「聲類」相同之條件，其曰：「何謂『建類一首』？『類』為聲類，『首』者今所謂語基。是故明轉注者，經以同訓、緯以聲音，而不委以部居形體（按：指五百四十部首）。」錢玄同亦從此說。是章太炎偏重強調轉注之音、義條件，他認為《說文》「同意相受」所要求的同訓是經，「建類一首」則要求音類同部，即以同音或音近為緯；故謂轉注在同訓關係以外還要範以音類相同，必須是雙聲相轉、或疊韻相迤而另制為一字者，於是一名一義孳乳成為二字，如屏與藩、旁與溥……等訓詁同、聲紐復相轉者，必兼此音義二者關係，始為轉注之云。

　　至於假借歧說，如近世王力編有《同源字典》，他以韻部為綱、聲紐為目，對於音義皆近、音近義同、或義近音同之文字進行歸納，而認為清儒之言某字和某字通、或某字和某字實同一字，以及稱為分別字、累增字、古今字者，多為同源字；而因為假借字乃以音同借用已有之字，故亦有自「同源字」之「以不造字為造字」角度，認為轉注和假借實際上即以另造、或不另造字為其造字之法者。因此以假借字為造字之

法者，其所言假借造字法可以包括引申義造字、假借後爲假借義造字、假借後爲本義造字等。

(二)「陰、陽、入三分」之古韻分部暨「轉語」理論

　　傳統儒學以經書傳承聖道，要明道就要先通經；然而古今懸隔、方音迭用，要通經又必須先講明章句，必須從「字」做起、逐字逐句訓詁其章句。至於訓詁字義，則誠如段玉裁所言：「言者，文字之聲也；詞者，文字形聲之合也。……有義而後有聲，有聲而後有形，造字之本也。形在而聲在焉，形聲在而義在焉。」（注《説文》「詞」字）形與聲皆爲字義之所寄，並且當面對古書經常出現的「同音通假」現象，訓詁字義更必須借重音義關係來判斷，因此戴震說：「音聲失而假借之意何以得？」（〈六書音均表序〉）段玉裁也強調：「學者之考字，因形以得其音，因音以得其義。治經莫重於得義，得義莫切於得音。」（〈廣雅疏證序〉）王念孫亦謂：「訓詁之旨，存乎聲音。字之聲同聲近者，經傳往往假借。」（〈經義述聞序〉）要皆主張以聲音明訓詁。因此有關音韻學之專門研究，遂成爲乾嘉考據學一個極其重要的環節；而清儒在訓詁學上的最大突破與貢獻，也就在於他們從「文字」記錄「語言」的角度，溝通了「語言」和「文字」之間的密切關係並建立起系統理論。是故清代著名的訓詁學家如戴震、段玉裁、王念孫、王引之等，都能夠純熟運用聲音和意義的關係，以從事古語之詞義研究。

　　清代古音學成就，在學術史上極其輝煌，不過上古聲紐的研究頗爲困難，往往只能從諧聲偏旁和異文去推測古紐；清儒之研究古聲而著有佳績者，主要爲錢大昕。他所提出的重要理論是「古無輕唇音」和「古無舌上音」，即聲母「幫、滂、並、明」讀「非、敷、奉、微」，「知、徹、澄」讀「端、透、定」，故如童謠「城門城門雞蛋糕。」有可能原作「城門城門幾丈高？」至於在上古韻研究方面，則清儒愈出愈

精，王國維甚至說：「謂之後無來者可也。」而戴震在清代古音學的最主要貢獻在於將古韻「陰、陽、入」三分，他使介於陰、陽聲之間的入聲韻獨立，並以陰聲、陽聲韻與之配對，又以入聲韻作爲韻類通轉的樞紐，以系統理論闡明了古音之轉聲、合韻等問題。

　　所謂「韻部」，是歸納古代韻語的結果，是古書中可以押韻的古代韻母之總類；一個韻部並不只包括一個韻母，其範圍也比切韻系類書的韻還大，大致相當於後世的「韻攝」。而古代韻部分類並沒有直接材料可資借，只能依據古書押韻或諧聲的情形來擬測；關於古代韻語之系統化研究，在清初顧炎武積三十年之功完成的《音學五書》中出現了突破性的進展——韻書始萌芽於魏李登之《聲類》；積三百餘年，隋陸法言有《切韻》，粗具梗概之法；後來宋吳棫作《韻補》，首開古音研究之風，他援《詩》、《易》、《楚辭》以求古音之正，並於《廣韻》206韻之每一韻目下分別注以「古通某」、「古轉聲通某」、「古通某或轉入某」等三例。宋鄭庠《古音辨》則將古音分成「陽、支、先、虞、尤、覃」六部，不過他專就《唐韻》求其合、不能析《唐韻》求其分，分部多有未當。故顧炎武踵起，將六部進析爲十部，以《廣韻》206韻言，他又將「東、陽、耕、蒸」區分爲四，「魚、歌」分爲二，故總計有十，古韻分部並由此走上了有條理的系統化研究。

　　接著而有突出成就的，便是戴震所師事的江永了，江永《古韻標準》復增訂顧氏古韻爲十三部，他又從「真」部分出「元」部、從「侵」部分出「談」部，另外將「尤、侯、幽」合一而另立一部，故總計十三部；他並著有《音學辨微》，強調「審音」派理論，於是古音之學加詳矣。之後又有段玉裁《六書音均表》創古本音、古合韻之說，他復增訂顧、江二氏古韻爲十七部，他分「支、脂、之」爲三部，「真、文」爲二部，「侯」部獨立；後來戴震完成的《聲類表》將古韻分爲二十五部，並依「有入」、「無入」區分陰、陽、入聲，且提出陰陽對

轉理論的概念；其後，撰有《詩聲分例》、《詩聲類》的孔廣森即據此以說陰陽對轉，還將東、冬分為兩部；另外，王念孫《古韻譜》和江有誥《音學十書》等，則都將古韻改訂為二十一部，惟二人之分部亦有異；後來王念孫又完成了一部《合韻譜》，接受了孔廣森「東、冬分部」之說，因此王氏分部的最後定論為二十二部。至此，王國維以「無可增損」、「臻其極也」，盛稱清儒之古韻成就，並勾勒了下列簡明系譜。曰：

古韻之學，自崑山顧氏而婺源江氏，而休寧戴氏，而金壇段氏，而曲阜孔氏，而高郵王氏，而歙縣江氏，作者不過七人，然古音廿二部之目，遂令後世無可增損。故訓故、名物、文字之學，有待於將來者甚多；至古韻之學，謂之前無古人，後無來者可也。原斯學所以能完密至此者，以其材料不過群經、諸子及漢魏有韻之文，其方法則皆因乎古人用韻之自然，而不容以後說私意參乎其間，……故不數傳而遂臻其極也。

—— 《觀堂集林·周代金石文韻讀序》

至此，古韻分部可謂已大致完成了。不過仍有近現代學者章太炎、黃侃、王力、陳新雄等人之若干補苴，理論遂更加精密矣。

韻部分類是依據主要元音之開合洪細和韻尾相同者以進行分類。江永在顧炎武的古韻十部以外所增訂者有三：㈠「真、元」分部，他區別「真、諄、臻、文、殷、元、魂、痕、寒、桓、刪、山、先、仙」等14韻為二；㈡「侵、談」分部，區別「侵」與「覃、談、鹽、添、咸、銜、嚴、凡」等9韻為二；㈢「尤」部獨立，他將「尤、幽」自顧氏之「蕭、宵、肴、豪、尤、幽」中析出，又別「侯」及「虞」半於「魚」，並合為一部。至於段玉裁的古音十七部，則他最重要的成就在

於「五支、六脂、七之」之劃分──他主張「支、佳一部；脂、微、齊、皆、灰一部；之、咍一部」，並謂此三部漢人實未嘗淆借通用，迄乎唐之功令始「支、脂、之」同用、「佳、皆」同用、「灰、咍」同用，故段玉裁重加以釐析，戴震亟稱此灼見卓識「可以千古矣！」此外段玉裁還區分「真、臻、先」與「諄、文、殷、魂、痕」為二，「尤、幽」與「侯」亦為二，故得十七部，戴震為序其書而稱：「千有餘年莫之或省者，一旦理解，按諸三百篇劃然，豈非稽古大快事歟！」（〈六書因均表序〉）至於「陰、陽、入」聲韻之區別以及陰、陽配對，則要直到戴震《聲類表》始被提出，此為清人在古音研究上之一大突破。古人對於陰聲韻、陽聲韻區別雖嚴，但卻始終未有顯言其所以別者，也無名稱加以標示，直至戴震始以理論清楚說明並加以分類，其後則由孔廣森依師說命名。

　　以字音之韻母而言，在《廣韻》206韻中以元音作為韻尾的有〔-i〕和〔-u〕，為：支、脂、之、微、魚、虞、模、齊、佳、皆、灰、咍、蕭、宵、肴、豪、歌、戈、麻、尤、侯、幽以及僅有去聲的祭、泰、夬、廢，共26韻，其音下收於喉而不上揚，為陰聲韻。至於韻尾不下收而上出於鼻、即收鼻音者則為陽聲韻，又分：真、諄、臻、文、殷、元、魂、痕、寒、桓、刪、山、先、仙14韻收舌尖鼻音〔-n〕；東、冬、鍾、江、陽、唐、庚、耕、清、青、蒸、登12韻收舌根鼻音〔-ŋ〕；侵、覃、談、鹽、添、咸、銜、嚴、凡9韻收雙唇鼻音〔-m〕。另外韻尾收塞音的即是入聲韻，亦區分為和陽聲韻舌尖鼻音〔-n〕相承的：質、術、櫛、物、迄、月、沒、曷、末、黠、鎋、屑、薛13韻收舌尖塞音〔-t〕；和陽聲韻舌根鼻音〔-ŋ〕相承的：屋、沃、燭、覺、藥、鐸、陌、麥、昔、錫、職、德12韻收舌根塞音〔-k〕；和陽聲韻雙唇鼻音〔-m〕相承的：緝、合、盍、葉、帖、洽、狎、業、乏9韻收雙唇塞音〔-p〕。上述韻類區分中，陰聲韻只有平、上、去三

聲而無入聲，凡入聲皆與陽聲韻相承；不過入聲與陽聲之音理有別，入聲實介於陰、陽聲之間，是以戴震復通過審音而將陰、陽、入三分，將入聲韻獨立出來，所以他所修訂的古韻共分九類、二十五部，入聲韻若附而不列，則得上古陰陽十六韻部。其所據以分類並說明陰、陽、入聲韻的重要理論為：

> 音聲洪細，如陰陽、表裡之相配。……僕審其音，有入者如氣之陽、如物之雄、如衣之表；無入者，如氣之陰、如物之雌、如衣之裡。又平、上、去三聲，近乎氣之陽、物之雄、衣之表；入聲近乎氣之陰、物之雌、衣之裡，故有入之入與無入之去近，從此得其陰陽、雄雌、表裡之相配。　　——〈答段若膺論韻書〉

上論涉及開合洪細之陰、陽、入等韻類區分以及聲調之平、上、去、入兩方面之問題討論。戴震先論陰、陽韻類，他發現凡有入聲韻相承者、即後來名為「陽聲」韻者，具有「雄、陽、表」的特色，「以金石音喻之，猶擊金成聲也。」而僅有平、上、去三聲之無入者、即後來名為「陰聲」韻者，則具「陰、雌、裡」之感，「以金石音喻之，猶擊石成聲也。」後來其弟子孔廣森著《詩聲類》即據其說定名「如氣之陽、如物之雄、如衣之表」者為「陽聲」，「如氣之陰、如物之雌、如衣之裡」者為「陰聲」，後之學者遂皆襲用此「陰聲」、「陽聲」以為是否具鼻音之名了。至於四聲形成則是由於收音時留音長短不同所致——雖然古今字調不同，漢以前可歌可詠的詩歌並無四聲區別，段玉裁言：「古四聲之道有二無四，二者平、入也。」一般多謂四聲「起自江左」，六朝以後始分聲調，但是古詩有抑揚舒促之輕重疾徐不同，包有周漢古音的《廣韻》（《唐韻》為《廣韻》的前身，《切韻》為《唐韻》的前身）也分別四聲，206韻即以平、上、去、入四聲相承；而戴

震發現不論陰聲、陽聲之平上去三調，其具「陽、雄、表」之表現，入聲則收氣短促，本音雖出陽聲，卻作勢而不聞聲，不待收鼻而其音已畢，故其調促近於陰聲「陰、雌、裡」之表現；惟入聲雖無收音，卻又實有收勢——凡承陽聲韻〔-n〕之入聲恆作〔-t〕，承陽聲韻〔-ŋ〕之入聲恆作〔-k〕，承陽聲韻〔-m〕之入聲恆作〔-p〕，故入聲實介於陰、陽之間，戴震所謂「有入之入與無入之去近」也。是以入聲兼承陰、陽，而與陰、陽二聲皆得通轉。如此一來，也就清楚說明何以入聲韻為韻類通轉之樞紐了。

因此戴震對古韻部之分析，除收唇音以外，餘皆依陰、陽互轉之關係排列，而以入聲韻作為通轉樞紐，他並言：「音之流變有古今，而聲類大限無古今。」（〈書廣韻目錄後一〉）蓋他是以析辨音理、所謂「辨聲」作為理論基礎，非徒恃「考古」以為功，他並舉五方之音與少兒學語，「其展轉譌溷，必各如其位」為例，以證明「聲之節限位次，自然而成，不假人意。」故聲類大限實無古今之別。故戴震不僅開古韻陰、陽配對之先河，也為提出「陰、陽對轉」理論之創始者，只不過其名是由孔廣森後來依師說所制定的罷了。戴震對此創見亦不無自得地說道：「今書內舉入聲以論三部之分，實發昔人所未發。」「江君（永）亦未明於音聲相配，此雖僕所獨得，而非敢穿鑿也。」此外，戴震分部之韻目也未依學界所習常使用的《廣韻》韻目，他皆取自上古聲類之喉音「影」母字，蓋以「影」母字元音之前無輔音，更能夠清楚地顯現韻部音位。其所重新釐定的九類、二十五部古韻如下：

㈠類：阿第一（歌、戈、麻）；烏第二（魚、虞、模）；堊第三（鐸）——收喉音

㈡類：膺第四（蒸、登）；噫第五（之、咍）；億第六（職、德）——收舌根音

㈢類：翁第七（東、冬、鍾、江）；謳第八（尤、侯、幽）；屋第九

（屋、沃、燭、覺）──收舌根音

㈣類：央第十（陽、唐）；夭第十一（蕭、宵、肴、豪）；約第十二（藥）──收舌根音

㈤類：嬰第十三（庚、耕、清、青）；娃第十四（支、佳）；戹第十五（陌、麥、昔、錫）──收舌根音

㈥類：殷第十六（真、諄、臻、文、殷、魂、痕）；衣第十七（脂、微、齊、皆、灰）；乙第十八（質、術、櫛、物、迄、沒）──收舌齒音（舌尖音）

㈦類：安第十九（元、寒、桓、刪、山、先、仙）；靄第二十（祭、泰、夬、廢）；遏第廿一（月、曷、末、黠、鎋、屑、薛）──收舌齒音（舌尖音）

㈧類：音第廿二（侵）；邑第廿三（緝）──收唇音

㈨類：醃第廿四（覃、談、鹽、添、咸、銜、嚴、凡）；饁第廿五（合、盍、葉、帖、業、洽、狎、乏）──收唇音

戴震上述陰、陽、入相配之架構中，阿部「歌、戈、麻」等被今人認為是陰聲韻者，卻位於陽聲位置且與「魚、虞、模」和入聲「鐸」為一類，最受後人質疑。戴震是依歌、戈「同於舊有入之韻，不同於舊無入之韻」，而為此分部釐定。其謂：「麻韻半由歌、戈流變，半由魚、虞、模流變」，「歌、戈與有入者近，麻與無入者近，遂失其入聲；於是入聲藥、鐸溷淆不分。」即「歌、戈、麻」古音有入聲「鐸」韻與之相配，但因其收喉音，「引喉而不激揚」，且「麻」由於同類互轉故「與無入者近」，導致後人「失其入聲」地將入聲「鐸」溷同於「藥」，並誤以為歌、戈無入，因此戴震析而出之，並依陰、陽、入三分而立為一類。惟後人對此畢竟多所批評，蓋「歌、戈、麻」並非鼻音韻尾、不是陽聲韻，故多謂此是戴震古音學之最大缺點。至於「侵」以下9韻無陰、陽相配者，此由於戴震乃舉入聲以論三部之分，而收唇音

者「其音斂脣」，入聲又本即「近乎氣之陰」者已如前述，故「以其爲閉口音而配之者，更微不成聲也。」（〈答段若膺論韻書〉）另外，戴震又說明古今音不同，古韻也有「在明昧之間，不能截然分別」者，譬如「『江』則古音同東、多一類，今音同陽、唐一類。」「『先』當分爲二韻，一與真、諄、臻、殷、文、魂、痕附近；一與元、寒、桓、刪、山、仙附近。」（〈書廣韻目錄後一〉、〈書廣韻四江後〉）因此戴震認爲在「考古」之外還必須加以「辨聲」之功，分析聲韻結構之理，始能得其條貫。

　　再說戴震在古音學上一個很重要的貢獻，即其所提出的「轉語」理論，這是他爲了解決訓詁學上假借字「聲轉義通」而建立的系統理論，因爲假借字本即源於「依聲託事」。戴震《聲類表》之「轉語」理論含「聲轉」與「韻轉」兩方面而言。他的上古聲類系統及古韻分部，係將36聲紐分爲喉、舌、顎、齒、脣五類四位，古韻則如前述分爲九類二十五部，又納入等韻圖結構而分製聲母表與韻部表二表，成爲「轉語等韻圖」。其所謂「聲轉」，譬如聲母表五類中之「喉」類：見、溪、群、影、喻、曉、匣7個聲母之兩兩互轉爲「正轉」，又稱「同位」；而四位中，每一位之聲母相轉即「變轉」、又稱「位同」，如第一位見、端、知、照、精、幫6個聲母之兩兩互轉是也。至於古韻分部，戴震也說明古韻之通轉流變極多，欲判斷其分合，必須審音而以「正轉」爲據，不能全憑古文獻用韻，因爲古用韻除了正轉以外還有旁轉等複雜情況，故「援古以證其合，易明也；援古以證其分，不易明也。」其論「韻轉」曰：

　　其正轉之法有三，一爲轉而不出其類：脂轉皆，之轉咍，支轉佳是也。一爲相配互轉：真、文、魂、先轉脂、微、灰、齊，換轉泰，咍、海轉登、等，侯轉東，厚轉講，模轉歌是也。一

爲聯貫遞轉：蒸、登轉東，之、咍轉尤，職、德轉屋；東、冬轉江，尤、幽轉蕭，屋、燭轉覺；陽、唐轉庚，藥轉錫，真轉先，侵轉覃是也。以正轉知其相配及次序，而不以旁轉惑之；以正轉之同入相配，定其分合，而不徒恃古人用韻爲證。……僕謂審音本一類，而古人之文偶有相涉、有不相涉，不得舍其相涉者而以不相涉爲斷；審音非一類，而古人之文偶有相涉，始可以五方之音不同，斷爲合韻。

　　　　　　　　　　　　　　　　　　——〈答段若膺論韻書〉

戴震指出「韻轉」有同類互轉、陰陽對轉、聯貫遞轉等三種情形皆屬於「正轉」。同類互轉，他舉同韻部之互轉爲例，如衣部「脂轉皆」、噫部「之轉咍」、娃部「支轉佳」等；而其轉韻理論中最爲突出者，還在於他主張古韻陰陽配對下之「陰陽對轉」理論，即凡同部之陰、陽、入聲皆得以「相配互轉」之說，此蓋由於入聲韻介於陰、陽之間，凡居同部則其「陰、陽同入」，故皆得以通轉。戴震舉例舌尖（舌齒音）陽聲韻「真、文、魂、先」轉陰聲「脂、微、灰、齊」以及「換」轉「泰」，又舉舌根陰聲韻「咍、海」轉陽聲「登、等」以及「侯、厚」轉「東、講」爲例；至於「聯貫遞轉」則是戴震根據語言實際變化所補充的轉變法，是由二次以上音近相轉所產生的古音流變現象，譬如「蒸、登；之、咍；職、德」，「東、冬、鐘、江；尤、侯、幽；屋、沃、燭、覺」和「陽、唐；蕭、宵、肴、豪；藥」，「庚、耕、清、青；支、佳；陌、麥、昔、錫」本各自爲一類，然由於音近相轉，故蒸、登轉東，之、咍轉尤，職、德轉屋，而東、冬又轉爲江，尤、幽又轉爲蕭，屋、燭又轉爲覺……等。但是對於所謂審音是否「一類」之言，後人仍有質疑，因爲是否能即以《唐韻》系統定爲古音系統仍有疑問，仍有據今音以定古音之臆測嫌疑（詳王力《清代古音學》）。故有關古音學的研究，從篳路藍縷到專門成學，需要更多後出轉精的研究。

　　戴震的「陰陽對轉」說，可以爲古籍之「合韻」現象提供理論基礎。以下試通過訓詁實例來實際察看古音之通轉流變：例如《中庸》：「壹戎衣而有天下。」鄭注：「衣讀如殷，聲之誤也。齊人言『殷』聲如『衣』。虞夏商周氏者多矣，今姓有衣者，殷之冑。」故其謂《中庸》是說武王「用兵伐殷」。鄭玄該注與其他釋爲「一著戎衣而天下大定」者說法有異，於此他即是以陽聲「殷」被轉讀成爲陰聲「衣」爲釋；而戴震古韻第六部之以陽聲「殷」部配陰聲「衣」部，便可以從音理角度提供此一語言現象以「陰陽對轉」之理論說明。又如《廣韻》泰韻：「蓋，覆也，又發語端也。」盍韻：「盍，何不也。《說文》作盇，覆也。」再者，蓋之聲母爲「見」母，盍爲「匣」母——故論其聲，則蓋、盍之聲母大類相同，爲「正轉」；論其韻則「蓋」所屬之「泰」韻可與同部入聲「月」韻通轉、「月」又轉鄰近「緝」韻、「緝」又以音近轉「盍」韻，故蓋、盍之「韻轉」係由「月→緝→盍」之「聯貫遞轉」而來，中間通過「緝」韻之「遞轉」，也屬於「正轉」，是以蓋、盍二字聲同義亦通。

　　戴震《聲類表》成於段玉裁《六書音均表》之釐定古韻爲十七部以後，而他除了將入聲九韻獨立，使皆「兩兩相配」以外；他並自「衣」部中析出「靄」部，即將「祭、泰、夬、廢」4韻從「脂」韻中獨立出來，並以入聲「月、曷、末、黠、鎋、薛」與之相配，這是戴震古音學上一大貢獻，王力《清代古音學》便說戴震審音「彼此相配，四聲一貫」的「整之就敘」系統化原則，「也可以千古矣！」不過對於段氏之「真、諄分部」、「尤、侯分部」，戴震並不贊成因發音侈歛之洪大微細而「強生輕重，定爲音切」，故他依陸德明「古人韻緩」之說，而將段氏劃分的「真、諄」又合爲「殷」部，「尤、侯」亦合爲「謳」部，故得古韻二十五部；然對此後世仍多主張應該劃分，故王力亦對戴震該論加以指陳缺失，並反對戴震據方音以論聲韻。而戴震和段玉裁雖爲師

生，二人在入聲字處理上則彼此逕庭，形成了強調音理異同、重視聲韻結構的審音派和強調實際考察古詩用韻情形的考古派之不同。以戴震為代表的審音派認為陽聲韻是開口音、入聲韻是閉口音，陽聲和入聲顯然區別；易言之，入聲韻是否獨立出來？成為兩派分野之重要關鍵。不過戴震審音也未脫離實際文獻考察，他也著有《屈原賦注》、《毛詩補傳》、《毛鄭詩考正》等，故戴震實是兩方面兼重的；只是他認為古韻分部必須考慮到古用韻有諸多「旁轉」等足以惑之的情形，所以他強調在經過比對文獻之後還必須歸本於審音，最後還必須以音理為斷，因此他被歸為審音派。

㈢「因聲求義」之訓詁條例

　　傳統訓詁學最主要的作用在於解經；因此必須具備了足夠的文字學、音韻學等基礎之後，才能夠進論如何正確訓詁章句，此即戴震之謂「故訓明，六經乃可明。」而儒者在訓解經文時除了文字本義以外，其所經常遭遇的最大難題還在於古書假借字問題上；古書屢見之假借字，對於解經者構成了極大之挑戰與難題。是故如何破假借？亟有待於建立起古籍六書假借運用法則的訓詁學理論體系。也因此語言文字間緊密連繫的音、義關係，遂成為探求假借字與本字間的最有效突破口。繼元初戴侗《六書故》之強調以六書明字義、以字義通貫經籍，以及明末方以智《通雅》之謂：「欲通古義，先通古音」、「因聲求義，知義而得聲」之後，戴震亦曰：「故訓、音聲，相為表裡。」（〈六書音均表序〉）段玉裁曰：「凡同聲多同義。」（《說文解字注·斯》）皆亟重視語言文字和辨明經義的密切相關性。戴震並認為「人之語言萬變，而聲氣之微有自然之節限」，故他曾自發音原理提出「聲類大限無古今」的看法，更由此進論「凡同位則同聲，同聲則可以通乎其義」之訓詁學重要理論。此皆戴震整體學術強調「由字通詞，由詞通道」之理論基礎

和內在依據。

　　音、義關係既是如此密切，則欲究字義，除了要解決古今音變、五方音殊等問題以外，前述音韻方面所存在的音轉問題，尤為所必須克服之難題。因此戴震在許慎強調「因形求義」之《說文》以外，復撰《六書論》、《轉語二十章》、《爾雅文字考》等作；尤其《轉語》一書，運用音同、音近、音轉關係以解決古書之假借字問題，書皆「各從乎聲以原其義」也，戴震對此著期之甚高，嘗曰「昔人既作《爾雅》、《方言》、《釋名》，余以謂猶闕一卷；書創為是篇，用補其闕，俾疑於義者以聲求之，疑於聲者以義正之。」（〈轉語二十章序〉）他期藉釐清古音之「聲轉」與「韻轉」問題，以為藉由「因聲求義」以探求本字本義之所憑據；而「因聲求義」訓詁條例也終成為清代語義學發達的重要利器與法寶。是故在掌握了音、義內在連繫性以及相關法則之後，則戴震便可以說「六書依聲託事，假借相禪；其用至博，操之至約也」了。不過該著後來僅見其序，近二百年學界遍尋不獲，只能自書序及《東原集》中論學書信如〈論韻書中字義答尚書蕙田〉、〈與是仲明論學書〉中略窺其說；但據近人研究，則認為《聲類表》便是《轉語》，故後來便皆以《聲類表》說戴震之「轉語」理論了。

　　假借字除了許慎《說文》之謂「本無其字，依聲託事」以外，還另有一種「本有其字」者——鄭玄嘗謂：「其始書之也，倉卒無字，或以音類比方，假借為之，趣於近之而已。」即作者在書寫倉卒間臨文取用，借用音聲趨近之他字以假代之，譬如「早」書為「蚤」等同音通假現象，這種假借字則屬於「用字」法的假借。故視六書皆為造字法則者，即以許慎所言乃是「造字」之假借，鄭玄所言乃是「用字」之假借以區別之。段玉裁亦嘗論以「大氐假借之始，始於本無其字；及其後也，既有其字矣，而多為之假借；又其後也，且至後代，譌字亦得自冒於假借。博綜古今，有此三變。」（〈說文解字敘〉注）再者，假借除

了上述「本無其字」和「同音通假」的「本有其字」以外，還有「本字後起」以及後來出現「分化字」的情形，即在假借之後又爲本義以「加注意符」的方式另造新字、或假借義另造爲「分化字」者。爲本義造字，譬如「然」本義「燒也」，而在其被通假成爲語詞之「然而」、「然否」後，後人遂於本義「加注意符」成爲「燃」字；又如「縣」本義「繫也」、即懸掛之本字，也在其被假借成爲州縣義後，本義別造爲「懸」字；另，「暴」之本義「晞也」、即曝曬義，後來其被假借成爲暴疾、暴虐，本義亦遂採取加注意符方式另造爲「曝」字。至於假借義之「分化字」，譬如「肺腑」先借「府庫」之「府」，其後乃有「腑」字；又如語氣詞「嗚呼」，先假「孝鳥」之「烏」，後來則也「加注意符」作「嗚」，遂成爲形聲字。

再說到《說文》言：「假借者，本無其字，依聲託事」，其中「本無其字」固指其初未有此字之「形」，但以許慎所舉例「令、長」而言，則假借可以兼有「引申義」和「依聲託事」二者，「令、長」即是「引申義」之假借──萬戶以上之「縣令」、萬戶以下之「縣長」本無其字，於是由發號之「令」和「久遠」之「長」引申展轉而來；故許慎之論「本無其字」，係涵引申義之「有義假借」與純粹借音之「無義假借」而言──「引申義」假借譬如象形字「來」，本義「周所受瑞麥」、「麰」也，以其「天所來也，故爲行來之來。」段注曰：「自天而降之麥，謂之來麰」，是以「凡物之至者，皆謂之來。」又如象形字「西」，本義「鳥在巢上也」、即「棲」也，而因「日在西而鳥西也」，故引申假借爲東西之西；「韋」字本義「相背也」，借爲束物之革縷，其後凡「革」皆稱「韋」，今則「違」行而「韋」之本義廢矣。凡此皆「本無其字」之引申借義行而本義遂隱者也，故段玉裁曰：「後人習焉不察，用其借義而廢其本義。」至於「無義假借」之純粹借音的「依聲託事」，其「聲」係指假借字與本字之間具有音同或音近關係，

「事」則謂託「義」也，譬如「甲」字本義象陽氣萌動、或草木初生的樹皮破裂象，其被借爲天干之甲，以音之近似也；又，「八」之本義「別也，象分別相背之形。」其被借爲數字之八，亦借音託義。不過由於亦有「假借在先，製字在後」之爲假借義另造新字的情形，所以其與「本有其字」之同音通假有時也難以絕對劃分，譬如「灑埽」之「灑」本借「洒」、《詩·大雅》之「雅」本借「疋」、「車轅」之「轅」本借「爰」、「巧」本借「丂」、「歌」本借「哥」……等皆屬之。

　　戴震繼惠棟在經說經注上標舉「漢學」典範以後，又進一步地建立起訓詁學方法論，他以結合知識論與義理觀的證據確鑿方式駁斥宋儒經說，更標誌了清學博雅實證之一代學風。戴震強調古音、古義之「因聲知義」關係，並建立起系統性理論，其說一出，學者相與從之，從而把清代訓詁學推到了一個新的境界。戴震通過觀察字書和韻書間的「相因」關係，注意到文字在「本義」以外，還經常有「一音數義」、或「一字數音」的情形，因此他推論六書假借有「義由聲出」、「聲同義別」以及「聲義各別」幾種情形；則欲破假借，必須通過聲近或聲轉的關係，以「因聲求義」、或「聲義互求」的方式求之。落實舉例：如《詩》之《邶風·日月》：「寧不我顧」，《小雅·雲漢》：「胡寧忍予」、「寧莫我聽」、「寧丁我躬」、「寧俾我遯」、「胡寧瘨我以旱」，對此數「寧」字之義，鄭箋皆訓爲「曾」，戴震根據轉語理論而加以補充，其曰：「寧字之義，傳詩者失之。以轉語之法，類推『寧』之言『乃』也。」段玉裁注《說文》也曾說：「曾之言乃也。《詩》：『曾是不意』、『曾是在位』、『曾是在服』、『曾是莫聽』；《論語》：『曾是以爲孝乎』、『曾謂泰山不如林放乎』；《孟子》：『爾何曾比予於管仲』，皆訓爲乃，則合語氣。趙注《孟子》曰：『何曾猶何乃也』，是也。」故《詩》之書以「寧」者，蓋由於寧、乃一聲之轉，所以借「寧」爲「乃」，而「曾」亦言「乃」也，故傳詩者訓

「寧」爲「曾」。因此戴震依轉語之法闡明古音流變，則凡故訓之失其傳者，便可以依音、義的密切關聯推定其本字本義。

故戴震立足在文字密切的音、義關係上，特重「從乎聲以原其義。」他認爲「故訓、音聲，相爲表裡」，並謂：「字學、故訓、音聲，未始相離；聲與音又經緯衡從（縱）。」（〈與是仲明論學書〉）其論六書假借之與文字音、義關係有下列數種情形：

字書主於故訓，韻書主於音聲，然二者恆相因。音聲有不隨故訓變者，則一音或數義；聲音有隨故訓而變者，則一字或數音。大致一字既定其本義，則外此音義引伸，咸六書之假借，其例或義由聲出，如「胡」字，惟《詩》「狼跋其胡」與〈考工記〉「戈胡」、「戟胡」用本義；至於「永受胡福」義同「降爾遐福」，則因胡、遐一聲之轉，而胡亦從遐爲「遠」；「胡不萬年」、「遐不眉壽」，又因胡、遐、何一聲之轉，而胡、遐皆從爲「何」。……凡故訓之失傳者，於此亦可因聲而知義矣；或聲同義別，如「蜥易」之易借爲「變易」之易、「象犀」之象借爲「象形」之象；或聲義各別，如「戶關」之關爲「關弓」之關、「燕燕」之燕爲「燕國」之燕。六書假借之法，舉例可推。

—— 〈論韻書中字義答尚書蕙田〉

論中「胡」字之本義，據《說文》曰：「牛頤垂也。」段注：「牛自頤至頸下垂肥者也。」即頷下垂肉，今人之謂下巴到頸部的肥肉，並可引申爲一切物的形容語，譬如《周禮》「立當前矦」，由於胡、矦音轉最近，故「矦」即作爲「胡」之假借，因此注曰：「車轅前胡下垂柱地者。」而上論中戴震說明經書之採用「胡」字本義爲言者，僅有《詩經》「狼跋其胡」之形容老狼進退兩難，進則「跋其胡」地踩到自己頸

下垂肉、退則「寠其尾」地又踩到自己尾巴而跌倒，以及《周禮·考工記》之「戈胡」、「戟胡」──戈、戟鋒曲而旁出的部位，胡曲是也；賈公彥《疏》曰：「胡之曲，直鋒本必橫，而取圓於磬折」，故「胡微直而邪（斜）多。」其意是說戈戟之「胡」如磬之折而圓曲。而除了上述二例之經文係採用「胡」字本義以外，餘皆作為假借字。戴震舉例《儀禮·士冠禮》之「永受胡福」，胡、遐由於一聲之轉，故音近通假而假「胡」為「遐」，則欲訓釋文義必須從聲求之；於此「胡」既作為「遐」之假借字，則其義亦從「遐」為「遠」，義同「降爾遐福」之福澤緜遠。另外《小雅·南山有臺》「遐不眉壽」以及「胡不萬年」者，以胡、遐、何皆一聲之轉，故胡、遐皆為「何」之假借字，皆取義於「何」，是以遐不、胡不即「何不」。類此都是屬於本有其字，而以聲轉關係，以假借字書之，則欲訓詁字義，皆須依「義由聲出」之例，以其本字為訓，始能文從理順地得乎文義，此頗近於鄭玄所謂臨文書寫，「倉卒無字，或以音類比方，假借為之，趣於近之而已」，是一種「用字」的假借法。

　　不過，除了音近、音同而假借以外，假借字尚有「一音數義」之「聲同義別」以及「一字數音」而「聲義各別」者，此則「無義假借」也，亦須加以仔細判別。戴震舉例蜥易和變易、象犀和象形，以說明易、象雖音同而義不同。另外如「戶關」之關，《集韻》讀為「姑還切」，《說文》說以「以木橫持門戶也」；而「關弓」之關讀為「烏關切」，同「彎」，故「關弓」即張弓備發之義，書如《孟子·告子下》曰：「有人於此，越人關弓而射之，則己談笑而道之，無他，疏之也。」再如「燕燕」之燕為玄鳥，《集韻》讀為「伊甸切」，去聲；「燕國」之燕則「因蓮切」，平聲，若此皆是「聲義各別」之「一字數音」者。明乎上述六書假借之法，始可以舉例推之矣。

　　但是雖然闡明了六書假借之法，卻還有一種傳寫譌舛或脫誤的情

形，對於訓詁字義更無異於雪上加霜，這時就要聲、義互求了。戴震曾經辨證一極著名的例子：《尚書‧堯典》：「光被四表」，南宋蔡沈《書集傳》曰：「光，顯也。」此為當時之通解。然而戴震卻認同孔穎達《正義》、梅賾偽孔傳之另說以「光，充也。」不過對於「光」何以訓「充」？時人皆不能解。戴震察此注據《爾雅》古義為說、又合於古人屬詞之法，當非魏晉人所能為之，「必襲取師師相傳舊解。」所以他廣徵群籍，證明了「光」當作「桄」，「桄」即「橫」也，「橫」義「充」也，即廣被之義。所以他又推論：「〈堯典〉古本必有作『橫被四表』者。」最後並得到了證明。其所論證過程如下：

◎郭本《爾雅‧釋言》：「桄、熲，充也。」《釋文》：「桄，孫作光，古黃反。」

◎《說文》：「桄，充也。」孫愐《唐韻》：「古曠反。」

◎《禮記‧樂記》：「鐘聲鏗鏗以立號，號以立橫，橫以立武。」鄭注：「橫，充也。謂氣作充滿也。」《釋文》：「橫，古曠反。」

◎〈孔子閒居〉：「夫民之父母乎，必達於禮樂之原，以致五至而行三無，以橫於天下。」鄭注：「橫，充也。」

戴震依據郭本《爾雅》之「桄」字，孫炎本作「光」，而其義訓「充」，則「《爾雅》具其義。」又依《說文》「桄」和《禮記》「橫」，其義皆訓「充」且音讀皆為「古曠反」，合乎「充霈廣遠之義」，所以戴震遂據以修正《釋文》音讀「古黃反」之誤；據此並可知：桄、橫由於音義皆同可以互用，故「桄」即「橫」。因此戴震進一步推斷〈堯典〉之「光被四表」者，應是「橫轉寫為桄，脫誤為光。」即本字「橫」→轉寫「桄」→脫誤「光」。他並大膽蠡測「〈堯典〉古本必有作『橫被四表』者。橫被，廣被也。正如《記》所云『橫於天下』、『橫乎四海』是也。」（上詳〈與王內翰鳳喈書〉）後兩年，錢大昕為戴震舉證了《後漢書‧馮異傳》有安帝詔：「橫被四表，昭假上

下。」姚鼐亦爲舉證班固之〈西都賦〉有「橫被六合」；後七年，戴震族弟受堂復爲舉證《漢書・王莽傳》有「昔唐堯橫被四表」，尤其顯確；又舉王褒〈聖主得賢臣頌〉亦曰：「化溢四表，橫被無窮。」此外，戴震弟子洪榜也找到了證據：《淮南・原道訓》有「橫四維而含陰陽」，高誘注曰：「橫讀桄車之桄。」故洪榜謂：「漢人橫、桄通用，甚明。」段玉裁則也發現了李善注〈魏都賦〉嘗引〈東京賦〉，有「惠風橫被」云，今本作「惠風廣被」係後人妄改。至於後來王引之《經義述聞》雖然認爲桄、光亦古字通假，並非訛誤；但要之，戴震之斷定《尚書》之書爲「光」字，由橫→桄→光而來，則確然無疑。於此可見戴震識斷及考證之精審，令人折服，故章太炎之區別吳派、皖派，即以「任裁斷」歸諸戴震。

三、結語

　　過去學術史每以惠棟繫吳派、戴震繫皖派，並以「求古」、「求是」標示兩派之學風及精神殊異；但實際上惠、戴之不同，應從學術進程的先後發展歷程角度來看待。以乾嘉考據學之興盛及其作爲清代的學術典範言，從惠棟確立清學的「漢學」典範、到戴震建立起訓詁學系統方法論，正是一個連續性的歷史進程與發展；其中寓有惠棟開創學風，戴震則繼承並集大成的階段性目標與內容之不同，而並不宜過度強調其學風取向或精神之殊異。惠棟在經學上首先樹立起「漢學」旗幟以與「宋學」分庭抗禮，他以輯錄漢注作爲表現清儒經學觀的清代新疏，並有《周易述》、《左傳補注》等具體實踐成果，所以惠棟在清代復古學風以及回歸《五經》傳統上，具有導向與確立之功；戴震則重視方法論而與惠棟有著「實事求是，不主一家」之別（錢大昕〈戴震傳〉），他不看重師法家法依歸，而致力於建立解經客觀標準的訓詁學方法論，追求「勿以人之見蔽我，勿以我之見自蔽」之求真求是精神，既無宋儒鑿

空言理之弊、也無漢儒拘泥師說之弊，是以能在惠棟的經典註疏外，建立起清人在學術史上特具的方法論成就。尤有進者，戴震不但以系統性訓詁學理論批判了宋儒經說之鑿空；他更以證據確鑿的充分理據，論證在宋學以外另闢義理新蹊徑的必要性，所以他的整體學術目標，在於從經學範疇進至道德哲學範疇的新義理學，他要在理學的「形上學」架構及進路之外，另建「非形上學」之強調經驗取向及現實意義的新思想體系，這才是他的終極理想。因此戴震回歸經學傳統、並發揚禮學傳統，他深信仁義因禮見意，所以他從六書九數等訓詁考據出發，以考證典章制度作為起點，並循著「禮制→禮意→聖人理義→我心之同然」之次第展開其新義理觀，而建立起真實反映社會各階層價值觀的新義理學來。此亦一介儒者「從經典到經世」之淑世理想落實實現。故不僅戴震之言：「事於經學者有三難：淹博難、識斷難、精審難。」（〈與是仲明論學書〉）戴震誠然可以當之無愧；他所表現的社會關懷以及重建道德價值的新義理學，更落實實現並發揚了孔子王道政治的禮治理想。

拾壹
戴震結合經典與經世的學術思想體系（下）：
經驗取向的新義理學建立

　　戴震堪稱爲標誌清學典範的乾嘉考據學高峰發展的代表人物，但他所不同於絕大多數考據學家的地方，在於集語言文字學與哲學於一身；除了知識論上建立起訓詁學系統理論以外，他也是儒學兩千多年來義理學轉向的領軍者。戴震對於明代中葉逐漸蔚起的氣論思想有所繼承並發揚光大，他堪稱是相對於宋明理學「道德形上學」而言的「新義理學」——「『非形上學』而強調道德創造性的義理模式」之集大成者。他以繼承孔孟真精神自居，亟致批判於宋明理學「形上學模式」之錯說孔孟；他極力弘揚孔孟的現實精神，並以實踐哲學爲理論重心。其義理學內容主要是將理學長期來偏重強調的道德價值之形上面以及工夫論之形上學進路，扭轉成爲肯定道德價值之經驗面以及對形下經驗進路之要求。他強調道德之善必須能以客觀途徑實現於生活世界、能以「客觀事爲」接受經驗檢驗，才是「善」的落實，亦即道德實踐之完成。此其用以解決儒學化成理性社會所遭遇的道德學「客觀化困境」之修正性理論，亦其認爲孔孟思想之原義。故戴震整體學術並未爲考據學所圍限；反之，他深明「故訓非以明理義，而故訓胡爲？」其「由詞通道」整體學術中對於「道」的追求，才是他花費諸多心力在考據學的終極目的。因此儘管時人罕有其義理知音者，其心力仍然薈萃在展現清人重視經驗取向新價值觀的《孟子字義疏證》一書上，並以深厚的考據根基作爲他詮釋經典的理論基礎。

　　故清學中真正能夠結合清人考據特長，同時又能呈現清代思想新動
向的義理學新猷，不在清初的王學修正派、或官學「尊朱」立場的「由
王反朱」派；在於戴震所建構非主流的、迥異於理學「道德形上學」而
轉向揄揚經驗取向的新義理學。因此梁啟超說「東原學術，雖有多方
面，然足以不朽的全在他的哲學。」（《戴東原》）清末民初，國內曾
經興起了一股藉戴震啟蒙思想以宣揚革命思想的「戴學熱」現象，民國
以來，以戴震故鄉爲中心的諸多「戴震學」主題會議，更將戴學熱潮推
上高峰；不過儘管能夠闡發、或弘揚戴震義理思想者不在少數，如梁啟
超、胡適等人皆極力表彰戴震新義理學而有專著，但是對於戴震所集大
成建構的思想體系，卻鮮少有能自明清儒學之「義理學轉型」高度與價
值的角度，來看待其在儒學整體思想史上的演進歷程與發展意義者。是
故儘管梁啟超也肯定戴震思想爲「二千年來一大翻案」，胡適亦稱以
「獨霸」、「朱子以後第一個大思想家、哲學家」；但在過去對清學的
肯定多限於訓詁考據而忽視其思想性的成見中，戴震往往被視爲個別現
象而未自清代思想高度予以肯定，未被視爲清代思想或哲學的集中反
映。侯外廬《中國思想通史》說：「戴震哲學的歷史地位，是不能作爲
清代哲學的建設去評價的。」即代表了此一共同性說法。

　　實則戴震所反映的廣大社會階層心聲，其所提煉並集大成的新義
理觀，如實呈現了清人「形上→形下」的視域轉換及時代思想變遷；戴
震的理論轉換，主要是對形上、形下「去等極化」地取消其價值位階，
他強調「道」藏於「器」，是「非形上學」但強調道德創造性的新義理
主張，而並非強調物質性。不過當時上層學界仍然普遍抱持「漢人經
術，宋人理學」的觀點，而戴震新義理觀則殊異於官方哲學立場且「專
與程朱爲水火」，是以飽受攻訐，未爲學界重視。惟哲學是對於社會思
想的反映暨最後提煉，只有真實流動在生活世界與大眾階層之間的思
想，才足以傳達時代真精神，是故戴震新理型一掃國人兩千年來價值形

態偏落形上一面之偏頗，另闢蹊徑地開出了肯定實在界、經驗取向的義理新構，真實反映了明清的思想變趨事實。任何國家的現代化，其本土因素與外來因素都會產生一定的影響力，本土模式尤其能反映其所獨具的歷史背景；戴震所代表的清代思想，在中國邁向早期現代化進程上具有義理學轉型的意義，並反映了國人的價值重估，換個角度說，儒學早從十六、七世紀起，其內部就已經出現從「宋明理學→明清氣學」的思想轉化，而在「性／情／欲」的觀念以及公私、理欲、義利、德智等儒學核心概念上，逐漸出現價值重估的思想變遷，並從「貴義賤利」的「諱言利」傳統趨向「義利合一」的新思維了。此中值得肯定的是，清儒從核心價值到方法論都轉趨經驗的典範轉移，是儒學現代化進程中屬於內部自我轉化的本土性資源，並非移植西方思想的結果；清代固然是儒學融入世界性現代化進程的窗口，但是儒學的現代轉化卻不是無條件走向西方的發展模式。就儒學思想的變遷層面言，清代新義理觀預先廓清了部分儒家保守的意識形態，如尊卑貴賤的階級倫理以及倫理中心原則等，並以經驗取向的義理思維樹異於理學的形上學模式；而清代新義理學是以「乾嘉新義理學」為主軸，「乾嘉新義理學」則由戴震所集大成，這是對清代思想以及戴震新義理學的重新認識及正面評價。

一、戴震對道德學的「客觀化困境」反思及新義理學建構

理學在清初的發展已是強弩之末，儘管民間仍有南學黃宗羲、北學孫奇逢、關學李顒等「王學修正派」，清廷也以強勢作為「尊朱」並有科舉「建制」之庇蔭；但清初在盛極一時的群經辨偽，以及理學倚為經典的易圖、《大學》、《古文尚書》等皆被證立為偽或「援道入儒」之後，理學終難挽頹勢地漸趨衰微了。是故從明到清，當走過明清易鼎的歷史關卡後，繼清初亭林之批判「以明心見性之空言，代修己治人之

實學，股肱惰而萬事荒，爪牙亡而四國亂，神州蕩覆，宗社丘墟。」梨洲之謂「天崩地解，落然無與吾事；猶且說同道異，自附於所謂道學者。」（《日知錄・夫子之言性與天道》、《南雷文定・留別海昌同學序》）清盛世儒者亦對此一儒學「客觀化困境」的時代課題深切反思。而一方面由於晚明王學風行，理學的沒落多集中表現在王學危機上；另方面也由於清廷有意將王學流行指向道統中斷，使得王學揹負了諸多非理性的「清談亡國」、「理學亡國」指摘，清廷並藉「尊朱」以遂其繼承道統和重整道德秩序之政治與文化雙重目的，是故清代前中葉的義理學走向出現兩種主要形勢：一是理學陣營之「由王返朱」；另一則是以戴震爲首的系列漢學家，他們繼承了明代中葉漸趨興盛的「氣本論」思想、復結合考據學和義理學地「從故訓進求理義」，而建立起經驗取向的新義理學。後者對於前者理學所著重的「形上學」架構：「天命之謂性」的「性即理」模式以及內向存養的「證體」工夫，其強調「人之所得乎天而虛靈不昧」、「喜怒哀樂之未發」、「主靜立人極」的主敬和主靜等形上思辨進路，皆有強烈批判，故又由此形成了後來以戴震和方東樹爲代表的，清代兩種義理學類型相持不下的「漢宋之爭」。

　　學術課題緣自時代課題，每個時代所面臨的最迫切衝擊、緊張，將會轉化成爲一代學術所扣緊而發的主題與主導性思想，進而形成當代的學術思想典範；我國歷代儒者在面對當代課題時，亦皆各自提出「返本」於儒家經典的「開新」詮釋，緣著「釋經學」的註疏傳統，藉由經典詮釋之「意義賦予」，以實現其淑世理想並傳承聖學。譬如朱熹爲解決佛學席捲中土的「儒佛爭席」課題，曾自結合自然本體和道德本體的道德形上學角度撰作《四書集注》，使儒家仁學思想得以從原始血緣基礎中擴大出來，成爲建立在宇宙本體上而兼含道德觀和宇宙觀的心性論哲學；理學家如此，清儒又何嘗不然？戴震整體學術的問題意識，正是爲了解決晚明以來的學術蹈空危機以及「如何客觀實現理性社會？」

的儒學難題，故戴震通過《孟子字義疏證》重新疏釋「性、理、道、天道、誠、仁義禮智、權」等儒學核心概念，轉向揄揚經驗進路以發揚「實踐」傳統，建立起殊別於理學形上進路及「證體」傳統的新義理學；焦循亦藉《論語通釋》、《孟子正義》，劉寶楠則藉《論語正義》……等，並皆建立了足與理學相分庭的詮釋系統。儒學便是在這樣新舊典範不斷交替的過程中，邁向革故鼎新與繼往開來之演進歷程的。

戴震緣自社會關懷而產生的價值重估，使他在義理學上要求一種能夠被切實實踐的新道德觀；他反對理學的形上學義理模式及其「得於天而具於心」的超越性理，他反對包括對本體論、人性論、工夫論的一切超驗認識論。至於戴震等乾嘉儒者所建構的經驗取向新義理觀，其意義與價值爲何？則就牽涉到清代義理學在中國早期現代化進程上的意義——過去在中國早期現代化的議題上，學者一向強調外來文化的刺激與推動，認爲我國文化體系之改造、舊價值及信仰體系之崩潰與重建，係由於中西文化接觸的結果，故有五四運動空前激烈的文化全面改造要求，我國才從傳統走向了現代化；實則清王朝解體雖然位居傳統與現代的臨界點，而爲傳統社會轉向現代化的結構性根本變革樹起了里程碑，但是思想層面要從兩千年積澱的儒學整體意識型態轉換成爲現代化思維，卻非王朝解體一朝一夕所能夠達成，況且一種文化要進行歷史性轉換，亦絕非僅依賴外來文化而得以實現。因此是在儒學內部已經先行累積了足夠的「量變」，才在門戶洞開以後和西學合流而形成「質變」的；清代正是儒學融入世界性現代化潮流的窗口，清儒對於傳統思想的價值重估、價值重建和義理學典範轉移的儒學「自轉化」，才是屬於儒學更新內涵的內在機制、現代化的本土性資源，只是過去在理學的主流思維型態下，它被學界長期忽略了。

所以儒學思想變遷，早在晚清嚴復大量譯介西方著作以啟迪民智前，儒學內部就已經醞釀思想變革的本土性因子了。胡適也嘗說「西洋

近代科學思想輸入中國以後，中國固有的自然主義的哲學逐漸回來。這兩種東西的結合就產生了今日的自然主義的運動。」（《今日教會教育的難關》）那麼，什麼是我國固有的自然主義哲學？胡適又說：「戴震的天道論，是一種自然主義。」梁啟超《清代學術概論》也說清代學術中具有「科學精神」，其所謂的科學精神，在科學尚不發達的十七、八世紀中國，到底是什麼內涵？說穿了，就是清人對於經驗性的要求與實證強調──科學主義具有實證論傾向。清代學術不論在考據學或義理學方面也都表現了重視經驗實證、強調客觀驗證的精神特質，而清代前中葉西方啟蒙思想尚未引入（明清之際西學影響主要在天文曆算、物理、數學、機械工程等方面），儒學內部就已經發生從強調形上「理」的哲學過渡到形下「氣」的哲學之兩千年重大變革了；只不過在五四運動以前，這樣的文化自覺改造多分散而孤立地散見於某些智識份子身上，五四以後才形成了全民族文化的普遍覺醒。

因此回到戴震所處的十八世紀中國，此時正是乾嘉儒者試圖從義理學的理論高度建立起儒學思想自我轉型的時期。從中晚明以來，社會階層與部分儒者即已嘗試從理學獨尊的思想權威中破繭而出，譬如李贄便曾自道德平等觀角度，倡論「聖人亦私」、「聖人亦同眾人之身」的「聖凡平等」觀，他以「堯舜與途人一，聖人與凡人一。」「上至天子，下至庶人，通爲一身矣。」（《李贄文集・道古錄》）突破傳統地解構了儒學的聖人崇高性；晚明社會之倫理與道德觀亦漸追求個性發展與人性自由，一種正視人情利欲、推崇道德價值之「經驗面」的新義理學正在成形。是以由戴震領軍並集大成建立的「乾嘉新義理學」，正標示了廣大社會階層對實在界的重視，對經驗現實的強調。雖然此一思想型態由於迥異過去「非功利」傾向的「存理滅欲」思想，轉而以一種要求現實效益及「通情遂欲」的新型態出現，在短時間內未爲上層知識份子所認識並接受，也不足以立即摧毀階級倫理大防、或改變總的道德秩

序與社會面貌；但是此一講求經驗實功與利益原則的新觀念，卻持續不斷地衝擊著傳統思想礎石。

是故清代的思想變遷暨理論轉型，反映了現實社會對理學極端道德主義的反動，長期束縛人心的崇高道德標準出現鬆動，其爲儒學在邁向現代化進程中，在國人尙未能理解並接受現代化思維以前，居間銜接宋明和清末民初思想的過渡橋樑。舉例來說，當國人思想從二千年長期的「非功利」型態轉進廿世紀突顯「功利」思想的轉變過程中，學術理論必然會相應地出現反映此一社會心理轉變的義理新說，到底社會思想才是哲學的養料，故例如「存理滅欲→通情遂欲」、「求利害義、貴義賤利→義利合一」、「黜情→尊情」、「守常→通變」……等道德觀的變趨，正是「乾嘉新義理學」對儒學的保守性格修正，亦是十九、廿世紀國人思想邁向早期現代化的內在基礎暨認同現代化思維的理論依據。

至於清代前中葉已經出現從形上視域轉趨經驗視域的義理學轉型了，爲什麼未能在當時引起更多關注與影響？此由於十八世紀的中國，尙處於政治結構、經濟結構、社會組織與儒家文化等各方面仍然緊密契合爲一堅固壁壘的「前現代」社會時期，十九世紀列強叩關及迫使中國融入早期現代化的時代課題，此時尙未發生，所以這個結構穩定的「農業—宗法」社會也就依然籠罩在適應此一社會模式的儒家傳統道德規範下，繼續維持著尊卑貴賤等級的官僚制度與意識傳統，而保持著靜態和諧的社會平衡。因此儘管理學的意識形態已經不能反映清人價值觀了，但是它仍然受到統治階層與上層知識份子維護，畢竟理學的道德規範和行爲準則對此一古老帝國的社會穩定是有利的；逮及其後十九世紀後半葉洶洶而來並將中國推入世界性現代化進程的「救亡圖存」時代課題，則其迫切的存亡危機，使得「救亡壓倒啟蒙」地壓倒了國人對主體意識覺醒的關注。所以在緊接著而來的一連串洋務、維新、新政等早期現代化改革中，十八世紀出現的新義理學仍未能成爲學術主流；「乾嘉新義

理學」在清世遂只如歷史洪流中的漣漪，並未激迸出如理學般激越的水花，惟有在宏觀回顧歷史長程發展時，戴震等人所建構的義理學，其「形上面→經驗面」的典範轉移與價值轉換，其挑戰儒學長期道德中心主義和封閉守舊文化心理，率先掃除現代化進程必將遭遇的新舊思想衝突障礙，而預先爲中國早期現代化鋪好前路，使思想變革層面所需時程縮短的歷史意義，才得以朗現。

　　是故必須澄清的是：中國的現代化並非全由西學啟蒙與啟動，「乾嘉新義理學」是站在傳統與現代折衝點上，承擔此一繼往開來之邁向早期現代化思想的幕後推手。這是清代思想的重要意義。

二、戴震結合經學與哲學的「故訓非以明理義，而故訓胡爲？」學術途轍

　　清儒在「通經致用」的訴求下復興經學，並要求回到古經中求取聖人之理義：戴震繼顧炎武指示「讀九經自考文始，考文自知音始」之學術途轍後，又以結合經學與哲學的「故訓→古經→理義」學術進路，主張「由詞通道」的學術方法論——戴震正是以「由詞通道」的方法論，進求其所謂「乘輿之大人」的「明道」追求。他繼惠棟建立治經的「漢學」典範後，又建立起六書之「四體二用」說、論六書「假借」之音義關係、重定古韻分部、提出「轉語」理論等系統性訓詁學方法論，以正確訓詁字義的經學基礎作爲建構新建義理學的門徑暨後盾，從考據進求義理地連繫起經典與經世，故「由詞通道」即是戴震經學考據和新義理學的理論基礎和指導思想。

　　儘管戴震在當時以精擅考據名，其志則始終在建構有別於理學形上學模式的義理體系上。初時他嘗謂：「天下有義理之源、有考覈之源、有文章之源，吾於三者皆庶得其源。」是其對於義理、詞章、考據皆曾寄予厚望；但是後數年則他說：「義理即考覈、文章二者之源也。義理

又何源哉？吾前言過矣！」（《年譜》書後）此時他已視義理學為一切學問所歸宗了，義理學在他心目中的崇高地位可見一斑。戴震歷經《原善》、《緒言》和《孟子私淑錄》的十餘年苦心孤詣漫長歷程後，《孟子字義疏證》是其表述義理思想的最後定本，也是著述宏富的戴震所自言生平最得意之作。書約三萬言，共四十餘條，主要針對「理、天道、性、才、道、仁義禮智、誠、權」等儒學核心概念，重新加以詮釋。另外《戴震集》中也有〈答彭進士允初書〉、〈與是仲明論學書〉、〈與姚孝廉姬傳書〉、〈與某書〉、〈與方希原書〉……等與友人論學書信，並皆可見其義理觀。當他初撰《原善》時，且曰「作《原善》首篇成，樂不可言，喫飯亦別有甘味。」（《年譜》41歲）在山西方伯署中更曾稱病謝客十餘日以撰《緒言》，書成且洋洋得意地說「我非真病，乃發狂打破宋儒家中〈太極圖〉耳！」（段玉裁《經韻樓集・答程易田丈書》）如此躊躇滿志、溢於言表的熱情洋溢，實可作為其論「故訓非以明理義，而故訓胡為」之自我實踐，更可以作為「僕生平著述最大者為《孟子字義疏證》一書」之自我註腳。

　　戴震對於傳統價值進行重估及其義理學新建，是從社會關懷出發的，既針對傳統道德學對廣大庶民階層適用性的檢討，也寄託對「道德學能否落實實踐？」以成就理性社會的反思。所以他從能夠結合經學考據和道德實踐的禮俗文化入手，曰：「賢人聖人之理義非它，存乎典章制度者是也。」（〈題惠定宇先生授經圖〉）其意「性善」既是人類的普遍價值，而在其義理系統中，當通過工夫實踐以後，「善」之實現亦是「必然」，故他認為聖人制禮正是期使「理」藉「禮」而顯，期使道德理性息息相關於眾人生活，以落實「理」之實踐於日用倫常之「禮制」中。於此也決定了他的學術路線，一方面是反對理學的形上學模式，以其遠離眾庶生活層面故；另方面是他亟重視聖人理義所憑藉實現的禮制，以「禮」為「理」的底層建築，曰「條理之秩然，禮至著

也。」（《原善・上》）謂禮制充分實現就是條理致然的狀態。故戴震連繫了客觀條理和聖人制禮的關係，強調「禮」是聖人有見於天地條理，而以儀文度數定制為天下萬世法者，所以是聖人用以治天下之情、或裁其過與勉不及者，是故禮制之秩然有序也就是理義之實現了。以此他反對「冥心以求理」及「心具萬理」等內向思維；強調「理」必須就事上求之，必須切合現實；「理」就是在物之則，所謂「有物有則」者。因此戴震對「理」的認識乃奠基於「禮」。

　　另外戴震之於禮，係別出理學「天命－性理」之角度外，轉從「天命－禮秩」的角度加以理解。對於人所秉命於天者，戴震一方面「以氣論性」地從自然材質的自然人性出發論「性」，倡論「性者，分於陰陽五行以為血氣心知」（〈性一〉）；另方面論「命」則曰「仁義禮智之懿，不能異人如一者，限於生初，所謂『命』也。」（〈性九〉）他強調每個人在仁義禮智上稟賦的多寡不一，這就是「命」。即在宋明理學對性理內涵的本質強調之外，他亦強調一如聰明才智所措意的：量的多寡。他主張禮秩就是天所降命而通過聖人之制禮，昭顯於生活世界之「稽於古而不可易」者。他借言《左傳・成十三年》劉康公之言「民受天地之中以生，所謂命也。是以有動作、禮義、威儀之則，以定命也」，以論人道之德盛禮恭，包括人之動作、禮義、威儀等，即是天道降命的「百物生生，同然無妄」者（《毛鄭詩考正・昊天有成命》）。因此戴震所異於理學者，包括其人性論所採取的情氣論性立場，兼含德性、情性、智性等一切事為、才能、德理而為言，「凡既生以後所有之事、所具之能、所全之德」者（〈性一〉）；也包括其論命之從「人物之性，咸分於道，成其各殊者」角度，以論「不能異人如一」的「仁義禮智之懿」者。而他所採取的「情性」與「德命」模式，正是他和理學「天命性理」模式所迥然而異者。且非獨戴震為然，清儒凡凌廷堪、焦循、阮元、劉寶楠等並皆抱持如此義理觀，是為宋、清義理學極核心的

關鍵殊別。

　　再者，戴震又論「仁」亦藉禮、義而顯——「禮也、義也，胥仁之顯。」他解釋《易》之「天地之大德曰生」，也說「觀於生生，可以知仁；觀於其條理，可以知禮。」「惟條理，是以生生，藏諸用也。」（《原善・上》）倘不由禮，如何得見其仁？他認為現象界一切「條理」，皆是生生之「仁」之藉「禮」以顯；秩然有序的「禮」也就是「仁之顯」，也即天道之「用」，「禮」是會通天德與人道而使之統一者，故其又曰「禮者，天則之所止，行之乎人倫庶物而天下共安，於分無不盡。」（《原善・下》）充分顯示了戴震認為「禮」正是生生條理之「天則」之落實於「人倫庶物」者，是以聖人制禮，就是聖人有見於天地之「理」而寓諸「禮」者。因此戴震從考據學到道德實踐都特重禮學發揚。

　　故戴震之重視考據學，正是為了探求《六經》遺文中的典章制度，以復見聖人之心與制禮之意，其曰「為學須先讀禮，讀禮要知得聖人禮意。」（《年譜》書後）認為藏諸典章制度中的「禮意」，才是聖人藉乎禮制以顯的理義；然欲求聖賢之道於遺經，則「非從事於字義、制度、名物，無由以通其語言」（《年譜》段玉裁記），又必先通過經學考據，以故訓闡明理義，所以戴震主張立足於客觀禮制，憑藉作為實現王道政治、禮治理想的現實切入點。不過戴震的學術目標並非僅止於《六經》聖道而已，其義理探索係遵「天道→聖道→人道→天道」軌跡，以為聖道乃出自天道，故立足在聖賢理義上，還必須以人道與天道之探求為終極目標，即循前論「古經→賢人聖人之理義→我心所同然」之「明道」階徑，以闡明「人道」與「天道」，並由此實現他有別於理學價值信仰的新義理學建構。於此可知戴震思想體系之所謂「道」，除經典中的聖人之道外，還涵蓋了「生生所有事」的一切天道與人道——「謂之道者，指其流行之名。道有天道人道。天道以天地之化言也，人

道以人倫日用言也。」「在天地，則氣化流行，生生不息，是謂道；在人物，則凡生生所有事，亦如氣化之不可已，是謂道。」（《孟子私淑錄》、《孟子字義疏證‧道一》）是故戴震整體學術完成於對體現「天道」的「人道」探求，意在建構落實於「實在界」的整體人生思考之新義理學，以此殊別於理學對形而上的道德價值信仰。故戴震的考據學和義理學雖然進路不同，但卻是不可分割的整全體系；他所體悟「義理即考覈、文章二者之源」，及其方法論之「由詞通道」、「披言以求道」，都是爲了追求義理理想。

　　因此戴震的義理觀由講明禮制出發，期能提供社會大眾範身矩行的客觀規範、具體準繩，以落實道德之「善」於日用倫常中。其《中庸補注》曰「『修道以仁』者，略辭；兼義、禮乃全乎仁。分言之，由仁而親親，由義而尊賢，由禮而生殺與等。」《原善》亦曰「禮至，則於有殺有等，各止其分而靡不得。」他強調仁義還必須結合禮制析明親疏等分，才能具體實踐於生活世界，完成「道不出人倫日用之常」的道德理想，而成就理性社會，此其所以致力於典制考證，即於一事物之微者皆不輕忽的用心所在。惟戴震的義理新說固爲建立「非形上學」義理模式而發，並自「禮」的角度理解天命及突顯經驗途徑，其所藉乎禮者，亦主要在提供百姓具體可遵循的道德規範；但他並非不言「理」，只是其所強調的經驗取徑和理學的形上進路殊別罷了。而此一趨向和乾隆元年高宗諭開「三禮館」以修纂《三禮義疏》和《大清通禮》，並詔令斟酌損益冠、昏、喪、祭等一切儀制，「務期明白簡易，俾士民易守」，[1]

1　乾隆元年高宗諭開「三禮館」修纂《三禮義疏》，並修訂《大清通禮》，其詔令曰：「朕聞三代聖王，緣人情而制禮，依人性而作儀，所以總一海內，整齊萬民，而防其淫侈，救其凋敝也。……前代儒者雖有《書儀》、《家禮》等書，而儀節繁委，時異制殊，士大夫或可遵循，而難施於黎庶；本朝會典所載，卷帙繁重，民間亦未易購藏。應萃集歷代禮書並本朝會典，將冠、昏、喪、祭一切儀制，斟酌損益，彙成一書，務期明白簡易，俾士民易守。」（《高宗純皇帝實錄‧乾隆元年6月丙戌》）

則爲同趨。是以戴震突出社會關懷、重視民生隱曲，以及強調道德實踐要能普及社會各階層，反對道德學「形上學」走向的看法，真實地反映了清人期藉發揚禮學傳統，以落實禮教移風易俗作用，並憑藉作爲實現理性社會依據的社會心理。

　　有關戴震之禮制考證及禮治理想落實，則他在所擬定的畢生治學計畫「七經小記」中設有「學禮篇」，[2]「蓋將取六經禮制，糾紛不治、言人人殊者，每事爲一章發明之。」（《戴氏年譜》書後）雖天不假年，未成而卒，但《東原集》中有〈記冕服〉、〈記皮弁服〉、〈記爵弁服〉、〈記朝服〉、〈記玄端〉、〈記深衣〉、〈記中衣褶衣襦褶之屬〉、〈記冕弁冠〉、〈記冠衰〉、〈記括髮免髽〉（服喪期間以麻、布束髮之禮）、〈記經帶〉、〈記繅藉〉（繅繫玉以五采組繫，以其承玉故名繅藉）、〈記捍決極〉（射禮所用以蔽膚斂衣之韋製護臂、腕、指者）等13篇，是其體例；而其《尙書義考》、《毛詩補傳》、《毛鄭詩考正》、《中庸補注》等之考辨禮學，也都是爲了發揚禮治精神，希望提供百姓可以具體遵循的規範，以禮建設理性社會。故戴震的義理觀係立足在其知識論的基礎上，要求可以經由「故訓→古經→聖人理義→我心所同然」之階徑加以檢驗。繼戴震之後，如揚州學派的凌廷堪、焦循、阮元等，亦皆利用語言文字分析法以進入古聖賢之思想世界，一皆以考據方法作爲所倡論新義理學之堅強後盾。總戴震之學，以「六書九數」爲基礎，以「典章制度」爲考察起點，而以「明道」爲最後宗旨，是爲對於所言「故訓非以明理義，而故訓胡爲」之自我實踐。

2　戴震所擬定的「七經小記」整體學術研究計畫，內容涵蓋《詩》、《書》、《易》、《禮》、《春秋》、《論語》、《孟子》等七經，並計畫撰作「訓詁篇」、「原象篇」、「學禮篇」、「水地篇」，而約之於「原善篇」，其曰「聖人之學如是而已矣！」其中「學禮篇」、「水地篇」，因早逝而未及成書；「訓詁篇」有《爾雅文字考》、《方言疏證》、《六書論》、《聲類表》等；《原象》是其天體與算法之學；《原善》、《緒言》、《孟子字義疏證》則是他反省理學並新建義理學之最得意之作。

三、戴震「非形上學」而強調道德創造性的新義理觀

在講明戴震學術中考據學和義理學的密切關聯性，並指出其經學考據目的在於探索《六經》聖道和典章制度所蘊藏的聖人「禮意」、也即理義之後，乃可以進至戴震所欲建立的新義理觀及其價值重建。關於戴震通過考察禮制並探求其中的聖人理義之後，他體會了什麼不同於理學體系的道德內涵？也即戴震新義理學的出發點並其價值觀之立足點了。落實來說，戴震思想的中心意識，就是反對理學長期獨尊的「道德形上學」義理模式；他要發揚「非形上學」之強調經驗視域與論域的新道德觀，因此其思想以一種「發狂打破宋儒家中《太極圖》」的「專與程朱爲水火」之反對理學面目出現。惟如此一來，他也就無可避免地成爲當世宋學派和後世理學維護者所共同集矢而洶洶眾議的對象了。

儘管戴震新義理學具有本土性早期啟蒙思想的意義，但以其強調形下經驗進路、又矢志推翻理學之長期主盟學界，他首先遭到了方東樹所代表的宋學派強烈排擊。方東樹藉《漢學商兌》一書嚴正捍衛宋學立場、尤其維護程朱理學；書中嚴辭駁斥戴震、阮元等新義理學家，但其實他也反對陽明理學，他也嘗說：「吾嘗論陽明大罪，祇是一妄，誤天下人心學術。」「陽明之罪在師心自用，欲讀者盡廢去讀書窮理之功，……欲以破朱子之學，而實墮於佛。」只是他所最嚴厲批判的對象當然還在於戴震等人。但要特別留意的是，他對於漢學家所最不滿的，並不在考據學上；他對於純粹的考據學尚有若干敬意，嘗言：「但就音學而論，則近世諸家所得，實爲先儒所未逮。……固談經者所不可闕之功也。」他的不滿實際上都聚焦在戴震等人之謂「賢人聖人之理義非它，存乎典章制度者是也。」「聖賢之教，無非實踐，學者亦實事求是，不當空言義理。」（〈題惠定宇先生授經圖〉）也即戴震等人以考

據絀合義理、並主張從考據進求義理之「由詞通道」方法論，暨其批判「宋儒譏訓詁之學、輕語言文字，是欲渡江河而棄舟楫，欲登高而無階梯也。」（〈與段若膺論理書〉）若此一類在發揚漢儒經注經說之餘、更指摘理學經典根基不足，而謂宋儒「不識禮制，空言義理」之言論等，才是方東樹所最嫉惡的。是以方東樹亦嘗明言「此說乃漢學宗旨第一義，千條萬端皆從此路差去。」（《漢學商兌》）可見乾嘉漢學家據禮制以論經義之外、更進論「禮意」而強調道德學的形下經驗進路──相左的義理立場，才是真正造成宋學派和新義理學家針鋒相對的關鍵。

　　故方東樹言「古今天下義理一而已矣，何得戴氏別有一種義理乎？」他將戴震批判程朱理學化約成為欲掃滅義理之學，而譏以「無識，不知有本。欲以掃滅義理，放言橫議，惑世誣民。」「深疾義理，欲伸漢學。」並以為「漢學家宗旨議論，千端萬變，務破義理之學，挑宋儒之統而已。」他甚至將戴震臨終之言「平生讀書，絕不復記；到此方知義理之學可以養心」，誤解成為這是戴震將死之「其言也善」、「猶知悔之。」此可作為戴震「解人難得」的註腳；實則方東樹不解戴震乃以義理學為平生首務，而戴震所提倡的義理學不是他所認為義理學惟一類型的道德形上學。故身為乾嘉時期極少數能夠繼承並發揮戴震新義理觀的思想家焦循，嘗論「東原自得之義理，非講學家〈西銘〉、〈太極〉之義理。」「宋之義理，仍當以孔之義理衡之；未容以宋之義理，即定為孔子之義理也。」（《雕菰集・申戴・寄朱休承學士書》）惟其論在當時殆如鳳毛麟角，戴震新義理學在當時是超乎多數儒者所能認識之外的；戴震在乾嘉漢學界雖然極負盛名，但其所被看重的是考據學，不是義理學，即倡開四庫館的漢學領袖朱筠也不能接受其新義理觀，並謂「程朱大賢，立身制行卓絕，其所立說，不得復有異同。」「何圖更於程朱之外，復有論說乎？」（《國朝漢學師承記・洪榜傳》）洪榜在戴震死後為撰行狀而欲載入戴震重要義理觀的〈與彭進

士書〉，即遭朱筠反對，言「可不必載，戴氏可傳者不在此。」戴震之子遂刪去之。是故所謂乾嘉學風「尊漢抑宋」，其實只能針對經注經義之經學考據一方面言，並未涵蓋義理學；在義理學方面，絕大多數乾嘉儒者仍然遵奉程朱理學，而這也是朝廷「尊朱」的官學立場，故宋學派之對峙於戴震壁壘，不難於理解。

　　而作為戴震新義理學代表的《孟子字義疏證》，即是立足在「由詞通道」方法論，並針對儒學核心概念如性、道、天道、理、仁義禮智⋯⋯等重新詮釋的義理學力作。戴震希望以所建構的義理新說寓諸禮教，以使百姓在人倫日用中實現移風易俗的作用；雖然遺憾地，其說未為時人所重而未能發揮重要影響力，但是其所代表的義理學典範轉移，則在儒學兩千多年發展歷程中具有銜接傳統與現代的重要意義。

㈠「理氣合一」、「形神不二」的理氣內在一元論

　　戴震新義理學從批判理學形上進路出發；在理學架構中，自形上學角度立說而區分「形上／形下」的「理／氣」二分，是為「存理滅欲」說的理論基礎，是即戴震所要打破的第一個宋儒家中〈太極圖〉。戴震持「氣本論」立場，對理、氣採取「去等級化」，故其氣是「理氣相即」之內在一元，是兼有道德創造意義的。

　　在理學「性、情二分」的架構中，尚未落入經驗「氣」層之喜怒哀樂「未發」的天命之「性」，也就是「理」了，斯即「性即理」。是以朱熹尊為「聖聖相承，既皆以此而接夫道統之傳」及「孔門傳授心法」的《中庸》，強調性理的價值根源來自天命──「天命之謂性」；能順此天命性理，「各循其性之自然」，即是「道」──「率性之謂道」；能因此稟命而各為品節，如禮樂政刑之屬，即是「教」──「修道之謂教」。以此理學強調「復初」說，主張吾人應敬謹修持此天命之性，以「復其初」之固有──「人之所得乎天而虛靈不昧，以具眾理而應萬事

者也。」（《大學章句》）然而「道心惟微」，它幽微隱微地不能以感官加以驗證，所以宋儒在工夫論上重主觀存養，突出「主靜立人極」、「無欲則靜虛動直」的內向涵養工夫（《周子通書‧聖學第二十》、《宋元學案‧濂溪學案》）。而儘管理學所強調的居敬存養，不是萬慮休置、不接事物之謂，朱熹亦言「今雖說主靜，然亦非棄物事以求靜。」「自古無不曉事情底聖賢，亦無不通變底聖賢，亦無關門獨坐底聖賢，聖賢無所不通，無所不能，那個事理會不得？」「敬不是萬慮休置之謂，……非專是閉目靜坐，耳無聞，目無見，不接事務，然後為敬；整齊收斂這身心，不敢放縱，便是敬。」（〈晦翁學案〉）但是此一強調澄治思慮、默坐澄心的內向進路，仍不免受到眾多重視經驗路徑的清儒批判。

戴震之批判理學形上進路，其「即物以求理」的「理在事情」主張，也有繼承明代以來漸興的「氣化論」以及晚明流行「百姓日用即道」思想的一面；其所主張「氣化流行生生不息，是故謂之道」，「陰陽五行，道之實體也」（《孟子字義疏證‧天道一》），可以從明代中葉起學界逐漸轉向重視氣論思想的歷史潮流來理解。要之，戴震反對程朱主流「理氣二元」的價值秩序，對朱熹從形上學觀點說理氣雖不離但不雜的「理本論」立場，以及以天理高度論性的「性理」之說，皆極表反對；他轉從事理、情理的角度說「理」，主張「理義在事情之條分縷析」，「明理」就是要「明其區分」（〈理六〉、〈理四〉），是以「理」之實現，須指完成道德實踐後被呈現的條理狀態而言。如此一來，理學強調「復其初」的「始善」，就被轉從現實經驗的踐履之善，即「終善」之道德實踐角度來說了。

此外，戴震的氣論也不是程朱「理／氣」存有層不同的「體／用」二分，非如程子言「凡物之散，其氣遂盡，無復歸本原之理。」「往來屈伸只是『理』也。」（《二程遺書‧伊川先生語一》）戴震認同張載

「太虛即氣」的氣論觀點，肯定「太虛」就是「氣」未聚時的本然狀態，故他是從「神氣非二」、「形神不二」的「妙萬物而爲神」角度論氣，其氣是兼有「神而化之」價值在其中的。其曰：

> 心者，氣通而神；耳目口鼻者，氣融而靈……神靈者，品物之本也。《易》曰「精氣爲物，遊魂爲變，是故知鬼神之情狀。」精氣爲物者，氣之精而凝，品物流形之常也；游魂爲變者，魂之游而存，其形散而精氣未遽散也，變則不可窮詰矣！
> ——〈答彭進士允初書〉

戴震強調現象界萬物雖然其形有散與敝；但其氣則未嘗滅，氣與性、理、神是不可分之一體，氣就是第一級概念的最高存有。故戴震論氣，持內在一元而「理氣合一」的氣本論立場。在戴震的理論系統中，理、氣不是異質的存在，氣不僅只是物理屬性的物質存在而已，不是無關價值或價值中立；而是一種「存在與價值不二」的立場，所以氣兼有形而上性格，是「理氣相即」的。而當「氣」成爲道德本體之核心概念時，則「神」是寓乎其中的，因此戴震試圖從氣論出發，建構「非形上學」但強調道德創造性的學說，遂成爲可能。

以此，戴震的義理焦點集中在現象世界的經驗領域裡，他認爲「凡有生，即不隔於天地之氣化。」他認爲義理學的目的，要「就人倫日用舉凡出於身者，求其不易之則，斯仁至義盡而合於天。」（〈性二〉、〈道三〉）故他強烈反對宋儒持論超越而先驗的本體思想以及對「理」的超驗認識；他第一個要破除的，就是理學架構中對「道／器」、「理／氣」的不同價值位階觀念。因此他先對形上、形下採取「去等級化」的理論方式，他從氣化流行的觀點，認爲「道」就是陰陽二氣的生化流行——「一陰一陽，流行不已，夫是之謂道而已。」（《孟子私淑

錄》）對於《易繫辭》言「形而上者謂之道，形而下者謂之器」，則他根據析名辨實的考據學原則，強調《繫辭》是針對「形」、而非「氣」而發——「形乃品物之謂，非氣化之謂。……『形而上』猶曰形以前，『形而下』猶曰形以後。」（〈天道二〉）他說「道／器」只是品物的形質形狀在形成之前與之後的殊名異稱罷了，是對品物狀態的形容說明，本無涉於價值之高下判斷。故於所謂「形而上」之未成形質以前，戴震舉例「陰陽鬼神胥是也。」（《原善・上》）他說譬如陰陽鬼神等都是未成形質形狀前的狀態。於是在理學中被判定和「形上之道」價值等級不同、而加以貶視的陰陽氣化等「形而下」者，在戴震的理論系統中就轉為不具等級、無關價值的「形以前」之謂了。

如此一來理學長時期用以區別「道、器」和「理、氣」的「形上／形下」界限，就被戴震取消了；宋儒卑視形下氣化的「滅欲」主張，其理由亦一併被弭消了。故戴震論曰：

> 道有天道、人道，天道以天地之化言也，人道以人倫日用言也。是故在天地則氣化流行，生生不息，是謂道；在人物，則人倫日用，凡生生所有事，亦如氣化之不可已，是謂道。
> ——《孟子私淑錄》

> 曰性曰道，指其實體實事之名。……故語道於天地，舉其實體實事而道自見，「一陰一陽之謂道」、「立天之道曰陰與陽，立地之道曰柔與剛」是也。……故語道於人，人倫日用咸道之實事，「率性之謂道」、「修身以道」、「天下之達道五」是也。
> ——〈道一〉

戴震認為氣化流行之「實體實事」、人倫日用之「生生所有事」，即是

天道、人道，所以「道」不是形上寂然不動的，凡天地之化、生生不息者都是「天道」，凡「出於身者」都是「人道」；而「理」也被轉爲「舉凡天地人物事爲，求其必然不可易」之「詩曰『有物有則』是也。」（〈理十三〉）是故吾人涵養道德、體現天理，皆應自「身之所行」、「人倫日用」上加以實踐之；那麼，氣何嘗不善？人欲何須盡去？因此戴震反對理學主靜居敬、澄治念慮的涵養方法，更反對其「復其初」的形上進路。於是在理學中屬性形而上的道體、道論思想及其強調形上進路的證體與義理架構等，到了戴震，就統統都被扭轉到生活世界的「人物事爲」、「日用事物當行之理」來講論了。

再從宇宙本體思想進至戴震的性論思想，則儘管戴震視氣爲最高存有，並「以氣論性」地持論自然人性，其性論除了「我固有之」的道德仁義等「理義」外，還兼具耳目心知、血氣情欲等自然情性；但相應於其本體論的「理氣一本」、「理氣合一」主張，其人性論亦持血氣心知之情欲與理義同歸一本、即理義與情欲同源的「一本論」，所以他強調「必然乃自然之極則。」（〈性七〉）其論曰：

> 自人道溯之天道，自人之德性溯之天德，則氣化流行生生不息，仁也；由其生生有自然之條理，觀於條理之秩然有序，可以知禮矣；觀於條理之截然不可亂，可以知義矣。……惟條理是以生生。
> ——〈仁義禮智〉

戴震顯持天人連繫的傳統思想基調，他認爲吾人「悅理義」的「自然」情性，最後會歸趨到「必然」的天道，即「惟條理，是以生生」的理義。因爲「仁義之心，原於天地之中者也，故在天爲天德，在人爲性之德。……謂原於天地之化而爲日用事爲者，無非仁義之實也。」「天德之知，人之秉節於內以與天地化育侔者也。」（《緒言》、《原善》）

他認為「自然」人情的極致表現就是天道的實現，即「協天地之常」的天德獲得實現，因此必然的理義也就是自然人性的具體而充分實現。於此，戴震所持傳統天道觀的天人合德立場，和孟子「盡心→知性→知天」之「天人同德」係屬同路，即歸趨於「性善論」；學界屢因戴震性論兼含血氣情欲而將他判為荀子同路的誤解，則戴震的「一本論」能釋疑，並清楚揭示其性論之孟學立場。

㈡兼含德性、智性、情性的自然人性論

　　戴震自詡為孟子解人，他認為宋明儒錯說了孔孟，故撰為《孟子字義疏證》，以期導正道德學長期偏重形上面而未能落實化民成俗的偏頗。對於此一道德學的客觀化困境，就其中所關涉的人性論而言，戴震基本上認同孟子的「性善」說；但是他以「根源義／歷程義」區別「性善／善」，亦如董仲舒論「性有似目，目臥幽而瞑，待覺而後見，當其未覺，可謂有見質，而不可謂見。今萬民之性，有其質而未能覺，譬如瞑者待覺，教之然後善。當其未覺，可謂有善質，而未可謂善。」（《春秋繁露‧深察名號》）即戴震肯定吾人善質內具、德性內在，也就是認同孟子的「性善」說；但是其理論重心並不在如何證立「性善」？他無意對性善加以「證體」，而意在闡明現實中吾人要如何完成道德實踐，以確保「善」之經驗實現？戴震正是認為道德學的重心應在指明實現「善」的路徑，而不是對「性善」加以質疑或證立。因此戴震和理學的思想歧義，其關鍵就在戴震反對理學偏重證立「性善」而忽略了「善」的經驗落實，此一分殊，並導致雙方在工夫論上存在顯然的「經驗／形上」側重不同。

　　因此戴震新義理學的出發點，就在反對理學強調形而上的「未發」、「復初」等道德價值；他主張「善」必須以經驗意義的「人能全乎理義」──「乃語其至，非原其本」的「終善」作為要求（〈理

十三〉），晚清嚴復突出的「善功」思想亦同於此。是以後世雖有持論「用理爲性」者批評「用氣爲性」者混淆了善之根源義與完成義；實則對戴震而言，「性善／善」本即存在「根源義／歷程義」之屬性差異及哲學範疇殊異，他並未混一，而且他的學術用意本即落在實踐歷程上。因此戴震的義理學建構，是針對理學的形上學架構及其「性即理」或「心即理」等「即心求理」命題而發；並非如孟荀之針對「性善／性惡」而欲加以辨明。

　　故戴震論性，一方面認同孟子性善思想，他亦持「理之爲性」的「善質」內具立場；另方面則他駁斥理學以「未發／已發」區別「性／情」的「尊性黜情」、「性即理」等主張，其曰「以人能全乎理義，故曰性善。言理之爲性，非言性之爲理。」（《緒言》）此中，「理之爲性」和「性之爲理」的不同——當說「性之爲理」（即「性即理」），則全性皆理，故理學以「天命之謂性」且「喜怒哀樂之未發」的「天地之性」（或「義理之性」）說之，是爲純粹天理，因此「氣質之性」被排除在外；至於戴震所持「理之爲性」，則「性」中除涵蓋道德仁義等「理義」（即德性範疇），同時還包含同屬自然人性的智性、情性等等。換言之，戴震論「性」的範疇大於「理」，性中兼攝「理義」範疇的德性以及「非理義」範疇的血氣情欲心知等。略如以下二圖：

圖1

圖2

所以戴震的自然人性論立場，除肯定理義為「我固有之」外，亦肯定性中還有其他不能被劃歸「德性」範疇的情欲知覺等「智性」和「情性」；惟情欲若能合理便是「仁」，知覺若能為正確之判斷便是「智」，故人雖內具善性，「善」卻非自然圓滿，須待後天努力始能成其善。而情欲和理義既然同為性中所有，如何能除滅之？因此理學的「性即理」及「存理滅欲」說，是戴震意欲打破的另一個宋儒家中〈太極圖〉。

　　總結戴震的人性論主要有二端：一是其性的概念大於理，其所主張「理之為性」，既不失「性善」立場，又以自然人性補充被理學排除在外的血氣情欲等「非理義」範疇。另一是他釐清「性善」與「善」的指攝不同──「善」是完成道德實踐後的境界、「乃要其後，非原其先」的踐履結果（《緒言》）；而道德學的重心應在論「善」，不在證立「性善」。是故在戴震的理論系統中，如何實現經驗界「人能全乎理義」的踐履之「善」？即現實界「性善→善」的落實過程才是他的學說重心。

　　但是要如何使內具血氣情欲的自然人性能夠必然地實現「善」？這一方面固然是戴震工夫論的理論重心所在，但另方面則戴震的人性論中除「理義」範疇的德性以外，其「非理義」範疇的血氣心知情欲等也必須和「善」具有內在的連繫線索，如此，「終善」的道德境界才有可能獲得必然實現，即焦循所言「非性無以施其教。」「無其性，不可教訓；有其性無其養，不能遵道修務。」（《雕菰集·性善解二·性善解五》）故戴震性論之德、情、知等皆屬於自然人性之同一存有層（如圖2所示），並且同質、同源地都是「分於陰陽五行以成性」（〈性二〉），即理義與情欲皆源於「一本」。故戴震人性論中除了道德仁義等「人有天德之知」以外，其他「自然」如此的感性經驗與理義之間的關係，也由於同質同源而存在「自然悅之」的關係，所以戴震言：「理

義之悅心，猶味之悅口、聲之悅耳、色之悅目之爲性」，心知能夠「悅理義」是一種「自然」情性的表現，因此「性之德，其歸於必然也。歸於必然適全其自然，此之謂自然之極致。」（《原善》）道德之「善」最終能被實現，正是一種由人情「自然」悅理義而向天德條理等「必然」理義歸宗的極致表現。其論也頗近於1993年郭店楚簡出土的早期儒家性論〈性自命出〉之謂「始者近情，終者近義。」是爲思孟、理學一系側重發揚天命性理以外，儒家另一種採取正面看待自然情性在道德實踐中具有正面作用的理論型態。

由此可以進論戴震人性論之與荀子及理學的歧異：

在戴震從自然情性向必然天道歸趨的過程中，「能否擴充其德？」是「能否完成道德實踐？」的重要關鍵，故戴震極強調孟子「凡有四端於我者，知皆擴而充之」之「擴充」說；他認爲善質雖是我所固有，但還要加以「擴充」之功始能成德，是以「學」、「教」等涵養工夫是必要條件。但是在他以「擴充」說作爲道德實踐門徑的理論系統中，還須有若干其他預設條件始能完足——除了戴震論情性、智性和德性同質同源地出於「一本」，是以情性、智性可與德性同趨外，最重要的就是他和孟子「性善說」同路的「德性內具」立場，這也就是他和荀子「性中未涵理義」之性惡說的根本歧異處。正因戴震持論性涵理義的「舉仁義禮智以言性者，以爲亦出於性之自然」立場，故能「有於內而資於外」地擴充其德。因此他批判荀子「其善者，僞也」的「性／僞」之辨，以及「遺理義」而偏就氣質以論性的性論立場；他說荀子之重「學」，是「無於內而取於外」，「知禮義爲聖人之教，而不知禮義亦出於性。」又說「豈可云己本無善、己無天德，而積善成德如罍之受水哉？」（〈性七〉）即於告子，他也同樣著眼於理義是人性所固有，而批判告子「貴性而外理義，異說之害道者也。」（《原善·卷中》）是以絕不能因戴震與荀子性論並皆涵有經驗氣質之一面，而逕將戴震化約成爲荀

子「性惡」一路；凡如程瑤田謂戴震性論「與荀子〈性惡篇〉相爲表裡」，章太炎言「極震所議，與孫卿若合符」，錢穆說「東原之所指爲性者，實與荀卿爲近」等，皆未能彰明戴震「理義爲性」之性論立場。

　　至於戴震認爲性中具有「善質」以及人有實現「善」的可能，那麼是否意味他也承認性中具有惡質的存在？則這就涉及戴震對理學突出「存理」與「滅欲」關聯性與必要性的質疑了，亦可謂雙方對「惡」的來源解釋不同。朱子曰：「飲食者，天理也；要求美味，人欲也。」並謂「聖人之教必欲其盡去人欲，而復全天理也。」（《朱子語類》、《晦庵集‧答陳同甫第八書》）但是戴震認爲屬於自然人性的「人欲」不可和「惡」劃上等號；他指出「惡」是行爲之流入「失」者，譬如「有私」和「有蔽」是出於「欲之失」、「知之失」等。故戴震對人性中屬於理義範疇外的血氣心知和情欲等部分，反對將「人欲」劃歸「惡」的一方，反對理學「培壅本根，澄源正本」的「去欲」主張；他將道德實踐的工夫論導向防制情欲之流入不當，主張道德實踐在於「去蔽」、「去私」，而非「去欲」，因此他強烈批判理學的「存理滅欲」說。

㈢從「尊德」到「尊情、尚智」的工夫論轉趨

　　承上而可以進至戴震聚焦在「善」之經驗落實的理論核心：其用以去蔽、去私的工夫論。立足在涵德性、智性、情性而爲言的自然人性上，戴震強調「善」之實現必須以「擴充其德」作爲必要條件；他認同孟子強調德性要能圓滿開展，必須「擴而充之」始能如「火之始然，泉之始達」，故他亦以「擴充」說爲其工夫論重心。針對「去蔽」，他突顯智性而主張「以學養智」、「重問學，貴擴充」，欲使道德睿知能行正確的道德判斷，並以德、智密切相關的「德性資於學問，進而聖智，非復其初」（〈理十四〉），修正理學「德性之知，不假見聞」的德、

智不相干說法；針對「去私」，則他強調「以情絜情」，要求「以我之情，絜人之情，而無不得其平。」（〈理二〉）所論因自肯定血氣情欲等自然情性對道德實踐具有正面意義的角度出發，承認「凡有血氣心知，於是乎有欲，……於是乎有情。生養之道，存乎欲者也；感通之道，存乎情者也。」（《原善‧上》）故能賦予「我情」以道德實踐積極意義，在推擴恕道同時，也修正了理學長期未能正視情欲的「尊性黜情」說和「滅欲」主張。以此戴震和理學的工夫論具有「擴充」與「復初」之殊。對戴震而言，「善」是一種踐履結果的經驗判準；他肯定人的道德創造性，但是反對理學的形上學體系，他欲另外建構從經驗視域與論域出發的「非形上學」思想系統。因此從「性善」→「善」的經驗落實過程，才是戴震的義理學核心，他的實踐工夫和理學存在「客觀事為／主觀存養」的取向殊異。

1.綰合德、智的「德性資於學問」說

在戴震的義理系統中，「理」兼含德理以及事理、情理等客觀事物的條理；但因理義範疇的德性本與「天德之知」同趨，不是戴震工夫論要去蔽、去私的指攝對象，所以戴震的理論重心遂放在涵養智性與情性的「以學養智」和「以情絜情」上，以此而與理學偏重內向存養德性的形上進路顯然殊別。以下先論戴震有關擴充智性的理論建設。

在人性所涵的德理之外，關於現實界客觀物理與吾人道德主體的連繫，戴震突出人要具備能知客觀條理的道德睿知，即「心知之明」要能辨明理義，其曰「理義在事，而接於我之心知。」「理義在事情之條分縷析，接於我之心知，能辨之而悅之。」但因現象萬殊的客觀物理並非吾人性理所「具於心」者，是以戴震「重問學，貴擴充」地提出顛覆了理學傳統的「德性資於學問」命題。戴震因強調「有物有則」的客觀條理，故言「不謬之謂得理」；反之，人之「失理」，由於「限於質之昧，所謂愚也。」（〈理六〉）但是怎樣才能避免愚昧、謬誤所導致的

行為「失理」呢？戴震強調惟「智性」為能應對——「人莫大乎智足以擇善也。」（《原善・中》）所以要發揮智性，使「智於天地人物事為，咸足以知其不易之則。」（〈性五〉）因此他對於思孟、《中庸》一系所說「雖愚必明」、「擴而充之，之謂聖人」及「人禽之別」等，皆自強調智性的角度加以理解；他認為禽獸只有知覺運動，而人之所以能夠「全乎理義」，其關鍵就在「人之心知異於禽獸，能不惑乎所行。」所以他說：「孟子言人無有不善，以人之心知異於禽獸，能不惑乎所行之為善。」（〈性二〉）其論曰：

> 仁義禮智非他，心之明之所止也，知之極其量也。
> ——〈性二〉

> 人以有禮義異於禽獸，實人之知覺大遠乎物，然則此孟子所謂性善。
> ——〈性八〉

> 理義非他，所照所察者之不謬也。何以不謬？心之神明也。人之異於禽獸者，雖同有精爽，而人能進於神明也。
> ——〈理六〉

孟子所言性善是否果係就人之知覺而言？容或具有討論空間，但是戴震認為人禽之辨在智性，則無疑義。斯義後來並為焦循繼承並發揚成為「能知故善」說，焦循進將智性與善的關係定義成為因果關係，曰「性何以善？能知故善。」（《雕菰集・性善解三》）因此「心知之明」正以其能知「有物有則」，而被清代新義理學家提昇成為人禽之別的決定因素，增進「心知之明」亦遂成為道德實踐不可或缺的涵養工夫。

而戴震之「德性資於學問」說，正是他所用以牽縮德、智關係的

理論建構。以下先說戴震論如何增進「心知之明」？其曰「昔者闇昧而今也明察，是心知之得其養也。」（〈理九〉）即欲「擴充其知」，必須「養智」；至於如何落實「養智」？則戴震主張「學」——「惟學可以增益其不足，而進於智。」「學以牖吾心知，猶飲食以養吾血氣，雖愚必明。」「學以養其良，充之至於賢人聖人。」（〈理六〉、〈與某書〉、〈才三〉）他認爲「學」是使智性「得其養」的不二門徑，是吾人落實道德實踐、突破稟性不齊的重要憑藉，所以戴震論道德實踐的第一個工夫重心，便是要「重問學，貴擴充。」（〈理十四〉）對戴震而言，「以學養智」是具有普遍意義的工夫修爲，他說「有己之德性，而問學以通乎古聖賢之德性。」（〈性七〉）立足在吾人固有的德性基礎上，尚須問學之功，始能擴充智性而行正確之道德判斷，所以「學」就是使人「去蔽」以擺脫「闇昧」的不二門徑。戴震並由此以論人之智愚與善惡的關係——智愚本是稟賦上的殊異，愚並非惡，但是愚者既「蔽」於「理」，苟其人又「自絕於學」，則其所爲便不免落入於「惡」了。故戴震對孔子所說「下愚之不移」，即釋以「自絕於學，是以不移。」（〈性三〉）其曰：「任其愚而不學不思，乃流爲惡。」（〈性五〉）戴震更由此展開對理學「德智二分」以及「存理滅欲」說的批判。他以「舍情求理，其所謂理無非『意見』也」以指責理學的「滅欲」說（〈理五〉），並謂：「自信之理，非理也。」他批評「以意見爲理」者，正是「蔽於理」之「蔽生於知之失」者，曰：「人莫患乎蔽而自智，任其『意見』，執之以爲理義。」（〈理四〉）此蓋由於戴震深感「古今不乏嚴氣正性疾惡如讎之人，是其所是，非其所非。……然則孟子言『執中無權』，至後儒又增一『執理無權』者矣。」（〈權一〉）且夫當其「意見」結合了傳統社會尊卑貴賤的階級倫理時，「尊者以理責卑，長者以理責幼，貴者以理責賤」（〈理十〉），則「未有任其『意見』而不禍斯民者。」（〈理五〉）故戴震

復由此提出尖銳批判的「酷吏以法殺人，後儒以理殺人」說（〈與某書〉），然他也因此而招致強烈的批駁與詆譏。

要之，戴震認爲立足在固有德性而益之以「學」，通過「學」之涵養智性可以使人「去蔽」，而避免流入「以意見爲理」之「知之失」，故他言「禮義出於聖人之心，常人學然後能明禮義。」（〈性六〉）緣此，戴震復批評理學之「滅欲」與「存理」爲不相及，其曰「朱子亦屢言『人欲所蔽』，皆以爲無欲則無蔽。……有生而愚者，雖無欲亦愚也。……欲之失爲私，不爲蔽。」（〈理十〉）不過於此除了表明戴震主張「雖愚必明」的途徑必須由「學」而至，即必須施加「以學養智」之功而非「去欲」之外；實亦顯出戴震與理學之未有交集——在理學體系中，其「理」係指天命性理，而理欲皆在心中，故「滅欲」可以「存理」；但在戴震，則「理」除德理外還涵蓋外向的客觀事理，故「滅欲」不能「存理」，理欲間也不必然存在排他性。則是戴震所論並非站在理學立場，而是以一己的義理系統爲出發，所以只能說明他極力突顯對客觀事理和經驗途徑的重視，也即其論實際上只有「立」新說的作用，並不能「破」理學之說。

至於戴震以後清儒之能繼承或發揮其智性強調者，譬如揚州學者焦循。焦循釋孟亦曰：

壯年知識，便與孩提較進矣；老年知識，便與壯年較進矣；同爲此人，一讀書，一不讀書，其知識明昧又大相懸絕矣。……則明之與昧，因習而殊。……聖人言此，所以指明學者達天，經路端在學習，有以變化之耳。

——《孟子正義》

晚清則康有爲也極力突顯人之智性，他也認爲「人道之異於禽獸者全在『智』。」其論曰：

物皆有仁義禮，非獨人也。烏之反哺、羊之跪乳，仁也。即牛馬之大，未嘗噬人，亦仁也。鹿之相呼、蛾之行列，禮也。犬之衛主，義也。惟無智，故安於禽獸耳。人惟有智，能造作飲食宮室衣服，飾之以禮樂政事文章，條之以倫常，精之以義理，皆智來也。……故惟智能生萬理。　　——《康子內外篇·仁智篇》

於此可見清儒對於德、智關係比較強調其關聯性而表現出「重智」傾向，他們多重視後天學習對於德性明昧能有「有以變化」的增益作用；而此一義理新趨不僅成為清儒立異於宋儒之一端，並且日漸根柢人心而成為後來的大勢。

2.綜合「性／情」、「欲／理」的「以情絜情」說

戴震對人情利欲，肯定一種既不過度抑遏情欲又不致流入惡的「去私，而非去欲」道德標準，他說「聖賢之道，無私而非無欲；老莊釋氏，無欲而非無私。」（〈權一〉）故他對於理學將「理／氣」判分為不同價值位階並倡為「存理滅欲」說，亟欲破除窠臼。戴震除前述分從「意見」以及「滅欲不能存理」等角度批判「滅欲」說外，他繼明清氣學家劉蕺山、王廷相等人後，亦「以氣論性」地主張「舍氣類更無性之名。」「言性也，咸就其分於陰陽五行以成性為言。」（〈性八〉、〈性二〉）他強調天地氣化、陰陽五行等皆為人物生生之所本，人之稟性不齊由於「分而有之不齊，是以成性各殊」而來；是以儘管人各「限於所分者各殊」，而有偏全厚薄與清濁昏明之種種不齊，然皆無改於「人物之性，咸分於道」，「各隨所分而形於一，各成其性也」（〈性一〉）之事實。因此人之稟性固有不齊，卻不能因其或有昏濁之性而謂之非性；理義和情欲皆屬自然人性同一層級——「人生而後有欲、有情、有知，三者，血氣心知之自然也。」（〈才二〉）是以不能以

「惡」歸諸情欲，更不能除滅之；至於現象界之「惡」，則戴震在「知之失爲蔽，蔽則差謬隨之」外，又說明「欲之失爲私，私則貪邪隨之矣；情之失爲偏，偏則乖戾隨之矣。」（〈才二〉）他認爲「惡」之產生，係因人在未落實涵養工夫前，或有無法克服一己之蔽與私的偏差行爲所致，故他將涵養工夫導向前述對治智性之「蔽」以及防制情欲之「私」上，他採取的是一種「君子不罪其形氣」（《原善・中》）的立場與主張。

　　故戴震乃以合理滿足情欲而無私無蔽作爲道德目標，他認爲「理」是一種能達到「無過情，無不及情」的「情之不爽失」狀態，他立足在人情基礎上，強調「古聖賢所謂仁義禮智，不求於所謂欲之外，不離乎血氣心知。」「未有情不得，而理得者也。」（〈理三〉、〈性二〉、〈理二〉）其謂聖人制禮皆緣情而來，理不能離開人的血氣心知在一切天地人物事爲與日用飲食上的人情事理表現，因此他呼應陳確所論「天理正從人欲中見。人欲恰好處，即天理也」（《陳確集・無欲作聖辨》），進一步地提出了「理存乎欲」的顛覆性命題，曰「理者，存乎欲者也。」（〈理十〉）試圖以「無私而非無欲」，修正儒學長期來未能正視情欲的「諱言利」傳統和明清間瀰漫的「假道學」現象。至於在對治情性之可能流入「有私」的「情之失」方面，則戴震提出了「以情絜情」主張，其說在發揚傳統恕道精神之餘，更有正面肯定情性的突破性意義。蓋「以情絜情」說一方面固然要求「以我之情，絜人之情」，「以我絜之人，則理明」的絜矩之道（〈理二〉）；另方面則其說亦縮合了「性、情」、「理、欲」而突顯「情理」，以一種肯定人情的「尊情」思想作爲推擴恕道的出發點。

　　就「絜情」而言，戴震強調一種道德規範要能成立，對於「理」或「善」的認定，要能「自求其情」地反躬靜思：「人以此施於我，能受之乎？」「人以此責於我，能盡之乎？」否則「憑在己之意見，是其

所是而非其所非，方自信嚴氣正性、嫉惡如讎，而不知事情之難得、是
非之易失於偏，往往人受其禍，己且終身不寤。」當一個人自信秉理公
正、嫉惡如讎，卻其實以「意見」爲理時，往往是不自知害人的，所以
「遂己之好惡，忘人之好惡，往往賊人以逞欲。」（〈理二〉、〈理
五〉）尤其被理學推到「天理」高度的道德規範，當結合了傳統社會尊
卑貴賤等級的階級倫理時，上位者往往挾「天理」之名以責人，則「其
責以理也，不難舉曠世之高節，著於義而罪之。」其所持道德標準往往
是一絕難達到的尺度，而下位的卑弱者則是沒有反抗餘地的，這就導致
了「理」徒然成爲一種「以意見爲理」的「忍而殘殺」之具。因此戴震
強烈呼籲「惟以情絜情，故其於事也，非心出一意見以處之。」（〈理
十〉、〈理五〉）他對於傳統社會的弱勢者，悲憫地同情他們沒有表達
人情的基本權利，甚至不能和尊者長者同其情、同其欲，故他提出了對
階級倫理造成道德壓迫的著名批判，曰：

> 尊者以理責卑，長者以理責幼，貴者以理責賤，雖失謂之
> 順；卑者、幼者、賤者以理爭之，雖得謂之逆。於是下之人不能
> 以天下之同情、天下所同欲，達之於上。上以理責其下，而在下
> 之罪，人人不勝指數。人死於法，猶有憐之者；死於理，其誰憐
> 之！
> 　　　　　　　　　　　　　　　　　　　　　　　　——〈理十〉

此即戴震批判「以理殺人」的理論基礎，其所批判，除前述之「蔽於
理」外，同時亦兼有對上位者不能「絜情」之批判，所以他說「使人任
其意見則謬，使人自求其情則得。」（〈理五〉）所論也略具道德寬
容、尊重個人價值選擇的現代化思維。戴震反對有任何絕對的道德標
準、超越獨立的道德價值，可以無視於個體條件差異而放諸四海地作
爲道德判斷的最高原理與標準；他強調道德主體——「人」的具體感

受，即具有經驗基礎的「情」，才是衡量道德價值「合理」的最客觀標準。故「合情否？」是爲道德規範「合理否？」的關鍵因素，所以他說「理也者，情之不爽失也。」「情得其平，是爲好惡之節，是爲依乎天理。」（〈理二〉）惟有能夠兼及人情的道德實踐，才能避免「以意見爲理」的道德迫害並培養道德上的寬容態度，因此戴震疾言「古賢聖體民之情，遂民之欲。」（〈理十〉）要求道德規範必須兼顧人情人欲，情欲才是「理」的內在基礎。於此，戴震亦頗合乎現代化人本主義的思維。

因此戴震對待情性的態度，迥別於理學性情二分的「尊性黜情」說，他認爲一個無情無欲之人，如何能夠感通人之有是情、有是欲？他擺脫了理學「理／欲」對立的思維模式，從理學的「黜情」觀轉爲「尊情」觀，並以「我之情」作爲人情的普遍基礎以及道德實踐的出發點。其論曰：

> 使其無此欲，則天下之人生道窮促，亦將漠然視之；己不必遂其生，而遂人之生，無是情也。　　　　　——〈理十〉

其謂一個漠然無情欲之人，其責人亦往往失之薄刻，殆所謂「己不必遂其生」者，如何能「遂人之生」？故以「我情」爲出發，道德主體對「理」的安頓才能產生安適、愉悅的「悅理義」之情，才能具備樂於實踐的道德意願。是以所謂「未有情不得而理得者也」，應兼涵人情與我情而言。以此，戴震強烈批判理學「不是天理，便是人欲」的「理／欲」之辨，欲破除長期來的理、欲對立陳窠。其論曰：

> 辨乎理、欲之分，謂不出於理則出於欲，不出於欲則出於理；雖視人之饑寒號呼、男女哀怨、以至垂死冀生，無非人欲。

今既截然分理、欲爲二，治己者以不出於欲爲理，治人亦必以不出於欲爲理，舉凡民之饑寒愁怨、飲食男女、常情隱曲之感，咸視爲人欲之甚輕者矣。　　　　　——〈權〉

戴震反對階級倫理造成的道德壓迫，他憂心理學在理、欲對立下的「性其情」、「以性之理節其情」等主張（《二程文集·顏子所好何學論》），有可能落入無視他人「饑寒愁怨」的道德陷阱，故他力言「在己之意見，不可以理名。」（〈理五〉）他強調道德應該具有人情的普遍基礎，不可因其階級差異而有殊別標準——「心之所同然，始謂之理、謂之義；則未至於同然，存乎其人之意見，非理非義也。」（〈理四〉）他對傳統價值體系的合理性質疑，在強調階級倫理的傳統社會中表現出勇於爲弱勢代言的悲憫心理，並賦予庶民突破尊卑貴賤階級的平等意識，初步呈現了現代意義人道精神和基本人權的平等思想，可以被視爲我國本土性的早期思想啟蒙者。故戴震《孟子字義疏證》從哲學角度立言，和《儒林外史》從文學角度，批判王玉輝在女兒絕食殉夫一事上，不僅未加阻止、還極力喝采「我竟尋不到這樣一個好題目的死法呢！」同樣都是十八世紀專制盛世中對於不顧人情的道德虛名之強力控訴。

四、結語

　　對於宋明清近千年的學術嬗變，學者多受制於宋明理學→清代考據學的「學術典範」轉移，而以義理學高度發展的理學→思想晦暗的考據學來理解明清思想演進；實則這樣的觀察，對於清代思想並不相應。因爲就學界主流型態之「學術典範」言，清學固然由考據學領軍；但在義理學已經不再如宋明理學位居學術主流地位的清代，就不能將「學術典範」和學術範疇中的「義理學典範」、或「思想典範」直接劃上等號。

因此考據學和義理學儘管有其內在連繫，卻畢竟範疇不同；檯面上主流的考據學並不能代表檯面下非主流的義理學，清代經史考據學的成果並不能代表清代的思想成就與內涵。是以欲探討清代思想，必須回到義理學範疇，而戴震所領軍的「乾嘉新義理學」，則是代表了清人結合考據特長並另闢蹊徑的清代新義理學。

　　是故針對過去學界屢言清學缺少思想性，宜有所修正與釐清：蓋考據學對理學之主流地位取代，是「學術典範」轉移，以戴震為主的「乾嘉新義理學」之以「非形上學」模式並峙於「宋明理學」，才是思想範疇的「義理學典範」轉移；惟由於兩種轉移的起點都是「宋明理學」，以致過去學界籠統地以為清代思想特徵就是「理學」被「考據學」取代、清儒乃以訓詁為哲學，這樣誤認的結果，導致學界普遍以為清代再無哲學思想、「義理學」可言。實則除了作為「學術典範」的宋明理學被考據學取代，作為「義理學典範」的宋明理學也同樣被「乾嘉新義理學」抽換核心價值。是以在考據學最興盛的乾嘉時期，清代仍有不同於理學類型的新義理學發展。

　　更深一層地說，歷代學術典範之檯面上理論成果雖然顯見，如「先秦子學→兩漢經學→魏晉玄學→隋唐佛學→宋明理學→清代考據學」的學說理論建構，皆為眾所注目；但是論及學術轉移的關鍵因素，則位居檯面下的思想價值觀卻往往容易被忽略掉，實則時代核心價值才是決定典範轉移的真正關鍵。是以儘管考據學表現出回歸經學傳統、突顯實證方法論的學術特色，但真正決定了清儒「由虛返實」、「崇實黜虛」之一代學風並形成考據學空前發達的原因；卻在於清儒強調儒學客觀化途徑、發揚經驗視域與論域的思想意識。是故從理學的「形上取向」到清儒轉為「經驗取向」的價值轉趨，才是清學別出理學之外的最重要核心因素；戴震整體思想之中心意識，正是他由反思學術蹈空危機而產生的經世關懷與經驗強調。所以決定學術典範交替的原因，最終還是必須回到

思想層面來找答案。

因此當戴震面對明清以來的「儒學客觀化困境」時代難題以及學術困境時，他選擇在理學的道德「形上學」以外，另建「非形上學」而強調道德創造性的新義理學；雖然其新義理觀未能受到當時學界的普遍重視，因而亦未出現支配思想界的影響力，但是他所呈現的思想新動向，卻無疑地正是社會廣大階層和百姓心聲的真實反映，真正地貼近了社會價值。且夫哲學乃是緣自對社會思想與社會價值之真實提煉，而社會思想並非由上層菁英文化單向、片面領導下層的——譬如在時代課題改換了的清代，卻仍然堅持理學和科舉結合所產生之範疇概念；時代思維乃是依照真實的社會現實產生的，知識份子的理想也必須接受現實檢驗，不能自外於歷史脈絡與社會脈絡，脫離了現實基礎的意識形態很難避免向壁虛構的「假道學」現象，所以惟有真實流動在生活世界與大眾階層間的活潑潑思想，才足以傳達時代之真精神。故戴震確切反映社會價值並突破尊卑階級的本土性啟蒙思想先驅，正是章太炎肯定其「具知民生隱曲」，梁啟超稱《孟子字義疏證》是「三百年間最有價值之奇書。」以及胡適認為戴震是「朱子以後第一個大思想家、哲學家」的價值所在。因此從戴震力圖掙脫長期來定於一尊的理學道德形上學宰制、突顯經驗視域並肯定自然情性的新義理觀，到晚清康有為之強調「善者非天理也，人事之宜也。」（《康子內外篇‧愛惡》）以及嚴復之主張「義利合，民樂從善」的「善功」思想、而反對理學之「有善志，而無善功。」（譯《原富》、《法意》按語）則戴震義理新論正是銜接儒學之傳統與現代、暨清代社會普遍價值之代表性理論。

故乾嘉復禮思潮暨戴震之整體學術，循著「故訓→禮制→禮意→理義」之階徑，結合了經學考據和儒家哲學，既倚重訓詁考據以窮究典章制度，復由禮制進求聖人之「禮意」及理性思考；於此說明了清儒治禮，其於三禮學等經禮之校勘、註疏、釋例等考禮和議禮的訓詁考據，

背後寓有藉禮學以化民成俗的經世理想在。惟過去學界對於戴震根基在考據學上的新義理學，多未有相應之理解、或未能融會其一貫體系而予以割裂看待、或譏評其以訓詁為義理，至謂「哲學問題當作訓詁問題。」實則如此理解係侷限在訓詁考據範疇，未能進窺戴震等人意欲會通經學與哲學的思想堂奧。對戴震、凌廷堪等清儒而言，訓詁是通往古代典制之階、開啟古禮制之鑰，禮制則是道德理性所寄託，皆非目的；其究極目標在於建立強調經驗途徑的「非形上學」義理體系，這才是「由詞通道」整體學術之完成，所以清儒新義理觀絕不可以簡單化約成為「以訓詁為哲學」。

　　戴震一生窮而不達；他未入京前，居住在多山少平原的安徽，曾經遭遇大旱、斗米千錢而家中乏食，他遂與麵鋪相約取麵屑為饔飧，閉戶而成《屈原賦注》。金榜曰：「先生之堅強，窮困時能日行二百里。」戴震樂觀地以為「余乖於時，而壽似可必。」後以斯言告錢大昕，大昕曰：「天下固無可必之事也！」弟子段玉裁則對於戴震發願完成「七經小記」，曾經致疑道：「歲不我與！一人有幾多精神？」戴震曰：「當世豈無助我者乎？」後來其視茫茫，一年中屢換眼鏡，鬻眼鏡者告以「此老光之最者，過此無可換矣。」（書《年譜》後）年五十五，竟以積勞而中壽殂；卒於丁酉五月二十七日，五月上旬甫成《聲類表》，其用心過勞，距臨終十餘日耳。當他臥病京師時，仍刻無少休，猶力疾點定段玉裁所著《六書音均表》，並委之進士丁杰，曰：「余不及語段君矣。子盍持此書歸。」未數日而卒。昔梨洲嘗有志於董理宋明理學學術思想史，在完成《明儒學案》之後又力作《宋元學案》，未果而卒；其子百家續成，未成亦卒；其後乃有全祖望之賡續斯業，終能完成巨著。則戴震「豈無助我？」之嘆，竟終成絕響、抑或猶有待於後人？至於重新講明清代新義理學，略盡發明清代思想之棉薄力，且期於堪慰前賢，則吾人今日之業。戴震歿後，京師同志輓聯曰：「孟子之功不在禹下，

明德之後必有達人！」戴震誠不世出也！

附錄　戴震人性論與孟、荀之異同

　　戴震道德學的重心在於如何實踐「善」？他認為只要通過工夫涵養對智性、情性加以「以學養智」和「以情絜情」之功，人便可以在實在界落實經驗之「善」，此其理論軸心；然而經驗行為之「善」之所以可能，還必須返本溯源地以人性之善、即人先天本具的善根為其根源，是以戴震學說的大前提持孟子之「性善」說立場。

　　戴震對於「性善」論並沒有疑惑，故他未著墨於「性善」之辯證；他所論辨，皆在如何在現象界實現善？所以戴震緊扣人性論而來的「主智重學」工夫論，雖與荀子同皆重學、且同持「氣質之性是性」立場；但其與荀子未具價值根源之人性論，實際上具有「有／無」道德創生義之人性論根本差異。而戴震之批判理學，主要在其與理學的最大殊異——經驗進路，即雙方存在「形而上／形而下」義理模式不同之根本殊別。戴震亟反對理學內向、主觀存養之工夫論，他突顯經驗視域而要求經驗落實與客觀事為。

　　惟學界頗以戴震批判理學，又持肯定氣性之自然人性論立場，而將他判歸荀子「性惡」一路；未能理解戴震是在「性善」前提下肯定氣性，其撰作《孟子字義疏證》正以能落實善之實踐自詡為孟子解人。總論戴震之義理旨歸，是要建立起「非形上學」但強調道德創造性之思想體系。

㈠迭有爭論的戴震與孟、荀異同

　　戴震繼宋明理學之後，以截然不同於理學的義理模式撰為《孟子字義疏證》，是其一生義理思想代表作。戴震自居孟子解人，自以為是更

純粹的孟學；然眾知理學亦宏揚孟子性善思想，強調價值根源內在、挺立道德自覺，而戴震強烈攻訐理學，且其人性論兼含道德理性和耳目口鼻等自然情性即荀子立言之氣性。這一來遂導致後世諸多儒者質疑：戴震究是孟學、抑或荀學？此中具有極錯綜的複雜關係，故本文以釐清戴震人性論與孟、荀之異同為題旨，但也不可避免涉及諸多戴震與理學的思想比較。

　　關於儒學兩大系 ── 孟子與荀子，由於孟學獲得理學主流極力發揚，朱熹《四書集注》自元代起並獲科舉建制主宰仕進之優勢，「性善」說長期穩居儒學思想正宗；反之，荀子「性惡」說一向被從孟子對立面看待，如勞思光《中國哲學史》稱荀子是「失敗之儒者」、「背儒而近墨」，且言：「就荀子之學未能順孟子之路以擴大重德哲學而言，是為儒學之歧途。」甚至認為秦漢以後中國文化精神之弱敝，「內在樞紐，皆由荀學之病。」（《中國哲學史‧荀子與儒學之歧途》）此一現象或可自「廣義的孟學」、「孟學系荀學」的角度加以理解（劉又銘〈荀子的哲學典範及其在後代的變遷轉移〉）。相對來說，清儒較看重荀學，也較肯定荀子傳經之功，如汪中〈荀卿子通論〉稱：「荀卿之學出於孔氏，而尤有功於諸經。……六藝之傳賴以不絕者，荀卿也。周公作之；孔子述之；荀卿子傳之，其揆一也。」（汪中《述學補遺》）劉師培《國學發微》也說：「子夏、荀卿，皆傳六藝之學者也，是為漢學之祖。」此蓋由於清代「崇實黜虛」的學術取向近漢遠宋，清儒尤其不滿理學獨重《四書》、荒疏《五經》，導致「《五經》率皆庋閣，所研究者惟《四書》，所辨訂者亦惟《四書》。」紀昀曾批評：「明代諸儒註疏皆庋閣不觀，《三傳》、《三禮》尤幾成絕學。」更批判明代二百餘年懸為功令的敕修《四書大全》，「講章一派從此而開，庸陋相仍。遂似朱子之書專為時文而設，而經義於是遂荒。」（紀昀《四書大全》提要、《周易大全》提要、《三魚堂四書大全》提要）故清學對漢學有

復興之功，繼惠棟樹立經解之「漢學」典範後，阮元亦曰：「聖賢之道存於經，經非詁不明。漢人之詁，去聖賢爲尤近。」（阮元〈揅經室二集‧西湖詁經精舍記〉）乾隆所設四庫館更儼然漢學家大本營。不過清儒儘管頗爲漢學平反，並有提升自唐以下見黜千年的荀學況味，但直至光緒三十一年（1905年）廢科舉止，《四書集注》的科舉定式地位皆未動搖；緣「釋經學」展開的儒家歷代哲學建構，也還是沿襲「釋孟」路線進行，如清代新義理學的代表思想——戴震《孟子字義疏證》及焦循《孟子正義》，仍然如此。

　　但是集乾嘉新義理學大成、堪稱清代新義理學代表人物的戴震，其所持論究是孟學或荀學？歷來迭有爭論。程瑤田說戴震性論「與荀子〈性惡篇〉相爲表裡。」（程瑤田《論學小記‧誠意義述》）章太炎答客問：「戴震資名於孟子，其法不去欲，誠孟子意邪？」亦曰：「極震所議，與孫卿若合符。」（章炳麟《文錄‧釋戴》）錢穆《中國近三百年學術史》也說：「東原之有會於荀卿者至深矣！」「東原之所指爲性者，實與荀卿爲近。」他認爲孟子區別對待的義理之性（理）與氣質之性（欲），都被東原「打併歸一」了，且「孟子書中亦明明分說兩境界，而東原必歸之於一；又不歸之於仁義，而必歸之於食色，是東原之言近於荀子之性惡，斷然矣！」勞思光則認爲戴震「非專取動物性爲人之『性』，故與孟、荀之說皆異。」[3] 現代學者或稱戴震「孟皮荀骨」、「在清代完成了荀學的新版本。」（劉又銘〈荀子的哲學典範及其在後代的變遷轉移〉）故本文正爲釐清戴震人性論與孟、荀之異同而發。

　　筆者以爲依據孟、荀「性善／性惡」之判教——超越的道德本心

3　勞思光說戴震：「與孟子不同處在於其所謂『性』非專指人所異於禽獸之能力；與荀子不同處在於其所謂『性』亦包含『理義』。」（《中國哲學史‧乾嘉學風與戴震之哲學思想》）

是否人性固有？即道德創造性是否根源於性？則戴震持「禮義為性」說確屬孟子「性善」一路。但因戴震對「人禽之辨」採取「智性」切入角度，殊異理學體系「心性」論之德性說；且戴震人性論兼含耳目情欲等氣質之性，工夫論復突顯智性而「主智重學」，在偌多相似性下，儒者往往一體化約而將戴震劃歸荀學同路。惟「人禽何別？」「人性論涵氣性否？」實與「道德價值是否根源自性？」所論殊指。戴震突顯智性與情性，並未影響其性論善惡立場；其影響主要在於工夫論之經驗進路。即戴震主張通過「以學養智」、「以情絜情」來防節不當情欲。故儘管戴震性論範疇和理學具有異見，在其「理義是性」之「性善」立場外，復兼有血氣情欲等「非理義」範疇而突顯經驗進路；但其性論根本立腳點迥異乎荀子，不能歸之荀學。

㈡戴震人性論的依據——理、氣「去等級化」的「理氣相即」內在一元

戴震在宇宙本體論上持「氣本論」立場，迴別於理學主流之「理本論」：其雖略近張載氣論，但與張載區別「天地之性／氣質之性」之人性論決然不同。戴震的氣本論係對理、氣予以「去等極化」，此其兼涵德性與氣性的自然人性論基礎，亦其建構著重經驗領域但具道德創生義的思想體系關鍵。故戴震之氣本論、氣性論與工夫論皆環環相扣、密不可分。

「氣」在古代思想進程中被用以指陳一切客觀的、具有運動性的存在。作為哲學概念的「氣」，除有形質的空氣、氣息、煙氣、蒸氣……外；還涵攝「形氣」之可獨立於人類意識外的客觀實在現象如氣勢、氣節、氣通，以及「神氣」之無窮運化、運動性概念等。所以除了具體的物質形態，可用直觀性、經驗性的感官覺知的有限存在外；氣同時也是具有抽象邏輯範疇意義的概念——雖不能被直接看到，卻是共同本質的

概括，是構成宇宙萬物和生命精神的本原，一種從具體進至抽象的概念。此概念不是理學主流「理本論」架構下、「理氣二分」的無關價值或價值中立的氣，更不僅是物理屬性的物質存在而已；而是從「生生」之善出發，是與性、理、神等一貫而不可分的氣論思想。

　　歷來言氣者，如《孟子》有浩然之氣；《莊子》合心氣為一而謂「遊心於氣」；《管子》（稷下道家）則以「精氣」說明道之化生萬物——「精氣」是連繫虛無無形的「道」和有形萬物的關鍵，是使自然生命和道德生命、攝生問題和道德課題相連繫的概念。此皆已觸及氣與人之生命和精神現象的關係討論了。《淮南子》復以道統儒、法，而以「虛霩生宇宙」描繪一幅天人相通的宇宙圖式，[4]把包羅萬象的天文、地理、人事、政治、王道等萬事萬物都納入此一相互關聯、統一而具有共同遵循規律的「天人相應」宇宙論圖式中。董仲舒則建立起儒家式的人天同構思維模式。他「以人合天」而突出「人理副天道」，又強調「惟人道為可以參天」、「惟人獨能偶天地」，「天人相應」地完成了漢代的天人宇宙論圖式理論。宋儒張載則是理學範疇中最早從宇宙論高度系統建立起「氣本論」者，他提出「虛空即氣」、「太虛即氣」等太虛與氣統一的命題。其氣兼「有象」之形質與「不可象」之無窮運化，即「氣兼有無」。他認為「氣」與「太虛」是氣的不同存在狀態，氣「不能不聚而為萬物」之有形，與「萬物不能不散而為太虛」之無形，乃同實異名，故曰「太虛無形，氣之本體。」「知虛空即氣，則有無、隱顯、神化、性命，通一無二。」「聚亦吾體，散亦吾體。」[5]故儘管

4　《淮南子‧天文訓》曰：「道始于虛霩，虛霩生宇宙，宇宙生氣。氣有涯垠，清陽者薄靡而為天，重濁者凝滯而為地。……天地之襲精為陰陽，陰陽之專精為四時，四時之散精為萬物。」

5　語詳張載撰、王夫之注：《張子正蒙‧太和篇》。另，本文係採區分氣本論、理本論、心本論之理論模式，並未採取如牟宗三之詮釋進路。牟氏之言如「神固不離氣，然畢竟神是神，而不是氣；氣是氣，而不是神，神與氣可分別建立。」故其於張載所言：「散殊而可象為氣，清通而不可象為神。」係採取「區別」（而非「兼有」）神、氣的角度，認為張載所言是「『不可以』有

我們不能否認氣聚為宇宙萬象時，其直觀性色彩濃郁，「普遍的本質」被感性經驗所包覆；但是氣可聚為萬物形質、亦可散為太虛，亦可就其無象無跡而為萬物本原、無窮運化之「神」而言。斯為「氣一元論」、或「氣本論」者之宇宙本體論思想。

　　惟理學「理本論」主流從形上學角度對「理／氣」賦予「形上／形下」不同之價值位階，氣論思想長期未受重視；逮及明中葉，儒者始漸轉向「以氣為本」的宇宙本體論。如羅欽順言：「理須就氣上認取。」（《困知記》卷下）王廷相說：「氣也者，道之體也。」「天地之先，元氣而已矣！元氣之上無物，故元氣為道之本。」（《王廷相集·慎言》、《雅述·上》）黃宗羲也立足心學而曰：「天地之間只有氣，更無理。所謂理者，以氣自有條理故立此名耳！」（《明儒學案·諸儒學案中四》）王夫之言：「理即是氣之理，氣當得如此便是理。」（《船山易學·周易外傳》）戴震亦曰：「氣化流行，生生不息，是故謂之道。」「陰陽五行，道之實體也。」（《孟子字義疏證·天道一》）並皆採取事物之外別無理義的「氣本論」立場，從形上視域逐漸轉移重心到形下氣化與經驗世界。

　　戴震義理觀正是從批判理學的形上學出發，首要破除理學的「理氣二分」、「存理滅欲」思想。他持「氣本論」立場地對理、氣予以「去等級化」，轉持「理氣相即」的內在一元論，此其氣論思想能具備道德創生義的內在因素。戴震認同張載「太虛即氣」的氣觀，肯定「太虛」

象跡者乃為『神』」之規定義。其又曰「清通無象之神」就是對立於有象之「氣」、且為「氣」之上的「太虛」本體，因此他嚴格區別有象跡聲臭者為「氣」，「不可象」者為「神」，故於張載之言：「太虛無形，氣之本體。」亦自區別體、用之進路，曰：「『太虛』一詞，是由『清通而不可象為神』而說者。……氣以太虛──清通之神──為體。」（牟宗三：《心體與性體》）故他終究以「太虛」、「神」為「體」，以區別於其所界定為「用」的「氣」；對於張載之「太虛即氣」，他只認同從體、用「不離」的角度，說以「太虛不離氣」之謂也，故其認定張載並非氣本論者。

是「氣」未聚時的本然狀態，故其氣論亦主「神氣非二」、「形神不二」，兼有「神而化之」、「妙萬物而爲神」的價值於其中。戴震亦認爲現象界萬物雖有形散、形敝，但其氣未嘗滅；氣與性、理、神，一體而不可分，氣就是第一級概念的最高存有。曰：

> 在天地則氣化流行，生生不息，是謂道；在人物，則凡生生所有事，亦如氣化之不可已，是謂道。 ——〈道一〉

在戴震的理論系統中，氣不是物理屬性之無關價值者，理、氣不是程朱認爲存有層不同的異質存在——「往來屈伸只是『理』也。」「凡物之散，其氣遂盡，無復歸本原之理。」（程頤《二程遺書・伊川先生語一》）而是「存在與價值不二」之「理氣相即」，是兼有形而上性格之「神」寓乎其中的。故戴震從氣論出發而欲建構「非形上學」的道德創造性學說，遂成爲可能。

　　爲何戴震義理學聚焦於實在界、經驗領域？蓋他認爲「凡有生，即不隔於天地之氣化」，故義理學的目的在「就人倫日用舉凡出於身者，求其不易之則，斯仁至義盡而合於天。」（〈性二〉、〈道三〉）所以他反對宋儒先驗、超越的本體思想及其對「理」的超驗認識，更反對以不同價值位階去區別「道／器」與「理／氣」。戴震不僅對形上、形下「去等級化」，他更轉從氣化流行的觀點論道，認爲「道」就是陰陽二氣的生化流行——「一陰一陽，流行不已，夫是之謂道而已。」（《孟子私淑錄》）因此對於《易繫辭》言「形而上者謂之道，形而下者謂之器」，他據析名辨實的考據原則，強調所論是說「形」、不是「氣」——「形乃品物之謂，非氣化之謂。……『形而上』猶曰形以前，『形而下』猶曰形以後。」（〈天道二〉）他指出道、器之名只是品物的形狀形成前後之異稱，無涉價值高下判斷；「形而上者」指未成

形狀前的狀態，如「陰陽鬼神胥是也。」（《原善・上》）故在理學體系中，屬於「形而下」的陰陽氣化，其與「形而上」之「道」具有不同價值等級；但在戴震理論系統中，其為不具等級貶抑義的「形以後」之謂。

如此一來，理學用以區別「道／器」和「理／氣」的形上、形下界限，就被戴震取消了。故戴震曰：

> 道有天道、人道，天道以天地之化言也，人道以人倫日用言
> 也。
> 　　　　　　　　　　　　　　　　　　　　　　—— 《孟子私淑錄》

> 曰性曰道，指其實體實事之名。……故語道於天地，舉其實
> 體實事而道自見，「一陰一陽之謂道」、「立天之道曰陰與陽，
> 立地之道曰柔與剛」是也。
> 　　　　　　　　　　　　　　　　　　　　　　—— 〈道一〉

於此，形下經驗界的人倫日用等「生生所有事」和氣化流行的「實體實事」，都被戴震稱為「道」；「道」不是寂然不動的形而上者，舉凡天地之化、生生不息者皆「天道」，而「出於身者」則皆「人道」是也。於是宋儒卑視形下氣化的「滅欲」理由，也一併被取消了；而「理」亦轉成「舉凡天地人物事為，求其必然不可易」之「詩曰『有物有則』」了（〈理十三〉）。故戴震認為吾人涵養道德、體現天理，皆應自「人倫日用」、「身之所行」者加以實踐。以此，他亟反對理學形而上的工夫進路，反對其主靜居敬、澄治念慮等「復其初」說法，而轉強調可供驗證的客觀、經驗事為。是故理學偏重強調形而上性格的義理架構，到了戴震，就統統都被扭轉到生活世界的「人物事為」、「日用事物當行之理」上來講了。

由於戴震持內在一元的「理、氣合一」立場，是以儘管他「以氣論

性」，其性論除道德仁義等「理義」外，還兼有耳目心知等血氣情欲，但他仍然維持傳統天道觀「天人合德」之「天人合一」思想。其論曰：

> 自人道溯之天道，自人之德性溯之天德，則氣化流行生生不息，仁也。由其生生有自然之條理，觀於條理之秩然有序，可以知禮矣；觀於條理之截然不可亂，可以知義矣。……惟條理是以生生。
> ——〈仁義禮智〉

由於戴震持論「人道本於性，而性原於天道」（〈道一〉），故其道德觀仍抱持天人連繫的傳統基調。他認為人心「悅禮義」的情性「自然」，最終必會歸趨到天道「必然」——「歸於必然，適完其自然。」「必然乃自然之極則。」（《緒言・卷上》、〈性七〉）自然情性的極致表現，就是天道必然被實現，也就是合德於「惟條理，是以生生」的禮義。故其《原善》曰：「有天德之知，其必然則協天地之常，莫非自然也。」就此而論，戴震與孟子「盡心→知性→知天」之「天人同德」，亦是同路。

反觀荀子天道觀，其「性、偽之分」正相應於其「天、人之分」。蓋荀子抱持「天行有常，不為堯存，不為桀亡」之自然天道觀，頗殊異於儒學尊天傳統之天命立場。[6]荀子〈天論〉曰：「治亂天邪？曰：日月星辰瑞曆，是禹桀之所同也。……治亂非天也。時邪？曰：繁啟蕃長於春夏，畜積收藏於秋冬，是又禹桀之所同也。……治亂非時也。……

6　「天人合一」可以就「心性論」、「宇宙論」兩種進路言之：前者就人的道德創造與天道生化大德的內在性、合一性而言，如孟子「盡心→知性→知天」之強調道、理、心、性等形上精神實體之價值滿盈、天人同德；後者如董仲舒一方面強調「以人合天」、「人理副天道」，另方面亦強調「惟人道為可以參天」，「惟人獨能偶天地」之漢儒型理論。而荀子「明於天人之分」的自然天道觀，顯然與之皆不同。

天有常道矣！地有常數矣！」荀子持「自然天」立場而強調自然規律，反對天有義理性或主宰性，他發揚事在人為、人的自主性。不過其〈不苟〉篇也說：「君子大心則天而道。」「誠心守仁則形，形則神，神則能化矣；誠心行義則理，理則明，明則能變矣。變化代興謂之天德。」於此似又矛盾地說明著至誠、仁義與天德的關係。因此在荀子主張「天人之分」的主流觀點下，也有另持反對意見而謂荀子是「天人合一」者。但是荀子下文緊接著又說「此順命以慎其獨者也」，「善之為道者，不誠則不獨，不獨則不形。」則他雖言「順天命」卻主要落在個人修德上言，並非強調天人連繫關係，故王先謙集解釋「化」為「遷善」、釋「變」為「改其惡」，「天德」則作為譬喻關係，言：「既能變化則德同於天，馴致於善謂之化，改其舊質謂之變。」又曰：「形非形於外也，形即形此獨也。」要之，〈不苟〉並無足夠證據推翻荀子〈天論〉所明白持說的天道自然立場。另外荀子也嘗以「氣」作為人與萬物之間同感共應之潛存結構，其〈王制〉曰：「水火有氣而無生，草木有生而無知，禽獸有知而無義，人有氣、有生、有知，亦且有義，故最為天下貴。」但學者楊儒賓認為荀子之氣畢竟「是一種準物質、體質意義的氣」，雖然也有交感的功能，但「這並不表示它可以成長、轉化、主動地參與存在之流行。」（《儒家身體觀》）故以荀子「性、偽之分」印證其「天、人之分」，則荀子強調價值根源由外在學習，其心能知理而不能生理，能認知學習而不能生生條理，是以罕有強調人與宇宙之連繫者。

　　職此，戴震涵禮義之善於「氣質」、「形神不二」的氣性論，其「自人道溯之天道，自人之德性溯之天德」、「在天為氣化之生生，在人為其生生之心」的天人合德立場（〈仁義禮智〉），殊異於荀子。而其主張「分於陰陽五行以成性」的人性自然「悅禮義」，且終必歸趨到「天道」禮義之實現，雖因其認識論強調「天地人物事為」、「有物有

則」等客觀事理、物理而具有經驗色彩；但他未受經驗主義侷限，他係由吾人「生生之心」和「悅禮義」之稟氣「自然」，進論「氣化生生」和自然條理（即「仁」）之天道「必然」，他所認識的天道寓有主觀價值在其中。故他儘管從「氣本論」出發而與理學殊途，但亦同趨於《中庸》「知性→知天→與天地參」的「道」之實踐歷程，以及孟子強調「盡其心者知其性也，知其性則知天矣！」因此儘管評價不一，戴震自己確是以《孟子》解人自居的。

㈢戴震「性善」論前提下之與孟、荀人性論異同

戴震人性論確自孟子「性善」思想出發，但他反對理學詮釋孟子「性善」思想的理論架構──突顯形而上學的「性即理」、「即心求理」等概念與命題；惟面對理學數百年的主流優勢，他採取激烈的語言方式欲推倒理學，因此招來強烈批評聲浪與質疑，甚至被疑爲假名孟子而藉荀子思想攻訐理學？然儘管對於戴震是否更純粹的孟學？具有爭議性；但是戴震的人性論確實是以孟子「性善」說爲基礎及出發。他與理學之辨，不在性之「善／惡」殊見；而在對於「如何實現善？」具有道德進路的「形上／形下」殊別，則確然無疑。

孟、荀思想分歧不止一端，但其大本無疑在「性善／性惡」之德性「固有／外鑠」上。孟子「性善」論強調價值根源內在，仁義善性皆「我固有之，非由外鑠」；荀子則自先天、後天區分「性／僞」而強調「化性起僞」，持論「其善者，僞也。」「禮義者，是生於聖人之僞，非故生於人之性也。」「無僞則性不能自美。」（〈性惡〉、〈禮論〉）因此戴震「禮義之爲性」立場（〈性二〉），自屬孟子「性善」一路；本文在此大前提下，討論其人性論與孟、荀之異同。

1.戴、孟同持「禮義爲性」的「性善」立場

孟子嘗藉「人禽之辨」以論人之性善，曰：「人之所以異於禽於獸

者幾希，庶民去之，君子存之。舜明於庶物，察於人倫，由仁義行，非行仁義也。」（〈離婁〉下）此中「由仁義行」所意謂的德性內在，即孟子用以說明人禽之別的「幾希」之微；由此，後世每以「性善」之固有德性與「人禽之別」連繫思考，而自德性的角度理解人禽之辨。

戴震同樣強調性善，也認同道德普遍性，其言：「孟子曰：『心之所同然者，謂理也、義也，聖人先得我心之所同然耳。』於義外之說，必致其辨，言禮義之為性，非言性之為理。」（〈性二〉）於此，戴震一則表明他和孟子同持理義是「心之所同然」的「禮義之為性」立場，所以他能理解孟子因持善性固有理念，故於「義外」之說必致其辨；另則戴震也提出在其思想體系中重要理論的「理之為性，非言性之為理。」（《緒言》）此說具有雙重作用：既表明其自然人性論立場，復批判理學「性即理」之說。蓋朱子「中和新說」後，「性、情二分」架構下的「性即理」（即戴言「性之為理」），「性」是喜怒哀樂未發、未有形氣雜染而純乎天理者，故「全性是理」；此亦理學家反對以氣質為性的根據。至於戴震所主「理之為性」，則「性」的邏輯範疇大於「理」，理為性所涵但只是性中一部分；性除「理義」外，還包含血氣心知情欲等不屬理義的「非理義」部分，斯即理學未予肯定的「氣質之性」。戴震正是由此性論範疇歧見，批判理學錯說孔孟。

要之，戴震認同孟子性善思想，但不滿久居思想界主流的理學釋孟模式。那麼戴震如何理解孟子「性善」說？

其一：他站在孟子立場，反對荀子性惡說。戴震說孟子「明禮義之為性」，明言認同孟子所說仁義出於性；不滿荀子「性、偽之分」之「遺禮義」，以性與禮義相隔閡。故他批評：「荀子之見歸重於學，而不知性之全體。……於禮義與性，卒視若隔閡不可通。」（〈性六〉）並自問荀論「其蔽安在？」「何以決彼之非，而信孟子之是？」他回答以：

　　曰：荀子知禮義爲聖人之教，而不知禮義亦出於性。知禮義，爲明於其必然，而不知必然乃自然之極則，適以完其自然也。就孟子之書觀之，明禮義之爲性。舉仁義禮智以言性者，以爲亦出於性之自然，人皆弗學而能，學以擴而充之耳！荀子重學也，無於內而取於外；孟子之重學也，有於內而資於外。

——〈性七〉

戴震肯定禮義是吾人性中固有，是「人皆弗學而能」者；批評荀子僅知禮義爲「聖人之教」，是「無於內而取於外」者。他並取譬「豈可云己本無善、己無天德，而積善成德如疊之受水哉？」又說：「荀、揚所謂性者，古今同爲之性，即後儒稱爲氣質之性者也，但不當遺禮義而以爲惡耳！」（〈性七〉、〈性八〉）所以其謂禮義是人性自然，而落實實踐是經涵養後之人性「必然」，即「必然」德性是「自然」人性之完成。

　　其二，戴震所理解的孟子「性善」說，區別人、禽的禮義乃由人「擴充其知」臻至。意即：1.善之實踐，須經「擴而充之」之功。2.人禽之別的關鍵在人能「學以擴而充之」之智性，不在德性。因爲根據實際經驗，禽獸之雌雄、親子及同類相處，不只「懷生畏死」之「私於身」動物本能而已，而是「及於身之所親」之能推其愛——「愛其生之者及愛其所生，與雌雄牝牡之相愛、同類之不相噬、習處之不相齧，進乎懷生畏死矣。一私於身，一及於身之所親，皆仁之屬也。」此皆「合於人之所謂仁義者矣。」（〈性二〉）然則人禽何別？戴震指出禽獸「不能開通」；人則「能擴充其知，至於神明，仁義禮智無不全也」，故「人以有禮義異於禽獸，實人之知覺大遠乎物。此孟子所謂性善。」（〈性四〉、〈性二〉、〈性八〉）斯即戴震自得的、能得乎孟子確解者。

因此戴震認為講論孟學，應將重心置放在「擴充」；而非理學家為突顯重德而區別「義理之性／氣質之性」的「存理滅欲」上。其論曰：

> 人之心知異於禽獸，能不惑乎所行，即為懿德耳。……孟子言人無有不善，以人之心知異於禽獸，能不惑乎所行之為善。且其所謂善也，初非無等差之善，即孔子所云「相近」，孟子所謂：「苟得其養，無物不長；苟失其養，無物不消。」所謂：「求則得之，舍則失之，或相倍蓰而無算者，不能盡其才者也。」即孔子所云習至於「相遠」。「不能盡其才」，言不擴充其知而長惡，遂非也。
>
> ——〈性二〉

性善既是固有，為何經驗之善不必然被實現？戴震認為因善質之具「初非無等差」，所以還有待後天涵養之「擴充」即在「量」上擴充，始能對善之實踐具有保證性。其論以人固有善質但量有「等差」為說，實與理學「理本論」之「理一分殊」架構下，強調人之道德本體乃天理之具體而微，其本體自足而萬善皆備、不假外求，兩者間存在「德性／才性」之極大差異性。故戴震與理學，宜自兩種截然不同的思想體系與理論結構之「釋孟學」角度來加以理解。

戴震以智性說人禽之別，並強調「善」是踐履結果，須重視實在界的客觀條件與變動因素；而智性因其氣性主張：人性由分於陰陽五行而來，「人與百物，偏全、厚薄、清濁、昏明，限於所分者各殊」，故人之智愚具有「量」之等差。不過才量雖有等差，人之心知卻能覺、能開通——「心之所通曰知，百體皆能覺，而心之知覺為大。」「性能開通，非不可移。」所以「仁義禮智非他，『心之明』之所止也，『知』之極其量也。」（〈性二〉、〈性四〉）只要加以「學」的涵養即「以學養智」，便能「就其昧者牖之明而已矣！」（〈性五〉）便皆能落實

善之實踐。其後焦循復提出「能知故善」說，亦主張「以己之心通乎人之心，則仁也；知其不宜，變而之乎宜，則義也。」（《孟子正義‧性猶杞柳》）強調「惟人能移，則可以爲善矣！」「惟其可引，故性善也。」（《雕菰集‧性善解一‧性善解三》）所以心知之「趨時行權」是爲實踐善的重要條件。晚清康有爲亦同此調，曰：「人道之異於禽獸者全在智。」（《康子內外篇‧仁智篇》）此皆強調因時變通的智性與道德判斷的重要性。故戴震之突出「擴充其知，以至於神明」的重智觀，認爲正是發揮「孔子，聖之時者」精神，是實現孔子「智且聖」之「始條理」、「終條理」以及「能不惑乎所行，即爲懿德。」並以之詮釋孟子「凡有四端於我者，知皆擴而充之矣，若火之始然，泉之始達」以及「得其養」、「盡其才」（〈萬章下〉、〈公孫丑上〉）。此戴震之與理學重德而輕氣質至言滅欲主張，顯然不同的路數。

2. 戴、荀同持氣性論而「性惡／性善」之立場有別

氣本論顛倒了程朱的理氣關係，強化對於客觀物理的探索；明清儒者立足在漸成趨勢的「氣本論」上，逐漸擴大學術效應到各層面的理論建設，譬如方法論之講求經驗實證、人性論之依「氣性」一路建立、工夫論之強調客觀事爲等。這一來學術發展於是出現了新局面，以視於過去的理學舊典範，可說對於「形上／形下」視域之各有側重。惟「氣本」與「氣質」是兩個不同的概念。「氣本」強調「氣」爲宇宙萬物及世界本原，是作爲哲學最高範疇的概念；「氣質」則強調以氣論性，指萬物化生所稟受之氣，即萬物散殊時各有厚薄、偏全、剛柔、清濁等稟受不同之得氣，張載之謂「游氣紛擾，合而成質者，生人物之萬殊」者也（張載《張子正蒙‧太和篇》）；亦戴震之謂「古人言性，但以氣稟言。」「其言性也，咸就其分於陰陽五行以成性」之「分而有之不齊」而言，故爲「氣化之於品物」，陰陽已成形質之「形以後」者（〈理

七〉、〈性二〉、〈天道二〉）。不過雖然張載之「氣本論」殊異理學
之「理本論」主流；其人性論則仍歸諸理學「性理」一路，認為若以
「氣質之性」言性，將淪為「人與物等。」故他反對從「以生為性」的
自然人性即氣性談道德價值，區別「天地之性／氣質之性」地建立了
「氣質之性，君子有弗性者焉」的理學根本命題（《張子正蒙・誠明
篇》）。是故「氣本」與「氣質」之持論立場不必然關聯，如羅欽順持
「即氣即理，絕無罅縫」之「氣本論」立場，但仍認同朱子「心性之
辨」之「心性二分」（《困知記》），即此思維。

　　關於氣質之性，除出土的郭店楚簡〈性自命出〉、上博簡〈性情
論〉等足證早期儒家亦重視情性外；[7] 荀子是儒家中最為人知的「以氣
論性」者。〈性自命出〉言：「道始於情，情生於性。」又言：「喜怒
哀悲之氣，性也。」「好惡，性也。所好所惡，物也。」皆以情論性，
且以為道德實踐必以「情」為出發，曰：「凡人惟有性，心無定志，待
物而後作，待悅而後行，待習而後定。」（〈性自命出〉簡1，《郭店
楚簡：儒家佚籍四種釋析》）荀子則對「性」取材質義，其「性」係
就人禽所「同」的自然傾向言，譬如「飢而欲飽，寒而欲煖，勞而欲
休」，即〈性惡〉篇所言：「若夫目好色、耳好聲、口好味、心好利、
骨體膚理好愉佚，是皆生於人之情性者也；感而自然，不待事而後生之
者也。」所以從生理性言，堯舜和桀跖、君子和小人實無二致——「凡
人之性者，堯舜之與桀跖，其性一也；君子之與小人，其性一也。」
「材性知能，君子、小人一也；好榮惡辱、好利惡害，是君子、小人之

7　關於〈性自命出〉的作者，說者不一；但筆者以為其與《中庸》一系心性論者頗有觀點分歧處。
　　〈性自命出〉重「情」的自然人性論立場，突顯對「情」的看重，其所強調的道德理性亦呈現
　　「天→命→性→情→道」的連繫關係，「道」與「教」之所起，皆息息相關於人之「情」而生，
　　極強調情與道、性間的密切關係。於此並可在以郭店楚簡〈語叢二〉之「愛生於性」、「欲生於
　　性」、「智生於性」、「惡生於性」、「喜生於性」、「懼生於性」等語。故相較於思孟理學一
　　系受到壓抑、甚至蔑視的情欲，所論並不相侔。

所同也。」故偏就「情性」論性的荀子，認爲人在德性上沒有那麼自主
性，性不是價值根源；其根源在於外在的師法禮義陶鑄，曰：「凡治氣
養身之術，莫徑由禮，莫要得師。」（〈性惡〉、〈榮辱〉、〈修身〉）
他強調惟禮教爲能使人如鈍金之礱厲然。

　　至於戴震，則其人性論既不同於張載、羅欽順等之於氣本、氣質
分別對待，但亦殊別於荀子。戴震強調人性論與氣本思想密切關聯，其
人性論亦自氣化角度出發，曰：「舉凡品物之性，皆就其氣類別之。人
物分於陰陽五行以成性，舍氣類更無性之名。」「人物以類滋生，皆氣
化之自然。」（〈性八〉、〈性一〉）是以其所謂性者，「分於陰陽五
行以爲血氣心知，品物區以別焉，舉凡既生以後所有之事、所具之能、
所全之德，咸以是爲其本。」（〈性一〉）清楚表明其性論範疇，涵
蓋「既生以後所有之事、所具之能、所全之德。」故戴震在「理之爲
性」外，兼重情性而突顯對「情」之關照。故其論「理」，曰：「使
無過情，無不及情，之謂理。」「苟舍情求理，其所謂理，無非意見
也。」又曰：「古聖賢所謂仁義禮智，不求於所謂欲之外，不離乎血氣
心知。」（〈理五〉、〈性二〉）皆可見其「情、理並重」而重視氣化
流行。但是戴、荀雖然「以氣論性」具有親近性；惟兩人在「性善／性
惡」根本立異下，其於人是否內具超越的道德本心？價值根源是否內
在？所論迥異。以此，前論戴震屢屢批判荀子「性、僞分離」之否定人
內具超越道德本心；而荀子偏就的、以氣質說性，只是戴震性論的一部
分，兩人的殊異性不能忽略。

　　此外，戴、荀兩人對於情欲的看法及主張，亦明顯不同：

　　傳統儒學素視「欲」爲惡源，有「欲惡」論傳統。[8] 歷來儒家論

8　譬如《論語》中子路問成人，子曰：「若臧武仲之知，公綽之不欲，卞莊子之勇，冉求之藝，文
　之以禮樂，亦可以爲成人矣。」又曰：「棖也欲，焉得剛？」所論皆對於「欲」採取負面否定態
　度。又如季康子患盜問於孔子，孔子對曰：「苟子之不欲，雖賞之不竊。」也以上位者之欲爲

性，不論思孟理學所代表的、非自人類自然生命特徵說的義理之性，或是荀子「生而有耳目之欲」所代表的材質之性，幾乎都對人欲採取「欲惡」的負面看法。此蓋由於傳統儒學往往將「欲」、「私」、「利」緊密連繫，凡耳目口鼻聲色之感官嗜欲和富貴福澤之利欲追求等「人欲」，都被指向「天理」對立面，所謂「落在方所，一人之私也。」（黃宗羲〈與陳乾初論學書〉，收在《陳確集》）故人欲向為儒者罕言、諱言，甚至恥言。荀子即以「公」與「義」結合，要求「以公義勝私欲。」（《荀子集解・修身》）而在儒家長期「貴義賤利」之「嚴辨義利」、「崇公抑私」主張中，也都強調以「天理之公」壓抑「人欲之私」，此一模式並內在為儒學長時期的思想基調。因此荀子根基於「性、情、欲同質」之理論架構的「性惡」說，[9] 實是偏落在感官嗜欲等人欲以言的「欲惡」論，其論性便言：「今人之性，生而有好利焉，順是，故爭奪生而辭讓亡焉；生而有疾惡焉，順是，故殘賊生而忠信亡焉；生而有耳目之欲、有好聲色焉，順是，故淫亂生而理義文理亡焉」，於此，性之好利、疾惡、耳目之欲、聲色之好等以及其所導向的爭奪、殘賊、淫亂，甚至「犯分亂理而歸於暴」之行為差失，皆指向放縱「人欲」之「人生而有欲，欲而不得，則不能無求；求而無度量分界，則不能不爭。」（〈性惡〉、〈禮論〉）故荀子「性惡」說之所謂「惡」者，即指「欲惡」；其所流露的，是荀子反對追求人欲之於人欲負面看法。

竊盜禍亂根源。另外《易傳・損卦》曰：「君子以懲忿窒欲。」《禮記・曲禮》曰：「欲不可從」，〈樂記〉亦曰：「夫物之感人無窮，而人之好惡無節……滅天理而窮人欲者也。」至於理學家所要求的「無欲」（周敦頤，《通書・聖學》）、「心如明鑒止水，無一毫私欲填於其中。」（〈朱子論《通書》〉）「聖人之教必欲其盡去人欲，而復全天理也。」（《晦庵集・答陳同甫第八書》）對於人欲，那就更是深惡痛絕了。

9　荀子曰：「性者，天之就也；情者，性之質也；欲者，情之應也。……欲不可去，性之具也。」（《荀子集解・正名》）

　　宋儒更強化「理／欲」的對立關係，至以「存理滅欲」為教。[10]固然理學家所說的「無欲」並非否定耳目口鼻等感官嗜欲及喜怒哀樂之情等；其所要「盡去」者，是「不當」的人欲即不合天理的「私欲」，而並不是「仰事俯畜」的生養之道。故朱子嘗曰：「飲食者，天理也；要求美味，人欲也。」「合道理底是天理，循情欲的是人欲。」（《朱子語類》）但是對於超過基本生養以外、「循情欲」的私利私欲等，理學家確是以「培壅本根，澄源正本」（《晦庵集·答陳同甫第四書》）之態度加以極力防堵。如象山言：「名利如錦覆陷阱，使人貪而墮其中。」（《象山語錄》）陽明亦言：「功利之毒淪浹於人之心髓。」「良知只在聲色貨利上用功。」（《陽明傳習錄》）皆明言私利之不可有。然而十七世紀以降的情欲覺醒，標示著國人在思想進程上邁入了一個新的里程碑；從宋明理學到清代新義理學，清儒在「性／情／欲」看法上有了顯著轉向。從宋儒言「性其情」[11]→清儒言「理原諸情」、「以情論性」；[12]從理學「存理滅欲」→戴震「通情遂欲」等，[13]在在標示了儒學義理的重大轉向。故戴震對待情性之私、利、欲等已經擺脫

---

10 例如周敦頤曰：「無欲故靜」，《二程遺書》也說：「不欲則不惑；所欲不必沉溺，只有所向便是欲。」「人於天理昏者，是只為嗜欲亂著他。」逮及陽明亦曰「聖人之所以為聖，只是其心純乎天理，而無人欲之染。」「學是學去人欲，存天理。」（《陽明傳習錄》）皆標舉「存理滅欲」之教。

11 宋儒要求「以性之理節其情」，如程頤曰：「喜怒哀樂愛惡欲，情既熾而益蕩，其性鑿矣！是故覺者約其情使合於中。正其心，養其性，故曰性其情。」（〈顏子所好何學論〉）

12 戴震強調「理原諸情」，曰：「古之言理者，就人之情欲求之，使之無疵之為理。」「理也者，情之不爽失也；未有情不得而理得者也。」「情之至於纖微無憾是謂理。」（〈後序〉、〈理二〉、《東原集·與某書》）凌廷堪則「以情論性」地從情之「好惡」出發，曰：「性者，好惡二端而已。」「好惡生於聲色與味，為先王制禮節性之大原。」「好惡者，先王制禮之大原也。」（《校禮堂文集·好惡說上》）

13 戴震曰：「聖人以通天下之情，遂天下之欲。」「一人之欲，天下人之所同欲。」「遂己之欲者，廣之能遂人之欲；達己之情者，廣之能達人之情。道德之盛，使人之欲無不遂，人之情無不達，斯已矣！」（〈權一〉、〈理二〉、〈才二〉，《孟子字義疏證》）

兩橛對立的「公義／私利」模式，而自其間復區別出一個「不害義」的求私（個人）利層次，即顏元之謂：「正其誼以謀其利，明其道而計其功」（《四書正誤》），戴震之謂有生皆願「備其休嘉」者也（〈答彭進士允初書〉），亦即後來嚴復強調「義利合，民樂從善」（《原富》按語）的新道德標準。故一個不相干於害義而容許滿足個人甘食美服、富貴利達的一己利欲空間即「求利而不害義」，已被清儒賦予追求正當性，是爲清代義理學突破傳統儒學的新論。

　　故戴震之於「理／欲」對立模式突破，對於情欲之處理態度，與荀子兩相逕庭。戴震一再辨明血氣、心知、情欲等種種氣質之性非惡；人之所以有「惡」，在其「失」——「欲之失爲私，私則貪邪隨之矣；情之失爲偏，偏則乖戾隨之矣；知之失爲蔽，蔽則差謬隨之矣。不私，則其欲皆仁也，皆禮義也。」惟此處「私」非指公、私對言下之個人義；而是指害義之偏私。戴震強調不得因噎廢食地以其差失而罪及本原，並另標舉「通情遂欲」之新道德觀，曰：「遂己之欲者，廣之能遂人之欲；達己之情者，廣之能達人之情。」「道德之盛，使人之欲無不遂、人之情無不達，斯已矣！」他認爲在「不害義」的大前提下，個人情欲是可以被合理滿足的——「惟有欲、有情、而又有知，然後欲得遂也，情得達也。」（〈才二〉）由此顯見戴、荀二人對情欲之思考不同，理論建構亦復有別。

3. 戴震以「本質義／歷程義」區別「性善／善」

　　戴震自詡爲孟子解人，認爲宋明理學錯說孔孟，期以所撰《孟子字義疏證》導正長期來偏重形上面而未能正視生活世界的偏頗。關於「善」之實踐，戴震認爲道德學應該努力的方向，不是高論侈言「滅欲」，致與現實隔閡；而是如何引導性中理義以外的、血氣心知情欲等理學所謂「氣質之性」的「非理義」部分。他持信只要通過涵養工夫，

人人皆可以發揚道德自主性，皆可以從德性之蒙昧狀態進至聖智之境。故戴震對於「性善」與「善」採區別對待方式。「性善／善」實有「本質義／歷程義」之屬性及哲學範疇殊異，亦如董仲舒論：「性有似目，目臥幽而瞑，待覺而後見，當其未覺，可謂有見質，而不可謂見。今萬民之性，有其質而未能覺，譬如瞑者待覺，教之然後善；當其未覺，可謂有質而不可謂善。」（《春秋繁露・深察名號》）人雖具善質但未可遽言善；善猶有待於「擴而充之」之「極其量」，始可在經驗層被落實。故戴震在「性善」說大前提下，不復辯證「性善」與證體；其理論重心全在論「善」之完成實踐。

戴震論善，乃以「人能全乎理義」之「乃語其至，非原其本」即「終善」為目標。（〈理十三〉）雖然學界或謂戴震混淆了善之本質義與歷程完成義，實則正坐其不解戴震本以完成歷程實踐的「善」為理論宗旨，因此毋須致力於孟荀性善、性惡之辨，他是聚焦在「釋孟學」上，集矢和理學進行形上、形下之辨。明乎此，可以進論戴震論「善」之經驗實踐即其工夫論。

戴震的工夫論扣緊人性論而發；而其人性論範疇及與孟、荀異同，略如下圖：

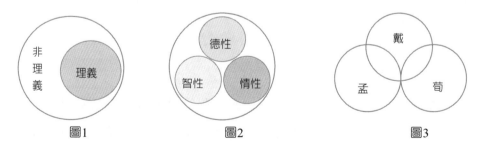

圖1.戴震性論兼涵道德仁義等「理義」範疇和血氣心知情欲等「非屬理義」範疇；圖2.戴震自然人性論兼涵德性、智性、情性等；圖3.戴震性論與孟、荀之異同

戴震性論除涵蓋理義等德性範疇外，還包含自然人性中不屬於德性範疇者，如智性、情性等；而既皆性中所有，便不能說氣質之性非性，更不能主張要「存理滅欲」。因此戴震的工夫論，主要就是以非屬理義範疇的氣質之性爲其涵養對象，並以經驗進路的客觀事爲，反對理學主觀存養的「去欲」、「復初」等主張。

在戴震義理系統中，同屬自然人性的德性、智性、情性間存在何種關係？善之實現爲什麼可能？他首先發揮孟子之言「理義之悅我心，猶芻豢之悅我口」，認爲孟子「非喻言也」（〈理八〉），而是強調人情自然悅理義──「其好是懿德也，心知之自然。」（〈理十五〉）戴震指出孟子並未歧人情與德性爲二，存在乎一性中的德性、智性、情性等本即同趣，「孟子所謂性、所謂才，皆言乎氣稟而已矣！」「孟子矢口言之無非血氣心知之性，孟子言性曷嘗自歧爲二哉？二之者宋儒也。」（〈才一〉、〈性二〉）故戴震曰：「理義之悅心，猶味之悅口、聲之悅耳、色之悅目之爲性。」「理義在事情之條分縷析，接於我之心知，能辨之而悅之。」（〈理六〉）所以爲什麼心知能辨且悅禮義？那是因爲自然如此的情、智、德等皆「分於陰陽五行以成性」；既皆以天道爲根源，則只要通過涵養以去蔽，其終必定也同趨匯歸天道即「必然」之禮義。所以戴震認爲「善」之最終能被實現，正是一種「悅禮義」的「自然」人情歸宗到「必然」天德的極致表現──「性之德，其歸於必然也。歸於必然適全其自然，此之謂自然之極致。」（《原善》）所論亦近於早期儒家性論郭店楚簡〈性自命出〉之謂：「始者近情，終者近義。」皆在理學標榜的天命性理外，另以自然人性補充了人道與天道的連繫；強調自然情性在道德實踐中的積極作用。

惟要從自然人性歸趨到必然天道，即欲完成「善」之歷程實踐，其間還須經工夫涵養。因爲人情、心知和理義間雖有內在連繫；但心知有時「有蔽」、人情有時「有私」──「心知之自然，未有不悅理義者，

未能盡得理合義耳！」（〈理十五〉）故其「未能盡得理合義」處即德性之「始乎蒙昧」，即是戴震認爲道德學所要努力的地方。因此還必須落實「去蔽」與「去私」的工夫涵養，才能使性中「理義」範疇外的「非屬理義」部分，具備正確的道德判斷和無私的道德意願，始能完成道德之善。戴震的工夫論，便是針對德性與智性關係提出「以學養智」主張，以及對於德性和情性關係提出「以情絜情」主張。

　　戴震認爲德、智密切連繫，心知要能去「蔽」而行正確的道德判斷，才能完成善之實踐，故他綰合德、智關係，要求「重問學，貴擴充。」（〈理十四〉）他正是以「擴充其智」發揚孟子的「擴充」說──孟子曰：「凡有四端於我者，知皆擴而充之。……苟能充之，足以保四海；苟不充之，不足以事父母。」他認爲孟子亦強調德性要能圓滿開展如「火之始然，泉之始達」，其必要條件在於「擴充」與「能盡」，故他說：「於其知惻隱，則擴而充之，仁無不盡；於其知羞惡，則擴而充之，義無不盡；於其知恭敬辭讓，則擴而充之，禮無不盡；於其知是非，則擴而充之，智無不盡。仁義禮智，懿德之目也。」（〈性二〉）因此心知之明成爲實踐德性之善的關鍵──「昔者闇昧，而今也明察，是心知之得其養也。」「德性始乎蒙昧，終乎聖智。……德性資於學問，進而聖智，非復其初，明矣！」（〈理九〉、〈理十四〉）戴震正是以此「德性資於學問」說修正了理學「德性之知，不假見聞」（《二程遺書・伊川先生語十一》）的德、智爲不相干說法。至於情、理關係，則戴震一方面「尊情」地要求以情驗理，曰：「使無過情，無不及情，之謂理。」（〈理五〉）另方面又要求「以情絜情」──「以我之情，絜人之情，而無不得其平」（〈理二〉）爲出發的絜矩之道，以保障對「理」的道德判斷正確性，防範情欲流於偏私不當。戴震繼明代「重情」文風後，復以義理學的理論高度，「尊情」且重「我情」（包含己欲與己所不欲）地賦予「人情」在道德實踐上正面意義。他

強調：「凡有血氣心知，於是乎有欲，……於是乎有情。生養之道，存乎欲者也；感通之道，存乎情者也。」（《原善・上》）戴關懷理學以階級倫理結合「存理滅欲」主張，有可能造成「其責以理也，不難舉曠世之高節，著於義而罪之」之道德迫害，如「尊者以理責卑，長者以理責幼，貴者以理責賤，雖失謂之順；卑者、幼者、賤者以理爭之，雖得謂之逆」（〈理十〉），如此則「未有任其意見而不禍斯民者。」故他以「尊情」及「我情」作爲人、我的感通之道，既能防節不當情欲，又能避免「舍情求理，其所謂理無非意見也。」（〈理五〉）亦是對理學「黜情」觀的重要突破。

綜上，戴震工夫論主要針對性中固有理義以外的非理義範疇，施以「以學養智」、「以情絜情」的涵養之功，以保證性能如理即善之落實。亦如董仲舒之言：「米出於粟，而粟不可謂米；玉出於璞，而璞不可謂玉；善出於性，而性不可謂善。」「性者，天質之樸也；善者，王者之化也。無其質，則王教不能化；無其王教，則質樸不能善。」（《春秋繁露・實性》）因此對戴震而言，荀子〈性惡〉所言：「今誠以人之性固正理平治邪？則有惡用聖王、惡用禮義哉？」正是混淆了「性善／善」之本質與歷程義。再者，戴震認同性中有「善質」之「善」的傾向，是否也意味承認性中有惡質？此亦涉戴震對理學「存理」與「滅欲」關聯性、必要性的質疑與惡源解釋。對此，戴震雖認爲性中包含情欲等「非屬理義」範疇，但亟反對將人性本質的情氣、人欲視爲惡源；他強調「惡」是「有失」者，譬如偏私害義的「有私」與「有蔽」，「欲不失之私，則仁；覺不失之蔽，則智。」（《原善・上》）故他主張道德課題在於防失、不在防欲，且與理學工夫論具有「擴充／復初」之別。

至於戴震以「善」之歷程完成發揮孟子「性善」說，並致辯於荀子及理學體系，然其涵「耳目百體之欲」即人禽所「同」的性論，是否即

孟子性論？——儘管孟、告之辨「生之謂性」，孟子曾以人性之「異」
於犬牛者爲強調，又言無仁義禮智「四端」者，「非人也。」（〈公孫
丑上〉）則是孟子確有標舉「德性」作爲「人／非人（禽獸）」之用
意；惟戴震學說補充了人之所以具備德性原因的另一思維，即「人以有
禮義異於禽獸，實人之知覺大遠乎物」者，戴震認爲這才是孟子「性
善」說長期未被學界抉發的底蘊。故戴、孟性論範疇是否相同？仁智互
見；而戴震雖然在重學工夫論上親近荀子，但他認同孟子性善說，並欲
以「非形上學」體系之道德學和理學爭取「釋孟學」正統地位，則確然
無疑。

㈣結語

　　繼「仁禮兼重」、「仁智兼備」的孔子之後，對儒學理論具有開
拓性的，主要有孟子挺立德性的「仁學」體系初步建立，以及荀子發揚
智性的「禮學」繼承。清儒戴震處在儒學長期孟學正宗氛圍下，亦通過
「釋孟學」之自居更純粹的孟學詮釋者，以建構當代哲學思想；他不滿
理學性理思想的形上學模式及「存理滅欲」主張，所撰《孟子字義疏
證》以一種「發狂打破宋儒家中〈太極圖〉」的姿態，[14]欲另建「非形
上學」而強調道德創造性的思想體系。

　　惟戴震與偏言氣質之性、重視智性而隆禮重學的荀子，亦有若干親
近性，由此遂衍生出戴學究是孟學、或荀學的爭議性。實則戴震認同孟
子人具超越的道德本心之說，而持論從本質義說的、人固有禮義等「善
質」的「性善」論；只是其學說重心不在證立性善，而在論證如何實現
善？蓋性善與善存在「本質義／歷程義」之殊別，戴震認爲確保德性實

---

14 當戴震館於朱珪家時，自言其在山西方伯署中時，嘗爲病十數日，起而語方伯曰：「我非真病，
乃發狂打破宋儒家中〈太極圖〉耳！」段玉裁謂其時戴震即在造《緒言》也。（詳段玉裁《經韻
樓集・答程易田丈書》）

踐即「善」能被實現，才是道德學的目標。故戴震的氣論思想是以超越的道德本心爲基礎的「理氣一本」；其理論結構迥異乎荀、告之自然人性，並批評：「荀子二理義於性之事能，儒者之未聞道也。」「（告子）貴性而外理義，異說之害道者也。」（《原善・卷中》）極顯然的，戴震用以導正氣質之性的工夫論雖有部分親近荀子，但具有道德創生義的戴學，絕不能被劃歸荀學一路。

戴學從經驗世界與現實關懷出發，主要針對理學進行反省。他所要破除的理學思想，在本體論上，是理學自形上學角度說的、「理／氣」存有層不同之「理氣二分」，以及相應於此的，對人性論排除「氣質之性」而偏言「義理之性」的性理說；在工夫論上，則是理學主觀存養的「存理滅欲」、「復其初」等形而上進路。故戴震先直搗黃龍地對理、氣採取「去等級化」的「即氣即理」、「理氣合一」主張，因此他從氣本論出發而強調道德創造性的思想體系，因「神氣不二」、「形神不二」之兼有形而上性格，遂成爲可能。其人性論，則相應於氣化流行而強調自然人性，兼涵「理義」範疇的德性以及「非屬理義」範疇的智性、情性等；其工夫論，主張涵養德性須針對德性、智性、情性的天性連繫，「以學養智」、「以情絜情」地增進道德判斷與道德意願。戴震正是通過「非形上學」體系的《孟子字義疏證》，想和理學爭取「釋孟學」正宗。

拾貳
吳、皖學趨異同論

　　乾嘉學術有吳學、皖學之別，雖非嚴格意義的學派劃分、或學者與學風流行的地域區分；但因其在「崇實黜虛」、「考據治經」之方法共趨下，具有吳學尊漢而輯佚、存古，與皖學重音韻、由小學明訓詁之重心不同，所以本文從吳學先樹立漢幟，皖學繼以建立系統訓詁理論之階段進程角度，看待吳、皖學派之先後發展及其同中有異。其在學術史上，有吳學建立漢學典範、皖學建立訓詁典範之功；在思想史上，復有皖學戴震繼宋明理學之後，集成我國「非形上學」之融合形上形下視域的道德學理論，是爲理學以外的另一種義理學類型建構。乾嘉吳、皖之學定趨並形塑了清代考據學，爲清學在晉唐經學傳統《十三經註疏》以外另建漢學典範之「十三經新疏」學術高峰，提供方法論及思想理論根基，是爲清學整理古籍之重要推手與舵手。

一、蔚爲清學典範的乾嘉考據學

　　盛極一時的清學典範──乾嘉考據學，又稱爲樸學，主要著眼於其樸實無華、考經證史的學術性格；又稱爲乾嘉漢學，則由於其尊漢的「漢學解經」治學典謨，不過清代漢學並不限於乾嘉時期。清代考據學既是一種學風，而同時也是一種方法；但並不是嚴格意義的學科和學派指稱。至於學術代表，據當時儒者王鳴盛言：「今之學者斷推兩先生：惠君之治經求其古，戴君求其是。」（洪榜轉述，《戴震全書‧戴先生行狀》）後來章太炎推衍此說，曰：「吳始惠棟，其學好博而尊聞；皖南始戴震，綜形名，任裁斷，此其所以異也。」（《訄書重訂本‧清

儒》）繼之，梁啟超亦以「信古」的純漢學和「求是」的考證學判分吳、皖，並謂：「惠、戴兩家，中分乾嘉學派。」（《中國近三百年學術史》）錢穆則指出吳學深於易、皖學精於禮（《中國近三百年學術史》）。要皆持說乾嘉時期有惠棟（1697-1758年）爲首的吳派和戴震（1724-1777年）領銜的皖派兩種不同學風。不過共將乾嘉經史考據學推上歷史高峰的吳、皖學派，雖然以地望名其學；卻不是源遠流長、師承有緒，或全依地域劃分的嚴格意義學派。如皖派戴震弟子王念孫屬籍揚州（高郵）；而同一時代的學者在共同的學術環境中亦經常往復論學，學風往往相互滲透而表現出若干近似的取徑與風格。以吳派所標榜的尊古崇漢爲例，其實非獨吳派爲然；戴震從訓詁到義理也都強調：「故訓明則古經明，古經明則賢人聖人之理義明。」（《戴東原集·題惠定宇先生授經圖》）——重視古經古訓實是乾嘉學人共性。再以戴震重視義理學爲例，此其所名世及異乎乾嘉時儒者；但是惠棟也有談理論義的《易微言》，且戴震早年曾受其影響。是故對於乾嘉學術劃分吳、皖，亦有持反對意見者。[1]筆者則因惠、戴學術旨趣同中有異，其學圈並有部分朋輩友人或弟子，共同表現出不同學術群體間的不同好尚與畸輕畸重，故本文之區分吳、皖，主要欲自學風異同探論其治學特色，以梳理學術發展脈絡；非謂兩派學術宗旨、方法論、地域上具有絕對分野或門戶壁壘。實則從惠學到戴學，是爲乾嘉考據學從形成到鼎盛的承先啟後歷史發展過程。

　　清代考據學在學術史上的重大貢獻，主要是依據客觀證據而非主觀

1　對於吳、皖分派，亦有持反對意見者，如暴鴻昌：〈乾嘉考據學流派辨析——「吳派」、「皖派」說質疑〉；陳祖武亦自動態的、歷史的研究角度，認爲吳、皖分派，「無形中掩蓋了其間的演進軌跡」；主張「從惠學到戴學是一個歷史過程」、「他們互爲師友，相得益彰，其間本無派別之可言。」（〈關於乾嘉學派的幾點思考〉）另外，臺北中研院亦曾於1993年舉行「吳、皖分派說商兌」座談會議。

臆解,對兩千年來大量的儒家典籍進行整理及訓釋,而在文字學、古音學、訓詁學、辨僞學、輯佚學等方面獲致重大成就。儘管尊朱與獎倡理學是清廷的一貫政策;但由於科舉和學術的密切關聯,清中葉考據學勃興以後,在方法論上批判理學的考據學仍然獲得科舉支持而廣泛傳衍。除江、浙、安徽與京畿等考據素來繁盛之地以外,陳澧弟子桂文燦所撰《經學博采錄》,便記錄了兩廣、福建、江西、兩湖、雲貴、四川、山東、山西、河南等地紛紛湧現的治漢學者。於是乾嘉間形成了一種由下而上、由民間擴及朝廷的,以經學考據取代理學的學風變革。高宗除在乾隆15年(1750年)開「經學特科」昭示官學好尚外;從乾隆22年到47年,「爲順應十八世紀中期漢學之益受重視」,更數次更改科舉程式:先是在三年一試的鄉試、會試中廢除詔誥、表、判等駢儷文,改試「經義」;又將原置首場的「性理論」移置二場核心的「經義」之後,使首場《四書》題與二場《五經》題並重;後來更將士子自行擇就一經改爲《五經》輪試(艾爾曼著、張琰譯〈清代科舉與清學的關係〉、蔡長林〈乾嘉道咸經學采風——讀《經學博采錄》〉)。於是科場長期偏重《四書》之風爲之一變,且《四書》文與《五經》文亦不再以朱注系統作爲惟一準式。自後,士子爭競漢學作答,中式者日多通經學古、湛深經學之士。由是學風大變,益發推動了靡然向風的考據學鼎盛發展。

關於乾嘉最負盛名的吳、皖之學:江蘇吳縣惠氏四世傳經,從惠有聲、惠周惕(1641-1697年)、惠士奇(1671-1741年)到惠棟,四方名士過吳門者必停舟訪焉,儒者往來,賓從盛極。《國朝漢學師承記》以沈彤(1688-1752年)、江聲(1721-1799年)、王鳴盛(1722-1797年)、錢大昕(1728-1804年)、余蕭客(1729-1777年)、王昶(1724-1806年)、江藩(1761-1831年)……等著名學者屬之吳派;不過錢大昕頗獨立於吳門外,且兼有吳、皖之長,戴震則亦曾執經問難於惠棟。惠棟故世,戴震崛起。安徽休寧的戴震皖派則有傳其語言文字

學的弟子段玉裁（1735-1815年）、王念孫（1744-1832年）、王引之（1766-1834年）父子與孔廣森（1751-1786年）等碩學大儒，相問學的同志之友復有盧文弨（1717-1796年）、紀昀（1724-1805年）、邵晉涵（1743-1796年）、任大椿（1738-1789年）……等，蔚為一時之盛。至於學風差異性，則吳派強調尊漢，多遵漢儒經訓經解；皖派偏重訓詁學系統方法論，戴震晚期並由考據進求義理，建立起和理學相分庭的「非形上學」新思想典範。

二、樹立漢學旗幟的惠棟與吳門學者

惠氏四世傳經，世守古學，惠棟尤為據漢學以重建經學正統的標竿。其父惠士奇任官卓有惠聲，卻因奏不稱旨，罰修鎮江城；惠棟因父毀家修城故，往來京口，饑寒困頓，終年課徒自給而甔塵常滿，雖有子嗣卻無承學者。惠棟繼承深遠家學，認為聖賢古學多古字古言，惟有依據「立於學官，與經並行」的漢代經注才能得到正確義解，故依家學「四世之學，上承先漢」之漢學進路，推尊漢代經說地樹起漢學大纛。漢代經師乃以識字審音為其門徑；乾嘉吳學則以「經之義存乎訓」、「尙家法而信古訓」（《松崖文鈔・九經古義述首》）之「漢學解經」進路首開風氣，建立起獲得乾嘉學者普遍遵循的治經典模，清學亦由此形塑了倚重音韻訓詁作為解經利器的一代學術方法論。

清儒治經，普遍不滿於晉唐經學，對孔穎達（574-648年）繼承南北朝義疏之學的《五經正義》——《易》用王韓注、《尙書》用僞古文及僞孔《傳》、《春秋》用杜預（222-284年）《春秋左氏傳註疏》，尤其深致訾議，認為失其根本。惠棟即言：「《春秋》為杜氏所亂，《尙書》為僞孔氏所亂，《易經》為王氏所亂。」（〈易漢學自序〉）故惠棟尊漢好古，以輯存舊注最為恢復漢學傳統的首務。其論曰：

《五經》出於屋壁，多古字古言，非經師不能辨。經之義存乎訓，識字審音，乃知其義。是故古訓不可改也，經師不可廢也。

—— 〈九經古義述首〉

該論不啻清儒之漢學獨立宣言，宣告從此擺脫長期來由理學執學術牛耳、主宰科舉的一枝獨秀局面。由於唐代《五經正義》多承南北朝義疏之學，宋學更突破漢唐註疏傳統地逕以解經之「傳」名其書，如程頤以《易傳》取代王弼、韓康伯舊注，朱熹以《詩集傳》與《毛傳》、《鄭箋》相分庭等；故惠棟以《九經古義》廣摭漢儒古訓、徧治群經，正式以「漢學」傳統抗衡「宋學」體系。是著所輯存，涵蓋《易》、《書》、《詩》、《三禮》、《三傳》與《論語》等十部經典；後來因對《左傳》另加增補，更名《春秋左傳補注》而單獨刊行，所存者九。書依「識字審音」訓詁原則條舉群經「古義」而羅列之，寓釋義於「述古」，有「述而不作」之意。洪榜謂：「其學信而好古，於漢經師以來，賈、馬、服、鄭諸儒，散失遺落幾不傳於今者，旁搜廣摭，裒集成書，謂之《古義》。」（洪榜〈戴先生行狀〉）惠棟自敘：「采先儒之說，末乃下以己意，令讀者可以考得失而審異同。」（惠棟《春秋左傳補注・序》）《四庫提要》則稱：「棟作是書，皆蒐採舊文，互相參證。……大抵元元本本，精核者多，較王應麟詩考、鄭氏易註諸書，有其過之無不及也。」（《四庫全書總目・九經古義》）斯即惠棟以輯存兩漢「古義」樹立的，由「識字審音」、「明古訓」而「通經義」的「考據治經」漢學路數。

惠棟在過去長期主導學界、雜有晉唐經學傳統的《十三經註疏》之外，領軍另建「漢學」典範的群經新疏；[2] 而「諸經殆皆有新疏」，則

---

2 乾隆到嘉道間、甚至逮及清末猶餘波未息的一系列清儒群經新注，如：江聲《尚書集注音疏》、

是梁啟超《清代學術概論》盛稱之清學最有功於我國經學者，故考據學成為我國學術史的清學典範，惠棟無疑是繼往開來的首開風氣人物。在《九經古義》之代表作外，惠棟研經尤深於易，易學是他在「漢學」典範下治經之最大成就者；所撰《周易述》正是樹異晉唐易與宋易的清代群經新疏示範。此外，他還撰有復見漢儒易學門徑的《易漢學》、《易微言》、《易大誼》、《易例》、《周易本義辨證》等諸多易學之作。其輯存古義的考據治經法，既有扶微存佚之功，亦可提供後學通經明道的具體可遵循階徑。嗣後，清儒研易如焦循之《雕菰樓易學三書》——《易圖略》、《易通釋》、《易章句》等，便亦以漢學路數取代了清初延續宋易傳統的張烈《讀易日鈔》、李光地《御纂周易折中》等發揮朱熹《易本義》的研易路線，而重回到漢學傳統上。

關於易學，漢儒多以天變徵驗人事，如孟喜以卦氣、京房（前77年-前37年）以通變、荀爽（128-190年）以升降、鄭玄（127-200年）以爻辰、虞翻（164-233年）以納甲；惠士奇認為其說雖異，指歸則一，皆不可廢。惠棟繼之，亦批判晉唐易及宋易傳統。他反對晉唐易盡棄漢易取象、互體、納甲、卦變等象數學而趨向玄學化的發展。蓋王弼（226-249年）、韓康伯（344-397年）突出義理易路線，持論「易、老同源」地以老莊解易；孔穎達《五經正義》則承南北朝義疏之學，所疏《周易正義》即本王、韓注。故惠棟批評：「易學一壞於王弼，再壞於孔穎達。」並言：「若使當年傳漢易，王、韓俗字久無存。」（〈易纂言跋〉、〈論易一首〉，《松崖文鈔·惠棟遺文》）宋易則雖廢王弼義理卻突出道教色彩的先天易。宋儒好哲理化的圖書象數學，以融合道家

邵晉涵《爾雅正義》、孫星衍《尚書今古文註疏》、焦循《孟子正義》、郝懿行《爾雅義疏》、陳奐《詩毛氏傳疏》、胡培翬《儀禮正義》、劉文淇《春秋左氏傳舊註疏證》、劉寶楠《論語正義》、廖平《穀梁春秋經傳古義疏》、孫詒讓《周禮正義》……等，皆可視為踵繼惠棟之「新疏」遺風者。

宇宙論之萬有化生和形上學進路的心性論中心哲學，取代漢儒重天人感應的氣化宇宙論中心哲學。朱熹（1130-1200年）對北宋以來易學進行總結的《周易本義》和《易學啟蒙》，便以圖書象數說揉合了受道教影響的周敦頤（1017-1073年）《太極圖說》、邵雍（1011-1077年）先天八卦圖等。故自晉唐經學傳統《五經正義》到宋明《十三經註疏》，在科舉主宰下，千餘年間易漢學一空而古學亡矣！逮及惠棟，他始繼唐李鼎祚以《周易集解》輯錄漢注後，自《周易集解》中復鉤稽出漢易學，掇拾孟喜、虞翻、京房、鄭玄、荀爽等各家遺注而成《易漢學》。

　　惠棟治易並用今、古。其易學宗旨本在於崇高孟、京以來的象數學和卦氣說，故其易學表現，也主要在重回「取象」與「卦氣」的漢易傳統。撰成《易漢學》後，惠棟自述：「自孟長卿以下，五家之易，異流同源，其說略備。」《周易述》則不但在易學取向上，重回到漢易的氣化宇宙論中心哲學，以六十四卦和十二月的陰陽消息變化過程相配合；其對經傳註疏的取擇，舉凡京房納甲和五行說、《易緯》九宮和八卦方位說、鄭玄爻辰和五行生成說、荀爽乾生坤降和互體說、虞翻卦變說等「取象」系統，都在所採擷之列，並無今、古立場區別。《周易述》主要徵引傳孟氏易並獲立漢代學官的虞翻今文學，又輔以傳費氏易的古文學家荀爽、鄭玄等人易注。江藩《國朝漢學師承記》稱以「漢學之絕者千有五百餘年，至是而粲然復章矣！」惟該著未成而惠棟先卒，尚闕〈鼎〉卦至〈未濟〉卦等15卦及〈序卦〉、〈雜卦傳〉，其後由弟子江藩以《周易述補》補闕之。

　　另外在春秋學上，惠士奇認為《三傳》之中，《左氏》得之國史，最有功於《春秋》，《公》、《穀》得之師承，兼有功過；不過雖然互有得失，卻不能偏廢之（江藩《國朝漢學師承記》）。惠棟也持同一立場地兼重《三傳》，並依一貫的「漢學解經」進路，皆以「古義」為治《三傳》門徑。故惠棟春秋學最特殊的地方，就在其輯佚存古、據舊注

以求新解的治經方式。他不但以代表作《春秋左傳補注》糾謬補苴孔穎達《五經正義》採用之杜預《春秋經傳集解》，開清人「以漢匡杜」之風，且以賈逵（30-101年）、服虔等漢代經說，指點出清代《左傳》學後來扶翼賈、服的主流方向；再者，其《九經古義》中復有開清代復興公羊學、穀梁學先鋒的〈公羊古義〉、〈穀梁古義〉等作，既擺脫歷來治《公》、《穀》所突出的書法義例門徑，自我實踐了所提倡的「尚家法而信古訓」研經法，爲清儒之漢學治經益發奠下基石；同時開闢出考釋禮制和輯述漢儒古訓的治《公》、《穀》新徑路，成爲後來常州學派以「微言大義」治《公》、《穀》的今文主流外之另一模式。在惠棟的「漢學」典範及以「古義」治《三傳》的先行示範下，其後凌曙（1775-1829年）《公羊禮說》、《公羊禮疏》、《公羊答問》、《禮論》和陳立（1809-1869年）《公羊義疏》等，都以禮制爲關注焦點；孔廣森《公羊通義》、邵晉涵《穀梁古注》、洪亮吉（1746-1809年）《穀梁古義》、馬宗璉（不詳-1802年）《公羊補注》和《穀梁傳疏證》、胡承珙（1776-1832年）《穀梁古義》、陳奐（1786-1863年）《公羊逸禮考徵》和《穀梁逸禮》、侯康《穀梁禮證》、鐘文烝（1818-1877年）《春秋穀梁經傳補注》……等也都並遵古義治經的「漢學」門徑，既示清代今文學未必歸趨於常州學派的微言模式；也擴大而豐富了清代今文經學之內容。

　　惠棟吳學影響清代學術可謂鉅矣！錢大昕亟稱其能領袖乾嘉學風，「擬諸漢儒，當在何邵公、服子慎之間；馬融、趙岐輩不能及也。」（《潛研堂文集‧惠先生棟傳》）儘管《四庫提要》評論惠學，說：「其長在博，其短亦在於嗜博；其長在古，其短亦在於泥古也。」（《四庫全書總目‧左傳補注》）王引之對於惠棟易學，也謂以「考古雖勤，而識不高、心不細，見異於今者則從之。」（〈王伯申手札‧與焦里堂先生書〉，《王文簡公文集》）然皆不掩惠棟在學術史上繼

宋學「重講論」後，樹起清儒共同遵循的尊漢、重傳注路線，爲一代
學術開風氣人物之大功。在其影響下，蘇州地區形成了以漢學爲導向
而逐漸擴及全國的學術群體，並由民間影響朝廷的科舉變革；尤其輯
佚存古作爲清人之研經取徑，其意義更在於清儒群經新注借爲據舊注以
求新解之資取。譬如學者陳伯适指出，《易大誼》「可以視爲惠棟的
《中庸》注。」（〈惠棟易學中對《中庸》與易理的融攝〉）惠棟以
《中庸》爲子思所傳孔子微言，除以《易大誼》會通《中庸》外；並在
《周易述》、《易微言》與《易例》中廣引《中庸》以申易義，將漢代
象數易學帶進了《中庸》世界，而以《周易》概念闡明《中庸》懿旨，
爲清人新疏開闢新境。此外，錢穆亦曾比較共同領銜乾嘉學術的吳、皖
二學，說：「吳學實爲急進、爲趨新，走先一步，帶有革命之氣度；而
徽學以地僻風淳，大體仍襲東林遺緒，初志尚在闡宋、尚在述朱，並不
如吳學高瞻遠矚，劃分漢宋若冀越之不同道也。」所論雖切中吳學爲清
代漢學先驅之肯綮及其意義，但亦有待商榷者。惠棟在經學上樹起鮮明
的反宋旗幟，是其鶴立清代學術史的特識，不錯；惠又長戴近三十歲，
且家學淵源地數世傳經而尊漢好古，宜乎其反宋學鑿空觀點對戴震有所
啟發，戴震序余蕭客《古經解鉤沉》也說：「惠君與余相善，蓋嘗深嫉
乎鑿空以爲經也」，故錢穆言戴氏「實有聞於蘇州惠氏之風而起也。」
但是錢穆認爲戴震《原善》三篇，「其文頗似受松崖《易微言》之影
響。」（《中國近三百年學術史》）然惠氏《易微言》主要是襟采經典
論《易》，以闡釋並會通於《中庸》，如釋義元、无、潛、隱、微、
幾、獨等概念；其與戴震從《原善》到《孟子字義疏證》皆旨在建構抗
衡理學的新思想體系，兩者除在乾嘉儒者治經慣用「釋名」之形式意義
外，[3]實際上有淵壤之別。惠棟「尊漢抑宋」係針對經學而非義理學。

3　乾嘉儒者治經常仿《爾雅》之「釋名」法，就一名一物加以考證解說；後來又有較「釋名」更進

就經注言，惠棟嘗譏「宋儒之禍甚於秦灰」、「宋儒不識字」（李集《鶴徵錄》、惠棟《松崖筆記》）；但是一旦涉論道德心性，則他仍然服膺程朱。惠士奇嘗手書楹聯，曰：「《六經》尊服、鄭，百行法程、朱。」（江藩《國朝宋學淵源記・卷上》）惠棟亦謂：「宋儒談心性直接孔孟，漢以後皆不能及；若經學則斷推兩漢。」「漢人經術、宋人理學，兼之者乃爲大儒。」（《九曜齋筆記・趨庭錄・漢宋》）清楚表明了他持義理、考據分趨的立場，他對經學和義理學採分別對待態度。反之，戴震矢志建構義理新說而「發狂打破宋儒家中〈太極圖〉」，[4] 批判理學「理氣二分」的「尊性黜情」、「存理滅欲」等形上學路線及主張，已涉「形上學」到「非形上學」的「思想典範」轉移，而不單是經學範疇的經解異說。因此吳、皖所別，除戴震重經傳但「求是不求古」以外；更重要的，在於惠棟要建立漢學的經學正統地位，戴震則力破理學的思想正統地位。此爲錢穆所未辨但卻是吳、皖的關鍵區別。以下例說吳門學者對惠棟輯佚古注、考據治經的學風繼承。

㈠「經明史通」王鳴盛

　　王鳴盛與妹婿錢大昕及著有《周官祿田考》、《儀禮小疏》（未成）的沈彤等人，皆與惠棟游而經常往返論學，在當時學圈形成了一股圍繞著惠棟漢學進路的學術潮流。王鳴盛素被譽爲「經明史通」（錢大昕《潛研堂文集・西沚先生墓誌銘》）。四歲讀書而日識數百字，時人以神童目之；四十二歲歸田不出，專力於經、史學而皆有成。不過據其

一步的「釋例」法，如淩廷堪《禮經釋例》之仿杜預《春秋釋例》，在闡釋名物度數外，復對全體研究對象加以區別門類、演繹塗徑、歸納異同和詳略隆殺，以揭示足以貫串全經的條例。

4　當戴震館於朱珪家時，嘗自言昔日在山西方伯署中曾僞病十數日，起而語方伯曰：「我非真病，乃發狂打破宋儒家中《太極圖》耳！」段玉裁謂戴震其時即在造《緒言》也。（段玉裁〈答程易田丈書〉，《經韻樓集》）

《十七史商榷》自序云,「予束髮好談史學。將壯,輟史而治經。經既
竣,乃重理史業。」則是他雖愛好史學,且以《十七史商榷》之歷史考
據學顯名於世;其實他對待經、史的態度,係經重於史且置經學於先,
俟其經學理想即《尚書後案》完成後,始續成史學的。

　王鳴盛視一切學術的最高成就或境界皆在於得其實 ── 包括聖教
(經學)之真與史學之實。但由於他對經史學一緣自聖人立教、一出於
客觀歷史事實的知識生產方式看法不同,他所主張的經、史爲學方法與
態度亦遂有別。對於經學,他從聖教的角度加以看待,不但持絕對尊經
的「不敢駁經」態度;並且由於經文艱奧深難,豈特不敢駁經而已?對
於要如何求得聖教之真?也只能藉由去古未遠的漢儒經解來趨近之,所
以他與惠棟同歸,皆專力於尊漢而以考據治經,曰:「但當墨守漢人家
法,宗從一師而不敢他徙。」他並自述:「《尚書後案》何爲作也?所
以發揮鄭康成一家之學也。」(《尚書後案・序》)其《蛾術編》也
說:「予小子則守鄭氏家法者也。」(〈光被〉)徐世昌《清儒學案》
亦肯定其《尚書》學,使得「漢儒家法於茲復見。」(〈西莊學案〉)
故鳴盛治經,在其斷不敢駁經主張下,還要墨守漢人家法,遵從一師而
絕不敢徙;以此,他批判另一以考據謹嚴名世但「不專主」一家的戴震
皖學。他說曾與東原從容語,問:「子之學於定宇何如?」戴震答以
「不同。定宇求古,吾求是。」他則極不以爲然地述論道:「嘻!東原
雖自命不同,究之求古即所以求是,舍古無是者也。」(《西莊始存
稿・古經解鉤沉序》)是其對於惠棟「求古」主張之堅定擁護,正出
「舍古無是」之深層信念,斯亦其經學「尊漢宗鄭」之所由。不過對於
史學,由於他認爲客觀的歷史真實就是史學價值所在;而史學纂述係出
後世史家秉筆,所以遷、固苟有所失,亦毋庸偏徇。其論曰:

治經斷不敢駁經，而史則雖子長、孟堅，苟有所失，無妨箴而砭之，此其異也。抑治經豈特不敢駁經而已？經文艱奧難通……但當墨守漢人家法，定從一師而不敢佗徙；至於史，則於正文有失，尚加箴砭，何論裴駰、顏師古一輩乎？其當擇善而從，毋庸偏徇，固不待言矣！故曰異也。　——《十七史商榷‧序》

鳴盛在聖人垂教以為經，以及惠棟「古訓不可改，經師不可廢」之「宗漢」立場外；另持史實昭昭如日月朗朗在天，史家要務惟在鉤稽事實以彰明史實，考覈典制以使人、事、時、地等歷史事實被直書記載。所以史書正文倘使有誤，即史遷、班固，亦無妨針砭之；況乎裴駰、顏師古輩等注家所論？鳴盛看似殊別的「經、史有別」論，及尊漢和針砭史家的不同學術態度，背後同樣寄寓他求真求實的服膺信仰。只因他認為漢說是聖教階徑，說經舍漢無由，所以必須墨守；史學則因史實班班俱在，但要參覈稽考而得之，「擇善而從，毋庸偏徇。」所以他和錢大昕並皆抱持「祛疑指瑕」、「拾遺規過」之考據治史主張，並以此說領導乾嘉史學界之主流趨向。

鳴盛最負盛名的經學之作，是《尚書後案》。他精研《尚書》久之，乃信清初閻若璩（1636-1704年）《尚書古文疏證》辨偽東晉梅賾所獻古文《尚書》固偽，漢儒馬、鄭所注，則為孔壁真古文《尚書》；梅賾所獻〈大誓〉固偽，然孔穎達《五經正義》中《尚書正義》所斥為偽〈大誓〉者，其實非偽也。故他自述撰為《尚書後案》，係因真古文《尚書》固然已亡於永嘉之禍；惟歷來辨梅賾之偽者有之，「識鄭之真者則無之。」對於聚訟不休的《尚書》古今文，他立足在清初辨偽成果上，認同閻、惠二氏持信馬鄭所注為孔壁真古文的看法，並謂：「自唐貞觀以後，無一人識破，直至近時太原閻先生若璩、吳郡惠先生棟始著其說，實足解千古疑團。」（《蛾術編‧尚書古今文》）故他爰為是

作。其論曰：

> 孔壁真古文，雖平帝暫立旋罷，然藏在秘府，劉向父子校讎親見之，班氏載之〈藝文志〉；至東漢其學更盛，杜林、衛宏、賈逵、馬融、鄭康成諸大儒，皆遞相傳授不絕。……孔壁真書兩漢雖班班具在，而不立博士；馬鄭諸儒但注古今文同有之三十四篇，而增多二十四篇未及爲注，是以延至魏晉之際，其學又微。
>
> ——〈尚書古今文〉

關於清代學術之發展進程，繼明末楊慎（1488-1559年）、歸有光（1505-1571年）、焦竑（1540-1620年）、陳第（1541-1617年）、方以智（1611-1671年）等人提倡「回歸原典」（return to sources）後；宜乎清初先有群經辨僞之廓清學術障蔽，爾後乃有乾嘉學者專心致志於辨正、校勘、補遺、疏注等清代「漢學」之高峰發展。故清代考據學從群經辨僞逐漸轉向到群經新疏，勢所宜然也。清初，閻若璩辨僞古文《尚書》而謂：「予之辨僞古文喫緊，在孔壁原有真古文，爲〈舜典〉、〈汨作〉、〈九共〉等二十四篇，非張霸僞撰；孔安國以下、馬鄭以上，傳習盡在於是。〈大禹謨〉、〈五子之歌〉等二十五篇則晚出魏晉間，假托安國之名者。」（閻若璩《尚書古文疏證》）所論可區分爲三層次：1.孔壁原有真古文；2.馬、鄭注本即孔安國所獻孔壁真古文；3.魏晉梅本爲假托安國名之僞書。惠棟認同此論，亦謂：「《尚書》後出，古今通人皆知其僞，獨無以鄭氏二十四篇爲真《古文》者。余撰《尚書考》力排梅賾而扶鄭氏。」（惠棟《松崖文鈔·沈君果堂墓誌銘》）他與閻氏同持鄭注乃真本之見，因此力扶鄭氏；且推此「宗鄭」之意，樹起清學之「尊漢」路線——鳴盛正是繼此辨僞成果，經營二十餘年而進一步爲之後案者。他對是作極爲自得，「自謂存古之功與

惠氏《周易述》相垺。」並且「名曰後案者，言最後所存之案也。」
（王鳴盛〈尚書後案序〉、徐世昌〈西莊學案〉）全書所採乃以鄭、馬
爲主，主要爲鄭玄釋義並條晰各家之非；不得已始間采僞孔、王肅，而
唐宋諸儒之說則概不取焉。〈西莊學案〉論以：

　　師法自唐貞觀撰諸經義疏，而家法亡；宋元豐以新經義取
士，而漢學殆絕。今士皆崇註疏，然註疏僅《詩》、《三禮》及
《公羊傳》猶是漢人家法；他經注出於魏晉人，未爲醇備。乃撰
《尚書後案》，專宗鄭康成。

鳴盛和惠棟處乎師友之間，而其經學「舍古無是」之論，以及「字學、
經學則必定其所宗。文字宜宗許叔重、經學宜宗鄭康成，此金科玉條，
斷然不可改移者也。」（《王鳴盛西莊遺文輯存・儀禮管見序》）充分
顯示他純乎漢學、確乎吳學嫡系血脈，以「好古」爲說經特色的學術性
格。他對於鄭氏學可謂盡心焉耳！他在遍觀群書以蒐羅鄭注後，「作案
以釋鄭義」，如遇有馬、王傳疏與鄭異者，則「條晰其非，折中於鄭
氏。」至於梅賾所獻僞孔傳古文《尚書》二十五篇則別爲〈後辨〉，附
在《尚書後案》後。
　　在《尚書》今古文議題上，吳門學者多持同調。如惠棟另一著名
弟子江聲之《尚書集注音疏》，也同聲批判唐貞觀儒臣奉詔纂輯《五經
正義》，孔穎達輩誤以梅賾所上書爲壁中古文並疏爲《正義》，反斥鄭
注本爲張霸僞造，由是造成了《尚書》古文亡而鄭注與之偕亡，殆所謂
「以鄭聲而亂雅樂」、「棄周鼎而寶康瓠」之《尚書》阨（《尚書集注
音疏・募刊《尚書》小引》）。故他亦申明惠棟遵「古義」而尊漢宗鄭
者，正在「音以方俗而殊，言以古今而異；或一字而解多塗，或數名而
同一實……於是《爾雅》有作而故訓興焉。兩漢諸儒咸據之以解群經，

是傳注迭興而經誼賴以明矣。」（《尚書集注音疏・後述》）其謂漢儒說經本諸聲韻故訓，據此傳注可爲經義所憑，因此欲復《尚書》古義，就要輯存僞孔前之馬、鄭古義。斯即吳門所普遍遵循的，以輯存古義、復興漢學作爲研經進路的共同學趣。

　　至於史學，則素以「經明史通」名世，且在《尚書》學外又有乾嘉歷史考據學代表作《十七史商榷》的王鳴盛，他「經、史有別」地區分經、史學的價值爲經義和史實，所以其治學途轍亦有以別之。對於史學，他在清人考據學所共同遵循的治學方法──「正文字、辨音讀、釋訓詁、通傳注，則義理自見而道在其中」，以及學術宗旨「總歸於務求切實之意則一也」之外，另外指出「讀史之法與讀經小異。」他持信史學價值就在對史實「總期於能得其實焉已矣！外此又何多求耶？」因此其論治史之道，曰：

　　大抵史家所記典制有得有失，讀史者不必橫生意見、馳騁議論，以明法戒也；但當考其典制之實，俾數千百年建置沿革瞭如指掌，而或宜法、或宜戒，待人之自擇焉，可矣！其事蹟則有美有惡，讀史者亦不必強立文法、擅加與奪，以爲褒貶也；但當考其事蹟之實，俾年經事緯，部居州次……而若者可褒、若者可貶，聽之天下之公論焉，可矣！　　　　──《十七史商榷・序》

鳴盛認爲致力史學者，只要參伍錯綜、比物連類、互相檢照，以考典制與事蹟之實即可；外乎「實」者，一概不需多求。故其史學意識反對史家橫生意見、或馳騁議論以明法戒，反對強立文法、擅加與奪以爲褒貶；他強調歷史故實之宜法宜戒、可褒可貶等歷史評價，應該留待後人自擇、聽諸天下公論可矣！該史學觀點與錢大昕相互輝映，皆以爲考覈史實就是史學價值；讀史者本身就能通曉大義，何待乎史家之馳騁議

論、筆削褒貶？該史學論點既是乾嘉歷史考據學派所特有，亦是乾嘉史學界除了章學誠等少數人以外的史學共識；不但決定了乾嘉史學界「考據治史」的趨向，也影響了王鳴盛認爲史學價值既然不在決斷義理上，自然毋須如經學般預設一通曉聖人義理之宗主立場──「史學不必有所專主」（〈儀禮管見序〉），並以「正譌歸過」作爲史家之要務。

鳴盛負有盛名的《十七史商榷》百卷，條目近二千，上起《史記》下迄《五代史》，是作因毛晉汲古閣所刻《十七史》「行世已久，而從未有全校之一周者」而作；惟其內容實際涵蓋十九史，尚包括毛刻本《十七史》未收之《舊唐書》、《舊五代史》。全書主要爲校勘本文、補正譌脫，對於事蹟之虛實、紀傳之異同以及輿地、職官、典章、名物等，尤加詳審而辨正之。其自序云，「予爲改譌文、補脫文、去衍文，又舉其中典制事蹟，詮解蒙滯，審覈蹄駁，以成是書。」並認爲當學者每苦於正史繁僂難讀，或遇典制茫昧、事蹟糾葛時，「試以予書爲孤竹之老馬，置於其旁而參閱之，疏通而證明之，不覺如關開節解，筋轉脈搖，殆或不無小助也與！夫以予任其勞，而使後人受其逸；予居其難，而使後人樂其易，不亦善乎！」他視是作爲領軍突圍的孤竹老馬，並自述其所從事者，爲能對於故史有所「商度而揚榷之」者，自認疏通關節、解決歷史事蹟之茫昧糾葛，甚有功焉！爲要對《十七史》「全校之一周」，他搜羅偏霸雜史、稗官野乘、山經地志、譜牒簿錄，暨諸子百家、小說筆記、詩文別集、釋老異教，又旁及鐘鼎尊彝之款識、山林冢墓與祠廟碑碣斷闕之文，「二紀以來，恆獨處一室，覃思史事。」（《十七史商榷·序》）趙翼《甌北詩鈔》輓詩也說他：「束髮攻書到老翁，未曾一日輟研窮。」（〈王西莊光祿輓詩〉）其所存心者，殆如他序《十七史商榷》所言：「好著書不如多讀書，欲讀書必先精校書。」亦如其校〈黎斐〉條下云，「古書傳鈔鏤刻，脫誤既多，又每爲無學識者改壞，一開卷輒嘆千古少能讀書人。」故其黽勉孜孜，以一人

之力自任以《十七史》之史實考覈、譌謬訂正，正以「能讀書人」自任，而欲爲往史續一線之傳以裨益後學。

不過同樣兼有經、史之長且共同領導乾嘉史學界的王鳴盛和錢大昕，其經、史之論復同中有別：錢、王兩人對於史學實事求是及反對議論褒貶的考據治史觀點無二致；惟大昕持「經、史不二」論，認爲經學和史學的學術地位不應有所軒輊，在清儒普遍抱持的尊經之外，復極力於提高史學地位，所以批評「三史以下茫然不知」的學者焉能稱爲「通儒」？鳴盛則持「經、史有別」論。他認爲經學居絕對之思想指導地位，漢學是決斷聖教義理的階徑，史學在無涉斷義下，只要考覈事件之真偽即可，所以他以經學置諸首要地位，俟《尚書後案》成書後始致力於《十七史商榷》。又，鳴盛學近惠氏，而學界或以鳴盛之「佞鄭」爲其經學缺失；不過也有學者指出，吳派經師仍有個別差異，不可率皆視吳學以如此。而鳴盛除自認存古之功與惠棟相拊，並對戴震「道不同不相爲謀」外，他對於吳門弟子亦嘗有所批評，他說：「各疏中所引他經注，非明眼不能採取。……近日余蕭客輯漢人經注之亡者爲《鉤沉》，有本係後人語妄擴入者，有本是漢注反割棄者。書不可亂讀，必有識方可以有學；無識者觀書雖多，仍不足以言學。」（《蛾術編・群書所引《尚書》逸文可疑者及誤者》）學界也以爲鳴盛輯佚鄭《注》之完整度大幅超越《鉤沉》（洪博昇〈江聲、王鳴盛之輯佚思維及其輯《尚書》鄭《注》之若干重要問題〉）。故鳴盛之輯存古義仍強調要能綜覈之，要本諸有學有識以辨其異同離合。

㈡布衣奇人余蕭客

惠棟弟子余蕭客，吳縣布衣；五歲，父幕遊粵西不歸，母顏授以《四書》、《五經》，夜則課以《文選》及唐宋人詩古文。家貧不能蓄書，有苕溪書棚徐姓識之，詣借《左傳註疏》，匝月讀畢歸之。徐訝其

速，問子讀之熟矣？曰然。徐手翻一帙使背誦，終卷無誤。徐大駭，曰奇人也！贈以《十三經註疏》、《十七史》、《說文解字》、《玉篇》、《廣韻》，於是閉戶肄經史，博覽群籍。沈德潛見所著書，折節下交。年二十二以《注雅別鈔》就正於惠棟；是作攻陸佃《新義埤雅》、羅願《爾雅翼》兼及蔡卞《毛詩名物解》。棟曰：「陸佃、蔡卞乃安石新學，人人知其非，不足辨；羅願非有宋大儒，亦不必辨。子讀書撰著，當務其大者、遠者。」蕭客聞之瞿然，遂執贄受業稱弟子（江藩《國朝漢學師承記・余古農先生》）。

蕭客性癖古籍，年十五通《五經》即知氣理空言、無補經術，思讀漢唐註疏。所撰《古經解鉤沉》對於凡唐前經解舊說有片語單詞可考者，悉皆輯入並著其目，是典型的吳派學者。是書主要爬梳、蒐羅分散在他書中的古經解，使彙集於《古經解鉤沉》一書。他自述：「舊注散見他經疏中，仍為盡數分摘。蓋不在本經便與諸書無異。」（《古經解鉤沉・例》）其言當各經之經解不在本經時，便與一般他書無異，讀者在釋讀本經時很難得知尚有此一他說異解。所以其書題「言『古』以別於現行刊本」，示以該著具有「存古」價值；而所謂『鉤沉』者，言其鉤沉之功更在於使後之讀者在本經經解外，復能知有此一經解異說，則是其價值更在於「存異」之功。

《古經解鉤沉》對於凡散見於他經之唐前諸儒訓詁皆予以採錄，以「扶衰絕」而表微之，《四庫提要》言：「自宋學大行，唐以前訓詁之傳率遭掊擊，其書亦日就散亡；沿及明人說經者，遂憑臆空談，或蕩軼于規矩之外。國朝儒術昌明，士敦實學……凡著述之家，爭奮發而求及於古，蕭客是書其一也。」戴震序《古經解鉤沉》，也說：「今仲林（蕭客字）得稽古之學於其鄉惠君定宇，惠君與余相善，蓋嘗深嫉乎鑿空以為經也。」皆闡明其窮究古經解之經學門轍，乃發揚師門惠棟以漢學為倡、深嫉鑿空之敦實路數。是著本來名為《古註疏鉤沉》，後來因

「疏」緣起注下之注，恐滋門戶爭端，更爲今名，蓋「言經解不言註疏，以并包異同」也；其〈前序〉又曰：「盈庭聚訟，則彼我兼通。窺豹則管亦一斑，集狐則裘非一腋。」並見蕭客兼收廣採而不主門戶、無異同之見的立場；就此而言，亦與惠棟「鮮下己見」及釋義經典兼有今、古文而不爲門戶所限同趣。是作所取材，據其自序云，「因讀註疏，摘其所引，并李鼎祚《周易集解》二十七家舊說，益以史傳、稗官、百家雜注，及《太平御覽》、《冊府元龜》諸巨編所載，凡涉經義，具有成書，今所不傳。盡《玉海》而止，罔不畢取。」（《古經解鉤沉·前序》）是其所輯補之經解內容，乃蒐羅唐《五經正義》定制的疏注以外之今所不傳舊注。全書分爲三十卷，涵蓋《周易》、《尚書》、《毛詩》、《三禮》、《三傳》、《論語》、《孟子》、《孝經》、《爾雅》等十三經，亦頗同於惠棟《九經古義》所爲，是對吳學「輯存古義」之光大作爲。實則從其書題，言欲對「古經解」加以「鉤沉「而言，其恪遵師門蒐羅古注之考據治經途轍，亦可充分瞭然。

　　是著所「鉤沉」古經解，例諸以《周易·乾》「元亨利貞」：魏徵嘗釋曰：「始萬物爲元，遂萬物爲亨，益萬物爲利，不私萬物爲貞。」然後世罕有知魏徵斯義者；蕭客爲之鉤沉而出，備爲眾解之一，並註明該經說係出自宋李衡所撰《周易義海撮要》卷一。又如〈屯〉卦爻辭：「六二屯如邅如，乘馬班如。」對於「班如」，程頤《伊川易傳》曰：「班，分布之義。下馬爲班，與馬異處也。」朱熹《周易本義》也說：「班，分布不進之貌。」惟既「乘馬」又如何「與馬異處」、「分布」之？甚爲不辭。對此，蕭客另據子夏《易傳》並註明「影宋本疏卷二」，鉤稽出「班如，謂相牽不進也」之義。清刁包《易酌》也說：「疏引子夏《傳》云，班如謂相牽不進也，較傳義『分布』更顯亮。」另外譬如《詩·東山》：「之子于歸，皇駁其馬。」然「皇駁」何謂也？《毛詩註疏》毛亨傳曰：「黃白曰皇，騨（案：騧的本字）白曰

駁。」鄭箋則推其義，但云始嫁之時，「皇駁其馬，車服盛也」，未明言何以然？朱熹《詩集傳》同此義。於此則蕭客據劉芳《毛詩義證》，另鉤出「彤白雜毛曰駁」之經解，並注明該說係出劉芳《義證》，而得自《文選注》十四卷。經覆對《昭明文選》卷十四顏延年〈赭白馬賦〉，其題下注云：「劉芳《毛詩義證》曰：『彤白雜毛曰駁（案：音ㄅㄛˋ，通「駁」）。彤，赤也，即赭白也。』」蕭客便是拾遺此注補闕之，則〈東山〉詩言女子于歸時，其馬色有黃白、赭白雜毛，義遂豁然。《古經解鉤沉》所鉤沉之古經解，率皆類此。誠如其言：「蜜蜂以兼采為味，繪事以眾色成文。」（《古經解鉤沉・後序》）對於日就散亡的古經解，他亟加以鉤稽表微，既有輯佚存古之功，更使眾說異解能夠詳備經說。

　　前例所示，蕭客鉤稽不見於本經而分散在他經的經說異解，除具存古、存異之功外；其所難能而對後學具有指引之功者，還在他不但於每條經解下註明所出書名，尤其更註明卷第，以示有徵，便於讀者覆對。雖然如唐李匡義《資暇集》、遼僧行均《龍龕手鑑》等已間用此法，有註明卷次者；然如《鉤沉》全書用作撰著體例，皆為註明卷數者，則古籍未見。蕭客在〈例〉中自述：「一書卷帙多或盈千，若不注出某卷，幾與不注所出書同。」所引凡所出書有兩卷以上者，即為之標注卷數，此一前瞻性概念儼若今人論學。儘管他亦謙稱：「或舊註失收、或前後倒置、或本非散失誤行採入，不能保無一、二牴牾。」實則其蒐羅詳審，《提要》也稱：「其用力亦可謂勤矣！……《天祿》之珍庋藏清秘，非下里寒儒力所能睹也；然經生耳目之所及者，則捃摭亦可謂備矣！」以蕭客一介布衣，貧病相兼，懼「蘭臺歷載二十，漢志弗成」而擯絕交遊，專力窮此；他雨雪載塗，「病中塗抹，易稿再三」，而「丹鉛朝夕，樂不為疲，至於左目幾成青盲，而鉤沉得信而有徵。」他扶疾書之，「頭不得俯、不得回顧，行不得盤旋。回顧盤旋，眩暈耳鳴，輒

通夕不止。」（《古經解鉤沉・後序・例》）風簷展書，古道照顏；學如積薪，寸縷匪易，後人不得以餖飣輕議考據之學。

　　蕭客謹遵惠棟師教，篤守漢學營壘；曾爲直隸總督延修《畿輔水利志》（又稱《直隸河渠書》），間遊京師，與朱筠、紀昀善，皆推重之。惟其博覽群書無輟日又繼之以夜，致目力虧損；後因目疾南歸，以經術教授鄉里，閉目口授，生徒極盛，人稱盲先生。其議論風發泉湧，人云：「鬼谷子、縱橫家舌有鋒鍔不可當也。」重以狀貌奇偉，頂有二肉角，疎眉大眼，口侈多髯，如軱革家懸鬼谷子像，同社戲呼鬼谷子。蕭客一生貧病交攻，中途殂逝，無子嗣。生平著述如《爾雅釋》、《注雅別鈔》，悔少作不以示人，另有《文選音義》、《文選雜題》、《選音樓詩拾》等；疾革時，以雜題詩集付弟子朱敬輿，敬輿寶爲枕中祕，以是學者罕知之（江藩《國朝漢學師承記・余古農先生》）；《古經解鉤沉》則獲《四庫全書》經部著錄。弟子中以江藩最知名，亦謹守師教而以漢學爲宗者；所撰《國朝漢學師承記》、《國朝經師經義目錄》，勾勒清儒之漢學家譜系，而其去取標準，率不著錄「言不關乎經義小學，意不純乎漢儒古訓者。」（江藩《國朝經師經義目錄》）亦皆發揚吳學尊漢儒古訓，以經義小學爲尙之精神。吳學在清初朝廷尊朱的一道同風中，獨以興復漢學爲特識，引領了有清一代「尊漢宗鄭」的漢學風氣，誠然乾嘉考據學之舵手。

(三)獨立吳派學風外的「通儒」錢大昕

　　吳中地區師儒輩出；錢大昕亟以博洽名，學者以「學究天人，博綜群籍」目之，江藩《國朝漢學師承記》稱爲「自開國以來，蔚然一代儒宗也。」大昕早年曾與沈德潛游，善辭章，爲「吳中七子」之冠；後來又從惠棟、沈彤游，學界多視爲吳派學者。江藩說他對惠棟「執經問難，以師禮事之。」不過他雖認同吳學，與惠棟同聲強調「三代以前，

文字、聲音與訓詁相通，漢儒猶能識之」，所以「詁訓必依漢儒，以其去古未遠，家法相承，七十子之大義猶有存者」（錢大昕《潛研堂文集・臧玉林《經義雜識》序》），且主張「學道要於好古，蔑古則無以見道。」「古訓之不講，其遺害於聖經甚矣！」（〈經籍纂詁序〉）但其學獨樹一幟，未嘗定於一方，在表現了乾嘉儒者共通的徵實考據學風外；復兼具各家眾長地既有吳派「好古」的輯佚精神，又擅古音學，好以音韻治經史，兼有親近皖學戴震訓詁治經的特色。江藩說他「不專治一經而無經不通，不專攻一藝而無藝不精。」（《國朝學師承記》）段玉裁也說他「於儒者應有之藝，無弗習，無弗精。」（段玉裁〈潛研堂文集序〉）而在兼具吳學尊古注、皖學重小學之特色外，他又深好史學且亟有建樹，是乾嘉歷史考據學派的領軍人物，嘗言：「自惠、戴之學盛行於世，天下學者但治古經，略涉三史，三史以下茫然不知，得為之通儒乎？」（《國朝學師承記》）且他正是以考據治史的史學高度成就，有別於當時專務經考的經儒。故他雖在吳派旗幟下，經常與惠棟往返論學，但學兼多方，非吳學學風所能囿限。

　　大昕在經學、小學上，精研古經義與聲音訓詁之學，並旁及天文輿地、草木蟲魚等，其《十駕齋養新錄》、《潛研堂文集》等考訂精密詳審的論學之作，其中大量的經學答問、經論與經考內容，遍及《易》、《詩》、《書》、《禮》、《春秋》、《爾雅》諸經，常發前人所未發；在小學方面，則他有《聲類》四卷，分釋詁、釋言、釋訓、釋語、釋天、釋地、釋器……以及讀之異者、文之異者、方言名號之異、古讀、音譌、同音通用、音近通用、形聲俱遠、字形相涉之譌等門類，《十駕齋養新錄》卷四、五也專以釋論《說文解字》及其音學所得；尤其他在古音學上享譽學界的不刊之論──「古無輕脣音」和「舌音類隔之說不可信」（即「古無舌上音」），更破除了聲韻學上長期的「類隔切」之說，是中國語言學史上極重要的音學成果。至於大昕極受稱道的

史學成就，則有《二十二史考異》、《元史稿》和《三史拾遺》、《諸史拾遺》等，皆精熟於史傳、年譜、禮樂、官制、兵刑、天算、地理、氏族、年代、金石文字……等考校、拾遺。《二十二史考異》是乾嘉歷史考據學代表作，從《史》、《漢》到《元史》皆以詳密考訂，正傳聞之誤、訂字句之舛，尤詳於梳櫛遼金元史；大昕並嘗有志於重修《元史》，撰有開清代研究《元史》新風的《元史藝文志》、《元史氏族表》、《元詩紀事》等；復奉敕纂修《熱河志》，與修《續文獻通考》、《續通志》、《一統志》等史作。而除經、史學外，他對唐宋元明詩文集及小說筆記、秦漢宋元金石文字、皇朝典章制度、滿州蒙古氏族等，亦皆研精究理。當時極篤於自信並以學者第一自居的戴震，嘗言：「當代學者，吾以曉徵爲第二人。」江藩擬以漢儒，曰：「即賈逵、服虔亦瞠乎後矣，況不及賈、服者哉！」（《國朝漢學師承記・錢大昕》）阮元亦謂：「國初以來，諸儒或言道德、或言經術、或言史學、或言天學、或言地理、或言文字音韻、或言金石詩文。專精者固多，兼擅者尙少；惟嘉定錢辛楣先生能兼其成。」（阮元〈十駕齋養新錄序〉）現代學者杜維運也認爲其識見精絕，「往往足發千載之覆，而成不刊之論。」「十八世紀中國之史學，雖謂之爲錢大昕時代，亦無不可。」（杜維運《清代史學與史家・乾嘉時代之歷史考據學》）錢大昕是乾嘉時期在各領域皆獲得精湛成就的經學家、史學家、小學家、校勘學家、算學家、金石學家等，其詩作且爲沈德潛選入《江左七子詩選》中，允爲清代精通多學之「通儒」代表。

考據之學，博證爲難；考經辨史必須立足在博通基礎上，既要博極群書，窮究經典，習熟傳注義疏，具備淹博學識，對於六書音韻、天算、地理、廟諱、氏族、典章制度、雜史野記、金石碑跋……等，也都要能博古通今。故大昕取義《荀子》：「騏驥一躍，不能十步；駑馬十駕，功在不舍」，以及張載〈芭蕉〉詩云：「芭蕉心盡展新枝，新卷新

心暗已隨。願學新心養新德，長隨新葉起新知」（《十駕齋養新錄‧自序》），自期以刻刻養新、日起新知，並以「十駕」、「養新」名所著。他遵乾嘉吳學重視經典傳注之一貫立場，曰：「窮經者必通訓詁，訓詁明而後知義理之趣。」「有文字而後有詁訓，有詁訓而後有義理。訓詁者，義理之所由出，非別有義理出乎訓詁之外者也。」（《潛研堂文集‧左氏傳古注輯存序‧經籍纂詁序》）他以訓詁傳注作爲學問底層建築而進求義理，亦頗與惠棟「經之義存乎訓」，以及戴震「由詞通道」之小學訓詁精神相輝映。他亦批判明學譾陋，曰：

　　嘗病後之儒者，廢訓詁而談名理，目記誦爲俗生，訶多聞爲喪志；其持論甚高，而實便於束書不觀游談無根之輩。有明三百年，學者往往蹈此失。盛朝文教日興，好古之士，始知以通經博物相尚。若崑山顧氏、吳江陳氏、長洲惠氏父子、婺源江氏，皆精研古訓，不徒以空言說經。其立論有本，未嘗師心自用，而亦不爲一人一家之說所囿。故嘗論宋元以來言經學者，未有如我朝之盛者也。
　　　　　　　　　　　　　　——《潛研堂文集‧與晦之論爾雅書》

大昕相當自豪於清代經學盛況，及其雄視於宋元經學；他認爲此係由於清儒博物通經、精研古訓，以及名物訓詁在清學中受到高度的重視。於此，正可以見我國學術漢、宋學取向不同。後世之尊宋學者，譬如錢穆，其〈錢竹汀學述〉雖亦推重大昕，但對其理義出於訓詁之論卻深加不滿，謂：「每不禁於此而爲竹汀致惋惜也。」[5]其《中國近三百年學術史》亦守住理學藩離，以理學作爲衡量清儒思想高下之判準。故錢穆

5　案：錢穆推重錢大昕的焦點，主要在錢大昕對理學家的肯定。如錢穆美其「直以朱子爲孔孟後一人，而曰：『斯文在茲』、『百世之師』。」「此以濂溪、二程、張、朱爲能崇實學，故無媿乎大儒之名。」（〈錢竹汀學述〉）

學術史突出心性磊落但未對後來清學產生重要影響性的陸王理學家李紱等人；反之，對於乾嘉學術趨向訓詁考訂、清儒菲薄宋儒道學、「詆宋之風，自東原起而益甚」之反宋現象，以及批評理學鑿空之「從訓詁進求理義」方法論等，皆極致深惡並譏彈之。[6] 斯亦民國以來籠罩臺灣學界數十年的新儒家現象與氛圍。然而錢穆所不愜於錢大昕者，正是他身為乾嘉考據學代表的學趨特色及其所以被視為吳派學者的原因。

　　乾嘉考據學以考經辨史獨步我國學術史，在眾知的經學考據外，史學考據亦獲得空前成就；而乾嘉史學考據則以錢大昕《二十二史考異》、王鳴盛《十七史商榷》、趙翼《二十二史劄記》為代表，錢氏尤向被視為執乾嘉史學界牛耳。張之洞曾說：「由小學入經學者，其經學可信；由經學入史學者，其史學可信。」（《書目答問》）而大昕之治史門徑，正是以詳密精審的經學、小學為根基；後世之論乾嘉史學者，亦多遵章學誠《文史通義》言：「浙東貴專家，浙西尚博雅」為判（〈浙東學術〉），以錢大昕等史學考據派樹異於全祖望和章學誠等浙東史撰、史論派。乾嘉史學界在這兩種不同的史學趨向下，浙西尚博雅而通經博古、識字審音通訓詁；浙東則貴專家、成一家之言，如全祖望《鮚埼亭集》徵存浙東文獻、表章忠烈遺軼，章學誠《文史通義》辨章學術、考鏡源流，釐析經、史、文學間的錯綜複雜關係。惟在乾嘉考據趨向中，錢大昕等「史考」派乃當道主流；儘管實齋不斷疾呼：「徵實太多，發揮太少，有如桑蠶食葉而不能抽絲」（《文史通義・與汪龍莊書》），但考據學終是乾嘉風會，而歷史風會很難為一二人所扭轉。

6　錢穆強調清代漢學和理學的關係，曰：「言漢學淵源者，必溯諸晚明諸遺老。……於時已及乾隆，漢學之名始稍稍起，而漢學諸家之高下深淺，亦往往視其所得於宋學之高下深淺以為判。」對於考據學，則謂以「壞學術、毀風俗、而賊人才」、「治學者皆不敢以天下治亂為心，而相率逃於故紙叢碎中。」對於清儒「從訓詁進求理義」的方法論，亦謂之「既牽纏於古訓，又依違於新說，故時見矛盾模稜也。無怪譏評漢學者，謂彼輩只能考訂名物，談及義理，便無是處。」（《中國近三百年學術史》）

全、章等獨立時風之「別出意見，不爲訓詁牢籠」者，其終老蓬窗，或「爲一時通人所棄置而弗道」（《文史通義·家書三·家書二》）、或以「三旬九食古人事，此是儒生分所甘」自礪（全祖望〈星齋速我出山，且盛夸我用世之才以相歆動，其意爲我貧也，率賦答之〉，《鮚埼亭詩集》），遂與備林泉清福、享文章盛名的錢大昕有淵壤之別。不過錢大昕雖被劃歸歷史考據學派，但他亦嘗有志於重修《元史》；所撰《元史藝文志》、《元史氏族表》固然立基在考據上，卻也未嘗不以勒成定史爲所嚮，只因未竟全功而留下遺憾。

　　重修《元史》是錢大昕的史學最終目標，他曾自《永樂大典》輯得《元祕史》，又獲抄《四庫全書》僅加存目的《元典章》等重要史料，並自述：「繼有刊定《元史》之舉。」（《潛研堂文集·與晦之論爾雅書》）對於史學，大昕認爲應將重心置放在覈實人、事、時、地等歷史記載，以「袪疑指瑕」、「拾遺規過」，使往史眞實畢現；他對唐宋以後的官修正史諸多不滿，尤其明修《元史》未及一年便倉卒成事，其敘事疏舛、誤謬累篇、闕漏之甚，「紀所書顚倒複沓，皆不足據。」反倒是大昕所獲《元祕史》，「敘次頗得其實，……皆《元史》所未詳也。」「論次太祖、太宗兩朝事迹者，其必於此書折其衷與！」（《潛研堂文集·跋元祕史》）所以他亟務考辨而欲重修《元史》。《十駕齋養新錄》亦嘗辨〈元史不諳地理〉，曰：「修《元史》者皆草澤腐儒，不諳掌故。一旦徵入書局，涉獵前史，茫無頭緒，隨手摭撦，無不差謬。」大昕之重修《元史》，據其《元史藝文志·自記》，言其任職翰林院時，嘗因《元史》「冗雜漏落，潦草尤甚」，仿范曄《後漢書》及歐陽修《新唐書》、《新五代史》之例，「別爲編次，更定目錄，或刪或補，次第屬草，未及就緒；歸田以後，此事遂廢。惟〈世系表〉、〈藝文志〉二稿尚留篋中。」又據其自撰《竹汀居士年譜》之乾隆56年，「撰《元氏族表》四卷，補《元藝文志》四卷」條下，有其子之補

記曰：「其餘紀、傳、表、志多已脫稿，惜未編定。是年精力少差，先以《氏族》、《藝文》二稿繕成清本。」章學誠也曾書曰：「聞大著《元史》比已卒業，何時可以付刻，嘉惠後學？」（《文史通義·為畢制軍與錢辛楣宮詹論續鑑書》）是即道光間其侄孫錢師瓊《錢氏藝文志》所著錄：「《元史稿》百卷，在金陵汪氏處。」後來日人島田翰（1881-1915年）於1905-1906年間到江浙訪書，曾親見《錢竹汀手稿本》「殘本二十八巨冊」（缺卷首至卷二五），其後則不知所歸，或云「藏山東某氏家」（黃啟華〈錢大昕的史學述論〉）。則是大昕《元史》重修大部分皆已完成，惜乎未有定稿而終至散佚。錢氏《元史稿》傳世者僅《元史藝文志》、《元史氏族表》；其《元詩紀事》亦佚。

《二十二史考異》則為大昕系統考證《史記》到《元史》22部正史之作，書計百卷，條目近萬；在二十四史中，僅缺清廷官輯或官修而多所隱晦與竄改的《舊五代史》和《明史》。[7]他在序中自述從弱冠、通籍到乞歸皆好史學，「反覆校勘，雖寒暑疾疢，未嘗少輟。」涉獵既久，啟悟遂多，偶有所得便別寫於紙，而歲有增益、卷帙滋多。不過支持他窮力於考據治史者，除了史學興趣外，更重要的，還在其個人所特具之史學觀點：1.持「經、史不二」論，在一片披靡的經考時風中欲突出史學地位；2.反對馳騁議論和書法褒貶，突出記地的輿地、記人的官制與氏族、記時的曆法等史學主張，斯為大昕之治史特色。

對於學界長期的「陋史而榮經」現象，大昕亟批判自從王安石詆《春秋》為斷爛朝報以來所造成的說經者日多、治史者日少偏頗發展。

7　錢氏《二十二史考異》在二十四史中不辨《舊五代史》和《明史》者，蓋《明史》出於清廷官修，《舊五代史》則為清廷官輯。清廷官修《明史》多所隱誨，尤以南明史事為最；《舊五代史》則自歐陽修《新五代史》出而漸亡，乾隆間為修《四庫全書》始自《永樂大典》輯出。然《舊五代史》凡稱契丹為虜、戎、胡、夷狄等「違礙字句」率被改稱敵、契丹王等，或逕被刪削、竄改，有時甚至變諷刺為讚揚，已經面目全非。故嘗為朝廷命官的錢大昕摒除是二作不考，實有改不勝改以及不敢觸諱之現實因素。

他不滿學界每持「經精而史粗」、「經正而史雜」，甚至譏「讀史爲玩物喪志」、「讀史令人心粗」的看法。遠處看，朱熹《語類》嘗言：「史書都不要看。但覺得閑是閑非沒要緊，……看得此等文字有味，畢竟粗心了。」「讀史成誦，亦是玩物喪志。」「看史只如看人相打，相打有甚好看處？」近處看，即連同道摯友王鳴盛亦重經輕史，遑論乾嘉學風之以經學爲尚而三史以下茫然不知！故他在強調「實事求是」的史學求真精神——「史家以不虛美、不隱惡爲良；美惡不揜，各得其實」（《潛研堂文集・史記志疑序》）以外，復亟強調經、史不分軒輊而致力提高史學的地位。其論曰：

> 經與史豈有二哉！昔宣尼贊修《六經》，而《尚書》、《春秋》實爲史家之權輿。漢世劉向父子校理祕文爲《六略》，而《世本》、《楚漢春秋》、太史公書、漢著記列於《春秋》家，〈高祖傳〉、〈孝文傳〉列於儒家，初無經史之別；厥後蘭臺、東觀作者益繁，李充、荀勖等創立四部而經史始分，然不聞陋史而榮經也。自王安石以倡狂詭誕之學，要君竊位，自造《三經新義》，驅海內而頌習之，甚至詆《春秋》爲斷爛朝報。……由是說經者日多，治史者日少。　　——〈二十二史箚記序〉

大昕申《尚書》、《春秋》本爲史家權輿，而後世推尊其義以爲經學，以明「經、史不二」之義。再者，他認爲史學之難，在於諸多輿地之今昔異名、僑置殊所，與職官沿革迭代、史實乖舛、記載異同、見聞離合、主觀武斷……，況乎竹素爛脫、豕虎傳訛，想要條理貫串，良非易事；所以讀史之難，不在褒貶大義，而在證其真僞、考其同異之爲難。因此他既反對「馳騁筆墨，夸曜凡庸」與「空疏措大，輒以褒貶自任」的治史方式；亦批判「文致小疵，目爲大創」、或「陳義甚高，居心過

刻」的史學評論。此其與鳴盛同調者。大昕對於史學考據視之甚高，他以考訂精覈、正譌規過等史考爲史學價值所在，曰：「史非一家之書，實千載之書，袪其疑乃能堅其信，指其瑕益以見其美。拾遺規過，匪爲齮齕前人，實以開導後學。」（〈二十二史考異序〉）並以此考據治史的史學趨向，及對史籍要求辨正、補遺、匡謬等主張，成爲斯時之史學主流，異夫浙東史學全、章等人之務力史撰史論，而各有擅場、互有千秋。

故大昕與王鳴盛之論史同中有異，也殊別於乾嘉經儒之獨尊經考，更迥異於章學誠「貴乎史識」之史學主張。其論曰：

讀經易，讀史難。讀史而談褒貶易，讀史而證同異難。證同異於漢、魏之史易，證同異於後代之史難。
　　　　──〈元史本證序〉，收入汪輝祖《元史本證》

歐公本紀頗慕《春秋》褒貶之法，而其病即在此。……史家紀事，惟在不虛美、不隱惡，據實直書，是非自見。若各出新意，掉弄一兩字以爲褒貶，是治絲而棼之也。
　　　　──《十駕齋養新錄·唐書直筆新例》

大昕亟言史書難讀，並舉例：「司馬溫公撰《資治通鑑》成，惟王勝之借一讀，它人讀未盡十紙，已欠伸思睡矣。況廿二家之書，文字煩多，義例紛糾……欲其條理貫串，瞭如指掌，良非易事。」（〈二十二史考異序〉）而非獨讀史不易，考史更見其難；他以據事直書的「直筆」爲史學最高價值，反對飾美增惡、好發議論之「以褒貶自任」，認爲只要「文直事核，謂之實錄」，史家之能事畢矣！強調「直書其事，使人之善惡無所隱而已矣！」「通儒之學，必自實事求是始。」（《潛研堂文

集・春秋論》）所以對於讎校史書，他站在揭示客觀事實以使善惡自見的角度，孜孜矻矻地在中國浩如煙海的史籍中從事訂譌、正謬、補闕，以糾謬歷代史家妄效《春秋》筆削褒貶、騁其議論、妄相附會所造成的舛誤失實，並自礪：「自非通人大儒，焉能箴其闕而補其遺？」（〈盧氏群書拾補序〉）他抱著「學問乃千秋事，訂訛規過，非以訾毀前人，實以嘉惠後學」的心情，從事於「去其一非，成其百是。故人可作，當樂有諍友，不樂有佞臣」的神聖考訂工作（〈答王西莊書〉）。就是在這個分歧點上，他和章學誠的史學意識不相得。[8]章氏強調「史所貴者義也」、「《春秋》之義昭乎筆削。」筆削之義不僅是要事具始末而已，而是要「通古今之變而成一家之言者……有以獨斷於一心。」（〈史德〉、〈答客問上〉，《文史通義》）所以章氏申鄭樵「立論高遠」的《通志》、黜馬端臨「比類纂輯」的《文獻通考》，且謂整輯排比的「史纂」和參互搜討的「史考」，「皆非史學」；要求決斷去取之「能成家而可以傳世行遠。」（〈申鄭〉、〈書教下〉、〈浙東學術〉，《文史通義》）以此，兩人所論不能相侔。

　　再者，通曉音韻亦是考經證史所不可或缺。由於古今懸隔，考文知音、章句訓詁是釋讀經典之「由詞通道」基礎。精擅各學的錢大昕，不但以音韻為訓詁基礎，並在古音學上有重要建樹。他持論「人有形即有聲，聲音在文字之先，而文字必假聲音以成」，所以主張「因聲音而得詁訓。」「《六經》皆載於文字者也，非聲音則經之文不正，非訓詁則經之義不明。」（〈答問十二〉，〈小學考序〉，《潛研堂文集》）因此儘管學界多以吳門學者視之；實則大昕突出經義與音聲、故訓關係的學術進路，亦兼有皖學之長。清儒之古音研究，多繼顧炎武之古韻分

8　章學誠《文史通義》載有〈為畢制軍與錢辛楣宮詹論續鑑書〉，然錢大昕《潛研堂文集》未見往來、或未收錄。

部而繼續推進，如江永《古韻標準》、戴震《聲類表》、段玉裁《六書音均表》、孔廣森《詩聲分例》與《詩聲類》、王念孫《古韻譜》、江有誥《音學十書》……等；然錢大昕則另事於古音之聲類研究，頗出一般清儒蹊徑外。學者陳新雄即言：「前修之探研古音，每究韻而遺聲。……待錢氏特起，古聲研究，始有可觀。」（《古音學發微》）大昕根據古籍中諸多脣音通假異文，如：封域／邦域、扶服／匍匐、伏羲／庖羲、蕪青／蔓青、汾水／盆水……，而論上古時脣音只有雙脣音「幫、滂、並、明」等重脣音，並無脣齒音「非、敷、奉、微」等輕脣音；輕脣音皆由重脣音演變而來，曰：「古人製反切皆取音和，如方、府、甫、武、符等，古人皆讀重脣。後儒不識古音，謂之類隔，非古人意也。」（《十駕齋養新錄‧舌音類隔之說不可信》）他根據《唐韻》平聲五十七部中有輕脣者僅九部，將其無字者去之，僅二十餘紐，再以經典證之，則皆可讀重脣，故謂：「凡今人所謂輕脣者，漢魏以前皆讀重脣，知輕脣之非古矣。」（《潛研堂文集‧答問十二》）[9]又取《顏氏家訓》曰：「《戰國策》音刌為免」，以證論「古音刌、免皆重脣；六朝人轉刌為輕脣，故以為異。」其他如《詩》：「凡民有喪，匍匐救之。」而〈檀弓〉引《詩》作「扶服」；《書‧禹貢》「至於陪尾」而《史記》作「負尾」；《水經注‧漢水篇》：「文水即門水也」；《論語》：「子貢方人」，鄭康成本作「謗人」……，並皆可證今音輕脣者古讀皆為重脣。另外對於古書之舌音類隔現象，即今音為舌上音但其反切上字卻為舌頭音者，如《廣韻》「樁」：「都江切」，為「知」母；但其反切上字「都」字卻是舌頭音的「端」母。大昕認為這是因為「古

9　對於錢大昕所舉通假異文，陳新雄《古音學發微》又在錢氏所舉證的方音外，佐以現代各地方言如閩、粵、吳各地方音，輕脣仍多讀重脣音，重脣則未嘗變輕脣；今讀輕脣者，其譯語對音尚多重脣；高本漢等就語音學理推言，重脣音係受合口音u之影響而變為輕脣音等，確信錢氏古無輕脣之論為是，並非古無重脣音。

無舌上音」（可對應於今之捲舌音）——「古無舌頭、舌上之分。知、
澈、澄三母以今音讀之，與照、穿、牀無別也；求之古音，則與端、
透、定無異。」故「知、澈、澄」等舌上音古讀爲不捲舌的「端、透、
定」舌頭音。因此古籍中存在諸多反切上字與本字不合的舌音通假異
文，像是：衝子／童子、天竺／身毒、溽沱／呼池、追琢／雕琢、直／
特、中／得、陟／得、竹／篤、豬／都、追／堆、塵／壇……等。譬如
《論語》：「君子篤於親」，而《汗簡》云：「古文作竺」；《詩》：
「追琢其章」，而《荀子》引述作「雕琢其章」；《書‧禹貢》：「大
野既豬」，而《史記》作「既都」；枚乘〈七發〉：「踰岸出追」，李
善注引郭璞曰：「沙堆也，都迴切」，並言：「追亦堆字。今爲追，古
字假借之也。」（《十駕齋養新錄‧古無輕脣音‧舌音類隔之説不可
信》）……後來董同龢《漢語音韻學》亦指出「《廣韻》的舌音類隔與
齒音類隔切語，在《集韻》裡也不存在了。……例如《廣韻》『椿：
都江切』《集韻》作『株江切』。」[10] 蓋《集韻》晚《廣韻》三十年，
《集韻》已將《廣韻》之舌上音字卻用舌頭音字作反切上字者，悉改爲
合乎今音的舌上音字，可以佐證錢大昕「古無舌上音」之説確然。

　　大昕立足小學以考經辨史，其《二十二史考異》之史考亦多得
力於音韻訓詁，譬如他說《史記‧五帝本紀》所記，帝顓頊高陽之地
「東至於蟠木」，而曰：「予謂蟠木者，扶木也。《呂覽‧爲欲篇》：
『西至三危，東至扶木。』又〈求人篇〉：『禹東至榑木之地。』
《說文》：『榑桑，神木，日所出也。』榑與扶通，扶木即扶桑。古
音『扶』如『酺』，聲轉爲『蟠』也。」於此，他博通群籍地以《呂
覽》和《說文》疏通證明《史記》所載；復運用其古音學之「古無輕脣

10　案：陳新雄又指出，晚近高本漢又從形聲字諧聲偏旁發現舌頭音與舌上音可以隨便互諧。並考明
　　舌上音係自上古舌頭音分出；舌頭音於上古時四等俱全，演變至中古時，僅一四等韻保存，而
　　二三等韻則變爲舌上音。

音」及「聲轉」理論，以說明「蟠木」即「榑木」、亦即「扶木」、也即「扶桑」。由於輕脣音古讀皆爲重脣，故古音「扶」如「酺」；又因「聲轉」之同聲假借而書「酺」爲「蟠」，因此帝顓頊之「東至於蟠木」者，言其教與祀極東而至於神木扶桑日出之地，其聲教四訖而無不至也。又如〈日者列傳〉有「賈誼瞿然而悟，獵纓正襟危坐。」《索隱》釋曰：「獵，攬也。」然何以釋「獵」爲「攬」？人多不知。對此，則大昕以「聲轉」理論說之，曰：「『獵』、『攬』，聲相近。」（《二十二史考異》）循此進路以釋讀古籍，不但其義彰明，其爲惑也亦遂渙然。

　　以音韻明訓詁，或許於今爲難；然試立足大昕古音學，借力解惑一首流行但頗令人費解的童謠，或即可見其用於一斑：歌曰：「城門城門雞蛋糕，三十六把刀。騎白馬，帶大刀，走進城門滑一跤。」──爲什麼「城門」和「雞蛋糕」相關聯？若揣摩其意附會之，是否進城就該帶個雞蛋糕路上吃？抑或城門口總有叫賣雞蛋糕的攤子？而若以大昕古音學之「古無舌上音」說之，可能就是「城門城門幾丈高？」之「古今音不同」與「聲近而譌」了。大昕說今讀「知、澈、澄」等舌上音固然與「照、穿、牀」等正齒音無別；但古讀「知」系舌上音與「端、透、定」之舌頭音卻相混。故依《廣韻》，「丈」字「直兩切」，爲「澄」母，確實因其古音聲類與「定」母混，而與「徒旱切」、「定」母的「蛋」字同聲（不過仍有澄母三等、定母一等之別）；再證以大昕論：「古音直如特，《詩》：『實維我特』，釋文：『《韓詩》作直。』」「《孟子》：『直不百步耳。』直，但也。但、直聲相近。」可知「幾丈高」的古音確實近似「雞蛋糕」；而「雞蛋糕」作爲人們生活習熟之物，自然很容易被聯想而譌寫。那麼爲什麼「城門」的「城」字卻能被正確書寫？則因「城」字「是征切」、「常」母；而「常」母之聲類屬於「照、穿、牀、審、禪」之正齒音。雖然今讀「照」系之正齒音與

「知」系之舌上音似乎無別；但是「丈」、「城」之古讀卻分屬舌音、齒音，[11]故童謠中之「城門」沒有古今音變的誤寫問題。

吳中嘉定之錢氏學風極盛，一門群從，皆治古學。大昕與弟大昭，從子塘、坫、東垣、繹、侗，子東壁、東塾等在學術史上合稱「九錢」，甚是罕見而難得。

三、建立訓詁典範的戴震與皖派學者

在乾嘉考據學風中，能以嚴密的系統考據法雄視於清代學術史；復能以考據學結合義理學，以反映清人思想特色的道德學體系與宋儒爭勝而自立於思想史者，惟有戴震。身為乾嘉考據祭酒且終身皆以考據學盛稱於世的戴震，實際上卻是一熱愛義理而以義理學為終極理想的鉅儒。他既是考據學的最高權威、清代訓詁典範的建立者，素以名物度數、音韻、字義、算數及典制等考證名世；他在時風眾勢中又能不畏人言地勇闢新蹊，以清代新思想典範與理學相分庭，而成為我國思想史上繼理學之後的義理巨擘。因此述戴學必須結合兩端，一是他堪稱清學「典範中之典範」的經學考據，另一是他彰顯清代社會思想動向，自述：「予生平著述之大，以《孟子字義疏證》為第一，所以正人心」（段玉裁轉述，《戴東原集·序》）之新義理學建構。

戴震居鄉時，嘗從禮學名儒江永（1681-1762年）問學，與程瑤田（1725-1814年）、金榜（1735-1801年）共師事之；江永精於《三禮》及步算、鐘律、聲韻、地名沿革，博綜淹貫。32歲，因族豪侵佔祖墳復倚財結交縣令欲致其罪，避仇入都；寄旅歙縣會館，饘粥不繼而

---

11 正齒音「照、穿、牀、審、禪」後來又析為「莊、初、崇、生、俟」之等韻圖二等的莊系，與「章、昌、常、書、船」之等韻圖三等的章系；其中照二與齒頭音「精、清、從、心、邪」相近，照三則與「知」系舌上音相近，偶有相通，但非同音。（王力《清代古音學·錢大昕的古音學》）

歌聲出金石。訪錢大昕，錢氏歎以「天下奇才」；一時間館閣通人如紀昀、王鳴盛、朱筠等莫不讚賞而與之定交，於是聲重京師，公卿爭結交焉，並獲秦蕙田延編《五禮通考》。惟其競逐科場屢不第，南北多所遊幕；35歲遊揚州識惠棟，頗受惠棟反宋學啟發。有《七經小記》之學術寫作規劃，欲對《詩》、《書》、《易》、《禮》、《春秋》、《論語》、《孟子》等經典全面著作，後來以盛年殂而未竟全功，但仍留下豐碩研經成果及訓詁學、義理學等理論建構。

　　比較吳、皖之學，章太炎說皖學「綜形名，任裁斷」，「上溯古義，而斷以己之律令。」（《訄書重訂本・清儒》）固然皖學亦遵吳學所倡經傳古訓之趨，但是善裁斷而從「是」不從「古」，以此異夫「篤於尊信」、「鮮下己見」的吳學。例以戴震《詩經》學：他不但會通《詩》、《禮》而往往以《詩》說《禮》、或以《禮》解《詩》；其《毛詩補傳》且既打破宋元以來專宗朱熹《詩集傳》的詩說觀點，重新檢視漢儒《詩經》傳注的成果，又並不專主《毛詩》地兼取今文三家說《詩》；但他也不是「一宗漢詁」，而是兼采漢、宋經解，既開乾嘉考據學研究《詩經》之風，且異夫後來段玉裁《詩經小學》、《毛詩故訓傳》和胡承珙《毛詩後箋》、陳奐《詩毛氏傳疏》等「申漢黜宋」之作。再如其《考工記圖》之《禮》學研究，他對於《周禮・考工記》中宮室、車輿、禮樂諸器、兵器、食器與服飾之古器物與制度等，皆詳考形制、尺寸，繪作器物圖表，俾使學者治經有據，且開啟乾嘉研究禮圖、古器物之先河；後儒程瑤田、凌廷堪（1755-1809年）、阮元（1764-1849年）、黃以周（1828-1899年）等都受其影響而皆重禮。尤其他重視禮制之客觀規範對於德性的形塑及內化作用，倡論理義存乎典章制度，以此彰顯禮制之「天秩」意義，且樹起「理寓諸禮」、「理禮合一」的禮學大纛。於此並呈現出吳學重《易》而皖學重《禮》之研經取向不同，斯義即錢穆學術史所強調者。

在經學方法論上，戴震嘗言治經有三難，曰：「淹博難，識斷難，精審難。」他要求須以「十分之見」治經，既要博求證據以爲基礎，還要精審識斷；他並「從故訓進求理義」地，要求自經典釋義進至義理判斷的層面。而他之看重小學，也正因「經之至者，道也；所以明道者，其詞也。」（《戴東原集・與是仲明論學書》）識字審音的小學門徑，是通曉經義與聖人理義兩重學術目標即「通經明道」的必要階徑。所以他以音韻訓詁等小學爲裁斷經義及建構思想的基礎，曰：「故訓非以明理義，而故訓胡爲？」（〈題惠定宇先生授經圖〉）戴震之博而能約，殆如章學誠所強調「學必求其心得」；而非章氏批判時趨之「猶指秕黍以謂酒」、「但知聚銅，不解鑄釜」——「疲精勞神於經傳子史，而終身無得於學者。」（《文史通義・博約・與邵二雲書》）顯然戴震論學與務力於存古的吳學有所別地、看重深思自得。其論曰：

> 書不克盡言，言不克盡意，學者深思自得，漸近其區；不深思自得，斯草薉於畦，而茅塞其陸。

戴震論學之突出深思自得，是其與一般乾嘉經儒的殊異處；他以六書九數等考據所得爲肩輿之隸，認爲徒知故訓而不知理義、能學而不能思者，猶乎蕪草雜生田畦，反成學問之蔽，亦同於後人對乾嘉考據學的繁瑣餖飣之譏——戴震是時儒中極少數的，既具考據能事、復具義理自覺者。那麼作爲精審識斷基礎的「十分之見」，何謂也？戴震又曰：

> 所謂「十分之見」，必徵之古而靡不條貫，合諸道而不留餘議，鉅細畢究，本末兼察。若夫依於傳聞以擬其是、擇於眾說以裁其優、出於空言以定其論、據於孤證以信其通，雖溯流可以知

源，不目睹淵泉所導，循根可以達杪，不手披枝肆所歧，皆未至
「十分之見」也。 ——〈與姚孝廉姬傳書〉

斯論道盡考據學之難爲。戴震認爲從事考據除不能出於空言、據於孤證
外；如果僅僅只是依於傳聞以擬其是、擇於眾說以裁其優，那麼也只是
步趨隨人、拾人牙慧而已。治經須得做到本末兼察、鉅細畢究，徵古靡
不條貫、合道不留餘議，始可謂爲「十分之見」；以此博學與謹嚴的態
度治經，才能「庶幾治經不害」。

再者，戴震對於其所倡論「十分之見」，如何自我實踐？試以經
學範疇爲例：其博通強調，除要求在訓詁字義的考據學專門領域如字
學、故訓、音韻學等，必須做到「一字之義當貫全經，本六書然後爲
定」外；即連天象、地理、古今地名沿革、宮室服裝、工藝制器、鳥獸
蟲魚草木……等「一器物之微」，也都要翔實審知之。他舉例：誦〈堯
典〉至「乃命羲和」，如不知恆星七政所以運行，則掩卷不能卒業；誦
〈周南〉、〈召南〉，自「關雎」而往，如不知古音而強以協韻，則齟
齬失讀；誦古《禮經》先〈士冠禮〉，如不知古者宮室衣服等禮制，則
迷於其方而莫辨其用；不知古今地名沿革，則〈禹貢〉職方失其處所
（〈與是仲明論學書〉）。……斯亦戴震言治經之「淹博難」，故他在
考據領域備受推崇的豐碩考辨成果，除小學專門以及根基於小學基礎上
的《爾雅文字考》、《爾雅註疏箋補》、《聲韻考》、《聲類表》、
《方言疏證》、《屈原賦注》、《尚書義考》、《毛詩補傳》、《毛鄭
詩考正》、《大學補注》、《中庸補注》、《杲溪詩經補注》、《經
考》、《石經補字正非》……外；還有學通多方的《考工記圖》、《深
衣解》、《續天文略》、《曆問》、《古曆考》、《策算》、《算學
初稿四種》、《句股割圜記》、《九章算術訂訛補圖》、《五經算術
考證》、《水地記》、《原象》、校《水經注》，以及文集中〈明堂

考〉、〈三朝三門考〉、〈匠人溝洫之法考〉、〈記夏小正星象〉、
〈釋車〉、〈樂器考〉、〈記冕服〉、〈記皮弁服〉、〈記爵弁服〉、
〈記朝服〉、〈記深衣〉……等對於本末鉅細皆「手披枝肆所歧」之躬
自涉獵。戴震之考據實踐亦與其義理主張強調「士貴學」、「惟學可以
增益其不足，而進於智」之「重問學，貴擴充」涵養進路（《戴東原
集・古經解鈎沉序》、《孟子字義疏證・理十四・理六》），彼此一
致、相互呼應。

　　戴震根基於「十分之見」，復建立起系統性訓詁理論——論六書之
「四體二用」說、論六書「假借」之音義關係、古音學「陰、陽、入三
分」之古韻分部及「轉語」理論等。由於研經首重解經，而古書存在的
諸多假借問題，是解經最先遭遇的難題；戴震依許慎論「假借」之「本
無其字，依聲託事」，強調「《六經》字多假借」，則不知音聲，假借
之意何以得？故認為必先掌握語言文字的音、義關係，始可突破假借字
與本字的通假關係。他通過觀察字書和韻書的「相因」關係，發現文字
在「本義」之外還常有「一音數義」、「一字數音」的現象；他推論六
書假借有「義由聲出」、「聲同義別」及「聲義各別」幾種情形，所以
必須通過聲近或聲轉關係，以「因聲求義」、或「聲義互求」的方式破
其通假。故他在許慎強調「因形求義」的《說文解字》外，復突出音、
義關係地從「聲類大限無古今」角度，撰作《聲類表》、《轉語二十
章》、《爾雅文字考》等，以發揮「凡同位則同聲，同聲則可以通乎其
義」之重要訓詁理論。其《聲類表》即以陰、陽配對及入聲韻獨立的
「陰、陽、入」古韻分部，成為清人古音學重要的突破成果。先說陰、
陽韻類：他發現凡有入聲韻相承即後來名為「陽聲」韻者皆有「雄、
陽、表」特色，「以金石音喻之，猶擊金成聲也」；僅有平、上、去三
聲之無入聲即後來名為「陰聲」韻者，則有「陰、雌、裡」之感，「以
金石音喻之，猶擊石成聲也。」其弟子孔廣森著《詩聲類》即據此而定

「如氣之陽、如物之雄、如衣之表」者為「陽聲」，「如氣之陰、如物之雌、如衣之裡」者為「陰聲」；後世學者並襲用此「陰聲」、「陽聲」作為有否鼻音之名。戴震根基於此，提出了古音學上具重要貢獻的「轉語」理論。《轉語》一書便是藉由釐清古音之「聲轉」與「韻轉」問題，[12] 以音同、音近、音轉之「因聲求義」法探求本字本義；他還將上古聲類系統及古韻分部悉納入等韻圖，分製聲母表、韻部表為「轉語等韻圖」，解決了訓詁經典的「聲轉義通」假借字難題，並為古籍的「合韻」現象提供理論基礎。繼戴震「因聲求義」之突出古音、義關係並建立系統理論後，皖派學者如王念孫言：「訓詁之指存乎聲音，字之聲同聲近者往往假借」，段玉裁亦曰：「聖人之制字，有義而後有音，有音而後有形。學者之考字，因形以得其音，因音以得其義；治經莫重於得義，得義莫切於得音」（王引之〈經義述聞序〉、段玉裁〈廣雅疏證序〉），並皆根基於斯。

　　而除了建立系統訓詁理論之具體實踐成果外，戴震還以連繫義理學和考據學的「由詞通道」方法論，提供皖學根基於小學以訓詁經義及探求聖人理義的理論依據及指導思想。他為惠棟弟子余蕭客《古經解鉤沉》作序，有曰：「由文字以通乎語言，由語言以通乎古聖賢之心，譬之適堂壇之必循其階，而不可以躐等。」他強調訓詁字義是解經關鍵；批判「緣詞生訓」和「守譌傳謬」的臆測說經方式，對理學流行以來輕傳注、重講論的說經方式感到憂心。他批評不知小學、語言文字者，其所解經適足以亂經，曰：「故訓明，六經乃可明；後儒語言文字未知，而輕憑臆解以誣聖亂經，吾懼焉！」（〈六書音均表序〉）因此其訓

---

12 「聲轉」如聲母表之「喉」類：見、溪、群、影、喻、曉、匣7個聲母兩兩互轉為「正轉」；「韻轉」則分同類互轉、陰陽對轉、聯貫遞轉三種「正轉」。此中最突出的，是古韻陰陽配對的「陰陽對轉」理論——凡同部之陰、陽、入聲皆可「相配互轉」；此蓋由於入聲韻介於陰、陽之間，凡居同部者其「陰、陽同入」，故入聲是通轉樞紐而皆得以通轉。

詁法立足在淹博學識上，由訓詁進求理義地從文字音、義著手，要求「一字之義當貫群經，本六書然後爲定」；並持論「故訓、音聲相爲表裡。」（〈與是仲明論學書〉、〈六書音均表序〉）繼顧炎武「讀九經自考文始，考文自知音始」之「考文知音」（《亭林文集‧答李子德書》）學術途轍後，進以「由詞通道」方法論連繫起小學與義理學的聖人之道。其論曰：

> 經之至者，道也；所以明道者，其詞也；所以成詞者，字也。由字以通其詞，由詞以通其道，必有漸求。
>
> ——〈與是仲明論學書〉

> 所謂理義，苟可以舍經而空憑胸臆，將人人鑿空得之，奚有於經學之云乎哉？惟空憑胸臆之卒無當於賢人聖人之理義，然後求之古經；求之古經而遺文垂絕、今古縣隔也，然後求之故訓；故訓明則古經明，古經明則賢人聖人之理義明，而我心之所同然者乃因之而明。……由是推求理義，確有據依。
>
> ——〈題惠定宇先生授經圖〉

戴震從考據進求義理，以「由詞通道」牽繫起實證方法論與義理的密切關係，他一方面強調「儒者治經宜自《爾雅》始」、「援《爾雅》以釋《詩》、《書》；據《詩》、《書》以證《爾雅》。」（〈爾雅文字考序〉）並有《爾雅文字考》、《方言疏證》等作，是清儒最早從事於《爾雅》研究者，後來清儒之治《爾雅》者皆循此途轍；另方面則其析經論道、探求聖賢理義，亦皆根基在「治經先考字義」之方法門徑，以「始乎離詞，中乎辨言，終乎聞道」（〈沈學子文集序〉）的次第通經明道，以此實現從古經到「賢人聖人之理義」、再到「我心之所同然」

之「明道」終極關懷。嗣後皖派學者多遵此方法論，也多立足在字義訓詁上講經論道。私淑戴震的揚州學者淩廷堪亦言：「以古人之義釋古人之書，……既通其辭，使求其心，然後古聖賢之心不爲異學曲說所汨亂。」（《校禮堂文集・戴東原先生事略傳》）而焦循《孟子正義》與劉寶楠《論語正義》，亦皆立足疏注而爲進一步之聖賢義理發揚。

　　戴震在惠棟標舉「漢學」典範以說經後，進一步地建立起系統訓詁理論與「由詞通道」方法論，更加標誌了清學博雅實證的一代學風。清代在經學復盛下，強調章句訓詁的考據學不但在學術史上躍居獨領乾嘉風騷的新學術典範；戴震根基於訓詁學而集大成明清以來思想新動向、殊異於理學「形上學」模式的新義理學，也在思想史上完成了儒學義理從道德形上學到實證哲學的轉趨。既在學術方法論上轉事於經典實證，也在道德價值上轉趨經驗面強調，兼具學術與思想雙重轉向意義。

　　在惠棟「尊漢抑宋」的經學定向與京城當時的反宋學氛圍中，不但考據學取代了理學長期主流的學術地位，成爲新典範；明清之際逐漸形成的思想新趨，亦在義理學領域蘊蓄了一股對宋明理學的形上學模式、及對朝廷形塑朱學權威反動的新興力量。繼陽明的《大學》古本主張後，劉宗周（1578-1645年）《大學古文參疑》及其弟子陳確（1604-1677年）的《大學辨》，並皆以《大學》古本批判朱熹的改本；黃宗羲（1610-1695年）《易學象數論》、黃宗炎（1616-1686年）《圖學辨惑》、毛奇齡（1623-1716年）《河圖洛書原舛編》、《太極圖說遺議》等也都抨擊朱熹的易圖書說；閻若璩（1636-1704年）則以《尚書古文疏證》對王學立論經典釜底抽薪……，皆藉經典考據推倒、摧破理學的立論根據。再者，十五、六世紀以來轉趨形下的氣論思想流行，亦逐漸翻轉了理學的「理本論」主流，如羅欽順（1465-1547年）言：「理須就氣上認取」（《困知記》卷下），王廷相（1474-1544年）曰：「氣也者，道之體也」（《王廷相集・慎言》），劉宗周曰：

「盈天地間，一氣而已矣！」「有是氣，方有是理；無是氣，則理於何麗？」（《劉宗周全集·學言中》）黃宗羲言：「天地之間只有氣，更無理。所謂理者，以氣自有條理故立此名耳！」（《明儒學案·諸儒學案中四》）王夫之（1619-1692年）則站在「道寓於器」、「道器合一」角度，說：「盈天地之間皆器矣！」「天下惟器而已矣！」「無其器則無其道。」（《周易外傳·繫辭上》）……此際更有扭轉了儒學長期非功利傳統的新思想曙光之初露，如陳確「治生論」對學者營生之正當性肯定；唐甄（1630-1704年）「事不成，功不立，又奚貴無用之心？」（《潛書·辨儒》）之心性事功強調；顏元（1635-1704年）「正其誼以謀其利，明其道而計其功」（《四書正誤》）之於長期「義利對立」觀修正……等。一種取代理學長期「形上學」模式的義理新說，已經呼之欲出而如原泉滾滾，難以抑遏了，就只等一位能覺人所未覺、能架構整個思想體系的智者，來完成建構義理新說的最後一哩路——戴震正是此一破舊立新，建立起強調感覺經驗、心靈反省、「非形上學」但同樣重視道德創造性，完成道德學理論從理學偏重形上「證體」之「性善」證立，轉移重心到客觀論「善」之經驗實踐的思想集成者。戴學不但從道德的「形上學」轉移視域到「非形上學」，同時圓滿了儒學兼具形而上與形而下經驗領域的全幅開發，斯義在古今學術流變史上必須予以彰明。

戴震新義理觀以建構道德「非形上學」為出發，所以他「專與程朱為水火」，主要針對理學的形上學取向而發。他認為真實流動在生活世界與大眾階層間的思想，必是以現實精神為導向的，能夠真實反映出庶民百姓對實在界之公私、理欲、義利、德智觀的看法，如「求利而不害義」、「通情達欲」、「尊情尚智」等義理觀；而不是長期來理學家所宣道的「存理滅欲」、「貴義賤利」、「恥言利」等絕高道德標準。他通過代表作《孟子字義疏證》之重新疏釋「性、理、道、天道、誠、

仁義禮智、權」等儒學核心概念，轉向揄揚經驗進路的「實踐」傳統，以建構重視客觀「情理」與「事理」、「理欲一本」的「尊情」思想，及強調客觀實踐而「主智重學」的工夫論，以發揚儒學的「外王」理想如禮學傳統，追求「義利合一」的功利思想⋯⋯。不過在考據時風中闡揚義理新說的戴震，其處境艱難；新義理觀非徒與宋學派對立，即與考據陣營亦有扞格而未能廣遠。時儒對於戴震的義理之作，多謂以「可以無作」、「有用精神耗於無用之地」，甚至責難以「害義傷教」、「誹聖排賢」、「騰口欺人」，故章學誠指出：「乾隆年間未嘗有其學識，是以三、四十年中人，皆視以爲光怪陸離，而莫能名其爲何等學？」並言：「誦戴遺書而得其解者，尙未有人。」（〈答邵二雲書〉、〈與史餘村〉、〈朱陸〉、〈書朱陸篇後〉）即戴震自認生平著述最大的《疏證》之作，包括曾經抄謄熟讀戴震《原善》一書的弟子段玉裁，也是在戴震歿後、是書付刻時始得見之（《戴氏年譜・三十一年丙戌四十四歲・四十二年丁酉五十五歲》）。而近世學界在對清代思想普遍抱持負評的情形下，即使已涉對戴震義理的討論，但對其在理學體系外另建「非形上學」的義理企圖，也還是知之者尠。近時黃山書社刊印《安徽古籍叢書》，張岱年爲巨帙《戴震全書》作序，仍然宣稱戴震批判理學結合階級倫理的「滅欲」思想「以理殺人」之云，「顯然是指清代的殘酷的文字獄而言。」不僅以政治模糊了學術，更全然不見戴震針對理學的「形上學」，另建真實反映生活世界庶民義理觀的學術理想與用心。哲人寥落，於此可見。惟其書不朽其人亦遂不朽，後世必有表而出之者，以俟後人！

　　《清史稿》本傳言戴震死後，「其小學，則高郵王念孫、金壇段玉裁傳之；測算之學，則曲阜孔廣森傳之；典章制度之學，則興化任大椿傳之，皆其弟子也。後十數年，高宗以震所校《水經注》問南書房諸臣曰：戴震尙在否？對曰：已死。上惋惜久之。」（《清史稿・儒林傳

二》）戴震以中壽殂而未竟學術全功，古今同嘆。以下例舉段玉裁、王念孫王引之父子之發揚皖學精神於一斑。

㈠字學巨擘段玉裁

　　金壇段玉裁亦乾嘉考據學鉅子。他師從戴震，既精於經學、校勘，又長於文字、音韻、訓詁等小學；重要著作有《說文解字注》、《六書音均表》、《經韻樓集》、《毛詩故訓傳定本》等。其中尤為段氏代表作、畢生精力薈萃的《說文解字注》極受治《說文》學者推崇，王念孫譽為「千七百年來無此作矣！」（〈說文解字注序〉）段著與同時學者桂馥（1736-1805年）的《說文義證》、王筠（1784-1854年）《說文句讀》、《說文釋例》及朱駿聲（1788-1858年）《說文通訓定聲》，並稱《說文》四大家。王力《中國語言學史》稱段氏「是許氏的功臣，又是許氏的諍臣。他趕上了許氏又超過了許氏。」「在《說文》研究中，段氏應坐第一把交椅，那是毫無疑義的。」由於段注在東漢許慎（約58-147年）《說文解字》之形書及其首重文字字形的「音生於義，義箸於形」、「學者之識字必審形以知音，審音以知義」（注《說文解字·敘》「分別部居，不相襍廁也」）等主張外；復發揚戴震兼重文字音韻之「故訓、音聲相為表裡」，「《六經》字多假借，音聲失而假借之義何以得？」（《東原集·六書音均表序》）而肯定「聲與義同源」地主張「治經莫重於得義，得義莫切於得音。」（注《說文解字·禛》、〈廣雅疏證序〉）故其《說文注》在突出許慎所重的造字本義外，兼亦強調文字的音、義關聯性，主張求字義必先辨明音讀。因此其《說文注》在許慎每字之反切下皆為標明所屬古韻部類，以十七部古音繩九千餘文，使讀者能知古音古義而因聲求義。王念孫為《說文注》作序，便是突出玉裁此一貢獻，曰：「形聲、讀若，一以十七部之遠近分合求之，而聲音之道大明。」清代考據學在訓讀古籍與經義訓詁上能雄

視我國學術史，且有《十三經》新疏之佳績，段氏在許慎特重形義傳統之餘，復在文字學上突破舊窠地發揚文字之音義關聯性，使學者通知文字條例、漢人傳注傳統，而不惑於通假，繼續推進亭林「考文知音」與戴震「由詞通道」之治經典謨，亦是乾嘉學術極其有功的中堅人物。

　　段氏《說文注》依據許慎立足劉歆（前53-23年）至賈逵等前人訓詁基礎上所撰，我國第一部以六書造字原理、系統闡釋文字形音義的《說文解字》──「許以九千三百五十三文，當《爾雅》、《史籀篇》、《倉頡篇》之字形；以每字之義當《爾雅》、《倉頡傳》、《倉頡故》之訓釋。[13]……其書以形爲主，經之爲五百四十部；以義緯之、又以音緯之。」（注《說文解字‧敍》「次列微辭，知此者稀」）許書是兩漢文字學的里程碑，亦是語言學史上重要巨著；然其書在清代以前，僅有宋徐鉉（916-991年）爲之校訂、徐鍇（920-974年）爲作《說文解字繫傳》，此外並無他注，但二徐本未能融會許書體例並有許多殘缺。逮及清儒，始有段玉裁經學、小學集中體現的《說文解字注》，依許書所蒐羅文字及所歸納部首，通貫全書條例並訂譌正誤、更定俗字、考正舊次、辨明原文……。玉裁闡明許書絕不同於其他字書者，在於許係就造字本義以說其形義，所以儘管一般字書如《字林》、《字苑》、《字統》今皆不傳，《玉篇》雖在，亦非原書，但「無此等書無妨也；無《說文解字》，則《倉》、《籀》造字之精意，周、孔傳經之大恉，蘊蘊不傳於終古矣！」（注《說文解字‧敍》「庶有達者，理而董之」）王念孫亦稱許段玉裁「於許氏之說，正義、借義，知其典要，觀其會通。……揆諸經義，例以本書，若合符節，而訓詁之道大明。」（〈說文解字注序〉）皆闡明依許書可知古經之語言文字孰爲本義？孰

---

13 案：《史籀篇》爲周史官教學童之書也，與孔子壁中古文異體；《蒼頡篇》爲秦丞相李斯所作，其字多取《史籀篇》而篆體頗異，所謂秦篆者也；《倉頡故》爲杜林所作。

爲借義？段注且更進一步地縮合古音古義，從「聲義同源」、「得音始能得義」角度，爲古經通假尋求能夠條理貫串的會通條例，以彰明古經假借的訓詁通例。玉裁論曰：

> 經傳子史不用本字而好用叚借字，此或古古積傳、或轉寫變易，有不可知；而如許書每字依形說其本義，其說解中必自用其本形本義之字，乃不至矛盾自陷。
>
> —— 注《說文解字・敍》「假借者，本無其字，依聲託事，令長是也」

> 許以形爲主，因形以說音說義。其所說義與他書絕不同者，他書多叚借，則字多非本義；許惟就字說其本義。知何者爲本義，乃知何者爲叚借；則本義乃叚借之權衡也。故《說文》、《爾雅》相爲表裡。治《說文》而後《爾雅》及傳注明；《說文》、《爾雅》及傳注明而後謂之通小學，而後可通經之大義。
>
> —— 注《說文解字・敍》「庶有達者，理而董之」

玉裁之所以看重許書千古難能，就在其能「每字依形說其本義」；而訓讀經典，惟能以經典所借字之本義破其假借，而後能知文中借義，經義乃能合符而不陷矛盾。所以能知字之本義才能權衡借義。至於玉裁之所以爲功，則在於他復以音韻爲輔，進一步地使知本義、借義之所以產生連繫關係。即在文字之一音數義、或一字數音上，使能藉由音韻判斷，而知本字與假借字的音近音同而義通關係。故字學是經學的基礎，知《說文》而後《爾雅》與傳注能夠通明，經義始能不惑。

尤有進者，欲以考文知音作爲治經階徑，則在探求本義借義、通知假借之外，還要能夠通貫字書條例，始能達到戴震所謂：「一字之義當貫群經，本六書然後爲定。」斯亦清儒所特長的「釋例」之法，是清代

經學特殊貢獻及方法論之一、清代考據學高度成就之一端，如江永《儀禮釋例》、任大椿《深衣釋例》、淩廷堪《禮經釋例》等屬之。玉裁亦自述其所以撰爲《說文解字注》，「以向來治《說文解字》者，多不能通其條冊，考其文理」；而他認爲「通乎《說文》之條理、次第，斯可以治小學。」（注《說文解字‧敍》「庶有達者，理而董之」、「玉」部部末）後世學者高度稱許段注，也在他能於散漫的文字中尋求條理以通貫《說文》條例，並闡明文字之形音義關聯性。段氏之釋例法運用，涵蓋文字通例、許書體例與古音條例等數方面而言。

　　段注闡明文字通例，譬如《說文》說「鍠」，僅就其本義以及六書造字原理，說：「鍠，鐘聲也。从金皇聲。」段注則在許書之「審形以知音」外，復進一步地貫通文字條理，而曰：「按：皇，大也。故聲之大字多从皇。」如是，則段注已自許書之單字釋形釋義，進至凡所有文字之造字通例、六書原理，言其凡从皇者皆有聲大之義。至於段注歸納許書通例即《說文》一書之撰作體例，如他說許書「凡部之先後，以形之相近爲次；凡每部中字之先後，以義之相引爲次。……《說文》每部自首至尾，次第井井如一篇文字。」（「一」部部末，《說文解字注》）他揭示許慎之文字編次，係依形、義爲定；部次之先後以形近爲序，一部之字則以字義關聯性相引。例以他揭示許書「玉」部百二十四文之次第爲：記玉名、用玉之等級、玉光、玉之惡與美、玉之成瑞器者、以玉爲飾、玉色、治玉、愛玉、玉聲、石之次玉者、石之似玉者、石之美者、珠類、送死之玉、異類而同玉色者、能用玉之巫；全部字序皆以義相引，其次第井然猶如一篇結構謹嚴之文章書寫。於此，並顯見許書錯綜參伍，星羅棋布；而段注是爲伯樂，抽絲剝繭爲其揭櫫、隱栝條例。故錢大昕美其「若網在綱，有條不紊。」（〈六書音均表原序〉）而段氏除在造字通例、許書體例深有所獲外；其於音韻條例，亦有迴出前人之功。《說文注》不但在許慎每字之反切下標明古韻部，玉

裁並立足前人基礎，創爲古音十七部且撰作《六書音均表》，學界至譽
爲「清儒言古韻書中最爲精要之著。」（陳新雄《古音學發微・段玉裁
之古韻說》）玉裁亦說明其《音均表》之作，正爲發揚古音條例。其言
曰：

> 《易大傳》曰：「方以類聚，物以群分」，是之謂矣！學者
> 誠以是求之，可以觀古音分合之理，可以求今韻轉移不同之故，
> 可以綜古經傳假借、轉注之用，可以通五方言語清濁、輕重之不
> 齊。　　　　　　　　　　　　　　——〈古十七部合用類分表〉

段氏《音均表》主要列爲五表以歸納條例、演繹類例，以補鄭庠、顧炎
武、江永古音學所未備。他自述乃發揚《周易・繫辭傳》之「物以類
聚」精神，「因其自然，無所矯拂」地「依其類爲之表。」（〈《詩
經》韻分十七部表〉）是作不但將古音條例發展至高峰，使後世讀者能
知古音分合之理、今韻轉移之故；依其條例歸納，並可以深明古經轉
注、假借之用。既是對戴震「故訓、音聲相爲表裡」之發揮至高點，亦
是對《說文注》「通其條冊、考其文理」之充分與具體實踐。

　　玉裁注《說文》，何以既重許慎的「義箸於形」，復重師門「因
聲求義」的音韻之教？此蓋由於漢語音韻可區分爲上古音、中古到近古
音、近代音與現代音——上古音系是以《詩經》爲代表的先秦兩漢上古
音；中古音系是六朝至唐宋的語音（或以宋爲近古音）；近代音是元明
清無入聲（入聲派入平、上、去三聲）的中原雅音、北方話系的早期官
話；現代音則如國語與方言。韻書方面，則三國李登《聲類》、晉呂
靜《韻集》皆佚；隋文帝仁壽元年（601年）完成的陸法言《切韻》雖
佚，但有北宋初陳彭年（961-1017年）依《切韻》所修訂的《廣韻》，
因未變《切韻》音系而成爲探究隋唐中古音的重要依據，唐宋以來詩韻

即此。因此往昔學者考察古籍韻文如《詩經》等，最早只能上溯到《廣韻》的隋唐中古音系；據以讀之，卻出現許多古音同部而今韻異部、或古本音不合但實爲古合韻者，復有諸多經文轉注、假借的複雜現象，在在成爲讀經解經之困。過去學者遇有用韻不合時，輒擅改經文、或臨時改讀字音以求合韻，稱爲「叶音」、「叶韻」，如朱熹《詩集傳》、《楚辭集注》多用之；然如此一來，遂形成了許多字無定音、[14]或隨文改經改音的現象。如《冊府元龜》載唐玄宗讀《尙書·洪範》：「無偏無頗，遵王之義」，以「無偏無頗」不協而詔改「無偏無陂」（王欽若：《冊府元龜·帝王部·文學》）；實則「頗、義」上古音同在段氏第十七「歌」部，古音諧韻。又如《詩經·鄭風·子衿》：「青青子佩，悠悠我思。縱我不往，子寧不來？」倘依《廣韻》，其韻腳「佩、思、來」分別爲「蒲昧切（十七夬）」、「息茲切（七之）」、「落哀切（十六咍）」，今韻不諧；朱熹《詩集傳》遂以「叶韻」說逕改其字音，分別注以「叶『蒲眉反』」、「叶『新齎反』」、「叶『陵之反』」。其實「佩、思、來」古音同屬第一「之」部，本即諧韻。對此不知古音而以今律古的「叶音」亂象，明焦竑（1541-1620年）《焦氏筆乘》嘗以〈古詩無叶音說〉批判「叶音」說造成的「東亦可以音西，南亦可以音北」—— 字無正呼、詩無定字之亂象。陳第（1541-1617年）《毛詩古音考》、《屈宋古音義》，亦以《詩經》、《楚辭》用韻互證古今音變，辨明「叶音」說之不可信、向壁虛構，澄清了千年來的音學迷思。玉裁即曾讚美「陳第深識確論，信古本音與今音不同，如鳳鳴高岡而啁噍之喙盡息也。」（〈今韻古分十七部表〉）高度評價其能廓清以今音改讀古韻的誤謬與輕葛。

---

14 譬如《詩經·召南·行露》二章：「誰謂雀無角，何以穿我屋？誰謂女無家，何以速我獄？」朱熹《詩集傳》於「家」下注曰「叶音『谷』」；三章：「誰謂鼠無牙，何以穿我墉？誰謂女無家，何以速我訟？」則注以「叶『各空反』」。

　　清儒繼之，更有顧炎武對古韻部的系統化歸併，以《音學五書》──《音論》、《詩本音》、《易音》、《唐韻正》、《古音表》，從陳第的逐字考訂進至整個語音系統的歸併，歸納古韻爲十部；其後，江永《古韻標準》又以三百篇詩韻爲主，分古韻爲十三部，古韻分部益趨向條理化。[15] 段氏古音學即立足此前賢基礎，而以《六書音均表》定古音爲十七部，並闡明文字之始，「同諧聲者必同部。」該說復影響及朱駿聲的《說文通訓定聲》。玉裁論曰：

　　　　六書之有諧聲，文字之所以日滋也。考周秦有韻之文，某聲必在某部，至賾而不可亂。故視其偏旁以何字爲聲，而知其音在某部，易簡而天下之理得矣！──《六書音均表・古十七部諧聲表》

玉裁究明今韻依《廣韻》有二〇六部，係唐以後聲音繁變所衍生出來，實則古韻僅有十七部。其補前人所未備者，則在於析「支、脂、之」爲三；分「真、臻、先」和「諄、文、殷、魂、痕」爲二；又使「侯」獨立，即分「尤、幽」與「侯」爲二，故得十七部。戴震序《六書音均表》肯定其「五支異於六脂，猶清異於真也；七之又異於支、脂，猶蒸又異於清、真也。實千有餘年莫之或省者；一旦理解，按諸三百篇劃然，豈非稽古大快事歟！」並美其「能發自唐以來講韻者所未發」、「斷從此說爲確論。」（〈戴東原先生來書〉，收入《說文解字注》）段說例以《詩・鄘風》：「相鼠有齒，人而無止。人而無止，不死何俟？」於此，韻腳「齒、止、俟」屬古音第一「之」部；而「相鼠有

15　據《四庫提要》，論古音者以宋吳棫，明楊慎、陳第，清顧炎武、毛奇齡之書最行於世；但其失往往在於以今韻部分求古韻、或以漢魏以下隋陳以前隨時遞變之音謂之古韻，故有隔閡不通者。江永《古韻標準》則惟以《詩》三百篇爲主謂之詩韻，周秦以下音之近古者附之而謂之補韻。以視諸家，其界限較明，「古韻之有條理者，當以是編爲最。」（《四庫全書總目・古韻標準》）

體,人而無禮。人而無禮,胡不遄死?」則韻腳「體、禮、死」屬古音第十五「脂」部,「《詩》三百篇分用畫然;漢以後乃多合用,非三百篇即合用也。」(〈今韻古分十七部表〉)他正是依據《詩》三百篇實際用韻情形,審定「之、脂」古音異部而予以劃分爲二。

《音均表》全書立爲五表:〈今韻古分十七部表〉、〈古十七部諧聲表〉、〈古十七部合用類分表〉等表,以十七部之古本音、音變、四聲與音義、諧聲等隨舉可徵的古今不同,闡明音韻隨時代遷移,實則古假借、轉注必同部,其古音韻至諧;〈《詩經》韻分十七部表〉和〈群經韻分十七部表〉,則「資其參證」地廣採《詩經》三百篇與群經經文,以立「古本音」、「古合韻」(即異部押韻)之例,使讀者「讀之知周秦韻與今韻異,凡與今韻異部者,古本音也;其於古本音有齟齬不合者,古合韻也。」(〈《詩經》韻分十七部表〉)於是凡古經韻文之讀以今音而韻部不合者,或爲古合韻、轉注、假借等現象,遂昭然而無疑義。並且由於字書「以義爲經,而聲緯之」,韻書則「以聲爲經,而義緯之」(〈今韻古分十七部表〉),所以《說文解字注》與《六書音均表》相爲表裡地,以《說文注》闡明文字之形音義、考定古韻部,並通貫條例;復以《音均表》歸納、分析古音義及其諧聲、合韻、音變等種種現象,使讀者能就古音以求古義。是以同皆強調「古之詁訓,音與義必相應」(《潛研堂文集‧答孫淵如書》)的錢大昕,稱道玉裁「鑿破混沌!」(段玉裁〈寄戴東原先生書〉)肯定其能窮文字源流、辨聲音正變,而有功於古學。是故知夫音韻,則譬如以現代音讀陳子昂「前不見古人,後不見來者,念天地之悠悠,獨愴然而涕下」,暨以《廣韻》中古音系讀《詩經》:「燕燕于飛,下上其音;之子于歸,遠送於南」一類的用韻不諧問題,皆可迎刃而解——「者、下」在《廣韻》同屬「馬」韻;而「音、南」之上古音同在第七「侵」部,本皆韻諧。

故清儒在詩韻習常的《廣韻》、《平水韻》和宋以來極力發展的中

古音學外；轉而重視上古音學，並強調聲義同源地，連繫起音韻學和訓詁學、校勘學、古文獻學、古籍整理的密切關係。清學能夠建立起訓詁典範、古籍訓詁成果輝煌，文字學及古音學可謂居功至偉；清儒如錢大昕之上古聲母考及顧炎武、戴震、段玉裁之古韻分部等，既是清代音學重要的貢獻及特色，也是清代經學家在古籍整理、訓詁釋義上獲致高度成就的重要利器。至於戴、段二人之古音學不同，主要在於兩人對入聲字的看法不同。「審音派」的戴震強調聲韻結構、音理異同，並依等韻條理認為陽聲韻為開口音而入聲韻為閉口音，二者顯然有別，故將入聲字獨立出來；「考古派」的段玉裁則考察《詩經》用韻，連繫周秦韻文韻腳及諧聲系統，整齊化韻母系統地採取「古異平同入」說，謂：「合韻之樞紐於此可求矣。」（〈古十七部合用類分表〉）其說如「職、德」二韻同為第一、二、六部的入聲字，「屋、沃、燭、覺」同為第三、四、九部的入聲字，亦頗同於江永「數韻同一入」之以幾個韻部同配一組入聲字。故入聲韻是否獨立？成為兩派分野關鍵。惟戴震雖重審音卻未脫離文獻考古，他音理、文獻並重地亦有《屈原賦注》、《毛詩補傳》、《毛鄭詩考正》等作；只是他認為古韻分部必須考慮「旁轉」等諸多足以惑之的情形，所以文獻考察後還要以音理為斷，歸本於審音。而古音學歷顧炎武、江永、戴震、段玉裁等四家，基礎已大備；其後孔廣森《詩聲類》、朱駿聲《說文通訓定聲》、江有誥《音學十書》、王念孫《古韻譜》等，多立足其上而加以修訂或補充。

　　玉裁在《說文注》、《音均表》等建立文字、音韻、訓詁條例的小學之作外；復有《詩經小學》及《毛詩故訓傳定本》等依據小學理論，並具體實踐於經學研究的治《詩》之作。學者虞萬里並指出：「段玉裁一生精粹在於《說文注》，而《說文注》的基石卻是《詩經小學》」，亟突出段氏治《詩》對其整體學術的重要性。先就玉裁個人的學術歷程而言：當段氏33歲因顧炎武《音學五書》和江永《古韻標準》之啟

發，撰作《詩經韻譜》和《群經韻譜》時，還僅是從韻部著眼，未涉其他；在《詩經小學》撰成後，「段氏研究古文獻所注重的範圍從音韻擴展到異文、正字、俗字、古今字、通用字、方言、本義引申義假借義、校勘、石經漢碑等領域，形成了一套系統的研究方法。」《詩經小學》不僅是玉裁最早將其古韻分合、古音通假等古音學理論予以具體演繹的自我實踐之作，也是他在《說文解字注》中註明各字古韻部之思想發軔。再就是作在《詩經》學研究的學術史意義而言：《詩經》研究從過去汗牛充棟的探求詩意與詩旨，轉向到對漢語語言的研究，虞萬里亦言：「《小學》是紐帶。」「它的出現，是《詩經》研究在文字的形音義和校勘等方面進入乾嘉考據時期的標誌。」（《榆枋齋學術論集・段玉裁《詩經小學》研究》）段氏是著之注釋文字與辨別正字、俗字、假借字及本義、引申義等成果，並爲後來弟子陳奐《詩毛氏傳疏》、馬元伯《毛詩傳箋通釋》、胡承珙《毛詩後箋》等重要的《詩經》學著作所繼承與廣探。故玉裁《詩經小學》雖屬早年草創，不能無誤，後來亦未暇校訂；但對其個人學術路向具有定向作用，對於乾嘉《詩經》學研究更有指示途轍及奠定基礎的重要作用。其於乾嘉時期競趨考訂的整體考據學風而言，亦是將之推向高峰的中堅人物。

　　猶有餘議者：段玉裁身爲戴震首席弟子；而戴震心繫義理，在義理、文章、考據中乃以義理學爲其根本，嘗曰：「義理者，文章、考覈之源也。熟乎義理而後能考覈、能文章。」他在致段氏書中並自述生平著述之大，以《孟子字義疏證》爲第一，然弟子傳承卻皆在音韻訓詁等小學上，玉裁序《東原集》並言：

　　玉裁竊以謂義理、文章，未有不由考覈而得者。自古聖人制作之大，皆精審乎天地民物之理……《中庸》曰：「君子之道，

本諸身，徵諸庶民，考諸三王而不謬，建諸天地而不悖，質諸鬼神而無疑，百世以俟聖人而不惑。」此非考覈之極致乎！

所論亟擡高考覈之地位，以為義理由考覈而得，似與師門看法不同。雖然玉裁也認同「由考覈以通乎性與天道，通乎性與天道矣而考覈益精，文章益盛」，反對將考覈、義理、文章區別對待，並批判「淺者乃求先生於一名一物、一字一句之間」；然其所繼承於戴學者，終是「三十年來薄海承學之士，至於束髮受書之童子」所盛稱的——戴震「考覈超於前古」者。而戴學備受推崇的文字訓詁、天文曆算、典章制度等學，身後並不乏段玉裁、王念孫、孔廣森、任大椿等嗣響弟子；其所最重的義理新說，卻繼響乏人。即真正認識戴震義理乃迴出理學外之新義理體系，而指出：「東原自得之義理，非講學家〈西銘〉、〈太極〉之義理」、「宋之義理，仍當以孔之義理衡之；未容以宋之義理，即定為孔子之義理」（焦循《雕菰集·申戴·寄朱休承學士書》）者，都還有待於揚州學派焦循之崛起。但於此，余英時另外指出了玉裁「迴護東原義理之苦心。」認為戴震生當考據盛極之世，考據不但是他立身憑藉，他也與當時考據陣營領袖的朱筠、紀昀等館閣通人為反宋學盟友。惟當時考據家反宋是反義理學學趣，不是反對程朱理學的義理內涵，是以考據學取代理學的「學術典範」轉移；但戴震卻要以成一家言的「非形上學」取代理學的「道德形上學」，是義理學範疇內「義理學典範」轉移的思想變遷。戴震既異乎眾人，也公然挑戰包括科舉首場四書文以朱學為準式的官學正統，無怪乎每試不第。因此考據陣營對其義理新說也抱持反對的排斥態度，如朱筠斥以「何圖更於程朱之外，復有論說乎？」（《國朝漢學師承記·洪榜傳》）紀昀亦對《孟子字義疏證》「攘臂扔之」（章炳麟《文錄·釋戴》）。故余英時認為玉裁是在戴震生前身後皆遭考證派責難下，面對「當時鄙棄義理的考證學家」發言，以「委婉

說明義理得自考覈」的方式闡揚師說，迂迴地「全篇主旨厥在推尊東原之義理。」他復舉證玉裁晚年欲刻《疏證》、《緒言》以贈同學，猶謂：「雖下士必大笑之，無傷也。」（《經韻樓集·答程易田丈書》）可見當時義理與考據間之緊張關係，所以「茂堂此序所欲曲達之旨，不過謂東原《疏證》雖是義理之作，然其書正從考覈而來耳。」（《論戴震與章學誠》）於此可以充分反映乾嘉學風於一斑。

段氏著名的弟子，如撰作《公羊逸禮考徵》、《穀梁逸禮》、《詩毛氏傳疏》的陳奐，撰作《經義叢鈔》並佐助阮元實際編纂《皇清經解》和《十三經註疏校勘記》的嚴杰（1763-1843年），[16] 受業婿與外孫龔麗正（1767-1841年）、龔自珍（1792-1841年）父子等。

(二)「因聲求義」王念孫

揚州府治領高郵、泰州二州；清代中期吳、皖、揚州諸學間關係密切。皖學戴震之弟子以揚州為盛，如傳其典章制度的任大椿、傳其聲音故訓的王念孫；兼之清儒間問學甚勤，經常書信辯難或相互走訪，譬如惠棟、戴震也都是來揚的學者，所以在交互影響下形成了一個包括江蘇、浙江、皖南等地區的經學群體中心，並逐漸擴大影響力及於國內各地。高郵王安國、王念孫、王引之祖孫三世進士；王安國嘗延戴震課子念孫，在經學家、小學家輩出而訓詁學鼎盛發展的乾嘉之際，念孫、引之父子堪稱訓詁與校勘之並峙雙星，是父子薪傳的訓詁、斠讎巨擘。在訓詁學上，他們父子通力撰有極負盛名的《廣雅疏證》、《讀書雜志》、《經義述聞》、《經傳釋詞》等「高郵王氏四種」著作；在古音學上，念孫以《古韻譜》釐定《詩經》、《楚辭》及群經古韻為二十一

---

16 阮元主編共1400卷、輯清73人、著作183種的《皇清經解》，實際上係由嚴杰任總纂。另，《十三經註疏校勘記》雖題阮元之名，實際上亦由段玉裁任總纂，而由嚴杰、臧庸、顧千里、洪震煊、何夢華、李銳等人分纂之。

部，其所考訂，有出於戴、段之外者。[17]清代訓詁及古音學大盛，達到前所未有的高度，其中，清儒突破千七百年「以形求義」的形義思維限制，從顧炎武「考文必自知音始」到戴震「因聲求義」之指導理論是關鍵。清儒不但以突出「訓詁之旨，本於聲音」的音義關聯性，在訓詁經典上開出一片新天地；由此並促成了古音學之鼎盛發展，梁啟超總結清代古音學，便說：「乾嘉以後言古韻者雖多，而江、戴門下薪火相傳，實為其中堅。」（《中國近三百年學術史‧清代學者整理舊學之總成績㈠》）清學固然尊漢學治經路數，但從「許、鄭之學」到「段、王之學」，從許慎「分別部居」之以形統字，到段、王突出「聲同義近」、「聲近義同」之音義關聯性，是其同中有異者。由於戴震《轉語》原書已佚、又中壽而殂，其運用音、義密切關係以釋義經典的具體內容不可得詳；段玉裁、王念孫則是實踐師門訓詁理論之佼佼者。他們看重聲音是通假借、明語言的訓詁綱領，從「文字」記錄「語言」的角度，溝通「語言」和「文字」的密切關係，建立起將聲訓理論運用在訓詁、校勘等考證之學的系統理論，是為皖學中堅；而皖學一系從江永到戴、段、二王，則是乾嘉高峰學術之舵手，是共將乾嘉考證學風推向歷史高峰的重要功臣。

　　章太炎筆下嘗以「篤於尊信，綴次古義，鮮下己見」說吳派，以「綜形名，任裁斷」說皖派（《訄書重訂本‧清儒》）。皖派雖亦看重漢儒古訓，但並非「凡漢皆好」，而是宗崇師門戴震「不專主」之精神，講求精審與識斷，二王父子尤其反對株守漢學之不能「求是」者；其與吳學相比，毋寧更重「實事求是」精神。他們遵戴震音韻訓詁的

---

[17] 念孫汲流江、戴以來皖派重古音學的精神，以《古韻譜》釐定《詩經》、《楚辭》及群經古韻為二十一部，其中有同於戴震、孔廣森之分古音為有入與無入聲，但不用其「陰陽對轉」說；亦有同於段玉裁「之、脂、支」為三，「尤、侯」為二，「真、諄」為二者，但他以「尤」之入聲半屬「侯」，又同於孔廣森；此外，他增「至、祭」二部，出數人之外，是為他人所未及者。

考據治經路數——震曰：「僕自十七歲時，有志聞道，謂非求之《六經》、孔、孟不得，非從事於字義、制度、名物，無由以通其語言。」「譏訓詁之學，輕語言文字，是欲渡江河而棄舟楫，欲登高而無階梯也。」（《戴震全書・與段茂堂等十一札》）念孫亦曰：「訓詁聲音明而小學明，小學明而經傳明。」「不明乎假借之指，則或據《說文》本字以改書傳假借之字，或據《說文》引經假借之字，以改經之本字，而訓詁之學晦矣。」（〈說文解字注序〉）引之《經義述聞》用父說，亦曰：「說經者期於得經意而已。前人傳注不皆合於經，則擇其合經者從之……參之他經，證以成訓，雖別爲之說，亦無不可。必欲專守一家，無少出入，則何邵公之墨守見伐於康成者矣。」（〈經義述聞序〉）他述評惠棟易學，也說：「考古雖勤而識不高、心不細，見異於今者則從之。」論《易》，則批評：「惠氏不能釐正而承用之，非也。」「馬、鄭之說殆不可從。」「不當如馬、鄭所說，虞仲翔亦沿其誤。」（《王文簡公文集・王伯申手札・與焦里堂先生書》、《經義述聞・周易上五十四條》）皆可見皖學之重裁斷精神。所以吳、皖在共同的漢學學趨中，又表現出皖派重語言文字、音韻故訓、由小學通經明道，與吳派尊師儒家法、強調輯存古注而有輯佚之功的殊別性。不過吳、皖學風發展具有階段性進程意義，宜乎吳學先樹起「漢學典範」之經學路數，皖學再繼以建立由小學明訓詁之系統裡論。盈科後進，勢所宜然。

念孫極受學界稱道的《廣雅疏證》與《讀書雜志》，是具體實踐戴震「因聲求義」理論之作。前作是探討古漢語語義、關於雅學的輝煌巨著，〈段序〉稱其：「尤能以古音得經義，蓋天下一人而已矣！」後者則是校訂古籍、釋義經典，並影響晚清子學復興的重要名著。清人之雅學研究，[18]首出戴震《爾雅文字考》。戴震認爲能解古今語、通

---

18 清人雅學研究，成果甚富，如：邵晉涵《爾雅正義》、郝懿行《爾雅義疏》、錢坫《爾雅釋

古今異言的《爾雅》，是「《六經》之通釋」，「古故訓之書，其傳者莫先於《爾雅》，[19]六藝之賴是以明也。」（《戴東原集·爾雅註疏箋補序》）所以「儒者治經，宜自《爾雅》始。」「援《爾雅》以釋《詩》、《書》，據《詩》、《書》以證《爾雅》，由是旁及先秦已上凡古籍之存者，綜覈條貫，而又本之六書音聲，確然於故訓之原，庶幾可與於是學。」（《戴東原集·爾雅文字考序》）王昶〈戴先生墓誌銘〉述及戴震是作，段玉裁《年譜》也說該著「猶存」，其於詁訓之道，「可稍窺涯略矣！」惟該書稿藏曲阜孔戶部家，後來戴震同年吳氏子以「將付梨棗」就取之，稿存吳處未刊（段玉裁《戴氏年譜》）。《爾雅》是「先儒授教之術，後進索隱之方，誠傳注之濫觴，爲經籍之樞要。」（邢昺〈爾雅疏序〉）由於時之相去、地之懸隔，古昔婦孺聞而輒曉者，在經學大師轉相講授後仍留疑義，故《爾雅》是後儒倚重釋義經典的訓詁利器。戴震弟子念孫亦有志於雅學者，但因《爾雅》已有邵晉涵之《爾雅正義》；突出文字形義的《說文》也有段玉裁《說文解字注》，故念孫殫精極思於《廣雅疏證》——《廣雅》爲魏張揖所作，

義》、《爾雅釋地四篇注》、盧文弨《爾雅音義考證》、阮元《爾雅註疏校勘記》、張宗泰《爾雅註疏本正誤》、龍啟瑞《爾雅經注集證》、臧庸《爾雅漢注》、黃奭《爾雅古義》、余蕭客《爾雅古經解鉤沉》、周春《爾雅補注》、戴震《釋車》、程瑤田《釋宮小記》、《釋蟲小記》、《釋草小記》、宋翔鳳《爾雅釋服》、任大椿《釋繒》、劉寶楠《釋穀》、孫星衍《釋人》、洪亮吉《釋舟》、王國維《爾雅草木鳥獸蟲魚釋例》……等，所著或疏釋《爾雅》、或對《爾雅》校補譌脫、或專輯《爾雅》古注、或專釋《爾雅》名物；另外，亦有補《爾雅》所未備者，如吳玉搢《別雅》、洪亮吉《比雅》、程際盛《駢字分箋》、夏味堂《拾雅》、史夢蘭《疊雅》……等。

19 關於《爾雅》作者，《四庫提要》指出《大戴禮·孔子三朝記》嘗言孔子教魯哀公學《爾雅》，是《爾雅》之來遠矣！惟並未明言作者；但據張揖〈上廣雅表〉，稱〈釋詁〉一篇是周公所作，〈釋言〉以下則有言仲尼所增、子夏所益、叔孫通所補者，疑莫能明也。《提要》又曰：「大抵小學家綴緝舊文，遞相增益，周公、孔子皆依託之詞。觀〈釋地〉有鶌鳩，〈釋鳥〉又有鶌鳩，同文複出，知非纂自一手也。」言其應非周孔之作，且作者非一人；館臣並認爲其自成一書，不附經義，是小學家採諸書訓詁名物之異同，以廣見聞者。

在劉熙突出聲訓的《釋名》以及務力於訓詁名物的《爾雅》和揚雄《方言》等作外，凡「魏以前經、傳、謠、俗之形音義，薈粹於是。」（段玉裁〈廣雅疏證序〉）念孫序《廣雅疏證》，亦謂：「周秦兩漢古義之存者，可據以證其得失；其散逸不傳者，可藉以闚其端緒。」《廣雅》博采諸儒箋註，在《爾雅》的正訓之外，對於保存異義頗有功焉！其蒐羅博及《易》、《書》、《詩》、《三禮》、《三傳》之經師訓論；《論語》、《孟子》、《鴻烈》、《法言》之注；《楚辭》、漢賦之解、讖緯之記與《倉頡》、《訓纂》、《滂喜》、《方言》、《說文》之說等。書依《爾雅》舊目，有釋詁、釋言、釋訓、釋親、釋室、釋器、釋樂以及釋天、地、山、水、草、木、蟲、魚、鳥、獸等卷目。《廣雅疏證》則為之校定歷來刻本譌誤錯亂、博考群書並探求每字義訓，尤其書舉音同字異、或聲近義同者，以比其義類、相互證發，是其特見。焦循說他：「借張揖書，示人大路。」（《雕菰集・讀書三十二贊》）梁啟超更言：「《廣雅》原書雖尚佳，還不算第一流作品。自《疏證》出，張稚讓（揖）倒可以附王石臞（念孫）的驥尾而不朽了。……便宜了張稚讓；然和郝蘭皋（懿行）相比，蘭皋也算笨極了。」（〈清代學者整理舊學之總成績㈠〉）認為念孫是作價值遠在郝懿行《爾雅義疏》之上。

念孫校勘古書、訓釋字義，多倚重聲音為樞紐，焦循稱以「鄭、許之亞」；《廣雅義疏》便極力弘揚聲訓理論，以發揚戴震結合字學、故訓與音聲之訓詁法。清儒能在訓詁學上獲得重大進展，皖派「因聲求義」的訓詁條例，是解決古書難讀的假借字難題之關鍵理論。而從戴震主要以「聲轉義通」探求本字本義，透過音同、音近和音轉關係，以「轉語」說釐清古音的「聲轉」、「韻轉」問題，以「陰陽對轉」說闡明古韻同部之陰、陽、入聲可「相配互轉」問題；再到念孫《疏證》主張「就古音以求古義，引申觸類，不限形體」，更突破了漢以來「即形

求義」、以字形爲主的思維，且涉及「同源字」的探究，是古漢語研究之突破性發展。

念孫引申詞意往往不受字形限制而觸類旁通，此其卓然鶴立乾嘉學界之特識，亦其與玉裁同遵戴震「因聲求義」之教而有別者。由於段注「形書」之《說文》，兼重形音義、但突出以字形說音義，曰：「因形以得其音，因音以得其義。」（段玉裁〈廣雅疏證序〉）念孫則疏證「義書」之《廣雅》，可毋須「即形說義」而更著眼於語言和文字間的音義關係，故極力發揮聲訓理論以正誤古書。如《廣雅疏證》舉例《漢書・江充傳》言：「充爲人魁岸，容貌甚壯。」顏師古注以：「魁，大也；岸者，有廉稜如崖岸之形。」〈張良傳〉：「以爲其貌魁梧奇偉。」師古注云：「梧者，言其可驚梧。」念孫認爲「非是」、「愈失之矣！」他用應劭注「魁梧，邱虛壯大之意」，並指出「魁岸猶魁梧，語之轉耳。」——「梧」五乎切、「岸」五旰切，古音皆牙音「疑」母，魁岸爲魁梧音轉，以言其雄傑；其義存乎聲而不在於形，無關於崖岸之形，且上下文不可分訓。又如雙聲字「猶豫」，亦作猶預、猶與、夷猶、夷由——《史記》有「平原君猶預未有所決。」「鼂錯猶與未決。」《楚辭・九歌》亦有「君不行兮夷猶。」王逸注「夷猶，猶豫也。」類此連綿詞之雙音詞本是一種與字義無涉的表音符號。然前人或謂「猶」是犬名，犬隨人行，每「豫」在前，待人不得，又來迎候，故曰猶豫；或謂「猶」是獸名，每聞人聲即「豫」上樹，久之復下，故曰猶豫；或以「豫」字從象，而謂猶、豫俱是多疑之獸。念孫以爲此皆望文穿鑿。念孫則據《水經注》、《顏氏家訓》、《禮記正義》、《漢書》注、《文選》注與《史記索隱》等古籍，謂「猶豫」爲「雙聲之相近者」，「單言之則曰猶、曰豫；……合言之則曰猶豫；轉之則曰夷猶、曰容與。」他並說明：「雙聲之字，本因聲以見義；不求諸聲而求諸字，固宜其說之多鑿也。」（《廣雅疏證・釋訓》）因聲見義的雙聲

字卻強求以形義，自然穿鑿不通。故凡「一聲之轉」、「疊韻之轉」、「語之轉」等「聲近義同」者，或音義全同之「字異而義同」者、同諧聲偏旁如皆言低個的方羊、仿洋、彷徉、方洋等連綿詞，其義皆在聲而不在形。其論曰：

> 大氐雙聲疊韻之字，其義即存乎聲，求諸其聲則得，求諸其文則惑矣！
>
> 凡假借之字，依聲託事本無定體，古今異讀未可執一。
>
> ——《廣雅疏證·釋訓》

其論自許慎以來即言的，假借字只是「依聲託事」，故作爲借音的同聲借字本無定體，其釋義亦不受形體所限，毋須即形求義；而凡是建立在聲音關係上的雙聲、疊韻詞或假借字等皆如此。

不過念孫又論，以聲音破假借並不限於造字之始「本無其字」的假借字；重視訓詁宗旨的念孫與探求造字本義的許慎，宗旨有別。故由王氏父子合璧的《經義述聞》在闡釋經文通假時，復指出：「經典古字聲近而通，則有不限於無字之假借者。往往本字見存，而古本則不用本字而用同聲之字。」例如《尚書》：「光被四表」借光爲廣，解者誤爲光明之光；[20]《易》則〈大壯〉有「喪羊於易」借易爲「場」，而解者誤爲平易之易；〈歸妹〉：「遲歸有時」借時爲「待」，而解者誤爲四時之時；〈蠱〉借蠱爲「故」，而解者誤爲蠱惑之蠱；〈泰〉言：「財成天地之道」借財爲「裁」，而解者誤解坤富稱財；〈繫辭〉：「聖人以此洗心」借洗爲「先」，而解者誤爲洗濯之洗；他如借「有」爲「又」

---

20 戴震說〈堯典〉「光被四表」，係「橫」轉寫爲「桄」又脫誤爲「光」；念孫與師說不同，他以聲同假借說之。

而解者誤爲有無之有，借「井」爲「阱」而解者誤爲井泉之井，借「辨」爲「徧」而解者誤爲辨別之辨，借「盛」爲「成」而解者誤爲盛衰之盛，借「辰」爲「愼」而解者誤以辰爲時，借「譽」爲「豫」而解者誤爲名譽之謂，借「意」爲「臆」而解者誤爲心意之意（王引之《經義述聞・通説下》）……，正是這些「本字見存」但經文卻用其同聲字的假借，更增讀經解經之難；對此層出不窮、不勝枚舉之誤讀，皆必須以音聲破其假借始能得其本字本義。

尤有進者，《廣雅疏證》的字義訓釋，往往從《廣雅》的單字詮釋擴及圍繞某核心概念的字族比類，又涉「同源字」探討。學者胡奇光便指出：「王念孫『以音求義説』的旨趣不在本字，而在語根。……《廣雅疏證》就是一部由訓詁學向詞源學推進的巨著。」（胡奇光《中國小學史》）如《疏證》釋《廣雅》：「幾，微也。」便自〈繫辭〉「幾者，動之微」，旁通及「機，精詳」、「嘰，小食」、「璣，小珠」、「鐖，鉤逆鋩」等並皆取義於「幾，微」之聲同義近字族（《廣雅疏證・釋詁》）。念孫又論曰：

　　訓詁之旨，本於聲音。故有聲同字異、聲近義同，雖或類聚群分，實亦同條共貫。譬爲振裘必提其領，舉網必挈其綱。

　　　　　　　　　　　　　　　　　　　　——《廣雅疏證・序》

在念孫「就古音以求古義」的訓詁實踐中，持信聲音是文字和意義的連繫，是探求字義的樞紐；他發現文字之聲同字異、聲近義同者，雖或「類聚群分」，實亦「同條共貫」，因此「訓詁之旨，本乎聲音」就是釋義古書的「至賾而不可亂」、「本立而道生」的執簡之理。其後揚州學派阮元也認爲「以聲音爲主而通其訓詁」就是訓詁學執簡御繁的要訣，並提出「義生於音」的著名理論。不過阮元更突出聲音對字義的決

定性，曰：「義從音生也，字從音義造也」，「古人造字，字出乎音義，而義皆本乎音。」（《揅經室集・釋矢》）所論除與段說「義先乎音」、「聲由義發」之「有義而後有聲」（《說文解字注・詞》）殊別外；其探求語源的目的，亦與二王父子的訓詁目的有所區別。二王「不求本字本義而說以義通」，所重在於「義通」而非「探源」。因此其「會通諸經」、「隨文釋義」，強調根據文本語境對詞語作動態性的釋義，擅長發揮語境原則而以上下文義互證，是其論學宗旨終在訓詁學而不在文字學、語源學。職此，其「因聲求義」係廣泛涵蓋同字、同源字、轉注、轉語和純粹借音的假借而言，對於同源字和假借字未分畛域；而阮元之強調「義從音生」，其目的主要在探求語源，要從源流認識語義，因此必須強調本字本義以推求造字之聲義結合關係，是為不同。

　　緣自訓詁宗旨，念孫《疏證》除疏釋《廣雅》字義外，其於古訓之義有未妥者，復博極群書地比其義類、探賾幽隱，以疏通發明之。如念孫在《廣雅》「堤封」條下，復列舉《漢書・刑法志》記殷周因井田而制軍賦，「一同百里，[21] 提封萬井。」〈食貨志〉記戰國李悝為魏文侯盡地力之教，「以為地方百里，提封九萬頃，除山澤邑居參分去一，為田六百萬晦。」〈地理志〉言漢時，亦曰：「提封田一萬萬四千五百一十三萬六千四百五頃。」諸說之「提封」一詞頗為難明。李奇注曰：「提，舉也，舉四封之內也。」顏師古認同李說，亦曰：「提封者，大舉其封疆也。」然念孫認為凡以提舉、四封、或封疆之義說田頃與井數，「甚為不辭」，諸說皆非。他在《漢書》諸注外，另以《廣雅・釋訓》之「堤封，都凡也」釋義《漢書》。他以聲訓原則說：

---

21 案：《漢書・刑法志》云：「地方一里為井，井十為通，通十為成，成方十里，成十為終，終十為同，同方百里。」

「『提封』即『都凡』之轉。」至於「都凡」之謂，他又據《廣雅‧釋詁》：「都，大也」以及《說文》：「凡，最括而言也」，以說：「堤封，亦大數之名，猶今人言通共也。」「合言之則曰『都凡』，猶今人言大凡、諸凡也。」如此一來，「『提封萬井』猶言通共萬井耳！」[22]其詞義昭昭無疑滯矣。桂馥嘗言注釋《廣雅》之難，第一難便是「《爾雅》主釋經，多正訓；《廣雅》博及群書，多異義。」（桂馥〈廣雅疏義序〉）可見《廣雅》字詞與訓詁來源極其複雜，說之不易；而念孫對於古書經說之滯礙難通者，正是提綱挈領地以音考字、隨文釋義，復長於比證，故能文義暢達。儘管對於文字釋義究應以形求義、或因聲求義？學界各有護衛而莫衷一是；但以「因聲求義」破古籍通假，確可備爲釋形以外之古籍訓讀一法，不但清代訓詁學倚重聲訓理論爲重要方法論，亦是乾嘉考據學主要的特色之一。

　　另外，念孫積三十年纂成的校勘學名著《讀書雜志》，亦多發揮聲訓理論者，其書有過半述論子學，對於晚清子學復興頗有啟發，弟子俞樾（1821-1907年）《諸子平議》即仿《讀書雜志》而作。不過從乾嘉子學逐漸蔚起到俞樾，治「子」多是爲了通「經」，乃以子學作爲考證經義旁證，並非出自對子學的義理興趣。念孫是作涵蓋《逸周書》、《戰國策》、《史記》、《漢書》、《管子》、《晏子春秋》、《墨子》、《荀子》、《淮南子》之讀書札記及關乎漢代碑文的〈漢隸拾遺〉；引之復爲纂輯涉論《後漢書》、《老子》、《莊子》、《呂氏春秋》、《韓非子》、《法言》、《楚辭》、《文選》之遺作爲〈讀書雜志餘編〉。書例如念孫運用古音學知識以校正《韓非子》之傳寫譌誤──《韓子》有云：「去好去惡，臣乃見素。去舊去智，臣乃自

---

22 案：「堤」都奚切，「堤、都」聲母同爲舌頭音「端」母；「封」府容切、「幫」（「非」）母，「凡」符咸切、「並」（「奉」）母，「封、凡」聲母同皆脣音，「堤封、都凡」聲近義同。又，「大」他蓋切、「透」母，「都、大」聲母並爲舌頭音，亦皆聲近義通者。

備。」念孫說「去舊去智」本作「去智去舊」。蓋「舊」古音讀若忌，「舊、備」爲韻，「惡、素」爲韻；後人因「舊」今讀「巨救」反，與「備」不諧，遂改《韓非子》成爲「去舊去智」。殊不知古韻「智」屬支部、「備」屬之部，兩部絕不相通，如此一來反而致誤（《讀書雜志·讀書雜志餘編》）。他並旁證以《大雅·蕩》：「匪上帝不時，殷不用舊。」是舊、時爲韻；《大雅·召旻》亦云：「昔先王受命有如召公，日辟國百里；今也日蹙國百里，於乎哀哉！維今之人，不尙有舊。」並見里、舊諧韻；又，《管子·牧民》曰：「不敬宗廟，則民乃上校。不恭祖舊，則孝悌不備。」復證「舊、備」古音諧韻。於此可見《讀書雜志》借徑古音學之「考據治子」學趣以及乾嘉儒者「以子證經」之一斑。其與晚清子學復興尚有一間之隔；但可自考證學興盛下的子學發展角度看待，在呈現時代價值外並有學術進程之階段意義。

　　再者，我國最傑出的文言虛詞訓詁專著——《經傳釋詞》，是作以引之爲主而亦父子合力，是搜討《九經》、《三傳》及周秦西漢古籍虛詞之作。由於古漢語素有一字不成句而增一語助詞以使足句之習，如有虞、有夏、有殷、有周等；但因實字易訓、虛詞難釋，自漢以來，經傳註疏幾乎說都側重實義說解，對於「無義之可言，但以足句」的虛詞往往略而不究、或竟以實義說之，致使文義每多扞格。《釋詞》則以聲爲綱，依中古音守溫字母之喉、牙、舌、齒、唇音編次，使聲同聲近、或聲轉而義同義近的虛詞匯聚一起，極具辨字釋詞之功。例以《釋詞》卷四對於同一用法之虛字，加以比類綜理，而言「惡、烏、侯、遐、瑕、號、曷、害、盍、蓋、闔」等字皆有「何」義，並例舉莊十二年《公羊傳》：「魯侯之美惡乎至？」《呂氏春秋·觀表》：「今侯渫過而弗辭？」《詩·南山有臺》：「樂只君子，遐不眉壽？」《莊子·盜跖》：「盍不爲行？」……以證之。察夫「何」古音「匣」母，而侯、遐、瑕、號、曷、害、盍、蓋、闔等亦皆「匣」母，聲近義通；惡和烏

則爲「影」母，但匣母影母同爲喉音，聲轉義同。《釋詞》中訓釋虛詞最著名的例子，爲二王說《國風・邶・終風》之「終風且暴。」各家對此多以實義說之，如毛傳曰：「終日風爲終風。」鄭箋云：「竟日風。」孔疏《正義》同之。《韓詩》則曰：「西風」。引之批評諸說，「緣詞生訓，非經文本義。」他另據父說，曰：「終，詞之『既』也。僖二十四年《左傳》注：『終，猶「已」也。』已止之止曰終，因而已然之已亦曰終，故曰詞之『既』也。」（《經傳釋詞・終眾》）如此一來遂以「既風且暴」豁解了千年疑案。又如《經義述聞》和《經傳釋詞》皆嘗舉例斯、思爲無義助詞——「《小雅・小弁》曰：『鹿斯之奔』，鹿之奔也。〈瓠葉〉曰：『有兔斯首』，兔首也。」（〈通說下・語詞誤解以實義〉，《經義述聞》）然鄭箋云：「斯，白也。……有兔白首者，兔之小者也。」其以白首說「斯首」，引之曰：「失之矣！」至於《小雅・車牽》：「思孌季女逝兮」、《大雅・文王》：「思皇多士」、《大雅・思齊》：「思齊大任……思媚周姜」、《周頌・思文》：「思文后稷」、《周頌・載見》：「思皇多祜」、《周頌・載芟》：「思媚其婦」、《魯頌・泮水》：「思樂泮水」……類此之「思」亦皆句首語助詞、無義；而「思」也有用作句末或句中助詞者，如《周南・關雎》：「寤寐思服。」鄭箋誤以「覺寐則思」之實義說之；《小雅・桑扈》：「旨酒思柔」，箋誤云：「飲美酒者，皆思自安，不讙譁不敖慢也。」亦錯以思慮爲說。《經傳釋詞》在語法上將我國文言詞類區別爲虛、實兩大類，並通過比勘句式、考辨語詞，以釐正過去諸多虛詞實解之誤謬，是我國訓詁古書虛字的里程碑之作。

二王爲皖派健將，皖派之不株守及求是精神，復可藉由熔小學、經學與校勘於一爐的《經義述聞》以窺一斑：念孫治經，「諸說並列，則求其是。……蓋孰於漢學之門戶，而不囿於漢學之藩籬者也。」（王引之〈經義述聞序〉）引之則綜述父說而觸類推之，在漢、宋門戶壁壘

的乾嘉時期，二王能夠做到精熟漢學但不棄宋學確詁，尤為難能。如《周易・大壯》：「六五，喪羊于易」，《經義述聞》中，引之認同《經典釋文》：「陸作場，謂疆場也。」認為經文「易」於此通假為「場」，非平易之謂。他引證《朱子語類》言：「『喪羊于易』不若解作疆場之場。《漢・食貨志》疆場之場正作易。後有『喪牛于易』，亦同此義。」並以父說證之，謂：「家大人日：凡《易》言同人于野、同人于門、同人于宗、伏戎于莽、同人于郊、拂經于邱、遇主于巷，末一字皆實指其地。喪羊于易、喪牛于易，文義亦同。」復依《漢書・禮樂志》：「吾易久遠」，晉灼日：「易，疆易也。」《周頌・載芟》傳言：「畛，易也。」暨《荀子》與漢魏碑刻，並證：「古疆場字多作易，故《說文》無場字。」《經義述聞》即以此博證、不主門戶的開放立場，論證《易》之「喪羊于易」即言「喪羊于場」，乃指實地而言，非平易、和易之謂。而內容多達二千餘條的《經義述聞》，是二王論述《周易》、《尚書》、《毛詩》、《周官》、《儀禮》、《大戴禮記》、《三傳》、《國語》、《爾雅》……等經書經義之作。梁啟超高度評價是作，言：「試留心讀嘉道以後著作，罕有能引《經義述聞》而駁之者。」並稱王氏父子「為一代所宗」、「清學第一流大師」（〈清代學者整理舊學之總成績(一)〉）；即專與漢學水火的方東樹，也讚美「高郵王氏《經義述聞》實足令鄭、朱俯首。」（《漢學商兌》）後來學出念孫的俞樾，其《群經平議》亦範式《經義述聞》而續發明之；積極活躍晚清政治舞臺的章太炎，則曾在浙江詁經精舍師從俞樾，在諸子學與佛學之外，亦精擅於語言文字和古文經學等。

四、結語

清儒好從事考證之學，以此立竿我國學術史。此蓋由於一代之學風往往立基於當時的時代課題與時人之思想意識；而反對明末以來的空

疏學風，批判「不識字何以讀書？不通訓詁何以明經？」並崇實黜虛地，轉而強調「研覃經訓，由文字、聲音、訓詁而得義理之真」（錢大昕《潛研堂文集・臧玉林《經義雜識》序》），則是清初以來的儒者共識及清學思想基礎。是以儘管後人不乏從政治角度出發，譏其「以古書為消遣神明之林囿」（錢穆《中國近三百年學術史・自序》）、或從學風取向，謂以繁瑣餖飣、「其弊也瑣」（《四庫全書總目・經部總敘》）；其實清學寓有清儒高度的學術理想。清儒不但普遍自得於「我國家崇尚實學，儒教振興，一洗明季空疏之陋」（錢大昕《潛研堂文集・經籍纂詁序》）；清學趨向考經證史，更是清人學術價值的具體體現，王鳴盛便言：「無用之學，聖賢所不取。……不與文人才士競能，而為後學垂益於無窮。」《十七史商榷・通鑑史氏釋文》）他認為有用之學在於能夠垂益後學而非逞才競能，所以「生古人後，但當為古人考誤訂疑」，不應「鑿空翻案，動思掩蓋古人以自為功。」（〈《通鑑》與《十七史》不可偏廢〉）正是這樣的學術理想與價值信念支持著清儒皓首窮經，是其學術動力之來源。段玉裁亦嘗諭外孫龔自珍，「學問門徑自殊，既不相謀，遠而望之，皆一丘一壑耳；身入其中，乃皆成泰山滄海，涉歷甘苦皆無盡也。」（張祖廉《定盦先生年譜外紀》）誠如夫子宮牆數仞，不得其門而入，宜乎不見宗廟之美、百官之富也。焦循亦形容考證之學，「譬如探星宿海河原，已走萬里，覺其不是，又回家；更走萬里，又不是，又回；又走。每次萬里，不憚往返。此非悉屏一切功名富貴以及慶弔酬應，不能耐心為此。」（《易話・學易叢言》）清儒以突出實證工夫的辨偽、正譌、釋義、校勘、補遺等考經證史及訓詁方法論，在經典註疏和古籍整理上獲得重大成就；尤其有別於晉唐經學傳統《十三經註疏》，另建彰顯漢學典謨的清人十三經新疏，使我國經學史更翔實完備，大有功於後世。因此儘管學術識見容許存在個人差異性看法；但是清儒垂益後學的苦心及考證理想，後人未可率爾輕詆。

　　乾嘉考據學之盛極，主要由惠棟吳學與戴震皖學共同領袖，是考據學從形成到鼎盛的發展過程。在他們各有好尚的學術取向中，可見從吳派樹立漢幟、輯存古義以存古存異，到皖派突出音義關係，因聲求義、識字審音地建立起訓詁典範，正是不同的學術階段進展。至於支持清儒達到考據學高度成就的方法論，阮元序《經義述聞》曾言，過去經說經注之不免舉燭、鼠璞之誤者，「皆由於聲音、文字、假借、轉注未能通徹之故。」即前人未能通明小學之故。因此清儒在古籍整理上能夠異軍突起而大放異彩，其文字、聲韻、訓詁等小學遠邁前代，是賴以破鼠璞之謬的考據利器。再說到吳、皖之學風異同：就大體而言，吳派尊漢而欲復漢學，樹立了清學的漢學典範；皖派重視小學工具，藉為通經階徑，立下了清學的訓詁典範。不過由於漢儒說經本即借重形、音、義考以從事章句訓詁，而此一進路是清儒所共遵渠道，所以吳學之以漢學為宗、輯存漢儒舊注，和皖學之求是、決斷去取、由小學通經明道，其在乾嘉共同的考據風趨中具有共通的學術語言，並非嚴格意義、或絕對分野的學術分派，只是清代考據典範下的先後發展重心不同。

　　吳門學者王鳴盛、余蕭客等，皆與惠棟同樹漢幟，尤其措意於存古；相較於戴震、段玉裁、王念孫王引之父子等皖派學者之突出典制、音韻與訓詁理論，吳學較重視掇拾先秦、兩漢的經說古注，如沈彤《周官祿田考》、《井田軍賦說》與王鳴盛《尚書後案》、余蕭客《古經解鉤沉》等，皆在「存古」之外復有「存異」之功。另外，向被視為吳派學者，但學風獨立吳派外且兼有吳、皖之長的錢大昕，則在戴、段等人所精擅的古韻分部外，另以長於上古聲類的「古無輕脣音」、「古無舌上音」等重要古音學理論獨樹一幟；復與戚友王鳴盛在乾嘉歷史考據學上並駕，《十七史商榷》與《二十二史考異》之考據巨帙幾乎遍考我國正史，大昕並倡為「經史不二」論以提高史學地位。故乾嘉考據學非獨經學所專美，史學亦以「考證治史」為其主流。而清代古籍訓詁能達到

歷史高度及建立訓詁典範，皖派戴震、段玉裁、王念孫師徒輝煌之字學、音學與校勘成就是功臣。從「許、鄭之學」到「段、王之學」，從「以形求義」之以字形闡明本義到「以聲求義」之以聲音訓詁名物之重心轉移，就是皖派訓詁理論的最重要突破；亦是清儒能在訓詁學上達到歷史高度的重要憑藉。他們繼清初顧炎武、江永之後，以音韻作為究明語言文獻的管鑰，系統化古音韻部並建立系統方法論，使後世研經者皆遵「識字審音」為不二門徑，從而在經說、經義上達到前所未有的高度，是皖學重要的學術貢獻。

　　乾嘉考據學立足博證、追求博雅，而務為「實事求是」之學；但不可諱言的，愛博之過往往以多為貴，而不免如《提要》所言「失之繁瑣」。其所考訂，或訂一字、或校一譌，或正往史之失、或發前人之覆；考證雖極精密，但因旨在指陳譌舛，不免各自為義而支離破碎。以錢大昕、王鳴盛而言，其所商榷與考異者極勤矣！極多矣！然校書如掃落葉，旋掃旋生，學者皓首窮經史而眾多繁瑣事件卻無法編織成一錯綜連繫的關係網絡，不能產生具有整體美感的歷史作品，故當世章學誠已持不同之見，強調史學價值要在謀篇佈局、「因事命篇」（《文史通義・書教下》）。因此就大體而言，博證的乾嘉考據學畢竟成為高牆，後世學者多只能遠望其一丘一壑，而難以涉歷其泰山滄海，亦很難超越此一高度。但是其中也有例外、有能不為繁瑣考據所羈勒者，如錢大昕苦心孤詣的《元史》撰作；惟其稿未刊散佚，留下遺憾！又如身為考據巨擘而能返視初衷「故訓非以明理義，而故訓胡為？」之師儒戴震，他不忘「六書九數等事如轎夫然，所以舁轎中人」，故能繼建立訓詁典範後又公然挑戰理學權威，創為「非形上學」但強調道德創造性的義理新說，且著成「樂不可言，喫飯亦別有甘味」、「發狂打破宋儒家中《太極圖》」、「生平著述最大」（《戴氏年譜・二十八年癸未四十一歲・四十二年丁酉五十五歲》）的《原善》、《緒言》、《孟子字義疏證》

等真實反映清人思想的義理之作。是以焦循評論清學，亦言：「前之弊，患乎不學；後之弊，患乎不思」，而力籲：「證之以實，而運之於虛。」（《雕菰集・與劉端臨教諭書》）能夠入乎考據之中又能出乎其外者，則其精密釋訓實足以增美義理精蘊。所以戴震的傳缽弟子雖然未能外於時風而皆聚焦小學領域；但在吳、皖並尊「考據治經」且各自建立漢學典範和訓詁典範之同中有異外，戴震「由詞通道」的主張及其義理追求，終究是爲吳、皖在乾嘉望風披靡的考據學風下之最大相異處。

　　總結惠棟吳學到戴震皖學的學術發展進程，可以照見文化薪傳涓滴累積，寸縷之功得之匪易；而清代學術能夠返本古學、轉譯古學，使我國學術史在學界普遍熟悉的中古、近古之學及宋學講論傳統以外，復能得見先秦兩漢的古學樣貌、詩歌風華與思想精義，其所憑藉的，就是高度發展的考據學。故後人每謂清學復古；實際上是清學以考據法爲其門徑，探究並補足了我國學術史上一塊被後人遺忘了的缺失版圖，以此完備了儒學之全幅發展樣貌。吳、皖之學爲清代學術定向、形塑學風、並開出後來全面整理古籍的湯湯大道，其功在於不朽。

Note

Note

Note

國家圖書館出版品預行編目資料

清代學術思想史／張麗珠著. ――二版.――
　臺北市：五南圖書出版股份有限公司，
　2023.06
　面；　公分
　ISBN 978-626-343-965-8(上冊：平裝)

1.清代哲學

127　　　　　　　　　　112004185

1W1B五南當代學術叢刊

清代學術思想史（上冊）

作　　　者 ― 張麗珠

發 行 人 ― 楊榮川

總 經 理 ― 楊士清

總 編 輯 ― 楊秀麗

副總編輯 ― 黃惠娟

責任編輯 ― 陳巧慈

校　　　對 ― 周雪伶

封面設計 ― 陳亭瑋

出 版 者 ― 五南圖書出版股份有限公司

地　　　址：106台北市大安區和平東路二段339號4樓

電　　　話：(02)2705-5066　　傳　　　真：(02)2706-6100

網　　　址：https://www.wunan.com.tw

電子郵件：wunan@wunan.com.tw

劃撥帳號：01068953

戶　　　名：五南圖書出版股份有限公司

法律顧問　林勝安律師

出版日期　2021年2月初版一刷
　　　　　2021年7月初版二刷
　　　　　2023年6月二版一刷

定　　　價　新臺幣680元

經典永恆·名著常在

五十週年的獻禮 —— 經典名著文庫

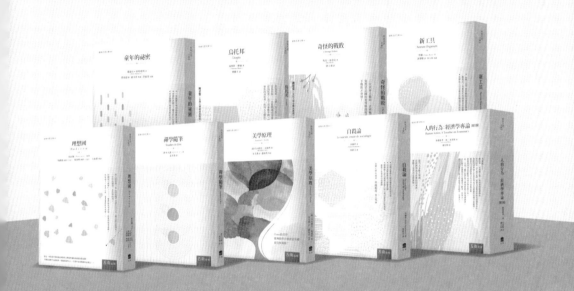

五南，五十年了，半個世紀，人生旅程的一大半，走過來了。

思索著，邁向百年的未來歷程，能為知識界、文化學術界作些什麼？

在速食文化的生態下，有什麼值得讓人雋永品味的？

歷代經典·當今名著，經過時間的洗禮，千錘百鍊，流傳至今，光芒耀人；

不僅使我們能領悟前人的智慧，同時也增深加廣我們思考的深度與視野。

我們決心投入巨資，有計畫的系統梳選，成立「經典名著文庫」，

希望收入古今中外思想性的、充滿睿智與獨見的經典、名著。

這是一項理想性的、永續性的巨大出版工程。

不在意讀者的眾寡，只考慮它的學術價值，力求完整展現先哲思想的軌跡；

為知識界開啟一片智慧之窗，營造一座百花綻放的世界文明公園，

任君遨遊、取菁吸蜜、嘉惠學子！